党的二十大报告

辅导读本

本书编写组　编著

人民出版社

目　录

高举中国特色社会主义伟大旗帜
为全面建设社会主义现代化国家
而团结奋斗

——在中国共产党第二十次全国代表大会上的报告

（2022 年 10 月 16 日）

习 近 平

同志们：

现在，我代表第十九届中央委员会向大会作报告。

中国共产党第二十次全国代表大会，是在全党全国各族人民迈上全面建设社会主义现代化国家新征程、向第二个百年奋斗目标进军的关键时刻召开的一次十分重要的大会。

大会的主题是：**高举中国特色社会主义伟大旗帜，全面贯彻新时代中国特色社会主义思想，弘扬伟大建党精神，自信自强、守正创新，踔厉奋发、勇毅前行，为全面建设社会主义现代化国家、全面推进中华民族伟大复兴而团结奋斗。**

中国共产党已走过百年奋斗历程。我们党立志于中华民族千秋伟业，致力于人类和平与发展崇高事业，责任无比重大，使命无上光荣。全党同志务必不忘初心、牢记使命，务必谦虚谨慎、艰苦奋斗，务必敢于斗争、善于斗争，坚定历史自信，增强历史主动，谱写新时代中国特色社会主义更加绚丽的华章。

一、过去五年的工作和新时代 十年的伟大变革

十九大以来的五年，是极不寻常、极不平凡的五年。党中央统筹中华民族伟大复兴战略全局和世界百年未有之大变局，召开七次全会，分别就宪法修改、深化党和国家机构改革，坚持和完善中国特色社会主义制度、推进国家治理体系和治理能力现代化，制定"十四五"规划和二〇三五年远景目标，全面总结党的百年奋斗重大成就和历史经验等重大问题作出决定和决议，就党和国家事业发展作出重大战略部署，团结带领全党全军全国各族人民有效应对严峻复杂的国际形势和接踵而至的巨大风险挑战，以奋发有为的精神把新时代中国特色社会主义不断推向前进。

五年来，我们坚持加强党的全面领导和党中央集中统一领导，全力推进全面建成小康社会进程，完整、准确、

全面贯彻新发展理念，着力推动高质量发展，主动构建新发展格局，蹄疾步稳推进改革，扎实推进全过程人民民主，全面推进依法治国，积极发展社会主义先进文化，突出保障和改善民生，集中力量实施脱贫攻坚战，大力推进生态文明建设，坚决维护国家安全，防范化解重大风险，保持社会大局稳定，大力度推进国防和军队现代化建设，全方位开展中国特色大国外交，全面推进党的建设新的伟大工程。我们隆重庆祝中国共产党成立一百周年、中华人民共和国成立七十周年，制定第三个历史决议，在全党开展党史学习教育，建成中国共产党历史展览馆，号召全党学习和践行伟大建党精神，在新的征程上更加坚定、更加自觉地牢记初心使命、开创美好未来。特别是面对突如其来的新冠肺炎疫情，我们坚持人民至上、生命至上，坚持外防输入、内防反弹，坚持动态清零不动摇，开展抗击疫情人民战争、总体战、阻击战，最大限度保护了人民生命安全和身体健康，统筹疫情防控和经济社会发展取得重大积极成果。面对香港局势动荡变化，我们依照宪法和基本法有效实施对特别行政区的全面管治权，制定实施香港特别行政区维护国家安全法，落实"爱国者治港"原则，香港局势实现由乱到治的重大转折，深入推进粤港澳大湾区建设，支持香港、澳门发展经济、改善民生、保持稳定。面对"台独"势力分裂活动和外部势力干涉台湾事务的严重挑衅，我们坚决开展反分裂、反干涉重大斗争,展示了我们维护国家主权和领土完整、反对"台独"的坚强决心和强大能力,进一步掌握了实现祖国完全统一的战略主动,进一步巩固了国际社会坚持一个中国的格局。面对国际局势急剧变化,特别是面对外部讹诈、遏制、封锁、极限施压,我们坚持国家利益为重、国内政治优先,保持战略定力,发扬斗争精神,展示不畏强权的坚定意志,在斗争中维护国家尊严和核心利益,牢牢掌握了我国发展和安全主动权。五年来,我们党团结带领人民,攻克了许多长期没有解决的难题,办成了许多事关长远的大事要事,推动党和国家事业取得举世瞩目的重大成就。

同志们!十八大召开至今已经十年了。十年来,我们经历了对党和人民事业具有重大现实意义和深远历史意义的三件大事:一是迎来中国共产党成立一百周年,二是中国特色社会主义进入新时代,三是完成脱贫攻坚、全面建成小康社会的历史任务,实现第一个百年奋斗目标。这是中国共产党和中国人民团结奋斗赢得的历史性胜利,是彪炳中华民族发展史册的历史性胜利,也是对世界具有深远影响的历史性胜利。

十年前,我们面对的形势是,改革开放和社会主义现代化建设取得巨大成就,党的建设新的伟大工程取得显著成效,为我们继续前进奠定了坚实基础、创造了良好条件、提供了重要保障,同时一系列长期积累及新出现的突出矛盾和问题亟待解决。党内存在不少对坚持党的领导认识模糊、行动乏力问题，存在不少落实党的领导弱化、虚化、淡化问题，有些党员、干部政治信仰发生动摇，一些地方和部门形式主义、官僚主义、享乐主义和奢靡之风屡禁不止，特权思想和特权现象较为严重，一些贪腐问题触目惊心；经济结构性体制性矛盾突出，发展不平衡、不协调、不可持续，传统发展模式难以为继，一些深层次体制机制问题和利益固化藩篱日益显现；一些人对中国特色社会主义政治制度自信不足，有法不依、执法不严等问题严重存在；拜金主义、享乐主义、极端个人主义和历史虚无主义等错误思潮不时出现，网络舆论乱象丛生，严重影响人们思想和社会舆论环境；民生保障存在不少薄弱环节；资源环境约束趋紧、环境污染等问题突出；维护国家安全制度不完善、应对各种重大风险能力不强，国防和军队现代化存在不少短板弱项；香港、澳门落实"一国两制"的体制机制不健全；国家安全受到严峻挑战，等等。当时，党内和社会上不少人对党和国家前途忧心忡忡。面对这些影响党长期执政、国家长治久安、人民幸福安康的突出矛盾和问题，党中央审时度势、果敢抉择、锐意进取、攻坚克难，团结带领全党全军全国各族人民撸起袖子加油干、风雨无阻向前行，义无反顾进行具有许多新的历史特点的伟大斗争。

　　十年来，我们坚持马克思列宁主义、毛泽东思想、邓小平理论、"三个代表"重要思想、科学发展观，全面贯彻新时代中国特色社会主义思想，全面贯彻党的基本路线、基本方略，采取一系列战略性举措，推进一系列变革性实践，实现一系列突破性进展，取得一系列标志性成果，经受住了来自政治、经济、意识形态、自然界等方面的风险挑战考验，党和国家事业取得历史性成就、发生历史性变革，推动我国迈上全面建设社会主义现代化国家新征程。

——我们创立了新时代中国特色社会主义思想，明确坚持和发展中国特色社会主义的基本方略，提出一系列治国理政新理念新思想新战略，实现了马克思主义中国化时代化新的飞跃，坚持不懈用这一创新理论武装头脑、指导实践、推动工作，为新时代党和国家事业发展提供了根本遵循。

——我们全面加强党的领导，明确中国特色社会主义最本质的特征是中国共产党领导，中国特色社会主义制度的最大优势是中国共产党领导，中国共产党是最高政治领导力量，坚持党中央集中统一领导是最高政治原则，系统完善党的领导制度体系，全党增强"四个意识"，自觉在思想上政治上行动上同党中央保持高度一致，不断提高政治判断力、政治领悟力、政治执行力，确保党中央权威和集中统一领导，确保党发挥总揽全局、协调各方的领导核心作用，我们这个拥有九千六百多万名党员的马克思主义政党更加团结统一。

　　——我们对新时代党和国家事业发展作出科学完整的战略部署，提出实现中华民族伟大复兴的中国梦，以中国式现代化推进中华民族伟大复兴，统揽伟大斗争、伟大工程、伟大事业、伟大梦想，明确"五位一体"总体布局和"四个全面"战略布局，确定稳中求进工作总基调，统筹发展和安全，明确我国社会主要矛盾是人民日益增长的美好生活需要和不平衡不充分的发展之间的矛盾，并紧紧围绕这个社会主要矛盾推进各项工作，不断丰富和发展人类文明新形态。

　　——我们经过接续奋斗，实现了小康这个中华民族的千年梦想，我国发展站在了更高历史起点上。我们坚持精准扶贫、尽锐出战，打赢了人类历史上规模最大的脱贫攻坚战，全国八百三十二个贫困县全部摘帽，近一亿农村贫困人口实现脱贫，九百六十多万贫困人口实现易地搬迁，历史性地解决了绝对贫困问题，为全球减贫事业作出了重大贡献。

　　——我们提出并贯彻新发展理念，着力推进高质量发展，推动构建新发展格局，实施供给侧结构性改革，制定一系列具有全局性意义的区域重大战略，我国经济实力实现历史性跃升。国内生产总值从五十四万亿元增长到一百一十四万亿元，我国经济总量占世界经济的比重达百分之十八点五，提高七点二个百分点，稳居世界第二位；人均国内生产总值从三万九千八百元增加到八万一

7

千元。谷物总产量稳居世界首位,十四亿多人的粮食安全、能源安全得到有效保障。城镇化率提高十一点六个百分点,达到百分之六十四点七。制造业规模、外汇储备稳居世界第一。建成世界最大的高速铁路网、高速公路网,机场港口、水利、能源、信息等基础设施建设取得重大成就。我们加快推进科技自立自强,全社会研发经费支出从一万亿元增加到二万八千亿元,居世界第二位,研发人员总量居世界首位。基础研究和原始创新不断加强,一些关键核心技术实现突破,战略性新兴产业发展壮大,载人航天、探月探火、深海深地探测、超级计算机、卫星导航、量子信息、核电技术、新能源技术、大飞机制造、生物医药等取得重大成果,进入创新型国家行列。

——我们以巨大的政治勇气全面深化改革,打响改革攻坚战,加强改革顶层设计,敢于突进深水区,敢于啃硬骨头,敢于涉险滩,敢于面对新矛盾新挑战,冲破思想观念束缚,突破利益固化藩篱,坚决破除各方面体制机制弊端,各领域基础性制度框架基本建立,许多领域实现历史性变革、系统性重塑、整体性重构,新一轮党和国家机构改革全面完成,中国特色社会主义制度更加成熟更加定型,国家治理体系和治理能力现代化水平明显提高。

——我们实行更加积极主动的开放战略,构建面向全球的高标准自由贸易区网络,加快推进自由贸易试验区、海南自由贸易港建设,共建"一带一路"成为深受欢迎的国际公共产品和国际合作平台。我国成为一百四十多个国家和地区的主要贸易伙伴,货物贸易总额居世界第一,吸引外资和对外投资居世界前列,形成更大范围、更宽领域、更深层次对外开放格局。

——我们坚持走中国特色社会主义政治发展道路,全面发展全过程人民民主,社会主义民主政治制度化、规范化、程序化全面推进,社会主义协商民主广泛开展,人民当家作主更为扎实,基层民主活力增强,爱国统一战线巩固拓展,民族团结进步呈现新气象,党的宗教工作基本方针得到全面贯彻,人权得到更好保障。社会主义法治国家建设深入推进,全面依法治国总体格局基本形成,中国特色社会主义法治体系加快建设,司法体制改革取得重大进展,社会公平正义保障更为坚实,法治中国建设开创新局面。

——我们确立和坚持马克思主义在意识形态领域指导地位的根本制度,新时代党的创新理论深入人心,社会主义核心价值观广泛传播,中华优秀传统文化得到创造性转化、创新性发展,文化事业日益繁荣,网络生态持续向好,意识形态领域形势发生全局性、根本性转变。我们隆重庆祝中国人民解放军建军九十周年、改革开放四十周年,隆重纪念中国人民抗日战争暨世界反法西斯战争胜利七十周年、中国人民志愿军抗美援朝出国作战七十周年,成功举办北京冬奥会、冬残奥会,青年一代更加积极向上,全党全国各族人民文化自信明显增强、精神面貌更加奋发昂扬。

——我们深入贯彻以人民为中心的发展思想,在幼有所育、学有所教、劳有所得、病有所医、老有所养、住有所居、弱有所扶上持续用力,人民生活全方位改善。人均预期寿命增长到七十八点二岁。居民人均可支配收入从一万六千五百元增加到三万五千一百元。城镇新增就业年均一千三百万人以上。建成世界上规模最大的教育体系、社会保障体系、医疗卫生体系,教育普及水平实现历史性跨越,基本养老保险覆盖十亿四千万人,基本医疗保险参保率稳定在百分之九十五。及时调整生育政策。改造棚户区住房四千二百多万套,改造农村危房二千四百多万户,城乡居民住房条件明显改善。互联网上网人数达十亿三千万人。人民群众获得感、幸福感、安全感更加充实、更有保障、更可持续,共同富裕取得新成效。

——我们坚持绿水青山就是金山银山的理念,坚持山水林田湖草沙一体化保护和系统治理,全方位、全地域、全过程加强生态环境保护,生态文明制度体系更加健全,污染防治攻坚向纵深推进,绿色、循环、低碳发展迈出坚实步伐,生态环境保护发生历史性、转折性、全局性变化,我们的祖国天更蓝、山更绿、水更清。

——我们贯彻总体国家安全观,国家安全领导体制和法治体系、战略体系、政策体系不断完善,在原则问题上寸步不让，以坚定的意志品质维护国家主权、安全、发展利益，国家安全得到全面加强。共建共治共享的社会治理制度进一步健全，民族分裂势力、宗教极端势力、暴力恐怖势力得到有效遏制，扫黑除恶专项斗争取得阶段性成果，有力应对一系列重大自然灾害，平安中国建设迈向更高水平。

——我们确立党在新时代的强军目标，贯彻新时代党的强军思想，贯彻新时代军事战略方针，坚持党对人民军队的绝对领导，召开古田全军政治工作会议，以整风精神推进政治整训，牢固树立战斗力这个唯一的根本的标准，坚决把全军工作重心归正到备战打仗上来，统筹加强各方向各领域军事斗争，大抓实战化军事训练，大刀阔斧深化国防和军队改革，重构人民军队领导指挥体制、现代军事力量体系、军事政策制度，加快国防和军队现代化建设，裁减现役员额三十万胜利完成，人民军队体制一新、结构一新、格局一新、面貌一新，现代化水平和实战能力显著提升，中国特色强军之路越走越宽广。

——我们全面准确推进"一国两制"实践，坚持"一国两制"、"港人治港"、"澳人治澳"、高度自治的方针，推动香港进入由乱到治走向由治及兴的新阶段，香港、澳门保持长期稳定发展良好态势。我们提出新时代解决台湾问题的总体方略，促进两岸交流合作，坚决反对"台独"分裂行径，坚决反对外部势力干涉，牢牢把握两岸关系主导权和主动权。

——我们全面推进中国特色大国外交，推动构建人类命运共同体，坚定维护国际公平正义，倡导践行真正的多边主义，旗帜鲜明反对一切霸权主义和强权政治，毫不动摇反对任何单边主义、保护主义、霸凌行径。我们完善外交总体布局，积极建设覆盖全球的伙伴关系网络，推动构建新型国际关系。我们展现负责任大国担当，积极参与全球治理体系改革和建设，全面开展抗击新冠肺炎疫情国际合作，赢得广泛国际赞誉，我国国际影响力、感召力、塑造力显著提升。

——我们深入推进全面从严治党，坚持打铁必须自身硬，从制定和落实中央八项规定开局破题，提出和落实新时代党的建设总要求，以党的政治建设统领党的建设各项工作，坚持思想建党和制度治党同向发力，严肃党内政治生活，持续开展党内集中教育，提出和坚持新时代党的组织路线，突出政治标准选贤任能，加强政治巡视，形成比较完善的党内法规体系，推动全党坚定理想信念、严密组织体系、严明纪律规矩。我们持之以恒正风肃纪，以钉钉子精神纠治"四风"，反对特权思想和特权现象，坚决整治群众身边的不正之风和腐败问题，刹住了一些长期没有刹住的歪风，纠治了一些多年未除的顽瘴痼疾。我们开展了史无前例的反腐败斗争，以"得罪千百人、不负十四亿"的使命担当祛疴治乱，不敢腐、不能腐、不想腐一体推进,"打虎"、"拍蝇"、"猎狐"多管齐下,反腐败斗争取得压倒性胜利并全面巩固,消除了党、国家、军队内部存在的严重隐患,确保党和人民赋予的权力始终用来为人民谋幸福。经过不懈努力,党找到了自我革命这一跳出治乱兴衰历史周期率的第二个答案,自我净化、自我完善、自我革新、自我提高能力显著增强,管党治党宽松软状况得到根本扭转,风清气正的党内政治生态不断形成和发展,确保党永远不变质、不变色、不变味。

在充分肯定党和国家事业取得举世瞩目成就的同时,必须清醒看到,我们的工作还存在一些不足,面临不少困难和问题。主要有:发展不平衡不充分问题仍然突出,推进高质量发展还有许多卡点瓶颈,科技创新能力还不强;确保粮食、能源、产业链供应链可靠安全和防范金融风险还须解决许多重大问题;重点领域改革还有不少硬骨头要啃;意识形态领域存在不少挑战;城乡区域发展和收入分配差距仍然较大;群众在就业、教育、医疗、托育、养老、住房等方面面临不少难题;生态环境保护任务依然艰巨;一些党员、干部缺乏担当精神,斗争本领不强,实干精神不足,形式主义、官僚主义现象仍较突出;铲除腐败滋生土壤任务依然艰巨,等等。对这些问题,我们已经采取一系列措施加以解决,今后必须加大工作力度。

同志们!新时代的伟大成就是党和人民一道拼出来、干出来、奋斗出来的!在这里,我代表中共中央,向全体中国共产党员，向全国各族人民，向各民主党派、各人民团体和各界爱国人士，向香港特别行政区同胞、澳门特别行政区同胞和台湾同胞以及广大侨胞，向关心和支持中国现代化建设的各国朋友，表示衷心的感谢！

新时代十年的伟大变革，在党史、新中国史、改革开放史、社会主义发展史、中华民族发展史上具有里程碑意义。走过百年奋斗历程的中国共产党在革命性锻造中更加坚强有力，党的政治领导力、思想引领力、群众组织力、社会号召力显著增强，党同人民群众始终保持血肉联系，中国共产党在世界形势深刻变化的历史进程中始终走在时代前列，在应对国内外各种风险和考验的历史进程中始终成为全国人民的主心骨，在坚持和发展中国特色社会主义的历史进程中始终成为坚强领导核心。中国人民的前进动力更加强大、奋斗精神更加昂扬、必胜信念更加坚定，焕发出更为强烈的历史自觉和主动精神，中国共产党和中国人民正信心百倍推进中华民族从站起来、富起来到强起来的伟大飞跃。改革开放和社会主义现代化建设深入推进，书写了经济快速发展和社会长期稳定两大奇迹新篇章，我国发展具备了更为坚实的物质基础、更为完善的制度保证，实现中华民族伟大复兴进入了不可逆转的历史进程。科学社会主义在二十一世纪的中国焕发出新的蓬勃生机，中国式现代化为人类实现现代化提供了新的选择，中国共产党和中国人民为解决人类面临的共同问题提供更多更好的中国智慧、中国方案、中国力量,为人类和平与发展崇高事业作出新的更大的贡献!

二、开辟马克思主义中国化
时代化新境界

马克思主义是我们立党立国、兴党兴国的根本指导思想。实践告诉我们,中国共产党为什么能,中国特色社会主义为什么好,归根到底是马克思主义行,是中国化时代化的马克思主义行。拥有马克思主义科学理论指导是我们党坚定信仰信念、把握历史主动的根本所在。

推进马克思主义中国化时代化是一个追求真理、揭示真理、笃行真理的过程。十八大以来,国内外形势新变化和实践新要求,迫切需要我们从理论和实践的结合上深入回答关系党和国家事业发展、党治国理政的一系列重大时代课题。我们党勇于进行理论探索和创新,以全新的视野深化对共产党执政规律、社会主义建设规律、人类社会发展规律的认识,取得重大理论创新成果,集中体现为新时代中国特色社会主义思想。十九大、十九届六中全会提出的"十个明确"、"十四个坚持"、"十三个方面成就"概括了这一思想的主要内容,必须长期坚持并不断丰富发展。

中国共产党人深刻认识到,只有把马克思主义基本原理同中国具体实际相结合、同中华优秀传统文化相结合,坚持运用辩证唯物主义和历史唯物主义,才能正确回答时代和实践提出的重大问题,才能始终保持马克思主义的蓬勃生机和旺盛活力。

坚持和发展马克思主义,必须同中国具体实际相结合。我们坚持以马克思主义为指导,是要运用其科学的世界观和方法论解决中国的问题,而不是要背诵和重复其具体结论和词句,更不能把马克思主义当成一成不变的教条。我们必须坚持解放思想、实事求是、与时俱进、求真务实,一切从实际出发,着眼解决新时代改革开放和社会主义现代化建设的实际问题,不断回答中国之问、世界之问、人民之问、时代之问,作出符合中国实际和时代要求的正确回答,得出符合客观规律的科学认识,形成与时俱进的理论成果,更好指导中国实践。

坚持和发展马克思主义,必须同中华优秀传统文化相结合。只有植根本国、本民族历史文化沃土,马克思主义真理之树才能根深叶茂。中华优秀传统文化源远流长、博大精深,是中华文明的智慧结晶,其中蕴含的天下为公、民为邦本、为政以德、革故鼎新、任人唯贤、天人合一、自强不息、厚德载物、讲信修睦、亲仁善邻等,是中国人民在长期生产生活中积累的宇宙观、天下观、社会观、道德观的重要体现,同科学社会主义价值观主张具有高度契合性。我们必须坚定历史自信、文化自信,坚持古为今用、推陈出新,把马克思主义思想精髓同中华优秀传统文化精华贯通起来、同人民群众日用而不觉的共同价值观念融通起来,不断赋予科学理论鲜明的中国特色,不断夯实马克思主义中国化时代化的历史基础和群众基础,让马克思主义在中国牢牢扎根。

实践没有止境,理论创新也没有止境。不断谱写马克思主义中国化时代化新篇章,是当代中国共产党人的庄严历史责任。继续推进实践基础上的理论创新,首先要把握好新时代中国特色社会主义思想的世界观和方法论,坚持好、运用好贯穿其中的立场观点方法。

——必须坚持人民至上。人民性是马克思主义的本质属性,党的理论是来自人民、为了人民、造福人民的理论,人民的创造性实践是理论创新的不竭源泉。一切脱离人民的理论都是苍白无力的,一切不为人民造福的理论都是没有生命力的。我们要站稳人民立场、把握人民愿望、尊重人民创造、集中人民智慧,形成为人民所喜爱、所认同、所拥有的理论,使之成为指导人民认识世界和改造世界的强大思想武器。

——必须坚持自信自立。中国人民和中华民族从近代以后的深重苦难走向伟大复兴的光明前景,从来就没有教科书,更没有现成答案。党的百年奋斗成功道路是党领导人民独立自主探索开辟出来的,马克思主义的中国篇章是中国共产党人依靠自身力量实践出来的,贯穿其中的一个基本点就是中国的问题必须从中国基本国情出发,由中国人自己来解答。我们要坚持对马克思主义的坚定信仰、对中国特色社会主义的坚定信念,坚定道路自信、理论自信、制度自信、文化自信,以更加积极的历史担当和创造精神为发展马克思主义作出新的贡献,既不能刻舟求剑、封闭僵化,也不能照抄照搬、食洋不化。

——必须坚持守正创新。我们从事的是前无古人的伟大事业,守正才能不迷失方向、不犯颠覆性错误,创新才能把握时代、引领时代。我们要以科学的态度对待科学、以真理的精神追求真理,坚持马克思主义基本原理不动摇,坚持党的全面领导不动摇,坚持中国特色社会主义不动摇,紧跟时代步伐,顺应实践发展,以满腔热忱对待一切新生事物,不断拓展认识的广度和深度,敢于说前人没有说过的新话,敢于干前人没有干过的事情,以新的理论指导新的实践。

——必须坚持问题导向。问题是时代的声音,回答并指导解决问题是理论的根本任务。今天我们所面临问题的复杂程度、解决问题的艰巨程度明显加大,给理论创新提出了全新要求。我们要增强问题意识,聚焦实践遇到的新问题、改革发展稳定存在的深层次问题、人民群众急难愁盼问题、国际变局中的重大问题、党的建设面临的突出问题,不断提出真正解决问题的新理念新思路新办法。

——必须坚持系统观念。万事万物是相互联系、相互依存的。只有用普遍联系的、全面系统的、发展变化的观点观察事物，才能把握事物发展规律。我国是一个发展中大国，仍处于社会主义初级阶段，正在经历广泛而深刻的社会变革，推进改革发展、调整利益关系往往牵一发而动全身。我们要善于通过历史看现实、透过现象看本质，把握好全局和局部、当前和长远、宏观和微观、主要矛盾和次要矛盾、特殊和一般的关系，不断提高战略思维、历史思维、辩证思维、系统思维、创新思维、法治思维、底线思维能力，为前瞻性思考、全局性谋划、整体性推进党和国家各项事业提供科学思想方法。

——必须坚持胸怀天下。中国共产党是为中国人民谋幸福、为中华民族谋复兴的党，也是为人类谋进步、为世界谋大同的党。我们要拓展世界眼光，深刻洞察人类发展进步潮流，积极回应各国人民普遍关切，为解决人类面临的共同问题作出贡献，以海纳百川的宽阔胸襟借鉴吸收人类一切优秀文明成果，推动建设更加美好的世界。

三、新时代新征程中国 共产党的使命任务

从现在起，中国共产党的中心任务就是团结带领全国各族人民全面建成社会主义现代化强国、实现第二个

百年奋斗目标，以中国式现代化全面推进中华民族伟大复兴。

在新中国成立特别是改革开放以来长期探索和实践基础上，经过十八大以来在理论和实践上的创新突破，我们党成功推进和拓展了中国式现代化。

中国式现代化，是中国共产党领导的社会主义现代化，既有各国现代化的共同特征，更有基于自己国情的中国特色。

——中国式现代化是人口规模巨大的现代化。我国十四亿多人口整体迈进现代化社会，规模超过现有发达国家人口的总和，艰巨性和复杂性前所未有，发展途径和推进方式也必然具有自己的特点。我们始终从国情出发想问题、作决策、办事情，既不好高骛远，也不因循守旧，保持历史耐心，坚持稳中求进、循序渐进、持续推进。

——中国式现代化是全体人民共同富裕的现代化。共同富裕是中国特色社会主义的本质要求，也是一个长期的历史过程。我们坚持把实现人民对美好生活的向往作为现代化建设的出发点和落脚点，着力维护和促进社会公平正义，着力促进全体人民共同富裕，坚决防止两极分化。

——中国式现代化是物质文明和精神文明相协调的现代化。物质富足、精神富有是社会主义现代化的根本要求。物质贫困不是社会主义，精神贫乏也不是社会主义。我们不断厚植现代化的物质基础,不断夯实人民幸福生活的物质条件,同时大力发展社会主义先进文化,加强理想信念教育,传承中华文明,促进物的全面丰富和人的全面发展。

——中国式现代化是人与自然和谐共生的现代化。人与自然是生命共同体,无止境地向自然索取甚至破坏自然必然会遭到大自然的报复。我们坚持可持续发展,坚持节约优先、保护优先、自然恢复为主的方针,像保护眼睛一样保护自然和生态环境,坚定不移走生产发展、生活富裕、生态良好的文明发展道路,实现中华民族永续发展。

——中国式现代化是走和平发展道路的现代化。我国不走一些国家通过战争、殖民、掠夺等方式实现现代化的老路,那种损人利己、充满血腥罪恶的老路给广大发展中国家人民带来深重苦难。我们坚定站在历史正确的一边、站在人类文明进步的一边,高举和平、发展、合作、共赢旗帜,在坚定维护世界和平与发展中谋求自身发展,又以自身发展更好维护世界和平与发展。

中国式现代化的本质要求是:坚持中国共产党领导,坚持中国特色社会主义,实现高质量发展,发展全过程人民民主,丰富人民精神世界,实现全体人民共同富裕,促进人与自然和谐共生,推动构建人类命运共同体,创造人类文明新形态。

全面建成社会主义现代化强国,总的战略安排是分两步走:从二〇二〇年到二〇三五年基本实现社会主义现代化;从二〇三五年到本世纪中叶把我国建成富强民主文明和谐美丽的社会主义现代化强国。

到二〇三五年,我国发展的总体目标是:经济实力、科技实力、综合国力大幅跃升,人均国内生产总值迈上新的大台阶,达到中等发达国家水平;实现高水平科技自立自强,进入创新型国家前列;建成现代化经济体系,形成新发展格局,基本实现新型工业化、信息化、城镇化、农业现代化;基本实现国家治理体系和治理能力现代化,全过程人民民主制度更加健全,基本建成法治国家、法治政府、法治社会;建成教育强国、科技强国、人才强国、文化强国、体育强国、健康中国,国家文化软实力显著增强;人民生活更加幸福美好,居民人均可支配收入再上新台阶,中等收入群体比重明显提高,基本公共服务实现均等化,农村基本具备现代生活条件,社会保持长期稳定,人的全面发展、全体人民共同富裕取得更为明显的实质性进展;广泛形成绿色生产生活方式,碳排放达峰后稳中有降,生态环境根本好转,美丽中国目标基本实现;国家安全体系和能力全面加强,基本实现国防和军队现代化。

在基本实现现代化的基础上,我们要继续奋斗,到本世纪中叶,把我国建设成为综合国力和国际影响力领先的社会主义现代化强国。

　　未来五年是全面建设社会主义现代化国家开局起步的关键时期,主要目标任务是:经济高质量发展取得新突破,科技自立自强能力显著提升,构建新发展格局和建设现代化经济体系取得重大进展;改革开放迈出新步伐,国家治理体系和治理能力现代化深入推进,社会主义市场经济体制更加完善,更高水平开放型经济新体制基本形成;全过程人民民主制度化、规范化、程序化水平进一步提高,中国特色社会主义法治体系更加完善;人民精神文化生活更加丰富,中华民族凝聚力和中华文化影响力不断增强;居民收入增长和经济增长基本同步,劳动报酬提高与劳动生产率提高基本同步,基本公共服务均等化水平明显提升,多层次社会保障体系更加健全;城乡人居环境明显改善,美丽中国建设成效显著;国家安全更为巩固,建军一百年奋斗目标如期实现,平安中国建设扎实推进;中国国际地位和影响进一步提高,在全球治理中发挥更大作用。

　　全面建设社会主义现代化国家,是一项伟大而艰巨的事业,前途光明,任重道远。当前,世界百年未有之大变局加速演进,新一轮科技革命和产业变革深入发展,国际力量对比深刻调整,我国发展面临新的战略机遇。同时,世纪疫情影响深远,逆全球化思潮抬头,单边主义、保护主义明显上升,世界经济复苏乏力,局部冲突和动荡频发,全球性问题加剧,世界进入新的动荡变革期。我国改革发展稳定面临不少深层次矛盾躲不开、绕不过,党的建设特别是党风廉政建设和反腐败斗争面临不少顽固性、多发性问题,来自外部的打压遏制随时可能升级。我国发展进入战略机遇和风险挑战并存、不确定难预料因素增多的时期,各种"黑天鹅"、"灰犀牛"事件随时可能发生。我们必须增强忧患意识,坚持底线思维,做到居安思危、未雨绸缪,准备经受风高浪急甚至惊涛骇浪的重大考验。前进道路上,必须牢牢把握以下重大原则。

——坚持和加强党的全面领导。坚决维护党中央权威和集中统一领导,把党的领导落实到党和国家事业各领域各方面各环节,使党始终成为风雨来袭时全体人民最可靠的主心骨,确保我国社会主义现代化建设正确方向,确保拥有团结奋斗的强大政治凝聚力、发展自信心,集聚起万众一心、共克时艰的磅礴力量。

——坚持中国特色社会主义道路。坚持以经济建设为中心,坚持四项基本原则,坚持改革开放,坚持独立自主、自力更生,坚持道不变、志不改,既不走封闭僵化的老路,也不走改旗易帜的邪路,坚持把国家和民族发展放在自己力量的基点上,坚持把中国发展进步的命运牢牢掌握在自己手中。

——坚持以人民为中心的发展思想。维护人民根本利益,增进民生福祉,不断实现发展为了人民、发展依靠人民、发展成果由人民共享,让现代化建设成果更多更公平惠及全体人民。

——坚持深化改革开放。深入推进改革创新，坚定不移扩大开放，着力破解深层次体制机制障碍，不断彰显中国特色社会主义制度优势，不断增强社会主义现代化建设的动力和活力，把我国制度优势更好转化为国家治理效能。

——坚持发扬斗争精神。增强全党全国各族人民的志气、骨气、底气，不信邪、不怕鬼、不怕压，知难而进、迎难而上，统筹发展和安全，全力战胜前进道路上各种困难和挑战，依靠顽强斗争打开事业发展新天地。

同志们！今天，我们比历史上任何时期都更接近、更有信心和能力实现中华民族伟大复兴的目标，同时必须准备付出更为艰巨、更为艰苦的努力。全党必须坚定信心、锐意进取，主动识变应变求变，主动防范化解风险，不断夺取全面建设社会主义现代化国家新胜利！

四、加快构建新发展格局，着力推动高质量发展

高质量发展是全面建设社会主义现代化国家的首要任务。发展是党执政兴国的第一要务。没有坚实的物质技术基础，就不可能全面建成社会主义现代化强国。必须完整、准确、全面贯彻新发展理念，坚持社会主义市场

经济改革方向,坚持高水平对外开放,加快构建以国内大循环为主体、国内国际双循环相互促进的新发展格局。

我们要坚持以推动高质量发展为主题,把实施扩大内需战略同深化供给侧结构性改革有机结合起来,增强国内大循环内生动力和可靠性,提升国际循环质量和水平,加快建设现代化经济体系,着力提高全要素生产率,着力提升产业链供应链韧性和安全水平,着力推进城乡融合和区域协调发展,推动经济实现质的有效提升和量的合理增长。

(一)**构建高水平社会主义市场经济体制**。坚持和完善社会主义基本经济制度,毫不动摇巩固和发展公有制经济,毫不动摇鼓励、支持、引导非公有制经济发展,充分发挥市场在资源配置中的决定性作用,更好发挥政府作用。深化国资国企改革,加快国有经济布局优化和结构调整,推动国有资本和国有企业做强做优做大,提升企业核心竞争力。优化民营企业发展环境,依法保护民营企业产权和企业家权益,促进民营经济发展壮大。完善中国特色现代企业制度,弘扬企业家精神,加快建设世界一流企业。支持中小微企业发展。深化简政放权、放管结合、优化服务改革。构建全国统一大市场,深化要素市场化改革,建设高标准市场体系。完善产权保护、市场准入、公平竞争、社会信用等市场经济基础制度,优化营商环境。健全宏观经济治理体系,发挥国家发展规划的战略导向作用,加强财政政策和货币政策协调配合,着力扩大内需,增强消费对经济发展的基础性作用和投资对优化供给结构的关键作用。健全现代预算制度,优化税制结构,完善财政转移支付体系。深化金融体制改革,建设现代中央银行制度,加强和完善现代金融监管,强化金融稳定保障体系,依法将各类金融活动全部纳入监管,守住不发生系统性风险底线。健全资本市场功能,提高直接融资比重。加强反垄断和反不正当竞争,破除地方保护和行政性垄断,依法规范和引导资本健康发展。

(二)建设现代化产业体系。坚持把发展经济的着力点放在实体经济上,推进新型工业化,加快建设制造强国、质量强国、航天强国、交通强国、网络强国、数字中国。实施产业基础再造工程和重大技术装备攻关工程,支持专精特新企业发展,推动制造业高端化、智能化、绿色化发展。巩固优势产业领先地位,在关系安全发展的领域加快补齐短板,提升战略性资源供应保障能力。推动战略性新兴产业融合集群发展,构建新一代信息技术、人工智能、生物技术、新能源、新材料、高端装备、绿色环保等一批新的增长引擎。构建优质高效的服务业新体系,推动现代服务业同先进制造业、现代农业深度融合。加快发展物联网,建设高效顺畅的流通体系,降低物流成本。加快发展数字经济,促进数字经济和实体经济深度融合,打造具有国际竞争力的数字产业集群。优化基础设施布局、结构、功能和系统集成,构建现代化基础设施体系。

(三)全面推进乡村振兴。全面建设社会主义现代化国家,最艰巨最繁重的任务仍然在农村。坚持农业农村优先发展,坚持城乡融合发展,畅通城乡要素流动。加快建设农业强国,扎实推动乡村产业、人才、文化、生态、组织振兴。全方位夯实粮食安全根基,全面落实粮食安全党政同责,牢牢守住十八亿亩耕地红线,逐步把永久基本农田全部建成高标准农田,深入实施种业振兴行动,强化农业科技和装备支撑,健全种粮农民收益保障机制和主产区利益补偿机制,确保中国人的饭碗牢牢端在自己手中。树立大食物观,发展设施农业,构建多元化食物供给体系。发展乡村特色产业,拓宽农民增收致富渠道。巩固拓展脱贫攻坚成果,增强脱贫地区和脱贫群众内生发展动力。统筹乡村基础设施和公共服务布局,建设宜居宜业和美乡村。巩固和完善农村基本经营制度,发展新型农村集体经济,发展新型农业经营主体和社会化服务,发展农业适度规模经营。深化农村土地制度改革,赋予农民更加充分的财产权益。保障进城落户农民合法土地权益,鼓励依法自愿有偿转让。完善农业支持保护制度,健全农村金融服务体系。

(四)促进区域协调发展。深入实施区域协调发展战略、区域重大战略、主体功能区战略、新型城镇化战略,优化重大生产力布局,构建优势互补、高质量发展的区域经济布局和国土空间体系。推动西部大开发形成新格局,推动东北全面振兴取得新突破,促进中部地区加快崛起,鼓励东部地区加快推进现代化。支持革命老区、民族地区加快发展,加强边疆地区建设,推进兴边富民、稳边固边。推进京津冀协同发展、长江经济带发展、长三角一体化发展,推动黄河流域生态保护和高质量发展。高标准、高质量建设雄安新区,推动成渝地区双城经济圈建设。健全主体功能区制度,优化国土空间发展格局。推进以人为核心的新型城镇化,加快农业转移人口市民化。以城市群、都市圈为依托构建大中小城市协调发展格局,推进以县城为重要载体的城镇化建设。坚持人民城市人民建、人民城市为人民,提高城市规划、建设、治理水平,加快转变超大特大城市发展方式,实施城市更新行动,加强城市基础设施建设,打造宜居、韧性、智慧城市。发展海洋经济,保护海洋生态环境,加快建设海洋强国。

（五）**推进高水平对外开放**。依托我国超大规模市场优势,以国内大循环吸引全球资源要素,增强国内国际两个市场两种资源联动效应,提升贸易投资合作质量和水平。稳步扩大规则、规制、管理、标准等制度型开放。推动货物贸易优化升级,创新服务贸易发展机制,发展数字贸易,加快建设贸易强国。合理缩减外资准入负面清单,依法保护外商投资权益,营造市场化、法治化、国际化一流营商环境。推动共建"一带一路"高质量发展。优化区域开放布局，巩固东部沿海地区开放先导地位，提高中西部和东北地区开放水平。加快建设西部陆海新通道。加快建设海南自由贸易港，实施自由贸易试验区提升战略，扩大面向全球的高标准自由贸易区网络。有序推进人民币国际化。深度参与全球产业分工和合作，维护多元稳定的国际经济格局和经贸关系。

五、实施科教兴国战略，强化
现代化建设人才支撑

教育、科技、人才是全面建设社会主义现代化国家的基础性、战略性支撑。必须坚持科技是第一生产力、人才是第一资源、创新是第一动力，深入实施科教兴国战略、人才强国战略、创新驱动发展战略，开辟发展新领域新赛道，不断塑造发展新动能新优势。

我们要坚持教育优先发展、科技自立自强、人才引领驱动，加快建设教育强国、科技强国、人才强国，坚持为党育人、为国育才，全面提高人才自主培养质量，着力造就拔尖创新人才，聚天下英才而用之。

（一）办好人民满意的教育。教育是国之大计、党之大计。培养什么人、怎样培养人、为谁培养人是教育的根本问题。育人的根本在于立德。全面贯彻党的教育方针，落实立德树人根本任务，培养德智体美劳全面发展的

社会主义建设者和接班人。坚持以人民为中心发展教育,加快建设高质量教育体系,发展素质教育,促进教育公平。加快义务教育优质均衡发展和城乡一体化,优化区域教育资源配置,强化学前教育、特殊教育普惠发展,坚持高中阶段学校多样化发展,完善覆盖全学段学生资助体系。统筹职业教育、高等教育、继续教育协同创新,推进职普融通、产教融合、科教融汇,优化职业教育类型定位。加强基础学科、新兴学科、交叉学科建设,加快建设中国特色、世界一流的大学和优势学科。引导规范民办教育发展。加大国家通用语言文字推广力度。深化教育领域综合改革,加强教材建设和管理,完善学校管理和教育评价体系,健全学校家庭社会育人机制。加强师德师风建设,培养高素质教师队伍,弘扬尊师重教社会风尚。推进教育数字化,建设全民终身学习的学习型社会、学习型大国。

（二）**完善科技创新体系**。坚持创新在我国现代化建设全局中的核心地位。完善党中央对科技工作统一领导的体制,健全新型举国体制,强化国家战略科技力量,优化配置创新资源,优化国家科研机构、高水平研究型大学、科技领军企业定位和布局,形成国家实验室体系,统筹推进国际科技创新中心、区域科技创新中心建设,加强科技基础能力建设,强化科技战略咨询,提升国家创新体系整体效能。深化科技体制改革,深化科技评价改革,加大多元化科技投入，加强知识产权法治保障，形成支持全面创新的基础制度。培育创新文化，弘扬科学家精神，涵养优良学风，营造创新氛围。扩大国际科技交流合作，加强国际化科研环境建设，形成具有全球竞争力的开放创新生态。

（三）加快实施创新驱动发展战略。坚持面向世界科技前沿、面向经济主战场、面向国家重大需求、面向人民生命健康，加快实现高水平科技自立自强。以国家战略需求为导向，集聚力量进行原创性引领性科技攻关，坚决打赢关键核心技术攻坚战。加快实施一批具有战略性全局性前瞻性的国家重大科技项目，增强自主创新能力。加强基础研究，突出原创，鼓励自由探索。提升科技投入效能，深化财政科技经费分配使用机制改革，激发创新活力。加强企业主导的产学研深度融合，强化目标导向，提高科技成果转化和产业化水平。强化企业科技创新主体地位，发挥科技型骨干企业引领支撑作用，营造有利于科技型中小微企业成长的良好环境，推动创新链产业链资金链人才链深度融合。

（四）深入实施人才强国战略。培养造就大批德才兼备的高素质人才，是国家和民族长远发展大计。功以才成，业由才广。坚持党管人才原则，坚持尊重劳动、尊重知识、尊重人才、尊重创造，实施更加积极、更加开放、更加有效的人才政策，引导广大人才爱党报国、敬业奉献、服务人民。完善人才战略布局,坚持各方面人才一起抓,建设规模宏大、结构合理、素质优良的人才队伍。加快建设世界重要人才中心和创新高地,促进人才区域合理布局和协调发展,着力形成人才国际竞争的比较优势。加快建设国家战略人才力量,努力培养造就更多大师、战略科学家、一流科技领军人才和创新团队、青年科技人才、卓越工程师、大国工匠、高技能人才。加强人才国际交流,用好用活各类人才。深化人才发展体制机制改革,真心爱才、悉心育才、倾心引才、精心用才,求贤若渴,不拘一格,把各方面优秀人才集聚到党和人民事业中来。

六、发展全过程人民民主,
保障人民当家作主

我国是工人阶级领导的、以工农联盟为基础的人民民主专政的社会主义国家,国家一切权力属于人民。人民民主是社会主义的生命,是全面建设社会主义现代化国家的应有之义。全过程人民民主是社会主义民主政治的本质属性,是最广泛、最真实、最管用的民主。必须坚定不移走中国特色社会主义政治发展道路,坚持党的领导、人民当家作主、依法治国有机统一,坚持人民主体地位,充分体现人民意志、保障人民权益、激发人民创造活力。

我们要健全人民当家作主制度体系，扩大人民有序政治参与，保证人民依法实行民主选举、民主协商、民主决策、民主管理、民主监督，发挥人民群众积极性、主动性、创造性，巩固和发展生动活泼、安定团结的政治局面。

（一）加强人民当家作主制度保障。坚持和完善我国根本政治制度、基本政治制度、重要政治制度，拓展民主渠道，丰富民主形式，确保人民依法通过各种途径和形式管理国家事务，管理经济和文化事业，管理社会事务。支持和保证人民通过人民代表大会行使国家权力，保证各级人大都由民主选举产生、对人民负责、受人民监督。支持和保证人大及其常委会依法行使立法权、监督权、决定权、任免权，健全人大对行政机关、监察机关、审判机关、检察机关监督制度，维护国家法治统一、尊严、权威。加强人大代表工作能力建设，密切人大代表同人民群众的联系。健全吸纳民意、汇集民智工作机制，建设好基层立法联系点。深化工会、共青团、妇联等群团组织改革和建设，有效发挥桥梁纽带作用。坚持走中国人权发展道路，积极参与全球人权治理，推动人权事业全面发展。

（二）全面发展协商民主。协商民主是实践全过程人民民主的重要形式。完善协商民主体系，统筹推进政党协商、人大协商、政府协商、政协协商、人民团体协商、基层协商以及社会组织协商，健全各种制度化协商平台，推进协商民主广泛多层制度化发展。坚持和完善中国共产党领导的多党合作和政治协商制度,坚持党的领导、统一战线、协商民主有机结合,坚持发扬民主和增进团结相互贯通、建言资政和凝聚共识双向发力,发挥人民政协作为专门协商机构作用,加强制度化、规范化、程序化等功能建设,提高深度协商互动、意见充分表达、广泛凝聚共识水平,完善人民政协民主监督和委员联系界别群众制度机制。

(三)**积极发展基层民主**。基层民主是全过程人民民主的重要体现。健全基层党组织领导的基层群众自治机制,加强基层组织建设,完善基层直接民主制度体系和工作体系,增强城乡社区群众自我管理、自我服务、自我教育、自我监督的实效。完善办事公开制度,拓宽基层各类群体有序参与基层治理渠道,保障人民依法管理基层公共事务和公益事业。全心全意依靠工人阶级,健全以职工代表大会为基本形式的企事业单位民主管理制度,维护职工合法权益。

(四)**巩固和发展最广泛的爱国统一战线**。人心是最大的政治,统一战线是凝聚人心、汇聚力量的强大法宝。完善大统战工作格局,坚持大团结大联合,动员全体中华儿女围绕实现中华民族伟大复兴中国梦一起来想、一起来干。发挥我国社会主义新型政党制度优势,坚持长期共存、互相监督、肝胆相照、荣辱与共,加强同民主党派和无党派人士的团结合作,支持民主党派加强自身建设、更好履行职能。以铸牢中华民族共同体意识为主线，坚定不移走中国特色解决民族问题的正确道路，坚持和完善民族区域自治制度，加强和改进党的民族工作，全面推进民族团结进步事业。坚持我国宗教中国化方向，积极引导宗教与社会主义社会相适应。加强党外知识分子思想政治工作，做好新的社会阶层人士工作，强化共同奋斗的政治引领。全面构建亲清政商关系，促进非公有制经济健康发展和非公有制经济人士健康成长。加强和改进侨务工作，形成共同致力民族复兴的强大力量。

七、坚持全面依法治国，
推进法治中国建设

全面依法治国是国家治理的一场深刻革命，关系党执政兴国，关系人民幸福安康，关系党和国家长治久安。必须更好发挥法治固根本、稳预期、利长远的保障作用，在法治轨道上全面建设社会主义现代化国家。

我们要坚持走中国特色社会主义法治道路，建设中国特色社会主义法治体系、建设社会主义法治国家，围绕保障和促进社会公平正义，坚持依法治国、依法执政、依法行政共同推进，坚持法治国家、法治政府、法治社会一体建设，全面推进科学立法、严格执法、公正司法、全民守法，全面推进国家各方面工作法治化。

（一）完善以宪法为核心的中国特色社会主义法律体系。坚持依法治国首先要坚持依宪治国,坚持依法执政首先要坚持依宪执政,坚持宪法确定的中国共产党领导地位不动摇,坚持宪法确定的人民民主专政的国体和人民代表大会制度的政体不动摇。加强宪法实施和监督,健全保证宪法全面实施的制度体系,更好发挥宪法在治国理政中的重要作用,维护宪法权威。加强重点领域、新兴领域、涉外领域立法,统筹推进国内法治和涉外法治,以良法促进发展、保障善治。推进科学立法、民主立法、依法立法,统筹立改废释纂,增强立法系统性、整体性、协同性、时效性。完善和加强备案审查制度。坚持科学决策、民主决策、依法决策,全面落实重大决策程序制度。

（二）扎实推进依法行政。法治政府建设是全面依法治国的重点任务和主体工程。转变政府职能,优化政府职责体系和组织结构,推进机构、职能、权限、程序、责任法定化,提高行政效率和公信力。深化事业单位改革。深化行政执法体制改革,全面推进严格规范公正文明执法,加大关系群众切身利益的重点领域执法力度,完善行政执法程序,健全行政裁量基准。强化行政执法监督机制和能力建设,严格落实行政执法责任制和责任追究制度。完善基层综合执法体制机制。

（三）严格公正司法。公正司法是维护社会公平正义的最后一道防线。深化司法体制综合配套改革，全面准确落实司法责任制，加快建设公正高效权威的社会主义司法制度，努力让人民群众在每一个司法案件中感受到公平正义。规范司法权力运行，健全公安机关、检察机关、审判机关、司法行政机关各司其职、相互配合、相互制约的体制机制。强化对司法活动的制约监督，促进司法公正。加强检察机关法律监督工作。完善公益诉讼制度。

（四）**加快建设法治社会**。法治社会是构筑法治国家的基础。弘扬社会主义法治精神，传承中华优秀传统法律文化，引导全体人民做社会主义法治的忠实崇尚者、自觉遵守者、坚定捍卫者。建设覆盖城乡的现代公共法律服务体系，深入开展法治宣传教育，增强全民法治观念。推进多层次多领域依法治理，提升社会治理法治化水平。发挥领导干部示范带头作用，努力使尊法学法守法用法在全社会蔚然成风。

八、推进文化自信自强，铸就社会主义文化新辉煌

全面建设社会主义现代化国家，必须坚持中国特色社会主义文化发展道路，增强文化自信，围绕举旗帜、聚民心、育新人、兴文化、展形象建设社会主义文化强国，发

展面向现代化、面向世界、面向未来的，民族的科学的大众的社会主义文化，激发全民族文化创新创造活力，增强实现中华民族伟大复兴的精神力量。

我们要坚持马克思主义在意识形态领域指导地位的根本制度，坚持为人民服务、为社会主义服务，坚持百花齐放、百家争鸣，坚持创造性转化、创新性发展，以社会主义核心价值观为引领，发展社会主义先进文化，弘扬革命文化，传承中华优秀传统文化，满足人民日益增长的精神文化需求，巩固全党全国各族人民团结奋斗的共同思想基础，不断提升国家文化软实力和中华文化影响力。

（一）**建设具有强大凝聚力和引领力的社会主义意识形态**。意识形态工作是为国家立心、为民族立魂的工作。牢牢掌握党对意识形态工作领导权，全面落实意识形态工作责任制，巩固壮大奋进新时代的主流思想舆论。健全用党的创新理论武装全党、教育人民、指导实践工作体系。深入实施马克思主义理论研究和建设工程，加快构建中国特色哲学社会科学学科体系、学术体系、话语体系，培育壮大哲学社会科学人才队伍。加强全媒体传播体系建设，塑造主流舆论新格局。健全网络综合治理体系，推动形成良好网络生态。

（二）**广泛践行社会主义核心价值观**。社会主义核心价值观是凝聚人心、汇聚民力的强大力量。弘扬以伟大建党精神为源头的中国共产党人精神谱系,用好红色资源,深入开展社会主义核心价值观宣传教育,深化爱国主义、集体主义、社会主义教育,着力培养担当民族复兴大任的时代新人。推动理想信念教育常态化制度化,持续抓好党史、新中国史、改革开放史、社会主义发展史宣传教育,引导人民知史爱党、知史爱国,不断坚定中国特色社会主义共同理想。用社会主义核心价值观铸魂育人,完善思想政治工作体系,推进大中小学思想政治教育一体化建设。坚持依法治国和以德治国相结合,把社会主义核心价值观融入法治建设、融入社会发展、融入日常生活。

(三)提高全社会文明程度。实施公民道德建设工程,弘扬中华传统美德,加强家庭家教家风建设,加强和改进未成年人思想道德建设,推动明大德、守公德、严私德,提高人民道德水准和文明素养。统筹推动文明培育、文明实践、文明创建,推进城乡精神文明建设融合发展,在全社会弘扬劳动精神、奋斗精神、奉献精神、创造精神、勤俭节约精神,培育时代新风新貌。加强国家科普能力建设,深化全民阅读活动。完善志愿服务制度和工作体系。弘扬诚信文化,健全诚信建设长效机制。发挥党和国家功勋荣誉表彰的精神引领、典型示范作用,推动全社会见贤思齐、崇尚英雄、争做先锋。

(四)繁荣发展文化事业和文化产业。坚持以人民为中心的创作导向，推出更多增强人民精神力量的优秀作品，培育造就大批德艺双馨的文学艺术家和规模宏大的文化文艺人才队伍。坚持把社会效益放在首位、社会效益和经济效益相统一，深化文化体制改革，完善文化经济政策。实施国家文化数字化战略，健全现代公共文化服务体系，创新实施文化惠民工程。健全现代文化产业体系和市场体系，实施重大文化产业项目带动战略。加大文物和文化遗产保护力度，加强城乡建设中历史文化保护传承，建好用好国家文化公园。坚持以文塑旅、以旅彰文，推进文化和旅游深度融合发展。广泛开展全民健身活动，加强青少年体育工作，促进群众体育和竞技体育全面发展，加快建设体育强国。

（五）**增强中华文明传播力影响力。**坚守中华文化立场，提炼展示中华文明的精神标识和文化精髓，加快构建中国话语和中国叙事体系，讲好中国故事、传播好中国声音，展现可信、可爱、可敬的中国形象。加强国际传播能力建设，全面提升国际传播效能，形成同我国综合国力和国际地位相匹配的国际话语权。深化文明交流互鉴，推动中华文化更好走向世界。

九、增进民生福祉，提高人民生活品质

江山就是人民，人民就是江山。中国共产党领导人民打江山、守江山，守的是人民的心。治国有常，利民为本。为民造福是立党为公、执政为民的本质要求。必须坚持在发展中保障和改善民生，鼓励共同奋斗创造美好生活，不断实现人民对美好生活的向往。

我们要实现好、维护好、发展好最广大人民根本利益，紧紧抓住人民最关心最直接最现实的利益问题，坚持尽力而为、量力而行，深入群众、深入基层，采取更多惠民生、暖民心举措，着力解决好人民群众急难愁盼问题，健全基本公共服务体系，提高公共服务水平，增强均衡性和可及性，扎实推进共同富裕。

（一）**完善分配制度**。分配制度是促进共同富裕的基础性制度。坚持按劳分配为主体、多种分配方式并存，构建初次分配、再分配、第三次分配协调配套的制度体系。努力提高居民收入在国民收入分配中的比重，提高劳动报酬在初次分配中的比重。坚持多劳多得，鼓励勤劳致富，促进机会公平，增加低收入者收入，扩大中等收入群体。完善按要素分配政策制度，探索多种渠道增加中低收入群众要素收入，多渠道增加城乡居民财产性收入。加大税收、社会保障、转移支付等的调节力度。完善个人所得税制度，规范收入分配秩序，规范财富积累机制，保护合法收入，调节过高收入，取缔非法收入。引导、支持有意愿有能力的企业、社会组织和个人积极参与公益慈善事业。

（二）**实施就业优先战略**。就业是最基本的民生。强化就业优先政策,健全就业促进机制,促进高质量充分就业。健全就业公共服务体系,完善重点群体就业支持体系,加强困难群体就业兜底帮扶。统筹城乡就业政策体系,破除妨碍劳动力、人才流动的体制和政策弊端,消除影响平等就业的不合理限制和就业歧视,使人人都有通过勤奋劳动实现自身发展的机会。健全终身职业技能培训制度,推动解决结构性就业矛盾。完善促进创业带动就业的保障制度,支持和规范发展新就业形态。健全劳动法律法规,完善劳动关系协商协调机制,完善劳动者权益保障制度,加强灵活就业和新就业形态劳动者权益保障。

（三）**健全社会保障体系**。社会保障体系是人民生活的安全网和社会运行的稳定器。健全覆盖全民、统筹城乡、公平统一、安全规范、可持续的多层次社会保障体系。完善基本养老保险全国统筹制度,发展多层次、多支柱养老保险体系。实施渐进式延迟法定退休年龄。扩大社会保险覆盖面,健全基本养老、基本医疗保险筹资和待遇调整机制,推动基本医疗保险、失业保险、工伤保险省级统筹。促进多层次医疗保障有序衔接,完善大病保险和医疗救助制度,落实异地就医结算,建立长期护理保险制度,积极发展商业医疗保险。加快完善全国统一的社会保险公共服务平台。健全社保基金保值增值和安全监管体系。健全分层分类的社会救助体系。坚持男女平等基本国策，保障妇女儿童合法权益。完善残疾人社会保障制度和关爱服务体系，促进残疾人事业全面发展。坚持房子是用来住的、不是用来炒的定位，加快建立多主体供给、多渠道保障、租购并举的住房制度。

（四）**推进健康中国建设**。人民健康是民族昌盛和国家强盛的重要标志。把保障人民健康放在优先发展的战略位置，完善人民健康促进政策。优化人口发展战略，建立生育支持政策体系，降低生育、养育、教育成本。实施积极应对人口老龄化国家战略，发展养老事业和养老产业，优化孤寡老人服务，推动实现全体老年人享有基本养老服务。深化医药卫生体制改革，促进医保、医疗、医药协同发展和治理。促进优质医疗资源扩容和区域均衡布局，坚持预防为主，加强重大慢性病健康管理，提高基层防病治病和健康管理能力。深化以公益性为导向的公立医院改革，规范民营医院发展。发展壮大医疗卫生队伍，把工作重点放在农村和社区。重视心理健康和精神卫生。促进中医药传承创新发展。创新医防协同、医防融合机制，健全公共卫生体系，提高重大疫情早发现能力，加强重大疫情防控救治体系和应急能力建设，有效遏制重大传染性疾病传播。深入开展健康中国行动和爱国卫生运动，倡导文明健康生活方式。

十、推动绿色发展，促进
人与自然和谐共生

大自然是人类赖以生存发展的基本条件。尊重自然、顺应自然、保护自然，是全面建设社会主义现代化国家的内在要求。必须牢固树立和践行绿水青山就是金山银山的理念，站在人与自然和谐共生的高度谋划发展。

我们要推进美丽中国建设，坚持山水林田湖草沙一体化保护和系统治理，统筹产业结构调整、污染治理、生态保护、应对气候变化，协同推进降碳、减污、扩绿、增长，推进生态优先、节约集约、绿色低碳发展。

（一）**加快发展方式绿色转型**。推动经济社会发展绿色化、低碳化是实现高质量发展的关键环节。加快推动产业结构、能源结构、交通运输结构等调整优化。实施全面节约战略，推进各类资源节约集约利用，加快构建废弃物循环利用体系。完善支持绿色发展的财税、金融、投资、价格政策和标准体系，发展绿色低碳产业，健全资源环境要素市场化配置体系，加快节能降碳先进技术研发和推广应用，倡导绿色消费，推动形成绿色低碳的生产方式和生活方式。

（二）**深入推进环境污染防治**。坚持精准治污、科学治污、依法治污，持续深入打好蓝天、碧水、净土保卫战。

加强污染物协同控制,基本消除重污染天气。统筹水资源、水环境、水生态治理,推动重要江河湖库生态保护治理,基本消除城市黑臭水体。加强土壤污染源头防控,开展新污染物治理。提升环境基础设施建设水平,推进城乡人居环境整治。全面实行排污许可制,健全现代环境治理体系。严密防控环境风险。深入推进中央生态环境保护督察。

（三）提升生态系统多样性、稳定性、持续性。以国家重点生态功能区、生态保护红线、自然保护地等为重点,加快实施重要生态系统保护和修复重大工程。推进以国家公园为主体的自然保护地体系建设。实施生物多样性保护重大工程。科学开展大规模国土绿化行动。深化集体林权制度改革。推行草原森林河流湖泊湿地休养生息,实施好长江十年禁渔,健全耕地休耕轮作制度。建立生态产品价值实现机制,完善生态保护补偿制度。加强生物安全管理,防治外来物种侵害。

（四）**积极稳妥推进碳达峰碳中和**。实现碳达峰碳中和是一场广泛而深刻的经济社会系统性变革。立足我国能源资源禀赋,坚持先立后破,有计划分步骤实施碳达峰行动。完善能源消耗总量和强度调控,重点控制化石能源消费,逐步转向碳排放总量和强度"双控"制度。推动能源清洁低碳高效利用,推进工业、建筑、交通等领域清洁低碳转型。深入推进能源革命,加强煤炭清洁高效利用,加大油气资源勘探开发和增储上产力度,加快规划建设新型能源体系,统筹水电开发和生态保护,积极安全有序发展核电,加强能源产供储销体系建设,确保能源安全。完善碳排放统计核算制度,健全碳排放权市场交易制度。提升生态系统碳汇能力。积极参与应对气候变化全球治理。

十一、推进国家安全体系和能力现代化,坚决维护国家安全和社会稳定

国家安全是民族复兴的根基,社会稳定是国家强盛的前提。必须坚定不移贯彻总体国家安全观,把维护国家安全贯穿党和国家工作各方面全过程,确保国家安全和社会稳定。

我们要坚持以人民安全为宗旨、以政治安全为根本、以经济安全为基础、以军事科技文化社会安全为保障、以促进国际安全为依托,统筹外部安全和内部安全、国土安全和国民安全、传统安全和非传统安全、自身安全和共同安全,统筹维护和塑造国家安全,夯实国家安全和社会稳定基层基础,完善参与全球安全治理机制,建设更高水平的平安中国,以新安全格局保障新发展格局。

(一)健全国家安全体系。坚持党中央对国家安全工作的集中统一领导,完善高效权威的国家安全领导

体制。强化国家安全工作协调机制，完善国家安全法治体系、战略体系、政策体系、风险监测预警体系、国家应急管理体系，完善重点领域安全保障体系和重要专项协调指挥体系，强化经济、重大基础设施、金融、网络、数据、生物、资源、核、太空、海洋等安全保障体系建设。健全反制裁、反干涉、反"长臂管辖"机制。完善国家安全力量布局，构建全域联动、立体高效的国家安全防护体系。

（二）**增强维护国家安全能力。**坚定维护国家政权安全、制度安全、意识形态安全，加强重点领域安全能力建设，确保粮食、能源资源、重要产业链供应链安全，加强海外安全保障能力建设，维护我国公民、法人在海外合法权益，维护海洋权益，坚定捍卫国家主权、安全、发展利益。提高防范化解重大风险能力，严密防范系统性安全风险，严厉打击敌对势力渗透、破坏、颠覆、分裂活动。全面加强国家安全教育，提高各级领导干部统筹发展和安全能力，增强全民国家安全意识和素养，筑牢国家安全人民防线。

（三）**提高公共安全治理水平。**坚持安全第一、预防为主，建立大安全大应急框架，完善公共安全体系，推动公共安全治理模式向事前预防转型。推进安全生产风险专项整治，加强重点行业、重点领域安全监管。提高防灾减灾救灾和重大突发公共事件处置保障能力，加强国家区域应急力量建设。强化食品药品安全监管,健全生物安全监管预警防控体系。加强个人信息保护。

（四）**完善社会治理体系**。健全共建共治共享的社会治理制度,提升社会治理效能。在社会基层坚持和发展新时代"枫桥经验",完善正确处理新形势下人民内部矛盾机制,加强和改进人民信访工作,畅通和规范群众诉求表达、利益协调、权益保障通道,完善网格化管理、精细化服务、信息化支撑的基层治理平台,健全城乡社区治理体系,及时把矛盾纠纷化解在基层、化解在萌芽状态。加快推进市域社会治理现代化,提高市域社会治理能力。强化社会治安整体防控,推进扫黑除恶常态化,依法严惩群众反映强烈的各类违法犯罪活动。发展壮大群防群治力量,营造见义勇为社会氛围,建设人人有责、人人尽责、人人享有的社会治理共同体。

十二、实现建军一百年奋斗目标,开创国防和军队现代化新局面

如期实现建军一百年奋斗目标,加快把人民军队建成世界一流军队,是全面建设社会主义现代化国家的战略要求。必须贯彻新时代党的强军思想,贯彻新时代军事战略方针,坚持党对人民军队的绝对领导,坚持政治建军、改革强军、科技强军、人才强军、依法治军,坚持边斗

争、边备战、边建设，坚持机械化信息化智能化融合发展，加快军事理论现代化、军队组织形态现代化、军事人员现代化、武器装备现代化，提高捍卫国家主权、安全、发展利益战略能力，有效履行新时代人民军队使命任务。

全面加强人民军队党的建设，确保枪杆子永远听党指挥。健全贯彻军委主席负责制体制机制。深化党的创新理论武装，开展"学习强军思想、建功强军事业"教育实践活动。加强军史学习教育，繁荣发展强军文化，强化战斗精神培育。建强人民军队党的组织体系，推进政治整训常态化制度化，持之以恒正风肃纪反腐。

全面加强练兵备战，提高人民军队打赢能力。研究掌握信息化智能化战争特点规律，创新军事战略指导，发展人民战争战略战术。打造强大战略威慑力量体系，增加新域新质作战力量比重，加快无人智能作战力量发展，统筹网络信息体系建设运用。优化联合作战指挥体系，推进侦察预警、联合打击、战场支撑、综合保障体系和能力建设。深入推进实战化军事训练，深化联合训练、对抗训练、科技练兵。加强军事力量常态化多样化运用，坚定灵活开展军事斗争，塑造安全态势，遏控危机冲突，打赢局部战争。

全面加强军事治理，巩固拓展国防和军队改革成果，完善军事力量结构编成，体系优化军事政策制度。加强国防和军队建设重大任务战建备统筹，加快建设现代化后勤,实施国防科技和武器装备重大工程,加速科技向战斗力转化。深化军队院校改革,建强新型军事人才培养体系,创新军事人力资源管理。加强依法治军机制建设和战略规划,完善中国特色军事法治体系。改进战略管理,提高军事系统运行效能和国防资源使用效益。

巩固提高一体化国家战略体系和能力。加强军地战略规划统筹、政策制度衔接、资源要素共享。优化国防科技工业体系和布局,加强国防科技工业能力建设。深化全民国防教育。加强国防动员和后备力量建设,推进现代边海空防建设。加强军人军属荣誉激励和权益保障,做好退役军人服务保障工作。巩固发展军政军民团结。

人民军队始终是党和人民完全可以信赖的英雄军队,有信心、有能力维护国家主权、统一和领土完整,有信心、有能力为实现中华民族伟大复兴提供战略支撑,有信心、有能力为世界和平与发展作出更大贡献!

十三、坚持和完善"一国两制",
推进祖国统一

"一国两制"是中国特色社会主义的伟大创举,是香港、澳门回归后保持长期繁荣稳定的最佳制度安排,必须长期坚持。

全面准确、坚定不移贯彻"一国两制"、"港人治港"、

"澳人治澳"、高度自治的方针,坚持依法治港治澳,维护宪法和基本法确定的特别行政区宪制秩序。坚持和完善"一国两制"制度体系,落实中央全面管治权,落实"爱国者治港"、"爱国者治澳"原则,落实特别行政区维护国家安全的法律制度和执行机制。坚持中央全面管治权和保障特别行政区高度自治权相统一,坚持行政主导,支持行政长官和特别行政区政府依法施政,提升全面治理能力和管治水平,完善特别行政区司法制度和法律体系,保持香港、澳门资本主义制度和生活方式长期不变,促进香港、澳门长期繁荣稳定。

支持香港、澳门发展经济、改善民生、破解经济社会发展中的深层次矛盾和问题。发挥香港、澳门优势和特点,巩固提升香港、澳门在国际金融、贸易、航运航空、创新科技、文化旅游等领域的地位,深化香港、澳门同各国各地区更加开放、更加密切的交往合作。推进粤港澳大湾区建设,支持香港、澳门更好融入国家发展大局,为实现中华民族伟大复兴更好发挥作用。

发展壮大爱国爱港爱澳力量,增强港澳同胞的爱国精神,形成更广泛的国内外支持"一国两制"的统一战线。坚决打击反中乱港乱澳势力,坚决防范和遏制外部势力干预港澳事务。

解决台湾问题、实现祖国完全统一,是党矢志不渝的历史任务,是全体中华儿女的共同愿望,是实现中华民族伟大复兴的必然要求。坚持贯彻新时代党解决台湾问题的总体方略，牢牢把握两岸关系主导权和主动权，坚定不移推进祖国统一大业。

"和平统一、一国两制"方针是实现两岸统一的最佳方式，对两岸同胞和中华民族最有利。我们坚持一个中国原则和"九二共识"，在此基础上，推进同台湾各党派、各界别、各阶层人士就两岸关系和国家统一开展广泛深入协商，共同推动两岸关系和平发展、推进祖国和平统一进程。我们坚持团结广大台湾同胞，坚定支持岛内爱国统一力量，共同把握历史大势，坚守民族大义，坚定反"独"促统。伟大祖国永远是所有爱国统一力量的坚强后盾！

两岸同胞血脉相连，是血浓于水的一家人。我们始终尊重、关爱、造福台湾同胞，继续致力于促进两岸经济文化交流合作，深化两岸各领域融合发展，完善增进台湾同胞福祉的制度和政策，推动两岸共同弘扬中华文化，促进两岸同胞心灵契合。

台湾是中国的台湾。解决台湾问题是中国人自己的事，要由中国人来决定。我们坚持以最大诚意、尽最大努力争取和平统一的前景，但决不承诺放弃使用武力，保留采取一切必要措施的选项，这针对的是外部势力干涉和极少数"台独"分裂分子及其分裂活动，绝非针对广大台湾同胞。国家统一、民族复兴的历史车轮滚滚向前，祖国完全统一一定要实现，也一定能够实现！

十四、促进世界和平与发展，推动构建人类命运共同体

当前,世界之变、时代之变、历史之变正以前所未有的方式展开。一方面,和平、发展、合作、共赢的历史潮流不可阻挡,人心所向、大势所趋决定了人类前途终归光明。另一方面,恃强凌弱、巧取豪夺、零和博弈等霸权霸道霸凌行径危害深重,和平赤字、发展赤字、安全赤字、治理赤字加重,人类社会面临前所未有的挑战。世界又一次站在历史的十字路口,何去何从取决于各国人民的抉择。

中国始终坚持维护世界和平、促进共同发展的外交政策宗旨,致力于推动构建人类命运共同体。

中国坚定奉行独立自主的和平外交政策,始终根据事情本身的是非曲直决定自己的立场和政策,维护国际关系基本准则,维护国际公平正义。中国尊重各国主权和领土完整,坚持国家不分大小、强弱、贫富一律平等,尊重各国人民自主选择的发展道路和社会制度,坚决反对一切形式的霸权主义和强权政治,反对冷战思维,反对干涉别国内政,反对搞双重标准。中国奉行防御性的国防政策,中国的发展是世界和平力量的增长,无论发展到什么程度,中国永远不称霸、永远不搞扩张。

中国坚持在和平共处五项原则基础上同各国发展友好合作，推动构建新型国际关系，深化拓展平等、开放、合作的全球伙伴关系，致力于扩大同各国利益的汇合点。促进大国协调和良性互动，推动构建和平共处、总体稳定、均衡发展的大国关系格局。坚持亲诚惠容和与邻为善、以邻为伴周边外交方针，深化同周边国家友好互信和利益融合。秉持真实亲诚理念和正确义利观加强同发展中国家团结合作，维护发展中国家共同利益。中国共产党愿在独立自主、完全平等、互相尊重、互不干涉内部事务原则基础上加强同各国政党和政治组织交流合作，积极推进人大、政协、军队、地方、民间等各方面对外交往。

中国坚持对外开放的基本国策，坚定奉行互利共赢的开放战略，不断以中国新发展为世界提供新机遇，推动建设开放型世界经济，更好惠及各国人民。中国坚持经济全球化正确方向，推动贸易和投资自由化便利化，推进双边、区域和多边合作，促进国际宏观经济政策协调，共同营造有利于发展的国际环境，共同培育全球发展新动能，反对保护主义，反对"筑墙设垒"、"脱钩断链"，反对单边制裁、极限施压。中国愿加大对全球发展合作的资源投入，致力于缩小南北差距，坚定支持和帮助广大发展中国家加快发展。

中国积极参与全球治理体系改革和建设，践行共商共建共享的全球治理观，坚持真正的多边主义，推进国际关系民主化,推动全球治理朝着更加公正合理的方向发展。坚定维护以联合国为核心的国际体系、以国际法为基础的国际秩序、以联合国宪章宗旨和原则为基础的国际关系基本准则,反对一切形式的单边主义,反对搞针对特定国家的阵营化和排他性小圈子。推动世界贸易组织、亚太经合组织等多边机制更好发挥作用,扩大金砖国家、上海合作组织等合作机制影响力,增强新兴市场国家和发展中国家在全球事务中的代表性和发言权。中国坚持积极参与全球安全规则制定,加强国际安全合作,积极参与联合国维和行动,为维护世界和平和地区稳定发挥建设性作用。

构建人类命运共同体是世界各国人民前途所在。万物并育而不相害,道并行而不相悖。只有各国行天下之大道、和睦相处、合作共赢,繁荣才能持久,安全才有保障。中国提出了全球发展倡议、全球安全倡议,愿同国际社会一道努力落实。中国坚持对话协商,推动建设一个持久和平的世界;坚持共建共享,推动建设一个普遍安全的世界;坚持合作共赢,推动建设一个共同繁荣的世界;坚持交流互鉴,推动建设一个开放包容的世界;坚持绿色低碳,推动建设一个清洁美丽的世界。

我们真诚呼吁,世界各国弘扬和平、发展、公平、正义、民主、自由的全人类共同价值,促进各国人民相知相亲,尊重世界文明多样性,以文明交流超越文明隔阂、文明互鉴超越文明冲突、文明共存超越文明优越，共同应对各种全球性挑战。

我们所处的是一个充满挑战的时代，也是一个充满希望的时代。中国人民愿同世界人民携手开创人类更加美好的未来！

十五、坚定不移全面从严治党，深入推进新时代党的建设新的伟大工程

全面建设社会主义现代化国家、全面推进中华民族伟大复兴，关键在党。我们党作为世界上最大的马克思主义执政党，要始终赢得人民拥护、巩固长期执政地位，必须时刻保持解决大党独有难题的清醒和坚定。经过十八大以来全面从严治党，我们解决了党内许多突出问题，但党面临的执政考验、改革开放考验、市场经济考验、外部环境考验将长期存在，精神懈怠危险、能力不足危险、脱离群众危险、消极腐败危险将长期存在。全党必须牢记，全面从严治党永远在路上，党的自我革命永远在路上，决不能有松劲歇脚、疲劳厌战的情绪，必须持之以恒推进全面从严治党，深入推进新时代党的建设新的伟大工程，以党的自我革命引领社会革命。

我们要落实新时代党的建设总要求，健全全面从严

治党体系,全面推进党的自我净化、自我完善、自我革新、自我提高,使我们党坚守初心使命,始终成为中国特色社会主义事业的坚强领导核心。

（一）坚持和加强党中央集中统一领导。党的领导是全面的、系统的、整体的,必须全面、系统、整体加以落实。健全总揽全局、协调各方的党的领导制度体系,完善党中央重大决策部署落实机制,确保全党在政治立场、政治方向、政治原则、政治道路上同党中央保持高度一致,确保党的团结统一。完善党中央决策议事协调机构,加强党中央对重大工作的集中统一领导。加强党的政治建设,严明政治纪律和政治规矩,落实各级党委（党组）主体责任,提高各级党组织和党员干部政治判断力、政治领悟力、政治执行力。坚持科学执政、民主执政、依法执政,贯彻民主集中制,创新和改进领导方式,提高党把方向、谋大局、定政策、促改革能力,调动各方面积极性。增强党内政治生活政治性、时代性、原则性、战斗性,用好批评和自我批评武器,持续净化党内政治生态。

（二）坚持不懈用新时代中国特色社会主义思想凝心铸魂。用党的创新理论武装全党是党的思想建设的根本任务。全面加强党的思想建设,坚持用新时代中国特色社会主义思想统一思想、统一意志、统一行动,组织实施党的创新理论学习教育计划,建设马克思主义学习型政党。加强理想信念教育,引导全党牢记党的宗旨,解决好世界观、人生观、价值观这个总开关问题,自觉做共产主义远大理想和中国特色社会主义共同理想的坚定信仰者和忠实实践者。坚持学思用贯通、知信行统一,把新时代中国特色社会主义思想转化为坚定理想、锤炼党性和指导实践、推动工作的强大力量。坚持理论武装同常态化长效化开展党史学习教育相结合,引导党员、干部不断学史明理、学史增信、学史崇德、学史力行,传承红色基因,赓续红色血脉。以县处级以上领导干部为重点在全党深入开展主题教育。

(三)**完善党的自我革命制度规范体系**。坚持制度治党、依规治党,以党章为根本,以民主集中制为核心,完善党内法规制度体系,增强党内法规权威性和执行力,形成坚持真理、修正错误,发现问题、纠正偏差的机制。健全党统一领导、全面覆盖、权威高效的监督体系,完善权力监督制约机制,以党内监督为主导,促进各类监督贯通协调,让权力在阳光下运行。推进政治监督具体化、精准化、常态化,增强对"一把手"和领导班子监督实效。发挥政治巡视利剑作用,加强巡视整改和成果运用。落实全面从严治党政治责任,用好问责利器。

(四)**建设堪当民族复兴重任的高素质干部队伍**。全面建设社会主义现代化国家,必须有一支政治过硬、适应新时代要求、具备领导现代化建设能力的干部队伍。坚持党管干部原则,坚持德才兼备、以德为先、五湖四海、任人唯贤,把新时代好干部标准落到实处。树立选人用人正确导向,选拔忠诚干净担当的高素质专业化干部,选优配强各级领导班子。坚持把政治标准放在首位,做深做实干部政治素质考察,突出把好政治关、廉洁关。加强实践锻炼、专业训练,注重在重大斗争中磨砺干部,增强干部推动高质量发展本领、服务群众本领、防范化解风险本领。加强干部斗争精神和斗争本领养成,着力增强防风险、迎挑战、抗打压能力,带头担当作为,做到平常时候看得出来、关键时刻站得出来、危难关头豁得出来。完善干部考核评价体系,引导干部树立和践行正确政绩观,推动干部能上能下、能进能出,形成能者上、优者奖、庸者下、劣者汰的良好局面。抓好后继有人这个根本大计,健全培养选拔优秀年轻干部常态化工作机制,把到基层和艰苦地区锻炼成长作为年轻干部培养的重要途径。重视女干部培养选拔工作,发挥女干部重要作用。重视培养和用好少数民族干部,统筹做好党外干部工作。做好离退休干部工作。加强和改进公务员工作,优化机构编制资源配置。坚持严管和厚爱相结合,加强对干部全方位管理和经常性监督,落实"三个区分开来",激励干部敢于担当、积极作为。关心关爱基层干部特别是条件艰苦地区干部。

(五)增强党组织政治功能和组织功能。严密的组织体系是党的优势所在、力量所在。各级党组织要履行党章赋予的各项职责,把党的路线方针政策和党中央决策部署贯彻落实好,把各领域广大群众组织凝聚好。坚持大抓基层的鲜明导向,抓党建促乡村振兴,加强城市社区党建工作,推进以党建引领基层治理,持续整顿软弱涣散基层党组织,把基层党组织建设成为有效实现党的领导的坚强战斗堡垒。全面提高机关党建质量,推进事业单位党建工作。推进国有企业、金融企业在完善公司治理中加强党的领导,加强混合所有制企业、非公有制企业党建工作,理顺行业协会、学会、商会党建工作管理体制。加强新经济组织、新社会组织、新就业群体党的建设。注重从青年和产业工人、农民、知识分子中发展党员,加强和改进党员特别是流动党员教育管理。落实党内民主制度,保障党员权利,激励党员发挥先锋模范作用。严肃稳妥处置不合格党员,保持党员队伍先进性和纯洁性。

（六）坚持以严的基调强化正风肃纪。党风问题关系执政党的生死存亡。弘扬党的光荣传统和优良作风,促进党员干部特别是领导干部带头深入调查研究,扑下身子干实事、谋实招、求实效。锲而不舍落实中央八项规定精神,抓住“关键少数”以上率下,持续深化纠治“四风”,重点纠治形式主义、官僚主义,坚决破除特权思想和特权行为。把握作风建设地区性、行业性、阶段性特点,抓住普遍发生、反复出现的问题深化整治,推进作风建设常态化长效化。全面加强党的纪律建设,督促领导干部特别是高级干部严于律己、严负其责、严管所辖，对违反党纪的问题，发现一起坚决查处一起。坚持党性党风党纪一起抓，从思想上固本培元，提高党性觉悟，增强拒腐防变能力，涵养富贵不能淫、贫贱不能移、威武不能屈的浩然正气。

（七）坚决打赢反腐败斗争攻坚战持久战。腐败是危害党的生命力和战斗力的最大毒瘤，反腐败是最彻底的自我革命。只要存在腐败问题产生的土壤和条件，反腐败斗争就一刻不能停，必须永远吹冲锋号。坚持不敢腐、不能腐、不想腐一体推进，同时发力、同向发力、综合发力。以零容忍态度反腐惩恶，更加有力遏制增量，更加有效清除存量，坚决查处政治问题和经济问题交织的腐败，坚决防止领导干部成为利益集团和权势团体的代言人、代理人，坚决治理政商勾连破坏政治生态和经济发展环境问题，决不姑息。深化整治权力集中、资金密集、资源富集领域的腐败，坚决惩治群众身边的"蝇贪"，严肃查处领导干部配偶、子女及其配偶等亲属和身边工作人员利用影响力谋私贪腐问题，坚持受贿行贿一起查，惩治新型腐败和隐性腐败。深化反腐败国际合作，一体构建追逃防逃追赃机制。深化标本兼治，推进反腐败国家立法，加强新时代廉洁文化建设，教育引导广大党员、干部增强不想腐的自觉，清清白白做人、干干净净做事，使严厉惩治、规范权力、教育引导紧密结合、协调联动，不断取得更多制度性成果和更大治理效能。

同志们！时代呼唤着我们，人民期待着我们，唯有矢志不渝、笃行不怠，方能不负时代、不负人民。全党必须牢记，坚持党的全面领导是坚持和发展中国特色社会主义的必由之路，中国特色社会主义是实现中华民族伟大复兴的必由之路，团结奋斗是中国人民创造历史伟业的必由之路，贯彻新发展理念是新时代我国发展壮大的必由之路，全面从严治党是党永葆生机活力、走好新的赶考之路的必由之路。这是我们在长期实践中得出的至关紧要的规律性认识，必须倍加珍惜、始终坚持，咬定青山不放松，引领和保障中国特色社会主义巍巍巨轮乘风破浪、行稳致远。

团结就是力量，团结才能胜利。全面建设社会主义现代化国家，必须充分发挥亿万人民的创造伟力。全党要坚持全心全意为人民服务的根本宗旨，树牢群众观点，贯彻群众路线，尊重人民首创精神，坚持一切为了人民、一切依靠人民，从群众中来、到群众中去，始终保持同人民群众的血肉联系，始终接受人民批评和监督，始终同人民同呼吸、共命运、心连心，不断巩固全国各族人民大团结，加强海内外中华儿女大团结，形成同心共圆中国梦的强大合力。

青年强，则国家强。当代中国青年生逢其时，施展才干的舞台无比广阔，实现梦想的前景无比光明。全党要把青年工作作为战略性工作来抓，用党的科学理论武装青年，用党的初心使命感召青年，做青年朋友的知心人、青年工作的热心人、青年群众的引路人。广大青年要坚定不移听党话、跟党走，怀抱梦想又脚踏实地，敢想敢为又善作善成，立志做有理想、敢担当、能吃苦、肯奋斗的新时代好青年，让青春在全面建设社会主义现代化国家的火热实践中绽放绚丽之花。

同志们！党用伟大奋斗创造了百年伟业，也一定能用新的伟大奋斗创造新的伟业。全党全军全国各族人民要紧密团结在党中央周围，牢记空谈误国、实干兴邦，坚定信心、同心同德，埋头苦干、奋勇前进，为全面建设社会主义现代化国家、全面推进中华民族伟大复兴而团结奋斗！

中国共产党
第二十次全国代表大会关于
十九届中央委员会报告的决议

（2022 年 10 月 22 日中国共产党
第二十次全国代表大会通过）

　　中国共产党第二十次全国代表大会批准习近平同志代表十九届中央委员会所作的报告。大会高举中国特色社会主义伟大旗帜，坚持马克思列宁主义、毛泽东思想、邓小平理论、"三个代表"重要思想、科学发展观，全面贯彻习近平新时代中国特色社会主义思想，分析了国际国内形势，提出了党的二十大主题，回顾总结了过去五年的工作和新时代十年的伟大变革，阐述了开辟马克思主义中国化时代化新境界、中国式现代化的中国特色和本质要求等重大问题，对全面建设社会主义现代化国家、全面推进中华民族伟大复兴进行了战略谋划，对统筹推进"五位一体"总体布局、协调推进"四个全面"战略布局作出了全面部署，为新时代新征程党和国家事业发展、实现第二个百年奋斗目标指明了前进方向、确立了行动指南。大会通过的十九届中央委员会的报告,是党和人民智慧的结晶,是党团结带领全国各族人民夺取中国特色社会主义新胜利的政治宣言和行动纲领,是马克思主义的纲领性文献。

大会认为,报告阐明的大会主题是大会的灵魂,是党和国家事业发展的总纲。全党要高举中国特色社会主义伟大旗帜,深刻领悟"两个确立"的决定性意义,坚决维护习近平同志党中央的核心、全党的核心地位,全面贯彻习近平新时代中国特色社会主义思想,弘扬伟大建党精神,自信自强、守正创新,踔厉奋发、勇毅前行,为全面建设社会主义现代化国家、全面推进中华民族伟大复兴而团结奋斗。

大会指出,我们党立志于中华民族千秋伟业,致力于人类和平与发展崇高事业,责任无比重大,使命无上光荣。全党同志务必不忘初心、牢记使命,务必谦虚谨慎、艰苦奋斗,务必敢于斗争、善于斗争,坚定历史自信,增强历史主动,谱写新时代中国特色社会主义更加绚丽的华章。

大会高度评价十九届中央委员会的工作。党的十九大以来的五年,是极不寻常、极不平凡的五年。五年来,以习近平同志为核心的党中央高举中国特色社会主义伟大旗帜,全面贯彻党的十九大和十九届历次全会精神,坚持马克思列宁主义、毛泽东思想、邓小平理论、"三个代表"重要思想、科学发展观,全面贯彻习近平新时代中国特色社会主义思想,团结带领全党全军全国各族人民,统揽伟大斗争、伟大工程、伟大事业、伟大梦想,统筹推进"五位一体"总体布局,协调推进"四个全面"战略布局,统筹新冠肺炎疫情防控和经济社会发展,统筹发展和安全,坚持稳中求进工作总基调,全力推进全面建成小康社会进程,完整、准确、全面贯彻新发展理念,着力推动高质量发展,主动构建新发展格局,蹄疾步稳推进改革,扎实推进全过程人民民主,全面推进依法治国,积极发展社会主义先进文化,突出保障和改善民生,集中力量实施脱贫攻坚战,大力推进生态文明建设,坚决维护国家安全,防范化解重大风险,保持社会大局稳定,大力度推进国防和军队现代化建设,香港局势实现由乱到治的重大转折,坚决开展反分裂、反干涉重大斗争,全方位开展中国特色大国外交,全面推进党的建设新的伟大工程,如期打赢脱贫攻坚战,完成全面建成小康社会的历史任务,实现第一个百年奋斗目标,迈上全面建设社会主义现代化国家新征程,向第二个百年奋斗目标进军。五年来,以习近平同志为核心的党中央审时度势、守正创新,敢于斗争、善于斗争,团结带领全党全军全国各族人民有效应对严峻复杂的国际形势和接踵而至的巨大风险挑战,以奋发有为的精神把新时代中国特色社会主义不断推向前进,攻克了许多长期没有解决的难题,办成了许多事关长远的大事要事,推动党和国家事业取得举世瞩目的重大成就。

大会强调,党的十八大召开十年来,我们经历了对党和人民事业具有重大现实意义和深远历史意义的三件大事:一是迎来中国共产党成立一百周年,二是中国特色社会主义进入新时代,三是完成脱贫攻坚、全面建成小康社会的历史任务,实现第一个百年奋斗目标。这是中国共产党和中国人民团结奋斗赢得的历史性胜利,是彪炳中华民族发展史册的历史性胜利,也是对世界具有深远影响的历史性胜利。十年来,我们全面贯彻党的基本理论、基本路线、基本方略,采取一系列战略性举措,推进一系列变革性实践,实现一系列突破性进展,取得一系列标志性成果,经受住了来自政治、经济、意识形态、自然界等方面的风险挑战考验,党和国家事业取得历史性成就、发生历史性变革,推动我国迈上全面建设社会主义现代化国家新征程。新时代十年的伟大变革,在党史、新中国史、改革开放史、社会主义发展史、中华民族发展史上具有里程碑意义。中国共产党在革命性锻造中更加坚强有力,中国人民焕发出更为强烈的历史自觉和主动精神,实现中华民族伟大复兴进入了不可逆转的历史进程,科学社会主义在二十一世纪的中国焕发出新的蓬勃生机。

大会强调,新时代十年的伟大变革,是在以习近平同志为核心的党中央坚强领导下、在习近平新时代中国特色社会主义思想指引下全党全国各族人民团结奋斗取得的。党确立习近平同志党中央的核心、全党的核心地位，确立习近平新时代中国特色社会主义思想的指导地位，反映了全党全军全国各族人民共同心愿，对新时代党和国家事业发展、对推进中华民族伟大复兴历史进程具有决定性意义。新时代新征程上把中国特色社会主义事业推向前进，最紧要的是深刻领悟"两个确立"的决定性意义，增强"四个意识"、坚定"四个自信"、做到"两个维护"，自觉在思想上政治上行动上同以习近平同志为核心的党中央保持高度一致。

大会强调，马克思主义是我们立党立国、兴党兴国的根本指导思想。实践告诉我们，中国共产党为什么能，中国特色社会主义为什么好，归根到底是马克思主义行，是中国化时代化的马克思主义行。党的十八大以来，我们党勇于进行理论探索和创新，以全新的视野深化对共产党执政规律、社会主义建设规律、人类社会发展规律的认识，取得重大理论创新成果，集中体现为习近平新时代中国特色社会主义思想。党的十九大、十九届六中全会提出的"十个明确"、"十四个坚持"、"十三个方面成就"概括了这一思想的主要内容，必须长期坚持并不断丰富发展。只有把马克思主义基本原理同中国具体实际相结合、同中华优秀传统文化相结合，坚持运用辩证唯物主义和历史唯物主义，才能正确回答时代和实践提出的重大问题,才能始终保持马克思主义的蓬勃生机和旺盛活力。继续推进实践基础上的理论创新,首先要把握好习近平新时代中国特色社会主义思想的世界观和方法论,坚持好、运用好贯穿其中的立场观点方法,坚持人民至上,坚持自信自立,坚持守正创新,坚持问题导向,坚持系统观念,坚持胸怀天下,开辟马克思主义中国化时代化新境界。

大会提出,从现在起,中国共产党的中心任务就是团结带领全国各族人民全面建成社会主义现代化强国、实现第二个百年奋斗目标,以中国式现代化全面推进中华民族伟大复兴。

大会指出,在新中国成立特别是改革开放以来长期探索和实践基础上,经过党的十八大以来在理论和实践上的创新突破,我们党成功推进和拓展了中国式现代化。中国式现代化,是中国共产党领导的社会主义现代化,既有各国现代化的共同特征,更有基于自己国情的中国特色。中国式现代化是人口规模巨大的现代化、全体人民共同富裕的现代化、物质文明和精神文明相协调的现代化、人与自然和谐共生的现代化、走和平发展道路的现代化。中国式现代化的本质要求是:坚持中国共产党领导,坚持中国特色社会主义,实现高质量发展,发展全过程人民民主,丰富人民精神世界,实现全体人民共同富裕,促进人与自然和谐共生,推动构建人类命运共同体,创造人类文明新形态。

大会指出,全面建成社会主义现代化强国,总的战略安排是分两步走:从二〇二〇年到二〇三五年基本实现社会主义现代化;从二〇三五年到本世纪中叶把我国建成富强民主文明和谐美丽的社会主义现代化强国。未来五年是全面建设社会主义现代化国家开局起步的关键时期,主要目标任务是:经济高质量发展取得新突破,科技自立自强能力显著提升,构建新发展格局和建设现代化经济体系取得重大进展;改革开放迈出新步伐,国家治理体系和治理能力现代化深入推进,社会主义市场经济体制更加完善,更高水平开放型经济新体制基本形成;全过程人民民主制度化、规范化、程序化水平进一步提高,中国特色社会主义法治体系更加完善;人民精神文化生活更加丰富,中华民族凝聚力和中华文化影响力不断增强;居民收入增长和经济增长基本同步,劳动报酬提高与劳动生产率提高基本同步,基本公共服务均等化水平明显提升,多层次社会保障体系更加健全;城乡人居环境明显改善,美丽中国建设成效显著;国家安全更为巩固,建军一百年奋斗目标如期实现,平安中国建设扎实推进;中国国际地位和影响进一步提高,在全球治理中发挥更大作用。

大会强调,全面建设社会主义现代化国家,是一项伟大而艰巨的事业,前途光明,任重道远。前进道路上,必须牢牢把握以下重大原则:坚持和加强党的全面领导,坚持中国特色社会主义道路,坚持以人民为中心的发展思想,坚持深化改革开放,坚持发扬斗争精神。全党必须坚定信心、锐意进取,主动识变应变求变,主动防范化解风险,不断夺取全面建设社会主义现代化国家新胜利。

大会同意报告对未来一个时期党和国家事业发展作出的战略部署,强调必须完整、准确、全面贯彻新发展理念,加快构建新发展格局、着力推动高质量发展,坚持社会主义市场经济改革方向,坚持高水平对外开放,加快构建以国内大循环为主体、国内国际双循环相互促进的新发展格局,构建高水平社会主义市场经济体制,建设现代化产业体系,全面推进乡村振兴,促进区域协调发展,推进高水平对外开放。要实施科教兴国战略、强化现代化建设人才支撑,坚持教育优先发展、科技自立自强、人才引领驱动,办好人民满意的教育,完善科技创新体系,加快实施创新驱动发展战略,深入实施人才强国战略,加快建设教育强国、科技强国、人才强国。要发展全过程人民民主、保障人民当家作主,坚定不移走中国特色社会主义政治发展道路,坚持党的领导、人民当家作主、依法治国有机统一,坚持人民主体地位,充分体现人民意志、保障人民权益、激发人民创造活力,加强人民当家作主制度保障,坚持和完善我国根本政治制度、基本政治制度、重要政治制度,全面发展协商民主,积极发展基层民主,巩固和发展最广泛的爱国统一战线。要坚持全面依法治国、推进法治中国建设,围绕保障和促进社会公平正义,坚持依法治国、依法执政、依法行政共同推进,坚持法治国家、法治政府、法治社会一体建设,完善以宪法为核心的中国特色社会主义法律体系,扎实推进依法行政,严格公正司法,加快建设法治社会。要推进文化自信自强、铸就社会主义文化新辉煌,激发全民族文化创新创造活力,增强实现中华民族伟大复兴的精神力量,巩固全党全国各族人民团结奋斗的共同思想基础,建设具有强大凝聚力和引领力的社会主义意识形态,广泛践行社会主义核心价值观,提高全社会文明程度,繁荣发展文化事业和文化产业,增强中华文明传播力影响力。要增进民生福祉、提高人民生活品质,坚持在发展中保障和改善民生,鼓励共同奋斗创造美好生活,扎实推进共同富裕,完善分配制度,实施就业优先战略,健全社会保障体系,推进健康中国建设。要推动绿色发展、促进人与自然和谐共生,牢固树立和践行绿水青山就是金山银山的理念,站在人与自然和谐共生的高度谋划发展,坚持山水林田湖草沙一体化保护和系统治理,统筹产业结构调整、污染治理、生态保护、应对气候变化,加快发展方式绿色转型,深入推进环境污染防治,提升生态系统多样性、稳定性、持续性,积极稳妥推进碳达峰碳中和。

大会强调,国家安全是民族复兴的根基,社会稳定是国家强盛的前提。必须坚定不移贯彻总体国家安全观，把维护国家安全贯穿党和国家工作各方面全过程，健全国家安全体系，增强维护国家安全能力，提高公共安全治理水平，完善社会治理体系，确保国家安全和社会稳定。

大会强调，如期实现建军一百年奋斗目标，加快把人民军队建成世界一流军队，是全面建设社会主义现代化国家的战略要求。必须贯彻习近平强军思想，贯彻新时代军事战略方针，坚持党对人民军队的绝对领导，坚持政治建军、改革强军、科技强军、人才强军、依法治军，坚持边斗争、边备战、边建设，坚持机械化信息化智能化融合发展，加快军事理论现代化、军队组织形态现代化、军事人员现代化、武器装备现代化，提高捍卫国家主权、安全、发展利益战略能力，有效履行新时代人民军队使命任务。

大会强调，"一国两制"是中国特色社会主义的伟大创举，是香港、澳门回归后保持长期繁荣稳定的最佳制度安排，必须长期坚持。要全面准确、坚定不移贯彻"一国两制"、"港人治港"、"澳人治澳"、高度自治的方针，坚持依法治港治澳，维护宪法和基本法确定的特别行政区宪制秩序，落实"爱国者治港"、"爱国者治澳"原则。要坚持一个中国原则和"九二共识"，坚持贯彻新时代党解决台湾问题的总体方略，坚定反"独"促统，牢牢把握两岸关系主导权和主动权，坚定不移推进祖国统一大业。

大会同意报告对国际形势的分析和外交工作的部署,强调中国始终坚持维护世界和平、促进共同发展的外交政策宗旨,致力于推动构建人类命运共同体,坚定奉行独立自主的和平外交政策,始终根据事情本身的是非曲直决定自己的立场和政策,坚持在和平共处五项原则基础上同各国发展友好合作,坚持对外开放的基本国策,坚定奉行互利共赢的开放战略,积极参与全球治理体系改革和建设,推动全球治理朝着更加公正合理的方向发展,愿同世界各国一道弘扬和平、发展、公平、正义、民主、自由的全人类共同价值,共同应对各种全球性挑战。

大会强调,全面建设社会主义现代化国家、全面推进中华民族伟大复兴,关键在党。我们党作为世界上最大的马克思主义执政党,要始终赢得人民拥护、巩固长期执政地位,必须时刻保持解决大党独有难题的清醒和坚定。必须持之以恒推进全面从严治党,深入推进新时代党的建设新的伟大工程,以党的自我革命引领社会革命,落实新时代党的建设总要求,健全全面从严治党体系,全面推进党的自我净化、自我完善、自我革新、自我提高,坚持和加强党中央集中统一领导,坚持不懈用习近平新时代中国特色社会主义思想凝心铸魂,完善党的自我革命制度规范体系,建设堪当民族复兴重任的高素质干部队伍,增强党组织政治功能和组织功能,坚持以严的基调强化正风肃纪,坚决打赢反腐败斗争攻坚战持久战。

大会号召，全党全军全国各族人民紧密团结在以习近平同志为核心的党中央周围，牢记空谈误国、实干兴邦，坚定信心、同心同德，埋头苦干、奋勇前进，为全面建设社会主义现代化国家、全面推进中华民族伟大复兴而团结奋斗！

坚定不移全面从严治党

赵 乐 际

习近平总书记所作的党的二十大报告,高举中国特色社会主义伟大旗帜,站在中国共产党百年奋斗和新时代 10 年伟大变革新的历史起点上,宣示了新时代新征程中国共产党的使命任务,开辟了马克思主义中国化时代化新境界,是以中国式现代化全面推进中华民族伟大复兴的政治宣言和行动纲领。报告深刻指出,全面建设社会主义现代化国家、全面推进中华民族伟大复兴,关键在党,必须弘扬伟大建党精神,坚定不移全面从严治党,以党的自我革命引领社会革命。我们要认真学习领悟党的二十大精神,一刻不停歇地推进全面从严治党,努力把党建设得更加坚强有力,引领和保障中国特色社会主义伟大事业继往开来、行稳致远。

一、全面从严治党是党永葆生机活力、 走好新的赶考之路的必由之路

全面从严治党,是以习近平同志为核心的党中央把握新时代历史方位,以强烈的历史自觉、历史主动,统筹国内国际两个大局,统揽伟大斗争、伟大工程、伟大事业、伟大梦想作出的战略部署,是马克思主义建党学说同中国共产党建设实际相结合的

重大理论和实践成果,具有重要时代价值和深远历史意义。

坚守党的初心使命的本质要求。党章开宗明义,中国共产党是中国工人阶级的先锋队,同时是中国人民和中华民族的先锋队。党的二十大报告强调,中国共产党是为中国人民谋幸福、为中华民族谋复兴的党。党代表中国最广大人民根本利益,没有任何自己特殊的利益,从来不代表任何利益集团、任何权势团体、任何特权阶层的利益。这样的初心使命、性质宗旨,决定了我们党能够以彻底自我革命精神检视自身、直面矛盾问题,坚决同一切损害党的先进性和纯洁性的因素作斗争,始终保持同人民群众的血肉联系,使广大人民群众信赖党、支持党,坚定跟党一起团结奋斗。走过百年历程,党依靠发展人民民主、接受人民监督,依靠全面从严治党、推进自我革命,勇于坚持真理、修正错误,保证自身不断发展壮大,保证事业不断取得胜利。党要永远不变质、不变色、不变味,就必须初心不改、使命不移,自觉以全面从严治党凝聚党心民心。

巩固党的长期执政地位的必然选择。党的二十大报告告诫全党,要始终赢得人民拥护、巩固长期执政地位,必须时刻保持解决大党独有难题的清醒和坚定。进入新时代,面对一系列长期积累及新出现的突出矛盾和问题,特别是落实党的领导弱化、虚化、淡化问题,较为严重的特权思想和特权现象,屡禁不止的"四风"问题和触目惊心的贪腐问题,党中央审时度势、果敢抉择,把全面从严治党纳入"四个全面"战略布局,以顽强意志和坚韧定力推进党风廉政建设和反腐败斗争,开辟了百年大党自我革命的新境界。迈上全面建设社会主义现代化国家新征程,我们处在一个既充满挑战也充满希望的时代,必将遇到许多可以预料和难以预料的风险考验,必须增强忧患意识,做到居安思危,坚定不移把全面从严治党向纵深推进,确保党和国家长治久安。

实现中华民族伟大复兴的根本保障。党的二十大报告指出,中国特色社会主义最本质的特征是中国共产党领导,中国特色社会主义制度的最大优势是中国共产党领导。党要团结带领人民进行伟大斗争、推进伟大事业、实现伟大梦想,必须把党建设好建设强。进入新时代,在"两个一百年"奋斗目标历史交汇的重大时刻,党中央旗帜鲜明坚持和加强党的全面领导,坚定不移全面从严治党,校正了党和国家事业的前进航向,凝聚起团结奋斗的磅礴伟力,为实现第一个百年奋斗目标、赢得新时代中国特色社会主义历史性胜利提供了根本保证。展望新征程新任务,中华民族复兴伟业前途光明、任重道远,必须坚持全面从严治党不动摇,永葆党的先进纯洁和强大生命力。

二、全面从严治党是新时代
伟大变革的鲜明特征

回望新时代 10 年伟大变革,全面从严治党成为我们党治国理政的一个鲜明特征,取得了历史性、开创性成就,产生了全方位、深层次影响。党的二十大报告对新时代全面从严治党伟大实践作了深刻总结,突出强调坚持打铁必须自身硬,以"得罪千百人、不负十四亿"的使命担当祛疴治乱,反腐败斗争取得压倒性胜利并全面巩固,党的自我净化、自我完善、自我革新、自我提高能力显著增强,管党治党宽松软状况得到根本扭转,风清气正的党内政治生态不断形成和发展,走过百年奋斗历程的中国共产党在革命性锻造中更加坚强有力。

（一）坚持以党的政治建设为统领，确保全党集中统一。党的二十大报告指出，中国共产党是最高政治领导力量，坚持党中央集中统一领导是最高政治原则。进入新时代，我们党把政治建设作为根本性建设，严明政治纪律，强化政治监督，推动全党深刻领悟"两个确立"的决定性意义，增强"四个意识"，坚定"四个自信"，做到"两个维护"，把党的领导落实到统筹推进"五位一体"总体布局和协调推进"四个全面"战略布局之中，确保党中央权威和集中统一领导，确保党发挥总揽全局、协调各方的领导核心作用，我们这个拥有9600多万名党员的马克思主义政党更加团结统一。

（二）坚持把思想建设作为党的基础性建设，用马克思主义中国化时代化最新成果武装全党。党的二十大报告指出，拥有马克思主义科学理论指导是我们党坚定信仰信念、把握历史主动的根本所在。我们党坚定历史自信、文化自信，坚持把马克思主义基本原理同中国具体实际相结合、同中华优秀传统文化相结合，创立了习近平新时代中国特色社会主义思想。坚持思想建党、理论强党，注重集中性教育和经常性教育结合，推动全党增强政治自觉、思想自觉、行动自觉，坚持不懈用党的创新理论武装头脑、指导实践、推动工作。

（三）坚持落实中央八项规定精神不动摇，以钉钉子精神纠治"四风"、树立新风。党的二十大报告强调，党风问题关系执政党的生死存亡。新时代全面从严治党从制定和落实中央八项规定开局破题，锲而不舍、久久为功，抓铁有痕、踏石留印，刹住了一些长期没有刹住的歪风，纠治了一些多年未除的顽瘴痼疾。坚持立破并举、扶正祛邪，弘扬谦虚谨慎、艰苦奋斗等光荣传统，涵养"三严三实"、清正廉洁的新风正气，以好作风好形象奋进新时代。

（四）坚持不敢腐、不能腐、不想腐一体推进，与腐败作坚决斗争。党的二十大报告指出，腐败是危害党的生命力和战斗力的最大毒瘤，反腐败是最彻底的自我革命。新时代以来，党中央秉持坚韧顽强的斗争精神，坚持无禁区、全覆盖、零容忍，坚持重遏制、强高压、长震慑，坚持受贿行贿一起查，坚持有案必查、有腐必惩，"打虎"、"拍蝇"、"猎狐"多管齐下，开展了史无前例的反腐败斗争。综合运用政治、纪律、法治方式，坚决查处政治问题和经济问题交织的腐败案件，坚决清除不收敛不收手的腐败分子，消除了党、国家、军队内部存在的严重隐患。深化以案为鉴、以案促改、以案促治，堵塞漏洞，完善制度，不断提升治理腐败效能。

（五）坚持依规治党、纪法贯通，推动制度优势更好转化为国家治理效能。党的二十大报告深刻总结了全面加强党的纪律建设、健全党内法规制度、加强对权力运行制约和监督的新鲜经验。进入新时代，我们党坚持以党章为根本遵循，把纪律建设纳入党的建设总体布局，重点强化政治纪律，带动各项纪律全面从严，形成比较完善的党内法规体系。坚持纪严于法、执纪执法贯通，深化运用监督执纪"四种形态"，促进依规治党和依法治国有机统一。深化纪律检查体制、国家监察体制改革，形成纪律监督、监察监督、派驻监督、巡视监督统筹衔接的监督格局，以党内监督带动其他监督，不断健全党和国家监督体系，使广大党员、干部和公职人员习惯在受监督和约束的环境中工作生活。

（六）坚持深化政治巡视，充分发挥巡视发现问题、形成震慑、推动改革、促进发展的作用。党的二十大报告强调，发挥政治巡视利剑作用,加强巡视整改和成果运用。进入新时代,党中央把巡视作为全面从严治党的战略性制度安排,突出政治监督定位,确立巡视工作方针,坚持问题导向,创新方式方法,着力发现和纠正各级党组织在履行党的领导职能责任上的政治偏差,建立健全巡视巡察上下联动格局,持续深化巡视整改,高质量完成巡视全覆盖任务,有力推动各级党组织和广大党员、干部勘误纠错、忠诚履职。巡视已经成为促进改革发展稳定、推动事业进步的强大力量。

(七)坚持整治一切损害群众利益的腐败和不正之风,让人民群众感到公平正义就在身边。党的二十大报告指出,人民性是马克思主义的本质属性,为民造福是立党为公、执政为民的本质要求。我们党坚守以人民为中心的根本立场,坚持人民群众反对什么痛恨什么就坚决防范和纠正什么,着力整治群众身边腐败和不正之风,专项整治扶贫领域、民生领域"微腐败",坚决惩治涉黑涉恶腐败和"保护伞",促进乡村振兴、惠民富民、共同富裕政策落实落地,确保党和人民赋予的权力始终用来为人民谋幸福。

(八)坚持抓住"关键少数"以上率下,压紧压实全面从严治党政治责任。党的二十大报告突出领导干部这个"关键少数",抓住落实责任这个"牛鼻子",体现了对管党治党规律的深刻把握。新时代以来,我们党坚持从中央政治局做起、从领导干部抓起,加强对"一把手"和领导班子的监督,精准规范用好问责利器,督促各级"关键少数"坚持高标准、严要求,既切实履行全面从严治党责任、逐级传导压力,又当好示范表率、一级带领着一级干,推动主体责任和监督责任一贯到底,全党动手一起抓的良好局面不断巩固发展。

新时代全面从严治党持续深入推进,引领保障党和国家事业取得历史性成就、发生历史性变革,根本在于习近平总书记作为党中央的核心、全党的核心领航掌舵,在于习近平新时代中国特色社会主义思想科学指引。"两个确立"是新时代伟大实践的最重大政治成果,反映了全党全军全国各族人民的共同心愿,对新时代党和国家事业发展、对推进中华民族伟大复兴历史进程具有决定性意义。在新时代新征程上,必须把坚持"两个确立"作为加强党的领导、全面从严治党、推进党的建设的根本点、着力点,确保全党更加紧密地团结在以习近平同志为核心的党中央周围,更加自觉地学懂弄通做实习近平新时代中国特色社会主义思想,坚定信心、同心同德,埋头苦干、奋勇前进。

三、持之以恒推动全面从严治党向纵深发展

我们党作为马克思主义执政党,立志于中华民族千秋伟业,进行着伟大而艰巨的事业,面临的执政考验、改革开放考验、市场经济考验、外部环境考验将长期存在,精神懈怠危险、能力不足危险、脱离群众危险、消极腐败危险将长期存在,党的建设特别是党风廉政建设和反腐败斗争面临不少顽固性、多发性问题。党的二十大报告要求全党必须牢记,全面从严治党永远在路上,党的自我革命永远在路上,决不能有松劲歇脚、疲劳厌战的情绪,必须持之以恒推进全面从严治党,深入推进新时代党的建设新的伟大工程。这体现了党对严峻复杂考验的清醒认识、对以党的自我革命引领社会革命的高度自觉。

(一)坚持和加强党中央集中统一领导。全面从严治党,根

本是加强党的领导。党的二十大报告全篇贯穿加强党的全面领导，指出坚持党的全面领导是坚持和发展中国特色社会主义的必由之路，党的领导是全面的、系统的、整体的，必须全面、系统、整体加以落实。要加强党的政治建设，提高政治判断力、政治领悟力、政治执行力，坚决维护习近平同志党中央的核心、全党的核心地位，坚决维护党中央权威和集中统一领导，始终在思想上政治上行动上同党中央保持高度一致。严明政治纪律和政治规矩，推进政治监督具体化、精准化、常态化，推动全党坚决贯彻党的二十大战略部署，全面落实推进中国式现代化必须牢牢把握的重大原则，自信自强、守正创新，踔厉奋发、勇毅前行，为全面建设社会主义现代化国家、全面推进中华民族伟大复兴而团结奋斗。

（二）坚持不懈用习近平新时代中国特色社会主义思想凝心铸魂。全面从严治党，必须补足精神之"钙"，铸牢思想之"魂"。党的二十大报告指出，用党的创新理论武装全党是党的思想建设的根本任务。要坚持理论武装同常态化长效化开展党史学习教育相结合，加强理想信念教育，筑牢忠诚干净担当的思想根基。在学懂弄通做实上下功夫，在结合实际创造性贯彻落实上下功夫，深刻把握党的创新理论的世界观和方法论，自觉运用贯穿其中的立场观点方法，特别是要深刻领悟人民至上、自信自立、守正创新、问题导向、系统观念、胸怀天下的丰富内涵和实践要求，使科学理论真正转化为坚定理想、锤炼党性和指导实践、推动工作的强大力量。

（三）完善党的自我革命制度规范体系。全面从严治党，必须把制度建设贯穿始终。党的二十大报告把制度建设摆在更加突出位置，要求形成坚持真理、修正错误，发现问题、纠正偏差的机制。要完善党内法规制度体系,不断扎紧扎牢制度笼子,增强党内法规权威性和执行力,不断提升全党的纪律意识、规矩意识、法治意识。巩固深化政治巡视,落实巡视全覆盖任务,加强巡视整改和成果运用。完善问责制度,落实责任追究机制。健全党统一领导、全面覆盖、权威高效的监督体系,促进各类监督贯通协调、形成合力。

(四)增强党组织政治功能和组织功能。全面从严治党,必须发挥组织作用、落实组织责任。党的二十大报告强调,严密的组织体系是党的优势所在、力量所在。要督促各级党组织认真履行党章赋予的各项职责,严格执行民主集中制,切实担起全面从严治党政治责任,坚决贯彻落实党的路线方针政策和党中央决策部署。认真贯彻新时代党的组织路线,坚持严管和厚爱相结合,加强对干部全方位管理和经常性监督。督促党员领导干部严于律己、认真履职、勇于担当,充分发挥执政骨干示范带头作用,特别是加强对"一把手"和领导班子的有效监督。推动全面从严治党向基层延伸,督促基层党组织发挥战斗堡垒作用、党员发挥先锋模范作用,保持和弘扬共产党人的精气神。

(五)坚持以严的基调强化正风肃纪。全面从严治党,必须严字当头、一严到底,严明纪律要求、整治歪风邪气、弘扬新风正气。党的二十大报告强调,坚持党性党风党纪一起抓。要全面加强党的纪律建设,严格执行党的各项规章制度,对违反党纪的问题,发现一起坚决查处一起。锲而不舍落实中央八项规定精神,重点纠治形式主义、官僚主义,坚决破除特权思想和特权行为。把握作风建设地区性、行业性、阶段性特点,抓住普遍发生、反复出现的问题深化整治。坚持纠"四风"树新风并举,弘扬党的光荣传统和优良作风,使全党同志务必不忘初心、牢记使命,务必谦虚谨慎、艰苦奋斗,务必敢于斗争、善于斗争。

(六)坚决打赢反腐败斗争攻坚战持久战。全面从严治党,必须把反腐败作为重大政治任务。党的二十大报告深刻分析腐败滋生的原因,阐明我们党与腐败水火不容的鲜明立场,强调反腐败斗争一刻不能停,必须永远吹冲锋号。要保持反对和惩治腐败的强大力量常在,坚决防止领导干部成为利益集团和权势团体的代言人、代理人。深化整治权力集中、资金密集、资源富集领域腐败,坚决惩治群众身边"蝇贪",严肃查处领导干部配偶、子女及其配偶等亲属和身边工作人员利用影响力谋私贪腐问题。准确把握腐败阶段性特征和变化趋势,有效惩治新型腐败和隐性腐败,一体构建追逃防逃追赃机制。坚持系统施治、标本兼治,不敢腐、不能腐、不想腐一体推进,惩治震慑、制度约束、提高觉悟一体发力,不断取得更多制度性成果和更大治理效能,坚定不移走好中国特色反腐败之路。

以中国式现代化全面推进
中华民族伟大复兴

韩　正

　　习近平总书记所作的党的二十大报告高举中国特色社会主义伟大旗帜，科学描绘了在新的历史条件下全面建设社会主义现代化国家、夺取中国特色社会主义新胜利的宏伟蓝图，是团结带领全国各族人民沿着中国特色社会主义道路继续前进、为全面建设社会主义现代化国家而团结奋斗的政治宣言和行动纲领。报告深刻阐述中国式现代化的科学内涵、中国特色和本质要求，强调坚持以中国式现代化全面推进中华民族伟大复兴。我们要把思想和行动统一到党中央决策部署上来，坚定不移推进中华民族伟大复兴历史进程，奋力谱写全面建设社会主义现代化国家崭新篇章。

一、中国式现代化是实现中华民族
伟大复兴的光明大道

　　党的十八大以来，中国特色社会主义进入新时代，以习近平同志为主要代表的中国共产党人，坚持把马克思主义基本原理同中国具体实际相结合、同中华优秀传统文化相结合，坚持毛泽东思想、邓小平理论、"三个代表"重要思想、科学发展观，深刻总结并充分运用党成立以来的历史经验,从新的实际出发,创立了习近平新时代中国特色社会主义思想,明确坚持和发展中国特色社会主义,总任务是实现社会主义现代化和中华民族伟大复兴,在全面建成小康社会的基础上,分两步走在本世纪中叶建成富强民主文明和谐美丽的社会主义现代化强国,以中国式现代化推进中华民族伟大复兴。中国式现代化是中国共产党领导的社会主义现代化,是具有中国特色、符合中国实际的现代化,是实现中华民族伟大复兴的光明大道。

(一)党带领人民成功走出中国式现代化道路,创造了人类文明新形态。中国共产党百年来团结带领中国人民所进行的一切奋斗,就是为了把我国建设成为现代化强国,实现中华民族伟大复兴。在这个过程中,我们党对建设社会主义现代化国家在认识上不断深入、在战略上不断成熟、在实践上不断丰富,开创了中国式现代化道路。社会主义革命和建设时期,我们党提出努力把我国逐步建设成为一个具有现代农业、现代工业、现代国防和现代科学技术的社会主义强国目标。改革开放和社会主义现代化建设新时期,我们党提出"中国式的现代化"论断,制定了到 21 世纪中叶分三步走、基本实现社会主义现代化的发展战略。在新中国成立特别是改革开放以来的长期探索和实践基础上,经过党的十八大以来在理论和实践上的创新突破,我们党成功推进和拓展了中国式现代化。习近平总书记提出,"我们建设的现代化必须是具有中国特色、符合中国实际的",强调必须坚持"以中国式现代化推进中华民族伟大复兴"。党的十九大对全面建成社会主义现代化强国作出战略部署,总的战略安排是分两步走:从 2020 年到 2035 年基本实现社会主义现代化;从 2035 年到本世纪中叶把我国建成富强民主文明和谐美丽的社会主义现代化强国。习近平总书记关于中国式现代化的一系列重要论述，是习近平新时代中国特色社会主义思想的重要组成部分，为全面建设社会主义现代化国家提供了根本遵循，也拓展了发展中国家走向现代化的途径，为人类对更好社会制度的探索提供了中国方案。

（二）中国式现代化推动实现中华民族伟大复兴进入了不可逆转的历史进程。新中国成立特别是改革开放以来，中国共产党团结带领中国人民通过走中国式现代化道路，仅用几十年的时间就走完了西方发达国家几百年走过的工业化历程，创造了世所罕见的经济快速发展和社会长期稳定两大奇迹。党的十八大以来，以习近平同志为核心的党中央统筹推进"五位一体"总体布局、协调推进"四个全面"战略布局，攻克了许多长期没有解决的难题，办成了许多事关长远的大事要事，党和国家事业取得历史性成就、发生历史性变革。我们全面建成小康社会、实现第一个百年奋斗目标，国家经济实力、科技实力、综合国力、国际影响力持续增强。2021 年，我国经济总量达到 114.4 万亿元，占全球经济总量比重超过 18%，人均国内生产总值超过 8 万元。我们如期打赢脱贫攻坚战，现行标准下 9899 万农村贫困人口全部脱贫，完成了消除绝对贫困的艰巨任务。我们建成世界上规模最大的教育体系、社会保障体系、医疗卫生体系，人民生活全方位改善，获得感、幸福感、安全感更加充实、更有保障、更可持续。生态环境保护发生历史性、转折性、全局性变化，绿色、循环、低碳发展迈出坚实步伐。面对突如其来的新冠肺炎疫情，坚持人民至上、生命至上，高效统筹疫情防控和经济社会发展，最大限度保护了人民生命安全和身体健康。中国共产党和中国人民正信心百倍推进中华民族从站起来、富起来到强起来的伟大飞跃,我们比历史上任何时期都更接近、更有信心和能力实现中华民族伟大复兴的目标。

(三)奋进全面建设社会主义现代化国家新征程,必须坚定不移以中国式现代化全面推进中华民族伟大复兴。我国已迈上全面建设社会主义现代化国家新征程。当今世界百年未有之大变局加速演进,我国发展面临新的战略机遇、战略任务、战略阶段、战略要求、战略环境,需要应对的风险和挑战、需要解决的矛盾和问题比以往更加错综复杂。越是这样我们越要坚定中国特色社会主义道路自信、理论自信、制度自信、文化自信,坚定不移沿着中国式现代化这条光明大道走下去。历史和实践已经证明,中国式现代化道路契合我国实际,这条道路不仅走得对、走得通,而且越走越宽广。在新征程上,我们坚持以中国式现代化全面推进中华民族伟大复兴,一定能够不断创造新的发展奇迹,为发展自身和造福世界作出新的更大贡献。

二、深刻把握中国式现代化的中国特色

中国式现代化是人口规模巨大的现代化,是全体人民共同富裕的现代化,是物质文明和精神文明相协调的现代化,是人与自然和谐共生的现代化,是走和平发展道路的现代化。这是中国式现代化的5个中国特色。以中国式现代化全面推进中华民族伟大复兴,必须切实把握好基于自己国情的中国特色。

(一)坚持从中国国情出发。我国14亿多人口整体迈入现代化社会,规模将超过现有发达国家人口的总和,艰巨性和复杂性前所未有,发展途径和推进方式也必然具有自己的特点。当今世界,虽然许多国家都在努力建设现代化,但真正全面建成现

代化的国家并不多。一些发展中国家不顾自身发展的国情和历史方位,全盘照搬西方模式,结果发展过程极为艰难。归根结底,人类历史上没有一个民族、一个国家可以通过依赖外部力量、照搬外国模式、跟在他人后面亦步亦趋实现强大和振兴。我国的现代化建设之所以能够取得今天这样的好局面,根本在于我们的现代化是中国共产党领导的社会主义现代化,既有各国现代化的共同特征,更有基于自己国情的中国特色,是符合中国实际的。我国仍处于并将长期处于社会主义初级阶段,仍然是世界最大的发展中国家,把我国建设成为社会主义现代化强国需要付出长期艰苦的努力。要始终从国情出发,想问题、作决策、办事情,既不好高骛远,也不因循守旧,保持历史耐心,坚持稳中求进,循序渐进,持续推进。坚持集中精力办好自己的事,继续抓住并用好重要战略机遇期,在准确把握历史规律、时代大势、发展条件基础上科学谋划、积极作为、顺势而为,在一步一个脚印的扎实推进中破解难题、实现目标。

（二）坚持全体人民共同富裕。共同富裕是中国特色社会主义的本质要求,也是一个长期的历史进程。实现共同富裕是我们党的重要使命,这不仅是一个经济问题,而且是关系党的执政基础的重大政治问题。中国式现代化坚持把实现人民对美好生活的向往作为现代化建设的出发点和落脚点,着力维护和促进社会公平正义,着力促进全体人民共同富裕,坚决防止两极分化。要坚持以人民为中心的发展思想,在高质量发展中促进共同富裕,自觉积极主动地解决地区差距、城乡差距、收入分配差距,提高发展的平衡性、协调性、包容性。在共同奋斗中促进共同富裕,鼓励勤劳创新致富,为人民提高受教育程度、增强发展能力创造更加普惠公平的条件,防止社会阶层固化,畅通向上流动通道,给更多人创造致富机会。正确处理效率和公平的关系,构建初次分配、再分配、第三次分配协调配套的基础性制度安排,建立科学的公共政策体系,让发展成果更多更公平惠及全体人民。坚持尽力而为、量力而行,把保障和改善民生建立在经济发展和财力可持续的基础上,重点加强基础性、普惠性、兜底性民生保障建设。全体人民共同富裕不是少数人的富裕,也不是整齐划一的平均主义。要允许一部分人先富起来,同时要强调先富带后富、帮后富。按照党中央部署,到"十四五"末全体人民共同富裕迈出坚实步伐,到2035年全体人民共同富裕取得更为明显的实质性进展,到本世纪中叶全体人民共同富裕基本实现。要坚持循序渐进,充分估计长期性、艰巨性、复杂性,实打实把一件件事办好,扎实推进共同富裕。

(三)坚持物质文明和精神文明相协调。物质富足、精神富有是社会主义现代化的根本要求。物质贫困不是社会主义,精神贫乏也不是社会主义。中国特色社会主义是全面发展、全面进步的伟大事业,没有社会主义文化繁荣发展,就没有社会主义现代化。要不断厚植现代化的物质基础、不断夯实人民幸福生活的物质条件,同时大力发展社会主义先进文化,加强理想信念教育,传承中华文明,促进物的全面丰富和人的全面发展。要坚持马克思主义在意识形态领域的指导地位,不断推进马克思主义中国化时代化。大力弘扬和践行社会主义核心价值观,通过教育引导、舆论宣传、文化熏陶、实践养成、制度保障等,使社会主义核心价值观内化为人们的精神追求、外化为人们的自觉行动。推动理想信念教育常态化制度化,加强党史、新中国史、改革开放史、社会主义发展史教育,加强爱国主义、集体主义、社会主义教育,促进全体人民在思想上精神上紧紧团结在一起。推动中华优秀传统文化创造性转化、创新性发展,继承革命文化,发展社会主义先进文化,建设社会主义文化强国。坚持把社会效益放在首位、社会效益和经济效益相统一,推进文化事业和文化产业全面发展,繁荣文艺创作,完善公共文化服务体系,为人民提供更多更好的精神食粮。

(四)坚持人与自然和谐共生。人与自然是生命共同体,无止境地向自然索取甚至破坏自然必然会遭到大自然的报复。中国式现代化既要创造更多物质财富和精神财富以满足人民日益增长的美好生活需要,也要提供更多优质生态产品以满足人民日益增长的优美生态环境需要。我们必须把握好发展与保护的关系,决不能走"先污染后治理"的路子。要坚持可持续发展,坚持节约优先、保护优先、自然恢复为主的方针,像保护眼睛一样保护自然和生态环境,坚定不移地走生产发展、生活富裕、生态良好的文明发展道路,实现中华民族永续发展。践行绿水青山就是金山银山理念,坚持不懈推动绿色低碳发展,把实现减污降碳协同增效作为促进经济社会发展全面绿色转型的总抓手,加快推动产业结构、能源结构、交通运输结构、用地结构调整,形成绿色发展方式。加快形成节约资源和保护环境的空间格局,把经济活动、人的行为限制在自然资源和生态环境能够承受的限度内,给自然生态留下休养生息的时间和空间。集中攻克老百姓身边的突出生态环境问题,坚持精准治污、科学治污、依法治污,以更高标准打好蓝天、碧水、净土保卫战。推进山水林田湖草沙一体化保护和修复,加快构建以国家公园为主体的自然保护地体系,加强生物多样性保护,提升生态系统质量和稳定性。建立健全体制机制和政策体系,完善环境保护、节能减排约束性指标管理,提高生态环境治理体系和治理能力现代化水平。

（五）坚持走和平发展道路。中国式现代化强调同世界各国互利共赢,推动构建人类命运共同体,努力为人类和平与发展作出贡献。历史上一些国家通过战争、殖民、掠夺等方式实现现代化,给广大发展中国家人民带来深重苦难。中华民族是热爱和平的民族,600多年前郑和下西洋时率领的是当时世界最庞大的船队,带去的是丝绸、茶叶和瓷器,而不是战争。我们坚定站在历史正确的一边、站在人类文明进步的一边,高举和平、发展、合作、共赢旗帜,在坚定维护世界和平与发展中谋求自身发展,又以自身发展更好维护世界和平与发展。坚持胸怀天下,坚持独立自主的和平外交政策,坚持相互尊重、平等协商,以对话弥合分歧,以谈判化解争端,反对一切形式的霸权主义、强权政治,推动各国共同走和平发展道路,推动建设新型国际关系。推进合作共赢开放体系建设,全面提高对外开放水平,推动贸易和投资自由化便利化,推动共建"一带一路"高质量发展,支持开放、透明、包容、非歧视的多边贸易体制。积极发展全球伙伴关系,同世界各国增进政治互信、深化务实合作。坚持不懈推动完善全球治理,坚定维护以联合国为核心的国际体系、以国际法为基础的国际秩序、以联合国宪章宗旨和原则为基础的国际关系基本准则,维护和践行真正的多边主义,积极推动经济全球化朝着更加开放、包容、普惠、平衡、共赢的方向发展。

三、牢牢把握中国式现代化的本质要求

中国式现代化的本质要求是:坚持中国共产党领导,坚持中国特色社会主义,实现高质量发展,发展全过程人民民主,丰富人民精神世界,实现全体人民共同富裕,促进人与自然和谐共生,推动构建人类命运共同体,创造人类文明新形态。我们要以习近平新时代中国特色社会主义思想为指导,牢牢把握中国式现代化的本质要求,把中国特色社会主义伟大事业不断推向前进。

(一)深入学习贯彻习近平新时代中国特色社会主义思想,为以中国式现代化全面推进中华民族伟大复兴提供科学理论指引。党确立习近平同志党中央的核心、全党的核心地位,确立习近平新时代中国特色社会主义思想的指导地位,反映了全党全军全国各族人民共同心愿,对新时代党和国家事业发展、对推进中华民族伟大复兴历史进程具有决定性意义。我们要深刻领悟"两个确立"的决定性意义,增强"四个意识"、坚定"四个自信"、做到"两个维护",不断提高政治判断力、政治领悟力、政治执行力,始终同以习近平同志为核心的党中央保持高度一致,更加坚定自觉地用习近平新时代中国特色社会主义思想武装头脑、指导实践、推动工作。

(二)坚持和加强党的全面领导,确保以中国式现代化全面推进中华民族伟大复兴始终沿着正确方向前进。中国特色社会主义最本质的特征是中国共产党领导,中国特色社会主义制度的最大优势是中国共产党领导。坚持党对一切工作的领导,是党和国家的根本所在、命脉所在,是全国各族人民的利益所在、幸福所在。以中国式现代化全面推进中华民族伟大复兴,必须坚持和加强党的全面领导,把坚持党的领导贯彻和体现到改革发展稳定、内政外交国防、治党治国治军各个领域各个方面,确保充分发挥党总揽全局、协调各方的领导核心作用。

(三)把握新时代新征程党的使命任务,不折不扣抓好党中央重大战略部署的贯彻落实。党的二十大对全面建成社会主义现代化强国两步走战略安排进行宏观展望，重点部署未来 5 年的战略任务和重大举措。我们要立足新发展阶段、贯彻新发展理念、构建新发展格局、推动高质量发展，自觉同党的理论和路线方针政策对标对表、及时校准偏差，确保党中央各项重大部署落到实处、见到实效，为推进中国式现代化、实现中华民族伟大复兴作出应有贡献。

为全面推进中华民族伟大复兴
而团结奋斗

丁 薛 祥

实现中华民族伟大复兴是近代以来中国人民最伟大的梦想,也是贯穿党的百年奋斗的鲜明主题。党的二十大立足新时代新征程的历史方位,深刻分析我国发展面临的形势和挑战,全面部署未来 5 年乃至更长时期党和国家事业发展的目标任务和大政方针,号召全党全军全国各族人民为全面推进中华民族伟大复兴而团结奋斗。我们要认真学习贯彻,深刻认识力量源于团结、事业成于奋斗,以更加紧密的团结、更加顽强的奋斗,把民族复兴的历史伟业不断推向前进。

一、团结奋斗是中国共产党和
中国人民的显著精神标识

中国是人口众多的国家,中华民族是有着伟大团结奋斗精神的民族,团结奋斗的价值理念深深融入并深刻影响着中国人的精神世界和日常行为。"人多力量大"、"人心齐,泰山移"、"众人拾柴火焰高"、"天时不如地利,地利不如人和"等耳熟能详的格言,启迪人们精诚团结、勠力同心;自强不息、发愤图强、励精图治、锲而不舍等脍炙人口的成语,激励人们顽强拼搏、不懈奋斗。在几千年历史长河中,中国人民依靠团结奋斗建立了统一的多民族国家,开发了辽阔壮美的大好河山,战胜了数不清的自然灾害。近代以后,面对国家蒙辱、人民蒙难、文明蒙尘的劫难,中国人民依靠团结奋斗同内忧外患作坚决斗争,捍卫了民族独立和尊严,书写了革新图强、共御外侮的壮丽史诗。

中国共产党继承和发扬中华民族团结奋斗的优良传统,始终把团结奋斗鲜明写在自己的历史答卷上,不断结合形势任务发展变化提出团结奋斗的新要求,开创团结奋斗的新局面。土地革命战争时期,我们党号召"唤起工农千百万,同心干";抗日战争时期,我们党号召团结全党同志如同一个和睦的家庭一样,如同一块坚固的钢铁一样,倡导建立抗日民族统一战线,为打倒日本侵略者而浴血奋战;新中国成立后,我们党专门出台关于增强党的团结的文件,强调正确处理人民内部矛盾,号召团结全国人民,争取一切国际朋友的支援,为了建设一个伟大的社会主义国家而奋斗,为了保卫国际和平和发展人类进步事业而奋斗;党的十一届三中全会的历史转折点,我们党强调解放思想,实事求是,团结一致向前看,号召为把我国建成现代化的社会主义强国而奋勇前进。党的十八大以来,习近平总书记反复强调:"团结就是力量,奋斗开创未来;能团结奋斗的民族才有前途,能团结奋斗的政党才能立于不败之地。""团结奋斗是中国人民创造历史伟业的必由之路。"党领导人民铸就的团结奋斗精神,印刻在"红军不怕远征难,万水千山只等闲"的红军战士身上,展现在"干惊天动地事,做隐姓埋名人"的"两弹一星"研制者身上,书写在"杀出一条血路来"的改革开拓者身上,定格在1800多名为打赢脱贫攻坚战献出宝贵生命的党员、干部身上,激扬在面对新冠肺炎疫情坚守岗位、一往无前的最美逆行者身上……党的百年历史,就是一部党领导人民团结奋斗、赢得伟大胜利的历史。

综观古今中外,我们党是最讲团结、最能奋斗的最先进政治力量,这是由马克思主义政党的性质和宗旨决定的。我们党把实现共产主义作为最高理想,把为中国人民谋幸福、为中华民族谋复兴作为初心使命,这种远大志向和抱负赋予共产党人团结一心、顽强拼搏的强大动力。我们党以全心全意为人民服务为根本宗旨,代表中国最广大人民的根本利益,没有任何自己的特殊利益,从来不代表任何利益集团、任何权势团体、任何特权阶层的利益,这种无私精神和品格使我们党一直得到人民群众的衷心拥护和坚定支持。正是怀有远大理想和为民情怀,使我们党能够始终保持同人民群众的血肉联系,把前进目标转化为广大人民的奋斗实践,团结带领人民跨过一道又一道难关,取得一次又一次胜利,创造一个又一个辉煌。

二、全面推进中华民族伟大复兴 必须持续团结奋斗

经过长期努力,党和人民已胜利实现第一个百年奋斗目标,正意气风发向着第二个百年奋斗目标迈进,实现中华民族伟大复兴进入了不可逆转的历史进程。宏伟目标不会轻松实现,前进道路必然风雨兼程,需要全党全国各族人民团结奋斗的号角更加响亮、行动更加坚决、步调更加一致、意志更加顽强。

目标的宏伟性要求我们持续团结奋斗。实现中华民族伟大复兴是我们党矢志不渝的追求,是一场共产党人的接力跑。在这场接力跑中,几代共产党人团结带领人民砥砺奋进,向历史交

出了优异答卷。今天,党团结带领人民踏上新的赶考之路,民族复兴的光明前景愈来愈清晰,激励着我们满怀信心向前进。但要清醒地看到,"行百里者半九十",越是接近目标,就越是处于吃劲阶段,越需要慎终如始,付出更多艰辛和努力。任何骄傲自满的情绪、麻痹厌战的想法、松劲懈怠的行为,都有可能影响我们的事业继续前进,甚至导致功败垂成、前功尽弃。只有咬定青山不放松,始终保持团结的状态、奋进的姿态,才能跑出属于我们这一代人的好成绩。

任务的艰巨性要求我们持续团结奋斗。中华民族伟大复兴走的是中国式现代化道路。中国式现代化是人口规模巨大的现代化,是全体人民共同富裕的现代化,是物质文明和精神文明相协调的现代化,是人与自然和谐共生的现代化,是走和平发展道路的现代化。这与西方国家以资本为中心的现代化、两极分化的现代化、物质主义膨胀的现代化、对外扩张掠夺的现代化有着本质区别。中国式现代化作为人类历史上最为宏大而独特的实践创新,已经积累了丰富经验、形成了规律性认识,但仍有大量改革难题、发展课题、矛盾问题需要破解,任务极其艰巨,难度世所罕见。只有在党的领导下把14亿多中国人民的积极性、主动性、创造性充分激发出来、凝聚起来,民族复兴的宏伟蓝图才能一步步变成美好现实。

形势的复杂性要求我们持续团结奋斗。我们今天所要创造的复兴伟业,不是在风平浪静下的马到成功,不是在鲜花掌声中的乐享其成,前进道路上必然会遇到各种可以预见和难以预见的风险挑战甚至是惊涛骇浪。从国际看,世界百年未有之大变局加速演进,世纪疫情影响深远,全球经济复苏乏力,各种传统和非传统安全问题相互交织,单边主义、保护主义、霸权主义等威胁加剧,敌对势力处心积虑阻滞中华民族伟大复兴的历史进程。从国内看,形势环境变化之快、矛盾风险挑战之多、治国理政考验之大前所未有。只有凝聚全党全国各族人民的智慧和力量,准确识变、科学应变、主动求变,用团结奋斗筑起防范化解各种风险挑战的铜墙铁壁,才能打赢各类遭遇战、攻坚战、持久战。

三、团结奋斗根本在于用习近平新时代中国特色社会主义思想统一意志和行动

思想是行动的先导,理论是实践的指南。科学理论就像一面旗帜,旗帜立起来了,团结奋斗才有目标和方向;否则,就如同一艘航船没有导航仪,很容易迷失在茫茫大海中。全面推进中华民族伟大复兴,必须用科学理论统一意志和行动。

用习近平新时代中国特色社会主义思想指引团结奋斗的正确方向。习近平新时代中国特色社会主义思想回答了新时代举什么旗、走什么路的根本性问题,提出了一系列富有时代性、创造性、战略性的重大论断,在坚持什么、反对什么上旗帜鲜明、正本清源,集中体现了我们党的政治意志、政治立场、政治主张,充分彰显了当代中国马克思主义、二十一世纪马克思主义的真理力量。有了习近平新时代中国特色社会主义思想这一旗帜,全党全国各族人民思想上行动上就有了根本遵循,团结奋斗就有了思想根基和正确方向。要深刻领会这一重要思想的核心要义、丰富内涵、实践要求,用以武装头脑、教育人民,牢固树立对马克思主义的信仰、对共产主义和中国特色社会主义的信念、对中华民族伟大复兴的信心,进而巩固团结奋斗的共同思想基础。

在涉及旗帜、道路、方向等重大原则问题上，眼睛要特别明亮，头脑要特别清醒，立场要特别坚定，绝不能有丝毫含糊、犹疑、动摇。

用习近平新时代中国特色社会主义思想激发团结奋斗的精神动力。习近平新时代中国特色社会主义思想是中华文化和中国精神的时代精华，闪耀着真理和人格的光芒，集中反映了中国共产党人的政治品格、价值追求、精神风范。要深刻感悟这一重要思想所蕴含的坚定理想信念、真挚为民情怀、高度历史自信、无畏担当精神，筑牢信仰之基、补足精神之钙，为团结奋斗注入强大精神动力。精神上站住了、站稳了，中华民族就能始终在历史洪流中屹立不倒、挺立潮头，民族复兴伟业就能一往无前、无往不胜。

用习近平新时代中国特色社会主义思想解决团结奋斗的各种难题。习近平新时代中国特色社会主义思想坚持理论和实践相结合、战略和战术相贯通、世界观和方法论相统一，既讲怎么看又讲怎么干，既部署"过河"的任务又指导解决"桥或船"的问题，为党领导人民团结奋斗提供了强大的思想武器，也提供了科学的工作指导。只要我们学深悟透这一重要思想，既知其言又知其义、既知其然又知其所以然，认识上的困惑就能及时消除，工作中的难题就能得到破解。要坚持把这一重要思想作为想问题、办事情、抓工作的根本遵循，深刻把握贯穿其中的立场观点方法，提高战略思维、历史思维、辩证思维、系统思维、创新思维、法治思维、底线思维能力，更好破解改革发展稳定的重大问题、人民群众高度关注的利益问题、党的建设的突出问题，真正把理论武装成果转化为实实在在的工作成效。

四、巩固和加强各方面团结,形成全党全社会 心往一处想、劲往一处使的生动局面

"积力之所举,则无不胜也;众智之所为,则无不成也。"党的百年奋斗深刻揭示,团结的面越宽、团结的人越多,我们的力量就越强、胜利的把握就越大。围绕明确奋斗目标形成的团结是最牢固的团结,依靠紧密团结进行的奋斗是最有力的奋斗。

巩固和加强党的团结统一。我们党是高度集中统一的马克思主义政党,思想上的统一、政治上的团结、行动上的一致,是党的事业不断发展壮大的根本所在。历史经验反复证明,只要全党步调一致、团结统一,我们就能无坚不摧,战胜一切艰难险阻和强大敌人;反之,党和国家事业就会遭受挫折。党的团结统一首先是政治上的团结统一。要深刻领悟"两个确立"的决定性意义,更加坚定自觉地做到"两个维护",始终在政治立场、政治方向、政治原则、政治道路上同以习近平同志为核心的党中央保持高度一致。做到"两个维护",既要有正确的认识,也要有正确的行动,不能空喊口号,不能搞任何形式的"低级红"、"高级黑"。要认真贯彻执行民主集中制,严格遵守党的政治纪律和政治规矩,防止和反对个人主义、分散主义、自由主义、本位主义、好人主义,坚决同损害党的团结统一的行为作斗争,像爱护眼睛一样爱护党的团结统一。

巩固和加强党同人民的团结。党的根基在人民、血脉在人民、力量在人民。辽沈战役胜利是东北人民全力支持拼出来的,淮海战役胜利是老百姓用小车推出来的,渡江战役胜利是老百姓用小船划出来的,就是最深刻、最朴实的结论。实现中华民族

伟大复兴，是造福亿万人民群众的宏伟事业，也是需要亿万人民群众为之付出辛劳和智慧的光荣事业。新征程上，全党必须牢固树立马克思主义群众观点，无限热爱人民，时刻心系人民，一切为了人民，紧紧依靠人民，不断结合新的实际组织群众、宣传群众、服务群众，把人民群众最广泛地团结在党的周围，形成党群一心、同责共担、同舟共济、同甘共苦的生动局面。要践行以人民为中心的发展思想，推动改革发展成果更多更公平惠及全体人民，推动共同富裕取得更为明显的实质性进展，让人民群众获得感、幸福感、安全感更加充实、更有保障、更可持续。要积极发展全过程人民民主，使党的决策体现人民整体意志、符合人民根本利益，坚持由群众评判工作得失、检验工作成效。要坚持对上负责与对下负责相统一，持续改进作风，始终与群众想在一起、干在一起，把脚印留在基层，把口碑立在民心。只要始终保持党同人民群众的血肉联系，内部是鱼水情深，对外是钢铁长城，党的事业就兴旺发达，红色江山就坚如磐石。

巩固和加强海内外中华儿女大团结。建立最广泛的统一战线，是我们党克敌制胜的重要法宝，也是党执政兴国的重要法宝。实现中华民族伟大复兴，既要充分发挥党的先锋队作用，也要充分发挥中国共产党领导的政治优势和中国特色社会主义的制度优势，团结一切可以团结的力量，调动一切可以调动的积极因素。当前，我国发展内外环境发生深刻变化，所有制形式更加多样，社会阶层更加多样，社会思想观念更加多样。越是利益多元、思想多样，越要凝聚思想共识、汇聚强大力量。新的征程上，必须坚持大团结大联合，坚持一致性和多样性统一，加强思想政治引领，广泛凝聚共识，广聚天下英才，铸牢中华民族共同体意识，促进政党关系、民族关系、宗教关系、阶层关系、海内外同胞关系和谐,努力寻求最大公约数、画出最大同心圆,形成携手并肩、和衷共济的生动局面。

五、在敢于斗争、善于斗争中激发团结奋斗的磅礴力量

斗争是矛盾运动规律的集中体现,斗争内嵌于团结奋斗之中。中国共产党追求的团结,是有原则的团结,不是一团和气,更不是团团伙伙,必须坚持真理、修正错误,勇于同各种错误言行作斗争,在斗争中巩固和增强团结。党的奋斗之路充满艰辛,必须依靠斗争激发志气、胆气、豪气,不断战胜各种困难挑战直至取得最后胜利,没有斗争的奋斗是空洞的、无力的。我们要发扬斗争精神,从思想上行动上把敢于斗争、善于斗争融入团结奋斗全过程。

大力彰显敢于斗争的鲜明品格。我们党在内忧外患中诞生、在历经磨难中成长、在攻坚克难中壮大,斗争精神贯穿于各个历史时期和全部奋斗实践。习近平总书记强调:"我们面临的各种斗争不是短期的而是长期的,将伴随实现第二个百年奋斗目标全过程。"新征程上,为了肩负的历史重任,为了党和人民的事业,无论敌人如何强大、道路如何艰险、挑战如何严峻,我们都必须毫不畏惧、绝不退缩,敢于斗争、敢于胜利。风险挑战面前,视而不见不行,躲避退让也不行,逡巡蹴足同样不行,唯有敢于斗争,才能闯关夺隘。对经济社会发展中的各种困难矛盾要敢于啃硬骨头,对事关政治原则的错误言行要敢于发声亮剑,对党内各种不正之风和消极腐败现象要敢于刮骨疗毒,对敌对势力抹黑党和国家形象、损害国家和人民利益的各种行径要毫

不手软、敢战能胜。新时代的共产党人，应当摒弃一切畏首畏尾、一切消极懈怠、一切瞻前顾后，始终保持狭路相逢勇者胜、越是艰险越向前的大无畏气概。遇到矛盾问题绕着走，遇到困难挑战打退堂鼓，遇到失败挫折一蹶不振，不符合共产党人的要求，也是担当不起历史重任的。

科学把握善于斗争的方式方法。斗争是一门艺术，讲究策略和方法，既要有逢山开道、遇水架桥的硬功夫，又要有借力发力、四两拨千斤的巧功夫。要善于抓住主要矛盾和矛盾的主要方面，把握大局大势，分清轻重缓急，合理选择斗争方式，拿捏好斗争的时、度、效。要坚持有理有利有节，在原则问题上寸步不让，在策略问题上灵活机动，在斗争中促团结、谋合作、求共赢。要区分两类不同性质的矛盾，采用不同的斗争方式。对人民内部的矛盾、思想上的问题，要坚持从团结的愿望出发，运用"团结—批评—团结"的公式，采取讨论、批评、说理的方法解决，在新的基础上达到新的团结。斗争本领不是与生俱来的，党员、干部要经受严格的思想淬炼、政治历练、实践锻炼、专业训练，多经"风吹浪打"，多捧"烫手山芋"，多当几回"热锅上的蚂蚁"，在斗争中练胆魄、磨意志、长才干、促团结，真正成为担得起民族复兴重任的骨干栋梁，以过硬的斗争本领不断创造团结奋斗新业绩。

全过程人民民主是社会主义
民主政治的本质属性

王　晨

党的二十大报告把发展全过程人民民主确定为中国式现代化本质要求的一项重要内容,强调全过程人民民主是社会主义民主政治的本质属性,对"发展全过程人民民主,保障人民当家作主"作出全面部署、提出明确要求。这对于新时代新征程更好发挥我国社会主义政治制度优势、全面建设社会主义现代化国家、全面推进中华民族伟大复兴具有十分重要的意义。

一、全过程人民民主是新时代我们党
　　领导人民推进社会主义政治建设
　　取得的重大理论和实践创新成果

人民民主是我们党始终高举的旗帜。在革命、建设、改革各个历史时期,我们党团结带领各族人民为实现人民当家作主进行艰辛探索、不懈奋斗,逐步建立健全一套完整的制度体系和程序机制,成功开辟和坚持了中国特色社会主义政治发展道路,人民民主成为社会主义国家的政治基石和社会主义制度的显著优势。党的十八大以来,以习近平同志为核心的党中央立足新的历史方位,深刻把握我国社会主要矛盾发生的新变化,积极回应人民对民主法治、公平正义的新要求新期待，坚持党的领导、人民当家作主、依法治国有机统一，深化对民主政治发展规律的认识，提出全过程人民民主重大理念，健全人民当家作主制度体系，发挥社会主义协商民主重要作用，丰富民主形式，畅通民主渠道，从各层次各领域扩大人民有序政治参与，推动全过程人民民主取得历史性成就，成为新时代我国民主政治领域具有重大创新意义的标志性成果。

2019年11月，习近平总书记在上海虹桥街道考察全国人大常委会法工委基层立法联系点时深刻指出："我们走的是一条中国特色社会主义政治发展道路，人民民主是一种全过程的民主。"2021年7月1日，习近平总书记在庆祝中国共产党成立100周年大会上强调要"践行以人民为中心的发展思想，发展全过程人民民主"。2021年10月，习近平总书记在中央人大工作会议上对全过程人民民主重大理念和实践要求作出系统精辟的阐述。党的十九届六中全会通过的《中共中央关于党的百年奋斗重大成就和历史经验的决议》，把"发展全过程人民民主"作为习近平新时代中国特色社会主义思想的重要内容纳入"十个明确"之中。

习近平总书记关于全过程人民民主的重要论述思想深邃、视野宏阔、内涵丰富，是一个系统完备的科学理论体系。通过学习领会，感到有以下重要特征和核心要义。**一是人民立场**。人民民主是社会主义的生命，没有民主就没有社会主义，就没有社会主义的现代化，就没有中华民族伟大复兴；全过程人民民主是社会主义民主政治的本质属性，发展社会主义民主政治就是要体现人民意志、保障人民权益、激发人民创造活力，用制度体系保障人民当家作主。**二是历史必然**。我们党始终高举人民民主的旗帜，坚持人民主体地位；中国特色社会主义政治发展道路是符合中国国情、保证人民当家作主的正确道路,是近代以来中国人民长期奋斗历史逻辑、理论逻辑、实践逻辑的必然结果,是坚持党的本质属性、践行党的根本宗旨的必然要求。**三是制度保障**。我国实行工人阶级领导的、以工农联盟为基础的人民民主专政的国体,实行人民代表大会制度的政体,实行中国共产党领导的多党合作和政治协商制度、民族区域自治制度、基层群众自治制度等基本政治制度,巩固和发展最广泛的爱国统一战线,形成了全面、广泛、有机衔接的人民当家作主制度体系,构建了多样、畅通、有序的民主渠道。**四是全程贯通**。我国全过程人民民主不仅有完整的制度程序,而且有完整的参与实践。全体人民依法实行民主选举、民主协商、民主决策、民主管理、民主监督,依法通过各种途径和形式管理国家事务,管理经济和文化事业,管理社会事务。**五是真实管用**。我国全过程人民民主实现了过程民主和成果民主、程序民主和实质民主、直接民主和间接民主、人民民主和国家意志相统一,是全链条、全方位、全覆盖的民主,是最广泛、最真实、最管用的社会主义民主。**六是动态推进**。坚持党的领导、人民当家作主、依法治国有机统一,发展全过程人民民主,把人民当家作主具体地、现实地体现到党治国理政的政策措施上来,具体地、现实地体现到党和国家机关各个方面各个层级工作上来,具体地、现实地体现到实现人民对美好生活向往的工作上来。**七是系统评价**。关于中国共产党始终高举人民民主旗帜的"五个基本观点"的精辟概括,关于评价一个国家政治制度是不是民主的、有效的主要看"八个能否"的衡量标准,关于一个国家民主不民主关键在于是不是真正做到了人民当家作主的"四个要看、四个更要看"的审视尺度,关于发展社会主义民主政治关键是要增加和扩大我们的优势和特点而不是要削弱和缩小我们的优势和特点、做到"六个切实防止"的深刻阐述等，都是系统观察、系统思考、系统总结评价的重要成果。

习近平总书记关于全过程人民民主的重要论述，使我们党对于民主理论和实践的认识达到历史新高度，是新时代践行党的初心使命和全心全意为人民服务根本宗旨在民主政治方面的集中体现，极大地增强了全党全国各族人民对中国特色社会主义民主政治的自信和底气。我们要深入学习贯彻习近平总书记关于全过程人民民主的重要论述精神，强化使命担当，加强全过程人民民主制度建设，深入推进参与实践，巩固和发展生动活泼、安定团结的政治局面。

二、我国全过程人民民主是全链条、全方位、全覆盖的民主

发展社会主义民主政治，建设社会主义政治文明，是全面建设社会主义现代化国家的内在要求和重要目标。邓小平说过："我们进行社会主义现代化建设，是要在经济上赶上发达的资本主义国家，在政治上创造比资本主义国家的民主更高更切实的民主"。我国全过程人民民主深深扎根于中国社会土壤中，是中国共产党领导人民百年奋斗的重大成果，是我国人民民主的最新发展，具有全链条、全方位、全覆盖的显著特征。实践充分证明，我国全过程人民民主是能够保证亿万人民当家作主、把国家和民族的前途命运牢牢掌握在自己手中的新型民主。

从政治过程看，我国全过程人民民主是民主选举、民主协商、民主决策、民主管理、民主监督各个环节紧密联系、相互贯通的全链条民主。**一是**在选举环节，人民通过选举、投票行使权

利,选出代表自己意愿的人来掌握并行使权力,包括国家机构选举、村(居)委会选举、企事业单位职工代表大会选举等。**二是**在协商环节,人民在重大决策之前和决策实施之中进行充分协商,尽可能就共同性问题取得一致意见。**三是**在决策环节,人民通过座谈听证、评估咨询、民意调查等多种方式,广泛参与到决策过程中,使越来越多来自基层的声音直达各级决策层,越来越多的群众意见转化为党和政府的重大决策。**四是**在管理环节,人民行使宪法赋予的各项权利、承担宪法赋予公民的责任义务,积极主动参加选举、协商、决策、监督等,在各个层级、各个领域参与国家政治生活和社会生活的管理。**五是**在监督环节,建立健全各种监督制度,形成了一套有机贯通、相互协调的监督体系,人民可以对各级国家工作人员履职情况进行监督,使国家和社会各种公共事务始终在人民全过程监督下运行,保证人民赋予的权力始终用来为人民谋利益。

从政治体系看,我国全过程人民民主是贯通国家政治生活和社会生活各层面各维度的全方位民主。在我国,国家一切权力属于人民,人民通过人民代表大会行使国家权力。我国有全国、省级、设区的市级、县级、乡镇级五级人民代表大会,各级人大代表都由民主选举产生、对人民负责、受人民监督,各级人大选举产生本级人大常委会、人民政府、监察机关、审判机关、检察机关领导人员和组成人员。各级国家机关都按照民主集中制原则来组织并贯彻实施国家宪法法律和方针政策,保证国家治理成为充分体现人民意志、保障人民权益、激发人民创造活力的政治实践,保证实现全体人民共享现代化建设和发展成果。协商民主是实践全过程人民民主的重要形式。我国已建立起行之有效的制度化协商渠道,包括政党协商、人大协商、政府协商、政协协商、人民团体协商、基层协商以及社会组织协商。在中国社会主义制度下,有事好商量,众人的事情由众人商量,找到全社会意愿和要求的最大公约数,是人民民主的真谛。广泛商量的过程就是发扬民主、集思广益的过程,就是统一思想、凝聚共识的过程,就是科学决策、民主决策的过程,就是实现人民当家作主的过程。

从政治领域看,我国全过程人民民主是涵盖国家各项事业各项工作的全覆盖民主。毛泽东说过:"民主必须是各方面的,是政治上的、军事上的、经济上的、文化上的、党务上的以及国际关系上的,一切这些,都需要民主。"我国全过程人民民主坚持以人民为中心,坚持人民主体地位,人民当家作主充分体现在中国特色社会主义经济建设、政治建设、文化建设、社会建设、生态文明建设"五位一体"总体布局和全面建设社会主义现代化国家、全面深化改革、全面依法治国、全面从严治党"四个全面"战略布局的方方面面,实现了全领域、全过程整体性覆盖和贯通。同时,通过全过程人民民主最广泛地动员和组织全体人民以主人翁地位投身社会主义现代化建设,有力推动了国家各项事业的发展和各方面工作的开展,有力推动了实现人民对美好生活的向往、全体人民共同富裕和人的全面发展的历史进程,向着建成富强民主文明和谐美丽的社会主义现代化强国、实现中华民族伟大复兴的宏伟目标不断迈进。

三、发展全过程人民民主必须
遵循的重要原则

党的二十大报告第六部分专门论述"发展全过程人民民主,保障人民当家作主",对新时代新征程发展全过程人民民主作出总体部署,提出加强人民当家作主制度保障、全面发展协商民主、积极发展基层民主、巩固和发展最广泛的爱国统一战线等任务要求和工作重点。全面贯彻党的二十大精神,发展全过程人民民主,必须遵循以下重要原则。

——坚持中国共产党领导。中国特色社会主义最本质的特征是中国共产党领导,中国特色社会主义制度的最大优势是中国共产党领导,中国共产党是最高政治领导力量。我们要提高政治站位,深刻领悟"两个确立"的决定性意义,增强"四个意识"、坚定"四个自信"、做到"两个维护"。坚持党总揽全局、协调各方的领导核心作用,坚决维护以习近平同志为核心的党中央权威和集中统一领导。健全党在政治生活中居于领导地位的制度机制,保证把党关于全过程人民民主的价值理念、原则精神、目标任务以及运行程序、规范要求等,落实到人民当家作主各环节,落实到人民群众参与国家和社会治理的具体实践中,坚持正确政治方向,保证党领导人民有效治理国家。

——坚持人民主体地位。我国宪法规定,中华人民共和国的一切权力属于人民。中国共产党始终代表最广大人民根本利益。发展全过程人民民主,必须坚持以人民为中心,维护人民根本利益,不断实现发展为了人民、发展依靠人民、发展成果由人民共享。党领导人民发展全过程人民民主,就是支持和保证人民当家作主,把体现人民利益、反映人民愿望、维护人民权益、增进人民福祉贯彻落实到党治国理政的各领域全过程。要健全民主制度,创新民主实践,保证人民在党的领导下通过各种途径和形式管理国家事务、管理经济文化事业、管理社会事务,保证人民平等参与、平等发展权利,发展更加广泛、更加充分、更加健全的全过程人民民主。

——坚持全面依法治国。正反两方面经验证明,民主与法治是紧密联系、相辅相成的,全过程人民民主是全面依法治国的政治基础,全面依法治国是全过程人民民主的制度保障。我们要加快建设中国特色社会主义法治体系,依法保障全体人民和社会成员参与民主选举、民主协商、民主决策、民主管理、民主监督等基本政治权利,充分激发人民积极性、主动性、创造性,充分调动一切积极因素,在法治轨道上推进国家治理体系和治理能力现代化。深化法治领域改革,使全过程人民民主重大理念在立法、执法、司法、守法上实现全覆盖和全贯通。增强全过程人民民主的系统性、规范性、有效性,发展机制更健全、保障更有力、运行更顺畅的全过程人民民主。

——坚持中国道路。习近平总书记指出:"走自己的路,是党的全部理论和实践立足点,更是党百年奋斗得出的历史结论。"全过程人民民主是新时代中国特色社会主义的伟大创造,也是当代中国民主区别于西方民主的显著特征。世界上不存在完全相同的政治制度,也不存在适用于一切国家的政治制度模式;实现民主有多种方式,不可能千篇一律。我们要坚定中国特色社会主义制度自信,坚定不移走中国特色社会主义政治发展道路,把我国社会主义民主政治的特点和优势充分发挥出来,注重吸收借鉴人类政治文明一切有益成果,但决不照抄照搬别国政治制度模式,决不走西方所谓"宪政"、"三权鼎立"、多党轮流执政的路子。

四、充分发挥人民代表大会制度在发展全过程人民民主中的重要制度载体作用

党的十八大以来,以习近平同志为核心的党中央高度重视

坚持和完善人民代表大会制度,全面加强党对人大工作的领导,推动人大工作取得历史性成就。2021年10月,党中央召开中央人大工作会议,习近平总书记发表重要讲话,强调指出:"人民代表大会制度是实现我国全过程人民民主的重要制度载体。"习近平总书记的这一重要论述,进一步拓展了人民代表大会制度的时代内涵和实践要求,明确了新时代新征程坚持和完善人民代表大会制度的使命任务。新时代新征程发展全过程人民民主,保障人民当家作主,必须深入学习贯彻习近平总书记关于坚持和完善人民代表大会制度的重要思想,切实增强责任感、使命感,认真履职尽责、担当作为,充分发挥人民代表大会制度在发展全过程人民民主中的重要制度载体作用。

在党中央集中统一领导下,全国人大及其常委会以习近平新时代中国特色社会主义思想为指导,忠实履行宪法法律赋予的职责,推进全过程人民民主不断取得新成就、实现新发展。近年来,全国人大先后修改全国人民代表大会组织法、地方各级人民代表大会和地方各级人民政府组织法等法律,对坚持和发展全过程人民民主作出明确规定,把全过程人民民主重大理念转化为法律制度规范,为全国人大及其常委会和地方各级政权机关行使职权、履行职责、开展工作提供了法律依据、活动遵循和制度保障。从2021年上半年开始,新一轮县乡两级人大换届选举依法陆续展开,全国10亿多选民直接选举产生260多万名县乡两级人大代表,组成地方基层国家权力机关。各级人大代表来自人民、扎根人民、代表人民的优势和作用得到进一步发挥,在立法、监督、决定等工作中,广泛听取人民群众和各方面意见的渠道和形式不断丰富拓展。全国人大常委会法工委建立32个基层立法联系点,覆盖全国31个省、自治区、直辖市,辐射带动全国各地设立 509 个省级基层立法联系点和近 5000 个设区的市级基层立法联系点,丰富了全过程人民民主的生动实践,有利于立法工作和人大工作更好接地气、察民情、聚民智、惠民生。

发展全过程人民民主,充分发挥人民代表大会制度的重要载体作用,需要重点做好以下几方面工作。**一是**坚持党的领导、人民当家作主、依法治国有机统一,把党中央关于发展全过程人民民主的工作部署和各项举措落实到人大立法、监督、代表等工作中,不断扩大人民有序政治参与,保证人民依法享有广泛权利和自由,确保党和国家在决策、执行、监督落实各个环节上都能听到来自人民的声音。**二是**落实宪法法律关于民主的相关制度机制,用科学有效、系统完备的人民当家作主制度体系保证宪法法律确立的制度、原则、规则得到全面实施,把宪法法律赋予的职权用起来,维护国家法治统一、尊严、权威。**三是**完善中国特色社会主义法律体系,发挥人大及其常委会在立法工作中的主导作用,坚持法治为了人民、依靠人民、造福人民、保护人民,深入推进科学立法、民主立法、依法立法,建设好基层立法联系点,不断提高立法质量,以良法促进发展、保障善治。**四是**切实加强人大监督,实行正确监督、有效监督、依法监督,确保法律法规得到有效实施,确保行政权、监察权、审判权、检察权依法正确行使,积极回应人民关切。**五是**充分发挥人大代表作用,做到民有所呼、我有所应,保持同人民的密切联系,倾听人民意见和建议,接受人民监督,加强代表工作能力建设,努力为人民服务。**六是**完善人大的民主民意表达平台,健全吸纳民意、汇集民智的工作机制,丰富民主实践,把各方面社情民意统一于最广大人民根本利益之中,广泛凝聚推动中国特色社会主义事业发展的正能量。**七是**强化政治机关意识,把各级人大及其常委会建设成为坚持中国共产党领导的政治机关、保证人民当家作主的国家权力机关、全面担负宪法法律赋予的各项职责的工作机关、始终同人民群众保持密切联系的代表机关，努力打造政治坚定、服务人民、尊崇法治、发扬民主、勤勉尽责的人大工作队伍，为发展全过程人民民主、保障人民当家作主作出新贡献。

把实施扩大内需战略同深化供给侧结构性改革有机结合起来

刘　鹤

党的二十大报告提出,"把实施扩大内需战略同深化供给侧结构性改革有机结合起来"。这是党中央基于国内外发展环境变化和新时代新征程中国共产党的使命任务提出的重大战略举措,对于今后一个时期有效发挥大国经济优势、加快构建新发展格局、推动高质量发展、全面建设社会主义现代化国家,具有重要意义。要深刻理解这一决策部署的历史逻辑、时代背景和实践要求,推动中国经济行稳致远、迈上新的台阶。

一、把实施扩大内需战略同深化供给侧结构性改革有机结合起来的历史逻辑和时代背景

供给和需求是经济发展的一体两面,两者之间平衡是相对的,不平衡是绝对的。解决供求失衡问题要找准主要矛盾和矛盾的主要方面,科学把握两者关系,提出适应时代要求的发展思路,以新的理论指导新的实践。

（一）实施扩大内需战略是应对外部冲击、稳定经济运行的有效途径。社会总需求由消费需求、投资需求和出口需求构

成,其中消费和投资为内需,出口为外需。1998年,亚洲金融危机对我国经济发展造成较大冲击,外需急剧收缩,党中央提出"立足扩大国内需求,加强基础设施建设",实施积极的财政政策,发行长期建设国债、连续下调基准利率等,稳定了经济增长。2008年,针对国际金融危机的冲击,党中央提出"把扩大内需作为保增长的根本途径",出台以大规模增加政府投资为主要内容的一揽子计划,稳定了市场预期,使经济迅速触底反弹。2020年以来,面对新冠肺炎疫情的严重冲击,习近平总书记指出"要围绕扩大内需深化改革,加快培育完整内需体系"。我国加快实施重大项目工程,积极稳定居民消费和企业投资,保持了经济稳定发展。从长期视角看,全球经济再平衡是2008年国际金融危机以来世界经济演变的逻辑主线。中国坚持实施扩大内需战略,不仅实现了自身经济稳定和转型发展,而且为世界经济再平衡和稳定增长作出了巨大贡献。

(二)推动供给侧结构性改革是实现高质量发展的治本之策。党的十八大以来,我国经济发展进入新常态,面临"三期叠加"的复杂局面,前期大规模经济刺激政策不可避免产生产能过剩、债务累积、成本上升等问题,人口、劳动力、技术、全要素生产率等影响长期发展的供给侧要素发生深刻变化,经济运行主要矛盾从总需求不足转变为供给结构不适应需求结构的变化,矛盾的主要方面转到供给侧。2015年,党中央提出实施供给侧结构性改革,明确去产能、去库存、去杠杆、降成本、补短板五大重点任务,通过大力推动"破、立、降",使供需结构失衡得到矫正,通货紧缩趋向得到遏制,不仅提振了我国经济增长,也促进了全球经济复苏。2018年,党中央进一步提出深化供给侧结构性改革的"巩固、增强、提升、畅通"八字方针,要求更多采取改革办法,运用市场化、法治化手段,着力增强微观主体活力,提升产业链水平,推动金融和实体经济、房地产和实体经济等深层次关系调整优化。通过持续深化供给侧结构性改革,我国供给体系质量和效率明显提升,发展新动能加快成长,经济发展质量不断提高。

（三）把实施扩大内需战略同深化供给侧结构性改革有机结合起来,是积极应对国内外环境变化、增强发展主动性的长久之策。当前,世界百年未有之大变局加速演进,世纪疫情影响深远,世界经济复苏乏力,通胀水平居高不下,主要发达经济体大幅调整宏观政策,国际需求可能进一步波动收缩。全球产业分工体系和区域布局正在发生广泛深刻调整,能源资源等供应稳定性下降,全球经济原有供需循环受到干扰甚至被阻断。特别是某些国家不顾国际关系准则和经贸规则,试图通过脱钩断链、打压企业等方式极限施压,阻碍我国经济发展和结构升级,对全球总供需平衡产生重大冲击。从国内看,近来我国经济面临需求收缩、供给冲击、预期转弱三重压力,一些领域风险因素上升,人口老龄化加速,劳动力、土地等传统优势弱化,资源环境约束趋紧,科技创新能力还不强,全要素生产率提高受到制约,亟待从供需两端发力,既扩大有效需求,又推动生产函数变革调整,塑造新的竞争优势。针对这种新形势,2020 年以来党中央提出要加快构建以国内大循环为主体、国内国际双循环相互促进的新发展格局,把发展的基点牢牢放在自己力量的基础上。这就要求我们统筹谋划扩大内需和优化供给,充分发挥超大规模市场优势,提升供给体系对国内需求适配性,打通经济循环卡点堵点,推动供需良性互动,在实现自身高质量发展的同时为世界经济注入新动力。

（四）把实施扩大内需战略同深化供给侧结构性改革有机结合起来，是全面建设社会主义现代化国家的实践要求。党的二十大报告鲜明提出，从现在起，中国共产党的中心任务就是团结带领全国各族人民全面建成社会主义现代化强国、实现第二个百年奋斗目标，以中国式现代化全面推进中华民族伟大复兴。这赋予了把两者有机结合起来新的历史特点和实践要求。我国已全面建成小康社会，大部分领域"有没有"的问题基本解决，"好不好"的问题更加突出，需要通过高质量发展解决我国社会主要矛盾。中国式现代化既有各国现代化的共同特征，更有基于自己国情的中国特色，要遵循中国式现代化的本质要求，以中国式现代化全面推进中华民族伟大复兴。要牢牢把握发展这个党执政兴国的第一要务，完整、准确、全面贯彻新发展理念，有效发挥超大规模市场优势，实施好扩大内需战略，深化供给侧结构性改革，推动经济实现质的有效提升和量的合理增长，更好实现人民日益增长的美好生活需要，不断推进和拓展中国式现代化。

二、把实施扩大内需战略同深化供给侧结构性改革有机结合起来需要把握的重大原则要求

扩大内需和深化供给侧结构性改革都是战略举措，在推动两者有机结合过程中必须把握好以下重大问题。

（一）推动两者有机结合必须坚持以推动高质量发展为主题。由高速增长阶段转向高质量发展阶段是新时代我国经济发展的基本特征。高质量发展是解决发展不平衡不充分问题、体现新发展理念的发展。按照高质量发展的要求，扩大的内需必

须是有效需求,是满足人民群众个性化、多样化、不断升级的需求,是有合理回报的投资、有收入依托的消费、有本金和债务约束的需求,是可持续的需求。财政和货币政策要在有效需求不足、市场预期不稳时出手,做到适时适度、精准施策,不能搞大水漫灌。深化供给侧结构性改革必须在提高供给体系质量和效率上做文章,提升供给结构对有效需求的适配性,不能形成不符合发展方向和市场需求的落后产能和产品,造成社会资源和财富浪费。把实施扩大内需战略同深化供给侧结构性改革有机结合起来,就是要把两者统一到高质量发展的要求上来,在推动创新、协调、绿色、开放、共享发展,统筹发展和安全中,释放两者有机结合新的巨大潜力;在加快构建以国内大循环为主体、国内国际双循环相互促进的新发展格局中,形成两者有机结合新的战略方向,推动有效需求和有效供给、消费和投资、内需和外需、自立自强和开放合作良性互动和高水平动态平衡。

(二)推动两者有机结合必须坚持以深化供给侧结构性改革为主线。经济发展最终靠供给推动,从长期看是供给创造需求。发展永无止境,供给端质量提升和结构升级也永无止境。当前和今后一个时期,制约我国经济发展的因素,供给和需求两侧都有,但矛盾的主要方面在供给侧,表现在供给存在卡点、堵点、脆弱点,供给结构不能适应需求结构变化。坚持深化供给侧结构性改革这条主线,就是要发挥创新第一动力作用,持续推动科技创新、制度创新,着力突破供给约束堵点,以自主可控、优质有效的供给满足和创造需求。一是在对外依赖度高、短期难以有外部替代来源,可能会出现断供断链的领域,要加快补短板。二是在有需求但未得到有效满足的领域,如优质品牌商品,育幼养老、健康文化等高品质、多样化生活性服务业,研发设计、会计审计等高端生产性服务业、绿色生态产品等，要深化改革扩大开放，尽快优化供给结构。三是适应新一轮科技革命和产业变革大趋势，推动新产业、新技术、新产品、新业态发展，以新供给创造新需求，形成经济发展不竭动力。

（三）推动两者有机结合必须坚持充分发挥超大规模市场优势。我国有14亿多人口，4亿多人的中等收入群体，正在迈向高收入国家行列，居民收入水平和消费水平不断提高，新型工业化和城镇化持续推进，是世界上最有潜力的超大规模市场。我国拥有世界上规模最大、门类最齐全的制造业体系，220多种工业产品产量位居世界首位，在全球产业分工体系和供应链体系中占据举足轻重的地位，拥有支撑国内国际双循环的强大供给能力。市场范围决定分工广度和深度。市场是全球最稀缺的资源。超大规模的国内市场给我国经济发展带来显著的规模经济优势、创新发展优势和抗冲击能力优势。坚持牢牢把握扩大内需这个战略基点，就是要充分用好超大规模市场这个宝贵的战略资源，为市场主体营造长期稳定的良好发展预期，在高质量发展中推动共同富裕，扩大中等收入群体，提升市场自主支出意愿和能力，以规模扩大、结构升级的内需牵引和催生优质供给。

（四）推动两者有机结合必须坚持稳中求进工作总基调。稳中求进是治国理政的重要原则，也是做好经济工作的方法论。"稳"是主基调、是基本盘，要稳住宏观经济大局，稳住产业链供应链完整性，稳住能源等初级产品供给，为积极进取奠定基础，为应对复杂局面和各种挑战增强底气；"进"是积极进取、有所作为，要在深化改革、优化要素配置、推进结构调整上迈出更大步伐。要坚持社会主义市场经济改革方向，从供需两端着手深化改革。一方面,供给结构调整本质上是改革问题,要在优化发展环境、打破垄断、推进要素市场化配置、构建全国统一大市场等方面发力,破除制约供给端自我调整的体制机制障碍,保护和激发微观主体活力,推进供给结构调整。另一方面,要加强需求侧管理,促进高质量充分就业,完善分配制度,健全社会保障体系,深化投融资体制改革,充分释放消费和投资需求,使建设超大规模市场成为一个可持续的历史过程。习近平总书记强调,"战略上要坚持稳中求进,搞好顶层设计,把握好节奏和力度,久久为功。战术上要抓落实干实事,注重实效,步步为营,一仗接着一仗打。"推动两者有机结合,要求我们长短结合、稳扎稳打,既做好长远战略谋划,又落实落细各项具体部署。

（五）推动两者有机结合必须坚持系统观念和底线思维。系统观念和底线思维是习近平新时代中国特色社会主义思想所包含的科学思想方法和工作方法。在现代市场经济条件下,国民经济从时间和空间上是一个完整、连续的整体,是一个相互联系、运动不息的复杂系统。分析和解决经济问题,必须坚持系统观念,全面、联系、动态地看问题,避免片面、割裂、静止的形而上学观点。需求和供给都是对经济运行过程的理论抽象,是分析和解决经济问题的重要概念。但现实的经济运行是生产、分配、流通、消费各环节的连续循环过程,经济政策要着眼全局和整体进行设计,实现扩大内需和深化供给侧结构性改革有机结合,畅通国民经济循环,提高发展质量、动力、活力。面对复杂严峻的发展环境,必须统筹发展和安全,强化底线思维、极限思维,下好先手棋、打好主动仗,有效防范各类风险挑战。

三、把实施扩大内需战略同深化供给侧结构性 改革有机结合起来的主要任务

未来5年是全面建设社会主义现代化国家开局起步的关键时期,要以习近平新时代中国特色社会主义思想为指导,坚持以经济建设为中心,坚持深化改革开放,找准实施扩大内需战略同深化供给侧结构性改革的有机结合点,系统有力精准施策,加快构建新发展格局,增强国内大循环内生动力和可靠性,提升国际循环质量和水平。

(一)**着力推动国内国际双循环相互促进**。我国超大规模市场优势,既可稳固和扩大国内循环基本盘,又能撬动和带动国际循环。要有效挖掘内需潜力,构建全国统一大市场,破除妨碍国内大循环的各种障碍,尤其要重视在极端情况下,实现中等水平可循环。要坚持高水平对外开放,发挥好开放对拓展循环空间的作用,深度参与全球产业分工和合作,维护多元稳定的国际经济格局和经贸关系,与外部世界良性互动。继续扩大商品和要素流动型开放,吸引全球资金、技术、人才等优质要素和产品,打破外部对我国的围堵打压。要发挥我国产业配套能力强、部分产业国际领先的优势,积极参与推动全球和区域产业链供应链优化布局,建立更为紧密的经济联系。要稳步扩大规则、规制、管理、标准等制度型开放,在统筹好开放与安全的前提下,进一步对接国际高标准经贸规则,营造市场化、法治化、国际化一流营商环境,实施自由贸易试验区提升战略,巩固拓展多双边经贸关系,提升贸易投资合作质量和水平。

(二)**着力保持宏观经济稳定**。经济运行会有周期波动,但

要避免大起大落。在一个较长的历史时期内,保持宏观经济稳定和持续增长,对于全面建设社会主义现代化国家具有重要基础性作用。要加强和改善宏观调控,做好宏观政策跨周期设计和逆周期调节。要加强预期管理,提高宏观政策透明度、公信力和专业化水平,努力走在市场曲线前面。要发挥国家发展规划的战略导向作用,加强财政政策和货币政策协调配合,着力扩大内需,增强消费对经济发展的基础性作用和投资对优化供给结构的关键作用,持续释放现代化建设蕴藏的巨大消费和投资潜力。

(三)着力增强微观主体活力。中国经济正在经历的结构性变革是一个复杂的市场化探索和试错过程,其韧性得以增强、效能得以提高,必须弘扬企业家精神,激发企业活力、创造力。要坚持和完善社会主义基本经济制度,深化国资国企改革,加快国有经济布局优化和结构调整,提升企业核心竞争力。优化民营企业发展环境,促进民营经济发展壮大。要建设高标准市场体系,完善产权保护、市场准入、公平竞争、社会信用等市场经济基础制度。要完善中国特色现代企业制度,加快建设世界一流企业。要为资本设置好"红绿灯",依法规范和引导资本健康发展。

(四)着力提高全要素生产率。全要素生产率是要素投入转化为产出的总体效率,决定着经济内涵型发展程度和潜在增长率高低,本质是技术、人才等要素质量和资源配置效率。要坚持教育优先发展、科技自立自强、人才引领驱动,强化国家战略科技力量,加强科技基础能力建设,坚决打赢关键核心技术攻坚战。要提高教育质量,加快建设中国特色、世界一流的大学和优势学科。要完善人才战略布局,着力造就拔尖创新人才,形成人才国际竞争的比较优势。要强化企业科技创新主体地位,支持专精特新企业发展。针对人口变化中长期新趋势,优化人口发展战略,建立生育支持政策体系。针对金融结构性重组迫切要求,深化金融体制改革,健全资本市场功能,提高直接融资比重。

(五)着力提升产业链供应链韧性和安全水平。面对某些国家对我国脱钩断链企图,要在关系安全发展的领域加快补齐短板,特别是要补齐基础软件、核心硬件、基础原材料等突出短板,提升自主知识产权和替代接续能力,确保产业链供应链稳定畅通。要坚持把发展经济的着力点放在实体经济上,巩固优势产业领先地位,推动制造业高端化、智能化、绿色化发展,构建优质高效的服务业新体系,加快发展数字经济,构建一批新的增长引擎。全球产业链供应链是重要的国际公共产品,我们愿与各国一道维护全球产业链供应链的安全稳定。

(六)着力推进城乡融合和区域协调发展。现代化建设进程必然伴随着城乡区域结构的深刻调整和国土空间格局的巨大变化,这是释放巨大需求、创造巨大供给的过程。要深入实施区域协调发展战略、区域重大战略、主体功能区战略、新型城镇化战略,优化重大生产力布局,构建优势互补、高质量发展的区域经济布局和国土空间体系。要以城市群、都市圈为依托构建大中小城市协调发展格局,顺应经济发展客观规律,促进各类要素向优势地区集聚。要统筹乡村基础设施和公共服务布局,建设宜居宜业和美乡村。要加快建立多主体供给、多渠道保障、租购并举的住房制度。

(七)着力防范化解系统性风险。经济金融领域重大风险根源在于供给和需求之间的严重失衡错位、循环不畅,防范化解风险是扩大内需战略和供给侧结构性改革的有机结合点。防范化解风险需要标本兼治。要加强宏观调控特别是需求侧管理，抓住主要风险点加大流动性注入和预期管理，处理好防范系统性风险和道德风险的关系。与此同时，要推进供给侧结构性改革，加快转变发展方式，提升治理能力，优化金融体系功能，改善资本和资源配置效率，促进科技、产业、金融良性循环，达到更高水平的供求平衡，使防范化解系统性风险建立在强劲健康的经济基本面之上。

如期实现建军一百年奋斗目标

许其亮

党的二十大报告提出,如期实现建军一百年奋斗目标,加快把人民军队建成世界一流军队,并作出一系列战略部署,充分彰显了以习近平同志为核心的党中央建设巩固国防和强大人民军队的决心意志,反映了全面建设社会主义现代化国家的战略要求。我们要深入学习贯彻党中央的重大决策部署,扣牢建军一百年奋斗目标,全面加强人民军队党的建设,全面加强练兵备战,全面加强军事治理,不断开创国防和军队现代化新局面。

一、实现建军一百年奋斗目标,更好履行党赋予人民军队的使命任务

回望走过的 95 年光辉历程,人民军队在党的领导下创建和发展、行动和战斗,始终高举党的旗帜,牢记初心使命,永葆性质宗旨,一路披荆斩棘,取得一个又一个辉煌胜利,为党和人民建立了不朽功勋,成为保卫红色江山、维护民族尊严的坚强柱石,成为维护地区和世界和平的强大力量。党的十八大以来,党中央、中央军委和习主席着眼于实现中华民族伟大复兴的中国梦,确立党在新时代的强军目标,确立新时代军事战略方

针,明确新时代人民军队使命任务,深入推进政治建军、改革强军、科技强军、人才强军、依法治军,大力度推进国防和军队现代化建设,引领强军事业取得历史性成就、发生历史性变革。坚持党对人民军队的绝对领导,全面深入贯彻军委主席负责制,召开古田全军政治工作会议,以整风精神推进政治整训,坚定不移正风肃纪反腐,人民军队提振精气神、立牢主心骨,重回老红军本色。坚决把全军工作重心归正到备战打仗上来,与时俱进创新军事战略指导,壮大战略力量和新域新质作战力量,推动实战化训练步步走深,有效应对外部军事挑衅,震慑"台独"分裂势力,加强边境管控和反蚕食斗争,遂行海上维权、反恐维稳等重大任务,塑造了军事斗争有利态势。大刀阔斧深化国防和军队改革,重构人民军队领导指挥体制、现代军事力量体系、军事政策制度,人民军队体制一新、结构一新、格局一新、面貌一新。加快国防和军队现代化建设,全面推进国防科技创新,建设强大的现代化后勤,加快武器装备建设大发展,国产航母、新型核潜艇、歼-20、运-20、东风系列导弹等大国重器列装,我军现代化水平和实战能力显著提升,中国特色强军之路越走越宽广。这些历史性伟大成就的取得,根本在于习主席的坚强领导,在于习近平强军思想的科学指引。

再过5年,我们将迎来建军一百周年,英雄的人民军队将在中国特色强军之路上大踏步迈向世界一流水平,以对党和人民的绝对忠诚,以强大可靠的战略能力,展现威武之师、文明之师、胜利之师崭新的面貌,为实现中华民族伟大复兴提供战略支撑,为维护世界和平发展和人类文明进步作出更大贡献。建军一百年奋斗目标,体现了党的历史使命、国家战略需求和我军使命任务的有机统一,丰富拓展了党在新时代强军目标的时代内涵,标定了未来5年我军建设的中心任务,意义重大而深远。

(一)这是把握强国强军时代要求的重大决策。经过不懈努力,我们迎来了从站起来、富起来到强起来的伟大飞跃,实现中华民族伟大复兴进入不可逆转的历史进程,同时这一进程不会轻轻松松、顺顺当当,必须准备付出更为艰巨、更为艰苦的努力。强国必须强军,军强才能国安。新时代新征程,世界之变、时代之变、历史之变的特征更加明显,我国发展面临新的战略机遇、新的战略任务、新的战略阶段、新的战略要求、新的战略环境。扣牢建军一百年奋斗目标,确保国防和军队现代化进程同国家现代化进程相适应、军事能力同国家战略需求相适应,就能更好地以强军支撑强国。

(二)这是关系国家安全和发展全局的重大任务。发展是安全的基础,安全是发展的条件。坚持总体国家安全观,为建设社会主义现代化国家提供坚强保障,军事力量始终是保底手段。随着世界进入新的动荡变革期,我国国家安全形势不稳定性不确定性增大,各方向各领域都面临不少安全挑战,把军事能力搞过硬,做到平时稳控局势、战时决战决胜,才能兜住国家安全的底,才能在国际风云变幻中保持战略主动。扣牢建军一百年奋斗目标,顺应了新时代国家安全内涵外延、时空领域、内外因素的深刻变化,契合了我国发展由大向强对军事能力的迫切要求,必将推动我军战略能力加速生成。

(三)这是国防和军队现代化新"三步走"十分紧要的一步。在全面建设社会主义现代化国家、实现第二个百年奋斗目标的历史进程中,我们党综合考虑国家安全和发展全局需要、我军现代化进程有序衔接等方面因素,提出到2027年实现建军一百年奋斗目标、到2035年基本实现国防和军队现代化、到本世纪中叶全面建成世界一流军队的国防和军队现代化新"三步走"战略,铺展了新时代强军事业近、中、远目标梯次衔接的发展蓝图。起跑决定后程,走好新"三步走"的第一步,跑出竞争发展的加速度至为关键、至为重要。扣牢建军一百年奋斗目标,必将引领国防和军队现代化以更优策略、更高效益、更快速度向前推进,实现跨越式发展。

如期实现建军一百年奋斗目标,是党的意志、人民的期盼,是人民军队必须扛起的时代重任、必须交出的历史答卷。经过不懈努力,特别是过去5年工作和新时代10年的伟大变革,实现这一目标进而全面建成世界一流军队有了更为扎实的前进基础。新时代新征程上,习主席领航强军,习近平强军思想科学指引,始终是强军事业的力量所在、方向所在、未来所在,是最根本的政治保证。全军要坚定决心意志,增强紧迫意识,埋头苦干实干,朝着党指引的方向奋勇前进,不断开辟强军事业发展新天地。

二、实现建军一百年奋斗目标,根本指向是全面提高捍卫国家主权、安全、发展利益的战略能力

党的二十大作出如期实现建军一百年奋斗目标的战略部署,蕴含着鲜明的政治指向、战略指向、实战指向,最终要落到全面提高打赢能力上来。必须全面加强练兵备战,以更强大的能力、更可靠的手段捍卫国家主权、安全、发展利益。

（一）创新军事战略和作战指导。军事战略指导的生命力在于应时而变、应势而动。适应国家发展战略和安全战略新要求，与时俱进创新军事战略指导，调整优化军事战略布局，完善新时代军事战略体系，不断赋予积极防御战略思想新的内涵。现代战争制胜观念、制胜要素、制胜方式发生重大变化，必须深入研究信息化智能化战争特点规律，把未来打什么仗、怎么打仗搞清楚，提高筹划和指导战争水平。大兴作战问题研究之风，认真研究总结世界近几场局部战争和我军军事斗争实践经验，加强核心作战概念和作战理论研究，创新作战方式和军事力量运用方式，丰富斗争策略和方法，夺取未来战场主动权。整体运筹备战与止战、威慑与实战、战争行动与和平时期军事力量运用，统筹竞争、斗争、战争，统筹各方向各领域，塑造安全态势、遏控危机冲突、打赢局部战争。

（二）打造高水平战略威慑和联合作战体系。战略威慑体系是大国博弈的"压舱石"，要坚持非对称制衡，坚持有所为有所不为，坚持敌人怕什么就重点发展什么，壮大战略力量，加重战略砝码，提高有效慑敌制敌的军事实力。联合作战体系是打赢现代战争的重要保障，要构建顺畅高效的联合作战指挥体系，打造以精锐作战力量为主体的联合作战力量体系，建强网络信息体系这个基础支撑，推进侦察预警、联合打击、战场支撑、综合保障体系和能力建设，加速提升联合作战能力、全域作战能力。指挥对抗在现代战争中地位作用空前上升，必须建强军委和战区两级联合作战指挥机构，完善指挥运行机制，发展先进指挥手段，提高指挥效能。现代战争运用精锐作战力量实施精确作战的特征更加突出，必须加快军兵种和武警部队转型建设，优化内部力量结构，融入体系、支撑体系，推动我军力量体系和作战能力整体提升。

（三）加强新兴领域军事布局。坚持机械化信息化智能化融合发展，增加新域新质作战力量比重，是抢占军事竞争和未来战争主动的重要一手。当前，新一轮科技革命和军事革命迅猛发展，战略高新技术群体迸发。从世界近几场局部战争和军事行动看，智能化无人作战系统大量投入实战，新域新质战斗力已经成为改变战争规则的关键变量。必须搞好系统谋划，加快战略性、前沿性、颠覆性技术发展，加强军事智能核心技术、关键软硬件和基础理论攻关，构建具有我军特色的智能化军事体系。优化军事力量结构编成，加快无人智能作战力量发展，加快推进新型作战力量以"主力"、"主角"融入作战体系。紧盯新型领域安全，搞好战略预置，加强新技术、新装备、新战法试验和作战运用探索，加快先进战斗力有效供给。

（四）推动军事训练转型升级。实战化军事训练是推动战略能力生成的基本途径，是推进国防和军队现代化建设的重要抓手。随着我军军事训练进入全方位变革、整体性提升的新阶段，要求加快实现军事训练转型升级。必须坚持实战实训、联战联训、科技强训、依法治训，弘扬一不怕苦、二不怕死战斗精神，全面提高训练水平和打赢能力。现代战争对联合训练提出强制性要求。坚持以联为纲，以联合训练引领军兵种训练，以军兵种训练支撑联合训练，贯彻到训练计划制定、训练组织、训练保障中去，突出抓好全系统、全要素、全流程训练，紧贴作战任务、作战对手、作战环境加强检验性、对抗性训练，发展我军特色联合训练体系，加速提升一体化联合作战能力。创新军事训练，关键靠科技赋能。强化科技练兵，加强新装备、新力量、新领域训练，加强模拟化、网络化、对抗性手段建设，探索"科技+"、"网络+"

等训练方法,提高训练效费比,推动练兵模式转变。

(五)形成战、建、备一体推进的良好局面。坚持边斗争、边备战、边建设,是今后5年乃至更长一个时期我军的突出特点和指导原则,必须统筹提高战的能力、建的质量、备的水平。坚定灵活开展军事斗争,始终从政治高度和国家利益全局筹划指导军事行动,在涉及国家主权和领土完整问题上寸土必争、寸步不让,敢于斗争、善于斗争,特别是坚决粉碎"台独"分裂和外来干涉图谋,确保国家核心利益不受损,确保政治和战略主动。坚持以战领建、以备促建,各项工作和建设、各方面力量和资源,始终聚焦军事斗争准备、服务军事斗争准备,着力补齐我军作战体系的短板弱项,把战斗力这个唯一的根本的标准贯穿部队建设全过程和各方面。搞好战备物资储备和应急建设能力预置,健全平战快速转换机制,把各种可能的情况考虑周全,始终保持箭在弦上、引而待发的高度戒备态势,确保部队全时待战、随时能战。

三、实现建军一百年奋斗目标,必须积极推动我军建设高质量发展

推进实现建军一百年奋斗目标,是关系我军建设全局的一场深刻变革。当前我军建设正处在提质增效的关键阶段,必须加强创新突破,转变发展理念、创新发展模式、增强发展动能,抓住窗口期,跑出加速度,推动国防和军队现代化由"量"的增值转向"质"的提升。

(一)强固党对人民军队绝对领导的根本优势。中国共产党领导是中国特色社会主义最本质的特征,是中国特色社会主义制度的最大优势。我军进行现代化建设,必须毫不动摇坚持

党对人民军队的绝对领导,确保沿着正确政治方向前进。新时代新征程,人民军队必须把党指挥枪这个命根子紧抓不放,深刻领悟"两个确立"的决定性意义,增强"四个意识"、坚定"四个自信"、做到"两个维护",贯彻军委主席负责制,不断提高政治判断力、政治领悟力、政治执行力,在思想上政治上行动上始终与党中央、中央军委和习主席保持高度一致,做到在任何时候任何情况下都坚决听从党中央、中央军委和习主席指挥。要深化新时代党的创新理论武装,突出学好习近平强军思想,构建新时代思想政治教育体系,开展"学习强军思想、建功强军事业"教育实践活动,结合建军一百周年加强军史学习教育,繁荣发展强军文化,在党的旗帜下铸牢军魂。健全人民军队党的组织体系,突出抓好党的政治建设,增强各级党组织的领导力、组织力、执行力,锻造听党话跟党走、能打仗打胜仗、法纪严风气正的过硬基层。狠抓全面从严治党、全面从严治军,推进政治整训常态化制度化,深化重点行业领域整肃治理,大力纠治基层"微腐败",持之以恒正风肃纪反腐,永葆人民军队性质、宗旨、本色。

(二)改进战略管理提高建设质效。推动我军高质量发展,必须改进战略管理,强化战建备统筹。要坚持质量第一、效益优先,更新管理理念,优化管理流程,完善管理机制,进一步畅通战略管理链路,实质性推进军事管理革命,提高军事系统运行效能和国防资源使用效益。我军建设"十四五"规划对实现建军一百年奋斗目标作了战略部署,明确了主攻方向、重大工程。必须加强国防和军队建设重大任务战建备统筹,强化作战需求根本牵引,坚持体系抓、抓体系的组织管理模式,搞好规划计划衔接转化,合理确定投向投量,确保每一分钱都花在刀刃上。强化规划权威性和执行力,保持攻关势头,聚力打通堵点卡点,如期完成既定目标任务。聚焦保障打赢,加快建设现代军事物流体系、军队现代资产管理体系。

(三)充分发挥改革创新驱动作用。改革创新是我军发展的强大动力,推动高质量发展必须用改革创新的办法研究解决问题。要把创新摆在我军建设发展全局的核心位置,全面推进军事理论、技术、组织、管理、文化各方面创新,带动全军把创新驱动发展的引擎全速发动起来,建设创新型人民军队。适应世界军事发展趋势和我军战略能力发展需求,坚持不懈把国防和军队改革向纵深推进,巩固拓展改革成果,完善军事力量结构编成,体系优化军事政策制度。推进高水平科技自立自强,打好自主创新、自主可控攻坚战,加快关键核心技术攻关,加快实施国防科技和武器装备重大工程,加速科技向战斗力转化。加强依法治军机制建设和战略规划,完善中国特色军事法治体系,提高国防和军队建设法治化水平。

(四)深入实施新时代人才强军战略。人才是推动我军高质量发展、赢得军事竞争和未来战争主动的关键因素。要把握军事职业特点和军事人才发展规律,推动军事人员能力素质、结构布局、开发管理全面转型升级,锻造德才兼备的高素质、专业化新型军事人才。贯彻新时代军事教育方针,落实院校优先发展战略,深化我军院校改革,健全三位一体新型军事人才培养体系,提高备战打仗人才供给能力和水平。加强人才工作战略布局,坚持走好人才自主培养之路,做好识才、聚才、育才、用才工作,创新军事人力资源管理,最大程度集聚人才和智力资源。

(五)巩固提高一体化国家战略体系和能力。推进国防和军队现代化,是全党全军全国各族人民的共同事业。要进一步融入国家发展全局,强化战略引领,强化重点突破,强化法治保障,加强军地战略规划统筹、政策制度衔接、资源要素共享,促进国防实力和经济实力同步提升。推动重点区域、重点领域、新型领域协调发展,优化国防科技工业体系和布局,加强国防科技工业能力建设,加快推动国家科技实力、工业实力向国防实力转化。要创造发展人民战争战略战术,深化全民国防教育,强化国防观念,加强国防动员和后备力量建设,推进现代边海空防建设,巩固发展军政军民团结,汇聚奋进强国强军的磅礴力量。

办好人民满意的教育

孙春兰

教育是国之大计、党之大计。习近平总书记所作的党的二十大报告,通篇贯穿习近平新时代中国特色社会主义思想,描绘了全面建设社会主义现代化国家、实现第二个百年奋斗目标的宏伟蓝图,是我们党开启新时代新征程的政治宣言和行动纲领。报告从"实施科教兴国战略,强化现代化建设人才支撑"的高度,对"办好人民满意的教育"作出专门部署,凸显了教育的基础性、先导性、全局性地位,彰显了以人民为中心发展教育的价值追求,为推动教育改革发展指明了方向。

一、党的十八大以来我国教育面貌 发生格局性变化

我们党始终坚持教育发展的人民立场,历来强调发展教育为了人民。新中国成立以来,我国教育事业用 70 多年时间走过西方发达国家几百年的历程,基本实现了中华民族千百年来学有所教、有教无类的教育理想,开辟了中国特色社会主义教育发展道路。党的十八大以来,以习近平同志为核心的党中央把教育摆在优先发展的战略位置,习近平总书记就教育发表一系列重要论述,在全国教育大会上明确了"九个坚持"的顶层设计、

思路原则和任务要求,深刻回答了关系教育现代化的重大理论和实践问题,丰富发展了党对教育的规律性认识,引领教育改革更加深化、教育公平和质量不断提升,教育事业取得历史性成就、发生历史性变革。

(一)**教育普及水平显著提升**。我国现有各级各类学校52.9万所,在校生2.9亿人,各级教育普及水平达到或超过中高收入国家平均水平。学前教育毛入园率达88.1%,义务教育巩固率达95.4%,历史性解决了长期存在的失学辍学问题,义务教育有保障全面实现。高中阶段教育毛入学率达91.4%,如期实现普及目标。高等教育毛入学率从2012年的30%提高至2021年的57.8%,进入普及化阶段。各级各类教育的加快普及,显著增强了我国教育的包容性、公平性、适应性。当前,我国接受高等教育的人口达2.4亿,新增劳动力平均受教育年限13.8年,为提升国民素质、推动社会主义现代化建设提供了有力支撑。

(二)**现代教育体系更加完善**。坚持职业教育与普通教育同等重要、协调发展,不断优化教育结构、学科专业结构、人才培养结构,建设学分银行,实现各类学习成果的认证、积累和转换,加快构建服务全民终身学习的教育体系。深化职业教育改革,推进产教融合、校企合作,稳步推进本科层次职业教育,满足不同学生成长需要。推进城乡义务教育一体化发展,全面实现县域基本均衡目标;高等教育坚持学术学位与专业学位分类发展,撤销和停招本科专业点近1万个、增设1.7万个,更好适应经济社会发展需求。我国与58个国家和地区签署学历学位互认协议,教育国际影响力稳步提升。

(三)**人民群众教育获得感不断增强**。针对入园难、入园贵问题,开展 2 万多所城镇小区配套园治理,增加普惠性学位 416 万个,2021 年普惠园覆盖率 87.8%,公办园在园幼儿占 51.9%。针对群众反映的义务教育校内作业和校外培训负担过重问题,坚定不移推进"双减",线下学科类培训机构压减 95.6%,线上压减 87.1%,学校课后服务全覆盖,大部分家长反映教育焦虑有所缓解。压实地方政府举办义务教育责任,2022 年秋季学期新增公办学位 628.4 万个、购买民办学位 756.2 万个,保持民办义务教育合理结构。这些教育民生工程,进一步优化了教育生态,支撑了教育高质量发展。

(四)**教育服务发展能力全面提升**。10 年来,我国大中专院校向经济社会主战场输送上亿名毕业生,继续教育每年为各行各业培训上亿人次。支持高校建设科技创新中心和平台,高校承担了全国 60% 以上的基础研究、80% 以上的国家自然科学基金项目。加大基础研究支持力度,实施强基计划,77 所高校建设 288 个基础学科拔尖学生培养基地,着力培养拔尖人才。连续举办七届中国国际"互联网+"大学生创新创业大赛,直接或间接创造就业岗位 591 万个。3 年来高职累计扩招 413 万人,现代制造业、战略性新兴产业和现代服务业新增从业人员 70% 以上来自职业院校。统筹教育资源主动服务东北振兴和雄安新区、粤港澳大湾区、海南自贸区建设,为区域和国家发展作出重要贡献。

(五)**教育优先发展得到有力保障**。国家财政性教育经费投入占国内生产总值比例连续 10 年不低于 4%,是财政一般公共预算的第一大支出,巩固了教育优先发展的战略地位。"全面改薄"改善了 832 个脱贫县办学条件,99.8% 的义务教育学校办学条件达到基本要求。学生资助政策体系覆盖各个学段,营养改善计划惠及 3700 万农村学生。"特岗计划"为中西部乡村学校补充 103 万名教师,"优师计划"每年为中西部欠发达地区定向培养 1 万名左右本科层次师范生。义务教育教师平均工资收入不低于当地公务员,教师的周转住房、职称评聘、职业发展等持续改善,全社会尊师重教的氛围更加浓厚。

教育面貌的格局性变化,根本在于党对教育工作领导的全面加强,领导体制和工作机制更加完善,有力保证了教育改革发展的正确方向。通过加强教育系统党的建设,深化思政课改革创新,当代学生思想主流积极健康向上,热爱党、热爱祖国、热爱人民,发出了"请党放心、强国有我"的青春誓言,充分表明他们是值得信赖、可以寄予厚望的一代。

二、办好人民满意教育的总体思路

当前,世界百年未有之大变局加速演进,中华民族伟大复兴进入不可逆转的历史进程。党的二十大报告明确了新时代新征程党和国家所处的历史方位,对以中国式现代化全面推进中华民族伟大复兴作出一系列重大部署。推动经济社会发展、提高综合国力和国际竞争力,归根结底要靠人才。教育是提高人民综合素质、促进人的全面发展的重要途径,是民族振兴、社会进步的重要基石,是对中华民族伟大复兴具有决定性意义的事业。强国必先强教,中国式现代化需要教育现代化的支撑。在新的起点上,教育工作要深入贯彻习近平总书记关于教育的重要论述,全面落实党的教育方针,坚持为党育人、为国育才,遵循教育规律和人才成长规律,顺应社会主要矛盾的变化,以高质量发展为主线,以深化教育改革为动力,以凝聚人心、完善人格、开发人力、培育人才、造福人民为目标,健全学校、家庭、社会育人机制,培养德智体美劳全面发展的社会主义建设者和接班人,加快建设教育强国、办好人民满意的教育。

(一)坚持立德树人的根本任务。习近平总书记强调,"我国是中国共产党领导的社会主义国家,这就决定了我们的教育必须把培养社会主义建设者和接班人作为根本任务,培养一代又一代拥护中国共产党领导和我国社会主义制度、立志为中国特色社会主义奋斗终身的有用人才。"培养什么人,是教育的首要问题。这是思考和谋划教育工作的逻辑起点,也是丝毫不能偏离的政治方向。青少年是价值观形成和塑造的关键时期,党的教育方针始终强调德育为先。要从学生身心特点和思想实际出发,持续深化思想政治理论课改革创新,用习近平新时代中国特色社会主义思想铸魂育人,推进思政课程和课程思政同向同行,把思想政治教育"小课堂"与社会"大课堂"贯通起来,提高思想政治教育的亲和力和针对性。人才培养是育人和育才相统一的过程,教育传授学生的不仅是知识,更重要的是价值观塑造、能力锻造、人格养成。教育无论发展到什么程度,第一位的是立德树人,引导学生树立正确的世界观、人生观、价值观,教会学生有能力、有责任、有爱心,全面发展、学有所长,培养出党和国家需要、对社会有用的人。

(二)坚持科学的教育理念。习近平总书记强调,"素质教育是教育的核心,教育要注重以人为本、因材施教,注重学用相长、知行合一","促进学生德智体美劳全面发展"。教育理念是教育实践的先导。教育是一门科学,兴教办学、人才成长有客观的规律。中华民族历来有崇文重教的优良传统,积累了丰富的教育经验和智慧,如有教无类、因材施教、循序渐进、温故知新、教学相长等。要坚定教育自信,弘扬我国优秀教育传统,吸收借鉴国际先进经验,构建德智体美劳全面培养的教育体系,深化体教融合,发挥劳动教育的育人功能,提升学生综合素质。适合的教育是最好的教育。每个学生的禀赋、潜质、特长不同,学校要坚持以学生为本,注重因材施教,探索多样化办学,对在某些方面确有专长的学生,通过个性化指导、兴趣小组等灵活教学管理方式进行重点培养;对学习困难的学生,用心发现他们的长处、耐心施教,使教育的选择更多样、成长的道路更宽广,努力让每个学生都有人生出彩的机会。树立科学的教育理念是一个长期的过程,需要学校、家庭、社会持续不懈的努力,守正笃实、久久为功,促进学生身心健康成长。

(三)**坚持教育事业的公益属性**。习近平总书记强调,要"坚持教育公益性原则,把教育公平作为国家基本教育政策"。教育事关国民素质提升和国家未来发展,是重要的公共服务。我国教育法规定,"教育活动必须符合国家和社会公共利益"。在保证公益性的前提下,政府以外的民办教育机构提供教育服务,对于扩大学位供给、满足多样教育需求来说是有益的。但良心的行业不能变成逐利的产业,更不能让资本在教育领域无序扩张,加重群众负担,破坏教育生态。近年来推进"双减"工作、规范民办义务教育,同时大力发展普惠园、推进义务教育城乡均衡、保障随迁子女入学、开展控辍保学,都是坚持教育的公益性。教育公平是社会公平的重要基础,既在于均等化的基本公共服务,更体现在教育机会、资源配置、制度政策的公平。促进教育公平不是削峰填谷,关键在补齐短板、提高质量,办好每一所学校、教好每一个学生。数字化线上教育是学校教育和课堂教学的补充和延伸,我国城乡学生共享全国名师、名家、名校、名课资源,扩大了优质教育资源覆盖面,促进了教育均衡发展。教育是国计、也是民生。各级政府要承担起责任,该投入的必须投入,保障义务教育的公益性,平衡好公办教育和民办教育、政府责任和社会责任,将教育改革发展与解决现实问题结合起来,让教育发展成果更多更公平惠及全体人民。

(四)坚持教育质量的生命线。人民满意的教育必定是高质量的教育。习近平总书记强调,"要深化教育教学改革,强化学校教育主阵地作用,全面提高学校教学质量"。我国人均国内生产总值已超过1.2万美元,教育正加快从"有学上"向"上好学"转变,进入全面提高质量的内涵发展阶段。提高教育质量是一个系统工程,涉及教育观念、教育体制、教学方式的全方位调整,需要做到老师"教好"、学生"学好"、学校"管好"三位一体。义务教育阶段是国民教育的重要基础,是重中之重,近年来重点抓教学改革、课程质量提升,倡导启发式、体验式、互动式教学,培养孩子的良好品行、动手能力、创新精神和人文素养。高等教育是国家发展水平和潜力的重要标志,坚持以"双一流"建设为牵引,强化本科教育,落实教授为本科生上课的规定,同时严格学校管理,让不合格的学生毕不了业,形成鲜明的质量导向。职业教育优化类型定位,突出职业教育特点,促进提质培优,推动教师教材教法改革,实践性教学课时占总课时一半以上。牢固树立教育质量观,把促进人的全面发展、适应国家社会需要作为衡量教育质量的标准,以提高教育质量为导向完善管理制度和工作机制,统筹教育发展的规模、结构、效益,把资源配置和学校工作重心集中到教育教学上来,全面提高各级各类教育的质量。

三、新时代新征程办好人民满意教育的重点任务

党的二十大报告对办好人民满意的教育作出新的重大部署,要采取更加有力的举措,把党的二十大报告提出的各项任务落到实处,努力发展具有中国特色、世界水平的现代教育。

(一)**加强党对教育工作的领导**。党的领导是办好教育的根本保证。要以党的政治建设为统领,全面加强教育系统党的建设,坚持和完善党委领导下的校长负责制,改革创新学校思想政治理论课,把教育系统建设成为坚持党的领导的坚强阵地。深入推进依法治教、依法治校,完善教育治理体系、提高教育治理能力,赋予学校更多办学自主权,激发学校发展活力。各级党委和政府要为学校办学安全托底,解决学校后顾之忧。

(二)**加快建设高质量教育体系**。各级各类教育要适应人民期盼和发展需求,巩固提升普及水平,更加注重高质量发展。学前教育要多渠道增加普惠性资源,全面提升科学保教水平。义务教育要落实"五育并举"要求,加快义务教育优质均衡发展和城乡一体化,优化区域教育资源配置。要坚持高中阶段学校多样化发展,加强县域普通高中建设。高等教育要促进内涵式发展,鼓励高校在不同定位上办出特色、争创一流,加强基础学科、新兴学科、交叉学科建设,加快建设中国特色、世界一流的大学和优势学科,全面提高人才自主培养质量。要优化职业教育类型定位,深入实施中职、高职办学条件达标工程,推动高职提质培优,稳步发展本科职业教育,推进职普融通、产教融合、科教融汇,培养更多应用型、技能型人才。

（三）**深化教育领域综合改革**。教育关乎公平与效率、规模与质量、国家需要与个人期望，涉及思想观念、利益调整，要发挥关键领域改革的作用，带动育人方式、办学模式、管理体制、保障机制等综合改革。学校的职责归根结底是教书育人，要推动办学治校坚守育人的本源，坚决破除唯分数、唯升学、唯文凭、唯论文、唯帽子，完善学校管理和教育评价体系。深化考试招生制度改革，完善自主招生、特才特招等选拔机制，更好发挥"指挥棒"作用。要发挥学校育人主阵地作用，持续优化教育教学秩序和综合育人环境，巩固拓展"双减"成果，防止反弹。稳步推进民办义务教育治理，落实"公民同招"和免试就近入学，引导规范民办教育发展。教育督导改革要重点完善常态化监测，强化结果运用和问责机制。同时，要坚持以开放促改革、促发展，加强国际教育交流合作，拓展全方位、多层次、宽领域的教育对外开放格局，不断增强我国教育的国际影响力和竞争力。

（四）**加强教师队伍建设**。没有高水平的教师，就谈不上高质量的教育。要深入实施新时代基础教育强师计划，加强师德师风建设，培养高素质教师队伍，弘扬尊师重教社会风尚。推动政策、资源、投入进一步向教师倾斜，引导师范院校坚持"师范为本"、以培养教师为主业，支持高水平综合大学开展教师教育，保证教师队伍有充足的师资来源，加快补充思想政治、音体美等学科教师。深入推进义务教育学校教师"县管校聘"管理改革，加大对乡村教师的倾斜支持，完善城镇优秀教师、校长向乡村学校、薄弱学校交流轮岗的激励机制，扩大中小学中高级岗位比例，提高教龄津贴标准，吸引和激励更多优秀人才长期从教、终身从教。

（五）**着力完善保障条件**。教育优先发展是党和国家的重大战略,体现在经济社会规划优先安排教育发展、财政资金优先保障教育投入、公共资源优先满足教育和人力资源开发需要等方面。要健全财政教育投入机制,全面落实各级政府支出责任,确保国家财政性教育经费投入占国内生产总值比例不低于4%。不断优化经费支出结构,健全各级教育生均标准,完善覆盖全学段学生资助体系,把新增教育经费更多用在教师队伍建设和教学设施改善上,提高教育经费使用效益。加强教材建设和管理,加大国家通用语言文字推广力度,推进教育数字化,全方位奠定教育发展基础,不断提高人民群众对教育的满意度。

推动构建人类命运共同体

杨 洁 篪

中国特色社会主义进入新时代以来,习近平总书记深刻把握人类社会历史经验和发展规律,汲取中华优秀传统文化的思想智慧,从统筹中华民族伟大复兴战略全局和世界百年未有之大变局的战略高度,创造性地提出并不断丰富发展构建人类命运共同体的重要思想,为人类社会实现共同发展、长治久安、持续繁荣指明了方向、绘制了蓝图。党的二十大报告指出:"中国始终坚持维护世界和平、促进共同发展的外交政策宗旨,致力于推动构建人类命运共同体。"在全面建设社会主义现代化国家、实现中华民族伟大复兴的历史进程中,中国将始终高举构建人类命运共同体旗帜,不断为人类文明进步作出新的贡献。

一、构建人类命运共同体是引领世界大变局发展方向的人间正道

"建设一个什么样的世界、如何建设这个世界"是人类社会永恒的命题。2015年9月,习近平主席在第七十届联合国大会的讲话中,强调各国携手构建合作共赢新伙伴,同心打造人类命运共同体。2017年1月,习近平主席在联合国日内瓦总部发表演讲,倡导各国共同构建人类命运共同体,坚持对话协商、共建

共享、合作共赢、交流互鉴、绿色低碳,建设持久和平、普遍安全、共同繁荣、开放包容、清洁美丽的世界。在世界百年未有之大变局背景下,构建人类命运共同体重大倡议,深刻回答了世界向何处去、人类应怎么办的重大命题,在历史转折关头彰显出璀璨的真理光芒,指引着中国和世界前进的正确方向。构建人类命运共同体,是习近平新时代中国特色社会主义思想特别是习近平外交思想的重要组成部分,不仅写入党章和宪法,而且多次写入联合国等国际组织文件,反映了中国人民和各国人民的共同心声,凝聚着国际社会的广泛共识,其深远影响随着中国和世界的发展进一步彰显。

近年来,世界大变局加速演进,世界之变、时代之变、历史之变正以前所未有的方式展开。新冠肺炎疫情影响深远,逆全球化思潮抬头,单边主义、保护主义明显上升,世界经济复苏乏力,局部冲突和动荡频发,全球性问题加剧,世界进入新的动荡变革期。和平赤字、发展赤字、安全赤字、治理赤字加重,恃强凌弱、巧取豪夺、零和博弈等霸权霸道霸凌行径危害深重,人类社会面临前所未有的挑战,世界人民对和平、发展、合作、共赢的期待更加强烈,构建人类命运共同体的历史远见和时代意义更加凸显。

面对国际形势新动向新特征,习近平总书记提出一系列重要新理念新倡议,深刻阐述积极应对全球性挑战的中国主张和中国方案,不断丰富完善构建人类命运共同体的思想体系,深刻体现了中国同各国一道建设更加美好世界的坚定决心和使命担当。

——弘扬和平、发展、公平、正义、民主、自由的全人类共同价值,强调文明多样性是世界发展的活力和动力之源,倡导尊重各国人民自主选择发展道路和制度模式的权利,摒弃傲慢和偏见,反对冷战思维、以意识形态划线、搞零和博弈,促进不同文明和社会制度相互包容、交流对话、和谐共生。我们倡议并推动同多个国家和地区构建双边及区域性命运共同体,倡议构建一系列领域性命运共同体,积极搭建文明对话、政党交流、民间外交等互学互鉴平台,以实际行动打造践行全人类共同价值的样板。

——提出全球安全倡议,强调安全是发展的前提,人类是不可分割的安全共同体,倡导坚持共同、综合、合作、可持续的安全观,坚持尊重各国主权、领土完整,遵守联合国宪章宗旨和原则,重视各国合理安全关切,通过对话协商以和平方式解决国家间分歧和争端,统筹维护传统领域和非传统领域安全。我们在乌克兰危机以及一系列国际和地区热点问题上独立自主地发挥建设性作用,积极参加联合国维和行动,致力于同直接当事国通过协商谈判解决领土主权和海洋权益争议,共同营造和维护安全的发展环境。

——提出全球发展倡议,强调坚持以人民为中心的发展思想,把促进发展、保障民生置于全球宏观政策的突出位置,落实联合国 2030 年可持续发展议程,加强宏观政策协调,推动建设开放型世界经济,促进全球平衡、协调、包容发展,共同构建全球发展命运共同体。我们秉持新发展理念,加快构建新发展格局,推动高质量发展,稳步推进共建"一带一路",积极开展减贫、缓债、防灾减灾等国际发展合作,为各国分享中国机遇创造有利条件,为促进世界经济企稳复苏和实现共同发展注入中国力量。

——践行真正的多边主义,致力于稳定国际秩序,维护以联合国为核心的国际体系、以国际法为基础的国际秩序、以联合国宪章宗旨和原则为基础的国际关系基本准则,反对单边主义、保护主义、霸权主义、强权政治,推动国际关系民主化和法治化,推动全球治理体系朝着共商共建共享的方向发展。我们在国际事务中仗义执言，推动提升广大发展中国家代表性和发言权，坚决反对干涉别国内政和搞单边制裁施压，深化拓展新兴市场国家和发展中国家团结合作的机制平台，引领国际秩序发展的正确方向。

——推动建设人类卫生健康共同体，强调人民生命安全和身体健康是人类发展进步的前提，坚定信心、同舟共济是战胜新冠肺炎疫情的唯一正确道路，倡导各国相互支持，加强防疫措施协调，完善全球公共卫生治理，形成应对疫情强大国际合力，弥补国际"免疫鸿沟"，共同守护人类生命健康。我们积极开展抗疫国际合作，发起新中国成立以来最大规模的全球紧急人道主义行动，向众多国家提供物资援助、医疗支持、疫苗援助和合作，为实现疫苗在发展中国家的可及性和可负担性作出重要贡献。

——推动构建人与自然生命共同体，倡导加快绿色低碳转型，实现绿色复苏发展，完善全球环境治理，积极应对气候变化，促进高水平的全球经济社会可持续发展，共同寻求人与自然共生共存的绿色之路，建设生态文明和美丽星球。我们宣布力争于 2030 年前实现碳达峰、2060 年前实现碳中和目标，大力推动建设绿色丝绸之路，加大援助实施绿色环保和应对气候变化项目，为全球应对气候变化作出更大贡献；中国率先出资 15 亿元人民币，成立昆明生物多样性基金，共同促进全球生态文明建设。

在构建人类命运共同体理念的指引下，新时代中国特色大国外交积极开拓进取，勇于担当作为，坚定捍卫国家主权、安全、发展利益，维护国际公平正义，推动构建新型国际关系，积极建设覆盖全球的伙伴关系网络，积极参与全球治理体系改革和建设,为国家发展和民族复兴营造良好外部环境,为维护世界和平稳定和发展繁荣作出新的重要贡献,我国国际影响力、感召力、塑造力显著提升。

二、构建人类命运共同体是实现中华民族伟大复兴的必然要求

党的二十大报告指出:"我们党立志于中华民族千秋伟业,致力于人类和平与发展崇高事业,责任无比重大,使命无上光荣。"这突出反映了中国发展与世界发展的高度统一,体现了我们党一以贯之的初心使命。伴随着实现中华民族伟大复兴的历史步伐,中国为推动构建人类命运共同体不断发挥更大作用。

推动构建人类命运共同体,是凝聚我们党百年奋斗经验的时代强音。中国共产党是为中国人民谋幸福、为中华民族谋复兴的党,也是为人类谋进步、为世界谋大同的党。党的百年奋斗深刻影响了世界历史进程,深刻改变了世界发展的格局和趋势。坚持胸怀天下,是党百年奋斗史的历史经验之一,也是新时代推进中国特色社会主义理论创新的基本要求之一。中华民族伟大复兴进入不可逆转的历史进程,我们始终以世界眼光关注人类前途命运,从人类发展大潮流、世界变化大格局、中国发展大历史正确认识和处理同外部世界的关系,站在历史正确的一边,站在人类文明进步的一边,与世界上一切进步力量携手,推动历史车轮向着光明的前途前进。在谱写马克思主义中国化时代化新境界的历史进程中,我们坚持拓展世界眼光,深刻洞察人类发展进步潮流,积极回应各国人民普遍关切,为解决人类面临的共同问题作出贡献,以海纳百川的宽阔胸襟借鉴吸收人类一切优秀

文明成果,推动建设更加美好的世界。

推动构建人类命运共同体,是中国式现代化的本质要求。中国特色社会主义道路是创造人民美好生活、实现中华民族伟大复兴的康庄大道。科学社会主义在21世纪的中国焕发出新的蓬勃生机,中国式现代化道路创造了人类文明新形态,彰显了人类文明发展的多样性。中国特色社会主义道路、理论、制度、文化不断发展,全过程人民民主的理论与实践不断深化,给世界上那些既希望加快发展又希望保持自身独立性的国家和民族提供了全新选择,世界上越来越多的国家希望学习借鉴中国的发展道路。中国式现代化是走和平发展道路的现代化,而不是一些国家通过战争、殖民、掠夺等方式实现现代化的老路,我们高举和平、发展、合作、共赢旗帜,在坚定维护世界和平与发展中谋求自身发展,又以自身发展更好维护世界和平与发展。在实现中华民族伟大复兴的征程上,中国式现代化的理念和实践为构建人类命运共同体不断注入新内涵新动力,为人类文明进步指引未来,为人类共同发展开辟更加广阔的前景。

推动构建人类命运共同体,是新时代中国特色大国外交的总目标。实现中华民族伟大复兴的中国梦,同各国人民的美好梦想息息相通。中国发展得越好,就越有能力同各国分享发展机遇,为国际社会作出更大贡献,同时外部环境的深刻变化也对我国发展与安全产生重要影响。中国特色大国外交要准确把握错综复杂的国际环境带来的新矛盾新挑战,紧紧围绕党和国家中心工作,为国内改革发展稳定营造和平安定的国际环境、睦邻友好的周边环境、开放包容的合作环境、稳定有序的安全环境、客观友善的舆论环境。我们把中国人民的利益和世界人民的利益统一起来,始终做世界和平的建设者,致力于促进世界多极化和国际关系民主化,成为维护世界和平的中坚力量;始终做全球发展的贡献者,坚持走共同发展道路,实施高水平对外开放,成为世界经济和全球发展的重要支撑;始终做国际秩序的维护者,深入参与全球治理体系改革和建设,推动共同应对各类全球性挑战,成为捍卫国际公平正义的有力保障。

推动构建人类命运共同体,必须坚决维护国家主权、安全、发展利益。独立自主是中华民族的精神之魂,是我们立党立国的重要原则。我们坚持把国家和民族发展放在自己力量的基点上,把中国发展进步的命运牢牢掌握在自己手中,这是促进人类发展进步、推动构建人类命运共同体的重要前提和根本保证。面对国际形势急剧变化,我们要保持战略定力,发扬斗争精神,展示不畏强权的坚定意志,在原则问题上寸步不让,在斗争中维护国家尊严和核心利益,牢牢掌握我国发展和安全的主动权。坚决反对"台独"分裂行径和外部势力干涉,坚定不移推进祖国统一。贯彻总体国家安全观,坚定维护国家政权安全、制度安全、意识形态安全,确保粮食、能源资源、重要产业链供应链安全,维护我国公民、法人在海外合法权益,维护海洋权益,坚定捍卫国家主权、安全、发展利益。着力提高防范化解重大风险的能力,全力战胜前进道路上各种困难和挑战,依靠顽强斗争打开事业发展新天地,为中华民族伟大复兴保驾护航,为世界和平与发展注入更多稳定性。

三、高举构建人类命运共同体旗帜 全面推进中国特色大国外交

构建人类命运共同体,是中国特色大国外交砥砺前行的光

辉旗帜和崇高目标,也是世界各国携手努力的共同愿景和前进方向。党的二十大报告指出:"中国人民愿同世界人民携手开创人类更加美好的未来!"新时代对外工作要坚持以习近平新时代中国特色社会主义思想为指导,深入贯彻习近平外交思想,坚定信心、锐意进取,致力于服务中华民族伟大复兴、推动构建人类命运共同体,为促进世界和平与发展不断作出新的更大贡献。

(一)坚定奉行独立自主的和平外交政策,推动构建新型国际关系。中国坚定不移走和平发展道路,在国际事务中始终根据事情本身的是非曲直决定自己的立场和政策,坚定维护国际关系基本准则,维护国际公平正义。同各国人民一道探索全人类共同价值的实现形式,推动各国坚持相互尊重、公平正义、合作共赢原则,共同走和平发展道路,走对话而不对抗、结伴而不结盟的国与国交往新路。坚持国家不分大小、强弱、贫富一律平等,尊重各国主权和领土完整,尊重各国人民自主选择的发展道路和社会制度。推动以对话弥合分歧、以谈判化解争端,坚决反对一切形式的霸权主义和强权政治,反对冷战思维,反对干涉别国内政,反对搞双重标准。

(二)坚持真正的多边主义,推动全球治理朝着更加公正合理的方向发展。坚定维护以联合国为核心的国际体系、以国际法为基础的国际秩序、以联合国宪章宗旨和原则为基础的国际关系基本准则,反对一切形式的单边主义,反对搞针对特定国家的阵营化和排他性小圈子。推进国际关系民主化,增强新兴市场国家和发展中国家在全球事务中的代表性和发言权。积极参与全球治理体系改革和建设,践行共商共建共享的全球治理观,促进各国权利平等、机会平等、规则平等。推动世界贸易组织、亚太经合组织等多边机制更好发挥作用,扩大金砖国家、上海合作组织等合作机制影响力。推动落实全球发展倡议、全球安全倡议,积极参与应对气候变化全球治理,参与全球安全规则制定,加强国际安全合作。

(三)在和平共处五项原则基础上同各国发展友好合作,深化拓展平等、开放、合作的全球伙伴关系。不断完善全方位、多层次、立体化外交布局,致力于扩大同各国利益的汇合点,推动建立基于共同利益和共同追求的伙伴关系,建立共同而非排他的朋友圈。促进大国协调和良性互动,推动构建和平共处、总体稳定、均衡发展的大国关系格局。坚持亲诚惠容和与邻为善、以邻为伴的周边外交方针,深化同周边国家友好互信和利益融合。秉持真实亲诚理念和正确义利观加强同发展中国家团结合作,维护发展中国家共同利益。在独立自主、完全平等、互相尊重、互不干涉内部事务原则基础上,加强中国共产党同各国政党和政治组织的交流合作,积极推进人大、政协、军队、地方、民间等各方面对外交往。

(四)坚定奉行互利共赢的开放战略,促进世界共同发展。坚持对外开放的基本国策,以高水平对外开放助力构建新发展格局、实现高质量发展,以中国新发展为世界提供新机遇。增强国内国际两个市场两种资源联动效应,提升贸易投资合作质量和水平,推动共建"一带一路"高质量发展,深度参与全球产业分工和合作,维护多元稳定的国际经济格局和经贸关系。坚持经济全球化正确方向,推动建设开放型世界经济,推动贸易和投资自由化便利化,扩大面向全球的高标准自由贸易区网络。促进国际宏观经济政策协调,共同营造有利于发展的国际环境,共同培育全球发展新动能,反对保护主义,反对"筑墙设垒"、"脱钩断链"，反对单边制裁、极限施压。积极开展国际发展合作，致力于缩小南北差异，坚定支持和帮助广大发展中国家加快发展。

（五）深化文明交流互鉴，增进各国相互理解与信任。坚持世界是丰富多彩的、文明是多样多元的，弘扬全人类共同价值，倡导平等、互鉴、对话、包容的文明观，促进各国人民相知相亲，推动建设开放包容、美美与共的世界。坚持和而不同、兼收并蓄，反对以意识形态划线，推动以文明交流超越文明隔阂、文明互鉴超越文明冲突、文明共存超越文明优越，使文明交流互鉴成为增进人民友谊的桥梁、推动人类进步的动力、维护世界和平的纽带。推动中华文化更好走向世界，增强中华文明传播力影响力。加快构建中国话语权和中国叙事体系，讲好中国故事，传播好中国声音，展现可信可爱可敬的中国形象。加强国际传播能力建设，全面提升国际传播效能，形成同我国综合国力和国际地位相匹配的国际话语权。

（六）坚持政治统领，持续巩固和加强党对对外工作的集中统一领导。始终坚持外交大权在党中央，深刻领悟"两个确立"的决定性意义，增强"四个意识"、坚定"四个自信"、做到"两个维护"，不断提高政治判断力、政治领悟力、政治执行力。按照完善党中央决策议事协调机制、完善党中央重大决策部署落实机制等要求，全力做好各领域各方面对外工作，强化党总揽全局、协调各方的对外工作大协同局面，确保党中央对外大政方针和战略部署得到有力贯彻执行。建设一支政治和业务能力过硬、忠诚干净担当、适应新时代要求的高素质外交外事干部队伍，为实现中华民族伟大复兴、推动构建人类命运共同体提供有力支撑。

完善党的自我革命制度规范体系

杨 晓 渡

习近平总书记在党的二十大报告中强调，完善党的自我革命制度规范体系，形成坚持真理、修正错误，发现问题、纠正偏差的机制，健全党统一领导、全面覆盖、权威高效的监督体系。这是着眼坚定不移全面从严治党、深入推进新时代党的建设新的伟大工程作出的战略部署，为党在长期执政条件下践行初心使命、始终赢得人民拥护，带领人民为实现第二个百年奋斗目标而团结奋斗提供了重要遵循。我们要深刻学习领会、坚决贯彻落实党的二十大战略部署，不断完善党的自我革命制度规范体系，不断开辟党的自我革命新境界。

一、党的自我革命制度规范体系在新时代全面从严治党伟大实践中形成发展

党的十八大以来，以习近平同志为核心的党中央以前所未有的政治勇气和十年磨一剑的战略定力推进全面从严治党，找到了自我革命这一跳出治乱兴衰历史周期率的第二个答案，形成了一整套党自我净化、自我完善、自我革新、自我提高的制度规范体系，为党和国家事业取得历史性成就、发生历史性变革提供了重要制度保障。

（一）旗帜鲜明坚持和加强党的全面领导，坚定维护党中央集中统一领导的制度体系牢固确立。党的二十大报告指出，中国特色社会主义最本质的特征是中国共产党领导，中国特色社会主义制度的最大优势是中国共产党领导，中国共产党是最高政治领导力量，坚持党中央集中统一领导是最高政治原则。党的十八大以来的 10 年历程波澜壮阔、成就举世瞩目、变革彪炳史册，根本在于有习近平总书记领航掌舵，有习近平新时代中国特色社会主义思想的科学指引。在伟大斗争实践检验和党心民心选择中，党确立习近平同志党中央的核心、全党的核心地位，确立习近平新时代中国特色社会主义思想的指导地位，形成这"两个确立"是新时代最重大的政治成就，也是最重大的制度成果。党中央把保证全党服从中央、维护党中央权威和集中统一领导作为党的政治建设的首要任务，明确党的领导制度是我国的根本领导制度，不断改革完善党和国家机构职能体系和党领导各类组织、各项事业的具体制度，健全党中央对重大工作的领导体制，从制度上保证党的领导全面覆盖，保证党中央集中统一领导更加坚强有力。全党深刻领悟"两个确立"的决定性意义，增强"四个意识"、坚定"四个自信"、做到"两个维护"，凝心聚力向着夺取中国特色社会主义新胜利砥砺奋进。

（二）创立和完善全面从严治党责任制度，风清气正的党内政治生态不断形成和发展。党的十八大以来，全面从严治党从党中央做起、从高级干部严起，坚持抓住主体责任"牛鼻子"，以上率下、逐级压实责任，努力把负责、守责、尽责体现到每个党组织、每个领导岗位上。党的十八届三中全会提出落实党风廉政建设责任制，党委负主体责任，纪委负监督责任；党的十九届四中全会提出完善和落实全面从严治党责任制度；党中央制定修订《中国共产党问责条例》、《党委(党组)落实全面从严治党主体责任规定》,在一系列重要党内法规中明确和细化责任规定。全面从严治党责任制度体系不断健全,有力推动党组织和党员干部知责于心、担责于身、履责于行,确保全面从严治党政治责任落到实处。

(三)构建不敢腐、不能腐、不想腐一体推进的体制机制,反腐败斗争取得压倒性胜利并全面巩固。党的十八大以来,以习近平同志为核心的党中央砥柱中流、力挽狂澜,以我将无我、不负人民的使命担当祛疴治乱,以非凡的魄力和定力开展史无前例的反腐败斗争,消除了党、国家、军队内部存在的严重隐患,党在革命性锻造中更加坚强有力。党中央坚持有腐必反、有贪必肃,建立党中央集中统一领导、各级党委统筹指挥、纪委监委组织协调、职能部门高效协同、人民群众参与支持的反腐败工作体制机制,形成发现一起、查处一起,动态清除、常态惩治的运行机制,创新查办重大案件制度机制,创造性运用"四种形态"政策策略;在查办案件全过程谋划推进以案促改、以案促治,推动深化改革、完善制度,强化正向引导和警示教育,不断铲除腐败滋生土壤,成功走出一条依靠制度优势、法治优势反腐败之路。

(四)形成落实中央八项规定精神常态化机制,党同人民群众血肉联系更加紧密。党的十八大以来,党中央从制定和落实中央八项规定开局破题,习近平总书记身体力行、率先垂范,中央政治局作出表率,带领全党以钉钉子精神纠治"四风",反对特权思想和特权现象,坚决整治群众身边的不正之风和腐败问题,刹住了一些长期没有刹住的歪风,纠治了一些多年未除的顽瘴痼疾。聚焦人民群众反映强烈的问题建章立制,推动出台整治形式主义、官僚主义工作指导意见,完善津贴补贴发放、开会发文、公务用车、公务接待、国企商务接待、制止餐饮浪费等制度规定,健全扶贫、民生、扫黑除恶等领域专项治理工作机制,完善每月公布查处结果、重要节点通报曝光制度,扶正祛邪、久久为功。党风政风带动社风民风不断向上向善,党员干部与人民群众更加同心同德,党的群众基础和执政根基更加稳固。

(五)坚持依规治党、严格制度执行,党的建设科学化、制度化、规范化水平显著提高。党的十八大以来的10年,是党的历史上制度成果最丰硕、制度笼子最严密、制度执行最严格的时期。党中央把制度建设贯穿新时代党的建设各方面,完善党内法规制定体制,全方位、立体式推进党内法规制度建设,形成以党章为根本,以民主集中制为核心,以党的组织法规、党的领导法规、党的自身建设法规、党的监督保障法规为框架的党内法规体系,全面实现落实党的领导有制可循、从严管党治党有规可依。把纪律建设纳入新时代党的建设总体布局,把纪律挺在法律前面,制定修订关于新形势下党内政治生活的若干准则、廉洁自律准则、党内监督条例、组织处理规定,修订纪律处分条例、处分违纪党员批准权限和程序规定、巡视工作条例,强化执纪问责,全面提升纪律建设的政治性、时代性、针对性。坚持依规治党、加强自我革命制度建设成为"中国共产党之治"的独特密码。

(六)健全党和国家监督体系,党自我净化、自我完善、自我革新、自我提高能力不断增强。党的十八大以来,党中央把监督制度融入党和国家治理体系,设立国家和地方监察委员会,与同级纪律检查委员会合署办公,实现对公职人员监督全覆盖,以"一把手"和领导班子监督为重点,以党内监督为主导,推动人大监督、民主监督、行政监督、司法监督、审计监督、财会监督、统计监督、群众监督、舆论监督贯通协调。立足增强监督全覆盖有效性,制定派驻机构工作规则,出台关于巡视巡察上下联动、整改和成果运用等规定,推动纪律监督、监察监督、派驻监督、巡视监督统筹衔接,形成常态长效的监督合力。发挥党员民主监督作用,修订党员权利保障条例,制定处理检举控告工作规则,不断拓宽监督渠道。党和国家监督制度"四梁八柱"初步建立,党的自我革命监督网逐步形成,中国特色社会主义监督制度优势不断转化为治理效能。

二、党的自我革命制度规范体系发自党的初心使命,凝结新时代重大理论创新、实践创新、制度创新

全面从严治党是新时代党的自我革命的伟大实践。党的自我革命制度规范体系,充分体现了新时代全面从严治党的鲜明特征和宝贵经验,实现了党的自我革命理论创新、实践创新、制度创新成果的高度统一。

(一)彰显党的初心使命根本要求。中国共产党是坚持辩证唯物主义和历史唯物主义的马克思主义政党,代表最广大人民根本利益,从成立之日起就为了人民不断自我革命。百年党史充分表明,党的初心使命和人民立场使我们党最有底气和勇气进行自我革命,党的崇高追求、党和人民事业发展需要我们党坚持不懈将自我革命进行到底。党的性质和党的长期执政地位决定了,我们党在自觉接受人民监督的同时,能够主要依靠自身力量进行自我革命。跳出历史周期率的两个答案有机统一,人民监督是外在约束,要求我们党必须时刻保持人民性;自我革命

是内在自觉，我们党的性质要求必须主动践行初心使命、不断适应人民需要。可以说，党的初心使命是坚持自我革命的精神原点和动力源泉，党的自我革命制度规范体系是党坚守初心使命的重要保障。只有始终坚持自我革命、接受人民监督，不断完善自我革命制度规范体系，才能确保党永远不变质、不变色、不变味，团结带领人民谱写新时代中国特色社会主义更加绚丽的华章。

（二）贯穿党的自我革命战略思想。习近平总书记深刻总结党的百年奋斗历程特别是新时代伟大实践，创造性提出党的自我革命重大命题，精辟阐述伟大自我革命的战略意义、基本内涵、实践要求等一系列根本性长远性问题，深刻阐释内靠自我革命、外靠人民监督的辩证统一关系，极大深化了对建设什么样的长期执政的马克思主义政党、怎样建设长期执政的马克思主义政党的规律性认识。党的自我革命，是我们党不断进行全面自我改造，坚持自我净化、自我完善、自我革新、自我提高，持续增强党的先进性和纯洁性的长期过程。完善党的自我革命制度规范体系，必须坚持思想建党和制度治党同向发力，把习近平总书记关于党的自我革命战略思想贯彻到每一部党内法规的指导方针、工作原则、重大制度和具体举措中，使科学理论转化为制度规范、确立为行动遵循，通过发挥制度固根本、扬优势、补短板、利长远作用保障党的创新理论有效落实，不断使主观努力顺应客观规律、主观条件符合客观实际、主观作为满足客观需要、主观治理促进客观治理，形成依靠党自身力量发现问题、纠正偏差、推动创新、实现执政能力整体性提升的良性循环。

（三）汇聚全面从严治党实践成果。党的自我革命制度规范体系是在波澜壮阔的伟大斗争实践中形成和完善的，需要不断以解决管党治党突出问题为着力点，把成功做法和新鲜经验提炼集成、固化深化。党的十八大以来，我们党针对以前一度出现的管党不力、治党不严问题，系统完善党的领导制度体系，聚焦"七个有之"严明政治纪律，带动各项纪律全面从严，推动全面从严治党责任落实，维护党的团结统一，保障党的理论和路线方针政策、党中央重大决策部署落地见效。聚焦群众反映强烈的作风问题，明确中央八项规定就是政治纪律，把纠正"四风"要求融入党内法规，一个问题一个问题突破，一个节点一个节点坚守，为党和国家事业开创新局提供有力作风保证。着眼遏制腐败蔓延势头，坚持不敢腐、不能腐、不想腐一体推进，制定推进受贿行贿一起查的意见、加强新时代廉洁文化建设的意见等规范性文件，巩固拓展反腐败斗争压倒性胜利。紧盯"关键少数"，制定加强对"一把手"和领导班子监督的意见，破解对"一把手"监督和同级监督难题。完善党和国家监督体系，推动修改宪法，设立国家和地方各级监察委员会，颁布实施监察法及其实施条例、公职人员政务处分法、监察官法，修改刑事诉讼法，促进执纪执法贯通、有效衔接司法。这些工作，都有力推动了党的自我革命制度规范体系的形成和完善。

（四）体现坚持制度治党重大创新。党中央把依规治党摆在事关党长期执政和国家长治久安的战略位置，突出制度建设鲜明政治导向，紧紧围绕坚持党的全面领导、维护党中央权威和集中统一领导、加强党的政治建设、坚守理想信念、正风肃纪反腐、敢于善于斗争、强化责任担当等加强党内法规制度建设，做到规纪必依、执行必严、违反必究。坚持依规治党和依法治国有机统一，把形成完善的党内法规体系纳入全面推进依法治国总目标，推进国家法律法规和党内法规制度相辅相成、相互促进、相互保障。坚持制度制定和制度执行并重，出台党内法规执行责任制等规定,督促领导干部带头尊规学规守规用规,坚决纠正有令不行、有禁不止行为,让法规制度真正"带电",营造尊崇制度、遵守制度、维护制度的良好氛围。

三、坚决贯彻落实党的二十大战略部署,继续完善党的自我革命制度规范体系

党的二十大报告强调,全面从严治党永远在路上,党的自我革命永远在路上。在新时代新征程上完善党的自我革命制度规范体系,必须以习近平新时代中国特色社会主义思想为指导,全面贯彻落实党的二十大决策部署,重点抓好以下几项工作。

(一)强化党的自我革命制度保障。党的自我革命是自我净化、自我完善、自我革新、自我提高完整体系,是具有严密内在逻辑关系的系统工程。要不断健全总揽全局、协调各方的党的领导制度体系,完善党中央重大决策部署落实机制,强化党中央决策议事协调机构职能作用,加强党中央对重大工作的集中统一领导。坚持不懈用习近平新时代中国特色社会主义思想武装头脑,常态化长效化开展党史学习教育,健全不忘初心、牢记使命的制度,筑牢推进自我革命的思想根基。坚持以党章为根本,以民主集中制为核心,以准则、条例等中央党内法规为主干,以部委党内法规、地方党内法规为重要组成部分,不断完善内容科学、程序严密、配套完备、运行有效的党内法规制度体系,增强党内法规权威性和执行力,更好发挥制度的引领保障作用。

(二)健全党统一领导、全面覆盖、权威高效的监督体系。伴随全面深化改革向纵深推进,监督体系建设已经进入系统集成、协同高效的新阶段。要在党中央集中统一领导下,做实做强

党委（党组）全面监督，加强对各类监督主体的领导和统筹，使监督工作在决策部署指挥、资源力量整合、措施手段运用上更加协同，推动党的领导和监督一贯到底。坚持在党内监督定向引领下，促进各类监督既依照自身职责发挥效能，又强化关联互动、系统集成，形成同题共答、常态长效的监督合力。完善党的自我监督和人民群众监督有机结合的制度，畅通人民群众建言献策和批评监督渠道，让人民监督权力，让权力在阳光下运行。

（三）推进政治监督具体化、精准化、常态化。拥护"两个确立"、做到"两个维护"要求各地区各部门把自己摆进去，推动党的理论和路线方针政策、党中央决策部署不折不扣落地见效。要聚焦新时代新征程党的使命任务强化政治监督，以党中央决策初衷为出发点，以"国之大者"为着眼点，以督促监督对象履行职责使命为着力点，推动党组织和党员干部不断提高政治判断力、政治领悟力、政治执行力，把党中央战略决策、各地区各部门实施推进、基层具体实践衔接起来、一致起来。坚持党中央决策部署到哪里，结合实际的监督检查就跟进到哪里，建立健全台账管理、动态跟踪、限期办结、督查问责、"回头看"等措施制度，真抓实干、锲而不舍，确保党中央决策部署和工作要求落实见效。

（四）增强对"一把手"和领导班子监督实效。加强对"一把手"和领导班子监督，是落实党中央决策部署和全面从严治党战略方针的关键环节。党中央关于加强对"一把手"和领导班子监督的意见科学具体、务实管用，各级党组织及其"一把手"要以坚强党性和决心扛起监督主责，逐条对照落实意见提出的任务要求，自觉接受监督，认真抓好监督，用好监督措施，做到严于律己、严负其责、严管所辖，把工作成效最终体现到严促执行上。对"一把手"和领导班子监督是由上级监督、同级监督、下级对上级监督组成的体系,其中上级监督最有效。要加强上级党组织及其"一把手"和纪检监察机关对下级党组织及其"一把手"的监督,支持下级纪检监察机关开展同级监督,形成层层既抓本级、又抓下级的工作格局。

（五）发挥政治巡视利剑作用。巡视是推进党的自我革命、深化全面从严治党的战略性制度安排。要坚持政治巡视定位,聚焦党中央大政方针,重点发现影响党的领导、党的建设、全面从严治党的根本性全局性问题,着力纠正政治偏差,发挥政治监督和政治导向作用。要全面贯彻中央巡视工作方针,下更大气力深化巡视整改,压实被巡视党组织整改主体责任和纪检机关、组织部门日常监督责任,坚持各级党组织主抓,坚持从本级本人改起,推动整改融入日常工作、融入深化改革、融入全面从严治党、融入班子队伍建设。要完善整改情况报告制度,健全整改公开机制,督促精准处置巡视移交线索,加大监督检查力度,促进真改、实改、深改、持久改。

（六）落实全面从严治党政治责任。全面建设社会主义现代化国家目标任务已经明确,关键要靠各级党组织和领导干部切实扛起责任,把党的路线方针政策和党中央决策部署贯彻落实好,把各领域广大群众组织凝聚好。要把履行全面从严治党政治责任作为抓党建、管权力、促业务、保落实的关键,推进"两个责任"坚守定位、高效联动,构建明责履责、担责追责的严密机制,完善管思想、管工作、管作风、管纪律的从严管理制度,加强对新提拔干部、年轻干部的教育管理监督。健全党领导反腐败斗争的责任体系,推动不敢腐、不能腐、不想腐同时发力、同向发力、综合发力,以系统施治、标本兼治的理念管党治党,不断取得更多制度性成果和更大治理效能。

建设堪当民族复兴重任的
高素质干部队伍

陈　希

习近平总书记所作的党的二十大报告,站在关键在党、关键在人的高度,对深入推进新时代党的建设新的伟大工程作出全面部署,提出"建设堪当民族复兴重任的高素质干部队伍"的重大任务,具有深远的战略考量和重大的现实意义。我们要以组织路线服务保证政治路线的高度自觉,加强和改进新时代干部工作,为全面建设社会主义现代化国家、全面推进中华民族伟大复兴提供有力的干部支撑。

一、建设堪当民族复兴重任的高素质干部队伍,
事关党和国家事业兴旺发达、长治久安

重视和加强干部队伍建设,是我们党的优良传统和基本经验。我们党一路走来,始终把选贤任能作为关系党和人民事业的关键性、根本性问题来抓,总是根据不同历史时期党的中心任务,与时俱进加强干部队伍建设。革命战争年代,着眼革命斗争需要,党大力培养选拔对党忠诚、英勇善战、不怕牺牲的干部。毛泽东指出:"指导伟大的革命,要有伟大的党,要有许多最好的干部。""政治路线确定之后,干部就是决定的因素。"新中国

成立后,着眼开展大规模经济建设,党大力培养选拔懂政治、懂业务、又红又专的干部。毛泽东在 1957 年召开的党的八届三中全会上提出:"我们各行各业的干部都要努力精通技术和业务,使自己成为内行,又红又专。"党的十一届三中全会后,着眼推进改革开放和社会主义现代化建设,党大力培养选拔有知识、懂专业、锐意改革的干部。邓小平指出,实现干部队伍的革命化、年轻化、知识化、专业化,这是坚持社会主义道路,集中力量进行现代化建设的最重要的保证。正是因为源源不断培养造就一批又一批优秀干部,我们党才始终充满生机活力,团结带领人民取得了一个又一个伟大胜利。

全面从严治党锻造出过硬干部队伍,是新时代党和国家事业取得历史性成就、发生历史性变革的关键所在。党的十八大以来,以习近平同志为核心的党中央从进行具有许多新的历史特点的伟大斗争出发,把干部队伍建设放在管党治党、治国理政的突出位置来抓。习近平总书记指出:"一个政党、一个国家能不能不断培养出优秀领导人才,在很大程度上决定着这个政党、这个国家的兴衰存亡。"围绕建强党的执政骨干队伍,习近平总书记开创性提出新时代党的组织路线,强调坚持德才兼备、以德为先、任人唯贤,着力培养忠诚干净担当的高素质干部,实现了新时代选人用人方针原则的守正创新;提出信念坚定、为民服务、勤政务实、敢于担当、清正廉洁的新时代好干部标准,立起了选人用人的时代标尺;提出强化党组织领导和把关作用,坚持不唯票、不唯分、不唯生产总值、不唯年龄,不搞"海推"、"海选",纠正了一度存在的选人用人偏向;提出一体推进素质培养、知事识人、选拔任用、从严管理、正向激励"五大体系"建设,指明了干部工作的科学路径;提出抓好后继有人这个根本大计,培养造就中国特色社会主义事业可靠接班人,推动干部队伍形成青蓝相继的生动局面;提出坚持严管和厚爱结合、激励和约束并重,完善从严管理监督干部制度体系,健全干部担当作为的激励和保护机制,提振了干部队伍干事创业的精气神;提出用最坚决的态度、最果断的措施刷新吏治,坚决纠治选人用人上的不正之风和腐败现象,促进了党内政治生态的明显好转。在习近平总书记关于干部队伍建设一系列新理念新思想新战略的指引下,新时代干部工作取得突破性进展,干部队伍在革命性锻造中焕发出新的气象,理想信念更加坚定,素质能力更加过硬,纪律作风更加严明,精神斗志更加饱满,为全面建成小康社会、胜利实现第一个百年奋斗目标作出了重要贡献。

着力把执政骨干队伍建设好,是实现新时代新征程各项目标任务的必然要求。实现中华民族伟大复兴,是中国共产党团结带领人民进行一切奋斗、一切牺牲、一切创造的主题。经过接续奋斗,我们已经迈上了全面建设社会主义现代化国家、向第二个百年奋斗目标进军的新征程,比历史上任何时期都更接近、更有信心和能力实现中华民族伟大复兴的目标,同时必须准备付出更为艰巨、更为艰苦的努力。当前,世界百年未有之大变局加速演进,世界之变、时代之变、历史之变正以前所未有的方式展开,我国发展面临新的战略机遇、新的战略任务、新的战略阶段、新的战略要求、新的战略环境,需要应对的风险和挑战、需要解决的矛盾和问题比以往更加错综复杂。越是目标远大、任务艰巨,越是形势复杂、挑战严峻,越需要培养造就一支德才兼备、忠诚干净担当的高素质专业化干部队伍。从干部队伍现状看,总体素质是好的,战斗力是强的,但也存在一些与新时代新征程新任务不适应的现象。比如,有的政治敏锐性不强,有的为民宗旨树得不牢,有的缺乏担当精神和斗争本领,有的实干精神不足、搞形式主义官僚主义,等等。这些问题说明,推进高素质干部队伍建设依然任重道远。我们要深入贯彻全面从严治党战略方针,以更高标准、更实举措、更大力度做好新时代干部工作,不断建强执政骨干队伍,更好地以党的自我革命引领社会革命。

二、建设堪当民族复兴重任的高素质干部队伍,必须鲜明树立新时代选人用人导向

党的二十大报告强调:"全面建设社会主义现代化国家,必须有一支政治过硬、适应新时代要求、具备领导现代化建设能力的干部队伍。"这一论述,科学把握德才辩证关系,是党着眼新形势新任务对干部队伍建设提出的基本要求。我们要以此为遵循,把新时代选人用人导向鲜明树立起来。

要注重培养选拔政治过硬、对党忠诚的干部。习近平总书记强调,把党和人民事业长长久久推进下去,必须增强政治意识,善于从政治上看问题,善于把握政治大局,不断提高政治判断力、政治领悟力、政治执行力。现在,国内外环境正在发生深刻复杂变化,对干部政治上的考验是很现实、很严峻的,如果政治素质不过硬,就经不起风吹浪打,关键时刻就会私心杂念丛生,甚至临阵脱逃。因此,培养选拔干部必须坚持把政治标准放在首位,把严把紧政治关这个首要之关。要大力选拔坚定拥护"两个确立"、坚决做到"两个维护"、在思想上政治上行动上始终同以习近平同志为核心的党中央保持高度一致的干部,坚决把那些政治上的"墙头草"、"骑墙派"、"两面人",那些违反党的政治纪律和政治规矩、存在"七个有之"等问题的人挡在门

外,确保选出来的干部政治上信得过、靠得住、能放心。

要注重培养选拔业务精通、本领高强的干部。进入新阶段新征程,我们面临的外部环境不稳定性不确定性明显上升,国内改革发展需要解决的问题越来越多样、越来越复杂,既有不少长期积累的深层次矛盾和问题,又有前进道路上不断出现的新矛盾新问题。面对严峻复杂的形势任务,干部队伍不同程度存在"本领恐慌"、能力不足的问题,不适应的一面在上升。这就要求我们在坚持政治标准的前提下,更加重视干部的素质能力,大力培养选拔有真才实学、能力过硬的干部。党的二十大报告着重强调要增强干部推动高质量发展本领、服务群众本领、防范化解风险本领,这是从现代化建设全局出发提出的重要要求,有很强的现实针对性。高质量发展是全面建设社会主义现代化国家的首要任务,迫切要求各级干部完整、准确、全面贯彻新发展理念,以创新的思路和办法加快构建新发展格局,突破高质量发展的卡点瓶颈,着力解决发展不平衡不充分问题。全心全意为人民服务是我们党的根本宗旨,面对人民群众对美好生活的更高期待和社会利益格局的深刻调整,尤其需要各级干部自觉践行以人民为中心的发展思想,走好新时代党的群众路线,下大力气解决群众急难愁盼问题,推动人的全面发展、全体人民共同富裕取得更为明显的实质性进展。国家安全是民族复兴的根基,社会稳定是国家强盛的前提,在各类矛盾和风险易发多发的情况下,更加需要各级干部增强忧患意识,树牢底线思维,善于统筹发展和安全,提高对重大风险的预见、应对、处置能力。要在干部培养选拔中突出这些方面的要求,充分发挥选人用人的风向标、指挥棒作用,激励引导广大干部不断学习、实践、提高,使自己的认识和行动跟上党中央要求、跟上时代发展步伐、跟上事业发展需要。

要注重培养选拔敢于担当、勇于负责的干部。敢于担当、勇于负责是干部必须具备的基本素质，有多大担当才能干多大事业，尽多大责任才会有多大成就。现在，改革发展稳定任务更加艰巨繁重，面临的不少深层次矛盾躲不开、绕不过，如果干部不担当不作为、没有执行力战斗力，不仅成不了事，反而会误事、坏事。这就要求我们突出讲担当、重担当的用人导向，大力选拔想干事、能干事、干成事的干部，坚决不用不愿做事、不敢扛事、装样子、混日子的干部，真正让有为者有位、能干者能上、优秀者优先，以正确用人导向引领干事创业导向。

要注重培养选拔敢于斗争、善于斗争的干部。新征程上，我们必然会遇到各种可以预见和难以预见的风险挑战，甚至是狂风暴雨、惊涛骇浪。只有各级干部保持敢于斗争的志气、骨气、底气，不信邪、不怕鬼、不怕压，才能有效维护国家主权、安全、发展利益，打开事业发展新天地。要把敢于善于斗争作为干部培养选拔的重要标准，注重使用那些具有顽强斗争精神、过硬斗争本领、经过重大斗争考验的干部，坚决不用那些在重大斗争面前明哲保身、爱惜羽毛、畏首畏尾、怯阵退缩的人。

要注重培养选拔作风优良、清正廉洁的干部。党的事业成在干部作风、败也在干部作风，兴在干部作风、衰也在干部作风。培养选拔干部必须突出作风导向，切实把那些自觉弘扬党的光荣传统和优良作风，坚持"三严三实"，坚持求真务实、真抓实干，能真正解决实际问题的干部选上来。现实中，有的干部抓工作停留在口头上、表态上、概念上，摆花架子、做表面文章，对问题是不是真正解决、情况是不是明显改观、工作有没有落地见效却不管不问；有的满足于照抄照转、上传下达、不动脑筋，消极懈怠、得过且过，上面推一推才动一动、不推就无所作为；有的工作方式方法简单粗暴,违背群众意愿盲目蛮干,热衷于搞华而不实的"形象工程"、劳民伤财的"政绩工程"。对这样的干部,不仅不能用,还要严肃批评教育,该处理的要及时处理。为政清廉是干部做人做事的基本底线,廉洁自律不过关,做人就没骨气,做事就不硬气。要大力培养选拔严于律己、清正廉洁,坚决反对腐败、反对"四风"和特权思想特权行为,口碑好、形象好的干部,对廉洁上有硬伤的人必须一票否决。

三、建设堪当民族复兴重任的高素质干部队伍,需要统筹抓好干部育选管用工作

推进高素质干部队伍建设是一项系统工程,需要科学谋划、综合施策,优化培养、选拔、管理、使用等各环节工作。

要坚持不懈用习近平新时代中国特色社会主义思想凝心铸魂,推动广大干部做坚定信仰者和忠实实践者。理论素养是干部综合素质的核心,只有掌握马克思主义看家本领,才能保证信仰不迷茫、思想不迷航、行动不迷向。习近平新时代中国特色社会主义思想是当代中国马克思主义、二十一世纪马克思主义,是中华文化和中国精神的时代精华,是实现中华民族伟大复兴的行动指南。要坚持把学习贯彻这一重要思想作为首要任务,组织实施党的创新理论学习教育计划,以县处级以上领导干部为重点在全党深入开展主题教育,推动广大干部全面系统学、持续深入学、联系实际学,把握好这一重要思想的世界观和方法论,坚持好、运用好贯穿其中的立场观点方法,把学习成效转化为坚定理想、锤炼党性和指导实践、推动工作的强大力量。要坚持理论武装同常态化长效化开展党史学习教育相结合,引导党员、干

部不断学史明理、学史增信、学史崇德、学史力行,传承红色基因,赓续红色血脉。

要坚持德配其位、才配其位,精准科学选用干部。选人用人,德始终是第一位的,最重要的是政治品德要过硬。要做深做实干部政治素质考察,坚持近距离考察、多角度分析、具体化评价,着重考察干部的政治立场、政治态度、政治觉悟和政治判断力、政治领悟力、政治执行力,抓住干部重要行为特征深入分析甄别、从严核实把关,坚决防止政治上有问题的人蒙混过关、投机得逞。除了政治品德,德还包括社会公德、职业道德、家庭美德等。要全方位考察了解干部品行、作风、廉洁等方面的实际表现,对那些过不了权力关、金钱关、美色关,公德私德失范失守,干部群众反映强烈的人,也不能用。我们党强调培养选拔干部以德为先,并不是说只看德就够了,还要看干部的才。要突出把好能力关,坚持事业为上、以事择人、人事相宜,着眼把握新发展阶段、贯彻新发展理念、构建新发展格局、推动高质量发展需要,切实把那些专业素养好、领导现代化建设能力强,善于抓改革、促发展、保稳定的干部选出来、用起来。领导班子是干部队伍的龙头,班子建强了,就能把整个干部队伍带起来。要坚持个体强、整体优,不断优化领导班子结构,增强整体功能和活力。

要加强实践锻炼、专业训练,提高干部素质能力。全面建设社会主义现代化国家,需要干部具备过硬的素质能力。提高素质能力,既靠干部个人自觉努力,也靠组织上加强培养。实践出真知、长真才,是培养干部最好的课堂。要有组织、有计划地把干部放到改革发展稳定第一线锻炼,放到艰苦复杂地区磨练,放到关键吃劲岗位历练,让干部在实践中砥砺意志、积累经验、增长才干。特别是要注重在重大斗争中磨砺干部,促使干部加强斗争精神和斗争本领养成,增强防风险、迎挑战、抗打压能力。随着党和国家事业的蓬勃发展,各项工作专业化、专门化、精细化程度越来越高,对干部专业素养、业务能力提出了更高要求。要大力加强干部专业训练,围绕落实党的二十大作出的重大部署,组织开展建设现代化产业体系、全面推进乡村振兴、促进区域协调发展、推进科技自立自强、推动绿色低碳发展、深化公共安全治理和社会治理等专题培训,注重运用案例加强实战化培训,善于运用信息化手段抓好基层干部培训,帮助干部拓宽思路视野、更新思想观念、提升履职能力。

要推动干部能上能下、能进能出,激励干部担当作为。推动干部能上能下、能进能出,是激发干部队伍活力、保持组织机能健康的内在要求。2022 年 9 月,党中央修订印发了《推进领导干部能上能下规定》,为做好这项工作提供了制度遵循。要把工作重心放在调整不适宜担任现职干部、推动"庸者下"上,切实解决干部不担当、不作为、乱作为等问题。要细化"下"的情形,规范"下"的程序,营造"下"的氛围,压实"下"的责任,既积极又稳妥地加以推进。要综合用好干部考核考察、日常了解和巡视巡察、审计、统计、信访等方面成果,让干部"下"之有据。要加强对调整下来干部的教育管理,跟踪了解其现实表现,对干得好的可以重新使用,形成能上能下的良性循环。关心关爱干部是党的优良传统,要采取必要的激励措施,落实干部各项待遇保障政策,加大对基层干部特别是条件艰苦地区干部关心关爱力度,充分调动干部积极性主动性创造性。

要坚持严的基调不动摇,加强对干部全方位管理和经常性监督。好干部是选出来的,更是管出来的。要加强政治监督、政治督查,着力发现和纠正对贯彻落实党中央决策部署不上心、不务实、不尽力甚至阳奉阴违、弄虚作假等问题。要坚持抓早抓小、防微杜渐，发现干部身上出现苗头性倾向性问题及时咬耳扯袖、提醒帮助，防止小问题变成大问题、小管涌沦为大塌方。要管好"关键少数"，严格执行领导干部个人有关事项报告制度，健全规范领导干部配偶、子女及其配偶经商办企业行为常态化管理机制，探索加强对领导干部社会交往的监督，让干部习惯在受监督和约束的环境中工作生活。

要抓好后继有人这个根本大计，健全培养选拔优秀年轻干部常态化工作机制。我们党立志于中华民族千秋伟业，确保党的事业继往开来、薪火相传，必须树立战略眼光，大力培养选拔优秀年轻干部。要完善日常发现机制，坚持标准条件，扩大选人视野，放眼各条战线、各个领域、各个行业，在更大范围内发现和选拔优秀人才，把好苗子选出来、把坏坯子挡住。要完善跟踪培养机制，注意把政治素质好、有能力、有责任感的年轻干部放到最能历练的地方去历练，尤其是要重视基层和艰苦地区锻炼，多墩墩苗，通过递进式培养、一层层考验，使他们阅历更丰富、能力更扎实。要完善适时使用机制，坚持用当其时、用其所长，对德才表现和工作实绩突出、实践证明确实优秀的，要敢压担子、大胆使用，不搞论资排辈、平衡照顾。要完善从严管理机制，越是重点选拔的干部越要重点管理，越是有培养潜力的干部越要严格要求，防止重选拔任用、轻教育管理，防止经济本领和业务工作抓得紧、思想政治建设重视不够。在大力培养选拔优秀年轻干部的同时，要加强女干部、少数民族干部、党外干部的战略性培养，多物色一些人选，多岗位培养锻炼，为今后使用提供充足储备；统筹用好各年龄段干部，让整个干部队伍都有干劲、有奔头、有希望。

建设宜居宜业和美乡村

胡春华

习近平总书记在党的二十大报告中提出"全面推进乡村振兴",强调"建设宜居宜业和美乡村"。这是以习近平同志为核心的党中央统筹国内国际两个大局、坚持以中国式现代化全面推进中华民族伟大复兴,对正确处理好工农城乡关系作出的重大战略部署,必将为新时代新征程全面推进乡村振兴、加快农业农村现代化指明前进方向。

一、深刻认识建设宜居宜业
和美乡村的重大意义

我们党高度重视乡村建设,党的十六届五中全会提出"生产发展、生活宽裕、乡风文明、村容整洁、管理民主"的社会主义新农村建设目标和要求,党的十九大提出"产业兴旺、生态宜居、乡风文明、治理有效、生活富裕"的实施乡村振兴战略总要求。党的十九届五中全会提出实施乡村建设行动,强调把乡村建设摆在社会主义现代化建设的重要位置。党的二十大进一步提出"建设宜居宜业和美乡村"。这一以贯之地体现了我们党对乡村建设规律的深刻把握,充分反映了亿万农民对建设美丽家园、过上美好生活的愿景和期盼。新时代新征程,全面推进乡

村振兴,建设宜居宜业和美乡村,具有深远的历史意义和重大的现实意义。

(一)建设宜居宜业和美乡村是全面建设社会主义现代化国家的重要内容。习近平总书记强调,全面建设社会主义现代化国家,实现中华民族伟大复兴,最艰巨最繁重的任务依然在农村,最广泛最深厚的基础依然在农村。当前,与快速推进的工业化、城镇化相比,农业农村发展步伐还跟不上,城乡发展不平衡、乡村发展不充分仍是社会主要矛盾的集中体现。实施乡村振兴战略,是关系全面建设社会主义现代化国家的全局性、历史性任务。新时代新征程,要以全面建成小康社会为新起点,做好全面推进乡村振兴这篇大文章,补上"三农"短板,夯实"三农"基础,促进农业全面升级、农村全面进步、农民全面发展,建设宜居宜业和美乡村。这是农业农村发展新的历史方位,也是"三农"工作新的历史使命。

(二)建设宜居宜业和美乡村是让农民就地过上现代生活的迫切需要。习近平总书记强调,要牢记亿万农民对革命、建设、改革作出的巨大贡献,把乡村建设好,让亿万农民有更多获得感。这些年,农村生产生活条件已有很大改善,乡村面貌发生焕然一新的变化。农村不是凋敝落后的代名词,完全可以与城镇一样,建设成为现代生活的重要承载地。2021年,我国农村户籍人口7.6亿人、常住人口4.98亿人,未来即便是城镇化率达到70%以上,还将有数亿人生活在农村,他们与城镇居民一样,也向往在居住地就能过上现代生活。要顺应农民群众对美好生活的向往,通过坚持不懈地推进宜居宜业和美乡村建设,持续提高农村生活质量、缩小城乡发展差距,努力将农村打造成农民就地过上现代生活的幸福家园。

（三）建设宜居宜业和美乡村是焕发乡村文明新气象的内在要求。习近平总书记强调，农村是我国传统文明的发源地，乡土文化的根不能断，农村不能成为荒芜的农村、留守的农村、记忆中的故园。农村优秀传统文化是我国农耕文明曾长期领先于世界的重要基因密码，也是新时代提振农村精气神的宝贵精神财富。在城镇化和市场经济的冲击下，一些优秀传统乡土文化逐渐衰落凋零，一些各具特色的传统村落正在加速消失，农村高价彩礼、人情攀比、封建迷信、厚葬薄养、铺张浪费等陈规陋习亟待纠正治理。推进宜居宜业和美乡村建设，必须坚持物质文明和精神文明一起抓，把我国农耕文明优秀遗产和现代文明要素结合起来，赋予新的时代内涵，让我国历史悠久的农耕文明在新时代展现其魅力和风采，进一步改善农民精神风貌，提高乡村社会文明程度。

二、准确把握建设宜居宜业和美乡村的基本内涵

建设宜居宜业和美乡村，其目标任务是全方位、多层次的，涉及农村生产生活生态各个方面，涵盖物质文明和精神文明各个领域，既包括"物"的现代化，也包括"人"的现代化，还包括乡村治理体系和治理能力的现代化，内涵十分丰富，总体上要把握好以下要求。

（一）农村要逐步基本具备现代生活条件。现在农村生活条件已有很大改善，但离基本具备现代生活条件的要求还有不小的差距，农村道路、供水、能源、通讯等公共基础设施还不健全，厕所、垃圾污水处理、村容村貌等人居环境条件还需持续改

善,教育、医疗卫生、养老托幼等基本公共服务水平有待提高。需要紧紧围绕逐步使农村基本具备现代生活条件这一目标,努力实现:**农村基本生活设施不断完善**。乡村水电路气信和物流等生活基础设施基本配套完备,农村住房建设质量稳步提高,生产生活便利化程度进一步提升。**农村基本公共服务公平可及**。全民覆盖、普惠共享、城乡一体的基本公共服务体系逐步健全,城乡基本公共服务均等化扎实推进,教育、医疗、养老等公共服务资源县乡村统筹配置、合理布局,农村基本公共服务水平不断提升。**农村环境生态宜居**。农村人居环境持续改善,卫生厕所进一步普及,生活垃圾和污水得到有效处理,农村生态环境逐步好转,绿色生产生活方式深入人心。**乡村风貌各具特色**。村庄风貌突出乡土特征、文化特质、地域特点,既个性鲜明、富有特色又功能完备、设施完善,保留乡风乡韵、乡景乡味,留得住青山绿水、记得住乡愁。

(二)农村要创造更多农民就地就近就业机会。现在越来越多农民选择离土不离乡,在县域内就近就地就业。2021年农民工监测调查报告显示,有1.62亿农民工在县域内就业,占全国2.93亿农民工总数的55%。需要全面拓宽乡村发展空间,增加县域就业容量,带动更多农民实现就地就近就业增收,努力实现:**乡村就业更加充分**。农业多种功能、乡村多元价值得到有效开发,乡村产业发展提供更多就近、稳定的就业岗位,农村劳动力稳定外出务工就业,农民生产经营能力、就业技能和质量显著提高。**农民增收渠道更加多元**。农民增收长效机制进一步健全,农民生活水平不断提高,城乡居民收入差距逐步缩小。**乡村发展空间更加广阔**。农村营商环境显著改善,政策支持和服务保障不断强化,各类人才留乡返乡入乡就业创业,成为带动乡村发展的主力军。

（三）农村要保持积极向上的文明风尚和安定祥和的社会环境。乡村不仅要塑形，更要铸魂；不仅要"富口袋"，更要"富脑袋"。乡村振兴不能仅盯着经济发展和物质生活改善，忽视乡村治理和农村精神文明建设。需要在加强"硬件"建设的同时，更加注重在滋润人心、德化人心、凝聚人心的"软件"上下功夫，努力实现：**乡村治理效能显著加强**。农村基层党组织进一步抓实建强，党组织领导下自治、法治、德治相结合的乡村治理体系不断健全，乡村善治水平显著提高。**乡风文明程度明显提升**。社会主义核心价值观深入人心，优秀传统文化繁荣发展，农村移风易俗取得扎实进展，农民精神风貌全面提振，良好社会风尚蔚然成风。**农村社会保持稳定安宁**。农村各类矛盾纠纷有效化解，平安乡村建设扎实推进，农村社会环境始终保持稳定。

（四）城市和乡村要各美其美、协调发展。现代化进程中城的比重上升、乡的比重下降是客观规律，但城乡将长期共生并存也是客观规律。需要强化以工补农、以城带乡，加快形成工农互促、城乡互补、协调发展、共同繁荣的新型工农城乡关系，努力实现：**农民在城乡之间可进可退、自由流动**。农业转移人口市民化扎实推进，城市基本公共服务逐步向常住人口全覆盖，进城落户农民的土地承包经营权、宅基地使用权和集体收益分配权得到有效保护。**城乡融合发展体制机制更加完善**。城乡要素自由流动制度性通道基本打通，城乡发展差距和居民生活水平差距不断缩小，以县城为重要载体的城镇化扎实推进，县域城乡融合发展取得显著进展。

三、建设宜居宜业和美乡村的重点任务

党的二十大报告对建设宜居宜业和美乡村进行了全面部署，提出了明确要求。要从政治高度和全局高度，抓紧抓好重点任务落实落地，推动宜居宜业和美乡村不断取得新进展新成效。

（一）构建现代乡村产业体系。产业是发展的根基。乡村"五大振兴"，产业振兴是第一位的。只有产业兴旺了，才能让农业经营有效益、成为有奔头的产业，才能让农民增收致富、成为有吸引力的职业，才能让农村留得住人、成为安居乐业的美丽家园。要做大做强种养业。始终绷紧粮食安全这根弦，大力推进农业强国建设，全面落实好藏粮于地、藏粮于技战略，不断提高粮食和重要农产品供给保障水平。要促进农村一二三产业融合发展。依托农业农村资源，发展乡村二三产业，延长产业链、提升价值链，推动乡村产业发展向深度和广度进军，提高质量效益和市场竞争力。要树立带动农民就业、促进农民增收的发展导向。立足整个县域统筹规划产业发展，充分发挥各类产业园区带动作用，科学布局生产、加工、销售、消费等环节，把产业增值环节更多留在农村、增值收益更多留给农民。要完善联农带农机制。正确把握工商资本在发展乡村产业中的作用定位，设置好"红绿灯"，加强全过程监管，引导工商资本发挥自身优势，形成与农户产业链上优势互补、分工合作的格局，带动农民致富增收。

（二）巩固拓展脱贫攻坚成果。巩固脱贫成果是乡村振兴的前提，不仅要巩固下来，还要有进一步的发展，让脱贫群众生活更上一层楼。要牢牢守住不发生规模性返贫的底线。强化防止返贫监测帮扶机制落实,及时发现、及时预警、及时干预,把风险消除在萌芽状态,防止出现整乡镇返贫,切实维护和巩固脱贫攻坚战的伟大成就。要更多依靠发展来巩固拓展脱贫攻坚成果。把增加脱贫群众收入作为根本措施,把促进脱贫县加快发展作为主攻方向,统筹整合各类资源补短板、促发展,确保兜底保障水平稳步提高,确保"三保障"和饮水安全水平持续巩固提升,不断缩小收入差距、发展差距。要健全农村低收入人口和欠发达地区常态化长效化帮扶机制。健全完善农村社会保障制度,强化救助资源整合,实施分层分类帮扶救助,筑牢兜底保障网,提高农村低收入人口抗风险能力。加大对乡村振兴重点帮扶县等欠发达地区支持力度,健全支持政策体系,形成相互促进、优势互补、共同发展的区域发展新格局。

(三)扎实稳妥实施乡村建设行动。以满足农民群众美好生活需要为引领,重点加强普惠性、基础性、兜底性民生建设。要推进农村基础设施现代化建设。继续把公共基础设施建设的重点放在农村,统筹推进城乡基础设施规划建设,扎实推进农村道路、供水保障、清洁能源、农房质量安全提升、农产品仓储保鲜和冷链物流、防汛抗旱、数字乡村等设施建设,优先安排既方便生活又促进生产的建设项目。要坚持不懈改善农村人居环境。因地制宜推进农村改厕、生活垃圾处理和生活污水治理,深入推进村庄绿化美化亮化。立足乡土特征、地域特点和民族特色提升村庄风貌,注重保护传统村落和特色民居,传承好历史记忆,把挖掘原生态村居风貌和引入现代元素结合起来,打造各具特色的现代版"富春山居图",防止机械照搬城镇建设那一套,搞得城不像城、村不像村。要促进农村基本公共服务提质增效。加快填平补齐农村教育、医疗卫生、社会保障、养老托育等基本公共服务短板,不断提高服务能力和服务水平。适应农村人口结构和社会形态变化,加大县乡村公共服务资源投入和统筹配置力度,推动形成县乡村功能衔接互补、分级解决不同问题的一体化发展格局,促进县域内基本公共服务体系持续健康发展。需要强调的是,乡村建设主要是解决"有新房没新村、有新村没新貌"问题,不是要另起炉灶搞新村建设,更不能违背农民意愿搞大规模村庄撤并、赶农民上楼。

(四)加强和改进乡村治理。乡村治理事关党在农村的执政根基和农村社会稳定安宁。必须以保障和改善农村民生为优先方向,树立系统治理、依法治理、综合治理、源头治理的理念,不断提高乡村治理体系和治理能力现代化水平。要发挥农村基层党组织在乡村治理中的领导作用。坚定不移地加强农村基层党组织建设,全面提升农村基层党组织的组织力、凝聚力、战斗力。旗帜鲜明地坚持和加强基层党组织对各类乡村组织的领导,健全党组织领导的乡村治理体系,派强用好驻村第一书记和工作队,把群众紧密团结在党的周围。要健全县乡村三级治理体系功能。牢固树立大抓基层的工作导向,推动治理重心下移、资源下沉。发挥县级在乡村治理中领导指挥和统筹协调作用,强化县级党委抓乡促村职责。整合乡镇审批、服务、执法等各方面力量,提高为农服务能力。更好发挥村级组织基础作用,增强村级组织联系群众、服务群众能力。要创新乡村治理方式方法。综合运用传统治理资源和现代治理手段,推广应用积分制、清单制、数字化等治理方式,推行乡村网格化管理、数字化赋能、精细化服务。

(五)加强农村精神文明建设。农村精神文明建设相对城市滞后,主要在于适应农民群众特点的载体平台少。要创新农村精神文明建设的工作方法。积极探索统筹推进城乡精神文明融合发展的具体方式,大力弘扬和践行社会主义核心价值观,加强农民思想教育和引导,有效发挥村规民约、家教家风作用,培育文明乡风、良好家风、淳朴民风。要加强农村公共文化阵地建设。结合农村受众和对象,增加更多具有农耕农趣农味、充满正能量、形式多样接地气、深受农民欢迎的文化产品供给。要深入推动农村移风易俗。明确顶层设计和系统谋划,找准实际推动的具体抓手和载体,划清传统礼俗和陈规陋习的界限,旗帜鲜明地反对天价彩礼、反对铺张浪费、反对婚丧大操大办、抵制封建迷信,引导农民群众改变陈规陋习、树立文明新风。

(六)加快县域城乡融合发展。与大中城市相比,在县域范围内打破城乡分割格局,率先实现城乡融合发展,成本更低、更具现实可行性。要推动形成县乡村统筹发展的格局。赋予县级更多资源整合使用的自主权,加大县乡村统筹发展力度,强化产业、基础设施、公共服务等县域内统筹布局,持续推进县域内城乡要素配置合理化、城乡公共服务均等化、城乡产业发展融合化。要加快建立健全城乡融合发展体制机制和政策体系。加强统筹谋划和顶层设计,推动在县域内基本实现城乡一体的就业、教育、医疗、养老、住房等政策体系,逐步在县域内打破城乡的界限,淡化市民农民概念,推动形成农民在工农之间自主选择、自由转换,在城乡之间双向流动、进退有据的生产生活形态,把县域打造成连接工农、融合城乡的重要纽带。

(七)健全宜居宜业和美乡村建设推进机制。建设宜居宜业和美乡村是一项长期任务、系统工程,必须稳扎稳打、久久为功,一年接着一年干、一件接着一件抓,不可一蹴而就、急于求成。要坚持乡村建设为农民而建。坚持数量服从质量、进度服从实效，求好不求快，真正把好事办好、实事办实，让农民群众在全面推进乡村振兴中有更多获得感、幸福感、安全感。要建立健全自下而上、村民自治、农民参与的实施机制。充分发挥农民主体作用、更好发挥政府作用，政府要切实提供好基本公共服务，做好规划引导、政策支持、公共设施建设等，农民应该干的事、能干的事就交给农民去干，健全农民参与规划建设和运行管护的机制。要切实加强和改进工作作风。我国农村地域辽阔，各地情况千差万别、社会风俗习惯不同，再加上农村工作直接为农民服务，随时接受农民检验，来不得半点虚假。必须从实际出发，求真务实、尊重规律，紧密结合实际谋划和推进，坚决防止和反对各种形式主义、官僚主义，坚定维护农民物质利益和民主权利，以优良作风全面推进乡村振兴。

建设宜居宜业和美乡村意义重大、任务艰巨。要更加紧密地团结在以习近平同志为核心的党中央周围，进一步学懂弄通做实习近平新时代中国特色社会主义思想，深刻领悟"两个确立"的决定性意义，坚定不移维护习近平同志党中央的核心、全党的核心地位，不断增强政治判断力、政治领悟力、政治执行力，进一步强化做好新时代新征程"三农"工作的使命感责任感紧迫感，真抓实干、埋头苦干，奋力开创全面推进乡村振兴新局面，为全面建设社会主义现代化国家、实现中华民族伟大复兴作出新的历史贡献。

推进国家安全体系和能力现代化

郭 声 琨

习近平总书记所作的党的二十大报告从党和国家事业发展战略全局出发,对推进国家安全体系和能力现代化作出了战略部署,为我们做好维护国家安全和社会稳定工作指明了前进方向、提供了根本遵循。我们要把学习贯彻党的二十大精神作为首要政治任务,以习近平新时代中国特色社会主义思想为指导,深刻领悟"两个确立"的决定性意义,增强"四个意识"、坚定"四个自信"、做到"两个维护",坚定不移贯彻总体国家安全观,着力推进国家安全体系和能力现代化,把维护国家安全贯穿党和国家工作各方面全过程,确保国家安全和社会稳定,为全面建设社会主义现代化国家、全面推进中华民族伟大复兴作出新的更大贡献。

一、充分认识推进国家安全体系和 能力现代化的重大意义

党的十八大以来,习近平总书记以马克思主义政治家、思想家、战略家的深刻洞察力和理论创造力,统筹中华民族伟大复兴战略全局和世界百年未有之大变局,从新时代坚持和发展中国特色社会主义的战略高度,把马克思主义国家安全理论和当代

中国安全实践、中华优秀传统战略文化结合起来,创造性提出了总体国家安全观,深刻回答了如何既解决好大国发展进程中面临的共性安全问题、又处理好中华民族伟大复兴关键阶段面临的特殊安全问题这个重大时代课题,推动中国特色国家安全理论和实践实现历史性飞跃,为发展马克思主义国家安全理论作出重大原创性贡献,为推进国家安全体系和能力现代化提供了根本遵循和行动指南。

当前,世界百年未有之大变局加速演进,世界之变、时代之变、历史之变的特征更加明显,我国发展面临新的战略机遇、新的战略任务、新的战略阶段、新的战略要求、新的战略环境,需要应对的风险和挑战、需要解决的矛盾和问题比以往更加错综复杂,推进国家安全体系和能力现代化具有更加重大而深远的意义。

(一)推进国家安全体系和能力现代化,是防范化解风险挑战、为全面建设社会主义现代化国家提供有力保障的必然要求。国家安全是民族复兴的根基,社会稳定是国家强盛的前提。近代以来中国逐步成为半殖民地半封建社会,国家蒙辱、人民蒙难、文明蒙尘的惨痛教训告诉我们,失去国家安全保障,中华民族就无法掌握自己的命运。党的二十大报告指出,"今天,我们比历史上任何时期都更接近、更有信心和能力实现中华民族伟大复兴的目标,同时必须准备付出更为艰巨、更为艰苦的努力",要求我们"依靠顽强斗争打开事业发展新天地"。我国发展进入战略机遇和风险挑战并存、不确定难预料因素增多的时期,各种"黑天鹅"、"灰犀牛"事件随时可能发生,我们面临的风险考验越来越复杂,必须增强忧患意识,准备经受风高浪急甚至惊涛骇浪的重大考验。只有坚持底线思维、居安思危、未雨绸缪,发扬斗争精神,增强斗争本领,准确把握国家安全形势新变化新趋势,着力推进国家安全体系和能力现代化,才能有效防范化解重大安全风险,为全面建设社会主义现代化国家、全面推进中华民族伟大复兴提供坚强安全保障。

(二)推进国家安全体系和能力现代化,是推进国家治理体系和治理能力现代化、谱写"中国之治"新篇章的必然要求。推进国家治理体系和治理能力现代化,国家安全体系和能力现代化是重要内容。党的十八大以来,在百年变局与世纪疫情交织中"东升西降"形成鲜明对比,至关重要的一条就是我们在以习近平同志为核心的党中央坚强领导下,从国情出发、从实际出发,坚持统筹发展和安全,办好发展和安全两件大事,书写了经济快速发展、社会长期稳定两大奇迹新篇章,为推动"中国之治"奠定了重要基石。当前,我国发展处于新的历史方位,国家治理面临许多新任务,对国家安全体系和能力提出新的更高要求。只有以改革创新为动力,着力完善系统完备、科学规范、运行有效的国家安全制度体系,才能确保国家安全体系和能力同国家治理体系和治理能力现代化进程相适应。

(三)推进国家安全体系和能力现代化,是建设更高水平的平安中国、满足人民群众日益增长的安全需要的必然要求。国泰民安是人民群众最基本、最普遍的愿望,维护国家安全是全国各族人民根本利益所在。中国特色社会主义新时代,安全在人民对美好生活的追求中分量越来越重、越来越多样化多层次,从生命财产安全上升到安业、安居、安康、安心等各方面,内涵外延不断拓展,标准要求更新更高。只有不断推进国家安全体系和能力现代化,努力建设更高水平的平安中国,着力解决人民群众最关心最直接最现实的安全问题,才能让人民群众获得感、幸福感、安全感更加充实、更有保障、更可持续,更好满足人民群众对美好生活的向往。

二、准确把握推进国家安全体系和能力现代化的总体要求

党的二十大报告明确了推进国家安全体系和能力现代化的总体要求,我们必须牢牢把握、始终坚持,坚决贯彻落实到实践中去。

(一)坚持党的绝对领导。这是推进国家安全体系和能力现代化的最高原则和根本保证。党的十八大以来,习近平总书记高度重视国家安全工作,突出强调保证国家安全是头等大事,亲自担任中央国家安全委员会主席,对国家安全作出战略擘画、全面部署,以超凡的政治智慧、非凡的斗争艺术、坚定的意志品质维护国家主权、安全、发展利益,推动国家安全领导体制和法治体系、战略体系、政策体系不断完善,国家安全得到全面加强,经受住了来自政治、经济、意识形态、自然界等方面的风险挑战考验,为党和国家兴旺发达、长治久安提供了有力保证。实践充分证明,正是因为有了习近平总书记作为党中央的核心、全党的核心领航掌舵,维护国家安全才有了最可靠的主心骨。推进国家安全体系和能力现代化,要紧紧围绕坚持党对国家安全工作的绝对领导、坚持党中央对国家安全工作的集中统一领导,坚定不移走中国特色国家安全道路,完善体制机制和制度体系,切实把党的领导贯穿到国家安全工作各方面全过程。

(二)以人民安全为宗旨。习近平总书记强调:"江山就是人民,人民就是江山。中国共产党领导人民打江山、守江山,守

的是人民的心。"以人民安全为宗旨是我们党性质宗旨和初心使命的具体体现,也是推进国家安全体系和能力现代化的根本立场。新冠肺炎疫情防控斗争充分体现了这一点。面对突如其来的疫情,习近平总书记果断决策、亲自部署、亲自指挥,鲜明提出人民至上、生命至上,带领我们坚持外防输入、内防反弹,坚持动态清零不动摇,开展抗击疫情人民战争、总体战、阻击战,以最小代价最大限度保护了人民生命安全和身体健康。在以习近平同志为核心的党中央坚强领导下,14亿多中国人民风雨同舟、众志成城,构筑起疫情防控的坚固防线。这场历史大考充分彰显了国家安全工作归根结底是保障人民利益,人民是维护国家安全的基础性力量。推进国家安全体系和能力现代化,要坚持国家安全一切为了人民、一切依靠人民,始终把保护人民安全放在最重要的位置,充分发挥广大人民群众积极性、主动性、创造性,汇聚起维护国家安全的强大力量。

(三)以政治安全为根本。这是推进国家安全体系和能力现代化的首要任务。政治安全是最高的国家安全,是维护国家主权、安全、发展利益的生命线,在国家安全中居于统领地位。维护政治安全,最根本的就是维护中国共产党的领导和执政地位、维护中国特色社会主义制度。回顾历史,中国人民和中华民族能够迎来并推进从站起来、富起来到强起来的伟大飞跃,归根到底是靠着中国共产党领导人民不懈奋斗,确立了社会主义基本制度,开创、坚持和发展了中国特色社会主义道路。推进国家安全体系和能力现代化,要坚持把政治安全放在首要位置,完善政治安全工作体系,提高防范化解政治安全风险的能力和水平,实现政治安全、人民安全、国家利益至上有机统一。

(四)以经济安全为基础。发展是我们党执政兴国的第一要务,是解决我国一切问题的基础和关键。只有推动经济持续健康发展,才能筑牢人民安居乐业、社会安定有序、国家长治久安的物质基础。在打赢防疫情、战洪水、抗地震和应对外部讹诈、遏制、封锁、极限施压等一场场硬仗过程中,新中国成立以来特别是改革开放以来长期积累的综合国力,是我们从容应对惊涛骇浪的深厚底气。推进国家安全体系和能力现代化,要加强经济安全风险预警、防控机制和能力建设,实现重要产业、基础设施、战略资源、重大科技等关键领域安全可控,不断增强经济实力、科技实力、综合国力,运用发展成果夯实国家安全的实力基础。

(五)以军事、科技、文化、社会安全为保障。军事手段是维护国家安全的保底手段,科技是国家强盛之基,文化是一个民族、一个国家的灵魂,社会安全关乎经济发展和人民福祉。推进国家安全体系和能力现代化,要积极适应军事、科技、文化、社会领域面临的新情况新问题,遵循不同领域的特点规律,建立完善强基固本、化险为夷的各项对策措施,为维护国家安全提供硬实力和软实力保障。

(六)以促进国际安全为依托。经济全球化时代,各国安全相互关联、彼此影响,没有一个国家能实现脱离国际安全的自身安全。推进国家安全体系和能力现代化,要推动树立共同、综合、合作、可持续的全球安全观,加强国际安全合作,共同构建普遍安全的人类命运共同体,积极营造我国现代化建设的良好外部安全环境。

(七)统筹外部安全和内部安全、国土安全和国民安全、传统安全和非传统安全、自身安全和共同安全。国家安全是一个系统工程,各类因素十分复杂。推进国家安全体系和能力现代化，要坚持科学统筹，强化系统思维、辩证思维，全面把握、整体谋划、协调推进，着力解决国家安全工作的不平衡不充分问题，实现各方面安全统筹治理、良性互动、共同巩固。

（八）统筹维护和塑造国家安全。维护国家安全和塑造国家安全是统一的，塑造是更高层次、更具前瞻性的维护。推进国家安全体系和能力现代化，要准确把握当今世界发展大势和时代发展潮流，在变局中把握规律、在乱局中趋利避害、在斗争中争取主动，不断塑造总体有利的国家安全战略态势，把维护国家安全的战略主动权牢牢掌握在自己手中。

（九）夯实国家安全和社会稳定基层基础。维护国家安全和社会稳定，重心在基层，力量也在基层。推进国家安全体系和能力现代化，要坚持问题导向，紧盯基层基础工作中的短板弱项，加强基层组织建设，做好基层工作保障，夯实基础工作，提升业务本领，增强基层干部群众维护国家安全和社会稳定的意识和能力。

（十）完善参与全球安全治理机制。当今世界并不太平，全球性安全问题愈加突出，安全领域威胁层出不穷，加强全球安全治理刻不容缓。推进国家安全体系和能力现代化，要着眼推动全球安全治理体系朝着更加公正合理的方向发展，高举合作、创新、法治、共赢的旗帜，不断完善参与国际和区域安全合作的机制，推动建设有关领域安全治理新机制新规则，为全球安全治理贡献智慧和力量。

（十一）建设更高水平的平安中国。党的十八大以来，以习近平同志为核心的党中央着眼于国家长治久安、人民安居乐业，推动平安中国建设迈向更高水平。2021年，人民群众对平安建设的满意度达98.62%。国际社会普遍认为，中国是世界上最安全的国家之一。党的二十大报告明确了未来 5 年的主要目标任务，要求平安中国建设扎实推进。推进国家安全体系和能力现代化，要准确把握平安中国建设面临的新形势新任务，全面提升平安中国建设科学化、社会化、法治化、智能化水平，努力建设统筹层次更高、治理效能更强、安全稳定局面更巩固、人民更满意的平安中国。

（十二）以新安全格局保障新发展格局。加快构建以国内大循环为主体、国内国际双循环相互促进的新发展格局，是以习近平同志为核心的党中央审时度势作出的重大决策，是一项关系我国发展全局的重大战略任务。牢牢守住安全发展这条底线，是构建新发展格局的重要前提和保障。推进国家安全体系和能力现代化，要统筹维护国家安全各类要素、各个领域、各方资源、各种手段，加快构建与新发展格局相适应的新安全格局，打好维护国家安全总体战，以高水平安全保障高质量发展。

三、认真落实推进国家安全体系和能力现代化的重点任务

党的二十大报告明确要求，到 2035 年，社会保持长期稳定，国家安全体系和能力全面加强。我们要自觉对标对表党的二十大报告作出的战略部署，聚焦推进国家安全体系和能力现代化的重点任务，深入研究谋划，细化工作措施，以强烈的责任担当抓好推进落实，确保各项部署要求落地见效。

（一）健全国家安全体系。坚持系统观念，加强前瞻性思考、全局性谋划、整体性推进，形成体系性合力和战斗力。**要完善领导体制**。坚持党中央对国家安全工作的集中统一领导，坚

定不移贯彻中央国家安全委员会主席负责制,完善高效权威的国家安全领导体制。全面落实国家安全责任制,不折不扣把党中央关于国家安全工作的决策部署落到实处。**要完善工作机制**。强化国家安全工作协调机制,完善重要专项协调指挥体系,健全国家安全审查和监管制度、危机管控机制等制度机制。**要完善法治、战略、政策、风险监测预警和国家应急管理体系**。加强国家安全法治保障,积极推进重要领域立法,完善中国特色国家安全法律体系。加快涉外法治工作战略布局,健全反制裁、反干涉、反"长臂管辖"机制。深入实施《国家安全战略纲要》,强化经济、重大基础设施、金融、网络、数据、生物、资源、核、太空、海洋等安全保障体系建设。完善国家安全力量布局,构建全域联动、立体高效的国家安全防护体系。

(二)增强维护国家安全能力。更加注重协同高效、法治思维、科技赋能、基层基础,统筹推进各领域国家安全工作。**要坚决维护政治安全**。严密防范严厉打击敌对势力渗透、破坏、颠覆、分裂活动,深入开展反恐怖斗争,坚决打赢网络意识形态斗争,坚定维护国家政权安全、制度安全、意识形态安全。**要加强重点领域安全能力建设**。确保粮食、能源资源、重要产业链供应链安全,加强海外安全保障能力建设,维护我国公民、法人在海外合法权益,维护海洋权益,坚定捍卫国家主权、安全、发展利益。提高防范化解重大风险能力,严密防范系统性安全风险。**要提高干部群众国家安全意识和能力**。以落实国家安全领导责任和工作责任为抓手,全面加强国家安全教育,推动各级领导干部更加自觉地统筹发展和安全两件大事,做到守土有责、守土负责、守土尽责。加强国家安全战线党的建设,坚持以党的政治建设为统领,锻造忠诚纯洁可靠的国家安全干部队伍。增强全民国家安全意识和素养,筑牢国家安全人民防线。

(三)提高公共安全治理水平。公共安全一头连着经济社会发展,一头连着千家万户,必须既立足当前、着力解决突出问题,又立足长远、不断完善制度机制,提高公共安全保障能力,切实维护人民群众生命财产安全。**要强化事前预防**。坚持安全第一、预防为主,建立大安全大应急框架,完善公共安全体系,加强信息化源头管控、精准化监测预警、动态化风险评估等制度机制建设,推动公共安全治理模式向事前预防转型。推动城乡公共安全监管执法和综合治理一体化,把好基层公共安全第一道关口。**要推进专项整治**。完善和落实安全生产责任制,加强重点行业、重点领域安全监管,深入开展安全隐患排查整治,有效遏制重特大安全事故。坚持最严谨的标准、最严格的监管、最严厉的处罚、最严肃的问责,强化食品药品安全监管,确保人民群众"舌尖上的安全"。健全生物安全监管预警防控体系,全面提高国家生物安全治理能力。加强个人信息保护,确保数据安全。**要提高防灾减灾救灾能力**。坚持以防为主、防抗救相结合,坚持常态减灾和非常态救灾相统一,建立高效科学的自然灾害防治体系。加强国家区域应急力量建设,提高防灾减灾救灾和重大突发公共事件处置保障能力。

(四)完善社会治理体系。健全共建共治共享的社会治理制度,提升社会治理效能。**要加强矛盾风险源头防范化解**。坚持和发展新时代"枫桥经验",完善正确处理新形势下人民内部矛盾机制,加强和改进人民信访工作,畅通和规范群众诉求表达、利益协调、权益保障通道,完善网格化管理、精细化服务、信息化支撑的基层治理平台,健全城乡社区治理体系,及时把矛盾纠纷化解在基层、化解在萌芽状态。**要加快推进市域社会治理**

现代化。充分发挥党的领导政治优势,统筹政府、社会、市场各方力量,完善市域社会治理的组织架构和组织方式,提高市域社会治理能力,努力把重大风险防范化解在市域。**要强化社会治安整体防控**。深入实施反有组织犯罪法,推进扫黑除恶常态化。依法严惩群众反映强烈的黄赌毒、食药环、盗抢骗和电信网络诈骗等各类违法犯罪活动,推动全面落实打防管控措施和行业监管责任。积极推进立体化信息化社会治安防控体系建设,大力推广社会面"1、3、5 分钟"快速响应等机制,有效提升社会面掌控力。**要发展壮大群防群治力量**。进一步加强见义勇为工作,扬正气、鼓士气,营造见义勇为社会氛围。完善群众参与平安建设的组织形式和制度化渠道,创新互联网时代群众工作机制,更好地广纳民智、广聚民力,建设人人有责、人人尽责、人人享有的社会治理共同体。

把握好习近平新时代中国特色社会主义思想的世界观和方法论

黄 坤 明

习近平总书记在党的二十大报告中指出:"继续推进实践基础上的理论创新,首先要把握好新时代中国特色社会主义思想的世界观和方法论,坚持好、运用好贯穿其中的立场观点方法。"报告从 6 个方面作出概括和阐述,强调必须坚持人民至上、坚持自信自立、坚持守正创新、坚持问题导向、坚持系统观念、坚持胸怀天下。这深刻揭示了习近平新时代中国特色社会主义思想的理论品格和鲜明特质,既是深刻理解这一科学思想必须牢牢把握的基本点,也是继续推进理论创新必须始终坚持的基本点。我们要以高度政治自觉、思想自觉、行动自觉深入学习贯彻习近平新时代中国特色社会主义思想,在新时代伟大实践中不断开辟马克思主义中国化时代化新境界。

一、必须坚持人民至上

人民是历史的创造者,是真正的英雄。马克思主义是人民的理论,第一次创立了人民实现自身解放的思想体系,人民性是马克思主义的本质属性。相信谁、为了谁、依靠谁,是否始终站在最广大人民的立场上，是衡量一种思想理论先进性的根本尺度。一切脱离人民的理论都是苍白无力的，一切不为人民造福的理论都是没有生命力的。我们党的理论之所以得到亿万人民拥护，就在于始终秉持人民立场、坚持人民至上，是来自人民、为了人民、造福人民的理论，是人民利益、人民心声的集中表达。

坚持人民至上，是贯穿习近平新时代中国特色社会主义思想的一条红线。习近平总书记是从人民中成长起来、深受人民爱戴的人民领袖，对人民怀有深沉真挚的情感、厚重强烈的责任感。习近平总书记强调，"我们党来自于人民，为人民而生，因人民而兴"，"以百姓心为心，与人民同呼吸、共命运、心连心，是党的初心，也是党的恒心"；强调"民心是最大的政治"，"让人民生活幸福是'国之大者'"，"人民对美好生活的向往就是我们的奋斗目标"；强调"我的执政理念，概括起来说就是：为人民服务，担当起该担当的责任"。党的十八大以来，无论是打赢脱贫攻坚战，还是解决人民最关心最直接最现实的利益问题，无论是推进健康中国、平安中国、美丽中国建设，还是坚持"人民至上、生命至上"打赢疫情防控阻击战，都充分展现了习近平总书记"我将无我，不负人民"的深厚情怀和使命担当，展现了习近平新时代中国特色社会主义思想的鲜明本色和根本立场。

继续推进实践基础上的理论创新，必须深刻体会"人民"二字在习近平新时代中国特色社会主义思想中的根本性意义，始终坚持人民至上这一根本价值取向。要牢记江山就是人民、人民就是江山，站稳人民立场、把握人民愿望，把人民放在心中最高位置，把增进人民福祉、促进人的全面发展和全体人民共同富裕作为出发点和落脚点，确保我们党的理论和路线方针政策符合最广大人民根本利益。人民的创造性实践是理论创新的不竭源泉,要深深植根亿万人民的生动实践,向人民学习、拜人民为师,尊重人民创造、集中人民智慧,及时概括提炼人民群众的新鲜经验,形成为人民所喜爱、所认同、所拥有的理论,使之成为指导人民认识世界和改造世界的强大思想武器。

二、必须坚持自信自立

自信是中国共产党素有的精神气度,自立是我们立党立国的重要原则。中国人民和中华民族从近代以后的深重苦难走向伟大复兴的光明前景,从来就没有教科书,更没有现成答案。党的百年奋斗成功道路是党领导人民独立自主探索开辟出来的,马克思主义的中国篇章是中国共产党人依靠自身力量实践出来的,贯穿其中的一个基本点就是中国的问题必须从中国基本国情出发,由中国人自己来解答。这是我们党全部理论和实践的立足点,也是党和人民事业不断从胜利走向胜利的根本所在。

习近平新时代中国特色社会主义思想生动体现着独立自主的探索和实践精神,贯穿着坚持走自己的路的坚定决心和信心。习近平总书记深刻总结古今中外治乱兴衰的历史规律,指出:"人类历史上,没有一个民族、没有一个国家可以通过依赖外部力量、跟在他人后面亦步亦趋实现强大和振兴。那样做的结果,不是必然遭遇失败,就是必然成为他人的附庸。"习近平总书记反复强调要坚持共产主义理想和社会主义信念,坚定中国特色社会主义道路自信、理论自信、制度自信、文化自信,坚定历史自信、增强历史主动。这种自信自立,根源于中华民族光辉灿烂的 5000 多年文明发展史,来自于中国共产党 100 多年奋斗历程和 70 多年执政兴国经验,彰显于新时代中国特色社会主义伟大实践,已经成为中国人民和中华民族的内在气质和精神风貌。

不论过去、现在还是将来,自信自立始终都是我们这样一个大党大国必须坚持的重要原则。要坚持对马克思主义的坚定信仰、对中国特色社会主义的坚定信念,增强民族自尊心和自信心,在重大政治问题上有定力、有主见,不信邪、不怕鬼、不怕压,任何时候任何情况下都坚定"四个自信",真正做到"千磨万击还坚劲,任尔东西南北风",把中国发展进步的命运牢牢掌握在自己手中。要以更加积极的历史担当和创造精神为发展马克思主义作出新的贡献,反对各种形式的本本主义、教条主义,既不能无视快速变化的实际,刻舟求剑、封闭僵化,也不能一切以外国的东西为圭臬,照抄照搬、食洋不化。

三、必须坚持守正创新

我们信仰的是科学真理,走的是人间正道,从事的是前无古人的伟大事业。守正才能不迷失方向、不犯颠覆性错误,创新才能把握时代、引领时代。守正与创新相辅相成,体现了"变"与"不变"、继承与发展、原则性与创造性的辩证统一。守正创新,既与中华民族几千年来恪守正道、革故鼎新的文化传统相承袭,又与我们党一贯坚持的解放思想、实事求是、与时俱进、求真务实的品格相贯通,是贯彻党的思想路线的内在要求。

守正创新是中国特色社会主义新时代的鲜明气象,也是习近平新时代中国特色社会主义思想的显著标识。党的十八大以来,以习近平同志为核心的党中央在立场、方向、原则、道路等根本性问题上旗帜鲜明、毫不含糊,着力正本清源、固本培元,高扬了理想信念的旗帜、马克思主义的旗帜、中国特色社会主义的旗帜，确保了党不变质、不变色、不变味。同时，面对快速变化的世界和中国，我们党坚持立破并举，以巨大勇气和魄力推进各方面改革创新，推动党和国家事业取得历史性成就、发生历史性变革，中国共产党的面貌、中国人民的面貌、社会主义中国的面貌、中华民族的面貌焕然一新。在这一伟大实践中创立的习近平新时代中国特色社会主义思想，既坚持了老祖宗、又讲了许多新话，以全新的视野深化了对共产党执政规律、社会主义建设规律、人类社会发展规律的认识，为发展马克思主义作出了原创性贡献，实现了马克思主义中国化时代化新的飞跃。

实践没有止境，理论创新也没有止境。面向未来，推进马克思主义中国化时代化的任务不是轻了，而是更重了。必须更好地把坚持马克思主义与发展马克思主义统一起来，坚持用马克思主义之"矢"去射新时代中国之"的"，续写马克思主义中国化时代化新篇章。要以科学的态度对待科学、以真理的精神追求真理，坚持马克思主义基本原理不动摇，坚持党的全面领导不动摇，坚持中国特色社会主义不动摇，始终做到道不变、志不改。要紧跟时代步伐，顺应实践发展，以满腔热忱对待一切新生事物，不断拓展认识的广度和深度，回答好中国之问、世界之问、人民之问、时代之问，敢于说前人没有说过的新话，敢于干前人没有干过的事情，以新的理论指导新的实践。

四、必须坚持问题导向

问题是时代的声音，回答并指导解决问题是理论的根本任务。人类认识世界、改造世界的过程，就是一个发现问题、解决问题的过程。坚持问题导向，是马克思主义的鲜明特点。毛泽东指出："问题就是事物的矛盾。哪里有没有解决的矛盾，哪里就有问题。"抓住问题就找到了实践前进的突破点，也就找到了理论创新的生长点。中国共产党人干革命、搞建设、抓改革，从来都是为了解决中国的现实问题，党的理论也是在不断回答时代课题中创新发展的。

习近平总书记指出："每个时代总有属于它自己的问题，只要科学地认识、准确地把握、正确地解决这些问题，就能够把我们的社会不断推向前进。"坚持问题导向，是党的十八大以来党治国理政的突出特点，也是习近平新时代中国特色社会主义思想的鲜明风格。这些年来，我们党啃硬骨头、涉险滩推动全面深化改革，持之以恒纠治"四风"、以零容忍态度惩治腐败，打赢蓝天碧水净土保卫战，着力防范和化解重大风险，等等，都是聚焦重大理论和实践问题，把问题作为研究制定政策的出发点，把化解矛盾、破解难题作为打开局面的突破口。这些都充分彰显了鲜明的问题意识、问题导向，彰显了强烈的担当精神、斗争精神。新时代党和国家事业发展的一系列重大问题，集中概括起来就是新时代坚持和发展什么样的中国特色社会主义、怎样坚持和发展中国特色社会主义，建设什么样的社会主义现代化强国、怎样建设社会主义现代化强国，建设什么样的长期执政的马克思主义政党、怎样建设长期执政的马克思主义政党。正是基于对这些重大时代课题的准确把握和科学回答，习近平新时代中国特色社会主义思想得以创立并不断丰富发展。

"时代是出卷人，我们是答卷人，人民是阅卷人。"今天，我们已经踏上全面建设社会主义现代化国家新征程，所面临问题的复杂程度、解决问题的艰巨程度明显加大，给理论创新提出了全新要求。只有聆听时代声音,回应时代呼唤,认真研究解决重大而紧迫的问题,才能真正把握住历史脉络、找到发展规律,推动理论创新。要增强问题意识,时刻保持清醒头脑和敏锐眼光,敢于正视问题、善于发现问题,不回避、不躲闪,瞄着问题去、迎着问题上。要聚焦实践遇到的新问题、改革发展稳定存在的深层次问题、人民群众急难愁盼问题、国际变局中的重大问题、党的建设面临的突出问题,不断提出真正解决问题的新理念新思路新办法,不断开创事业发展的新局面。

五、必须坚持系统观念

系统观念是辩证唯物主义的重要认识论和方法论,是具有基础性的思想和工作方法。万事万物是相互联系、相互依存的。只有坚持系统观念,用普遍联系的、全面系统的、发展变化的观点观察事物,才能把握事物发展规律。我国是一个发展中大国,仍处于社会主义初级阶段,正在经历广泛而深刻的社会变革,推进改革发展、调整利益关系往往牵一发而动全身,尤其需要坚持和运用系统观念处理好各方面关系、统筹好各方面利益、调动好各方面积极性。

党的十八大以来,面对错综复杂的国际形势、艰巨繁重的改革发展稳定任务,习近平总书记登高望远、领航掌舵,提出统揽伟大斗争、伟大工程、伟大事业、伟大梦想,统筹推进"五位一体"总体布局、协调推进"四个全面"战略布局,对党和国家事业发展作出科学完整的战略部署。在领导推进各领域事业的过程中,习近平总书记始终坚持系统思维、全局谋划,强调经济社会发展是一个系统工程,必须综合考虑政治和经济、当前和长远、物质和文化、发展和民生、资源和生态、国内和国际等多方面因素;强调全面深化改革需要加强顶层设计和整体谋划,做到全局和局部相配套、治标和治本相结合、渐进和突破相衔接,实现整体推进和重点突破相统一;强调全面推进依法治国必须统筹兼顾、把握重点、整体谋划,在共同推进上着力,在一体建设上用劲;强调统筹疫情防控和经济社会发展,做到疫情要防住、经济要稳住、发展要安全;等等。所有这些,都体现了洞悉时势、总揽全局的系统谋划和战略擘画,为我们应对复杂局面、推动事业发展提供了科学遵循。

在全面建设社会主义现代化国家新征程上,我们将面对更加深刻复杂变化的发展环境,面对更多两难、多难问题,必须更加自觉地坚持和运用系统观念观察形势、分析问题、推动工作。要善于通过历史看现实、透过现象看本质,把握好全局和局部、当前和长远、宏观和微观、主要矛盾和次要矛盾、特殊和一般的关系,前瞻性思考、全局性谋划、整体性推进党和国家各项事业。要掌握科学的思想方法和工作方法,不断提高战略思维、历史思维、辩证思维、系统思维、创新思维、法治思维、底线思维能力,更好地驾驭复杂局面、应对风险挑战,增强工作的原则性、系统性、预见性、创造性。

六、必须坚持胸怀天下

大道之行,天下为公。中国共产党是为中国人民谋幸福、为中华民族谋复兴的党,也是为人类谋进步、为世界谋大同的党。在百年奋斗历程中,我们党始终以世界眼光关注人类前途命运,从人类发展大潮流、世界变化大格局、中国发展大历史正确认识和处理同外部世界的关系，始终站在历史正确的一边，站在人类文明进步的一边，为世界发展和人类进步事业作出了重要贡献。

进入新时代，中华民族伟大复兴战略全局与世界百年未有之大变局历史性交汇。习近平总书记从人类前途命运出发，鲜明提出并深刻阐述了构建人类命运共同体的重大倡议，提出全球发展倡议、全球安全倡议，阐明了中国的安全观、发展观、义利观、全球化观、全球治理观，提出弘扬全人类共同价值、建设新型国际关系、推动共建"一带一路"高质量发展，描绘了建设持久和平、普遍安全、共同繁荣、开放包容、清洁美丽的世界的美好愿景，为维护世界和平与促进共同发展提供了中国智慧、中国方案。这些重要倡议和主张，充分体现了对国际形势变化的深刻把握，对人类发展重大问题的独特创见，占据了思想和道义制高点，凸显了中国特有的大国风范、大国担当。

当前，世界之变、时代之变、历史之变正以前所未有的方式展开，和平赤字、发展赤字、安全赤字、治理赤字加重，世界进入新的动荡变革期。我们要拓展世界眼光，纵览天下大势，深刻洞察人类发展进步潮流，善于发现其中的机遇和挑战，找到在危机中育新机、于变局中开新局的制胜之道。要积极回应各国人民普遍关切，顺应世界人民要发展、要合作、要和平生活的普遍愿望，为解决人类面临的共同问题作出贡献。要以海纳百川的宽阔胸襟借鉴吸收人类一切优秀文明成果，推动不同文明交流互鉴，促进各国人民相知相亲，在美人之美、美美与共中建设更加美好的世界。

党的十八大以来的实践充分证明，习近平新时代中国特色社会主义思想是当代中国马克思主义、二十一世纪马克思主义，是中华文化和中国精神的时代精华，是党和人民实践经验和集体智慧的结晶,是新时代坚持和发展中国特色社会主义的行动指南。这一思想之所以具有强大的真理力量和实践伟力,就在于坚持马克思主义世界观和方法论,运用了科学的立场观点方法。人民至上、自信自立、守正创新、问题导向、系统观念、胸怀天下,是新时代中国共产党人理论创造、实践探索、政治品格的集中体现,是我们理解把握习近平新时代中国特色社会主义思想的"金钥匙"。我们要自觉用这一思想武装头脑、指导实践、推动工作,全面准确领会其丰富内涵、思想体系和实践要求,深刻领悟"两个确立"的决定性意义,增强"四个意识"、坚定"四个自信"、做到"两个维护",以饱满的精神状态、昂扬的奋斗姿态投身全面建设社会主义现代化国家新征程。

全面推进中国特色大国外交

王　毅

习近平总书记所作的党的二十大报告开宗明义宣示："我们党立志于中华民族千秋伟业,致力于人类和平与发展崇高事业,责任无比重大,使命无上光荣",强调"中国共产党是为中国人民谋幸福、为中华民族谋复兴的党,也是为人类谋进步、为世界谋大同的党"。这些重要论述旗帜鲜明地阐释了中国共产党的本质属性和使命宗旨,毫不含糊地明确了中国特色大国外交的政治立场和历史自觉。党的十八大以来,在习近平总书记擘画引领和亲力亲为下,中国特色大国外交奋进新时代新征程,展现新担当新风范,为服务民族复兴、促进人类进步作出了新的重要贡献。党的二十大报告对中国特色大国外交进行了系统总结和精练概括,又提出了一系列重要论断,作出了一系列战略部署。我们要认真领悟报告精神,在习近平新时代中国特色社会主义思想旗帜下,进一步学习践行习近平外交思想,在全面建设社会主义现代化国家新征程上,不断开创中国特色大国外交新局面。

一、推进中国特色大国外交是新时代党和国家事业发展的必然要求

（一）践行党的初心使命,需要推进中国特色大国外交。

100 多年来，中国共产党始终把为人类作出新的更大贡献清晰地书写在自己的旗帜上，坚定地落实到自己的行动中，赋予中国外交与西方传统大国外交截然不同的底色和特征。党的本质属性决定了中国外交必须始终坚持以中国特色社会主义为根本增强战略自信，坚定捍卫党领导人民选择的社会主义道路；党的使命宗旨决定了中国外交必须始终坚持维护世界和平、促进共同发展，推动构建人类命运共同体；党的价值追求决定了中国外交必须始终坚持独立自主，弘扬公平正义，坚守人间正道。

（二）实现民族伟大复兴，需要推进中国特色大国外交。党的十八大以来，我国综合国力和国际地位显著提升，日益走近世界舞台中央，中华民族迈向伟大复兴的步伐不可阻挡。行百里者半九十。越是接近实现目标，越将面临风高浪急甚至是惊涛骇浪的风险考验。国际体系变革期的不确定不稳定因素日益突出，我国发展进入战略机遇和风险挑战并存、不确定难预料因素增多的时期，伟大复兴必然伴随具有许多新的历史特点的伟大斗争。我们必须统筹国内国际两个大局，开展更具全球视野、更富进取精神、更有中国特色的大国外交，为实现民族复兴营造和平稳定的国际和地区环境。

（三）应对世界百年变局，需要推进中国特色大国外交。当今世界，国际力量对比和全球格局正在经历深刻演变，世界多极化、经济全球化、国际关系民主化潮流势不可当。同时，单边主义、保护主义、霸权主义依然横行，世界进入新的动荡变革期。习近平总书记强调："世界那么大，问题那么多，国际社会期待听到中国声音、看到中国方案，中国不能缺席。"作为有着 5000 多年文明积淀的大国，作为联合国安理会常任理事国，我们有必要通过开展具有自身特色的大国外交，履行承担的国际责任与义务,同各国一道走出一条和平发展、合作共赢的新路,弘扬全人类共同价值,携手构建人类命运共同体。

迈入新时代,立足新方位,以习近平同志为核心的党中央高瞻远瞩、胸怀天下,统筹中华民族伟大复兴战略全局和世界百年未有之大变局,指出我国对外工作要"展现新气象,实现新作为,奋力开创新时代中国特色大国外交新局面",对中国特色大国外交进行了顶层设计和全局谋划。

2014年,习近平总书记在中央外事工作会议上首次提出,中国必须有自己特色的大国外交,使我国对外工作有鲜明的中国特色、中国风格、中国气派。2017年,习近平总书记在党的十九大报告中明确提出"全面推进中国特色大国外交",并将其纳入新时代坚持和发展中国特色社会主义的指导思想和战略部署。2018年,习近平总书记在中央外事工作会议上强调,我国对外工作要牢牢把握服务民族复兴、促进人类进步这条主线,推动构建人类命运共同体,努力开创中国特色大国外交新局面。习近平总书记这一系列重要论述,明确了新时代中国外交的指导思想、使命任务、战略布局、独特风范,为我们全方位开展中国特色大国外交指明了正确方向、确立了基本方略。

二、全面推进中国特色大国外交取得开创性、历史性成就

党的二十大报告指出,"我们全面推进中国特色大国外交,推动构建人类命运共同体,坚定维护国际公平正义","我国国际影响力、感召力、塑造力显著提升"。在新时代10年的伟大变革中,习近平总书记亲自谋划指挥、引领推进了波澜壮阔的新时

代外交实践。中国特色大国外交得以全面推进,在全球变局中开创新局,在世界乱局中化危为机,战胜了各种艰难险阻,办成了不少大事要事,取得了全方位、开创性历史成就。

(一)党的领导全面加强。党中央成立中央外事工作委员会,召开两次中央外事工作会议和周边外交工作座谈会,强化对各领域各部门各地方外事工作的统筹协调。党对对外工作的集中统一领导更加坚强有力,对外工作体制机制更加完善,对外工作大协同更加顺畅。以习近平同志为核心的党中央在世界形势深刻变化的历史进程中始终走在时代前列,在应对外部风险挑战的历史进程中始终正确举旗定向,为中国特色大国外交不断走向胜利提供了根本保证。

(二)国际影响全面提升。习近平总书记提出一系列新理念新倡议,回答"世界怎么了、我们怎么办"的时代之问,推动全球治理变革完善,展现负责任大国担当。提出构建人类命运共同体重大理念,为人类向何处去贡献了中国方案。提出共建"一带一路"重大倡议,同149个国家和32个国际组织相继签署合作文件,打造起广受欢迎的全球公共产品和开放合作的国际合作平台。提出全球发展倡议、全球安全倡议,推动全球发展共同体、安全共同体建设,为和平与发展事业注入新的动力。从联合国讲坛到达沃斯论坛,从亚太经合组织北京会议到二十国集团杭州峰会,从应对埃博拉到抗击新冠肺炎疫情,中国在国际事务中发挥了砥柱中流作用。

(三)外交布局全面拓展。习近平主席42次出访成果丰硕,足迹遍及五大洲69个国家,在国内接待100多位国家元首和政府首脑,以精彩纷呈的元首外交为外交全局提供战略引领。推动新型国际关系建设,伙伴关系网络覆盖全球,同110多个国家和地区组织建立了不同形式的伙伴关系,铁杆朋友和战略支点更加巩固。构建总体稳定的大国关系框架,中俄新时代全面战略协作伙伴关系更加成熟坚韧,中欧和平、增长、改革、文明四大伙伴关系建设稳步推进,为中美关系指出相互尊重、和平共处、合作共赢的正确方向。周边命运共同体建设深入推进,中国—东盟建立全面战略伙伴关系,澜湄等次区域合作加速发展,《区域全面经济伙伴关系协定》签署生效,中亚成为我国周边首个战略伙伴集群。同发展中国家团结合作持续深化,中非高质量落实"八大行动"、推进"九项工程",中非命运共同体更加紧密,中阿建立全面合作、共同发展、面向未来的战略伙伴关系,中拉关系进入平等、互利、创新、开放、惠民的新时代。

(四)公平正义全面促进。坚持世界命运应该由各国共同掌握,国际规则应该由各国共同书写,全球事务应该由各国共同治理,发展成果应该由各国共同分享。倡导真正的多边主义,反对一切单边主义、保护主义、霸权主义和强权政治。坚持按照事情本身的是非曲直决定立场,提出并践行中国特色热点问题解决之道,推动伊朗核、朝鲜半岛核、阿富汗、中东等热点问题的政治解决。积极开展南南合作,坚定维护发展中国家的正当权益和发展空间。

(五)国家利益全面维护。面对无理讹诈和极限施压,保持战略定力,发扬斗争精神,展示不畏强权的意志决心,坚定维护国家核心利益和民族尊严,牢牢掌握了发展和安全主动权。坚决反制任何侵犯我国主权、干涉我国内政的错误行径,在原则问题上寸步不让,坚定捍卫国家主权、安全、发展利益。连续与台湾地区9个所谓"邦交国"建复交,有力打击"台独"分裂势力气焰,巩固国际社会坚持一个中国原则的格局。连续挫败利用台湾、涉疆、涉港、涉藏、涉疫、人权等问题对我国发动的各种攻击抹黑。组织实施19次海外公民撤离行动，竭力守护海外同胞生命安全。开展海外公民接种疫苗"春苗行动"，及时救治染疫的中国同胞。开通12308全球24小时领事保护与服务应急热线，保障海外机构、人员正当合法权益。加快构建海外民生工程，积极践行外交为民理念。

（六）服务发展全面深化。紧紧围绕党和国家中心工作，为全面深化改革和对外开放提供全方位、高质量服务。着眼构建新发展格局，深化经贸、投资、产能、科技、互联互通等领域对外合作，以共建"一带一路"推动建设合作共赢的开放体系。构建面向全球的高标准自由贸易区网络，我国已成为140多个国家和地区的主要贸易伙伴。新冠肺炎疫情防控中，严守"外防输入"国门关，开设人员往来"快捷通道"，打造货物运输"绿色通道"，保障产业链供应链稳定畅通。通过主场外交、国际展会、全球推介等平台支持地方开放发展。

（七）战略运筹全面增强。增强历史主动精神，面对大是大非旗帜鲜明，面对风险挑战积极化解，团结一切可以团结的力量、调动一切可以调动的积极因素。战略上主动运筹、战术上灵活机动，外交"工具箱"不断充实，开展大国外交的能力不断提升，服务"国之大者"的作用更加彰显。

风云变幻，不改人间正道；沧海横流，更当破浪前行。新时代中国外交在世界变局中砥砺前行，在大国博弈中从容自信，取得一系列来之不易的成果，关键在于习近平总书记作为党中央的核心、全党的核心领航掌舵，在每个重要节点作出正确战略判断和决策部署；关键在于习近平外交思想科学指引，始终从人类发展大潮流和世界变化大格局中准确把握同外部世界关系。

三、学思践悟习近平外交思想是成功推进中国特色大国外交的根本保证

先进思想辉映非凡事业，科学理论引领伟大实践。习近平总书记站在时代最前沿，直面人类新挑战，提出一系列原创性外交战略思想和重大理念倡议，创立了习近平外交思想。习近平外交思想是当代中国马克思主义、二十一世纪马克思主义在对外工作领域的最新理论成果，是中华文化和中国精神的时代精华在对外交往中的集中体现，精辟回答了新形势下应推动建设什么样的世界、构建什么样的国际关系，中国需要什么样的外交、发挥什么样的国际作用等一系列重大理论和实践问题，为中国特色大国外交提供了根本遵循和行动指南。

（一）坚持党的全面领导和中国特色社会主义道路，体现中国特色大国外交的根本属性。党的二十大报告指出，"坚持党的全面领导是坚持和发展中国特色社会主义的必由之路，中国特色社会主义是实现中华民族伟大复兴的必由之路"。党的集中统一领导是中国外交的最大政治优势，中国特色社会主义是中国外交的源泉和根基。只有毫不动摇坚持党对外交工作的领导，坚定不移走中国特色社会主义道路，才能始终保持中国外交的政治本色，使中国外交聚焦党和国家中心工作，在错综复杂的国际形势变化中保持定力、把握主动。

（二）坚持走和平发展道路，把握中国特色大国外交的正确途径。党的二十大报告强调："中国式现代化是走和平发展道路的现代化。我国不走一些国家通过战争、殖民、掠夺等方式实现现代化的老路，那种损人利己、充满血腥罪恶的老路给广大发

展中国家人民带来深重苦难。"中国式现代化道路为人类实现现代化提供了新的选择,创造了人类文明新形态。这条道路不是传统大国崛起的翻版,不是国强必霸的再版,而是造福中国、有利于世界的正道。中国外交坚定站在历史正确的一边,站在人类文明进步的一边,高举和平、发展、合作、共赢旗帜,在坚定维护世界和平与发展中谋求自身发展,又以自身发展更好维护世界和平与发展。

(三)推动构建人类命运共同体,彰显中国特色大国外交的世界情怀。党的二十大报告指出,"中国始终坚持维护世界和平、促进共同发展的外交政策宗旨,致力于推动构建人类命运共同体",并将推动构建人类命运共同体明确为"中国式现代化的本质要求",进一步阐明了新形势下构建人类命运共同体的时代意义、精神实质和实现路径。万物并育而不相害,道并行而不相悖。人类命运共同体理念明确了中国外交的世界愿景,回应了各国人民求和平、谋发展、促合作的普遍诉求,指明了解决全球性问题的根本路径,成为引领时代潮流和人类前进方向的鲜明旗帜。

(四)推动建设相互尊重、公平正义、合作共赢的新型国际关系,开拓中国特色大国外交的全新实践。习近平总书记曾指出:"我们要坚持对话而不对抗、包容而不排他,构建相互尊重、公平正义、合作共赢的新型国际关系,扩大利益汇合点,画出最大同心圆。"各国不能身体进入21世纪,脑袋还停留在殖民扩张的旧时代里,停留在冷战思维、零和博弈的老框框内。要以相互尊重超越恃强凌弱,以公平正义超越霸凌霸道,以合作共赢超越以邻为壑,对近代以来的权力政治观念予以扬弃,走出一条国与国交往的新路。

(五)倡导全人类共同价值,构建中国特色大国外交的价值体系。党的二十大报告呼吁，"世界各国弘扬和平、发展、公平、正义、民主、自由的全人类共同价值，促进各国人民相知相亲"。和平与发展是我们的共同事业，公平正义是我们的共同理想，民主自由是我们的共同追求。各国历史、文化、国情不同，但人民心灵相通，都有追求和探索实现全人类共同价值的平等权利。不存在高人一等的"自由民主"，不存在唯我独尊的"普世价值"，把本国价值观强加于人只能增加动荡之源，按意识形态划线极易造成冲突之祸。

（六）展现鲜明的中国特色、中国风格、中国气派，塑造中国特色大国外交的独特风范。习近平总书记曾强调，"坚持以对外工作优良传统和时代特征相结合为方向塑造中国外交独特风范"。新时代中国外交将马克思主义中国化时代化最新成果与当今中国外交实际结合，与中华优秀传统文化结合，与新中国外交优良传统结合，坚持自信自立、守正创新，塑造了中国外交独特风范，实现了历史使命与时代潮流的高度统一、民族精神与国际主义的高度统一、中国气派与世界情怀的高度统一。

新时代的中国外交坚持和运用习近平新时代中国特色社会主义思想的世界观和方法论，在习近平外交思想科学指引下，以更宽广视野、更开放胸襟、更积极姿态，担当世界和平的建设者、全球发展的贡献者、国际秩序的维护者，开辟了国际关系理论与实践的新境界，书写了人类政治文明进步的新篇章。

四、不断开创中国特色大国外交新局面，推动构建人类命运共同体

习近平总书记在党的二十大报告中强调中国共产党"必须

坚持胸怀天下"，指出"我们要拓展世界眼光，深刻洞察人类发展进步潮流，积极回应各国人民普遍关切，为解决人类面临的共同问题作出贡献，以海纳百川的宽阔胸襟借鉴吸收人类一切优秀文明成果，推动建设更加美好的世界"。

当前和今后一个时期，在以习近平同志为核心的党中央坚强领导下，中国特色大国外交将以习近平外交思想为指导，自信自立、胸怀天下，敢于斗争、善于斗争，知难而进、迎难而上，坚持维护世界和平、促进共同发展的外交政策宗旨，致力于推动构建人类命运共同体，全力推进实现民族复兴和促进人类进步的历史征程。

（一）坚持独立自主，捍卫国际公平正义。党的二十大报告指出："中国坚定奉行独立自主的和平外交政策，始终根据事情本身的是非曲直决定自己的立场和政策，维护国际关系基本准则，维护国际公平正义。"我们将继续尊重各国主权和领土完整，坚持国家不分大小、强弱、贫富一律平等，尊重各国人民自主选择的发展道路和社会制度，坚决反对一切形式的霸权主义和强权政治，反对冷战思维，反对干涉别国内政，反对搞双重标准。我们将坚决维护国家统一和领土完整，外部势力胆敢玩火挑衅，必将予以迎头痛击。中国的发展是世界和平力量的增长，无论发展到什么程度，永远不称霸、永远不搞扩张。

（二）坚持拓展全球伙伴关系，深化全方位外交布局。党的二十大报告指出："中国坚持在和平共处五项原则基础上同各国发展友好合作，推动构建新型国际关系，深化拓展平等、开放、合作的全球伙伴关系，致力于扩大同各国利益的汇合点。"我们将坚持促进大国协调和良性互动，推动构建和平共处、总体稳定、均衡发展的大国关系格局。将坚持亲诚惠容理念和与邻为善、以邻为伴周边外交方针,深化同周边国家友好互信和利益融合。秉持正确义利观,加强同发展中国家团结合作,维护发展中国家共同利益。讲好中国的故事、中国人民的故事、中国共产党的故事,不断增进国际社会对中国的理解和认同,形成同我国综合国力和国际地位相匹配的国际话语权。

(三)坚持对外开放,推动共同发展。党的二十大报告指出:"中国坚持对外开放的基本国策,坚定奉行互利共赢的开放战略,不断以中国新发展为世界提供新机遇,推动建设开放型世界经济,更好惠及各国人民。"我们将坚持以高标准、可持续、惠民生为目标,巩固互联互通合作基础,拓展国际合作新空间,推动共建"一带一路"高质量发展。坚持经济全球化正确方向,推动贸易和投资自由化便利化,推进双边、区域和多边合作,促进国际宏观经济政策协调,共同营造有利于发展的国际环境,共同培育全球发展新动能,反对保护主义,反对"筑墙设垒"、"脱钩断链",反对单边制裁、极限施压。将加大对全球发展合作的资源投入,致力于缩小南北差距,坚定支持和帮助广大发展中国家加快发展。

(四)坚持共商共建共享,完善全球治理体系。党的二十大报告指出:"中国积极参与全球治理体系改革和建设,践行共商共建共享的全球治理观,坚持真正的多边主义,推进国际关系民主化,推动全球治理朝着更加公正合理的方向发展。"我们将坚定维护以联合国为核心的国际体系、以国际法为基础的国际秩序、以联合国宪章宗旨和原则为基础的国际关系基本准则,反对一切形式的单边主义,反对搞针对特定国家的阵营化和排他性小圈子。推动世界贸易组织、亚太经合组织等多边机制更好发挥作用,扩大金砖国家、上海合作组织等合作机制影响力,增强新兴市场国家和发展中国家在全球事务中的代表性和发言权。

积极参与全球安全规则制定，加强国际安全合作，积极参与联合国维和行动，为维护世界和平和地区稳定发挥积极作用。积极参与应对气候变化全球治理，促进人与自然和谐共生。

（五）坚持胸怀天下，推动构建人类命运共同体。党的二十大报告指出："构建人类命运共同体是世界各国人民前途所在。"人类命运共同体理念以和平发展超越冲突对抗，以共同安全取代绝对安全，以互利共赢摒弃零和博弈，以交流互鉴防止文明冲突，以绿色发展呵护地球家园，顺应了世界大势和人心所向。面对层出不穷的全球性挑战，只有各国行天下之大道，和睦相处、合作共赢，繁荣才能持久，安全才有保障。我们愿同世界各国一道，以推动构建新型国际关系为根本路径，以落实全球发展倡议、全球安全倡议为重要依托，以和平、发展、公平、正义、民主、自由的全人类共同价值为价值追求，携手建设持久和平、普遍安全、共同繁荣、开放包容、清洁美丽的世界。

旗帜指引方向，奋斗铸就辉煌。新征程上，我们要更加紧密地团结在以习近平同志为核心的党中央周围，深刻领悟"两个确立"的决定性意义，增强"四个意识"、坚定"四个自信"、做到"两个维护"，深学笃行习近平外交思想，深入贯彻党的二十大精神，全面推进中国特色大国外交，为夺取全面建设社会主义现代化国家新胜利、谱写构建人类命运共同体新篇章而不懈奋斗！

扎实推进依法行政

肖　　捷

习近平总书记在党的二十大报告中强调"扎实推进依法行政"，对转变政府职能、深化行政执法体制改革、强化行政执法监督机制和能力建设等作出重点部署、提出明确要求，为新时代法治政府建设提供了根本遵循。要深入学习、认真领会、准确把握，切实抓好贯彻落实，推动依法行政和法治政府建设不断取得新进展，为我们党团结带领全国各族人民全面建成社会主义现代化强国、实现第二个百年奋斗目标，以中国式现代化全面推进中华民族伟大复兴不断作出新贡献。

一、深刻理解法治政府建设是全面依法治国的重点任务和主体工程

党的十八大以来，习近平总书记高度重视全面依法治国，并作出战略部署和总体安排，创造性提出了关于全面依法治国的一系列新理念新思想新战略，形成了习近平法治思想，为建设法治中国指明了前进方向。"坚持依法治国、依法执政、依法行政共同推进，法治国家、法治政府、法治社会一体建设"是习近平法治思想的重要内容。习近平总书记强调，推进全面依法治国，法治政府建设是重点任务和主体工程，要率先突破。这深刻阐

明了法治政府建设在全面依法治国工作布局中的重要地位和作用,彰显了我们党扎实推进依法行政、加快建设法治政府的决心,我们要深刻理解和把握。

推进法治政府建设,在全面依法治国工作布局中具有示范带动作用。习近平总书记强调,依法治国、依法执政、依法行政是一个有机整体,关键在于党要坚持依法执政、各级政府要坚持依法行政。法治国家、法治政府、法治社会相辅相成,法治国家是法治建设的目标,法治政府是建设法治国家的重点,法治社会是构筑法治国家的基础。法治政府建设对法治国家、法治社会建设具有示范带动作用。经过多年努力,我国法治政府建设取得重大进展,但与新时代新任务相比仍有差距。这就要求必须扎实推进依法行政,加快落实《法治政府建设实施纲要(2021—2025年)》,努力实现法治政府建设全面突破,为建设法治国家、法治社会作出示范、发挥带动引领作用。

推进法治政府建设,为实现国家治理体系和治理能力现代化提供基础支撑。习近平总书记强调,法治是国家治理体系和治理能力的重要依托。各级政府承担着推动经济社会发展、管理社会事务、服务人民群众的重要职责,政府依法行政和治理的能力水平,是影响国家治理体系和治理能力现代化的关键因素。这就要求必须扎实推进依法行政,加快构建职责明确、依法行政的政府治理体系,把政府工作全面纳入法治轨道,切实提高政府治理效能,更好地适应建设法治国家、推进国家治理体系和治理能力现代化的要求。

推进法治政府建设,是深化行政体制改革、转变政府职能的重要着力点。习近平总书记强调,要发挥法治对转变政府职能的引导和规范作用;政府职能转变到哪一步,法治建设就要跟进到哪一步。建设法治政府,要使政府职权法定、依法履职,各项行政行为于法有据。这就要求必须扎实推进依法行政,用法治给行政权力定规矩、划界限,法定职责必须为、法无授权不可为,坚决克服政府职能错位、越位、缺位现象,让政府和市场各归其位、各展其长,充分发挥市场在资源配置中的决定性作用,更好发挥政府作用。

推进法治政府建设,根本目的是依法保障人民权益。习近平总书记强调,全面依法治国最广泛、最深厚的基础是人民;要把体现人民利益、反映人民愿望、维护人民权益、增进人民福祉落实到全面依法治国各领域全过程。我们的政府是人民政府,各项工作都与人民群众利益紧密相关,只有坚持依法行政、建设法治政府,才能更好地服务于人民。当前,我国法治政府建设还面临不少问题和挑战,依法行政观念不牢固、行政决策合法性审查走形式等问题还没有根本解决,一些地方运动式、"一刀切"执法问题仍时有发生。这就要求必须扎实推进依法行政,聚焦法治政府建设的薄弱环节,固根基、扬优势、补短板、强弱项,积极回应人民群众新要求新期盼,依法保障人民权益,不断提高人民群众获得感、幸福感、安全感。

二、转变政府职能,加快建设法治政府

围绕全面建设职能科学、权责法定、执法严明、公开公正、智能高效、廉洁诚信、人民满意的法治政府,持续推动政府转职能提效能,健全政府机构职能体系,依法全面履行政府职能。

继续推动政府职能转变。近些年来,转变政府职能取得重

大进展和明显成效。要在前期改革基础上,进一步厘清政府和市场、政府和社会关系,推动有效市场和有为政府更好结合。完善经济调节、市场监管、社会管理、公共服务、生态环境保护等职能。健全宏观经济治理体系,创新和完善宏观调控。完善共建共治共享的社会治理制度,夯实基层社会治理基础。健全基本公共服务体系,提高基本公共服务均等化水平。构建生态文明体系,推动经济社会发展全面绿色转型。深入落实《优化营商环境条例》。全面实行政府权责清单制度,落实和完善行政许可事项清单,坚决防止清单之外违法实施行政许可。全面落实监管责任,加快建立全方位、多层次、立体化监管体系,提升监管的精准性和有效性。全面提升政务服务水平,坚持传统服务与智能创新服务相结合,为人民群众和市场主体办事提供更多便利。

优化政府职责体系和组织结构,推进机构、职能、权限、程序、责任法定化。职能科学是建设法治政府的基础和前提。目前,我国政府职责体系和组织结构同国家治理体系和治理能力现代化的要求相比,还需要继续优化完善。要按照深化党和国家机构改革的精神,坚持优化政府组织结构与促进政府职能转变、理顺部门职责关系统筹结合,使机构设置更加科学、职能更加优化、权责更加协同。合理划分中央和地方事权,更好发挥中央和地方两个积极性。机构职能法定化是推进依法行政、建设法治政府的重要保障。要完善相关法律法规,依法依规设置机构、配置职能、明确权限和责任、规范程序,推动改革成果制度化法定化。

提高行政效率和公信力。转变政府职能、建设法治政府的成效,直接体现在行政效率和公信力的提升上。要在推进政府机构职能优化协同高效的同时,健全依法行政制度体系和行政决策制度体系,强化制度和政策执行,全面提升行政效率。要完善政府立法工作机制,加强重要领域立法,统筹推进相关法律法规规章立改废释纂工作,全面落实行政规范性文件合法性审核机制和备案审查制度,以良法促进发展、保障善治。坚持科学决策、民主决策、依法决策,严格落实重大行政决策程序,涉及社会公众切身利益的重要规划、重大公共政策和措施、重大公共建设项目等,应认真听取和反映利益相关群体的意见建议,不断提高行政决策质量和效率。健全突发事件应对体系,增强应急处置的针对性实效性。建立健全担当作为的激励和保护机制,切实调动各级特别是基层政府工作人员的积极性。加强数字政府建设,将数字技术广泛应用于政府管理和服务,加快推进政务数据有序共享,优化创新政府治理流程和方式,促进政府高效履职。进一步加强政务诚信建设,健全政府守信践诺机制,加大失信惩戒力度,不断提升诚信行政水平,以政务诚信引领社会诚信。

深化事业单位改革。事业单位改革是行政体制改革的重要组成部分,也是推进依法行政的内在要求。目前我国已基本完成承担行政职能事业单位和从事生产经营活动事业单位的改革,不再设立承担行政职能的事业单位,保留的事业单位强化公益属性。深化事业单位改革,要持续推进政事分开、事企分开、管办分离,巩固深化行政类、经营类事业单位改革成果,区分情况实施公益类事业单位改革。面向社会提供公益服务的事业单位要优化政事关系,着力破除逐利机制。为机关提供支持保障的事业单位,要优化机构职能和人员结构,同机关统筹管理。改革创新事业单位管理体制和运行机制,探索在组织结构、用人制度、财政支持、社会保障等方面拿出更多有效举措,不断增强事业单位活力。

三、深化行政执法体制改革,全面推进 严格规范公正文明执法

行政执法工作面广量大,一头连着各级政府,一头连着人民群众,直接关系人民群众对党和政府的信任、对法治的信心。要完善行政执法体制机制,强化重点领域执法,规范执法程序和行为,实现执法水平普遍提升,努力让人民群众在每一个执法行为中都能看到风清气正、从每一项执法决定中都能感受到公平正义。

推进行政执法体制机制改革创新。2018年深化党和国家机构改革有力推动了行政执法体制改革完善,整合组建了综合执法队伍,有效解决了多头、多层和重复执法问题。要继续深化综合行政执法体制改革,加强综合执法、联合执法、协作执法的组织指挥和统筹协调。大力推进跨领域跨部门联合执法,加快实现违法线索互联、执法标准互通、处理结果互认。在行政许可权、行政处罚权改革中,健全审批、监管、处罚衔接机制,防止相互脱节。完善行政执法与刑事司法衔接机制,推进信息共享机制化、案件移送标准和程序规范化。要通过构建完善权责清晰、运转顺畅、保障有力、廉洁高效的行政执法体制机制,持续提高执法质量和水平。

完善基层综合执法体制机制。基层是社会治理的基础和重心,承担了大量行政管理职责,提升基层综合执法能力和水平对于推进依法行政至关重要。要进一步整合基层执法队伍,逐步实现"一支队伍管执法",更快更精准回应人民群众诉求,提升基层治理效能。持续推动执法重心下移,稳步将基层管理迫切需要且能有效承接的行政执法事项下放给基层。坚持权随事

转、编随事转、钱随事转，充实基层执法力量，保障基层有足够的资源履行执法职责。

加大关系群众切身利益的重点领域执法力度。食品药品、公共卫生、自然资源、生态环境、安全生产、劳动保障、城市管理、交通运输、金融服务、教育培训等重点领域，与人民群众生产生活息息相关，如果执法不严、监管不到位，就会严重损害人民群众切身利益，甚至危害生命安全。要切实强化重点领域执法，分领域梳理存在的突出问题，开展集中专项整治。对潜在风险大、可能造成严重不良后果的，要加强日常监管和执法巡查，从源头上预防和化解违法风险。加大对制售假冒伪劣、侵犯知识产权等违法犯罪行为的查处力度，建立完善严重违法惩罚性赔偿和巨额罚款制度、终身禁入机制，着力解决违法成本低、维权成本高等问题，让严重违法者付出应有代价。

坚持严格规范公正文明执法。严格规范公正文明是行政执法工作的生命线，也是有机统一的整体。其中，严格是执法基本要求，规范是执法行为准则，公正是执法价值取向，文明是执法职业素养，要准确把握、全面贯彻，不能顾此失彼。要坚持严格依法办事，保证有法必依、执法必严、违法必究，切实维护国家法律的权威和尊严。同时，要转变执法理念、改进执法方式、增强执法素养，广泛运用说服教育、劝导示范、警示告诫、指导约谈等方式，推行柔性执法和轻微违法免罚，让执法既有力度又有温度，推动执法要求与执法形式相统一、执法效果与社会效果相统一。

完善行政执法程序。程序是实体的保障，程序越规范科学，执法行为就越有章可循。要按照行政执法类型，持续优化行政执法流程，规范行政执法行为，赢得人民群众和市场主体对执法工作的更多理解支持。严格落实行政执法公示、执法全过程记录、重大执法决定法制审核制度,实现行政执法信息及时准确公示、行政执法全过程留痕和可回溯管理、重大行政执法决定法制审核全覆盖。落实告知制度,依法保障行政相对人陈述、申辩、提出听证申请等权利。执法事项要严格按照法定权限和程序设定,凡没有法律法规规章依据的一律取消。规范涉企行政检查,着力解决涉企现场检查事项多、频次高、随意检查等问题。除有法定依据外,严禁地方政府采取要求特定区域或者行业、领域的市场主体普遍停产停业的措施。严禁下达或者变相下达罚没指标,严禁将罚没收入同作出行政处罚的行政机关及其工作人员的考核、考评直接或者变相挂钩。

健全行政裁量权基准。滥用自由裁量权、处罚畸重畸轻,是长期以来社会反映强烈的一个突出执法问题。要坚持法制统一、程序公正、公平合理、高效便民的原则,进一步规范行政裁量权基准制定和管理,维护公平竞争市场秩序,稳定社会预期。有关部门和地方要在法律法规规定的幅度内,根据违法行为的事实、性质、情节以及社会危害程度细化量化行政裁量权基准,规范裁量范围、种类、幅度,建立行政裁量权基准动态调整机制,做到过罚相当、宽严相济。将行政裁量权基准内容嵌入行政执法信息系统,为执法人员提供精准指引,加强案例指导和日常监督检查,有效规范行政裁量权行使,避免出现同案不同罚、显失公平现象。

四、加强党的领导,全面提升
依法行政能力水平

行政权力是国家权力的重要组成部分,要坚持在党的领导下履行行政职能,强化对行政权力的制约和监督,确保其依法正

确行使,使党和人民赋予的权力始终用来为人民谋幸福。

坚持和加强党对依法行政工作的领导。党的领导是中国特色社会主义法治之魂,是推进依法行政、建设法治政府的根本保证。要深入学习贯彻习近平法治思想,深刻领悟"两个确立"的决定性意义,增强"四个意识"、坚定"四个自信"、做到"两个维护",把坚持党的领导贯彻落实到法治政府建设全过程各方面。坚持党总揽全局、协调各方,健全相关制度和机制,确保法治政府建设始终在党的领导下沿着正确方向推进。及时研究解决影响法治政府建设的重大问题,将法治建设与经济社会发展同部署、同推进、同督促、同考核、同奖惩。各级政府要在党委统一领导下,履行法治政府建设主体责任,谋划落实好推进依法行政、建设法治政府各项任务。要加强法治政府建设的协调督促推动,将依法行政情况作为对地方政府、政府部门及其领导干部综合绩效考核的重要内容,推动依法行政责任不折不扣落实。

完善行政权力监督体系。强化监督和问责是依法行政的重要保障。要将行政权力制约和监督体系纳入党和国家监督体系全局统筹谋划,突出党内监督主导地位。推动党内监督与人大监督、民主监督、行政监督、司法监督、群众监督、舆论监督等各类监督有机贯通、相互协调。积极发挥审计监督、财会监督、统计监督、执法监督、行政复议等监督作用。自觉接受纪检监察机关监督。加强和规范政府督查工作。深化政务公开,坚持以公开为常态、不公开为例外,全过程推进决策、执行、管理、服务和结果公开,不断拓展公开内容,优化公开渠道,让人民监督权力,让权力在阳光下运行。

强化行政执法监督机制和能力建设。行政执法监督对于规范执法行为、提高执法效能,具有十分重要的作用。要充分发挥行政执法监督统筹协调、规范保障、督促指导作用,加快建设省市县乡四级全覆盖的行政执法协调监督工作体系,围绕中心工作部署开展行政执法监督专项行动,强化全方位、全流程监督。积极运用互联网、大数据、人工智能等技术手段,探索推行以远程监管、移动监管、预警防控为特征的非现场监管,助力解决人少事多的难题,提高执法效能和执法监督能力。

严格落实行政执法责任制和责任追究制度。有权必有责、有责要担当、失责必追究。要分解落实不同部门及机构、岗位执法人员的执法职权和责任。加强和完善行政执法案卷管理和评查、行政执法机关处理投诉举报、行政执法考核评议等制度建设。持续加大行政执法领域突出问题整治力度,防止"一刀切"执法、粗暴执法、钓鱼执法,严查严处执法腐败和作风问题。健全常态化责任追究机制,对监管不力、执法缺位的严肃问责,对失职渎职、徇私枉法的坚决查办,切实保障人民群众和市场主体的合法权益。

持续提升依法行政能力。各级政府及其工作人员特别是领导干部,要带头尊崇法治、敬畏法律,了解法律、掌握法律,遵纪守法、捍卫法治,厉行法治、依法办事,不断提高运用法治思维和法治方式深化改革、推动发展、化解矛盾、维护稳定、应对风险的能力。健全领导干部学法用法机制,加强对领导干部尊法学法守法用法和依法决策情况的考核监督。把法治教育纳入各级政府工作人员初任培训、任职培训的必训内容,进一步加强行政执法人员教育培训,增强依法行政意识和专业化执法能力,努力建设一支德才兼备的高素质行政执法队伍,更好担当职责使命。

全面发展协商民主

张 庆 黎

习近平总书记在党的二十大报告中强调,协商民主是实践全过程人民民主的重要形式,并对全面发展协商民主作出战略部署。坚定不移走中国特色社会主义政治发展道路,全面发展协商民主,对于发展全过程人民民主,健全人民当家作主制度体系,发挥中国共产党领导的政治优势和中国特色社会主义的制度优势,把全党全国各族人民的智慧和力量凝聚到新时代新征程党的中心任务上来,全面建设社会主义现代化国家,以中国式现代化全面推进中华民族伟大复兴,具有重大而深远的意义。

一、深刻领会习近平总书记关于发展社会主义协商民主的重要论述

党的十八大以来,中国特色社会主义进入新时代。以习近平同志为核心的党中央从发展社会主义民主政治、建设社会主义现代化国家的战略高度,对发展社会主义协商民主作出一系列重要部署。党的十八大提出,健全社会主义协商民主制度。党的十八届三中全会强调,在党的领导下,以经济社会发展重大问题和涉及群众切身利益的实际问题为内容,在全社会开展广泛协商,坚持协商于决策之前和决策实施之中。党的十九

大强调，发挥社会主义协商民主重要作用，明确了新时代社会主义协商民主建设的战略任务和基本路径。党中央召开中央人大工作会议、中央统战工作会议、中央政协工作会议等重要会议，先后制定社会主义协商民主建设、人民政协协商民主建设、政党协商、城乡社区协商、中国共产党政治协商工作条例等一系列制度文件，推动协商民主广泛开展。习近平总书记对发展社会主义协商民主作出一系列重要论述，提出的一系列新理念新思想新举措，具有鲜明的中国特色、中国风格、中国气派，为发展协商民主提供了根本遵循。

（一）关于协商民主的重大论断。习近平总书记指出，社会主义协商民主是实现党的领导的重要方式，是党领导人民有效治理国家、保证人民当家作主的重要制度设计，是我国社会主义民主政治的特有形式和独特优势。在中国社会主义制度下，有事好商量，众人的事情由众人商量，找到全社会意愿和要求的最大公约数，是人民民主的真谛。人民通过选举、投票行使权利和人民内部各方面在重大决策之前进行充分协商，尽可能就共同性问题取得一致意见，是中国社会主义民主的两种重要形式。这两种民主形式相互补充、相得益彰，共同构成了中国社会主义民主政治的制度特点和优势。协商民主深深嵌入了中国社会主义民主政治全过程，既坚持了中国共产党的领导，又发挥了各方面的积极作用；既坚持了人民主体地位，又贯彻了民主集中制的领导制度和组织原则；既坚持了人民民主的原则，又贯彻了团结和谐的要求，丰富了民主的形式，拓展了民主的渠道，加深了民主的内涵。

（二）关于协商民主的基本定性。习近平总书记指出，要深刻把握社会主义协商民主是中国共产党的群众路线在政治领域的重要体现这一基本定性。人民群众是社会主义协商民主的重点。在人民内部各方面广泛商量的过程，就是发扬民主、集思广益的过程，就是统一思想、凝聚共识的过程，就是科学决策、民主决策的过程，就是实现人民当家作主的过程。要按照协商于民、协商为民的要求，大力发展基层协商民主，凡是涉及群众切身利益的决策都要充分听取群众意见，通过各种方式、在各个层级、各个方面同群众进行协商。

（三）关于协商民主的战略任务。习近平总书记强调，要切实落实推进协商民主广泛多层制度化发展这一战略任务，完善协商民主体系，统筹推进政党协商、人大协商、政府协商、政协协商、人民团体协商、基层协商以及社会组织协商，健全各种制度化协商平台，确保协商民主有制可依、有规可守、有章可循、有序可遵。

（四）关于发挥我国新型政党制度和人民政协制度的重要作用。习近平总书记指出，中国共产党领导的多党合作和政治协商制度，反映了人民当家作主的社会主义民主政治的本质。要着力推动政党协商深入开展。中国共产党和民主党派要共同努力，把政党协商这一社会主义民主形式坚持好、发展好、运用好。人民政协是社会主义协商民主的重要渠道和专门协商机构，要把协商民主贯穿履行职能全过程，提高政治协商、民主监督、参政议政水平，更好凝聚共识。

（五）关于民主的评判标准。习近平总书记指出，保证和支持人民当家作主，必须落实到国家政治生活和社会生活之中，保证人民依法有效行使管理国家事务、管理经济和文化事业、管理社会事务的权力。人民是否享有民主权利，要看人民是否在选举时有投票的权利，也要看人民在日常政治生活中是否有持续参与的权利；要看人民有没有进行民主选举的权利，也要看人民有没有进行民主决策、民主管理、民主监督的权利。人民只有投票的权利而没有广泛参与的权利,人民只有在投票时被唤醒、投票后就进入休眠期,这样的民主是形式主义的。

(六)关于协商民主的制度机制。习近平总书记指出,加强协商民主制度建设,在发展我国社会主义民主政治的进程中,要完善协商民主制度和工作机制,形成完整的制度程序和参与实践,保证人民在日常政治生活中有广泛持续深入参与的权利。协商就要真协商,真协商就要协商于决策之前和决策之中,从制度上保障协商成果落地。

习近平总书记关于协商民主的重要论述,精辟阐明了协商民主的基本观点和方针政策,进一步明确了协商民主在我国政治领域的基本定性、地位作用、目标任务、实现路径、着力重点,鲜明立起了在民主问题上的价值尺度和衡量标准,内容丰富,思想深邃,标志着我们党对民主政治发展规律的认识达到新的高度。必须深入学习习近平总书记的重要论述,领会精神实质,把握核心要义,抓好贯彻落实。

二、深刻认识我国社会主义协商民主的优势特点

习近平总书记指出:"发展社会主义民主政治,关键是要增加和扩大我们的优势和特点,而不是要削弱和缩小我们的优势和特点。"强调,协商民主在我国有根、有源、有生命力,具有深厚的文化基础、理论基础、实践基础、制度基础,是中国社会主义民主政治中独特的、独有的、独到的民主形式。全面发展协商民主,必须把这一具有中国特色民主形式的优势特点把握好、坚持

好、发展好、运用好。

（一）密切党同人民群众的血肉联系。全心全意为人民服务，始终代表最广大人民根本利益，是我们能够实行和发展协商民主的重要前提和基础。协商的过程，是党保持同人民密切联系的过程，是广泛听取各种不同声音、充分吸收有益意见建议的过程，是让广大人民了解和接受党的政治主张和路线方针政策的过程，从而使党的一切理论和路线方针政策，一切工作部署和工作安排，都来自人民，都为人民利益而制定和实施，都为人民所拥护和支持。

（二）促进科学决策民主决策。围绕改革发展稳定重大问题特别是事关人民群众切身利益的问题，通过各种途径、各种渠道、各种方式进行广泛协商，能够畅通各种利益要求和诉求进入决策程序的渠道，广开言路、广集众智、广求良策，使党和政府的决策和工作更好顺乎民意、合乎实际，党的理论和路线方针政策贯彻得更加彻底、执行得更加有力。

（三）广泛凝聚全社会共识。协商民主坚持求同存异、聚同化异、体谅包容，蕴含合作、参与、协商的精神，既反映多数人的普遍愿望，又吸纳少数人的合理主张，在协商中深化认识、化解矛盾、统一思想、增进共识，找到全社会意愿和要求的最大公约数，有效促进政党关系、民族关系、宗教关系、阶层关系、海内外同胞关系和谐发展，是团结和凝聚全国各族人民共同致力于中国特色社会主义事业的有效民主形式。

（四）保障人民有序政治参与。协商民主贯穿民主选举、民主协商、民主决策、民主管理、民主监督全过程人民民主各个环节，协商主体涵盖各党派、各团体、各民族、各阶层、各界人士，涉及全国各族人民利益的事情，在全体人民和全社会中广泛协商；

涉及一个地方人民群众利益的事情,在这个地方的人民群众中广泛协商;涉及一部分群众利益、特定群众利益的事情,在这部分群众中广泛协商;涉及基层群众利益的事情,在基层群众中广泛协商。这就使人民当家作主具体地、现实地落实到了国家政治生活和社会生活之中,保证人民依法享有广泛的民主权利。

(五)强化对权力的制约和监督。通过协商民主,党和政府在重大决策前和决策过程中,广泛听取各种意见建议甚至批评,及时发现存在的矛盾问题,推进权力运行公开化、规范化,让人民监督权力,让权力在阳光下运行,形成发现和改正失误和错误的机制,使人民的民主监督权利得到全链条、全方位、全覆盖落实。

习近平总书记指出:"实现民主的形式是丰富多样的,不能拘泥于刻板的模式,更不能说只有一种放之四海而皆准的评判标准。""只有扎根本国土壤、汲取充沛养分的制度,才最可靠、也最管用。"新中国成立70多年来,我们党团结带领人民在进行社会主义革命、建设、改革的历史进程中,始终保持政治上的清醒,不妄自菲薄,不照搬照抄,不急于求成,不固步自封,自觉把马克思主义基本原理同中国具体实际相结合、同中华优秀传统文化相结合,不断实践、探索创新,创造和发展了具有鲜明特色和独特优势的社会主义协商民主。这一民主形式"可以广泛达成决策和工作的最大共识,有效克服党派和利益集团为自己的利益相互竞争甚至相互倾轧的弊端;可以广泛畅通各种利益要求和诉求进入决策程序的渠道,有效克服不同政治力量为了维护和争取自己的利益固执己见、排斥异己的弊端;可以广泛形成发现和改正失误和错误的机制,有效克服决策中情况不明、自以为是的弊端;可以广泛形成人民群众参与各层次管理和治理的机制,有效克服人民群众在国家政治生活和社会治理中无法表达、难以参与的弊端;可以广泛凝聚全社会推进改革发展的智慧和力量,有效克服各项政策和工作共识不高、无以落实的弊端"。这与西方选举民主只强调竞争性、对抗性、排他性从而导致"西方之乱",一些国家盲目照搬西方民主从而导致水土不服、社会动荡、民族分裂、经济衰退,形成了鲜明对照。事实证明,协商民主符合中国国情,具有独特优势,丰富了人类民主的实现形式,为人类政治文明发展提供了中国方案、贡献了中国智慧。

三、深刻把握全面发展协商民主的重点工作

全面发展协商民主,关键在于贯彻发展全过程人民民主的理念和要求,切实推进协商民主广泛多层制度化发展。

(一)完善协商民主体系。社会主义协商民主是一个有机整体,应统筹推进政党协商、人大协商、政府协商、政协协商、人民团体协商、基层协商以及社会组织协商,突出工作重点,形成整体效能。进一步加强政党协商,坚持和完善中国共产党领导的多党合作和政治协商制度,健全相互监督特别是中国共产党自觉接受监督、对重大决策部署贯彻落实情况实施专项监督等机制,完善民主党派中央直接向中共中央提出建议制度,加强政党协商保障机制建设。积极开展人大协商,深入开展立法工作中的协商和人大代表在履职过程中的协商,鼓励基层人大在履职过程中依法开展协商。扎实推进政府协商,探索制定并公布协商事项目录,增强政府协商的广泛性,完善政府协商机制。进一步完善政协协商,把协商民主贯穿履行职能全过程,把加强思想政治引领、广泛凝聚共识作为履职工作中心环节,不断提升政协协商水平。认真做好人民团体协商,完善人民团体参与各渠

道协商的工作机制,健全人民团体直接联系群众工作机制,更好组织和代表所联系群众参与公共事务。大力推进基层协商,建立健全基层协商民主建设协调联动机制,更好解决人民群众急难愁盼的问题。探索开展社会组织协商,坚持党的领导和政府依法管理,健全与相关社会组织联系的工作机制和沟通渠道,引导社会组织有序开展协商,更好为社会和群众服务。

(二)推进协商民主制度机制建设。完善协商民主工作制度机制,根据不同协商渠道优势特点,分类形成制度规范、实施步骤和工作规则,明确协商什么、与谁协商、怎样协商、协商成果如何运用等。按照科学合理、规范有序、简便易行、民主集中要求,规范制定协商计划、明确协商议题和内容、确定协商人员、开展协商活动、协商成果运用和反馈等机制。健全协商规则,设置互动环节,让不同观点充分表达和交流。

(三)健全各种协商平台。进一步建立健全提案、会议、座谈、论证、听证、公示、评估、咨询、网络等多种协商方式,结合实际搭建对话交流、恳谈沟通的平台。建立健全决策咨询制度,完善重大决策前的民主听证会、民主恳谈会、民主评议等,拓宽社情民意反映渠道,完善基于互联网平台构建公众参与政策评估的方式,吸纳社会公众特别是利益相关方参与决策,吸收专家学者、智库机构进行决策咨询。完善基层组织联系群众制度,加强议事协商,做好上情下达、下情上传工作,保证人民依法管理自己的事务。

(四)发挥人民政协专门协商机构作用。完善落实党对人民政协工作全面领导的制度,坚持党的领导、统一战线、协商民主有机结合,坚持发扬民主和增进团结相互贯通、建言资政和凝聚共识双向发力,加强专门协商机构制度化、规范化、程序化等功能建设,健全发挥民主党派和无党派人士在政协有效履职的机制,拓展不同意见观点交流交融的平台和渠道,提高深度协商互动、意见充分表达、广泛凝聚共识水平。完善人民政协民主监督机制,发挥协商式监督作用,推动党中央决策部署落地见效。建立委员联系界别群众的制度机制,及时反映群众意见和建议,深入宣传党和国家方针政策,协助党和政府协调关系、理顺情绪、化解矛盾。

四、加强党对协商民主的领导

全面发展协商民主,必须深刻领悟"两个确立"的决定性意义,不断增强"四个意识"、坚定"四个自信"、做到"两个维护",充分发挥党总揽全局、协调各方的领导核心作用,始终坚持党的领导、人民当家作主、依法治国有机统一,认真贯彻民主集中制,不断提高协商民主的质量和水平。

(一)高度重视协商民主建设。各级党委要深刻认识全过程人民民主是社会主义民主政治的本质要求,协商民主是实践全过程人民民主的重要形式,坚定不移走中国特色社会主义政治发展道路,警惕和防范西方所谓"宪政"、多党轮流执政、"三权鼎立"等政治思潮的侵蚀影响。尊重群众首创精神,紧紧依靠人民推进协商民主。坚持民主基础上的集中和集中指导下的民主相统一,确保协商依法开展、有序进行,防止议而不决、决而不行、行而不果。把协商民主建设纳入党委总体工作部署和重要议事日程,进一步完善协商议题提出、协商活动组织、协商成果采纳落实和反馈机制,确保协商民主实效。各级领导干部要带头实践协商民主,熟悉协商民主工作方法,把握协商民主工作规律,真正通过协商出办法、出共识、出感情、出团结。

（二）坚持协商于决策之前和决策实施之中。各级党委要根据年度工作重点，在做好调查研究、广泛征求意见的基础上制定年度协商计划，统筹安排协商活动，对明确规定需要协商的事项必须经协商后提交决策实施，把协商民主建设贯穿于各领域，把协商作为科学决策、民主决策的必经程序。要在党的领导下，以经济社会发展重大问题和涉及群众切身利益的实际问题为主要内容开展广泛协商，根据各方面的意见和建议来决定和调整决策和工作，使决策和工作更好顺乎民意、合乎实际。

（三）培育协商民主文化。传承中华民族兼容并蓄、求同存异等优秀政治文化，弘扬我们党"团结—批评—团结"的优良传统，培育与新时代新征程党的中心任务相适应的协商民主文化。鼓励和支持讲真话、建净言，促进不同思想观点的充分表达和深入交流，做到相互尊重、平等协商而不强加于人，遵循规则、有序协商而不各说各话，体谅包容、真诚协商而不偏激偏执，形成既畅所欲言、各抒己见，又理性有度、合法依章的良好协商氛围。

（四）创造协商民主建设良好条件。建立健全党委统一领导、各方分工负责、公众积极参与的协商民主工作格局。健全党内民主制度，以党内民主带动和促进协商民主发展。推动协商民主理论进党校、进干部培训学院，开展协商民主专题培训，增强党员干部特别是领导干部的协商意识和协商能力。加强协商民主理论研究，不断丰富和发展社会主义协商民主理论体系。加强正确舆论引导，普及协商民主知识，宣传协商民主理论和实践，树立协商民主建设典型，发挥好示范引领作用。

"一国两制"这一好制度
必须长期坚持

夏　宝　龙

习近平总书记所作的党的二十大报告,贯通历史、现实和未来,揭示规律、方向和大势,从全局和战略高度,深刻总结"一国两制"实践取得的历史性成就,系统阐述新时代坚持和完善"一国两制"的新理念新思想新战略,科学擘画"一国两制"事业发展的宏伟蓝图。这些重要论述标志着我们党对"一国两制"实践规律的认识和把握达到新高度,丰富了我们党治国理政的新经验,是习近平新时代中国特色社会主义思想的新成果,为做好新时代港澳工作提供了根本遵循和行动指南。我们一定要认真学习贯彻党的二十大精神,把"一国两制"这一好制度长期坚持下去,不断开创港澳工作新局面,为实现第二个百年奋斗目标和中华民族伟大复兴作出新的更大贡献。

一、"一国两制"是经得起实践反复检验的
好制度,具有强大生命力和巨大优越性

习近平总书记在党的二十大报告中指出:"'一国两制'是中国特色社会主义的伟大创举,是香港、澳门回归后保持长期繁荣稳定的最佳制度安排,必须长期坚持。""一国两制"作为一项

前无古人的伟大事业,从科学构想变成生动现实,从全面付诸实施到不断丰富完善,历经风雨砥砺前行,战胜各种艰难险阻,取得举世公认的成功。进入新时代特别是党的十九大以来,在习近平总书记领航掌舵和党中央坚强领导下,香港局势实现由乱到治的重大转折,港澳工作取得一系列突破性进展、标志性成果,香港、澳门保持繁荣稳定良好态势,"一国两制"事业越走越稳、越走越好。

(一)港澳回归以来的实践证明,"一国两制"是维护国家主权、安全、发展利益的好制度。港澳回归祖国,重新纳入国家治理体系,走上同祖国内地优势互补、共同发展的宽广道路。港澳发挥连接祖国内地同世界各地的重要桥梁和窗口作用,为祖国创造经济长期快速发展的奇迹作出了不可替代的贡献,在我国构建对外开放新格局中发挥着重要功能。同时,一个时期,受各种内外复杂因素影响,反中乱港活动猖獗,"修例风波"导致香港局势一度出现极为严峻局面。党中央审时度势、果断决策,全面准确、坚定不移贯彻"一国两制"方针,支持香港特别行政区依法止暴制乱、恢复秩序,制定实施香港国安法,修改完善香港选举制度,强化澳门特别行政区维护国家安全制度机制,落实"爱国者治港"、"爱国者治澳"原则等。这一系列标本兼治的重大举措,有力打击了反中乱港乱澳势力,一举终结了香港维护国家安全"不设防"的历史,彻底粉碎了港版"颜色革命",确保特别行政区管治权牢牢掌握在爱国者手中,中央全面管治权得到有效落实,国家安全得到有力捍卫。

(二)港澳回归以来的实践证明,"一国两制"是保持港澳长期繁荣稳定的好制度。有祖国作坚强后盾,港澳无论是经受亚洲金融危机、国际金融危机的冲击,还是面对非典疫情、新冠肺炎疫情的侵袭,还是遭遇严重自然灾害、剧烈社会动荡的影响,都一次次战胜风险、浴火重生,独特地位和优势不断巩固,始终保持蓬勃发展的生机活力。习近平总书记亲自谋划、亲自部署、亲自推动的粤港澳大湾区建设,为港澳发展提供了难得机遇、广阔空间和强劲动能,港澳以前所未有的广度、深度积极融入国家发展大局。香港经济蓬勃发展,国际金融、航运、贸易中心地位稳固,创新科技产业迅速兴起;澳门经济实现跨越发展,世界旅游休闲中心、中国与葡语国家商贸合作服务平台建设成效显著,经济适度多元发展稳步推进。回归以来,香港本地生产总值年均实际增长2.7%,比同期全球发达经济体平均增速高0.8个百分点,即使受疫情持续影响,2021年香港人均本地生产总值仍达4.9万美元,超过英国和欧元区、欧盟、欧洲平均值;澳门本地生产总值年均实际增长3.5%,人均本地生产总值大幅增长,由1.5万美元增至4.4万美元。

(三)港澳回归以来的实践证明,"一国两制"是保障港澳居民根本利益和福祉的好制度。港澳同胞当家作主,实行"港人治港"、"澳人治澳"、高度自治,香港、澳门真正的民主由此开启,港澳居民享有比历史上任何时期都广泛的权利和自由。特别是香港新选举制度的实施,充分体现广泛代表性、政治包容性、均衡参与性、公平竞争性,符合"一国两制"方针、符合香港实际的民主道路越走越宽广。港澳居民习惯的资本主义制度和生活方式保持不变,"马照跑、股照炒、舞照跳",国际大都会魅力更胜往昔。港澳各项社会事业取得显著进步,教育事业快速发展,社会保障和福利服务体系不断健全,跻身全球最宜居的发达城市之列。香港拥有46名国家两院院士、5所世界百强大学,澳门实行15年免费教育;香港男女居民的预期寿命分别达到83

岁、87.7 岁,澳门分别达到 81.3 岁、87.1 岁,均名列世界前茅。

(四)港澳回归以来的实践证明,"一国两制"是解决历史遗留类似问题、促进世界和平与发展的好制度。按照"一国两制"方针,通过外交谈判和平解决历史遗留的领土问题,这在人类政治实践中是一个创举,改变了历史上但凡收复失地都要兵戎相见、大动干戈的所谓"定式"。香港、澳门保持长期繁荣稳定的事实雄辩证明,我们党既能把实行社会主义制度的内地建设好,也能把实行资本主义制度的香港、澳门建设好。"一国两制"体现了海纳百川、有容乃大的中国智慧,体现了求同存异、共谋发展的中国气派,是中国共产党和中国政府为国际社会解决类似问题提供的中国思路、中国方案,是对人类政治文明作出的一大贡献。

二、长期坚持"一国两制"这一好制度,必须深刻理解和准确把握新时代贯彻"一国两制"方针的精髓要义

党的二十大报告关于"一国两制"和港澳工作的重要论述,是对港澳回归祖国特别是党的十八大以来"一国两制"实践经验的深刻总结和高度凝练,是新时代贯彻"一国两制"方针必须始终遵循的重要原则,必须深刻领会、准确把握。

(一)必须全面准确、坚定不移贯彻"一国两制"方针。这是"一国两制"实践的总要求,是管根本的。全面准确,就是要确保不走样、不变形;坚定不移,就是要确保不会变、不动摇。"一国两制"的根本宗旨是维护国家主权、安全、发展利益,保持香港、澳门长期繁荣稳定。近年来,中央采取一系列重大举措,目

的就是维护"一国两制"的根本宗旨,确保"一国两制"得到全面准确贯彻落实。全面准确贯彻"一国两制"方针,关键是把握好"一国"与"两制"的关系。"一国"是"两制"的前提和基础,"两制"从属和派生于"一国"。没有"一国"这个前提,"两制"就无从谈起。维护国家主权、安全、发展利益是"一国两制"方针的最高原则。"一国"就是中华人民共和国,社会主义制度是中华人民共和国的根本制度,中国共产党领导是中国特色社会主义最本质的特征,特别行政区所有居民应该自觉尊重和维护国家的根本制度。在牢牢守护"一国"原则的前提下,香港、澳门保持原有的资本主义制度和生活方式长期不变,享有高度自治权。"一国"原则愈坚固,"两制"优势愈彰显。只有维护好国家主权、安全、发展利益,港澳的繁荣稳定才能得到更好保障,港澳的优势特色才能得到更好发挥,港澳居民的切身权益才能得到更好维护。

(二)必须坚持落实中央全面管治权和保障特别行政区高度自治权相统一。这是近年来"一国两制"成功实践得出的一条极为宝贵的经验。中央对特别行政区的全面管治权是特别行政区高度自治权的源头,两者是"源"与"流"的关系。只有维护和落实好中央全面管治权,特别行政区的高度自治权才能正确和有效行使。在"一国两制"下,要确保宪法和基本法规定的特别行政区制度有效运行,把特别行政区治理好,必须做到中央全面管治权与特别行政区高度自治权的统一衔接。香港之所以实现由乱到治、重回正轨,很重要的一条就是用好中央全面管治权。抓住事关港澳长治久安的重大问题,把该管的坚决管起来,把该纠正的坚决纠正过来,把该立的规矩坚决立起来,确保"一国两制"实践始终沿着正确方向前行。中央全面管治权在很大程度上是通过特别行政区依法行使高度自治权来实现的。中央充分尊重和坚定维护特别行政区依法享有的高度自治权，明确行政长官和特别行政区政府是香港、澳门当家人，也是治理香港、澳门第一责任人，全力支持其履行好职责，把特别行政区治理好。

（三）必须坚定落实"爱国者治港"、"爱国者治澳"原则。政权必须掌握在爱国者手中，这是世界通行的政治法则，古今中外概莫能外。把香港、澳门特别行政区管治权牢牢掌握在爱国者手中，这是确保"一国两制"行稳致远，保证港澳长治久安、繁荣稳定的必然要求，任何时候都不能动摇。这是从"一国两制"在港澳 20 多年的实践，特别是香港近年来实现历史性转折得出的深刻启示。落实"爱国者治港"、"爱国者治澳"原则，每位港澳居民都是参与者、实践者、受益者，而不是旁观者。越来越多爱国爱港爱澳立场坚定、管治能力突出的人士进入特别行政区管治架构中，展现出"爱国者治港"、"爱国者治澳"新气象。越来越多的港澳居民更加认识到，守护好管治权，就是守护和谐稳定，就是守护切身福祉。

（四）必须坚持依法治港治澳。依法治理是最可靠、最稳定的治理，要善于运用法治思维和法治方式进行治理。依法治港治澳，是全面依法治国的应有之义，是推进国家治理体系和治理能力现代化的必然要求，是全面准确贯彻"一国两制"方针的必由之路。港澳回归以来，中央始终坚决维护特别行政区法治，强化宪法和基本法权威，严格依照宪法和基本法办事，坚决维护宪法和基本法确定的特别行政区宪制秩序，不断完善同宪法和基本法实施相关的制度和机制。制定实施香港国安法、修改完善香港选举制度，就是中央坚持依法治港、保障香港居民基本权利的重要举措。中央大力支持特别行政区健全各项法律制度,加强全社会的法治教育,维护良好的法治环境和法治声誉。只有坚持依法治港治澳,"一国两制"之路才能走对走稳。

(五)必须发挥香港、澳门的优势和特点。这是实行"一国两制"方针的重要战略考量,是港澳融入国家发展大局、提升国际竞争力的重要条件。背靠祖国、联通世界是港澳得天独厚的显著优势。自由开放雄冠全球、营商环境世界一流、法治水准广受赞誉、国际资本人才汇聚、中西文化荟萃交融,以及香港继续保持普通法制度、澳门继续保持原有法律制度等,是港澳取得成功的重要因素。发挥好港澳的优势和特点,对于保持港澳长期繁荣稳定,对于实现第二个百年奋斗目标,对于共建"一带一路"、促进合作共赢,都具有十分重要意义。只要有利于港澳长期保持独特地位和优势,有利于港澳同世界各地开展更加开放、更加密切的交往合作,有利于港澳更好融入国家发展大局,中央都不遗余力予以支持。在全面建成社会主义现代化强国、实现中华民族伟大复兴的历史进程中,香港、澳门必将大有可为、大有作为,会绽放出更加绚丽夺目的光彩。

(六)必须支持港澳发展经济、改善民生、破解经济社会发展中的深层次矛盾和问题。发展是港澳的立身之本,是为居民创造更加美好生活的根本所在,是港澳保持稳定和谐的重要前提。发展是一个不断变化的过程,发展环境不会一成不变,发展条件不会一成不变,发展理念也不会一成不变。当前,港澳长期积累的经济结构失衡、发展动能不足、住房困难、贫富悬殊等经济民生深层次矛盾和问题凸显,这些都需要靠发展来解决。特别是面对世界百年未有之大变局,港澳面临的挑战日益增多,发展的任务更加艰巨紧迫。站在由治及兴的新起点上,港澳要实现什么样的发展、怎么样实现全面发展,这是必须回答的重大课题,必须探索新路径、拓展新空间、增添新动能,提升国际高端竞争力,充分释放社会蕴含的巨大活力,用更好的发展理念和办法解决深层次矛盾和问题,让发展成果更多、更公平惠及全体居民。

(七)必须构建更广泛的国内外支持"一国两制"的统一战线。港澳统一战线是党的统一战线事业的重要组成部分。凝聚人心和力量,实现大团结大联合,对于做好港澳工作、推进"一国两制"事业至关重要。近年来,港澳社会之所以战胜各种风险挑战、保持稳定发展,"一国两制"实践之所以能够不断取得成功,很重要的一条就是做到了把一切可以团结的力量团结起来,把一切可以调动的积极因素调动起来。面对复杂动荡的国际形势和日趋激烈的国际斗争,更需要加强港澳统一战线建设,让每一个热爱港澳这个家园、每一个支持"一国两制"事业的人士,都成为建设港澳的积极力量,携手共创更加美好的明天。

三、奋力开创"一国两制"事业新局面,为实现第二个百年奋斗目标和中华民族伟大复兴作出更大贡献

当前,"一国两制"事业进入新阶段。我们要全面贯彻习近平新时代中国特色社会主义思想,全面贯彻落实党的二十大精神和战略部署,踔厉奋发、勇毅前行,全力保持港澳繁荣发展,不断夺取港澳斗争新胜利,奋力谱写"一国两制"事业新篇章。

(一)大力推动港澳经济高质量发展,着力夯实"一国两制"

行稳致远的基础。党的二十大报告对推动香港、澳门经济发展作出重要部署，强调"巩固提升香港、澳门在国际金融、贸易、航运航空、创新科技、文化旅游等领域的地位"，明确"支持香港、澳门更好融入国家发展大局"。我们要放眼世界格局剧烈变化，立足国家现代化建设总体要求，以"港澳所长"对接"国家所需"，加强对港澳经济社会发展的战略谋划和顶层设计，推动港澳更好服务国家事业发展全局。要引导特别行政区政府准确识变、科学应变、主动求变，找准港澳发展的方向和重点，巩固发展香港国际金融、航运、贸易中心，持续建设澳门世界旅游休闲中心、中国与葡语国家商贸合作服务平台，大力培植新兴产业，全面提升竞争力；要支持特别行政区政府持续优化营商环境，积极引进高端人才、先进技术等创新要素，不断提升港澳作为国际大都市的吸引力和辐射力；要不断创新体制机制，支持特别行政区更加深入对接国家"十四五"规划、粤港澳大湾区建设和"一带一路"高质量发展等，特别是积极建好大湾区、用好大湾区，在融入国家发展大局的过程中实现自身更好更大发展。

（二）不断完善特别行政区治理体系，着力提升全面治理能力和管治水平。党的二十大报告对推进特别行政区治理体系和治理能力建设提出明确要求，强调要"坚持行政主导，支持行政长官和特别行政区政府依法施政，提升全面治理能力和管治水平"。要切实增强行政长官和特别行政区政府当家人和第一责任人的意识，支持他们敢于担当、主动作为、善作善成。要坚持和完善行政主导体制，确保行政机关和立法机关既互相制衡又互相配合，司法机关依法独立行使审判权。要完善特别行政区司法制度和法律体系，不断提升港澳依法治理水平，维护居民民主权利，进一步守护好法治这个"金字招牌"。要按照德才兼备的标准,广泛吸纳爱国爱港爱澳立场坚定、管治能力突出、热心服务公众的优秀人才进入政府。要把有为政府同高效市场更好地结合起来,引导特别行政区政府转变治理理念、改进政府作风、强化基层基础、提高治理能力,努力建设一个能够全面准确贯彻"一国两制"方针、能够带领港澳全面发展、能够为广大居民办实事的有为政府,用扎扎实实的工作成效展现良政善治新气象。

(三)下大力气改善民生,着力提升港澳居民的幸福感、获得感、安全感。党的二十大报告对支持港澳改善民生提出了明确要求,强调要"破解经济社会发展中的深层次矛盾和问题"。要支持特别行政区政府把居民对美好生活的期盼作为施政最大追求,急居民之所急、忧居民之所忧,拿出更果敢的魄力、更有效的举措积极破解土地房屋、扶贫助弱安老等方面的深层次矛盾和问题,一件一件抓落实,努力让广大居民看到变化、得到实惠。要更加关心关爱青年,引导他们树立正确的国家观、人生观、价值观,创造更好的教育、就业、创业、生活环境,为他们成长成才提供更多机会。

(四)进一步健全特别行政区维护国家安全的制度机制,着力巩固国家安全屏障。党的二十大报告充分肯定建立健全特别行政区维护国家安全的法律制度和执行机制所取得的重大成就,并对今后维护国家安全工作提出明确要求,强调要"坚决打击反中乱港乱澳势力,坚决防范和遏制外部势力干预港澳事务"。要进一步健全特别行政区维护国家安全的制度体系和执行机制,不断提高港澳维护国家安全的能力和水平。要继续深入实施香港国安法,指导澳门特别行政区完善国安法律体系。

(五)巩固发展爱国爱港爱澳统一战线,着力汇聚"一国两制"行稳致远的磅礴力量。党的二十大报告对发展壮大爱国爱港爱澳力量、增强港澳同胞的爱国精神作出重要部署,强调要"形成更广泛的国内外支持'一国两制'的统一战线"。要加强爱国爱港爱澳力量建设,增强凝聚力,扩大团结面,提高包容性,在爱国爱港爱澳旗帜下画出最大同心圆。要讲好"一国两制"成功实践的港澳故事,更广泛地形成国际社会对"一国两制"的认同和支持。"一国两制"在香港、澳门的实践不断取得新的更大成功,必将为实现祖国完全统一提供重要借鉴、发挥重要作用。

高质量发展是全面建设社会主义现代化国家的首要任务

何 立 峰

习近平总书记在党的二十大报告中强调，"高质量发展是全面建设社会主义现代化国家的首要任务。发展是党执政兴国的第一要务。没有坚实的物质技术基础，就不可能全面建成社会主义现代化强国。"我国经济已转向高质量发展阶段，经济社会发展必须以推动高质量发展为主题。推动高质量发展是遵循经济发展规律、保持经济持续健康发展的必然要求，是适应我国社会主要矛盾变化、解决发展不平衡不充分问题的必然要求，是有效防范化解各种重大风险挑战、以中国式现代化全面推进中华民族伟大复兴的必然要求。在全面建设社会主义现代化国家、向第二个百年奋斗目标进军新征程上，我们要认真学习领会高质量发展的深刻内涵和实践要求，全面贯彻习近平新时代中国特色社会主义思想，坚定不移把思想和行动统一到以习近平同志为核心的党中央决策部署上来，切实把推动高质量发展的要求贯彻到经济社会发展的全过程各领域。

一、推动高质量发展取得历史性伟大成就

党的十八大以来，以习近平同志为核心的党中央团结带领

全党全国人民坚持贯彻新发展理念,着力推动经济发展质量变革、效率变革、动力变革,主动积极应对世界百年未有之大变局叠加世纪疫情带来的种种新风险新挑战,解决了许多长期没有解决的发展难题,办成了许多事关长远的大事要事,国家经济实力、科技实力、综合国力和国际影响力都跃上一个大台阶。

（一）创新和完善宏观经济治理,经济实力实现大幅跃升。面对复杂严峻的国际环境和经济运行新情况新特点,坚持稳中求进工作总基调,坚持高效统筹新冠肺炎疫情防控和经济社会发展,加强经济政策的跨周期设计和逆周期调节,既保持了经济发展量的合理增长,也实现了质的有效提升。2013年以来,我国经济实现了年均6.6%的中高速增长,经济增速位居世界主要经济体前列,成为世界经济增长的主要贡献国;经济总量从2012年的53.9万亿元提升到2021年的114.4万亿元,占世界经济的比重由同期的11.3%提升到18.5%;人均国内生产总值折合美元从6301美元提升至12556美元,赶上并超过全球平均水平。物价水平总体稳定,城镇新增就业累计超过1.3亿人,国际收支保持基本平衡。我国作为世界第二大经济体、第二大消费市场、制造业第一大国、货物贸易第一大国、外汇储备第一大国等的地位进一步巩固提升。

（二）坚持创新驱动发展,创新型国家建设成果丰硕。深入实施创新驱动发展战略,全社会研发投入与国内生产总值之比由2012年1.91%提高到2021年2.44%,科技实力正在从量的积累迈向质的飞跃,从点的突破迈向系统能力提升,全球创新指数排名由第34位上升至2022年的第11位。在中微子振荡、铁基超导、脑科学等前沿方向上取得一批重大原创成果,"天问一号"探测器成功着陆火星,中国人首次进入自己的空间站,"奋斗者"号全海深载人潜水器成功完成万米海试,北斗导航全球组网,超导量子计算原型机"祖冲之号"成功问世,自主第三代核电机组"华龙一号"投入商业运行,"深海一号"超深水大气田成功投产。国家战略性科技力量不断强化,国际科技创新中心、综合性国家科学中心创新能级持续提升,北京、上海、粤港澳大湾区跻身全球科技集群前10位。新一代信息技术、生物技术、高端装备、绿色环保等战略性新兴产业发展壮大,云计算、大数据、区块链、人工智能等数字技术与传统产业深度融合。

(三)**持续优化经济结构,发展协调性明显增强**。产业转型升级步伐加快,全国粮食总产量连续7年保持在年1.3万亿斤以上,工业化和信息化、先进制造业和现代服务业融合发展进程加速,制造业增加值稳居世界首位,服务业增加值占国内生产总值比重从2012年的45.5%提高到2021年的53.3%。现代基础设施网络持续完善,建成世界上最现代化的铁路网和最发达的高铁网,建成5G基站占全球总数超过60%。区域发展成就辉煌,京津冀协同发展、长江经济带发展、粤港澳大湾区建设、长三角一体化发展、黄河流域生态保护和高质量发展等区域重大战略稳步实施,东部与中、西部人均地区生产总值比分别从2012年的1.69、1.87下降到2021年的1.53、1.68。乡村振兴战略全面实施,城乡居民人均可支配收入之比由2.88:1降低到2.5:1,乡村富民产业保持良好发展势头。以人为核心的新型城镇化深入推进,常住人口城镇化率从53.1%提高到64.7%。

(四)**全面深化改革开放,发展动力活力竞相迸发、充分涌流**。各领域基础性制度框架基本确立,许多领域实现了历史性变革、系统性重塑、整体性重构。高标准市场体系建设稳步推进,产权保护和要素市场制度建设取得积极进展。持续深化简政放权、放管结合、优化服务改革,市场化法治化国际化营商环境加快形成,全国统一大市场建设加快推进。共建"一带一路"成果丰硕,全方位高水平开放型经济加快形成。自由贸易试验区和海南自由贸易港建设蓬勃展开,我国已成为140多个国家和地区的主要贸易伙伴。截至2022年10月中旬,中欧班列已累计开行6.1万列,已通达欧洲24个国家、204个城市。积极参与全球经济治理,《区域全面经济伙伴关系协定》(RCEP)生效实施,为世界和平与发展贡献了中国智慧和中国力量。

(五)努力建设美丽中国,生态环境保护发生历史性、转折性、全局性变化。"绿水青山就是金山银山"的理念深入人心,单位国内生产总值能耗强度累计下降26.2%,蓝天、碧水、净土保卫战取得重大战略成果,重污染天气明显减少,水环境质量显著改善,土壤环境风险得到有效管控。山水林田湖草沙一体化保护和系统治理统筹推进,河长制湖长制和湿地保护制度逐步落实,生态系统质量和稳定性不断提升。作出"力争2030年前实现碳达峰、2060年前实现碳中和"的庄严承诺,碳达峰碳中和工作稳妥有序推进,能源清洁低碳转型加快推进,经济社会发展全面绿色转型迈出新步伐。

(六)持续增进民生福祉,人民获得感、幸福感、安全感更加充实、更有保障、更可持续。打赢人类历史上规模最大、力度最强、成效最好的脱贫攻坚战,困扰中华民族几千年的绝对贫困问题得到历史性解决。坚持人民至上、生命至上,抗击新冠肺炎疫情取得重大战略成果。居民人均可支配收入增速与经济增长基本同步,中等收入群体规模超过4亿人。基本公共服务均等化水平不断提高,2021年九年义务教育巩固率达到95.4%,比2012年提高了3.6个百分点,高等教育进入普及化阶段。健康中国建设稳步推进,应对突发公共卫生事件能力大幅提高,多层次医疗服务体系更加健全。建成世界上最大的社会保障网,基本养老保险参保人数由 7.9 亿增加到 10.4 亿,基本医疗保险参保人数由 5.4 亿增加到 13.6 亿。累计建设各类保障性住房和棚改安置房 8000 多万套,2 亿多困难群众住房条件得到改善。

(七)统筹发展和安全,安全保障能力得到持续提升。粮食安全得到有力保障。牢牢守住 18 亿亩耕地红线,加快种源核心技术攻关,粮食产购储加销体系不断健全,实现谷物基本自给、口粮绝对安全。能源供给保障能力持续提升。煤电油气产供储销体系建立健全,多个能源品种产能位居世界第一,风电、太阳能、水电、在建核电装机规模保持世界第一,紧缺矿产资源自主保障能力进一步增强。产业链供应链自主可控能力不断增强。着力畅通经济循环,努力稳链强链、补链延链,重点产业和关键领域保持平稳运行,大宗商品、原材料保供稳价有力有序,技术创新动能不断增强,产业链供应链韧性持续提升。

二、推动高质量发展的重要经验

在新时代 10 年推动高质量发展的实践中,形成和积累了很多弥足珍贵的历史经验,主要包括以下几个方面。

(一)必须坚持党对经济工作的全面领导。中国共产党领导是中国特色社会主义最本质的特征,是中国特色社会主义制度的最大优势。党的十八大以来,我国之所以能克服一个又一个风险挑战,推动经济发展质量和效益全面提升,续写经济快速发展和社会长期稳定"两大奇迹",最根本的原因是有以习近平同志为核心的党中央领航掌舵,有习近平新时代中国特色社会主义思想科学指引。中国经济像一艘巨轮,体量越大、风浪越大,领航掌舵越重要;越是形势复杂、任务艰巨,越要发挥党的领导这一"定海神针"作用。新征程上,必须坚决捍卫"两个确立",坚决做到"两个维护",确保执行党中央战略决策不偏向、不变通、不走样,不折不扣,坚定有力地完成好推动高质量发展各项目标任务。

（二）**必须坚持以人民为中心。**增进民生福祉是发展的根本目的,人民对美好生活的向往就是我们的奋斗目标。随着我国社会主要矛盾的转化,人民对美好生活的向往更加强烈,推动高质量发展,就是从"有没有"转向"好不好"。党的十八大以来,以习近平同志为核心的党中央鲜明提出坚持以人民为中心的发展思想,把增进人民福祉、促进人的全面发展、朝着共同富裕方向稳步前进作为经济发展的出发点和落脚点。新征程上,必须紧紧抓住人民最关心最直接最现实的利益问题,着力补齐民生短板、办好民生实事,让发展成果更多更公平惠及全体人民。

（三）**必须坚持完整、准确、全面贯彻新发展理念。**理念是行动的先导,发展理念从根本上决定着发展方式和成效,高质量发展是体现新发展理念的发展。党的十八大以来,以习近平同志为核心的党中央对发展理念和思路作出及时调整,提出创新、协调、绿色、开放、共享的新发展理念,明确了我国现代化建设的指导原则,有力指导了我国新的发展实践。只有完整准确全面贯彻新发展理念,才能有效破解一系列结构性、周期性、体制性问题,才能有效应对外部冲击,不断提高发展质量和效益,保持经济平稳健康可持续发展。新征程上,必须努力实现创新成为第一动力、协调成为内生特点、绿色成为普遍形态、开放成为必由之路、共享成为根本目的的发展。

（四）**必须坚持问题导向和目标导向。**党的十八大以来,以习近平同志为核心的党中央坚持把解决实际问题作为打开工作局面的突破口,奔着问题去,向着目标走,更加精准地贯彻新发展理念,深入推进新旧动能转换、发展格局调整、社会结构变化,推动我国经济迈向更高质量、更有效率、更加公平、更可持续、更为安全的发展。新征程上,必须坚持发展第一要务,紧紧抓住解决不平衡不充分的发展问题,着力在补短板、强弱项、固底板、扬优势上下功夫,努力实现各项目标任务。

(五)**必须坚持向改革开放创新要动力**。改革开放是决定当代中国前途命运的关键一招,创新是引领发展的第一动力。党的十八大以来,以习近平同志为核心的党中央坚持统筹国内国际两个大局,坚定不移推进全面深化改革,着力构建开放型经济新体制,深入实施创新驱动发展战略,阻滞经济循环的堵点、卡点不断破除,经济发展的活力大幅提升、动力持续释放。新征程上,必须坚持开拓创新,坚持社会主义市场经济改革方向,坚持高水平开放,正确处理国内循环与国际循环、自立自强与开放合作等关系,不断解放和发展社会生产力,实现经济由大到强的新跨越。

(六)**必须坚持统筹好发展和安全**。安全是发展的前提,发展是安全的保障。统筹发展和安全,增强忧患意识,做到居安思危,是我们党治国理政的一个重大原则。党的十八大以来,以习近平同志为核心的党中央坚持总体国家安全观,从容应对国内外形势的深刻复杂变化,着力破解各种矛盾和问题,发展的安全保障能力持续提升。新征程上,世界百年未有之大变局加速演进,我国发展面临的环境更加复杂严峻,必须坚持底线思维,推进国家安全体系和能力现代化建设,有效防范化解各类风险挑战,实现高质量发展和高水平安全的良性互动,确保全面建设社会主义现代化国家顺利推进。

三、坚持以推动高质量发展为主题
落实好各项经济工作

　　未来5年是全面建设社会主义现代化国家开局起步的关键时期，党的二十大对加快构建新发展格局、着力推动高质量发展作出了战略部署，我们要认真贯彻好落实好。重点要做好以下几方面工作。

　　（一）着力构建新发展格局。把实施扩大内需战略同深化供给侧结构性改革有机结合起来，增强国内大循环内生动力和可靠性。坚持扩大内需这个战略基点，增强消费对经济发展的基础性作用和投资对优化供给结构的关键作用，加快形成强大国内市场。深化供给侧结构性改革，在提高供给体系质量、畅通经济循环上下更大功夫，形成需求牵引供给、供给创造需求的更高水平动态平衡。在积极扩大内需的同时努力稳定外需，提升国际循环质量和水平。

　　（二）着力提高全要素生产率。深入实施科教兴国战略、人才强国战略、创新驱动发展战略，推动教育优先发展、科技自立自强、人才引领驱动。进一步加强基础研究、应用研究和科技成果转化，坚决打赢关键核心技术攻坚战。强化科技创新制度保障，优化企业创新生态和激励引导机制，适度超前布局国家重大科技基础设施，加快建设高水平创新平台，打造区域创新高地。持续优化劳动、资本、土地、资源等生产要素配置，不断提高全要素生产率，形成优质高效的现代化产业体系、多层次的创新体系，开辟发展新领域新赛道，塑造发展新动能新优势。

　　（三）着力提升产业链供应链韧性和安全水平。把增强产业链韧性和竞争力放在更加重要的位置，着力打造自主可控、安全可靠的产业链供应链。深入实施质量强国建设和产业基础再造工程，加快发展先进制造业集群，壮大智能制造、生命健康、新材料等战略性新兴产业，做大做强做优数字经济，深入推进传统产业数字化转型和数字产业创新发展。落实最严格的耕地保护制度，坚持农业科技自立自强，夯实粮食稳产增产基础，保障国家粮食安全。不断健全和发展石油、天然气、煤炭、电力等能源新型的产供储销体系，保障能源和战略性矿产资源安全。

（四）着力推进城乡融合发展和区域协调发展。全面实施乡村振兴战略，加快构建现代农业产业体系、生产体系、经营体系，加快推进农业农村现代化。推进以人为核心的新型城镇化，加快农业转移人口市民化，优化城镇化空间布局，进一步完善城乡融合发展体制机制。深入实施区域协调发展战略、区域重大战略、主体功能区战略，构建优势互补、高质量发展的区域经济布局和国土空间体系。推进京津冀协同发展、长江经济带发展、粤港澳大湾区建设、长三角一体化发展，推动黄河流域生态保护和高质量发展。加大力度支持特殊类型地区发展，在发展中促进相对平衡。

（五）着力构建高水平社会主义市场经济体制。坚持"两个毫不动摇"，充分发挥市场在资源配置中的决定性作用，更好发挥政府作用，营造好的政策和制度环境，提高国有企业核心竞争力，促进民营经济发展壮大，支持中小微企业发展，让国企敢干、民企敢闯、外企敢投。深化"放管服"改革，营造市场化、法治化、国际化一流营商环境。建设高标准市场体系，深化要素市场化改革，加快构建高效规范、公平竞争、充分开放的全国统一大市场。推进能源、铁路、电信、公用事业等行业竞争性环节市场化改革。为资本设置"红绿灯"，依法加强对资本的有效监管，依法规范和引导资本健康发展。

（六）**着力推进高水平对外开放**。持续深化商品、服务、资金、人才等要素流动型开放，稳步扩大规则、规制、管理、标准等制度型开放，依托我国超大规模市场优势，吸引全球资源要素。推动货物贸易优化升级，创新服务贸易发展机制，实施自贸试验区提升战略，加快建设海南自由贸易港，支持跨境电商、海外仓等发展，加大吸引外资力度，推动重大外资项目落地，持续完善外资安全审查机制，深化双边、多边、区域合作，推动共建"一带一路"高质量发展，构建互利共赢、多元平衡、安全高效的开放型经济体系。

（七）**着力推动绿色低碳发展**。处理好发展与减碳关系，统筹有序推进碳达峰工作，落实好碳中和行动方案，完善能源消耗总量和强度调控，大力推进煤炭清洁高效利用，加快规划建设新能源供给消纳体系。健全绿色低碳循环发展经济体系，促进经济社会发展全面绿色转型，推动产业结构、能源结构、交通运输结构等调整优化，实施全面节约战略，倡导绿色消费，推动形成绿色低碳的生产方式和生活方式。坚持山水林田湖草沙一体化保护和系统治理，加快重要生态系统保护和修复，实施生物多样性保护重大工程。深入推进环境污染防治，健全现代环境治理体系。

（八）**着力提高人民生活品质**。坚持尽力而为、量力而行，加强普惠性、基础性、兜底性民生建设。实施就业优先战略，扩大就业容量，提升就业质量。在高质量发展中促进共同富裕，增加低收入者收入，扩大中等收入群体，促进机会公平。健全覆盖全民、统筹城乡、公平统一、安全规范、可持续的多层次社会保障体系。加快建设高质量教育体系和全方位全周期的健康体系，加快义务教育优质均衡发展和城乡一体化，健全公共卫生体系。实施积极应对人口老龄化国家战略，促进人口长期均衡发展。

党的十九大以来党和国家事业
取得举世瞩目的重大成就

王建新

　　党的十九大以来的 5 年，是极不寻常、极不平凡的 5 年。以习近平同志为核心的党中央，高举中国特色社会主义伟大旗帜，贯彻党的基本理论、基本路线、基本方略，统筹推进"五位一体"总体布局、协调推进"四个全面"战略布局，团结带领全党全军全国各族人民有效应对严峻复杂的国际形势和接踵而至的巨大风险挑战，以奋发有为的精神把新时代中国特色社会主义不断推向前进。习近平总书记在党的二十大报告中深刻指出："五年来，我们党团结带领人民，攻克了许多长期没有解决的难题，办成了许多事关长远的大事要事，推动党和国家事业取得举世瞩目的重大成就。"

　　这 5 年来重大成就的取得，根本在于有习近平总书记作为党中央的核心、全党的核心领航掌舵，在于有习近平新时代中国特色社会主义思想科学指引。必须深刻领悟"两个确立"的决定性意义，增强"四个意识"、坚定"四个自信"、做到"两个维护"，奋力走好新的赶考之路，谱写新时代中国特色社会主义更加绚丽的华章。

一、党中央着眼未来、登高望远,统筹中华民族伟大复兴战略全局和世界百年未有之大变局,对一系列关乎中国特色社会主义发展的根本性问题作出顶层设计,就党和国家事业发展作出重大战略部署

战略问题是一个政党、一个国家的根本性问题。党的十九大以来,面对国内外环境的深刻复杂变化,党中央对关系全局和长远的重大理论和实践问题进行深邃思考和科学判断,提出一系列重大战略思想、作出一系列重大战略部署、采取一系列重大战略举措,为新时代党和国家事业发展进一步指明了前进方向。

宪法是国家的根本法,是治国安邦的总章程。党的十九届二中全会专门研究宪法修改问题,把党的十九大确定的重大理论观点和重大方针政策载入国家根本法,把党和人民在实践中取得的重大理论创新、实践创新、制度创新成果上升为宪法规定。确立习近平新时代中国特色社会主义思想在国家政治和社会生活中的指导地位、充实坚持和加强中国共产党全面领导的内容、增加有关监察委员会的各项规定等,一系列重大制度设计体现时代大势所趋、事业发展所需、党心民心所向,为实现"两个一百年"奋斗目标和中华民族伟大复兴的中国梦提供了有力宪法保障。

党和国家机构职能体系是中国特色社会主义制度的重要组成部分,是我们党治国理政的重要保障。党的十九届三中全会决定,全面深化党和国家机构改革。这次机构改革新组建和重新组建部级机构25个,调整优化领导管理体制和职责部级机构31个,重构性健全了党的领导、政府治理、武装力量、群团工作体系,适应新时代要求的党和国家机构职能体系主体框架不断完善,推进国家治理体系和治理能力现代化迈出重大步伐。

把中国特色社会主义制度坚持好、完善好、发展好,是关系党和国家事业发展的根本性、全局性、长期性问题。党的十九届四中全会对坚持和完善中国特色社会主义制度、推进国家治理体系和治理能力现代化作出总体擘画,重点部署坚持和完善支撑中国特色社会主义制度的根本制度、基本制度、重要制度,分别从坚持和完善党的领导制度体系、人民当家作主制度体系等 13 个方面作出许多新的制度安排,推动我国制度优势更好转化为国家治理效能,推动"中国之治"迈向更高境界。

从第一个五年计划到第十四个五年规划,一以贯之的主题是把我国建设成为社会主义现代化国家。党的十九届五中全会重点研究"十四五"规划并提出建议,对"十四五"时期和未来 15 年我国全面建设社会主义现代化国家的指导方针、主要目标、工作重点、落实机制等作出明确部署。这是"十四五"乃至更长时期我国经济社会发展的行动指南,是全面建设社会主义现代化国家的行动纲领。

蓝图已绘就,奋斗正当时。全党全国各族人民锚定奋斗目标,同心同德、顽强奋斗,在全面建设社会主义现代化国家新征程上阔步前行,不断创造新的历史伟业。

二、全面建成小康社会,实现第一个百年奋斗目标,乘势而上开启全面建设社会主义现代化国家新征程,向第二个百年奋斗目标进军,在新时代伟大历史进程中书写了浓墨重彩的壮丽篇章

从党的十九大到党的二十大,是"两个一百年"奋斗目标的历史交汇期。党中央深刻把握我国社会主要矛盾发展变化带来的新特征新要求,有效应对错综复杂的国际环境带来的新矛盾新挑战,团结带领全党全军全国各族人民,攻坚克难、砥砺前行,夺取了全面建成小康社会的伟大胜利,实现了第一个百年奋斗目标,迈上了全面建设社会主义现代

化国家、向第二个百年奋斗目标进军的新征程。

坚持加强党的全面领导和党中央集中统一领导。将"中国共产党的领导是中国特色社会主义最本质的特征,是中国特色社会主义制度的最大优势"写入党章总纲,明确党的领导制度是我国的根本领导制度,坚持党中央集中统一领导是最高政治原则,系统完善党的领导制度体系,深入推进全面从严治党,确保党发挥总揽全局、协调各方的领导核心作用,全党深刻领悟"两个确立"的决定性意义,党的团结统一更加巩固。

全力推进全面建成小康社会进程。2018 年至 2020 年全国农村贫困人口累计减少 3046 万人,年均减贫超过 1000 万人。到 2020 年底,全国 832 个贫困县全部摘帽,近 1 亿农村贫困人口实现脱贫,打赢了人类历史上规模最大的脱贫攻坚战,历史性地解决了绝对贫困问题,中国共产党带领中国人民把全面建成小康社会的历史丰碑树立在民族复兴的康庄大道上。

统筹推进"五位一体"总体布局。完整、准确、全面贯彻新发展理念,主动构建新发展格局,经济迈上高质量发展之路,2021 年国内生产总值增长到 114 万亿元,稳居世界第二。扎实推进全过程人民民主,社会主义民主政治制度化、规范化、程序化全面推进,中国特色社会主义法治体系加快建设,全面依法治国总体格局基本形成。积极发展社会主义先进文化,新时代党的创新理论深入人心,社会主义核心价值观广泛传播,全党全国各族人民文化自信明显增强。突出保障和改善民生,2021 年居民人均可支配收入增加到 35100 元,城镇新增就业年均 1300 万人以上,人民对美好生活的向往不断变为现实。大力推进生态文明建设,全方位、全地域、全过程加强生态环境保护,人与自然和谐共生的美丽中国画卷正在徐徐展开。同时,在维护国家安全、国防和军队建设、坚持"一国两制"和推进祖国统一等各领域,也都取得了新的重大成就。

我国国际地位显著提升。我国综合国力持续提升,2021 年经济总量占世界经济的比重达 18.5%,成为世界经济格局中最为稳定、最具活力、最有韧性、最富成长性的动力源和压舱石。开放的大门越开越大,共建"一带一路"成为深受欢迎的国际公共产品和国际合作平台,我国成为 140 多个国家和地区的主要贸易伙伴。全方位推进中国特色大国外交,推动构建人类命运共同体,积极建设覆盖全球的伙伴关系网络,积极参与全球治理体系改革和建设,全面开展抗击新冠肺炎疫情国际合作,我国国际影响力、感召力、塑造力显著提升。

党的十九大以来的 5 年是新时代 10 年的重要组成部分,党和国家事业取得历史性成就、发生历史性变革,为实现中华民族伟大复兴提供了更为完善的制度保证、更为坚实的物质基础、更为主动的精神力量,实现中华民族伟大复兴进入了不可逆转的历史进程。

三、保持越是艰险越向前的英雄气概,撸起袖子加油干、风雨无阻向前行,义无反顾进行具有许多新的历史特点的伟大斗争,战胜一系列重大风险挑战,在伟大斗争中将伟大事业不断推向前进

当今世界正经历百年未有之大变局,我国正处于实现中华民族伟大复兴关键时期,形势环境变化之快、改革发展稳定任务之重、矛盾风险挑战之多、治国理政考验之大前所未有。党中央带领全党全军全国各族人民,迎难而上、敢于斗争,一仗接着一仗打,经受住了来自政治、经济、意识形态、自然界等方面的风险挑战考验,不断夺取具有许多新的历史特点的伟大斗争新胜利。

新冠肺炎疫情突如其来,这是百年来全球发生的最严重的传染病大流行,是新中国成立以来我国遭遇的传播速度最快、感染范围最广、防控难度最大的重大突发公共卫生事件。习近平总书记亲自指挥、亲自部署,党中央统揽全局、果断决策,14 亿多中国人民风雨同舟、众志

成城,坚决打响抗击疫情人民战争、总体战、阻击战。两年多来,坚持人民至上、生命至上,坚持外防输入、内防反弹,坚持动态清零不动摇,一道道生命守护线牢牢筑起,一张张疫情防控网密密织就,最大限度保护了人民生命安全和身体健康。党中央准确把握疫情形势变化,及时作出统筹疫情防控和经济社会发展的重大决策,2020年,中国成为全球唯一实现经济正增长的主要经济体;2021年,中国经济增速在全球主要经济体中名列前茅;2022年上半年,克服各种不利因素影响,国内生产总值同比增长2.5%,统筹疫情防控和经济社会发展取得重大积极成果。

香港回归祖国后,重新纳入国家治理体系,"一国两制"实践取得举世公认的成功。同时,一个时期,受各种内外复杂因素影响,"反中乱港"活动猖獗,香港局势一度出现严峻局面。面对香港局势动荡变化,党中央作出健全中央依照宪法和基本法对特别行政区行使全面管治权、完善特别行政区同宪法和基本法实施相关制度机制的重大决策,推动建立健全特别行政区维护国家安全的法律制度和执行机制、制定香港特别行政区维护国家安全法、完善香港特别行政区选举制度,落实"爱国者治港"原则。一系列标本兼治的举措,推动香港局势实现由乱到治的重大转折,为促进"一国两制"实践行稳致远打下了坚实基础。

面对"台独"势力分裂活动和外部势力干涉台湾事务的严重挑衅,坚决开展反分裂、反干涉重大斗争,展示了维护国家主权和领土完整、反对"台独"的坚强决心和强大能力,进一步掌握了实现祖国完全统一的战略主动,进一步巩固了国际社会坚持一个中国的格局。

当前,世界百年未有之大变局加速演进,世界进入新的动荡变革期。随着我国不断发展壮大,个别国家不择手段对我国进行围堵打压。面对国际局势急剧变化,特别是面对外部讹诈、遏制、封锁、极限施压,党中央坚持国家利益为重、国内政治优先,保持战略定力,发扬斗争精神,围绕涉疆、涉藏、涉港、涉台、涉海、涉疫和所谓民族、宗教、人权等问题开展坚决斗争,对不断挑战我国底线、加大对我国遏制打压的行为进行坚决反制,同企图颠覆中国共产党领导和我国社会主义制度、企图迟滞甚至中断中华民族伟大复兴进程的一切势力斗争到底,坚决维护国家尊严和核心利益。

我们党依靠斗争创造历史,更要依靠斗争赢得未来。新征程上,面临的风险考验只会越来越复杂,必须把握新的伟大斗争的历史特点,敢于善于斗争,坚韧勇敢向前,把新时代中国特色社会主义伟大事业不断推向前进。

四、隆重庆祝中国共产党成立100周年、中华人民共和国成立70周年,制定第三个历史决议,坚定历史自信,增强历史主动,在新的征程上更加坚定、更加自觉地牢记初心使命、开创美好未来

中国共产党的百年长卷镌刻着奋斗的辉煌,也启示着未来的方向。每到重要历史时刻和重大历史关头,我们党都注重回顾历史,向历史寻经验、向历史求规律、向历史探未来,从历史中汲取继续前进的智慧和力量,不断从胜利走向新的胜利。

5年来,我们党抓住重要时间节点,隆重庆祝中国共产党成立100周年、中华人民共和国成立70周年、改革开放40周年,一步步把党和国家事业推向前进。特别是2021年,把庆祝中国共产党成立100周年、在全党开展党史学习教育、召开党的十九届六中全会统筹起来进行考虑,回顾百年风云激荡走过的壮阔历程,感受百年不懈奋斗铸就的世纪伟业,运用百年上下求索积淀的宝贵经验,以史为鉴、开创未来,向着第二个百年奋斗目标阔步前进。

从党的百年辉煌中坚定历史自信。我们党举办建党百年系列庆祝活动,习近平总书记在庆祝大会上发表重要讲话;建成中国共产党历史展览馆,举办"不忘初心、牢记使命"中国共产党历史展览;召开党的十

九届六中全会,制定第三个历史决议,深入总结100年来党团结带领人民为实现民族独立、人民解放和国家富强、人民幸福作出的伟大贡献、取得的伟大成就,特别是党的十八大以来党和国家事业取得的历史性成就、发生的历史性变革。全党全国各族人民进一步增强道路自信、理论自信、制度自信、文化自信,以咬定青山不放松的执着朝着伟大目标前进。

从党的百年奋斗中汲取智慧和力量。我们党在全党开展党史学习教育,要求全体党员做到学史明理、学史增信、学史崇德、学史力行;鲜明提出坚持真理、坚守理想,践行初心、担当使命,不怕牺牲、英勇斗争,对党忠诚、不负人民的伟大建党精神,号召全党学习和践行;系统总结党的百年奋斗宝贵经验,要求长期坚持并不断丰富发展。全党全国各族人民从党的百年奋斗中看清楚过去我们为什么能够成功、弄明白未来我们怎样才能继续成功,进一步增长智慧、增进团结、增加信心、增强斗志,意气风发走向未来。

更加坚定自觉地牢记初心使命、开创美好未来。我们党立足百年辉煌,擘画光明未来;提出以史为鉴、开创未来的重大要求;向全党全军全国各族人民发出为实现第二个百年奋斗目标、实现中华民族伟大复兴的中国梦而不懈奋斗的伟大号召。全党牢记共产党是什么、要干什么这个根本问题,牢记为中国人民谋幸福、为中华民族谋复兴的初心使命,团结带领全国各族人民把握历史主动,开拓奋进、勇毅前行,谱写崭新篇章。

回望过往的奋斗路,身后是波澜壮阔的历史;眺望前方的奋进路,面前是喷薄而出的曙光。全党全军全国各族人民要更加紧密地团结在以习近平同志为核心的党中央周围,坚定信心、同心同德,埋头苦干、奋勇前进,为全面建设社会主义现代化国家、全面推进中华民族伟大复兴而团结奋斗。

新时代十年的伟大变革

江 金 权

党的十八大以来，中国特色社会主义进入新时代，谱写了经济快速发展、社会长期稳定"两大奇迹"的崭新篇章。习近平总书记在党的二十大报告中系统总结了新时代十年的伟大变革，深刻指出：10 年来，党中央团结带领全党全军全国各族人民，"采取一系列战略性举措，推进一系列变革性实践，实现一系列突破性进展，取得一系列标志性成果，经受住了来自政治、经济、意识形态、自然界等方面的风险挑战考验，党和国家事业取得历史性成就、发生历史性变革，推动我国迈上全面建设社会主义现代化国家新征程"。这对我们深入理解和领会新时代十年的伟大成就和历史意义，具有重要指导作用。

一、新时代十年的历史性变革

新时代十年的历史性变革体现在改革发展稳定、内政外交国防、治党治国治军各方面，是全方位、根本性、格局性的。报告从创立了习近平新时代中国特色社会主义思想、全面加强党的领导、我国经济实力实现历史性跃升等 16 个方面总结概括了新时代十年在新的赶考之路上向历史和人民交出的优异答卷，字字千钧、掷地有声，系统展示了新时代十年伟大变革的全貌。其中，最具标志性意义的成就有以下6 条。

第一，取得了"两个确立"重大政治成果。党的十八大以来，习近平总书记以马克思主义政治家、思想家、战略家的雄韬伟略、远见卓识、战略定力,在非凡之时行非凡之举,带领全党全军全国各族人民披荆斩棘,建立非凡之功,开创新局面;习近平新时代中国特色社会主义思想,以一系列原创性治国理政新理念新思想新战略,回答了中国之问、世界之问、人民之问、时代之问,开辟了马克思主义中国化时代化新境界,成为新时代发展的指路明灯。党的十九届六中全会《决议》指出:"党确立习近平同志党中央的核心、全党的核心地位,确立习近平新时代中国特色社会主义思想的指导地位,反映了全党全军全国各族人民共同心愿,对新时代党和国家事业发展、对推进中华民族伟大复兴历史进程具有决定性意义。"正是因为有习近平总书记领航掌舵,全党才有了"顶梁柱",14亿多中国人民才有了"主心骨";正是有了习近平新时代中国特色社会主义思想的科学指引,全党全军全国各族人民才有了思想上的"定盘星"、行动上的"指南针"。实践证明,"两个确立"是党的十八大以来我们党作出的重大政治抉择,是新时代十年最重大的政治成果,也是取得伟大变革最根本的原因。现在,"两个确立"已经深深镌刻在全党全军全国各族人民心坎上,成为党应对一切风险挑战的最大底气、最有力工具。

第二,党在革命性锻造中更加坚强有力。办好中国的事情关键在党,关键在全面从严治党。以习近平同志为核心的党中央坚持治国必先治党、强国必须强党,旗帜鲜明加强党的全面领导,系统完善党的领导制度体系,严明政治纪律和政治规矩,要求全党增强"四个意识"、坚定"四个自信"、做到"两个维护",确保党中央权威和集中统一领导。以党的政治建设为统领,全面推进党的各方面建设,把制度建设贯穿其中,持之以恒纠治"四风",以前所未有的力度惩治腐败,一体推进不敢腐、不能腐、不想腐。经过艰巨努力和坚决斗争,管党治党宽松软状况得到根本扭转,党、国家、军队内部存在的严重隐患得到消除,党同人民群众的血肉联系更加紧密,党在革命性锻造中更加坚强有力,党的面貌和气象发生了深刻变化。这对于确保我们党永远不变质、不变色、不变味,确保党始终成为中国特色社会主义事业的坚强领导核心,具有极其重大而深远的意义。

第三，胜利实现全面建成小康社会目标。10年来，我们统筹推进"五位一体"总体布局、协调推进"四个全面"战略布局，紧紧围绕全面建成小康社会这个战略任务，系统推进经济社会发展各项工作。举全国之力打赢脱贫攻坚战，历史性地解决了绝对贫困问题，书写了人类减贫史上的奇迹；坚持绿水青山就是金山银山的理念，开展污染防治攻坚战，生态环境保护发生历史性、转折性、全局性变化；坚持人民至上、生命至上，坚持外防输入、内防反弹，坚持动态清零不动摇，统筹疫情防控和经济社会发展，先后打赢武汉保卫战、大上海保卫战，用最科学、最经济的办法取得防控新冠肺炎疫情全球最好成果；立足新发展阶段、贯彻新发展理念、构建新发展格局，走高质量发展之路，我国经济总量翻了一番多，人均国内生产总值接近高收入国家门槛，国家经济实力、科技实力、综合国力和国际影响力都跃上了一个大台阶；等等。如期全面建成小康社会，开创了中华民族有史以来未曾有过的经济社会全面进步、全体人民共同受惠的好时代，为实现第二个百年奋斗目标、实现中华民族伟大复兴奠定了更为坚实的物质基础。

第四，维护国家安全能力显著提高。10年来，我们贯彻总体国家安全观，统筹发展和安全，完善国家安全体系，在涉及国家主权、安全、发展利益问题上寸步不让。强化南海、东海、台海捍卫国家主权能力，实现对钓鱼岛常态化巡航，坚决反对"台独"分裂行径，有力反击美国等外部势力干涉台湾事务的挑衅活动，牢牢把握两岸关系主动权和主导权。坚持"爱国者治港"、"爱国者治澳"，粉碎美国等西方国家在香港策动的"颜色革命"，实现香港局势由乱到治重大转折，香港、澳门保持长期稳定发展态势，"一国两制"取得巨大成功。贯彻习近平强军思想，坚持新时代强军目标，大刀阔斧深化国防和军队改革，人民军队体制一新、结构一新、格局一新、面貌一新，捍卫国家主权和安全的能力显著增强。有效遏制民族分裂势力、宗教极端势力、暴力恐怖势力，加强社会治理，平安中国建设迈向更高水平。如今，我国成为全球公认的最安全的国家之一。

第五,我国国际地位显著提升。我们全面推进中国特色大国外交,推动构建人类命运共同体,坚定维护国际公平正义,倡导践行真正的多边主义,旗帜鲜明反对一切霸权主义和强权政治,毫不动摇反对任何单边主义、保护主义、霸凌行径,有力维护我国主权、安全、发展利益和广大发展中国家利益。完善外交总体布局,积极建设覆盖全球的伙伴关系网络,推动构建新型国际关系。展示负责任大国担当,积极参与全球治理体系改革和建设,全面开展抗击新冠肺炎疫情国际合作,赢得广泛国际赞誉,我国国际影响力、感召力、塑造力显著提升。

第六,我国制度优势更加彰显。制度稳则国家稳,制度强则国家强。国家之间的竞争,归根到底是制度之争。10年来,党中央以巨大政治勇气全面深化改革,加强改革顶层设计,敢于突进深水区,敢于啃硬骨头,敢于涉险滩,坚决破除各方面体制机制弊端,各领域基础性制度框架基本建立,许多领域实现历史性变革、系统性重塑、整体性重构,总结概括了中国特色社会主义的根本制度、基本制度和重要制度,各方面制度更加成熟更加定型。坚持全面依法治国,中国特色社会主义法治体系更加完善。无论是脱贫攻坚、新冠肺炎疫情防控的实践,还是政通人和、社会长期稳定的良好局面,都凸显了我国制度优势和治理效能,中国之治、西方之乱对比更加鲜明,美式"民主制度"式微,中国制度优势更加明显。这为党和国家长治久安、为实现中华民族伟大复兴奠定了更为完善的制度保证。

二、新时代十年的伟大变革是伟大斗争的结果

新时代十年的伟大变革来之不易。对这个"来之不易",可以从两个方面理解。一方面,要深刻理解报告所指出的,"十年前,我们面对的形势",那就是在改革开放和社会主义现代化建设取得巨大成就的同时,"一系列长期积累及新出现的突出矛盾和问题亟待解决"。另一

方面,要认识这 10 年国内外形势的新变化、新挑战。这 10 年,国际上风云激荡,百年未有之大变局加速演进,世界进入新的动荡变革期;突如其来的新冠肺炎疫情,给全球经济发展、社会生活、国际关系带来巨大冲击,全球经济处于低迷状态,乌克兰危机又进一步增加了不确定性;美国等西方国家担心我国发展会威胁其中心地位、霸权地位,疯狂对我国进行全领域打压、全球性围堵,四处滋事,我国国家安全受到严重挑战。从国内看,经济结构性体制性矛盾突出,"三期叠加",发展不平衡、不协调、不可持续的问题同时存在,传统发展模式难以为继;民生领域欠账较多,社会管理存在短板;环境污染问题突出;国家安全风险较多。总之,新时代十年极不寻常、极不平凡,风险挑战、矛盾问题之多,正本清源、治乱祛邪任务之重,攻克堡垒、清除顽瘴痼疾难度之大,世所罕见、史所罕见。

习近平总书记反复强调,要增强忧患意识、坚持底线思维,发扬斗争精神,主动应对各种风险挑战,勇于进行具有许多新的历史特点的伟大斗争。10 年来,以习近平同志为核心的党中央以伟大的历史主动精神,审时度势、果敢抉择、锐意进取、攻坚克难,团结带领人民攻克了许多涉滩之险、爬坡之艰、闯关之难,办成了许多事关长远的大事要事,挽狂澜于既倒,扶大厦之将倾,在伟大斗争中抒写了伟大变革的华章。

第一,伟大变革是在解决党内突出矛盾中实现的。新时代伟大变革,是从党的自我革命开始的,就是加强党的全面领导、全面从严治党。存在不少落实党的领导弱化、虚化、淡化问题,"四风"屡禁不止、一些贪腐问题触目惊心,拜金主义、享乐主义、极端个人主义和历史虚无主义等错误思潮不时出现,这是当初党内存在的突出问题。针对这些问题,党中央进行了全面从严治党的伟大实践。习近平总书记指出,中国共产党领导是中国特色社会主义最本质的特征,是中国特色社会主义制度的最大优势,党是最高政治领导力量,把全党对党的领导的认识提升到新的理论高度。党中央制定和完善体现党的全面领导、党中央集中统一领导的制度规范、体制机制、重大举措,把党的领导落实到各方面。从制定和实施"八项规定"开局,健全党内法规制度,持之以恒纠治"四风"及违规违纪行为;提出和坚持新时代好干部标准,破除"四唯",激励干部干事创业,严肃查处不作为、乱作为行为;建立和落实意识形态工作责任制,正本清源、守正创新,坚决整治舆论阵地特别是互联网舆论乱象;严肃党内政治生活,整肃党内政治生态。特别是严厉惩治腐败分子,消除了严重政治隐患,一体推进不敢腐、不能腐、不想腐,反腐败斗争取得压倒性胜利并全面巩固。通过这一套全面从严治党的"组合拳",解决了一大批长期没有解决的问题,探索出依靠自我革命跳出治乱兴衰历史周期率的正确道路,党的领导更加坚强有力,党内政治生态焕然一新,为实现伟大变革提供了根本政治保证。

第二,伟大变革是在解决经济社会发展突出矛盾中实现的。进入新时代,经济社会发展长期积累的矛盾凸显,国内外形势变化又产生了一系列新矛盾,特别是经济下行压力加大。针对这些问题,习近平总书记和党中央提出了一系列新思想新理念新举措,指导和引领我国经济社会高质量发展。党中央提出,我国经济发展进入新常态,由高速增长转入高质量发展,要贯彻新发展理念,以供给侧结构性改革为主线,促进能源、生产方式、生活方式等全面绿色转型,补齐民生短板,特别是坚决打赢脱贫攻坚战,实施乡村振兴战略。党的十九大以来,随着美国对我国实行贸易战、新冠肺炎疫情全球流行、乌克兰危机等事件的发生,我国发展外部环境更加严峻,面临需求收缩、供给冲击、预期转弱三重压力,出现高端技术"卡脖子"、经济科技"脱钩"风险。面对这种形势,习近平总书记和党中央高瞻远瞩、果断决策,一方面,采取"六稳"、"六保"等举措稳住经济基本盘;另一方面,采取一系列措施应对美国等西方国家"脱钩"行径,力保我国产业链及境外供应链安全。特别是作出构建新发展格局的重大战略决策,既应对当前局面,又为我国经济长期稳定发展、安全发展奠定基础。

第三,伟大变革是在应对外部风险挑战中实现的。新时代十年,国际局势急剧变化,美国等西方国家不断挑战我国底线,我国面临的外部环境极为严峻复杂。尤其是美国，视我国为其主要战略竞争对手，更加肆无忌惮地对我国进行打压、遏制，用渗透、制裁、断供、脱钩、抹黑等各种手段打压我们，利用网络对我国发动认知战，在涉台、涉港、涉疆、涉藏、涉南海等问题上百般挑衅，言行不一，特别是佩洛西窜访台湾，挑战我国底线。美国的目的就是要搞垮中国共产党领导和社会主义制度，打断我国现代化进程，阻止中华民族伟大复兴。面对这些挑战，以习近平同志为核心的党中央领导全国人民，不信邪、不怕鬼、不怕压，针锋相对进行坚决斗争，捍卫国家安全。通过香港国家安全立法、完善选举制度等，有效破解西方国家策动"颜色革命"的企图，坚定维护香港稳定。通过南海岛礁建设、设立三沙市、军队常态化巡航和演练等，有效应对美国等西方国家对我国南海主权的挑战。通过外交、军事、经济等手段，有效应对美国等西方国家煽动、支持"台独"的卑劣行径和岛内"台独"活动，台海局势出现更有利于实现祖国完全统一的局面。

总之，新时代十年的伟大变革不是轻轻松松得来的，而是在战胜各种风险挑战甚至惊涛骇浪中得来的，是全党全国各族人民团结奋斗、坚决斗争的结果。正如报告所指出："新时代的伟大成就是党和人民一道拼出来、干出来、奋斗出来的！"

三、新时代十年的伟大变革具有里程碑意义

报告指出："新时代十年的伟大变革，在党史、新中国史、改革开放史、社会主义发展史、中华民族发展史上具有里程碑意义。"我理解，这个里程碑意义主要体现为以下5个方面。

第一，锻造了民族复兴伟业的坚强领导核心。通过新时代十年全面从严治党的实践，我们党找到了自我革命这一跳出治乱兴衰历史周期率的第二个答案，更加坚强有力、更加团结统一、更加充满生机活力，党的政治领导力、思想引领力、群众组织力、社会号召力显著增强，党同人民群众的血肉联系更加牢固。特别是形成了以习近平同志为核心的

坚强中央领导集体,成为风雨来袭时中国人民最可靠的主心骨。全党全国各族人民高度信赖习近平总书记和党中央,坚决拥护"两个确立"、坚决做到"两个维护"。这为我们实现第二个百年奋斗目标、实现中华民族伟大复兴提供了根本政治保证。

第二,**中华民族伟大复兴进入了不可逆转的历史进程**。党的百年奋斗开辟了实现中华民族伟大复兴的正确道路,中华民族迎来了从站起来、富起来到强起来的伟大飞跃。新时代十年,我们不仅胜利实现第一个百年奋斗目标,而且成功推进和拓展了中国式现代化,中国特色社会主义制度更加成熟更加定型。这为实现中华民族伟大复兴提供了更为坚实的物质基础、更为完善的制度保证、更为主动的精神力量,使民族复兴进程不可逆转。

第三,**中国人民更加自信、自立、自强**。党的百年奋斗从根本上改变了中国人民的前途命运。新时代十年的伟大成就,特别是如期全面建成小康社会、实现中华民族千年梦想,极大增强了中华民族的自信心自豪感,极大增强了中国人民对中国特色社会主义的道路自信、理论自信、制度自信、文化自信,极大增强了志气、骨气、底气,全体人民空前团结、万众一心,信心百倍、平视世界,前进动力更加强大、奋斗精神更加昂扬、必胜信念更加坚定,焕发出更为强烈的历史主动精神、历史创造精神。这为实现中华民族伟大复兴筑就了坚不可摧的铜墙铁壁。

第四,**为世界和平与发展注入强大正能量**。党的百年奋斗深刻影响了世界历史进程。新时代十年,我国日益走近世界舞台中央。我国对全球经济增长的贡献率年均达 30% 左右;对全球减贫贡献率超过70%;构建人类命运共同体理念得到国际社会广泛赞同;我国成为全球生态文明建设的主要引擎;"一带一路"等公共产品为全球发展提供强大动力。我们倡导和践行全人类共同价值,主持国际公道,坚决反对霸权主义和强权政治,有力维护发展中国家利益。我们成功推进和拓展了超越西方现代化逻辑的中国式现代化,创造了物质文明、政治文明、精神文明、社会文明、生态文明协调发展的人类文明新形态,为广大发展中国家提供了全新选择。总之，我们为解决人类面临的共同问题提供了更多更好的中国智慧、中国方案、中国力量。

第五，**彰显了马克思主义的强大生命力**。党的百年奋斗的重大成就、新时代十年的伟大变革充分证明，中国共产党为什么能，中国特色社会主义为什么好，归根到底是马克思主义行，是中国化时代化的马克思主义行。习近平新时代中国特色社会主义思想，把马克思主义基本原理同中国具体实际相结合、同中华优秀传统文化相结合，提出了一系列原创性的治国理政新理念新思想新战略，是当代中国马克思主义、二十一世纪马克思主义，为新时代党和国家事业发展提供了根本遵循，推动马克思主义在21世纪的中国焕发出新的蓬勃生机，开辟了马克思主义发展新境界。这极大增强了中国共产党和中国人民坚持和发展中国特色社会主义的信念，增强了世界各国人民对社会主义运动的信心。

总之，新时代十年的伟大变革，在党史上、新中国史上、改革开放史上、社会主义发展史上、中华民族发展史上都是一座巍巍丰碑，对全球发展格局具有重大影响，为实现第二个百年奋斗目标、实现中华民族伟大复兴奠定了更为坚实的政治基础、思想基础、物质基础、制度基础，必将永载史册、光耀千秋。

开辟马克思主义中国化
时代化新境界

曲 青 山

习近平总书记在党的二十大报告中鲜明提出并科学阐述了一个具有深刻理论内涵和重大政治意义的命题,这就是"开辟马克思主义中国化时代化新境界"。这个命题是对我们党成立以来党的理论创新伟大历程的全面回顾和深刻总结,是对党的十八大以来党的理论创新新鲜经验的科学概括和高度凝练,也是对新时代新征程加强党的思想理论建设、继续推进党的理论创新作出的重要政治宣示,明确的庄严历史责任,提出的重大战略任务。认真学习深入领会这个命题,对我们全面贯彻习近平新时代中国特色社会主义思想,贯彻落实好党的二十大精神,在新时代坚持和发展中国特色社会主义,在实践的基础上继续把马克思主义中国化时代化推向前进,具有极其重大的现实意义和深远的历史意义。

一、习近平新时代中国特色社会主义思想实现了
马克思主义中国化时代化新的飞跃

一个民族要走在时代前列,就一刻不能没有理论思维,一刻不能没有正确思想指引。马克思主义是我们立党立国、兴党兴国的根本指导思想。实践告诉我们,中国共产党为什么能,中国特色社会主义为什么好,归根到底是马克思主义行,是中国化时代化的马克思主义行。拥有马克思主义科学理论指导是我们党坚定信仰信念、把握历史主动的根本所在。

时代是思想之母,实践是理论之源。当代中国正经历着我国历史上最为广泛而深刻的社会变革,也正在进行着人类历史上最为宏大而独特的实践创新。推进马克思主义中国化时代化是一个追求真理、揭示真理、笃行真理的过程。中国特色社会主义新时代是一个迫切需要科学理论而且一定能够产生科学理论的时代。

党的十八大以来,面对国内外形势新变化和实践新要求,以习近平同志为主要代表的中国共产党人,坚持把马克思主义基本原理同中国具体实际相结合、同中华优秀传统文化相结合,坚持毛泽东思想、邓小平理论、"三个代表"重要思想、科学发展观,深刻总结并充分运用党成立以来的历史经验,从新的实际出发,创立了习近平新时代中国特色社会主义思想。

习近平总书记对关系新时代党和国家事业发展的一系列重大理论和实践问题进行了深邃思考和科学判断,就新时代坚持和发展什么样的中国特色社会主义、怎样坚持和发展中国特色社会主义,建设什么样的社会主义现代化强国、怎样建设社会主义现代化强国,建设什么样的长期执政的马克思主义政党、怎样建设长期执政的马克思主义政党等重大时代课题,提出一系列原创性的治国理政新理念新思想新战略,科学回答了新时代坚持和发展中国特色社会主义的总目标、总任务、总体布局、战略布局和发展方向、发展方式、发展动力、战略步骤、外部条件、政治保证等基本问题,并根据新的实践对经济、政治、法治、科技、文化、教育、民生、民族、宗教、社会、生态文明、国家安全、国防和军队、"一国两制"和祖国统一、统一战线、外交、党的建设等各方面作出理论分析和政策指导,以全新的视野深化了对共产党执政规律、社会主义建设规律、人类社会发展规律的认识,为推进中国特色社会主义事业提供了科学思想指引。习近平新时代中国特色社会主义思想是在新时代的伟大实践中应运而生的,是立足时代之基、回答时代之问、引领时代之变的科学理论,实现了马克思主义中国化时代化新的飞跃。习近平总书记是习近平新时代中国特色社会主义思想的主要创立者,对这一思想的创立发挥了决定性作用、作出了决定性贡献。

伟大时代产生伟大理论,伟大理论指引伟大实践。党的十八大以来的实践充分证明,习近平新时代中国特色社会主义思想是当代中国马克思主义、二十一世纪马克思主义,是中华文化和中国精神的时代精华,是党和人民实践经验和集体智慧的结晶,是新时代坚持和发展中国特色社会主义的行动指南。全党要增强政治自觉、思想自觉、行动自觉,把习近平新时代中国特色社会主义思想贯彻落实到党和国家工作各方面全过程,让这一思想彰显出更加强大的真理力量和实践伟力。

二、坚持和发展马克思主义,必须同
中国具体实际相结合

马克思主义科学揭示了人类社会发展规律,指明了人类寻求自身解放的道路,推进了人类文明进程,是我们认识世界、改造世界的强大思想武器。但是,正如恩格斯所深刻指出的那样:"马克思的整个世界观不是教义,而是方法。它提供的不是现成的教条,而是进一步研究的出发点和供这种研究使用的方法。"马克思主义的生命力、活力、魅力在于创新,在于同各个国家、各个民族的具体实际和时代特征相结合。离开本国、本民族实际和时代发展来谈马克思主义没有意义,僵化地拘泥于马克思主义经典作家的个别结论没有出路。马克思主义是我们行动的指南,而不是教条。

我们党是一个高度重视理论指导、勇于进行理论创新的马克思主义政党。党在领导革命、建设、改革的长期实践中,始终坚持把马克思主义基本原理同中国具体实际相结合。这个结合的过程,既是党艰苦探索的过程,也是党领导人民勇于实践的过程。在这个过程中,我们党有经验,也有教训。党在幼年时期,在对待马克思主义的态度上,曾出现过两种错误倾向:一种倾向是理论脱离实际,以教条主义态度对待马克思主义,不从中国实际出发,一切照抄本本,照搬教条;另一种倾向是轻视马

克思主义理论,以经验主义态度对待马克思主义,不重视理论指导,满足于自己的狭隘经验。这两种错误倾向都曾给党的事业造成损失。

党在推进理论创新的历史进程中,坚持解放思想和实事求是相统一、培元固本和守正创新相统一,不断开辟马克思主义中国化时代化新境界,先后创立和形成了毛泽东思想、邓小平理论、"三个代表"重要思想、科学发展观、习近平新时代中国特色社会主义思想,为党和人民事业发展提供了科学理论指导。我们党的历史,就是一部不断推进马克思主义中国化时代化的历史,就是一部不断推进理论创新、进行理论创造的历史。

当今世界正经历百年未有之大变局,中华民族伟大复兴正处在关键时期。面对快速变化的世界和中国,如果墨守成规、思想僵化,没有理论创新的勇气,不能科学回答中国之问、世界之问、人民之问、时代之问,不仅党和国家事业无法继续前进,马克思主义也会失去生命力、说服力。我们必须坚持运用辩证唯物主义和历史唯物主义,坚持解放思想、实事求是、与时俱进、求真务实,准确把握时代大势,勇于站在人类发展前沿,聆听人民心声,回应现实需要,把坚持马克思主义和发展马克思主义统一起来,坚持用马克思主义之"矢"去射新时代中国之"的",一切从实际出发,着眼解决新时代改革开放和社会主义现代化建设的实际问题,作出符合中国实际和时代要求的正确回答,得出符合客观规律的科学认识,形成与时俱进的理论成果,更好指导中国实践。

三、坚持和发展马克思主义,必须同中华优秀传统文化相结合

中华民族是世界上古老而伟大的民族,创造了绵延5000多年的灿烂文明,为人类文明进步作出了不可磨灭的贡献。中华优秀传统文化源远流长、博大精深,是中华文明的智慧结晶,其中蕴含的天下为公、民为邦本、为政以德、革故鼎新、任人唯贤、天人合一、自强不息、厚德载

物、讲信修睦、亲仁善邻等，是中国人民在长期生产生活中积累的宇宙观、天下观、社会观、道德观的重要体现，同科学社会主义价值观主张具有高度契合性。中华优秀传统文化是中华民族的根和魂，是中国特色社会主义植根的文化沃土。

马克思主义是世界的，也是中国的。只有植根本国、本民族历史文化沃土，马克思主义真理之树才能根深叶茂。马克思主义来到中国，被中国人民所接受，深刻地改变了中国。同时，中国共产党和中国人民在自己的伟大创新实践中又丰富和发展了马克思主义，马克思主义在中国呈现出更多的中国特色、中国风格、中国气派。在中国近现代历史上之所以会出现如此壮丽的文化景观和气象，是因为我们党把马克思主义基本原理同中华优秀传统文化相结合，马克思主义激活了中华优秀传统文化的生命力，中华优秀传统文化为马克思主义在中国的生根发芽、开花结果提供了文化沃土。两者相辅相成、相得益彰。历史表明，中国共产党人是马克思主义的坚定信仰者和实践者，也是中华优秀传统文化的忠实传承者和弘扬者。

我们必须坚定历史自信、文化自信，坚持古为今用、推陈出新，深刻汲取博大精深的中华优秀传统文化所蕴含的丰富哲学思想、人文精神、价值观念、道德规范，推动中华优秀传统文化创造性转化、创新性发展，把马克思主义思想精髓同中华优秀传统文化精华贯通起来、同人民群众日用而不觉的共同价值观念融通起来，激发全民族文化创新创造活力，不断赋予科学理论鲜明的中国特色，不断夯实马克思主义中国化时代化的历史基础和群众基础，让马克思主义在中国牢牢扎根，让中华文明展现出更加璀璨的时代风采。

四、坚持好、运用好贯穿习近平新时代中国特色社会主义思想的立场观点方法

实践没有止境，理论创新也没有止境。对于肩负着重大历史使命

的中国共产党人来说,推进马克思主义中国化时代化永远在路上。习近平总书记强调:"不断谱写马克思主义中国化时代化新篇章,是当代中国共产党人的庄严历史责任。继续推进实践基础上的理论创新,首先要把握好新时代中国特色社会主义思想的世界观和方法论,坚持好、运用好贯穿其中的立场观点方法。"

(一)必须坚持人民至上。坚持人民至上,是推进马克思主义中国化时代化的根本出发点。人民性是马克思主义的本质属性。党的理论是来自人民、为了人民、造福人民的理论,人民的创造性实践是理论创新的不竭源泉。一切脱离人民的理论都是苍白无力的,一切不为人民造福的理论都是没有生命力的。我们要站稳人民立场、把握人民愿望、尊重人民创造、集中人民智慧,形成为人民所喜爱、所认同、所拥有的理论,使之成为指导人民认识世界和改造世界的强大思想武器。

(二)必须坚持自信自立。坚持自信自立,是推进马克思主义中国化时代化的基本立足点。中国人民和中华民族从近代以后的深重苦难走向伟大复兴的光明前景,从来就没有教科书,更没有现成答案。党的百年奋斗成功道路是党领导人民独立自主探索开辟出来的,马克思主义的中国篇章是中国共产党人依靠自身力量实践出来的,贯穿其中的一个基本点就是中国的问题必须从中国基本国情出发,由中国人自己来解答。我们要坚持对马克思主义的坚定信仰、对中国特色社会主义的坚定信念,坚定道路自信、理论自信、制度自信、文化自信,以更加积极的历史担当和创造精神为发展马克思主义作出新的贡献,既不刻舟求剑、封闭僵化,也不能照抄照搬、食洋不化。

(三)必须坚持守正创新。坚持守正创新,是推进马克思主义中国化时代化的主要着力点。我们从事的是前无古人的伟大事业,守正才能不迷失方向、不犯颠覆性错误,创新才能把握时代、引领时代。我们要以科学的态度对待科学、以真理的精神追求真理,坚持马克思主义基本原理不动摇,坚持党的全面领导不动摇,坚持中国特色社会主义不动摇,紧跟时代步伐,顺应实践发展,以满腔热忱对待一切新生事物,不断拓展认识的广度和深度,敢于说前人没有说过的新话,敢于干前人没有干过的事情,以新的理论指导新的实践。

(四)必须坚持问题导向。坚持问题导向,是推进马克思主义中国化时代化的现实着眼点。问题是时代的声音,回答并指导解决问题是理论的根本任务。今天我们所面临问题的复杂程度、解决问题的艰巨程度明显加大,给理论创新提出了全新要求。我们要增强问题意识,聚焦实践遇到的新问题、改革发展稳定存在的深层次问题、人民群众急难愁盼问题、国际变局中的重大问题、党的建设面临的突出问题,不断提出真正解决问题的新理念新思路新办法。

(五)必须坚持系统观念。坚持系统观念,是推进马克思主义中国化时代化的关键统筹点。万事万物是相互联系、相互依存的。只有用普遍联系的、全面系统的、发展变化的观点观察事物,才能把握事物发展规律。我国是一个发展中大国,仍处于社会主义初级阶段,正在经历广泛而深刻的社会变革,推进改革发展、调整利益关系往往牵一发而动全身。我们要善于通过历史看现实、透过现象看本质,把握好全局和局部、当前和长远、宏观和微观、主要矛盾和次要矛盾、特殊和一般的关系,不断提高战略思维、历史思维、辩证思维、系统思维、创新思维、法治思维、底线思维能力,为前瞻性思考、全局性谋划、整体性推进党和国家各项事业提供科学思想方法。

(六)必须坚持胸怀天下。坚持胸怀天下,是推进马克思主义中国化时代化的重要站位点。中国共产党是为中国人民谋幸福、为中华民族谋复兴的党,也是为人类谋进步、为世界谋大同的党。我们要拓展世界眼光,深刻洞察人类发展进步潮流,积极回应各国人民普遍关切,为解决人类面临的共同问题作出贡献,以海纳百川的宽阔胸襟借鉴吸收人类一切优秀文明成果,推动建设更加美好的世界。

推进马克思主义中国化时代化
必须坚持"两个结合"

田 培 炎

习近平总书记在党的二十大报告中指出:"只有把马克思主义基本原理同中国具体实际相结合、同中华优秀传统文化相结合,坚持运用辩证唯物主义和历史唯物主义,才能正确回答时代和实践提出的重大问题,才能始终保持马克思主义的蓬勃生机和旺盛活力。"这是我们党百年来思想建党、理论强党历史经验的深刻总结,为新时代不断推进党的理论创新、谱写马克思主义中国化时代化新篇章指明了方向。

一、"两个结合"是中国化时代化马克思 主义理论之树常青的奥妙所在

马克思主义作为人类历史上迄今为止最科学最先进最严密的思想体系,具有强大的真理力量和实践伟力。拥有马克思主义科学理论指导是我们党坚定信仰信念、把握历史主动的根本所在。与时俱进进行理论创新、不断推进马克思主义中国化时代化,是我们党的成功之道。

马克思主义基本原理是科学真理,具有普遍适用性,但各个国家的具体国情不同,绝不能把马克思主义当成一成不变的教条。更为重要的是,马克思主义政党所肩负的使命任务、所从事的事业,都是前无古人的,在开创性实践中遇到的大量崭新课题,没有也不可能从马克思主义经典著作中找到现成答案。我们党在领导革命、建设、改革的历史进程中,面临的历史条件、承担的历史任务、遇到的具体矛盾和问题、需要

解答的时代课题,都具有不同于其他国家的特殊性。只有根据马克思主义基本原理,以无畏的政治勇气和理论勇气,大胆探索、不懈探索,才能作出符合中国实际和时代要求的正确回答,得出符合客观规律的科学认识,形成与时俱进的理论成果,更好指导中国实践。正如恩格斯所说,"马克思的整个世界观不是教义,而是方法。它提供的不是现成的教条,而是进一步研究的出发点和供这种研究使用的方法。""不要生搬硬套马克思和我的话,而要根据自己的情况像马克思那样去思考问题。只有在这个意义上,'马克思主义者'这个词才有存在的理由。"列宁指出,马克思的理论"所提供的只是总的指导原理,而这些原理的应用具体地说,在英国不同于法国,在法国不同于德国,在德国又不同于俄国"。

马克思主义作为科学真理,只有为人们所普遍认同,才能成为真诚持久的信仰;马克思主义作为实践的理论,只有为人民群众所掌握,才能转化为强大的物质力量。要做到这一点,必须把马克思主义基本原理同各民族的历史文化、思维方式、民族心理结合起来,并赋予其人们易于接受的表达形式。中华优秀传统文化源远流长、博大精深,是中华文明的智慧结晶,其中蕴含的天下为公、民为邦本、为政以德、革故鼎新、任人唯贤、天人合一、自强不息、厚德载物、讲信修睦、亲仁善邻等,是中国人民在长期生产生活中积累的宇宙观、天下观、社会观、道德观的重要体现,同科学社会主义价值观主张具有高度契合性。只有坚定历史自信、文化自信,把马克思主义思想精髓同中华优秀传统文化精华贯通起来、同人民群众日用而不觉的共同价值观念融通起来,不断赋予科学理论鲜明的中国特色,才能形成为人民所喜爱、所认同、所拥有的理论。正如毛泽东指出,"马克思主义必须和我国的具体特点相结合并通过一定的民族形式才能实现","要学会把马克思列宁主义的理论应用于中国的具体的环境","使马克思主义在中国具体化,使之在其每一表现中带着必须有的中国的特性"。

中国共产党是一个高度重视思想建党、理论强党的成熟的马克思主义政党。我们党的百年历史，就是一部坚持马克思主义基本原理同中国具体实际相结合、同中华优秀传统文化相结合，不断推进马克思主义中国化时代化的历史。我们既不丢掉老祖宗，坚持马克思主义基本原理不动摇，自觉运用马克思主义立场观点方法认识世界、改造世界，又敢于说新话，坚持用马克思主义观察时代、把握时代、引领时代，不断丰富和发展马克思主义，赋予马克思主义鲜明的中国特色和时代内涵，作出中国共产党的原创性贡献。百年来，我们党先后创立了毛泽东思想、邓小平理论，形成了"三个代表"重要思想、科学发展观，创立了习近平新时代中国特色社会主义思想，指导党和人民事业不断开创新局面。雄辩的事实证明，中国共产党为什么能，中国特色社会主义为什么好，归根到底是马克思主义行，是中国化时代化的马克思主义行。

当然，坚持"两个结合"绝不是一件容易的事情，需要对马克思主义基本原理有全面系统的掌握，需要对本国国情有深刻准确的把握，需要对本民族优秀传统文化怀有足够的礼敬，否则，要么就会照抄照搬、固守本本，陷入教条主义，要么就会忽视传统、远离大众，造成水土不服。在中国共产党的历史上，有过把马克思主义教条化，把共产国际决议和苏联经验神圣化，给中国革命造成极大损失的惨痛教训，也有过无视时代发展要求，思想僵化、迷信盛行，使人们思想和行动受到严重束缚的切肤之痛。在世界社会主义发展史上，一些国家片面理解马克思主义，在实践中逐步形成自以为唯一正确、事实上却日益成为生产力发展桎梏的社会主义模式，并将其与马克思主义画等号，不仅败坏了马克思主义名声，而且窒息了马克思主义应有的生命力，最终走上改旗易帜的邪路，使世界社会主义遭受严重挫折。

总起来说，把马克思主义基本原理同中国具体实际相结合、同中华优秀传统文化相结合，是及时回答时代和实践提出的重大问题、始终保持马克思主义蓬勃生机和旺盛活力的根本途径。"两个结合"做得越好，理论创新之源就越丰富，理论创新之力就越强劲，理论创新成果就越能为人民群众所掌握。

二、坚持把马克思主义基本原理同中国具体实际相结合

当前,世界之变、时代之变、历史之变正以前所未有的方式展开,给我国社会主义现代化建设提出了一系列新的重大课题,迫切需要我们从理论和实践的结合上及时作出回答,以新的理论指导新的实践,更好开辟未来。

把握基本国情。人们总是在历史给定的条件下创造历史,理论要正确指引实践,就必须对历史给定的条件有充分的认识,认识得越全面越深刻,越能增强历史创造活动的预见性、主动性,实现合目的性与合规律性的统一。新的时代条件下推进理论创新,首先要把我国基本国情及其发展变化的阶段性特征了解深了解透。要深刻认识到,我国仍处于并将长期处于社会主义初级阶段,同时我国已经进入新发展阶段,拥有继续前进更为坚实的物质基础、更为完善的制度保证、更为主动的精神力量,已迈上全面建设社会主义现代化国家新征程;我国仍然是世界最大发展中国家,同时我国经济实力、科技实力、综合国力跃上新台阶,国际影响力、感召力、塑造力显著提升;我国社会主要矛盾已经转化为人民日益增长的美好生活需要和不平衡不充分的发展之间的矛盾,着力解决不平衡不充分的发展问题成为解决这一矛盾的主要方面。只有紧密结合基本国情,理论创造才会更加符合实际,理论成果才会更加有效管用。

洞察时代大势。时代大势展示着历史发展的新趋势,汇聚着社会变革的新信息,蕴含着复杂多变的新机遇新挑战,只有紧跟时代步伐,顺应时代发展要求,理论才能成为引领时代的旗帜。要正确判断世界形势的发展变化,揭示人类发展进步的必然要求,始终站在历史正确的一边、人类进步的一边,顺势而为,乘势而进,旗帜鲜明反对逆历史潮流而动的单边主义、保护主义、霸权主义、强权政治、零和博弈,为促进世

界和平与发展贡献中国智慧、中国方案。深刻把握中华民族伟大复兴战略全局和世界百年未有之大变局的深度互动,深入研究新冠肺炎疫情、乌克兰危机的深远影响,准确分析我国面临的战略机遇和风险挑战,为我们主动识变应变求变,在危机中育新机、于变局中开新局提供科学的战略预见。顺应实现中华民族伟大复兴进入了不可逆转的历史进程,强化促进这一历史进程的重大战略支撑,注重防范有可能迟滞甚至中断这一历史进程的重大风险挑战,为全面建成社会主义现代化强国、实现第二个百年奋斗目标,以中国式现代化全面推进中华民族伟大复兴提供科学的战略谋划、战略指引。

聚焦现实问题。问题是时代的声音,回答并指导解决问题是理论的根本任务。今天我们面临问题的复杂程度、解决问题的艰巨程度明显加大,给理论创新提出了全新要求、开辟了广阔空间。要坚持问题导向,增强问题意识,将分析解决重大现实问题作为理论创新的着眼点和生长点。聚焦实践遇到的新问题,紧密跟踪亿万群众前沿性探索碰到的新困惑、前进道路上不期而至的"黑天鹅"、"灰犀牛"事件;聚焦改革发展稳定存在的深层次问题,反复出现的共性问题,久治不愈的顽瘴痼疾,牵一发而动全身的复杂敏感问题;聚焦人民群众急难愁盼问题,特别是就业、教育、医疗、托育、养老、住房等影响人民群众获得感幸福感安全感的民生问题;聚焦国际变局中的重大问题,尤其是国际社会共同面临的和平赤字、发展赤字、安全赤字、治理赤字等问题;聚焦党的建设面临的突出问题,密切关注世界最大的马克思主义执政党面临的独有难题,特别是一切损害党的先进性和纯洁性的因素、一切侵蚀党的健康肌体的病毒。深入剖析问题原因,找准问题症结,不断提出真正解决问题的新理念新思路新办法。

总结实践经验。理论创新的目的是揭示规律、发现真理,更好指导实践。社会活动的规律往往隐藏在纷繁芜杂的社会现象背后,发现它的真容,不仅需要实践的逐渐演进和积累,而且需要艰苦的思想理论探索和概括。正如马克思所说,"在人类历史上存在着和古生物学中一样的情形。由于某种判断的盲目性,甚至最杰出的人物也会根本看不到眼前的事物。后来,到了一定的时候,人们就惊奇地发现,从前没有看到的东西现在到处都露出自己的痕迹"。要增强历史思维,以深邃的历史眼光和宽阔的历史视野回望过去、审察得失,深入探究沉淀在历史深处的客观规律。善于总结我们党百年奋斗的历史经验,新时代伟大实践、伟大变革积累的成功经验,经济社会各领域创新实践形成的具体经验和基层干部群众生动实践创造的新鲜经验,总结世界各国治乱兴衰、执政成败的经验教训,从中发现历史发展的内在联系和必然趋势,得出能够科学预见未来的正确结论和真理认知。

三、坚持把马克思主义基本原理同
中华优秀传统文化相结合

中华优秀传统文化是中华民族的根和魂,是推进理论创新的丰厚沃壤,必须坚持古为今用、推陈出新,充分发掘和运用中华优秀传统文化精华,不断赋予科学理论鲜明的中国特色和时代内涵。尤其要注重以下几个方面的创造性转化、创新性发展。

安邦理政的治国之道。科学理论总是在借鉴吸收前人已有成果的基础上不断向前发展的。在绵延几千年的历史演进中,中华民族创造和积累了极为丰富的国家治理经验智慧。其中主要有,大道之行、天下为公的大同理想,六合同风、四海一家的大一统传统,德主刑辅、以德化人的德治主张,民贵君轻、政在养民的民本思想,等贵贱均贫富、损有余补不足的平等观念,法不阿贵、绳不挠曲的正义追求,任人唯贤、选贤与能的用人标准,周虽旧邦、其命维新的改革精神,以重射轻、均输平准的调控思想,洪范八政、食为政首的重农理念,亲仁善邻、协和万邦的外交之道,以和为贵、好战必亡的和平理念,等等。这些经验智慧都是我们的祖先独立创造出来的,为我们今天坚持自信自立、增强理论创造的底气和勇气提供了坚实历史支撑,为我们进一步丰富新时代治国理政新理念新思想新战略提供了重要思想原料，为我们深化以中国式现代化全面推进中华民族伟大复兴的规律性认识提供了重要历史镜鉴。

修身处世的道德理念。科学理论不仅是改造客观世界的行动指南，也是改造主观世界的思想武器。我国自古以来就注重官德修养，将正身立德作为为官理政的根本。其中，传承千古、泽被后人的包括"先天下之忧而忧、后天下之乐而乐"，"苟利国家生死以、岂因祸福避趋之"的家国情怀；临患不忘国、临死不失节的赤胆忠心；大贤秉高鉴、公烛无私光，"不以一毫私意自蔽、不以一毫私欲自累"的公正廉洁；"富贵不能淫、贫贱不能移、威武不能屈"的气节操守；慎独慎微、迁善改过，"与人不求备、检身若不及"的内省自觉；等等。毫无疑问，这些积极的价值取向是今天引导广大党员干部明大德、守公德、严私德，提高党性修养的珍贵滋养，也是我们推进党的建设理论创新、丰富和发展马克思主义建党学说的重要思想源泉。至于正心诚意、修身齐家，自强不息、厚德载物，推己及人、重诺守信，抑恶扬善、扶危济困，克勤克俭、孝老爱亲等道德规范，则已经成为中国人民内在的精神气质，也是新时代坚持和发展中国特色社会主义先进文化、弘扬和践行社会主义核心价值观的深厚根基。

格物究理的思想方法。科学的思想方法是打开真理之门的钥匙。中国古代先贤究天人之际、通古今之变、察万物之源，得出的许多富有哲理的思想方法，具有超越时空的价值。"天行有常，不为尧存，不为桀亡"，"道生一、一生二、二生三、三生万物"的幽远洞见，体现了追根溯源、穷究事物根本的探索精神。"无平不陂、无往不复"、"否极泰来"，"有无相生、难易相成、长短相形、高下相倾、音声相和、前后相随"的辩证观点，揭示了事物发展变化的内在规律。"知者行之始，行者知之成"，"知之愈明，则行之愈笃；行之愈笃，则知之益明"的深刻思想，阐明了认识与实践相互为用的知行统一观。审时度势、未雨绸缪、因机而发的智慧理念，展示了察时辨势的权变之策。我们要继承和发展这些宝贵的思想方法,拓展思维视野,丰富思维方式,善于通过历史看现实、透过现象看本质,把握好全局和局部、当前和长远、宏观和微观、主要矛盾和次要矛盾、特殊和一般的关系,不断提高战略思维、历史思维、辩证思维、系统思维、创新思维、法治思维、底线思维能力,提高理论创新成果质量。

质文兼具的表达方式。任何一种科学的理论,都是真理内核和精妙表达的统一。理论创新既要注重挖掘思想的深度,又要注重呈现形式的美感。中华民族历来重视为文立言,认为文章乃经国之大业、不朽之盛事,强调文以载道,昭昭如日月之明、离离如星辰之行,言之不文,则行之不远,追求"篇有百尺之锦,句有千钧之弩,字有百炼之金"的境界。中华优秀传统文化就是以鲜明的中国风格、中国气派、中国韵味表达出来的。我国古代的经史子集、诗词歌赋、成语典故、格言警句浩如烟海,其中,言简意赅、意深辞雄、凝练晓畅的美文嘉言不胜枚举,是我们取之不尽、用之不竭的语言宝库。我们要善于从这一宝库中采撷珍品,领悟精义,得其真传,以此来助力改进文风,锤炼思想观点、丰富表达方式、润色语言文字、提升传播能力,使党的理论创新成果更加鲜活生动,更为人民群众所喜闻乐见。

全面建成社会主义现代化强国的战略安排和目标任务

黄守宏

全面建成社会主义现代化强国、实现第二个百年奋斗目标,以中国式现代化全面推进中华民族伟大复兴,是新时代新征程中国共产党的中心任务。习近平总书记就建设什么样的社会主义现代化强国、怎样建设社会主义现代化强国,提出一系列原创性的新理念新思想新战略,是指引我们前进的强大思想武器。习近平总书记所作的党的二十大报告,对全面建成社会主义现代化强国作出"分两步走"总的战略安排,明确了到2035年和本世纪中叶我国发展的总体目标,擘画了第二个百年奋斗目标的美好图景,赋予社会主义现代化强国新的丰富内涵,具有重大而深远的意义。我们要深入学习领会,认真贯彻落实。

一、深刻领悟全面建成社会主义现代化强国的战略安排

党的二十大报告指出,全面建成社会主义现代化强国,总的战略安排是分两步走:从2020年到2035年基本实现社会主义现代化;从2035年到本世纪中叶把我国建成富强民主文明和谐美丽的社会主义现代化强国。这一战略安排,明确了全面建成社会主义现代化强国的时间表、路线图,展现了中华民族伟大复兴的壮丽前景,令人鼓舞、催人奋进。

全面建成社会主义现代化强国两步走战略安排,既体现了我们党在社会主义现代化建设战略目标上的一贯性、整体性,又符合实践发展

的连续性、阶段性和时代性。建设一个现代化的强国,是近代以来中国人的梦想。新中国的成立,社会主义制度的建立,为实现社会主义现代化提供了根本社会条件、政治前提和制度基础。我们党始终将实现社会主义现代化作为战略目标,咬定青山不放松,进行了艰辛探索,作出了不懈努力。20 世纪五六十年代,我们党明确要"把我国建设成为一个强大的社会主义国家",并提出基本实现"四个现代化"的两步走战略。改革开放之后,党根据国际环境变化和我国发展实际,对推进社会主义现代化建设作出战略安排,提出三步走战略目标,就是到 20 世纪80 年代末解决人民温饱问题,到 20 世纪末使人民生活达到小康水平,到 21 世纪中叶基本实现现代化。进入新世纪,在现代化建设的前两步战略目标实现之后,党又提出到 2020 年全面建成惠及十几亿人口的更高水平的小康社会目标。党的十八大以来,中国特色社会主义进入新时代,党明确提出"两个一百年"奋斗目标,在中国共产党成立 100 年时全面建成小康社会,在新中国成立 100 年时建成富强民主文明和谐的社会主义现代化国家。党的十九大报告对实现第二个百年奋斗目标作出分两个阶段推进的战略安排,明确提出到 2035 年基本实现社会主义现代化,到本世纪中叶把我国建成富强民主文明和谐美丽的社会主义现代化强国。这个战略安排,把基本实现现代化的时间比原先提前了 15 年,首次提出"社会主义现代化强国"概念,战略目标上增加了"美丽"这一代表生态文明的内容,使现代化的内涵更加全面,并与"五位一体"总体布局相对应。在全面建成小康社会、实现第一个百年奋斗目标的基础上,党的二十大报告对全面建成社会主义现代化强国两步走战略安排进行宏观展望,细化了实现第二个百年奋斗目标的步骤和路径。回顾我国现代化建设的历程,我们党坚持一张蓝图绘到底,对建设社会主义现代化国家战略目标,在认识上不断深化,在内涵上不断丰富拓展,在战略安排上层层递进,使现代化建设的蓝图一步一步变为现实。

全面建成社会主义现代化强国两步走战略安排,具有坚实的基础、科学的依据、可靠的保障，是完全有把握实现的。全面建成小康社会、实现第一个百年奋斗目标，为开启全面建设社会主义现代化国家新征程奠定了坚实基础。综合分析各方面情况，我国现代化建设进入战略机遇和风险挑战并存、不确定难预料因素增多的时期。从国际看，世界百年未有之大变局加速演进，国际环境日趋复杂，世界进入新的动荡变革期，单边主义、保护主义、霸权主义对世界和平与发展构成威胁。从国内看，长期积累的深层次矛盾和风险隐患不断显现，新情况新问题不断出现。我们必须增强忧患意识，做好应对重大风险的充分准备。但历史发展是有其内在大逻辑的。新中国成立特别是改革开放以来，我们遭遇过很多外部严重风险冲击和内部困难，最终都化险为夷，创造了世所罕见的经济快速发展奇迹和社会长期稳定奇迹，成功推进和拓展了中国式现代化。尽管当前国内外形势复杂严峻，但我国发展仍处于重要战略机遇期，制度优势显著，物质基础雄厚，人力人才资源丰富，创新能力提升，市场空间广阔，发展韧性强劲，社会大局稳定，支撑经济长期稳定发展的内在动因没有也不会改变。特别是我们有以习近平同志为核心的党中央的坚强领导，有习近平新时代中国特色社会主义思想的科学指导，一定能战胜各种风险挑战，不断夺取社会主义现代化建设的新胜利。

全面建成社会主义现代化强国两步走战略安排，将不断实现人民对美好生活的向往，也将深刻改变世界现代化的格局。随着现代化建设的推进，人民在经济、政治、文化、社会、生态等方面日益增长的需要将得到更好满足，人的全面发展、社会全面进步将取得更大成就，也将为人类文明进步作出更大贡献。从世界范围看，到目前为止，已经实现了现代化的国家和地区人口约为10亿。我国14亿多人口整体迈入现代化社会，其规模超过现有发达国家的总和，将彻底改写世界现代化的进程、版图和态势，是人类发展史上前所未有的伟大创举。这将创造世界现代化的崭新模式，拓展发展中国家走向现代化的途径，为解决人类问题贡献中国智慧和中国方案。

二、准确把握到2035年 我国发展的总体目标

综合考虑我国未来发展的基础条件和各种风险挑战,在党的十九大报告和十九届五中全会通过的《中共中央关于制定国民经济和社会发展第十四个五年规划和二〇三五年远景目标的建议》基础上,党的二十大报告围绕基本实现社会主义现代化,从八个方面进一步明确了到2035年我国发展的目标任务,提出了新的更高要求。

(一)经济实力、科技实力、综合国力大幅跃升,人均国内生产总值迈上新的大台阶,达到中等发达国家水平。我国已进入高质量发展阶段,从经济发展能力和条件看,有希望、有潜力在质量效益明显提升基础上保持长期平稳发展,到2035年实现经济总量或人均国内生产总值比2020年翻一番。我国人均国内生产总值2021年达到12551美元、超过世界平均水平,到2035年将达到中等发达国家水平。经济结构优化升级,全要素生产率大幅提升,社会生产力水平显著提高。

(二)实现高水平科技自立自强,进入创新型国家前列。国家创新体系效能全面提升,国家战略科技力量和高水平人才队伍居世界前列,基础研究和原始创新能力全面增强,关键核心技术实现重大突破和自主可控,更多科技前沿领域实现并跑和领跑。全社会研发经费投入强度、基础研究经费投入占研发经费投入比重达到主要发达国家水平。我国全球创新指数排名进入世界前列,科技进步贡献率大幅提升。

(三)建成现代化经济体系,形成新发展格局,基本实现新型工业化、信息化、城镇化、农业现代化。转变发展方式取得决定性进展,经济质量效益和核心竞争力显著提高。形成以国内大循环为主体、国内国际双循环相互促进的新发展格局,生产、分配、流通、消费更多依托国内市场,参与国际经济合作和竞争新优势明显增强,国民经济实现良性循环。由制造大国迈入制造强国,产业链供应链基本安全可控、韧性显著

增强,实现产业基础高级化、产业链现代化。数字经济与实体经济深度融合,公共服务、社会治理等领域数字化智能化水平大幅提升。以城市群为主体、大中小城市和小城镇协调发展的城镇化格局基本形成,常住人口城镇化率、户籍人口城镇化率大幅提高,以人为核心的新型城镇化基本实现,城市品质明显提升。乡村振兴取得决定性进展,农业综合生产能力明显提高,国家粮食安全和重要农产品有效供给得到更好保障,现代乡村产业体系基本形成。

（四）基本实现国家治理体系和治理能力现代化,全过程人民民主制度更加健全,基本建成法治国家、法治政府、法治社会。中国特色社会主义根本制度、基本制度、重要制度更加完善。社会主义民主政治建设进一步发展,全过程人民民主更加广泛、更加充分、更加健全,人民当家作主制度体系更加完善。依法治国得到全面落实,形成完备的法律规范体系、高效的法治实施体系、严密的法治监督体系、有力的法治保障体系,形成科学立法、严格执法、公正司法、全民守法的良好格局。

（五）建成教育强国、科技强国、人才强国、文化强国、体育强国、健康中国,国家文化软实力显著增强。建成服务全民终身学习的现代教育体系,劳动年龄人口平均受教育年限进一步提高,普及有质量的学前教育,实现优质均衡的义务教育,全面普及高中阶段教育,职业教育服务能力显著提升,高等教育竞争力明显提升,总体实现教育现代化。基本实现科学技术现代化,建成更多世界主要科学中心和创新高地,一大批国家科研机构、研究型大学和科技领军企业进入世界前列,形成高水平开放创新生态。在世界第一人才大国基础上,人才结构更加优化,人才质量显著提升,各类高层次人才更多涌现,成为世界重要人才中心。文化事业进一步繁荣,现代文化产业体系基本形成,国民思想道德素质、科学文化素质明显提高。体育综合实力和国际影响力居世界前列。人均预期寿命提高到80岁以上,人口长期均衡、可持续发展。中华文化影响力、中华民族凝聚力显著增强。

（六）人民生活更加幸福美好，居民人均可支配收入再上新台阶，中等收入群体比重明显提高，基本公共服务实现均等化，农村基本具备现代生活条件，社会保持长期稳定，人的全面发展、全体人民共同富裕取得更为明显的实质性进展。人民生活水平和质量显著提升，拥有更好的教育、更稳定的工作、更满意的收入、更可靠的社会保障、更高水平的医疗服务、更舒适的居住条件、更优美的环境、更丰富的精神文化生活。低收入群体规模显著减少，基本形成以中等收入群体为主体的"橄榄型"社会结构。公共服务体系健全完善，实现基本公共服务覆盖全民、兜住底线、均等享有。农村基础设施和公共服务明显改善，基本建成具备现代生产生活条件的宜居宜业和美乡村。改革发展成果更多更公平惠及全体人民，城乡区域发展差距和居民生活水平差距明显缩小，人的全面发展能力持续提升，人民获得感、幸福感、安全感更加充实、更有保障、更可持续。

（七）广泛形成绿色生产生活方式，碳排放达峰后稳中有降，生态环境根本好转，美丽中国目标基本实现。清洁低碳、安全高效的能源体系和绿色低碳循环发展的经济体系基本建立，各类主要资源利用效率、主要污染物排放强度、碳排放强度接近发达国家平均水平，碳排放总量力争在2030年前实现达峰后稳中有降。大气、水、土壤等环境状况明显改观。生态安全屏障体系基本建立，森林、草原、荒漠、河湖、湿地、海洋等自然生态系统状况实现根本好转，形成生产空间安全高效、生活空间舒适宜居、生态空间山青水碧的国土开发格局。

（八）国家安全体系和能力全面加强，基本实现国防和军队现代化。平安中国建设达到更高水平，国家安全法治体系、战略体系、政策体系、人才体系和运行机制更加健全，粮食安全、能源安全、重要产业链供应链安全和公共安全保障能力全面提高。坚持富国和强军相统一，军事理论、军队组织形态、军事人员、武器装备现代化全面推进，国防和军队建设达到世界先进水平。

三、深刻认识到本世纪中叶
我国发展的远景目标

党的二十大报告指出,在基本实现现代化的基础上,我们要继续奋斗,到本世纪中叶,把我国建设成为综合国力和国际影响力领先的社会主义现代化强国。到那时,我国物质文明、政治文明、精神文明、社会文明、生态文明将全面提升,统筹推进"五位一体"总体布局取得标志性成果。作为经济建设的标志性成果,全面形成高质量发展模式和高水平的现代化经济体系,经济总量稳居世界第一,国家创新能力、社会生产力水平和核心竞争力名列世界前茅,成为全球主要科学中心、创新高地和重大科技成果主要输出地。作为政治建设的标志性成果,全面实现国家治理体系和治理能力现代化,中国特色社会主义制度更加巩固、优越性充分发挥,全面建成法治国家、法治政府、法治社会,充分实现全过程人民民主,社会主义民主政治更加成熟完善。作为文化建设的标志性成果,在全社会形成与社会主义现代化强国相适应的理想信念、价值理念、道德观念和精神风貌,全民族文化创新创造活力充分释放,公民文明素质和社会文明程度显著提高,中国精神、中国价值、中国力量在全球更加彰显。作为社会建设的标志性成果,全体人民共同富裕基本实现,全社会实现高质量的充分就业,收入分配的公平程度排在世界前列,城乡居民将普遍拥有较高的收入、富裕的生活、健全的基本公共服务,社会充满活力而又规范有序。作为生态文明建设的标志性成果,美丽中国全面建成,天蓝、地绿、水净、山青的优美生态环境成为普遍形态,实现人与自然和谐共生的现代化,成为全球生态环境保护领先的国家。到那时,我国作为具有 5000 多年文明史的古国将焕发出前所未有的生机活力,中华民族将以更加昂扬的姿态屹立于世界民族之林。

总之,我国要全面建成的社会主义现代化强国,既具备世界主要现代化强国的一般特点,也具有体现中国特色社会主义本质要求和我国国情的鲜明特征,还具有反映中华文明对人类文明进步作出更大贡献的天下情怀。全面建成这样的社会主义现代化强国,实现经济社会全面进步、国家"硬实力"和"软实力"全面提升,使人民物质富足、精神富有,将充分彰显中国共产党矢志不移为中国人民谋幸福、为中华民族谋复兴的初心使命。全面建成这样的社会主义现代化强国,不仅更好造福中国人民,也更好造福世界各国人民,将充分彰显中国共产党胸怀天下、立己达人,为世界谋大同、为人类创未来的不懈追求和责任担当。

深刻把握全面建设社会主义
现代化国家面临的形势

谢伏瞻

党的二十大,全面总结过去 5 年工作和新时代 10 年的伟大变革,深入分析国际国内形势,制定行动纲领和大政方针,为全面建设社会主义现代化国家、全面推进中华民族伟大复兴指明了方向。习近平总书记指出,谋划和推进党和国家各项工作,必须深入分析国际国内大势,科学把握我们面临的战略机遇和风险挑战。我们要深入学习、全面贯彻党的二十大精神,深刻把握全面建设社会主义现代化国家面临的形势。

一、从我国发展面临的新的战略机遇深刻把握全面建设社会主义现代化国家面临的形势

中国特色社会主义进入新时代,经过 10 年的接续奋斗,党和国家事业取得历史性成就、发生历史性变革,我国发展站在了新的更高的历史起点上。

一是物质基础更加坚实。我国经济实力、科技实力、综合国力显著增强。截至 2021 年底,我国国内生产总值 114 万亿元,人均国内生产总值 81000 元,建成世界规模最大的教育体系、社会保障体系、医疗卫生体系,国家财政收入超过 20 万亿元,外汇储备超过 3 万亿美元。产业体系更加完备,是全世界唯一拥有联合国产业分类中全部工业门类

的国家,产业结构加快升级,高新技术产业占比明显提高,新模式、新业态不断涌现,新能源、新材料快速发展,经济发展平衡性、协调性、可持续性明显增强。基础研究和原始创新不断加强,一些关键核心技术实现突破,载人航天、探月探火、深海深地探测、超级计算机、卫星导航、量子信息、核电技术、新能源技术、大飞机制造、生物医药等取得重大成果,进入创新型国家行列。基础设施更加完善,已经建成发达的现代综合交通体系,高铁运营里程超过4万公里,高速公路通车里程接近17万公里。能源生产总量达到43.3亿吨标准煤,发电装机容量达到23.8亿千瓦,建成全球规模最大的移动宽带和光纤网络,网络质量达到甚至优于发达国家水平。发展潜力巨大,一个14亿多人口的国家整体迈入现代化社会,形成的超大规模市场和需求潜力为未来发展创造出巨大空间,这些都为推进高质量发展、全面建设社会主义现代化国家打下了坚实的物质基础。

二是制度保证更加完善。全面深化改革,各领域基础性制度框架基本确立,许多领域实现历史性变革、系统性重塑、整体性重构,党的领导、人民当家作主、依法治国有机统一的制度建设全面加强,中国特色社会主义制度更加成熟更加定型。全党思想更加统一,"两个确立"、"两个维护"成为全党共同遵循。党的领导方式更加科学,党的领导制度体系更加完善,党的政治领导力、思想引领力、群众组织力、社会号召力显著增强。社会主义民主政治制度化、规范化、程序化全面推进,人民依法享有和行使民主权利的内容更加丰富、渠道更加便捷、形式更加多样,程序合理、环节完整的协商民主体系更加完备,最广泛的爱国统一战线不断巩固和发展,民族区域自治制度更加完善,基层群众自治制度充满活力。法治国家、法治政府、法治社会建设一体推进,国家治理体系和治理能力现代化水平明显提高,为全面建设社会主义现代化国家提供了坚强制度保证。

三是科技革命和产业变革带来新机遇。进入21世纪以来,新一轮科技革命和产业变革加速演变,以人工智能、量子信息、移动通信、物联网、区块链为代表的新一代信息技术加速突破应用,以合成生物学、基因编辑、脑科学、再生医学等为代表的生命科学领域孕育新的变革,融合机器人、数字化、新材料的先进制造技术正在加速推进制造业向智能化、服务化、绿色化转型,清洁能源技术加速发展引发全球能源变革,空间和海洋技术正在拓展人类生存发展新疆域。新一轮科技革命和产业变革正在重构全球创新版图、重塑全球经济结构,深刻影响着国家前途命运和人民生活福祉,也为我国发展提供了新的重大机遇。

四是国际地位和国际影响力显著提升。我国经济总量占世界总量的比重超过18%,多年来对世界经济增长贡献率年均达到约30%,稳居世界第二大经济体,是制造业第一大国、货物贸易第一大国、商品消费第二大国、外资流入第二大国,外汇储备连续多年位居世界第一,更大范围、更宽领域、更深层次对外开放格局已经形成。深度参与全球治理体系改革和建设,积极推动经济全球化朝着更加开放、包容、普惠、平衡、共赢的方向发展,在气候变化、减贫、反恐、网络安全和维护地区安全等领域发挥重要作用,全面开展抗击新冠肺炎疫情国际合作,我国国际影响力、感召力、塑造力显著提升。

我国历史性地解决绝对贫困问题,全面建成小康社会,前所未有地走近世界舞台中央,为实现第二个百年奋斗目标打下坚实基础,迎来新的战略机遇。

二、从我国发展面临的新的战略任务深刻把握全面建设社会主义现代化国家面临的形势

从现在起,中国共产党的中心任务就是团结带领全国各族人民全面建成社会主义现代化强国、实现第二个百年奋斗目标,以中国式现代化全面推进中华民族伟大复兴。

一百年来,中国共产党团结带领全党全国各族人民进行的一切奋斗,就是为了把我国建设成为现代化强国,实现中华民族伟大复兴。在新中国成立特别是改革开放以来的长期探索和实践基础上,经过党的十八大以来在理论和实践上的创新突破,党和人民成功推进和拓展了中国式现代化。习近平总书记强调,中国式现代化是人口规模巨大的现代化,是全体人民共同富裕的现代化,是物质文明和精神文明相协调的现代化,是人与自然和谐共生的现代化,是走和平发展道路的现代化。

在以中国式现代化全面推进中华民族伟大复兴的历史进程中,努力实现物质文明、政治文明、精神文明、社会文明、生态文明协调发展,我国面临着其他国家都不曾遇到的各种压力和严峻挑战。人口规模巨大是我国的基本国情,未来一段时间我国人口总量仍将保持在14亿人以上,超大规模市场优势也将长期存在,但我国人口老龄化程度不断加深,总和生育率也在下降,人口总量和结构变化对潜在增长率形成明显制约。我们只有以改革挖掘新潜力,才能有效应对人口变化对经济增长的不利影响。全面建成小康社会,为我国推进共同富裕创造了多方面条件,但是城乡区域发展和收入分配差距较大,发展不平衡不充分问题仍然突出,推动全体人民共同富裕始终是一项长期艰巨的任务。我国仍处于社会主义初级阶段的基本国情没有变,这决定了我们必须继续坚持党在社会主义初级阶段的基本路线,坚持以经济建设为中心,既做大"蛋糕"又分好"蛋糕",推动共同富裕取得更为明显的实质性进展,并随着经济发展逐步实现共同富裕。根据我国人均资源占有量少的基本国情和高质量发展的内在要求,以及应对气候变化的国际共识,必须把经济发展方式转到绿色发展、循环发展、低碳发展的道路上来。同时,要在持续追求物质文明发展的同时,不断提升精神文明水平,进一步增强全党全国各族人民文化自信,提升全社会凝聚力和向心力,为全面建设社会主义现代化国家提供坚强思想保证和强大精神力量。我国发展需要和平稳定的国际环境,越是面对外部环境深刻复杂变化带来的严峻风险挑战,我们越要坚定不移地走和平发展道路,把我国发展与世界发展联系起来,在与世界各国良性互动、互利共赢中不断取得新的更大发展。

三、从我国发展面临的新的战略阶段深刻把握
全面建设社会主义现代化国家面临的形势

我国已经进入新发展阶段,实现中华民族伟大复兴进入了不可逆转的历史进程,但战略机遇和风险挑战并存,不确定难预料因素增多。

习近平总书记指出,进入新发展阶段,是中华民族伟大复兴历史进程的大跨越,是全面建设社会主义现代化国家、向第二个百年奋斗目标进军的阶段,是我们党带领人民迎来从站起来、富起来到强起来历史性跨越的阶段,是我国社会主义发展进程中的一个重要阶段。新发展阶段是社会主义初级阶段中的一个阶段,同时是其中经过几十年积累、站到了新的起点上的一个阶段。社会主义初级阶段不是一个静态、一成不变、停滞不前的阶段,也不是一个自发、被动、不用费多大气力自然而然就可以跨过的阶段,而是一个动态、积极有为、始终洋溢着蓬勃生机活力的过程,是一个阶梯式递进、不断发展进步、日益接近质的飞跃的量的积累和发展变化的过程。全面建设社会主义现代化国家,既是社会主义初级阶段我国发展的要求,也是我国社会主义从初级阶段向更高阶段迈进的要求。立足新发展阶段,既要把握实践发展的连续性,又要把握时代发展的阶段性,既要抓住国内外环境深刻变化带来的新机遇,又要准备迎接一系列新挑战,确保全面建设社会主义现代化国家开好局、起好步。

我国仍然是世界上最大的发展中国家,发展仍然是解决我国一切问题的基础和关键,但在新的战略阶段,在全面建设社会主义现代化国家新征程中,必须坚定不移贯彻新发展理念,构建新发展格局,推动高质量发展。党的二十大分别提出了未来5年、到2035年以及到本世纪

中叶我国发展的战略目标和战略任务,为全党指明了奋斗方向。二十大之后的 5 年是全面建设社会主义现代化国家开局起步的关键时期。滚石上山,不进则退。我们必须着力解决发展不平衡不充分的问题,着力消除高质量发展的卡点瓶颈,着力冲破制度藩篱,进一步完善体制机制;着力缩小城乡区域发展和收入分配差距,解决群众急难愁盼问题,着力化解那些可以预见和难以预见的风险,为分阶段推进、全面建设社会主义现代化国家打下更加坚实的基础。

四、从我国发展面临的新的战略环境深刻把握 全面建设社会主义现代化国家面临的形势

当前,世界之变、时代之变、历史之变正以前所未有的方式展开。一方面,和平、发展、合作、共赢的历史潮流不可阻挡,人心所向、大势所趋,决定了人类前途命运终归光明;另一方面,恃强凌弱、巧取豪夺、零和博弈等霸权霸道霸凌行径危害深重,和平赤字、发展赤字、安全赤字、治理赤字加重,人类社会面临前所未有的挑战。

一是世界百年变局加速演进,经济实力对比"东升西降"趋势更加明显。进入 21 世纪以来,新兴市场国家和发展中国家快速崛起,发展态势明显强于发达经济体,世界经济格局正在发生近代以来最具革命性的变化。根据国际货币基金组织统计,2001 年至 2021 年,新兴市场和发展中经济体占世界经济总量的比重从 21.15% 上升到 40.92%,发达经济体占世界经济总量的比重则由 78.85% 下降至 59.08%。新兴市场和发展中经济体仍保持相对发达经济体更快的增长速度,对世界经济增长的贡献率已经达到 80%,成为全球经济增长的主要动力。经济实力此长彼消,对世界经济、科技、文化、安全、政治格局等都产生深刻影响,推动全球治理体系发生深刻变革,新兴市场国家和发展中国家的国际地位和话语权不断提高。

二是世纪疫情对世界经济产生深远影响。新冠肺炎疫情深刻地改

变世界,改变人类的生产方式和生活方式。受世纪疫情大流行冲击,世界各国产业链都受到不同程度的影响。各国都看到了全球供应链的脆弱性,纷纷把产业链供应链安全置于更加优先的位置,实行"内顾"政策,产业链供应链出现了本土化、区域化趋势,迭加美西方推行的脱钩战略,对我国产业链供应链安全稳定形成新的挑战。必须把发展的战略基点和自主权牢牢掌握在自己手上,既坚持改革开放不动摇,又坚持独立自主、自力更生发展自己,加快构建新发展格局。

三是全球性问题凸显,逆全球化思潮抬头,单边主义、保护主义明显上升。近年来,在应对气候变化,防控传染性疾病,保障粮食安全和能源安全等方面问题和挑战不断出现,给全球治理提出新的课题。特别是乌克兰危机爆发与美西方对俄实施全面制裁进一步恶化了外部环境。我国是最大的能源进口国,全球能源的供应短缺和价格波动对我国能源安全形成挑战。气候变化、新冠肺炎疫情和地缘政治冲突也给世界贸易和投资、全球金融市场稳定、全球粮食安全等造成严重影响。美国等西方发达国家为维护既有利益,还频频采取金融、科技、贸易等手段遏制新兴市场国家和发展中国家,不断挑起贸易摩擦,造成世界经济增长持续低迷,严重阻碍了全球产业链供应链价值链的有序重构。这些对我国应对全球性问题和参与全球治理,既提供了机遇也提出了新的挑战。

四是美国调整对华战略,对我国千方百计遏制。2021年,按照美元现价计算的中国经济总量相当于美国经济总量的77%以上。随着我国与美国经济实力日益接近,美国朝野对我国的疑惧明显增加,斗争、竞争、遏制的一面在增强,合作的一面在减弱。以美国为首的一些西方国家不断拼凑新的团团伙伙,极力实施打压中国的战略和政策,不仅在经贸、科技、人文交流等方面设置障碍,而且还以意识形态划线,在涉港、涉台、涉疆、涉藏、涉海、涉人权等各个方面不断制造麻烦,使我国面临着比以往更为严峻的国际环境。这就要求我们认清美国等西方国家的本质,坚定历史自信,增强历史主动,切实办好自己的事情,以泰山压顶不弯腰的战略定力,坚持斗争,战胜任何挑战和困难,确保中国特色社会主义航船行稳致远。

为确保到本世纪中叶建成社会主义现代化强国,我们必须深刻领悟"两个确立"的决定性意义,增强"四个意识"、坚定"四个自信"、做到"两个维护",牢牢把握我国发展面临的新的战略机遇、战略要求和新时代新征程党的中心任务,坚持和加强党的全面领导,坚持中国特色社会主义道路,坚持以人民为中心的发展思想,坚持深化改革开放,坚持发扬斗争精神,统筹推进"五位一体"总体布局、协调推进"四个全面"战略布局,踔厉奋发、勇毅前行、团结奋斗,奋力谱写全面建设社会主义现代化国家新篇章。

全面建设社会主义现代化国家
必须牢牢把握的重大原则

梁 言 顺

　　全面建设社会主义现代化国家,是我们党孜孜以求的历史宏愿,是一项伟大而艰巨的事业。习近平总书记所作的党的二十大报告着眼全面建成社会主义现代化强国的宏伟目标和战略安排,鲜明提出了前进道路上必须牢牢把握的 5 条重大原则,为全面建设社会主义现代化国家提供了根本遵循。这些重大原则,是在全面总结党的百年奋斗历史经验特别是中国特色社会主义发展实践经验、深刻把握我国发展新的历史特点、统筹考虑当前和今后一个时期发展目标的基础上提出来的,内涵丰富、意义重大,是一个有机统一的整体。我们必须认真学习、深刻领会、整体把握,不折不扣贯彻落实到全面建设社会主义现代化国家全过程各方面。

一、坚持和加强党的全面领导,确保我国
社会主义现代化建设正确方向

　　党的二十大报告把"坚持和加强党的全面领导"作为 5 条重大原则中占统领地位的首要原则,充分体现了对马克思主义建党学说和国家学说、对社会主义现代化建设规律的深刻把握和自觉运用。新的征程上,必须始终坚持和加强党的全面领导,确保全党全国拥有团结奋斗的强大政治凝聚力、发展自信心,集聚起万众一心、共克时艰的磅礴力量,形成风雨来袭时全体人民最可靠的主心骨。

（一）中国共产党领导，是党和国家的根本所在、命脉所在，是全国各族人民的利益所系、命运所系。党政军民学，东西南北中，党是领导一切的。中国特色社会主义最本质的特征是中国共产党领导，中国特色社会主义制度的最大优势是中国共产党领导，中国共产党是最高政治领导力量。中国人民和中华民族之所以能够扭转近代以后的历史命运、取得伟大成就，最根本的是有中国共产党的坚强领导。党的十八大以来，以习近平同志为核心的党中央以巨大政治勇气和强烈责任担当，推动党和国家事业取得历史性成就、发生历史性变革，实现中华民族伟大复兴进入了不可逆转的历史进程。历史和现实都证明，没有中国共产党，就没有新中国，就没有中华民族伟大复兴。坚持和加强党的全面领导，关系党和国家前途命运，我们的全部事业都建立在这个基础上，都根植于这个最本质特征和最大优势。在坚持党的领导这个重大原则问题上，绝不能有丝毫含糊和动摇，绝不能犯原则性、方向性甚至颠覆性错误。

（二）坚持和加强党的全面领导，最根本的是深刻领悟"两个确立"的决定性意义，坚决做到"两个维护"。"两个维护"是我们党的最高政治原则，"两个确立"是新时代10年来我们党取得的最重要的政治成果。党的十八大以来，以习近平同志为核心的党中央把加强党的集中统一领导作为全党共同的政治责任，系统完善党的领导制度体系，使全党思想上更加统一、政治上更加团结、行动上更加一致，党的政治领导力、思想引领力、群众组织力、社会号召力显著增强。正是因为有习近平总书记领航掌舵，全党才有了顶梁柱，14亿多人民才有了主心骨；正是因为有习近平新时代中国特色社会主义思想的科学指引，全党全国各族人民才有了思想上的"定盘星"、行动上的"指南针"。"两个维护"本质上是维护党和国家的最高利益，必须把对"两个确立"决定性意义的深刻领悟，切实转化为坚决做到"两个维护"的高度自觉，不断提高政治判断力、政治领悟力、政治执行力，全面贯彻习近平新时代中国特色社会主义思想，始终在思想上政治上行动上同以习近平同志为核心的党中央保持高度一致。

（三）坚持和加强党的全面领导，必须把党的领导落实到党和国家事业各领域各方面各环节。党的领导是全面的、系统的、整体的，是对各类机构、各种组织、各项事业的全覆盖领导，是对各个地方、各个领域、各个方面工作的全方位领导，是对改革发展稳定、内政外交国防、治党治国治军的全过程领导。党的十八大以来，习近平总书记对坚持和加强党的全面领导旗帜鲜明、充满自信，无论哪个领域、哪方面工作，都从加强党的全面领导抓起。实践告诉我们，坚持和加强党中央集中统一领导是做好党和国家工作的根本保证，是我国政治清明、经济发展、民族团结、社会稳定的根本点。坚持和加强党的全面领导，归根到底就是要充分发挥党的领导政治优势，推动党对社会主义现代化的领导在职能配置上更加科学合理、在体制机制上更加完备完善、在运行管理上更加高效，不断提高党把方向、谋大局、定政策、促改革的能力和定力，确保全党在党的旗帜下团结成"一块坚硬的钢铁"，步调一致向前进。

二、坚持中国特色社会主义道路，始终把国家和民族发展放在自己力量的基点上

道路决定命运，道路就是党的生命。党的二十大报告将"坚持中国特色社会主义道路"作为全面建设社会主义现代化国家的一条重大原则，充分体现了我们党道不变、志不改的坚定决心。我们必须深刻领悟中国特色社会主义道路的正确性，坚定不移走中国特色社会主义这条唯一正确的道路。

（一）走自己的路，是党的全部理论和实践的立足点。习近平总书记深刻指出："一切成功发展振兴的民族，都是找到了适合自己实际的道路的民族。"在革命、建设、改革各个历史时期，我们党坚持从我国国情出发，探索并形成符合中国实际的正确道路，这是党的事业不断从胜利走向胜利的真谛。党和人民历尽千辛万苦、付出巨大代价取得的根

本成就,就是成功开辟了实现中华民族伟大复兴的正确道路,这就是中国特色社会主义道路。中国特色社会主义道路不是从天上掉下来的,而是在改革开放40多年的伟大实践中走出来的,是在新中国成立70多年的持续探索中走出来的,是在对近代以来180多年中华民族发展历程的深刻总结中走出来的,是在对中华民族5000多年悠久文明的传承中走出来的。这条道路符合中国实际、反映中国人民意愿、适应时代发展要求,不仅走得对、走得通,而且走得稳、走得好。无论遇到什么风浪,在坚持中国特色社会主义道路这个根本问题上必须一以贯之,决不因各种杂音噪音而改弦更张。

(二)中国特色社会主义道路是实现社会主义现代化、创造人民美好生活的必由之路。"鞋子合不合脚,自己穿了才知道。"中国特色社会主义道路,既坚持以经济建设为中心,又全面推进经济、政治、文化、社会、生态文明建设以及其他各方面建设;既坚持四项基本原则,又坚持改革开放;既不断解放和发展生产力,又逐步实现全体人民共同富裕、促进人的全面发展。党的十八大以来,以习近平同志为核心的党中央准确把握中国特色社会主义历史新方位、时代新变化、实践新要求,科学回答了当今时代和当代中国发展提出的一系列重大理论和实践问题,创造了新时代中国特色社会主义的伟大成就,推动我国迈上全面建设社会主义现代化国家新征程。实践证明,只有中国特色社会主义道路而没有别的道路,能够引领中国进步、增进人民福祉、实现民族复兴。这条道路我们看准了、认定了,必须坚定不移走下去,不为任何风险所惧,不为任何干扰所惑,真正做到"千磨万击还坚劲,任尔东西南北风"。

(三)坚定不移走中国特色社会主义道路。找到一条好的道路不容易,走好这条道路更不容易。我们党坚持和发展中国特色社会主义,推动物质文明、政治文明、精神文明、社会文明、生态文明协调发展,成功走出了中国式现代化道路,创造了人类文明新形态,从根本上改变了中国人民前途命运,也为解决人类面临的共同问题提供了更多更好的中国智慧、中国方案、中国力量。脚踏中华大地,传承中华文明,走符合中国国情的正确道路,党和人民就具有无比广阔的舞台,具有无比深厚的历史底蕴,具有无比强大的前进定力。当前,我们已经迈上全面建设社会主义现代化国家新征程,我们党团结带领人民坚持中国道路的决心信心更加坚定,坚持中国道路的实力能力更为坚实。面向未来,必须坚持独立自主、自力更生,把中国发展进步的命运牢牢掌握在自己手中,毫不动摇沿着中国特色社会主义道路这条通往复兴梦想的康庄大道奋勇前进。只要我们既不走封闭僵化的老路,也不走改旗易帜的邪路,就一定能够把我国建设成为综合国力和国际影响力领先的社会主义现代化强国。

三、坚持以人民为中心的发展思想,让现代化 建设成果更多更公平惠及全体人民

民心是最大的政治,正义是最强的力量。党的二十大报告确定了"坚持以人民为中心的发展思想"的重大原则,这是由我们党的根本宗旨、我国经济社会发展的根本目的决定的。新的征程上,我们必须坚持尊重社会发展规律和尊重人民历史主体地位的一致性、为崇高理想奋斗和为最广大人民谋利益的一致性、完成党的各项工作和实现人民利益的一致性,努力为人民创造更美好、更幸福的生活。

(一)坚持发展为了人民,把人民对美好生活的向往作为奋斗目标。我们党的根基在人民、血脉在人民、力量在人民,人民是党执政兴国的最大底气。我们党没有任何自己特殊的利益,从来不代表任何利益集团、任何权势集团、任何特权阶层的利益,这是我们党立于不败之地的根本所在。我们党干革命、搞建设、抓改革,都是为人民谋利益、让人民过上好日子;推进社会主义现代化、实现中华民族伟大复兴,同样是为了人民的根本利益。现在,人民对美好生活的向往更加强烈,期盼有更好的教育、更稳定的工作、更满意的收入、更可靠的社会保障、更高

水平的医疗卫生服务、更舒适的居住条件、更优美的环境、更丰富的精神文化生活。江山就是人民、人民就是江山，必须始终把人民放在心中最高位置，始终全心全意为人民服务，始终与人民有福同享、有难同当，有盐同咸、无盐同淡，始终为人民利益和幸福而努力奋斗。

（二）**坚持发展依靠人民，紧紧依靠人民创造历史伟业。**人民是历史的创造者，是决定党和国家前途命运的根本力量。在革命、建设、改革的伟大历史进程中，我们党紧紧依靠人民跨过了一道又一道沟坎，取得了一个又一个胜利。新民主主义革命时期，人民群众是党和人民军队的铜墙铁壁；社会主义革命和建设的伟大成就是人民群众干出来的；改革开放的历史伟剧是亿万群众主演的；中华民族迎来从站起来、富起来到强起来的伟大飞跃，是党和人民一道拼出来、干出来、奋斗出来的。无论遇到任何困难和挑战，只要有人民的支持和参与，党就能够一往无前、无往不胜。时代是出卷人，我们是答卷人，人民是阅卷人。必须坚持把人民拥护不拥护、赞成不赞成、高兴不高兴、答应不答应作为衡量一切工作得失的根本标准，始终同人民想在一起、干在一起，充分调动广大人民的积极性、主动性、创造性，发挥亿万人民的创造伟力。

（三）**坚持发展成果由人民共享，让人民群众获得感、幸福感、安全感更加充实、更有保障、更可持续。**我们党始终带领人民为创造美好生活、实现共同富裕而不懈奋斗。党的十八大以来，以习近平同志为核心的党中央把逐步实现全体人民共同富裕摆在更加重要的位置，团结带领人民完成脱贫攻坚、全面建成小康社会的历史任务，实现了第一个百年奋斗目标，深入贯彻以人民为中心的发展思想，在幼有所育、学有所教、劳有所得、病有所医、老有所养、住有所居、弱有所扶上持续用力，人民生活全方位改善，共同富裕取得新成效。现在，我们已经到了扎实推动全体人民共同富裕的历史阶段。党的二十大进一步明确了到2035年"人的全面发展、全体人民共同富裕取得更为明显的实质性进展"的目标，反映了社会主义的本质要求，体现了以人民为中心的根本立场。新的征程上，必须坚持在发展中保障和改善民生，维护人民根本利益，持续增进民生福祉,提高人民生活品质,更加关注人民群众"柴米油盐"的烦恼、"衣食住行"的需求、"酸甜苦辣"的倾诉,解决好人民群众急难愁盼问题,扎实推进全体人民共同富裕。

四、坚持深化改革开放,不断增强社会主义现代化建设的动力和活力

改革开放是我们党的一次伟大觉醒,是中国人民和中华民族发展史上的一次伟大革命。党的二十大报告明确提出"坚持深化改革开放"的重大原则,这是更好统筹国内国际两个大局、进一步解放和发展社会生产力的必然要求。我们必须解放思想、与时俱进,将改革开放进行到底。

(一)改革开放是党和人民大踏步赶上时代的重要法宝,是决定当代中国命运的关键一招。党的十一届三中全会开启了改革开放和社会主义现代化建设的新时期,我们党团结带领全国各族人民以一往无前的进取精神和波澜壮阔的创新实践,坚持改革改革再改革、开放开放再开放,我国取得了世所罕见的经济快速发展和社会长期稳定两大奇迹。党的十八大以来,以习近平同志为核心的党中央高举改革开放伟大旗帜,坚持改革正确方向,开创了我国改革开放新局面,党和国家事业发生了全方位、开创性、深层次、根本性变革,全面深化改革已经成为当代中国最鲜明的特色,扩大对外开放已经成为当代中国最鲜明的标识。我们必须深入推进改革创新,坚定不移扩大开放,着力破除制约高质量发展、高品质生活的体制机制障碍,持续增强发展动力和活力。

(二)推进国家治理体系和治理能力现代化,把我国制度优势更好转化为国家治理效能。改革是解放和发展我国社会生产力的关键,是推动国家发展的根本动力。改革开放40多年来,从开启新时期到跨入新世纪,从站上新起点到进入新时代,我们党解放思想、实事求是,坚持

守正创新,大胆地试、勇敢地改,干出了一片新天地。党的十八大以来,我们党以巨大的政治勇气全面深化改革,打响了改革攻坚战,啃下了不少硬骨头,闯过了不少激流险滩,改革呈现全面发力、多点突破、蹄疾步稳、纵深推进的局面。党的二十大把"改革开放迈出新步伐,国家治理体系和治理能力现代化深入推进"作为未来5年的主要目标任务之一,明确了深化改革开放的任务书和路线图。我们必须围绕坚持和完善中国特色社会主义制度、推进国家治理体系和治理能力现代化,以更大的勇气、更有力的举措推动更深层次改革。尤其是围绕构建高水平社会主义市场经济体制,坚持和完善社会主义基本经济制度,充分发挥市场在资源配置中的决定性作用,更好发挥政府作用,以深化改革激发发展活力。

（三）推进高水平对外开放,形成更大范围、更宽领域、更深层次对外开放格局。习近平总书记强调:"中国开放的大门不会关闭,只会越开越大!"党的十八大以来,以习近平同志为核心的党中央实施更加主动的开放战略,推动共建"一带一路"成为深受欢迎的国际公共产品和国际合作平台,我国货物贸易总额居世界第一,吸引外资和对外投资居世界前列。开放带来进步,封闭必然落后。我国过去经济发展是在开放条件下取得的,未来经济发展也必须在更加开放的条件下进行。构建新发展格局是开放的国内国际双循环,我们必须坚持对外开放的基本国策,依托我国超大规模市场优势,增强国内国际两个市场两种资源联动效应,稳步扩大规则、规制、管理、标准等制度型开放,营造市场化、法治化、国际化一流营商环境,推动共建"一带一路"高质量发展,以高水平对外开放打造国际合作和竞争新优势。

五、坚持发扬斗争精神,依靠顽强斗争
打开事业发展新天地

党的二十大报告深刻把握党的事业发展和自身建设规律,提出了

"坚持发扬斗争精神"的重大原则,深刻揭示了我们党永葆旺盛生机活力的基因密码。我们必须清醒认识进行伟大斗争的长期性、复杂性、艰巨性,坚持底线思维,增强忧患意识,全力战胜前进道路上各种困难和挑战。

(一)**敢于斗争、敢于胜利,是党和人民不可战胜的强大精神力量。**社会是在矛盾运动中前进的,矛盾无时不在、无处不有,有矛盾就会有斗争。党和人民取得的一切成就,不是别人恩赐的,而是通过不断斗争取得的。建立中国共产党、成立中华人民共和国、实行改革开放、推进新时代中国特色社会主义事业,都是在斗争中诞生、在斗争中发展、在斗争中壮大的。为了人民、国家、民族,无论敌人如何强大、道路如何艰险、挑战如何严峻,我们党总是绝不畏惧、绝不退缩,不怕牺牲、百折不挠。新时代坚持和发展中国特色社会主义是一项长期而艰巨的历史任务,我们党要团结带领人民有效应对重大挑战、抵御重大风险、克服重大阻力、解决重大矛盾,必须敢于斗争、善于斗争。

(二)**我们党依靠斗争创造历史,更要依靠斗争赢得未来。**新时代10年来,面对影响党长期执政、国家长治久安、人民幸福安康的突出矛盾和问题,以习近平同志为核心的党中央审时度势、果敢抉择、锐意进取、迎难而上,义无反顾进行具有许多新的历史特点的伟大斗争,经受住了来自政治、经济、意识形态、自然界等方面的风险挑战考验。特别是面对突如其来的新冠肺炎疫情这场大战大考,在习近平总书记亲自指挥、亲自部署下,打响了一场抗击疫情的人民战争、总体战、阻击战,统筹疫情防控和经济社会发展取得重大积极成果。历史和现实告诉我们,对危及党的执政地位、国家政权稳定,危害国家核心利益,危害人民根本利益,有可能迟滞甚至打断中华民族伟大复兴进程的重大风险挑战,必须以敢于同任何强大敌人作斗争而不为任何强大敌人所吓阻的志气、骨气、底气进行坚决斗争,不信邪、不怕鬼、不怕压,在斗争中求得生存、获得发展、赢得胜利。

(三)**不断夺取新时代伟大斗争新胜利。**当前,世界百年未有之大变局和中华民族伟大复兴战略全局相互激荡,新矛盾和旧问题彼此交织,有形斗争和无形较量轮番博弈,可以预见的风险和不可预见的挑战接踵而至,我们面临的风险和考验一点也不会比过去少,只会越来越复杂,甚至会遇到难以想象的惊涛骇浪。要看到,我们面临的各种斗争不是短期的而是长期的,将伴随实现第二个百年奋斗目标全过程。在重大斗争、强大对手面前,唯有主动迎战、坚决斗争,才有生路出路。我们必须把握新的伟大斗争的历史特点,深刻认识我国社会主要矛盾变化带来的新特征新要求,深刻认识错综复杂的国际环境带来的新矛盾新挑战,贯彻总体国家安全观,统筹发展和安全,发扬斗争精神,把握斗争方向,坚定斗争意志,勇于战胜一切风险挑战。各级领导干部要加强斗争精神和斗争本领养成,着力增强防风险、迎挑战、抗打压的能力,平常时候看得出来、关键时刻站得出来、危难关头豁得出来,在斗争中经风雨、见世面、壮筋骨、长才干。

推动经济实现质的有效提升和
量的合理增长

韩文秀

党的二十大报告指出，"推动经济实现质的有效提升和量的合理增长"。这充分体现了我们党推动高质量发展的坚定决心，为今后一个时期经济发展指明了方向。我们要全面贯彻党的二十大精神，完整、准确、全面贯彻新发展理念，坚持以推动高质量发展为主题，把实施扩大内需战略同深化供给侧结构性改革有机结合起来，增强国内大循环内生动力和可靠性，提升国际循环质量和水平，加快建设现代化经济体系，着力提高全要素生产率，着力提升产业链供应链韧性和安全水平，着力推进城乡融合和区域协调发展，推动我国经济发展行稳致远，为全面建成社会主义现代化强国奠定坚实的物质技术基础。

一、推动经济实现质的有效提升和量的
合理增长是高质量发展的内在要求

经济发展是质和量的有机统一。质通常是指经济发展的结构、效益，量通常是指经济发展的规模、速度，质的提升为量的增长提供持续动力，量的增长为质的提升提供重要基础，二者相辅相成。从中长期看，经济没有"质"就不会有"量"，离开了"量"也谈不上"质"，量变积累形成质变。辩证认识、科学统筹经济发展质和量的关系，是我们党领导经济工作的重要经验。多年来，在中长期规划和年度计划确定经济增长目标时，都把提高质量作为前提。例如，1991 年制定的"八五"计

划纲要提出,在大力提高经济效益和优化经济结构的基础上,使国民生产总值到 20 世纪末比 1980 年翻两番。2007 年国民经济和社会发展年度计划提出,在优化结构、提高效益、降低消耗、减少排放的基础上,保持 8% 左右的经济增长速度。但在实践中,也曾出现忽视经济发展的质量结构效益,片面追求经济增长速度、甚至单纯以国内生产总值论英雄的偏向,导致结构扭曲、环境污染和安全生产事故等问题,积累风险隐患,教训十分深刻。传统发展模式难以持续。

党的十八大以来,我国经济发展在质和量上取得历史性成就。中国特色社会主义进入新时代,我国社会主要矛盾转化为人民日益增长的美好生活需要和不平衡不充分的发展之间的矛盾,以习近平同志为核心的党中央对推动经济高质量发展作出一系列战略部署,强调要完整、准确、全面贯彻新发展理念,推动经济发展质量变革、效率变革、动力变革。10 年来,我国经济实力、科技实力、综合国力跃上新台阶。创新型国家建设取得重大进步,2012 年至 2021 年全社会研发投入与国内生产总值之比由 1.91% 提高到 2.44%,全球创新指数排名由第 34 位上升到第 11 位。我国城镇化率由 53.1% 上升到 64.7%。城乡居民人均可支配收入差距由 2.88:1 降至 2.5:1,人均预期寿命由 74.8 岁(2010 年)提高到 78.2 岁,中等收入群体比重逐步扩大。我国生态环境状况实现历史性转折,雾霾天气和黑臭水体越来越少,蓝天白云、绿水青山越来越多。2021 年国内生产总值达到 114.4 万亿元,占全球经济比重由 2012 年的 11.3% 上升到 18.5%,我国作为世界第二大经济体地位得到巩固提升。人均国内生产总值由 6300 美元增加到 1.25 万美元,接近高收入国家门槛。商品出口占国际市场份额由 11% 提高到 15%,货物贸易第一大国地位得到增强,利用外资规模不断扩大。我国近 1 亿农村贫困人口全部脱贫,历史性地解决了困扰中华民族几千年的绝对贫困问题,全面建成小康社会,胜利实现了第一个百年奋斗目标。

高质量发展是全面建设社会主义现代化国家的首要任务。当前,我国已经迈上全面建设社会主义现代化国家新征程,新的发展阶段、新的使命任务和新的发展环境对经济实现质的有效提升和量的合理增长提出了更高、更为紧迫的要求。新时代的发展必须是高质量发展。低水平重复建设和单纯数量扩张没有出路，只有以质取胜、不断塑造新的竞争优势，才能支撑长期持续健康发展。要认识到，基本实现社会主义现代化和建成社会主义现代化强国，需要达到国际公认的发展水平标准，比如目前中等发达国家人均国内生产总值在 2 万美元以上，我国与发达国家在许多经济和民生指标方面仍有较大差距。必须坚持把发展作为党执政兴国的第一要务，在持续实现经济质的有效提升的同时，持续实现经济量的合理增长，不断做大做强中国经济，巩固社会主义现代化的物质技术基础。

二、全面把握经济实现质的有效提升和 量的合理增长的丰富内涵

把经济发展的质和量有机统一起来，实现协同并进，关键在于完整、准确、全面贯彻新发展理念，把握内涵、扎实工作，通过质的有效提升引领量的合理增长，通过量的合理增长支撑质的有效提升，实现更高质量、更有效率、更加公平、更可持续、更为安全的发展。

（一）推动创新成为发展的第一动力，实现高水平科技自立自强。世情国情发生深刻变化，坚持创新发展是我们应对发展环境变化、增强发展动力、把握发展主动权的根本之策。要强化国家战略科技力量，健全社会主义市场经济条件下的新型举国体制，以关键共性技术、前沿引领技术、颠覆性技术创新为突破口，形成更多非对称竞争优势。要强化企业科技创新主体地位，促进各类创新要素向企业集聚，发挥科技型骨干企业引领支撑作用，营造有利于科技型中小微企业成长的良好环境。落实好"揭榜挂帅"等机制，赋予科学家更大技术路线决定权、经费支配权、资源调度权。加快建设世界重要人才中心和创新高地，更加主动融入全球创新网络。

（二）推动协调成为发展的内生特点，构建优势互补、高质量发展的区域经济布局和国土空间体系。协调发展蕴含着高质量发展的巨大潜能。要促进城乡融合发展。推进以人为核心的新型城镇化，使广大人民享受高品质生活。加快农业转移人口市民化，深化户籍制度改革，推进城镇基本公共服务常住人口全覆盖。全面推进乡村振兴，拓展农民增收致富渠道，巩固拓展脱贫攻坚成果，建设宜居宜业和美乡村。要深入实施区域协调发展战略、区域重大战略、主体功能区战略，认真落实国土空间规划，推动各地区根据各自条件，走合理分工、优化发展的路子，推动西部开发、东北振兴、中部崛起、东部率先发展呈现新气象，推动京津冀协同发展、长江经济带发展、粤港澳大湾区建设、长三角一体化发展、黄河流域生态保护和高质量发展等区域重大战略走深走实，不断提高我国发展的平衡性、协调性、可持续性。

（三）推动绿色成为发展的普遍形态，走生产发展、生活富裕、生态良好的文明发展道路。绿色是高质量发展的底色，不仅满足人民日益增长的优美生态环境需要，还能够积聚新的发展动能。要坚持"绿水青山就是金山银山"的理念，深入推进山水林田湖草沙一体化保护和系统治理，加快实施重要生态系统保护和修复重大工程，持续改善生态环境。坚持全国统筹、节约优先、双轮驱动、内外畅通、防范风险的原则，立足富煤贫油少气的基本国情，坚持先立后破，有计划分步骤实施碳达峰行动。完善绿色低碳政策和市场体系。加快形成节约资源和保护环境的产业结构、生产方式、生活方式、空间格局，加快节能降碳先进技术研发和推广应用。积极参与气候变化全球治理。

（四）推动开放成为发展的必由之路，提升国际循环质量和水平。经济全球化虽遇到逆流，但基本趋势不可阻挡。我们要坚定不移推动高水平对外开放，在国际竞争中锻造高质量市场主体，在开放合作中实现经济质升量增。要稳步扩大规则、规制、管理、标准等制度型开放，合理缩减外资准入负面清单，落实准入后国民待遇。加快建设海南自由贸易港，支持浦东新区高水平改革开放，实施自由贸易试验区提升战略。推动共建"一带一路"高质量发展。坚持真正的多边主义,反对保护主义,积极参与全球治理体系改革和建设,积极推动加入全面与进步跨太平洋伙伴关系协定(CPTPP)等高水平自贸协定,扩大面向全球的高标准自由贸易区网络。加强抗疫国际合作,共同维护全球产业链供应链稳定畅通。

(五)**推动共享成为发展的根本目的,推动全体人民共同富裕取得更为明显的实质性进展。**让广大人民共享改革发展成果,有助于提升人力资本水平,有利于扩大有效需求,畅通经济循环。要正确处理效率与公平的关系,构建初次分配、再分配、第三次分配协调配套的制度体系,推动居民收入增长和经济增长基本同步、劳动报酬提高与劳动生产率提高基本同步。要坚持尽力而为、量力而行,不掉入"福利主义"养懒汉的陷阱。要促进基本公共服务均等化,健全社会保障体系,完善基本养老保险全国统筹制度,建立生育支持政策体系,降低生育、养育、教育成本。以高校毕业生、技能型劳动者、农民工等为重点,推动扩大中等收入群体,形成中间大、两头小的橄榄型收入分配结构。

(六)**有效统筹发展和安全,实现高质量发展和高水平安全相统一。**要落实总体国家安全观,筑牢国家安全屏障。要在发展上多考虑安全要求,在安全上多关注发展因素,实现安全和发展同步推进。要切实维护经济安全,确保粮食、能源资源、重要产业链供应链安全,提升战略性资源供应保障能力,维护金融稳定和安全。要坚持底线思维,增强忧患意识,加强战略预判和风险预警,下好先手棋、打好主动仗。要完善风险防控机制,提高风险化解能力,巩固防范化解重大风险攻坚战成果。要不断解放和发展社会生产力,以不断壮大的经济实力、科技实力、综合国力为国家安全提供更为坚实的物质技术保障。

(七)**努力在更长时期保持经济运行在合理区间,推动经济发展和人民生活不断迈上新台阶。**党中央明确提出,到2035年人均国内生产总值达到中等发达国家水平。在我国经济体量明显增大、未来发展不确定因素明显增多的情况下,只有在更长时期保持经济运行在合理区间,才能进一步做大做优蛋糕,使14亿多人口大国的人均发展水平和生活水平逐步赶上发达国家。要实施稳健有效的宏观调控,促使主要经济指标长期处于合理区间,实现优化组合。要加强宏观政策逆周期调节和跨周期设计,充分发挥经济潜在增长能力,实现潜在增长水平,避免经济大起大落。要强化就业优先政策,稳定就业总量,改善就业结构,促进高质量充分就业。要完善市场化的价格调控机制,综合运用监测预警、储备调节、预期引导、市场监管等方式,保持市场总供求基本平衡,保持价格总水平基本稳定。要统筹利用好国内国际两个市场两种资源,推动跨境贸易和投融资更加活跃,保持国际收支基本平衡,保持人民币汇率在合理均衡水平上的基本稳定。积极稳妥有序推进人民币国际化。

三、推动经济实现质的有效提升和量的合理增长必须充分发挥各方面积极性主动性创造性

推动经济实现质的有效提升和量的合理增长,不是一时一地之举措,而是贯穿全面建设社会主义现代化国家的整个过程,需要持续激发经济发展内生动力,充分调动一切积极因素,形成全国上下竞相推动高质量发展的生动局面和强大合力。

(一)**推动有效市场和有为政府更好结合**。要充分发挥市场在资源配置中的决定性作用,更好发挥政府作用。促进商品要素资源在更大范围内畅通流动,降低制度性交易成本,建立统一开放、竞争有序的高标准市场体系,推动我国市场实现由大到强转变。要提高宏观经济治理能力,发挥国家发展规划的战略导向作用,加强财政政策和货币政策协调配合,稳定和改善预期,加强国际宏观政策协调。要加强经济法治,切实保护产权、维护信用、公正执法、有效监管,营造市场化、法治化、国际化一流营商环境。

(二)**发挥好中央和地方两个积极性**。要坚决维护党中央权威和集中统一领导,加强顶层设计和统筹协调,完善发展目标、政策体系和考评标准,为地方发展工作提供遵循,增强推动高质量发展的协同性、

整体性和有效性。要充分激发地方干事创业的主观能动性,发挥基层首创精神,鼓励地方结合实际探索差异化发展路径,激励干部敢于担当、积极作为,促进各地比学赶超、因地制宜推动高质量发展。

(三)把实施扩大内需战略同深化供给侧结构性改革有机结合起来。要在供给和需求两方面共同发力,更好推动供给创造需求、需求牵引供给,提高供给和需求的适配性,实现经济在更高水平上的动态平衡。要坚持以深化供给侧结构性改革为主线,不断夯实实体经济基础,突破供给约束堵点,形成更高效率的投入产出关系。要坚持扩大内需这个战略基点,用好我国国内需求潜力巨大的优势,增强消费对经济发展的基础性作用和投资对优化供给结构的关键作用,通过扩大需求支持技术更新迭代,促进新动能加快成长。

(四)促进深化改革和完善政策协同发力。实现经济质升量增往往面临体制障碍和政策约束,要通过深化改革增添动力,通过完善政策释放活力,形成共同推动高质量发展的强大合力。要推动改革向更深层次挺进,围绕畅通经济循环深化改革,促进各项改革系统集成。要建立体现新发展理念、适应高质量发展要求的政策体系,统筹发挥财政政策、货币政策、就业政策、产业政策等作用,做好政策文件一致性评估工作,确保同向发力,共同促进经济平稳健康发展。

(五)推动自立自强和开放合作相互促进。独立自主是我们立党立国的重要原则,对外开放是我国的基本国策。面对世界百年未有之大变局加速演进,经济全球化曲折前行,我们必须着力办好自己的事,推进高水平自立自强,增强自主创新能力,提升发展的自主性安全性。同时必须牢记,封闭导致落后,闭关锁国不可能带来自立自强和繁荣发展。要顺应和引领经济全球化基本趋势,深度参与全球产业分工和合作,在更大范围更深层次更高水平上利用国内国际两个市场两种资源,加快构建以国内大循环为主体、国内国际双循环相互促进的新发展格局,在开放合作中实现自立自强和互利共赢。

构建高水平社会主义市场经济体制

穆　　虹

社会主义市场经济体制是我国改革开放的伟大创造,已成为社会主义基本经济制度的重要组成部分。党的二十大报告着眼全面建设社会主义现代化国家的历史任务,作出"构建高水平社会主义市场经济体制"的战略部署,明确了新举措新要求。我们要深入学习贯彻习近平经济思想,完整、准确、全面贯彻新发展理念,坚定不移深化改革、扩大开放,构建更加系统完备、更加成熟定型的高水平社会主义市场经济体制,为加快构建新发展格局、着力推动高质量发展提供强有力的制度保障。

一、坚持和完善社会主义基本经济制度,
　加快建设现代化经济体系

习近平总书记指出:"在社会主义条件下发展市场经济,是我们党的一个伟大创举。"改革开放40多年来,我们党坚持解放思想、实事求是、锐意改革、开拓创新,成功开辟了中国特色社会主义道路,探索并建立了社会主义市场经济体制,丰富和发展了社会主义基本经济制度,极大地解放和发展了社会生产力,如期实现了第一个百年奋斗目标。进入新时代,我们党对社会主义市场经济规律的认识和驾驭能力不断提高,市场体系和宏观调控体系持续完善,综合国力迈上新的台阶。踏上全面建设社会主义现代化国家新征程、向第二个百年奋斗目标进军,对进一步完善社会主义市场经济体制提出了更高要求。必须坚定方向、

聚焦主题,不断破除制约高质量发展的体制机制障碍,构建高水平社会主义市场经济体制,加快建设现代化经济体系。

(一)始终坚持社会主义市场经济改革方向。改革开放以来,我国取得经济快速发展和社会长期稳定两大奇迹的一个关键因素,就是通过理论、实践、制度上的创新,确立了社会主义市场经济体制,把社会主义制度优越性同市场经济一般规律有机结合起来。构建高水平社会主义市场经济体制,必须始终坚持正确的改革方向,进一步激发各类市场主体活力、解放和发展社会生产力。要坚持和完善社会主义基本经济制度,毫不动摇巩固和发展公有制经济,深化国资国企改革,加快国有经济布局优化和结构调整,推动国有资本和国有企业做强做优做大,提升企业核心竞争力;毫不动摇鼓励、支持、引导非公有制经济发展,优化民营企业发展环境,依法保护民营企业产权和企业家权益,促进民营经济发展壮大。优化市场体系,营造各种所有制企业依法平等使用资源要素、公开公平公正参与竞争、同等受到法律保护的营商环境。要正确处理政府和市场关系,充分发挥市场在资源配置中的决定性作用,最大限度减少政府对资源的直接配置和对微观经济活动的直接干预,充分利用市场机制,实现资源配置效益最大化;更好发挥政府作用,完善宏观经济治理,有效弥补市场失灵,实现效率和公平有机统一,在高质量发展中扎实推动全体人民共同富裕。通过有效市场和有为政府更好结合,彰显社会主义制度优越性,以中国式现代化全面推进中华民族伟大复兴。

(二)紧紧围绕实现高质量发展的主题。进入新发展阶段,我国社会主要矛盾已转化为人民日益增长的美好生活需要和不平衡不充分的发展之间的矛盾,国内经济"三期叠加",国际局势深刻变化,安全风险和不确定性骤增。构建以国内大循环为主体、国内国际双循环相互促进的新发展格局,坚定走高质量发展之路,是适应我国发展新阶段要求的重大战略抉择。构建高水平社会主义市场经济体制,必须紧紧围绕实现高质量发展的主题,精准贯彻新发展理念,善于运用改革思维和改革办法,加快推进有利于提高资源配置效率的改革、有利于提高发展质量和效益的改革、有利于调动各方面积极性的改革,加快形成新发展格局的制度框架和政策体系。着力提高全要素生产率,着力提升产业链供应链韧性和安全水平,着力推进城乡融合和区域协调发展,推动经济实现质的有效提升和量的合理增长。

(三)准确把握建设现代化经济体系的着力点。加快建设现代化经济体系是我国新时代发展的目标任务,也是转变经济发展方式、优化经济结构、转换经济增长动力的迫切要求。建设现代化经济体系、推动经济转型升级,要害在创新,关键在改革。构建高水平社会主义市场经济体制,必须以完善产权制度和优化各类要素市场化配置为重点,加快建设统一开放、竞争有序的市场体系,创新引领、协同发展的产业体系,体现效率、促进公平的收入分配体系,优势互补、协调联动的城乡区域发展体系,协同高效、法制健全的治理体系,内外循环、安全可控的全面开放体系。继续发挥经济体制改革牵引作用,着力破除制约发展活力和动力的体制机制障碍,实现市场机制有效、微观主体有活力、宏观调控有度,使一切有利于社会生产力发展的力量源泉充分涌流。企业是创新的主体,是推动建设现代化经济体系的生力军,要着力完善中国特色现代企业制度,激发和保护企业家精神,加快培育一批产品卓越、品牌卓著、创新领先、治理现代的世界一流企业,支持中小微企业发展,不断增强我国经济创新力和竞争力。

二、构建全国统一大市场,建设高标准市场体系

习近平总书记指出:"市场决定资源配置是市场经济的一般规律,市场经济本质上就是市场决定资源配置的经济。"构建高水平社会主义市场经济体制,要加快建设全国统一大市场,深化要素市场化改革,建设高标准市场体系,不断完善产权保护、市场准入、公平竞争、社会信

用等市场经济基础制度,实现准入畅通、开放有序、竞争充分、行为规范,充分发挥我国巨大市场潜力,聚集国内外资源要素,为构建新发展格局提供坚实支撑。

(一)构建全国统一大市场。建设高效规范、公平竞争、充分开放的全国统一大市场,是坚持扩大内需战略、构建新发展格局、建设高水平社会主义市场经济体制的内在要求。要强化统一大市场基础制度建设,推进市场基础设施互联互通,建立公平规范高效的市场监管体系。打造高标准商品、服务和要素市场,促进现代流通体系建设,大力发展物联网,降低制度性交易成本和全社会物流成本,增强统一市场的规模效应和集聚效应。深入实施乡村振兴战略和新型城镇化战略,畅通城乡要素流动,激发融合发展的巨大潜能。建立有利于发挥比较优势的区域协调发展机制,促进生产要素在更大范围、更广领域流动交融。加快统一市场法规及标准的建立和修订,坚决废除妨碍全国统一市场和公平竞争的各种规定和做法。

(二)深化要素市场化改革。完善要素市场是构建全国统一大市场的重要组成部分,是深化市场化改革的重点任务。要深入开展要素市场化配置综合改革试点,健全要素市场体系,扩大配置范围,实现要素价格市场决定、流动自主有序、配置高效公平。统筹推进农村土地征收、集体经营性建设用地入市、宅基地制度改革,加快建设城乡统一的建设用地市场。深化户籍制度改革,破除劳动力和人才在城乡、区域、不同所有制单位间的流动障碍。加强资本市场基础制度建设,推动多层次资本市场健康发展。加快发展技术要素市场,完善科技创新资源配置方式。加快构建数据基础制度体系,统筹推进数据产权、流通交易、收益分配、安全治理,促进数字经济和实体经济深度融合,打造具有国际竞争力的数字产业集群。加快要素价格市场化改革,完善主要由市场供求关系决定要素价格的机制,依法维护公共利益,最大限度减少政府对价格形成的不当干预。

(三)建设高标准市场体系。高标准市场体系是构建高水平社会主义市场经济体制、保障市场有效运行的重要基础。要坚持平等准入、公正监管、开放有序、诚信守法,畅通市场循环,疏通政策堵点,提升市场监管服务的规范化和便利化程度。全面完善产权制度,健全归属清晰、权责明确、保护严格、流转顺畅的现代产权制度,健全以公平为核心原则的产权保护,强化知识产权保护。全面实施市场准入负面清单制度,严格落实"全国一张清单"管理模式。全面落实公平竞争审查制度,坚持对各类市场主体一视同仁、平等对待,健全公平竞争制度监督实施机制,增强刚性约束。全面推进社会信用建设,健全相关法律法规和标准体系,完善市场主体信用承诺制度,构建以信用为基础的新型监管机制。

三、建设开放型经济新体制,促进高水平对外开放

习近平总书记指出:"开放带来进步,封闭必然落后","中国开放的大门不会关上","中国将在更大范围、更宽领域、更深层次上提高开放型经济水平"。我国改革开放的历史充分证明,对外开放是推动经济社会发展的重要动力,以开放促改革、促发展是我国发展不断取得新成就的重要法宝。面对世界百年未有之大变局,必须更好利用国内国际两个市场两种资源,更加注重制度型开放,以国内大循环吸引全球资源要素,促进国内国际双循环,推动形成更高水平的对外开放新格局,打造国际经济合作和竞争新优势。

(一)扩大开放的范围和领域。优化对外开放的空间格局,拓宽对外开放的范围领域。要推动共建"一带一路"高质量发展,强化多种形式的互利合作机制建设。引导沿海内陆沿边开放优势互补、协同发展,加大西部和沿边地区开放力度,加快形成陆海内外联动、东西双向互济的开放格局。深化和拓展资金、资源、人才、科技等领域国际合作,完善商品、服务、要素市场化国际化配置,使各领域开放形成协同效应。稳妥推进金融和服务领域开放,深化境内外资本市场互联互通,有序推进人民

币国际化。积极拓展多双边经贸合作,推动贸易和投资自由化便利化。

(二)完善提升对外开放平台。各类开放平台是持续扩大对外开放的前沿阵地和体制机制创新的试验田,要打造开放层次更高、营商环境更优、辐射作用更强的开放新高地。深化自由贸易试验区改革,赋予其更大改革自主权,及时总结、复制推广制度创新成果。加快建设海南自由贸易港,建立中国特色自由贸易港制度和政策体系。创新提升国家级新区和开发区,支持建设内陆开放型经济试验区。

(三)稳步扩大制度型开放。建设更高水平开放型经济新体制,对制度型开放提出了更高要求。要主动对接国际高标准市场规则体系,健全外商投资准入前国民待遇加负面清单管理制度,依法保护外商投资权益。健全高水平开放法治保障,加强规则、规制、管理、标准等建设,完善外商投资国家安全审查、反垄断审查、国家技术安全清单管理、不可靠实体清单等制度。积极参与全球经济治理体系改革,推动构建公平合理、合作共赢的国际经贸投资新规则。

四、推进宏观经济治理体系和治理能力现代化

习近平总书记指出:"宏观调控的主要任务是保持经济总量平衡,促进重大经济结构协调和生产力布局优化,减缓经济周期波动影响,防范区域性、系统性风险,稳定市场预期,实现经济持续健康发展","宏观调控必须适应发展阶段性特征和经济形势变化,该扩大需求时要扩大需求,该调整供给时要调整供给,相机抉择,开准药方"。科学高效的宏观经济治理是实现国家治理体系和治理能力现代化的客观要求,也是构建高水平社会主义市场经济体制的重要组成部分。必须坚持稳中求进工作总基调,坚定实施扩大内需战略,统筹国内国际两个市场、发展和安全两件大事,强化系统思维和底线思维,着力健全目标一致、合理分工、高效协同的宏观经济治理体系,推动实现更有效率、更加公平、更可持续、更为安全的高质量发展。

（一）健全宏观经济治理体系。宏观调控是党和国家治理经济的重要方式，体现了中国特色社会主义制度的独特优势。要加快建立体现新发展理念、与高质量发展要求相适应的宏观调控目标体系、规划体系、政策体系、协调体系、保障体系和监督评价体系。发挥国家发展规划的战略导向作用，使总目标和分目标、中长期规划和年度计划有效衔接、接续推进。加强财政政策和货币政策等宏观政策协调配合，合理把握宏观调控的时效度。完善促进消费的体制机制，增强消费对经济发展的基础性作用。深化投融资体制改革，发挥投资对优化供给结构的关键作用。完善宏观经济政策制定和执行机制，重视社会预期管理。健全宏观经济政策统筹协调机制，强化宏观政策取向一致性评估，完善市场主体有序参与宏观经济政策制定机制，形成治理合力。深刻认识国际形势变化和科学技术进步对经济社会发展的影响，充分运用互联网、大数据、人工智能等手段，提升宏观经济治理现代化水平。

（二）建设现代财政金融体系。财政金融是国家治理的基础和重要支柱。要健全现代预算制度，全面实施预算绩效管理，提高财政资金使用效率。优化各级政府间事权和财权划分，建立权责清晰、财力协调、区域均衡的中央和地方财政关系，完善财政转移支付体系。深化税收制度改革，优化税制结构，健全地方税体系，主动防范化解政府债务风险。深化金融体制改革，加强和完善现代金融监管。建设现代中央银行制度，健全货币政策决策机制。发展普惠金融、绿色金融，完善以支持实体经济为本的现代金融服务体系。强化金融稳定保障体系，依法将各类金融活动全部纳入监管，提高预防预警能力，及时化解金融风险，坚决守住不发生系统性风险底线。健全资本市场功能，提高直接融资比重，全面实行股票发行注册制。深刻认识把握社会主义市场经济体制下资本特性和行为规律，充分发挥其作为重要生产要素的积极作用，同时科学设置"红绿灯"，健全事前引导、事中防范、事后监管相衔接的全链条监管体系，依法规范和引导资本健康发展，防止资本无序扩张。

（三）打造市场化法治化国际化的营商环境。营商环境是企业生存发展的土壤。要加快政府职能转变，深化简政放权、放管结合、优化服务改革，把不该管的坚决放给市场，把该管的切实管住管好管到位。适应新业态新模式、跨领域跨地区系统管理需要，综合运用经济、法律、行政和现代信息技术手段，创新市场监管和服务方式，提升综合效能。鼓励和保护公平竞争，依法保护生产者和消费者权益，加强反垄断和反不正当竞争，坚决破除地方保护和行政性垄断。健全与现代化经济体系相适应的法律法规和技术管理标准，完善市场环境和信用评价体系，打造稳定公平透明可预期的营商环境，不断提高市场化法治化国际化水平。

健全现代预算制度

刘　昆

党的二十大报告从战略和全局的高度,明确了进一步深化财税体制改革的重点举措,提出"健全现代预算制度",为做好新时代新征程财政预算工作指明了方向、提供了遵循。我们要全面贯彻习近平新时代中国特色社会主义思想,认真学习贯彻党的二十大精神,坚决落实好健全现代预算制度各项任务,为全面建设社会主义现代化国家提供坚实财力保障和强大物质基础。

一、立足谱写全面建设社会主义现代化 国家崭新篇章,充分认识健全现代 预算制度的重大意义

预算体现党和国家的意志,服务保障党和国家的重大方针、重大方略、重大决策、重大工作。经过党的十八大以来的改革,我国现代预算制度基本确立。党的二十大要求健全现代预算制度,这是党中央立足国情、着眼全局、面向未来的重大部署,现代预算制度建设迈上新征程。

(一)健全现代预算制度是实现新时代新征程目标任务的重要举措。党的二十大从新的时代条件出发,针对我国改革发展面临的新形势新任务,从战略全局上对党和国家事业作出规划和部署,向全面建成社会主义现代化强国、实现第二个百年奋斗目标迈进。当前,世界百年未有之大变局加速演进,我国发展需要应对的风险和挑战、需要解决的矛盾和问题更加错综复杂。作为党执政的重要资源,现代预算必须准

确把握新的战略机遇、新的战略任务、新的战略阶段、新的战略要求、新的战略环境,以新发展理念为引领,更加体现时代性、法治性、透明性、科学性、开放性、安全性,支持加快构建新发展格局,实现高质量发展。

(二)健全现代预算制度是推进中国式现代化的重要保障。党的二十大提出,要坚持以中国式现代化全面推进中华民族伟大复兴。与产生于资本主义制度的西方式现代化相比,中国式现代化坚持中国共产党的领导,基于我国社会主义制度而形成,既有各国现代化的共同特征,更有基于自己国情的中国特色。现代预算制度是中国特色社会主义制度的重要组成部分,必须与中国式现代化相适应,立足社会主要矛盾,着力解决发展不平衡不充分问题,发挥预算在资源配置、财力保障等方面的重要作用,补短板、强弱项、固底板、扬优势,更好满足人民日益增长的美好生活需要,更好推动人的全面发展、社会全面进步。

(三)健全现代预算制度是构建高水平社会主义市场经济体制的重要支撑。党的二十大提出,构建高水平社会主义市场经济体制,充分发挥市场在资源配置中的决定性作用,更好发挥政府作用。预算作为宏观经济治理工具,根据社会主义市场经济体制要求和宏观调控目标,引导优化市场资源配置,推动有效市场和有为政府结合。现阶段预算统筹力度、预算控制和约束、财政资源使用等方面还存在不足,深化和拓展预算制度改革成果,必须坚持社会主义市场经济改革方向,盯住重点领域和关键环节发力,进一步提高宏观经济治理能力,为更好理顺政府和市场关系、构建高水平社会主义市场经济体制提供支撑。

二、深入学习贯彻习近平新时代中国特色 社会主义思想,准确把握健全现代预算 制度的基本原则

习近平新时代中国特色社会主义思想体系严整、内涵丰富、博大精深,是当代中国马克思主义、二十一世纪马克思主义。健全现代预算制

度必须坚持以党的创新理论为指导,贯通运用贯穿其中的马克思主义立场观点方法,重点把握以下基本原则。

(一)坚持党中央集中统一领导,确保预算制度改革正确方向。习近平总书记强调,中国共产党领导是中国特色社会主义最本质的特征,是中国特色社会主义制度的最大优势,是党和国家的根本所在、命脉所在。党中央治国理政、当家理财,财政部门做具体服务保障工作,必须不断提高政治判断力、政治领悟力、政治执行力,把党的领导贯彻到健全现代预算制度全过程,确保预算制度安排体现党中央战略意图,更好发挥财政在国家治理中的基础和重要支柱作用。

(二)坚持以人民为中心的发展思想,推动现代化建设成果更多更公平惠及全体人民。习近平总书记强调,我们谋划推进工作,一定要坚持全心全意为人民服务的根本宗旨。预算安排涉及"蛋糕"分配,关系民生福祉,必须把实现好、维护好、发展好最广大人民根本利益作为健全现代预算制度的出发点和落脚点,取之于民、用之于民,健全民生领域投入保障机制,着力解决地区差距、城乡差距、收入分配差距,促进全体人民共同富裕。

(三)坚持艰苦奋斗、勤俭节约,建立可持续的财政保障机制。习近平总书记强调,要提倡艰苦奋斗、勤俭节约,坚决反对铺张浪费,在全社会营造浪费可耻、节约光荣的浓厚氛围。健全现代预算制度,要把艰苦奋斗、勤俭节约作为预算收支安排的基本原则,党政机关坚持过紧日子,勤俭办一切事业。要尽力而为、量力而行,把保障和改善民生建立在经济发展和财力可持续的基础之上,重点加强基础性、普惠性、兜底性民生保障建设。

(四)坚持高质量发展,全面提升预算管理现代化水平。习近平总书记强调,高质量发展是"十四五"乃至更长时期我国经济社会发展的主题,关系我国社会主义现代化建设全局。健全现代预算制度,要按照高质量发展的要求,运用先进的理念方法深化改革创新,着力构建涵盖预算编制、预算执行、预算监督和基础支撑等科学规范的现代预算制度,促进财政支出结构优化、财政政策效能提升。

(五)坚持统筹发展和安全,牢牢守住不发生系统性风险的底线。习近平总书记强调,统筹发展和安全,增强忧患意识,做到居安思危,是我们党治国理政的一个重大原则。健全现代预算制度,要深刻把握我国经济社会发展面临的复杂性艰巨性,牢固树立底线思维,平衡好促发展和防风险的关系,既注重壮大财政实力,为宏观调控提供充足资源保障,也把握好预算支出时度效,增强风险防范化解能力。

三、坚决落实党中央部署要求,深入推进 现代预算制度改革重点任务

按照党中央统一部署,健全现代预算制度,要进一步破除体制机制障碍、补齐管理制度短板,推动预算编制完整科学、预算执行规范高效、预算监督严格有力、管理手段先进完备,构建完善综合统筹、规范透明、约束有力、讲求绩效、持续安全的现代预算制度。

(一)优化税制结构,坚持以共享税为主体的收入划分制度。我国共享税收入占比较高,是应对地区间发展不平衡的客观需要,具有中国特色社会主义的分配特点。在保持中央和地方财力格局总体稳定前提下,完善相关税收收入划分。继续将增值税、企业所得税、个人所得税作为中央和地方共享收入,减少经济波动对地方收入的影响,适度消解税基分布不均衡及流动带来地区间利益分享的不合理性,既做大"蛋糕",又分好"蛋糕"。在保持基本税制稳定前提下,优化税制结构。健全以所得税和财产税为主体的直接税体系,适当提高直接税比重,强化税制的累进性。完善个人所得税制度,适当扩大综合所得征税范围,完善专项附加扣除项目。深化增值税制度改革,畅通增值税抵扣链条,优化留抵退税制度设计。健全地方税体系,加快培育地方税源。全面落实税收法定原则,规范税收优惠政策,进一步加强非税收入管理。

(二)发挥中央和地方两个积极性,完善财政转移支付体系。按照

与财政事权和支出责任划分相适应的原则,规范转移支付分类设置,厘清边界和功能定位。共同财政事权转移支付具有鲜明中国特色,以保障和改善民生为目标,增强地方基本公共服务保障能力。合理安排共同财政事权转移支付,实行差异化补助政策,推进地区间基本公共服务水平更加均衡。专项转移支付以保障党中央重大决策部署落实为目标,资金定向精准使用,强化对地方的引导激励,并逐步退出市场机制能够有效调节的领域。专项转移支付据实安排,不强调数量多寡。一般性转移支付以均衡区域间基本财力配置为目标,结合财政状况增加规模,并向中西部财力薄弱地区倾斜,向革命老区、民族地区、边疆地区、欠发达地区以及担负国家国防安全、粮食安全、能源安全、生态安全等职责的功能区域倾斜,促进财力分布更加均衡。全面提升管理科学性。严格转移支付设立程序,健全定期评估和退出机制。对支持同一战略、同一领域、同一行业的转移支付,加强统筹、协同实施。优化分配方式,完善支出成本差异、财政困难程度评价方法等工具,探索建立区域均衡度评估机制及指标体系,逐步加大常住人口权重。

（三）增强重大决策部署财力保障,健全财政资源统筹机制。当前和今后一个时期,要保持宏观税负基本稳定,财政相应处于紧平衡状态,必须加强资源统筹,集中财力办大事。强化"四本"预算统筹。全面落实取消一般公共预算中以收定支的规定,应当由政府统筹使用的政府性基金项目转列一般公共预算,合理确定国有资本收益上交比例,稳步提高社会保险基金统筹层次。逐步统一预算分配权,减少交叉重复安排。强化增量与存量资源统筹。完善结余资金收回使用机制,存量资金与下年预算安排紧密挂钩。将依托行政权力、国有资源资产获取的收入等全面纳入预算管理,推动长期低效运转、闲置资产调剂使用。强化财政拨款收入和非财政拨款收入统筹。各部门和单位依法依规将取得的事业收入、事业单位经营收入等纳入预算管理,在非财政拨款收入可以满足支出需要时,原则上不得再申请财政拨款。在强化收入统筹基础上,优化支出结构保障"国之大者"。加大对教育、科技、就业和社会保障、卫生健康、农业农村、生态环保等重点领域的保障力度，确保重大决策部署落地见效。

（四）提升资金效益和政策效能，进一步完善预算管理制度。加强预算管理重点环节，促进资金规范安全高效使用，精准有效落实积极的财政政策。深化预算绩效管理。扩大重点绩效评价范围，提高绩效评价质量。推进部门和单位整体支出绩效评价，探索开展政府收入绩效管理。用好绩效评价结果，形成评价、反馈、整改、提升良性循环。推进支出标准化。完善基本支出标准，加快项目支出标准建设，健全基本公共服务保障制度和标准。健全预算执行管理体系。严格预算控制、核算、决算，完整反映预算资金流向和预算项目全生命周期情况。优化政府采购需求管理和交易制度，强化政府采购政策功能。完善国债收益率曲线，进一步发挥政府债券金融工具作用。完善财政资金直达机制。优化直达资金范围，保持规模合理适度。压实地方主体责任，增强地方分配资金自主性。实施资金分类管理，完善全过程监管机制。全面推进预算管理一体化。推动中央和地方财政系统信息贯通，动态反映各级预算安排和执行情况。加强财政与行业部门信息互联共享，实现一体化系统在各级财政部门和预算单位全面运行。加强预决算公开。进一步扩大范围，细化内容，改进方式，提升公开的及时性、完整性、规范性和可获得性。

（五）增强财政可持续能力，筑牢风险防范制度机制。兼顾当前和长远，把财政可持续摆在更加突出位置。防范化解政府债务风险。坚持高压监管，坚决遏制隐性债务增量，妥善化解存量，逐步实现地方政府债务按统一规则合并监管。加大违法违规举债查处力度，完善问责闭环管理和集中公开机制。加强地方政府融资平台公司治理，打破政府兜底预期。保持县区财政平稳运行。坚持县级为主、市级帮扶、省级兜底、中央激励，足额保障"三保"支出，坚持"三保"支出优先顺序，坚决兜住"三保"底线。强化基层财政运行监测预警，对风险隐患早发现早处置。建立健全财政承受能力评估机制。出台涉及增加财政支出的重大政策和实施重大政府投资项目前,按规定进行财政承受能力评估,防止过高承诺、过度保障。除统一要求以及共同事权下级政府应负担部分外,上级政府及其部门不得要求下级配套或变相配套。加强跨年度预算平衡。强化跨周期、逆周期调节,科学安排赤字、债务规模,将政府杠杆率控制在合理水平。对中长期支出事项、跨年度项目等纳入中期财政规划管理,与年度预算加强衔接。健全预算稳定调节基金机制,防止形成顺周期调节。

(六)强化财经纪律约束,优化财会监督体系。履行财会监督主责,发挥财会监督在党和国家监督体系中的重要作用。健全监督机制。推动出台进一步加强财会监督工作的意见,形成财政部门主责监督、有关部门依责监督、各单位内部监督、相关中介机构执业监督、行业协会自律监督的财会监督体系,完善各监督主体横向协同、中央与地方纵向联动的工作机制。突出监督重点。强化重大财税政策落实情况监督,加强部门预算闭环监管,对转移支付实施全链条监督,做好对地方政府债务、财政运行、"三保"等方面的持续监控。加强会计信息质量和中介机构执业质量监督,严肃查处财务舞弊、会计造假等案件。提高监督效能。做好财会监督与各类监督贯通协同,实现信息共享、成果共用,推动实施联合惩戒。加强财会监督队伍建设,探索运用"互联网+监管"、大数据等现代信息技术手段。对监督发现的问题严格追责,让财经纪律成为不可触碰的"高压线"。

建设现代中央银行制度

易　纲

党的二十大报告提出"建设现代中央银行制度",为做好中央银行工作指明了方向。我们要全面贯彻习近平新时代中国特色社会主义思想,以加强党中央集中统一领导为引领,坚持金融工作的政治性、人民性和专业性,夯实现代中央银行制度,走中国特色金融发展之路,服务和保障社会主义现代化强国建设。

一、建设现代中央银行制度的重要意义

中央银行是金融体系的中枢,随着经济社会发展,逐步演进为以国家或国家联盟为单位的现代中央银行。现代中央银行负责货币发行,调节货币供应和流通,维护币值稳定;调控金融活动,推进金融改革,加强资源跨时空有效配置,促进充分就业和经济增长;履行最后贷款人职能,实施宏观审慎管理,防范化解系统性金融风险,维护金融体系稳健运行。如果中央银行履职不到位,就可能出现货币超发,导致通货膨胀和资产泡沫,或者发生通货紧缩,甚至引发经济金融危机。

中国人民银行作为我国的中央银行,于 1948 年 12 月在西柏坡正式成立,前身是中央苏区时期在江西瑞金成立的中华苏维埃共和国国家银行。自 1984 年开始,人民银行不再从事商业银行业务,专门履行中央银行职能。1995 年颁布的中国人民银行法,确定了人民银行"制

定和执行货币政策,防范和化解金融风险,维护金融稳定"的中央银行定位。

建设现代中央银行制度,是全面建设社会主义现代化国家的必然要求:**一是走中国特色金融发展之路的必然要求**。中国特色金融发展之路的内涵是,坚持党中央对金融工作的集中统一领导,坚持以人民为中心的金融价值取向,坚持金融服务实体经济的根本要求,坚持把防控风险作为金融工作永恒主题,坚持市场化法治化的改革方向。中央银行自身的现代化建设,既是中国特色金融发展之路的重要组成部分,也是推动整个金融系统走好中国特色金融发展之路的重要条件。**二是服务经济高质量发展的必然要求**。我国经济迈向高质量发展阶段,面临需求收缩、供给冲击、预期转弱等短期压力,以及人口老龄化、区域经济分化、潜在增长率下降等中长期挑战。中央银行要支持经济发展方式转变和经济结构优化,稳妥应对经济发展中的各种挑战,这也对中央银行自身的制度建设提出了更高要求。**三是统筹金融发展和安全的必然要求**。在百年变局和世纪疫情交织叠加的历史阶段,我国经济金融运行面临更加复杂严峻的环境,外部冲击风险明显增多,国内经济金融的一些风险隐患可能"水落石出"。中央银行要在政治上、业务上、作风上、廉政上达到更高标准、落实更严要求,有效应对各种风险和挑战。**四是推进国家治理体系和治理能力现代化的必然要求**。金融制度是经济社会发展中重要的基础性制度,而中央银行发行的货币又是金融的根基和血脉,因此现代中央银行制度是现代化国家治理体系的重要组成部分,要按照推进国家治理体系和治理能力现代化的要求,进一步推进现代中央银行制度建设。

二、建设现代中央银行制度的基本原则

党的十八大以来,以习近平同志为核心的党中央高度重视金融事业和中央银行工作。习近平经济思想以及习近平总书记关于金融工作

的系列重要讲话和指示批示精神,为建设现代中央银行制度提供了根本遵循和行动指南。建设现代中央银行制度必须立足中国国情,紧扣时代脉搏,突出社会主义市场经济特征。

我国的现代中央银行,是党中央集中统一领导的中央银行。金融事关经济发展和国家安全,事关人民群众安居乐业。只有坚持党中央集中统一领导,完善党管金融的体制机制,才能确保金融工作正确的政治方向和发展导向。中央银行要不折不扣执行党中央路线方针政策,高效落实党中央决策部署,成为党执政兴国的坚强支柱。

我国的现代中央银行,是以人民为中心的中央银行。中央银行事业起于为人民服务,兴于为人民服务,必须充分体现人民性,以不断满足人民日益增长的优质金融服务需求为出发点和落脚点。中央银行要着力健全具有高度适应性、竞争力、普惠性的现代金融体系,守护好老百姓的钱袋子,以高质量金融服务促进共同富裕,不断实现人民对美好生活的向往。

我国的现代中央银行,是立足中国国情的中央银行。20世纪八九十年代我国出现过几轮严重通货膨胀,针对这一实际问题,党中央要求人民银行坚决维护币值稳定,明确财政赤字不得向央行透支,这带来了近30年来我国货币金融环境的长期基本稳定。2017年全国金融工作会议又结合实际情况,确立了服务实体经济、防控金融风险、深化金融改革三大任务。中央银行要继承优良传统,从我国国情出发,从现实问题出发,实施有利于金融长治久安的政策措施。

我国的现代中央银行,是坚持市场化法治化的中央银行。中国人民银行法规定,人民银行是我国的中央银行,在国务院领导下依法独立制定和执行货币政策,履行职责,从事金融业务活动。这表明人民银行既是国务院组成部门,也是市场主体,要遵循市场化法治化原则运行。在实施货币政策时,要通过市场化方式调节货币和利率,充分发挥市场在资源配置中的决定性作用。在开展金融管理和金融服务、防范化解金融风险时,要依法行使行政权力,依法保护产权和人民利益,维护市场公平秩序。

我国的现代中央银行，是借鉴国际金融发展有益实践的中央银行。中央银行在发展过程中，形成了一系列被广泛接受的行为规则，包括：为维护币值稳定，央行应具有一定的独立性；当通胀或经济增速偏离目标水平时，央行应当灵活调整利率；为避免道德风险，央行发放再贷款要有合格抵押品并收取适当利率；为防范风险传染，央行可向金融体系提供流动性支持；等等。我国建设现代中央银行制度，可借鉴上述有益经验，并吸取历次国际金融危机的教训，不断提升中央银行的履职成效。

三、建设现代中央银行制度的主要举措

建设现代中央银行制度，要围绕党的二十大确立的金融改革发展稳定任务，做好以下工作。

（一）完善货币政策体系，维护币值稳定和经济增长。

高杠杆是宏观金融脆弱性的总根源，中央银行要管好货币总闸门。2008 年国际金融危机爆发以来，特别是新冠肺炎疫情暴发以来，在党中央的坚强领导下，我国保持住了政策定力，是少数实施正常货币政策的主要经济体之一。我们没有实施量化宽松、负利率等非常规货币政策，利率水平在全世界居中，在主要发展中国家中较低，人民币汇率也在合理均衡水平上保持了基本稳定，物价走势整体可控，有力促进了我国经济的稳定增长。

实施正常的货币政策。简单地说，正常的货币政策是指主要通过利率的调整可以有效调节货币政策的情况。与其相对应的是在零利率或负利率情况下的非常规货币政策。正常的货币政策不仅有利于促进居民储蓄和收入合理增长，也有利于提高人民币资产的全球竞争力，利用好国内国际两个市场、两种资源。未来，我国经济潜在增速有望维持在合理区间，有条件尽量长时间保持正常的货币政策，保持正的利率，保持正常的、斜率向上的收益率曲线形态。

健全货币政策调控机制。健全基础货币投放机制和货币供应调控机制,强化流动性、资本和利率约束的长效机制。发挥货币政策的总量和结构双重功能,精准加大对国民经济重点领域和薄弱环节的支持力度。建立市场化利率形成和传导机制,均衡利率由资金市场供求关系决定,中央银行确定政策利率要符合经济规律。完善以市场供求为基础、参考一篮子货币进行调节、有管理的浮动汇率制度,有效管理和引导市场预期。

(二)深化金融体制改革,提升金融服务实体经济能力。

改革和开放是我国经济社会发展的不竭动力,服务实体经济是金融业立业之本。党的十八大以来,我国金融改革开放成绩卓著。当前,在加快构建新发展格局的背景下,需要进一步深化金融供给侧结构性改革,持续优化金融产品和金融服务,大力发展普惠金融、绿色金融、科技金融,推进构建多层次资本市场,健全资本市场功能,提高直接融资比重,加强金融基础设施建设。

健全绿色金融体系。构建绿色金融"五大支柱",支持碳达峰碳中和目标的实现:一是按照"国内统一、国际接轨、清晰可执行"的原则,建立和完善绿色金融标准体系。二是分步建设强制性的信息披露制度,有序覆盖各类金融机构和融资主体。三是健全激励约束机制,对金融机构开展绿色金融服务进行评价。四是健全绿色金融产品和市场体系,推动形成碳排放权的合理价格。五是深化绿色金融国际合作,引领国际标准制定。

扩大金融业高水平开放。在安全可控的前提下,进一步完善准入前国民待遇加负面清单的管理模式,提升我国金融市场的投资便利性,提高全球竞争力。坚持多边主义原则,积极参与国际金融合作与治理,稳步扩大规则、规制、管理、标准等制度型开放。在多边债务重组中坚决维护我国海外债权利益。对于海外债权,按照"谁投资谁承担风险、谁决策谁负责风险补偿"的原则,由金融机构和企业承担主体责任,相关决策部门充分考虑项目的金融可持续性,负责风险补偿。

（三）落实金融机构及股东的主体责任，提升金融机构的稳健性。

市场经济本质是法治经济，各市场主体依法承担经营失败损失的法律责任。做金融是要有本钱的，金融机构股东要保证做实资本，资产扩张必须要受资本金的约束，如果经营失败出现风险，也要首先进行"自救"，即通过资本盈余吸收损失，如果不够，则由股东根据自身出资依法承担损失，直至股本清零。如果"自救"失败，则股东承担机构破产重组或清算的法律后果，此时为保护中小存款人利益、防范系统性风险，"他救"机制和金融稳定保障体系开始发挥作用。

大规模的"他救"是特定历史时期的特殊安排。"他救"客观上不利于形成风险自担的正向激励，往往是针对计划经济时期遗留问题而不得已采取的措施。例如，20世纪90年代至21世纪初，国有大型银行和农信社因职责和产权不清、行政干预严重等政策性原因积累了大量经济转轨风险。对此，国家在改革过程中化解了风险，通过发行国债、外汇储备、央行票据、地方政府专项借款等注入资本金，并对不良资产进行了果断处置。通过"花钱买机制"，建立了资本约束和有效的公司治理结构，取得了举世瞩目的效果。在市场经济下政府或央行出资的"他救"，一般以原股东破产清零为前提条件，要慎用，防止道德风险。

"自救"应成为当前和今后应对金融风险的主要方式。当前，我国社会主义市场经济体制已经全面确立，金融机构及股东作为市场主体，应当承担自主经营、自负盈亏、"自救"风险的主体责任。金融机构要建立市场化资本补充机制，按照监管规则计提拨备，加大不良资产处置力度，塑造金融机构健康的资产负债表。健全激励约束机制，尊重金融机构自主经营权，减少对金融机构经营活动的行政干预。推动资不抵债的机构有序市场化退出，通过股权清零、大额债权打折承担损失。

"自救"能力来源于市场经济下机构的股东出资和可持续经营产生的收益，"自救"的动力和自觉性来源于有效的监管。金融机构的稳健性是建立在预算硬约束基础上的,市场主体以自己的资本充足率为约束,股东负有主体责任,在出现坏账时,用拨备、核销、补资本的方式满足监管要求,保持自身的稳健性。2017 年至 2021 年 5 年期间,银行业机构共计提贷款拨备超过 8 万亿元、核销不良资产超过 6 万亿元、补充资本金超过 10 万亿元。可见,商业银行的"自救"能力是在产权和监管的约束下,主要由自身的税后资源来实现的。

(四)加强和完善现代金融监管,强化金融稳定保障体系,守住不发生系统性风险底线。

金融是经营管理风险的行业,防范化解金融风险是金融工作的永恒主题。2018 年以来,防范化解重大金融风险攻坚战取得重要阶段性成果,金融风险整体收敛,但与此同时,监管不到位成为了制约金融高质量发展的瓶颈。必须坚持底线思维,进一步加强和完善金融监管,进一步健全金融稳定保障体系,建立维护金融稳定的长效机制。

依法将各类金融活动全部纳入监管。一是把好金融机构准入关,加强对股东监管,防止内部人控制。二是按照"管合法更要管非法"原则,加强对非法金融活动的认定和处置,保护金融消费者权益。三是加强监管执法,丰富执法手段,强化与纪检监察、司法、审计等部门协作。四是加快监管科技和大数据平台建设,推动数据标准统一和监管共享。五是强化监管问责,查处失职渎职和腐败行为。六是统筹协调中央和地方金融管理,确保全国一盘棋,监管无死角。

构建权责一致的风险处置机制。责任清晰、分工明确是有效处置金融风险的前提,金融监管者负责金融机构市场准入和日常监管,是金融风险的最早发现者,也应当是金融风险的纠正和处置者。但在过去较长一段时期内,金融监管权力与风险处置义务并未完全匹配。金融监管部门只有切实承担风险处置责任,才会真正努力将风险消灭于萌芽状态,才有助于促进各方形成防范化解风险的正确预期。因此,要按照"谁审批、谁监管、谁担责"原则,依法合规压实各方的风险处置责任。金融监管部门承担所监管机构的风险处置责任。人民银行承担系统性金融风险处置责任。地方健全党政主要领导负责的财政金融风险处置机制，承担风险处置属地责任。

实行中央银行独立的财务预算管理制度。"财政的钱"与"央行的钱"存在本质区别。财政部门收入源于税收，支出主要是提供公共产品和公共服务。中央银行拥有法定的发钞权，开展货币政策操作，实现维护币值稳定和促进经济增长的根本目标，在此过程中附带产生收益或者亏损。如果允许财政直接向央行透支，靠印票子满足财政支出需求，最终将引发恶性通胀，财政也不可持续并产生债务危机。要根据中国人民银行法有关规定，实行中央银行独立的财务预算管理制度，对人民银行承担金融稳定和改革成本应当年计提拨备，按程序尽快核销，并充实中央银行的准备金和资本，实现央行资产负债表的健康可持续，进而保障人民银行依法履职，实现币值稳定和金融稳定，并以此促进充分就业和经济增长。

加强和完善现代金融监管

郭 树 清

党的二十大报告指出,要加强和完善现代金融监管,强化金融稳定保障体系,依法将各类金融活动全部纳入监管,守住不发生系统性风险底线。必须按照党中央决策部署,深化金融体制改革,推进金融安全网建设,持续强化金融风险防控能力。

一、现代金融监管的基本内涵

以习近平经济思想为指导,回顾国际国内金融治理的历史,总结近些年来我们应对各种风险挑战的实践,可以将以下几个要素归纳为现代金融监管的基本内涵。

(一)宏观审慎管理。防范和化解系统性风险,避免全局性金融危机,是金融治理的首要任务。我国宏观审慎的政策理念源远流长,早在春秋战国时期就开始了政府对商品货币流通的监督和调控,西汉的"均输平准"已经成为促进经济发展和金融稳定的制度安排。现代市场经济中,货币超发、过度举债、房地产泡沫化、金融产品复杂化、国际收支失衡等问题引发的金融危机反复发生,但是很少有国家能够真正做到防患于未然。2008年国际金融危机爆发后,国际社会从"逆周期、防传染"的视角,重新检视和强化金融监管安排,完善分析框架和监管工具。有效的信息共享、充分的政策协调至关重要,但是决策层对重大风险保持高度警惕、执行层能够迅速反应更为重要。

(二)微观审慎监管。中华传统商业文化就特别强调稳健经营,

"将本求利"是古代钱庄票号最基本最重要的行事准则,实质就是重视资本金约束。巴塞尔银行监管委员会和国际保险监督官协会,就是在资本金约束规则的基础上,逐步推动形成银行业和保险业今天的监管规则体系。资本标准、政府监管、市场约束,被称为微观审慎监管的"三大支柱"。许多广泛应用于微观审慎监管的工具,如拨备制度等,也具有防范系统性风险的功能。

(三)保护消费权益。金融交易中存在着严重的信息不对称,普通居民很难拥有丰富的金融知识,而且金融机构工作人员往往也不完全了解金融产品所包含的风险。这就导致金融消费相较于其他方面的消费,当事人常常会遭受更大的利益损失。2008年国际金融危机之后,金融消费者保护受到空前重视。世界银行推出39条良好实践标准,部分国家对金融监管框架进行重大调整。我国"一行两会"内部均已设立金融消费者权益保护部门,从强化金融知识宣传、规范金融机构行为、完善监督管理规则、及时惩处违法违规现象等方面,初步建立起行为监管框架。

(四)打击金融犯罪。金融犯罪活动隐蔽性强、危害性大,同时专业性、技术性较为复杂。许多国家设有专门的金融犯罪调查机构,部分国家赋予金融监管部门一定的犯罪侦查职权。巴塞尔银行监管委员会和一些国家的金融监管机构,均将与执法部门合作作为原则性要求加以明确。我国也探索形成了一些良好实践经验。比如,公安部证券犯罪侦查局派驻证监会联合办公,银保监会承担全国处置非法集资部际联席会议牵头职责,部分城市探索成立专门的金融法院或金融法庭。但是,如何更有效地打击金融犯罪,仍然是政府机构设置方面的重要议题。

(五)维护市场稳定。金融发展离不开金融创新,但要认真对待其中的风险。过于复杂的交易结构和产品设计,容易异化为金融自我实现、自我循环和自我膨胀。能源、粮食、互联网和大数据等特定行业、特定领域在国民经济中具有重要地位,集中了大量金融资源,需要防止其杠杆过高、泡沫累积最终演化为较大金融风险。金融市场是经济社会运行的集中映射,在经济全球化背景下,国际各种事件都可能影响市场情绪,更加容易出现"大起大落"异常震荡。管理部门要加强风险源头管控,切实规范金融秩序,及时稳定市场预期,防止风险交叉传染、扩散蔓延。

(六)处置问题机构。及早把"烂苹果"捡出去,对于建设稳健高效的风险处置体系至关重要。一是"生前遗嘱"。金融机构必须制定并定期修订翔实可行的恢复和处置计划,确保出现问题得到有序处置。二是"自救安排"。落实机构及其主要股东、实际控制人和最终受益人的主体责任,全面做实资本工具吸收损失机制。自救失败的问题机构必须依法重整或破产关闭。三是"注入基金"。必要时运用存款保险等行业保障基金和金融稳定保障基金,防止挤提、退保事件和单体风险引发系统性区域性风险。四是"及时止损"。为最大限度维护人民群众根本利益,必须以成本最小为原则,让经营失败金融企业退出市场。五是"应急准备"。坚持底线思维、极限思维,制定处置系统性危机的预案。六是"快速启动"。有些金融机构风险的爆发具有突然性,形势恶化如同火警,启动处置机制必须有特殊授权安排。

二、现阶段金融监管面临的主要挑战

党的十八大以来,在以习近平同志为核心的党中央坚强领导下,我国金融业改革发展稳定取得历史性的伟大成就。中国银行业总资产名列世界第一位,股票市场、债券市场和保险市场规模均居世界第二位。我们经受住一系列严重风险冲击,成功避免若干全面性危机,金融治理体系和治理能力现代化持续推进。

当前,百年变局和世纪疫情交织叠加,国内外经济金融环境发生深刻变化,不稳定不确定不安全因素明显增多,金融风险诱因和形态更加复杂。我国发展进入战略机遇和风险挑战并存时期,各种"黑天鹅"、"灰犀牛"事件随时可能发生。

世界经济复苏分化加剧,增长动力不足。高通胀正在成为全球经济的最大挑战,主要发达经济体中央银行激进收紧货币政策,很可能引发欧美广泛的经济衰退,叠加疫情反复、大国博弈、地缘政治冲突和能源粮食危机等,将持续影响全球贸易投资和国际金融市场稳定。除此之外,西方国家经济由产业资本主导转变为金融资本主导,近些年来正在向科技资本和数据资本主导转变,带来的震荡非常广泛,影响十分久远。

我国正处于由高速增长向高质量发展转变的关键时期。经济社会高质量发展为抵御风险提供了坚实依托,转型调整也带来结构性市场出清。随着工业化、城镇化持续推进,需求结构和生产函数发生重大变化,金融与实体经济适配性不足、资金循环不畅和供求脱节等现象相互影响,有时甚至会反复强化。

现代科技的广泛应用使金融业态、风险形态、传导路径和安全边界发生重大变化。互联网平台开办金融业务带来特殊挑战,一些平台企业占有数据、知识、技术等要素优势,并与资本紧密结合。如何保证公平竞争、鼓励科技创新,同时防止无序扩张和野蛮生长,是我们面临的艰巨任务。数据安全、反垄断和金融基础设施稳健运行成为新的关注重点。监管科技手段与行业数字化水平的差距凸显。

金融机构公司治理与高质量发展要求相比仍有差距。一些银行、保险公司的管理团队远不能适应金融业快速发展、金融体系更加复杂和不断开放的趋势。近年发生的金融风险事件充分表明,相当多的金融机构不同程度地存在党的领导逐级弱化、股权关系不透明、股东行为不审慎、关联交易不合规、战略规划不清晰、董事高管履职有效性不足和绩效考核不科学等问题。解决这些治理方面的沉疴痼疾仍须付出艰苦努力。

疫情反复冲击下,金融风险形势复杂严峻,新老问题交织叠加。信用违约事件时有发生,影子银行存量规模依然不小,部分地方政府隐性债务尚未缓解,一些大型企业特别是头部房企债务风险突出,涉众型金融犯罪多发,地方金融组织风控能力薄弱。这些都迫切需要健全事前事中事后监管机制安排,实现监管全链条全领域全覆盖。

专业化处置机构和常态化风险处置机制不健全。市场化处置工具不完善,实践中"一事一议"的处置规范性不足。金融稳定保障基金、存款保险基金、保险保障基金、信托业保障基金和投资者保护基金等行业保障基金的损失吸收和分担缺乏清晰的法律规定。金融机构及其股东、实控人或最终受益人的风险处置主体责任需要强化,金融管理部门风险处置责任需进一步明确,地方党委政府属地风险处置责任落实的积极性还需进一步提升。

此外,金融生态、法制环境和信用体系建设任重道远。金融监管资源总体仍然紧张,高素质监管人才较为缺乏,基层监管力量十分薄弱。金融治理的一些关键环节,法律授权不足。

三、加强和完善现代金融监管的重点举措

站在新的历史起点,金融监管改革任务非常艰巨。必须以习近平新时代中国特色社会主义思想为指导,坚守以人民为中心根本立场,不断提升金融监管的能力和水平。

(一)强化党对金融工作的集中统一领导。党的领导是做好金融工作的最大政治优势。走中国特色金融发展之路,要进一步强化党中央对金融工作的领导,建立健全金融稳定和发展统筹协调机制,中央各相关部门和省级党委政府都要自觉服从、主动作为。我国绝大多数金融机构都是地方法人,其党的关系、干部管理、国有股权监管、审计监察和司法管辖也都在地方,因此,必须进一步强化地方党委对金融机构党组织的领导,建立健全地方党政主要领导负责的重大风险处置机制。中央金融管理部门要依照法定职责承担监管主体责任,派出机构要自觉服从地方党委政府领导,积极发挥专业优势和履行行业管理职责,共同推动建立科学高效的金融稳定保障体系,公开透明地使用好风险处置资金。要及时查处风险乱象背后的腐败问题,以强监督推动强监管严监管,坚决纠正"宽松软",打造忠诚干净担当的监管铁军。

(二)深化金融供给侧结构性改革。全面强化金融服务实体经济能力,坚决遏制脱实向虚。管好货币总闸门,防止宏观杠杆率持续快速

攀升。健全资本市场功能,提高直接融资比重。完善金融支持创新体系,加大对先进制造业、战略性新兴产业的中长期资金支持。健全普惠金融体系,改进小微企业和"三农"金融供给,提升新市民金融服务水平,巩固拓展金融扶贫成果。督促中小银行深耕本地,严格规范跨区域经营。强化保险保障功能,加快发展健康保险,规范发展第三支柱养老保险,健全国家巨灾保险体系。稳妥推进金融业高水平开放,服务构建"双循环"新发展格局。

(三)健全"风险为本"的审慎监管框架。有效抑制金融机构盲目扩张,推动法人机构业务牌照分类分级管理。把防控金融风险放到更加重要的位置,优化监管技术、方法和流程,实现风险早识别、早预警、早发现、早处置。充实政策工具箱,完善逆周期监管和系统重要性金融机构监管,防范风险跨机构跨市场和跨国境传染。加强功能监管和综合监管,对同质同类金融产品,按照"实质重于形式"原则进行穿透式监管,实行公平统一的监管规则。坚持金融创新必须在审慎监管的前提下进行,对互联网平台金融业务实施常态化监管,推动平台经济规范健康持续发展。强化金融反垄断和反不正当竞争,依法规范和引导资本健康发展,防止资本在金融领域无序扩张。

(四)加强金融机构公司治理和内部控制。紧抓公司治理"牛鼻子",推动健全现代金融企业制度。筑牢产业资本和金融资本"防火墙",依法规范非金融企业投资金融机构。加强股东资质穿透审核和股东行为监管,严格关联交易管理。加强董事会、高级管理层履职行为监督,引导金融机构选配政治强业务精的专业团队,不断增强公司治理机构之间和高管人员之间的相互支持相互监督。完善激励约束机制,健全不当所得追回制度和风险责任事后追偿制度。督促金融机构全面细化和完善内控体系,严守会计准则和审慎监管要求。强化外部监督,规范信息披露,增强市场约束。

(五)营造严厉打击金融犯罪的法治环境。遵循宪法宗旨和立法精神,更好发挥法治固根本、稳预期、利长远的作用。坚持金融业务持牌经营规则,既要纠正"有照违章",也要打击"无证驾驶"。织密金融法网,补齐制度短板,切实解决"牛栏关猫"问题。丰富执法手段,充分发挥金融监管机构与公安机关的优势条件,做好行政执法与刑事司法衔接,强化与纪检监察、审计监督等部门协作。提高违法成本,按照过罚相当的原则,努力做到程序正义和实体正义并重。保持行政处罚高压态势,常态化开展打击恶意逃废债、非法集资、非法吸收公众存款和反洗钱、反恐怖融资等工作。省级地方政府对辖内防范和处置非法集资等工作负总责。

(六)切实维护好金融消费者的合法权益。探索建立央地和部门间协调机制,推动金融机构将消费者保护纳入公司治理、企业文化和经营战略中统筹谋划。严格规范金融产品销售管理,强化风险提示和信息披露,大力整治虚假宣传、误导销售、霸王条款等问题。推动健全金融纠纷多元化解机制,畅通投诉受理渠道。加强金融知识宣传教育,引导树立长期投资、价值投资、理性投资和风险防范意识,不断提升全社会金融素养。依法保障金融消费者自主选择、公平交易、信息安全等基本权利,守护好广大人民群众"钱袋子"。

(七)完善金融安全网和风险处置长效机制。加快出台金融稳定法,明确金融风险处置的触发标准、程序机制、资金来源和法律责任。在强化金融稳定保障机制的条件下,建立完整的金融风险处置体系,明确监管机构与处置机构的关系。区分常规风险、突发风险和重大风险,按照责任分工落实处置工作机制,合理运用各项处置措施和工具。金融稳定保障基金、存款保险基金及其他行业保障基金不能成为"发款箱",要健全职能,强化组织体系,充分发挥市场化法治化处置平台作用。

(八)加快金融监管数字化智能化转型。积极推进监管大数据平台建设,开发智能化风险分析工具,完善风险早期预警模块,增强风险监测前瞻性、穿透性、全面性。逐步实现行政审批、非现场监管、现场检查、行政处罚等各项监管流程的标准化线上化,确保监管行为可审计、可追溯。完善监管数据治理,打通信息孤岛,有效保护数据安全。加强金融监管基础设施建设,优化网络架构和运行维护体系。

金融管理工作具有很强的政治性、人民性，我们要深刻领悟"两个确立"的决定性意义，自觉践行"两个维护"，以对历史和人民负责的态度，埋头苦干，守正创新，坚定不移地推进金融治理体系和治理能力现代化。

建设现代化产业体系

薛　丰

　　习近平总书记在党的二十大报告中指出:"没有坚实的物质技术基础,就不可能全面建成社会主义现代化强国。"建设现代化产业体系,是党中央从全面建设社会主义现代化国家的高度作出的重大战略部署。我们要认真学习、深刻领会这一战略部署的重大意义,准确把握原则要求,扎实推进现代化产业体系建设,为全面建成社会主义现代化强国、实现第二个百年奋斗目标奠定坚实的物质技术基础。

一、充分认识建设现代化产业体系的重大意义

　　(一)建设现代化产业体系是推动高质量发展的必然要求。党的十八大以来,我国产业结构不断调整优化,产业体系更加完备,有力支撑了全面建成小康社会。进入新发展阶段,国内外发展环境新变化和全面建设社会主义现代化国家的新使命对经济发展提出了新要求。我国经济发展已由高速增长阶段转向高质量发展阶段,正在经历质量变革、效率变革、动力变革。推动高质量发展,要求从量的扩张转向质的提升,把发展质量问题摆在更为突出的位置,着力提升发展质量,形成优质多样化的产业供给体系。推动高质量发展,要求持续优化生产要素配置,不断提高劳动效率、资本效率、土地效率、资源效率,不断提高全要素生产率,形成高效的产业供给体系。高质量发展,是创新成为第一动力的发展,要求从主要依靠资源和低成本劳动力等要素投入转向创新驱动,加快新旧动能转换,不断提升产业基础能力,推动传统产业

优化升级,培育具有国际竞争力的战略性新兴产业,建立起优质高效创新的现代化产业体系。

(二)建设现代化产业体系是赢得大国竞争主动的迫切需要。当前,国际经济政治格局发生深刻复杂变化,大国竞争日趋激烈,地缘政治因素和疫情冲击正在使全球产业分工加速向区域化、多元化方向调整。产业竞争已成为大国竞争的主战场,现代化产业体系成为最关键的"胜负手"。我国产业链整体上处于中低端,大而不强、宽而不深。必须加快建设现代化产业体系,打造完整而有韧性的产业链供应链,才能把产业安全、经济安全、国家安全牢牢掌握在自己手中。同时,我国产业体系虽然规模庞大、门类众多,但仍然存在不少"断点"和"堵点"。特别是我国产业发展面临外部打压遏制随时可能升级、关键核心技术受制于人等突出问题。只有抓住新一轮科技革命和产业变革重塑全球经济结构的机遇,加快建设现代化产业体系,提高自主创新能力,补齐短板弱项,加长长板强项,抢占未来产业竞争制高点,才能在大国竞争中立于不败之地。

(三)建设现代化产业体系是全面建设社会主义现代化国家的重大举措。现代化产业是现代化国家的重要标志。欧美日等实现现代化的国家都先后历经科技革命和产业变革,成功培育本国的现代化产业。而有些国家依靠资源优势曾短暂跻身高收入国家行列,但最终都因没有现代化产业而"掉队",甚至落入"中等收入陷阱"。我们党以实现中华民族伟大复兴为己任,长期致力于推进现代化国家建设,产业现代化始终是我国现代化建设的重要目标和任务。早在1954年,周恩来在第一届全国人民代表大会上就提出建设现代化的工业、农业、交通运输业和国防的目标。1964年,我国曾提出,经过三个五年计划时期,建立一个独立的比较完整的工业体系和国民经济体系,然后全面实现农业、工业、国防和科学技术的现代化。改革开放特别是党的十八大以来,我国社会主义现代化建设取得的成就与我国不断推进产业现代化密不可分。进入新发展阶段,全面建设社会主义现代化国家,提高经济实力和科技实力,必须紧紧抓住产业现代化这个关键,夯实现代化产业体系这个物质技术基础。

二、准确把握建设现代化产业体系的原则要求

(一)坚持推进新型工业化。党的二十大报告提出,要坚持把发展经济的着力点放在实体经济上,推进新型工业化。这是新时代新征程建设现代化产业体系总的目标要求。落实这一要求,就要牢牢把实体经济抓在手里,坚决扭转"脱实向虚"倾向,引导各类要素资源向实体经济特别是制造业集聚发力,推动制造业从数量扩张向质量提高的战略性转变。要强化高端产业引领,推进产业转型升级,发展高端制造、智能制造,培育具有核心竞争力的主导产业,打造具有战略性和全局性的产业链,在开放合作中形成更强创新力、更高附加值的产业体系,加快建设制造强国、质量强国、航天强国、交通强国、网络强国、数字中国,全面提升产业体系现代化水平。

(二)坚持发挥国家发展规划的战略导向作用。用规划引导产业发展,是我国社会主义市场经济的制度优势。要搞好统筹谋划和顶层设计,增强方向感、引导性。坚持目标导向和问题导向相结合,明确发展的优先序,在补短板、强弱项上持续用力,增强精准性、实效性。全面规划和突出重点相协调,对既定目标制定明确的时间表、路线图,稳扎稳打,分步推进,避免一哄而上、无序竞争;统筹考虑发展需要和现实能力、中长期目标和短期目标,有所为有所不为。要增强系统观念,注重各产业、各要素的内在关联性,协同推进产业链上中下游和大中小企业融通发展,统筹推动传统产业改造提升与新兴产业培育壮大,提升产业体系整体水平。

(三)坚持正确处理政府和市场关系。市场是产业发展的原动力。要充分发挥市场在资源配置中的决定性作用,更好发挥政府作用,着力优化产业发展环境。严格公平竞争审查,加强反垄断和反不正当竞争,

破除地方保护和行政性垄断,持续清除妨碍全国统一大市场和公平竞争的规定及做法,减少对微观经济活动的直接干预。坚持平等准入、公正监管、开放有序、诚信守法,构建全国统一大市场,加快建设高标准市场体系。强化公平竞争政策基础地位,加强产业政策和竞争政策协同,加快构建有利于现代化产业体系建设的产业政策体系,完善行业法规和部门规章,完善企业参与产业政策制定渠道,加强政策设计和实施方式与国际通行规则接轨。

(四)坚持企业在现代化产业体系建设中的主导地位。企业是产业发展的微观主体和重要载体。要激发各类企业发展动力和活力,强化企业的主导地位。深化国资国企改革,加快国有经济布局优化和结构调整,提高企业核心竞争力,增强国有企业在现代化产业体系建设中的带动作用。优化民营企业发展环境,依法保护民营企业产权和企业家权益,弘扬企业家精神,使广大民营企业成为现代化产业体系建设的生力军。支持中小微企业和专精特新企业发展,大力培育对产业生态有主导力的领军企业和对产业链节点有控制力的"单项冠军"企业。鼓励国有企业和民营企业开展多种形式合作,形成大中小企业协同发展的产业集群。

(五)坚持把产业发展建立在科技支撑之上。科技是产业竞争力的关键。各国产业发展史表明,科技强则企业强,企业强则产业强。建设现代化产业体系必须把加强科技创新作为重中之重,使产业发展有强大的科技支撑。要发挥社会主义市场经济条件下新型举国体制优势,加强技术攻关,在高端芯片、操作系统、新材料、重大装备等领域攻克一批受制于人的关键核心技术。加强企业主导的产学研深度融合,强化目标导向,提高科技成果转化和产业化水平。强化企业科技创新主体地位,推动创新链产业链人才链深度融合。引导企业加大研发投入,吸引高端科技人才,鼓励企业加强应用基础研究和前沿技术研发。加强共性技术平台建设,加快解决制约产业发展的关键共性技术。着眼未来科技竞争前沿,推动新一代信息技术、生物技术、人工智能等领域技术率先突破,抢占未来产业发展主导权。

三、扎实推进现代化产业体系建设的重点任务

(一)巩固优势产业领先地位。我国产业体系较为完备,在全球分工体系和产业链供应链体系中具有举足轻重的地位,一些产业在国际上已经处于领先地位,成为支撑我国国际竞争力的基石,必须把这个优势巩固住、发挥好。要实施产业基础再造工程,围绕核心基础零部件与基础制造工艺、基础电子元器件、关键基础材料、关键基础软件等提升基础产品质量和技术性能。实施重大技术装备攻关工程,增强高铁、电力装备、新能源、通信设备等领域的全产业链优势。引导和支持传统产业加快应用先进适用技术,加大技术改造和设备投入,用新技术新业态改造提升传统产业链,推动制造业高端化、智能化、绿色化发展。在关系安全发展的领域加快补齐短板,提升战略性资源供应保障能力,确保在极端情况下经济能够正常运转。

(二)推动战略性新兴产业融合集群发展。战略性新兴产业具有先导性,代表新一轮科技革命和产业变革的方向,是引领国家未来产业发展的决定性力量。融合化集群化是产业发展的新模式,也是新型工业化的新趋势。要把握战略性新兴产业发展机遇,推动信息化和新型工业化深度融合,大力发展科技含量高、市场竞争力强、带动作用大、经济效益好的战略性新兴产业。在新一代信息技术、人工智能、生物技术、新能源、新材料、高端装备、绿色环保等领域打造一批具有国际竞争力的先进产业集群,构建一批各具特色、优势互补、结构合理的新增长引擎。要前瞻谋划未来产业,加强前沿技术、颠覆性技术的多路径探索和交叉融合,积极塑造未来技术应用场景,培育孵化一批未来产业,努力抢占科技革命和产业变革制高点。

(三)构建优质高效的服务业新体系。现代服务业成为主导产业并占较大比重,是现代化产业体系的重要特征。要聚焦产业转型升级

需要,发挥科技创新和优质高效服务的关键作用,推动生产性服务业向专业化和价值链高端延伸。加快发展研发、设计、咨询、专利、品牌、物流、法律、金融等现代服务业,推动现代服务业同先进制造业、现代农业深度融合,促进科技、产业、金融良性循环。适应居民消费升级需要,推动生活性服务业向高品质和多样化发展,加快发展健康、养老、育幼、文化、旅游、体育、家政、物业等服务业,更好满足人民高品质生活的需要。要深化服务业领域改革开放,进一步放宽市场准入,构建协同高效的现代服务业监管体系,不断提升服务业质量和效率。

(四)建设高效顺畅的流通体系。流通连接生产和消费。高效顺畅的流通体系,促进生产效率提升,推动产业分工深化,是现代化产业体系必不可少的重要组成部分。要统筹推进现代流通体系硬件和软件建设,发展流通新技术新业态新模式,完善流通领域制度规范和标准,降低物流成本。要完善与产业布局、消费格局相适应的大宗货物、集装箱物流网络,有序发展铁路集装箱运输,推动道路货运高质量发展,加强航空货运能力建设,大力发展货物多式联运。加快建立畅通高效、安全绿色、智慧便捷、保障有力的现代冷链物流体系,完善国家骨干冷链物流基地布局,加强产销冷链集配中心建设,提高冷链物流服务质量效率。发展现代邮政快递服务,推进快递进村入厂,构建国际快件运输网络,推动国际寄递服务便利化。完善现代商贸流通体系,培育一批具有全球竞争力的现代流通企业。加快发展物联网,推进流通体系数字化、智能化改造和跨界融合,培育发展物联网新兴服务业,实现线上线下良性互动、共同发展。

(五)加快发展数字经济。数字化是新的时代特征,数字经济正在成为新一轮国际竞争的重点领域。要把握以数字技术为核心的新一代科技和产业变革历史机遇,促进数字经济和实体经济深度融合,赋能传统产业转型升级,催生新产业新业态新模式。利用互联网新技术应用对传统产业进行全方位、全角度、全链条的改造,加速推动制造业、农业、服务业数字化、网络化、智能化转型。加快建立数据资源产权、交易流通、跨境传输和安全保护等基础制度和标准规范,促进数据采集、挖掘、清洗、标注、存储、分析等形成完整供应链,推动数据资源开发利用。提高数字技术基础研发能力,加快建设新一代移动通信、数据中心等数字基础设施,促进信息高效联通和开发利用。发挥我国市场规模、人力资源和金融体系优势,支持数字企业发展壮大,促进平台经济规范健康持续发展,打造具有国际竞争力的数字产业集群。

(六)构建现代化基础设施体系。基础设施是经济社会发展的重要支撑,现代化基础设施体系是现代化产业体系的重要组成部分。要立足全面建设社会主义现代化国家,优化基础设施布局、结构、功能和系统集成,构建现代化基础设施体系。加强交通、能源、水利等网络型基础设施建设,服务构建全国统一大市场。加强铁路、公路、水运、航空、管道、物流等基础设施建设,加快形成综合交通体系。加快构建现代能源体系,优化电力生产和输送通道布局,提升新能源消纳和存储能力。加强水利基础设施建设,构建国家水网主骨架和大动脉。加快5G网络、数据中心、人工智能、工业互联网、物联网等新型基础设施建设,形成万物互联、人机交互、天地一体的网络空间。加强先进信息、科技、物流等支撑产业升级的基础设施建设,增强经济核心竞争力、推动高质量发展。推进城市基础设施建设,打造高品质生活空间。加强农业农村基础设施建设,促进农业农村现代化。加强国家安全基础设施建设,提升应对极端情况的能力。

加快建设农业强国

唐 仁 健

习近平总书记在党的二十大报告中强调,加快建设农业强国。这是党中央立足全面建设社会主义现代化国家、着眼统筹"两个大局"作出的重大决策部署,明确了新时代新征程农业农村现代化的主攻方向,提出了全面推进乡村振兴的重大任务。我们要深刻领会其精神实质,准确把握其内涵要义,加快建设农业强国,为全面建设社会主义现代化国家、全面推进中华民族伟大复兴提供强有力支撑。

一、充分认识加快建设农业强国的重大意义

中国要强,农业必须强。纵观世界强国发展史,一个国家要真正强大,必须有强大农业作支撑。党的十八大以来,我国农业现代化建设取得了长足发展,具备了由农业大国向农业强国迈进的基本条件,加快建设农业强国正当其时、意义重大。

(一)加快建设农业强国是全面建设社会主义现代化国家的基础支撑。习近平总书记指出,没有农业现代化,国家现代化是不完整、不全面、不牢固的。建设社会主义现代化国家,农业不仅是基础、是支撑,更体现强国建设的速度、质量和成色。与新型工业化、信息化、城镇化相比,农业现代化还是明显短板弱项。要把加快建设农业强国摆在优先位置,大力推进农业现代化,促进农业高质高效,为全面建设社会主义现代化国家奠定坚实基础。

(二)加快建设农业强国是满足人民美好生活需要的必然要求。

习近平总书记强调,城乡居民食物消费结构在不断升级,今后农产品保供,既要保数量,也要保多样、保质量。当前,我国粮食等重要农产品供给总体有保障,但粮食供求仍呈紧平衡,大豆油料自给率偏低,绿色优质农产品供给不足,稳产保供的基础还不牢固。要加快建设农业强国,把提高农业综合生产能力放在更加突出的位置,全方位夯实粮食安全根基,构建多元化食物供给体系,更好满足人民群众丰富多样的食物消费需求。

(三)加快建设农业强国是全面推进乡村振兴的战略任务。习近平总书记指出,农业农村现代化是实施乡村振兴战略的总目标。要坚持农业现代化和农村现代化一体设计、一并推进,实现农业大国向农业强国跨越。这深刻阐释了全面推进乡村振兴的内在逻辑,也鲜明指出了建设农业强国的时代要求。要把加快建设农业强国作为全面推进乡村振兴的重大战略任务,推动农业全面升级,带动农村全面发展,促进农民全面进步。

(四)加快建设农业强国是提高农业综合效益和竞争力的客观需要。习近平总书记强调,要培育农业农村发展新动能,提高农业综合效益和竞争力。经过多年努力,我国农业综合生产能力显著增强,粮食产量稳定在1.3万亿斤以上,农业现代化水平稳步提升。但农业生产基础不牢、大而不强、多而不优问题仍然突出。要加快建设农业强国,健全现代农业产业体系、生产体系、经营体系,打造具有更强创新性、更高附加值、更具竞争力的产业链供应链。

二、准确把握建设农业强国的基本内涵

加快建设农业强国,是农业发展方式的创新,也是农业发展进程的提速,既体现农业发展量的突破和质的跃升,又彰显打破常规的后发优势和赶超态势。要准确把握建设农业强国的内涵特征和基本要求,明确发展目标,找准突破重点,走出一条中国特色农业现代化道路。

（一）供给保障安全可靠。这是建设农业强国的重要基础。世界上真正强大、没有软肋的国家，都有能力解决自己的吃饭问题。未来一段时期，随着我国经济高质量发展和城镇化推进，粮食等重要农产品需求仍呈刚性增长态势。特别是在新冠肺炎疫情冲击和地缘政治冲突加剧的背景下，保障国家粮食安全压力更大、任务更重。要始终坚持立足国内基本解决吃饭问题，深入实施藏粮于地、藏粮于技战略，构建辅之以利、辅之以义机制保障，即确保种粮农民合理收益、全面落实粮食安全党政同责，确保把中国人的饭碗牢牢端在自己手中。同时，树立大食物观，构建粮经饲统筹、农牧渔结合、植物动物微生物并举的多元化食物供给体系，实现各类食物供求平衡。健全粮食流通体系，增强储备调控能力。

（二）科技创新自立自强。这是建设农业强国的根本动力。在耕地和水资源有限的情况下，实现农业稳产增产根本靠科技。近年来，我国农业科技创新能力稳步提升，但核心种源、关键装备等领域还有不小差距。要抢抓新一轮科技革命有利时机，坚持农业科技自立自强，加快以种业为重点的农业科技创新，不断提高土地产出率、劳动生产率和资源利用率，走主要依靠科技进步支撑的内涵式发展之路。

（三）设施装备配套完善。这是建设农业强国的物质支撑。旱涝保收的农田水利设施，先进适用的农机农艺装备，智能高效的现代设施农业，能够显著提升资源利用率，增强农业产出稳定性。经过多年建设，我国农业基础设施明显改善，但高标准农田建设水平还不高，农业机械装备仍有短板，仓储冷链物流设施建设依然滞后。要注重用现代物质条件装备农业，加强农田水利建设，加快推进农业机械化、设施化、智能化，弥补水土资源先天不足。

（四）产业链条健全高端。这是建设农业强国的突出标志。农业产业延链、补链、壮链、强链，就是价值链向中高端迈进的过程。如果农业只停留在第一产业，就会一直处于整个产业链和价值链的底端。目前，我国农产品加工业产值与农业总产值之比为 2.5 : 1，低于发达国家的3∶1—4∶1,产业链条较短、综合效益不高。要立足农业农村特色资源优势,推动农业从种养环节向农产品加工流通等二三产业延伸,发挥三次产业融合发展的乘数效应,拓展农业增值增效空间,把农村资源优势转化为产品优势、产业优势。

(五)资源利用集约高效。这是建设农业强国的内在要求。农业发达国家大多经历了先污染后治理的过程,已有深刻教训,也积累了经验。近年来,我国农业绿色发展取得重要进展,但水土资源环境约束仍然趋紧。必须牢固树立绿水青山就是金山银山理念,推进生态产业化、产业生态化,加快形成绿色低碳生产生活方式,走资源节约、环境友好的可持续发展道路,建设宜居宜业和美乡村。

(六)国际竞争优势明显。这是建设农业强国的应有之义。产品在国际市场竞争优势明显,有较强的规则制定权、产品定价权、资源掌控权,是一个国家农业综合实力的直观体现。未来一个时期,加快构建以国内大循环为主体、国内国际双循环相互促进的新发展格局,农业对外开放步伐将进一步加大。要统筹利用好国内国际两个市场两种资源,拓展优势农产品和农业技术装备市场,积极稳妥利用国外农业资源,深度参与全球粮农治理,加快培育农业国际竞争新优势。

三、加快建设农业强国的重点任务

建设农业强国是一项长期而艰巨的历史任务,将伴随全面建设社会主义现代化国家全过程。要以习近平新时代中国特色社会主义思想为指导,立足新发展阶段、贯彻新发展理念、构建新发展格局、推动高质量发展,以保障国家粮食安全为底线,以科技和机制创新为动力,以设施和装备升级为重点,推动农业发展由追求速度规模向注重质量效益竞争力转变,由依靠传统要素驱动向注重科技创新和提高劳动者素质转变,由产业链相对单一向集聚融合发展转变,加快建成供给保障有力、绿色高质高效、产业链条完备、竞争优势明显的农业强国。

（一）推进耕地保护建设全方面加强。耕地是农业生产的命根子，是中华民族永续发展的根基。要坚持数量质量并重，加强建设、严格管护，确保耕地数量不减少、质量有提升。严格保护耕地数量。落实最严格的耕地保护制度，牢牢守住 18 亿亩耕地红线，划实补足永久基本农田，足额带位置下达到地块、建档立卡，严格考核、终身追责，确保实至名归。规范耕地占补平衡，建立以产能为依据的补充耕地核算机制。加强高标准农田建设。实施高标准农田建设工程，逐步把永久基本农田全部建成高标准农田，实现人均一亩高标准农田、人均占有粮食 600 公斤，使国家粮食安全基础更加牢固。加强中低产田改造，综合利用盐碱地，实施国家黑土地保护工程，提升耕地地力等级。强化耕地用途管控。严格落实耕地利用优先序，建立健全耕地用途管控法律、政策、技术体系，构建耕地种植用途管控"一张图"，确保耕地主要用于粮食和棉油糖、蔬菜等农产品及饲草饲料生产，永久基本农田重点用于粮食生产，高标准农田原则上全部用于粮食生产。

（二）推进农业科技装备全领域突破。以基础性、战略性、原创性重大农业科技突破带动整体创新能力跃升，推动农业科技由跟跑、并跑向领跑跨越，强化农业科技和装备支撑。加快以种业为重点的科技创新。深入实施种业振兴行动，加强农业种质资源保护利用，建设种业领域国家重大创新平台，有序推进生物育种产业化应用，培育一批航母型种业领军企业，实现种业科技自立自强、种源自主可控。加强农业战略科技力量建设，推进农业关键核心技术攻关，在基因编辑、生物工厂、人工智能等领域实现突围突破。构建多元互补、高效协同农技推广体系，促进产学研用深度融合。推进先进农机创制应用。实施农机装备补短板行动，强化农机装备工程化协同攻关，创制推广一批大型大马力机械、丘陵山区适用小型机械和高效智能农机，整体提升种养加、农牧渔等各环节机械化水平。大力发展现代设施农业。加快现代寒旱农业、戈壁生态农业发展，探索发展植物工厂、垂直农场和立体养殖，建设海洋牧场，推进空间立体利用，拓展农业生产可能性边界。加快发展智慧农业,建设数字田园和智慧农场。

（三）推进农业绿色发展全过程转型。坚持节约资源和保护环境相结合,构建人与自然和谐共生的农业发展新格局。加强农业资源保护。强化退化耕地治理,提高农业用水效率,保护农业生物资源,降低农业资源利用强度。治理农业面源污染。推进化肥农药减量增效,促进畜禽粪污、秸秆、废旧农膜资源化利用,净化产地环境。保护修复农业生态系统。坚持山水林田湖草沙一体化保护和系统治理,实施好长江十年禁渔,推进长江经济带、黄河流域等重点区域生态环境保护。构建农业绿色低碳循环产业体系。深入推进农业品种培优、品质提升、品牌打造和标准化生产,建立健全生态产品价值实现机制,提升农村生态系统碳汇能力。

（四）推进农业社会化服务全环节覆盖。巩固和完善农村基本经营制度,培育新型农业经营主体,健全农业社会化服务体系,发展农业适度规模经营,促进小农户和现代农业发展有机衔接。培育服务主体。突出抓好家庭农场和农民合作社两类主体,引导家庭农场组建农民合作社,推动农民合作社兴办企业发展农产品加工,建立农业产业化龙头企业引领、农民合作社和家庭农场跟进、广大小农户参与的农业产业化联合体,为小农户提供多种形式的农业社会化服务。创新服务方式。培育农业专业化社会化服务组织,支持农业服务公司、村集体经济组织等各类主体大力发展单环节、多环节、全过程托管等服务,开展代耕代种、代管代收等社会化服务,带动小农户节本增效、提质增效。

（五）推进农业产业全链条升级。以拓展农业多种功能、发掘乡村多元价值为方向,融合农文旅、贯通产加销,推进农村一二三产业融合发展。发展乡村特色产业。立足乡村特有的物质和非物质文化资源,开发具有鲜明地域特点、民族特色、乡土特征的产品产业,发掘传统工艺,培育乡村工匠,创响"土字号"乡村特色品牌。壮大农产品加工流通业。引导企业到产地建设原料基地、布局加工产能,发展农产品初加工和精深加工。加强农产品产地仓储保鲜冷链物流设施建设,加快农村电子商务发展。健全联农带农机制,把产业增值收益和就业岗位更多留在农村、留给农民。做优乡村休闲旅游业。依托田园风光、乡土文化、民俗风情等资源优势,推动农业与旅游、教育、康养等产业融合,发展田园养生、研学科普、民宿康养等休闲农业新业态。加快产业融合发展。建设现代农业产业园、农业产业强镇、优势特色产业集群等园区,推进农业现代化示范区创建,促进产镇融合、产村融合,形成"一县一业、一镇一特、一村一品"发展格局。

(六)推进农业对外合作全方位展开。坚持在开放中合作、在合作中共赢,加快构建新型农业对外合作关系,实现更高水平农业对外开放。推动农业国际贸易高质量发展。优化农产品贸易布局,实施农产品进口多元化战略,促进优势特色农产品出口,创新发展农业服务贸易。培育国际大粮商和跨国农业企业集团,推进生产、加工、仓储物流等全产业链协同布局。深化农业对外交流合作。加强与"一带一路"国家和地区多双边农业合作,稳步提升对外农业贸易投资水平。围绕粮食安全、气候变化、绿色发展等领域,加强全球农业科技合作。积极参与全球粮农治理,共同制定国际标准规则,增强我国农业国际影响力。

构建优势互补、高质量发展的区域经济布局和国土空间体系

胡祖才

党的二十大报告指出,构建优势互补、高质量发展的区域经济布局和国土空间体系。这是以习近平同志为核心的党中央立足全面建设社会主义现代化国家新征程,对新发展阶段区域发展和空间治理作出的重大部署,为今后一个时期推动区域协调发展、完善空间治理指明了前进方向、提供了根本遵循。我们必须深入学习领会,认真贯彻落实。

一、深刻认识构建优势互补、高质量发展的区域经济布局和国土空间体系的重要意义

构建优势互补、高质量发展的区域经济布局和国土空间体系,是完整、准确、全面贯彻新发展理念,解决发展不平衡不充分问题,着力推动高质量发展,加快构建新发展格局的重要战略举措,具有重大而深远的意义。

(一)这一战略举措是构建新发展格局的必然要求。习近平总书记指出,构建新发展格局是以全国统一大市场基础上的国内大循环为主体,不是各地都搞自我小循环。既要坚持全国一盘棋谋篇布局,也要发挥各地区比较优势落好棋子。这就要求各地区找准自己在国内大循环和国内国际双循环中的位置和比较优势,把构建新发展格局同实施区域重大战略、区域协调发展战略、主体功能区战略等有机衔接起来,促进各类要素合理流动和高效集聚,加快构建高质量发展的动力系统,推动形成优势互补、高质量发展的区域经济布局和国土空间体系,为构

297

建新发展格局提供多层次、全方位的空间基础。

（二）这一战略举措是促进全体人民共同富裕的必然要求。习近平总书记强调，共同富裕是社会主义的本质要求，是中国式现代化的重要特征。必须清醒地看到，我国幅员辽阔、人口众多，各地区自然资源禀赋差别之大在世界上是少有的，发展不平衡不充分的问题仍然突出，尤其是地区、城乡、收入差距比较明显。这就要求我们加快实施区域协调发展战略，协同推进新型城镇化和乡村振兴，构建优势互补、高质量发展的区域经济布局和国土空间体系，逐步缩小区域差距、城乡差距、收入分配差距，让欠发达地区和低收入人口共享发展成果，在现代化进程中不掉队、赶上来，逐步实现全体人民共同富裕。

（三）这一战略举措是实现人与自然和谐共生的必然要求。习近平总书记指出，生态文明建设是关系中华民族永续发展的根本大计，要站在人与自然和谐共生的高度来谋划经济社会发展，形成节约资源和保护环境的空间格局、产业结构、生产方式、生活方式。这就要求我们按照主体功能区定位，立足资源环境承载能力，优化区域经济布局和国土空间开发保护格局，落实基本农田、生态保护、城镇开发等空间管控边界，强化国土空间规划和用途管控，使农产品主产区生产能力有效提升，生态功能区得到更好保护，城镇化地区紧凑集约发展，形成人与自然和谐共生的空间格局。

（四）这一战略举措是统筹发展和安全的必然要求。习近平总书记强调，安全是发展的前提，发展是安全的保障。统筹发展和安全，既要推动区域经济持续健康稳定发展，筑牢国家繁荣富强、人民幸福安康、社会和谐稳定的物质基础，又要牢牢守住国土空间安全底线，为发展提供更为稳固的空间基础和条件。这就要求我们树立底线思维和战略眼光，通过构建优势互补、高质量发展的区域经济布局和国土空间体系，强化国家粮食安全、能源安全、产业链供应链安全，促进民族团结融合，维护边境安全和边疆稳定，推动我国实现更具韧性、更加安全的可持续发展。

二、党的十八大以来构建区域经济布局和国土空间体系取得重要进展和重大成效

党的十八大以来,习近平总书记登高望远、统揽全局,准确研判区域经济发展新形势,原创性地提出了一系列关于区域经济发展和空间治理的新理念新思想新战略,亲自谋划、亲自部署、亲自推动了一系列重大战略、重大政策、重大举措,实现区域经济布局不断优化,国土空间治理水平不断提升,引领我国区域发展取得历史性成就、发生历史性变革。

(一)区域重大战略引领性不断增强。京津冀协同发展迈出坚实步伐,疏解北京非首都功能取得突破,雄安新区进入大规模建设阶段,北京城市副中心建设成效显著。长江经济带发展坚持共抓大保护、不搞大开发,生态环境系统保护修复成效明显,发生了转折性变化,长江干流全线达到Ⅱ类水质,实现了在发展中保护、在保护中发展。粤港澳大湾区建设持续推进,硬联通、软联通不断加强,对支持香港、澳门融入国家发展大局发挥了重要作用。长三角区域一体化进程加快,政策协同、产业合作、设施共建、服务共享、分工合理的一体化格局逐步成形。黄河流域生态保护和高质量发展扎实起步,污染防治、生态保护修复、深度节水控水等领域重大工程深入实施。

(二)主体功能区定位更加明确。覆盖全国和省级、陆域和海域的主体功能区规划发布实施,每个县级行政单元均明确了主体功能定位,为实现各地区按比较优势发展提供了遵循。主体功能区"9+1"的配套政策体系基本建立并不断完善,"多规合一"改革取得重要突破,耕地和永久基本农田、生态保护红线、城镇开发边界"三区三线"划定基本完成。设立三江源、大熊猫、东北虎豹等首批国家公园,以国家公园为主体的自然保护地体系加快建立,生态系统稳定性更加巩固。中心城市和城市群等经济发展优势区域的承载能力进一步增强,农产品主产区、重点生态功能区、能源资源富集地区和边境地区的保障能力进一步提升。

（三）城镇化战略格局基本形成。以人为核心的新型城镇化战略深入实施，城镇化率由2012年的53.1%提升到2021年的64.7%，"两横三纵"城镇化格局基本形成。"19+2"城市群主体形态更加定型，截至2020年城市群地区承载了全国约3/4的常住人口、贡献了近85%的地区生产总值，京津冀、长三角、珠三角三大城市群国际竞争力显著增强，成渝地区双城经济圈建设势头强劲，长江中游、北部湾、关中平原等城市群加快一体化发展，一批跨省域、跨市域的现代化都市圈加快培育，新的增长极、动力源正在加快形成。城镇规模结构持续优化，中心城市辐射带动能力逐步增强，中小城市和县城活力显著提升。综合交通运输网络支撑作用不断增强，高铁网对50万人以上城市的覆盖率达到89.9%，铁路网对20万人以上城市的覆盖率达到99.1%。

（四）区域发展协调性明显提升。统筹推进西部大开发、东北全面振兴、中部地区崛起、东部率先发展，共建园区、对口帮扶、转移支付、区际利益补偿等区域协调发展机制不断丰富完善，区域发展的系统性、整体性、协调性明显增强。中西部地区经济增速连续多年高于东部地区，中部和西部地区生产总值占全国比重分别由2012年的21.3%、19.6%提高到2021年的22%、21.1%，东部与中部、西部人均地区生产总值比分别从2012年的1.69、1.87下降至2021年的1.53、1.68，区域发展相对差距持续缩小。脱贫攻坚取得全面胜利，历史性地解决了绝对贫困问题，革命老区振兴发展取得显著成效，民族地区谱写出民族团结进步的新篇章，边疆地区基础设施和公共服务大幅改善，边疆安全稳定大局持续巩固。

但是也要看到，我国区域发展出现了一些新情况新问题。区域经济发展分化态势明显，各板块内部也出现明显分化；发展动力极化现象日益突出，"大城市病"问题仍待进一步破解；部分区域发展面临较大困难，东北、西北地区发展仍然相对滞后，一些城市特别是资源枯竭型城市、传统工矿区城市发展活力不足；农业基础还不稳固，耕地保护和粮食安全还面临不少挑战，生态环境保护任务依然艰巨；促进区域协调发展的政策和机制还需进一步完善，部分地区的比较优势有待充分发挥；等等。

这些问题都需要我们在推动区域发展和空间治理中不断加以解决。

三、构建优势互补、高质量发展的区域经济布局和国土空间体系的重大任务

构建优势互补、高质量发展的区域经济布局和国土空间体系是一项事关发展全局的战略性举措。要紧紧围绕党的二十大报告明确的目标要求和任务导向,深入实施区域协调发展战略、区域重大战略、主体功能区战略和新型城镇化战略,调整完善区域政策体系,完善国土空间治理体系,推动各项战略举措协同发力,确保重大部署落到实处、取得实效。

(一)深入实施区域协调发展战略,在发展中促进相对平衡。推动西部大开发形成新格局,把握向西开放战略机遇,加快西部陆海新通道建设,积极融入"一带一路"建设,大力发展特色优势产业,深入实施重大生态工程,不断提升可持续发展能力。推动东北全面振兴取得新突破,从维护国家国防、粮食、生态、能源、产业安全的战略高度,全力破解体制机制障碍,激发市场主体活力,推动产业结构调整优化。促进中部地区加快崛起,充分发挥连南接北、承东启西的区位优势,推进制造业转型升级,着力推动内陆高水平开放,继续在全国高质量发展中发挥生力军作用。鼓励东部地区加快推进现代化,发挥基础雄厚、创新要素集聚等优势,加快培育世界级先进制造业集群,提升要素产出效率,持续推进消费升级,不断提高创新能力和经济增长能级。支持革命老区在保护好生态的前提下因地制宜发展特色产业,支持民族地区加快发展,加强边疆地区建设,推动兴边富民、稳边固边。建立健全区域战略统筹、市场一体化发展、区域合作互助、区际利益补偿等机制,推动实现基本公共服务均等化、基础设施通达程度比较均衡、人民基本生活保障水平大体相当。

(二)深入实施区域重大战略,增强高质量发展的重要动力源。京津冀协同发展要牢牢把握疏解北京非首都功能"牛鼻子",实施一批标志性疏解项目,高标准、高质量建设雄安新区和北京城市副中心,全力

推动协同发展、一体化发展。长江经济带发展要坚持共抓大保护、不搞大开发的战略导向,持续深化生态环境系统保护修复,努力建设成为我国生态优先绿色发展主战场、畅通国内国际双循环主动脉、引领高质量发展主力军。粤港澳大湾区建设要着眼于促进香港、澳门融入国家发展大局,加快基础设施建设和互联互通,深入推进重点领域规则衔接、机制对接,加快建设深圳中国特色社会主义先行示范区,打造富有活力和国际竞争力的一流湾区和世界级城市群。长三角一体化发展要以促进一体化高质量发展为重点,深入推进生态绿色一体化发展示范区、上海自贸试验区临港新片区、虹桥国际开放枢纽等建设,提高长三角地区配置全球资源能力和辐射带动全国发展能力。黄河流域生态保护和高质量发展要坚持统筹推进山水林田湖草沙综合治理、系统治理、源头治理,从根本上提升黄河流域生态环境质量。

(三)深入实施主体功能区战略,完善国土空间体系。落实主体功能区制度,支持城市化地区高效集聚经济和人口,支持农产品主产区增强农业生产能力,支持生态功能区把发展重点放到保护生态环境、提供优质生态产品上。细化主体功能区划分,按照主体功能定位划分政策单元,对重点开发地区、生态脆弱地区、能源资源富集地区等制定差异化政策,分类精准施策,推动形成主体功能约束有效、国土开发有序的空间发展格局。出台实施全国及各地区国土空间规划,加快形成以"三区三线"为核心的国土空间管控一张底图,强化"三区三线"空间管控,将18.65亿亩耕地和15.46亿亩永久基本农田落实到具体地块,压实地方耕地保护责任,切实把耕地和永久基本农田、生态保护红线、城镇开发边界作为调整经济结构、规划产业发展、推进城镇化不可逾越的红线。建立健全统一的全域、全要素国土空间用途管制制度,制定不同空间、不同用途的转换规则,完善用途管制监管体系,提升用途管制效能和服务水平,为高质量发展和国家安全提供保障。

(四)深入实施新型城镇化战略,提升发展优势区域综合承载能力。坚持走中国特色新型城镇化道路,深入推进以人为核心的新型城镇化战略。深化户籍制度改革,健全农业转移人口市民化机制和配套政策体系,加快推进农业转移人口市民化。以城市群、都市圈为依托,构建大中小城市协调发展格局,优化提升京津冀、长三角、珠三角等世界级城市群的国际竞争力,加快推进成渝地区双城经济圈建设,打造带动全国高质量发展的新动力源,扎实推进长江中游、关中平原等跨省区城市群建设,有序培育一批现代化都市圈,推动城市群一体化和都市圈同城化发展体制机制创新,促进大中小城市和小城镇协调联动、特色化发展。加快转变超大特大城市发展方式,合理控制城市规模、人口密度和开发强度,促进多中心、多层级、组团式发展。推进以县城为重要载体的城镇化建设,加快补齐短板弱项,更好满足农民到县城就业安家的需要。坚持人民城市人民建、人民城市为人民,提高城市规划、建设、治理水平,实施城市更新行动,加快城市老旧小区和燃气、污水等地下管网改造,加强城市基础设施建设,打造宜居、韧性、智慧城市,推动城市空间结构优化和品质提升。坚持党建引领、重心下移、科技赋能,夯实城市治理基层基础,不断提升城市治理科学化精细化智能化水平。

(五)加快建设海洋强国,拓展海洋经济发展空间。坚持陆海统筹、人海和谐、合作共赢,协同推进海洋生态保护、海洋经济发展和海洋权益维护。建立沿海、流域、海域协同一体的综合治理体系,节约集约利用海洋资源,促进海洋开发方式向循环利用型转变,打造可持续海洋生态环境,提高适应气候变化能力,发挥海洋在助力实现碳达峰、碳中和目标中的重要作用。建设现代海洋产业体系,促进海洋新兴产业蓬勃发展,推动传统海洋产业转型发展,加快现代海洋服务业协同发展,支持海洋领域数字经济融合发展,全面提高北部、东部、南部三大海洋经济圈发展水平,让海洋经济成为新的增长点。深度参与全球海洋治理,巩固和拓展蓝色伙伴关系,深入开展重点领域务实合作,推动建设公正合理的国际海洋秩序,坚决维护国家领土主权和海洋权益,推动构建海洋命运共同体。

加快转变超大特大城市发展方式

龚　正

习近平总书记在党的二十大报告中强调,坚持人民城市人民建、人民城市为人民,提高城市规划、建设、治理水平,加快转变超大特大城市发展方式。这是党中央在全面建设社会主义现代化国家开局起步的关键时期作出的重大战略部署,是今后一个时期推进超大特大城市发展的根本遵循和行动指南。我们必须深刻学习领会,坚决贯彻落实。

一、充分认识加快转变超大特大城市发展方式的重大意义

城市是我国经济、政治、文化、社会等方面活动的中心,尤其是超大特大城市在经济社会发展中发挥着动力源和增长极的作用,推动超大特大城市加快转变发展方式,在党和国家工作全局中具有举足轻重的地位。

(一)加快转变超大特大城市发展方式是全面建设社会主义现代化国家的必然要求。党的二十大吹响了全面建设社会主义现代化国家的冲锋号,发出了全面推进中华民族伟大复兴的动员令。根据第七次全国人口普查数据,7个超大城市、14个特大城市的人口占全国的20.7%,国内生产总值占全国三成以上,走在我国现代化建设的前列。超大特大城市必须加快转变发展方式、率先探索中国式城市现代化,在推进中国式现代化、全面建设社会主义现代化国家中发挥标杆引领作用。

(二)加快转变超大特大城市发展方式是构建新发展格局的必然要求。构建新发展格局,是与时俱进提升我国经济发展水平的战略抉

304

择,也是塑造我国国际经济合作和竞争新优势的战略抉择。超大特大城市布局了全国主要要素市场、国家战略科技力量、综合交通枢纽,既是畅通国内大循环的重要节点,也是推动国内国际双循环的关键链接。超大特大城市必须加快转变发展方式,更好发挥中心城市的节点链接作用,为构建新发展格局作出更大贡献。

(三)加快转变超大特大城市发展方式是推进新型城镇化的必然要求。党的十八大以来,我国新型城镇化取得重大历史性成就,常住人口城镇化率从2012年的53.1%提高到2021年的64.7%,中心城市辐射带动作用持续增强,城市群日益成为承载人口和经济的主要空间形式。但部分超大特大城市功能过度集中,中心城区人口过度集聚,存在空气污染、交通拥堵等"大城市病",从而制约了城镇化发展质量进一步提升。必须推动超大特大城市发展方式由规模扩张向内涵提升转变,更好构建以城市群为主体形态、大中小城市和小城镇协调发展的城镇化格局。

(四)加快转变超大特大城市发展方式是更好满足人民对美好生活向往的必然要求。2019年习近平总书记在上海考察期间,提出了"人民城市人民建,人民城市为人民"重要理念,深刻揭示了中国特色社会主义城市的人民性。随着我国社会主要矛盾转化为人民日益增长的美好生活需要和不平衡不充分的发展之间的矛盾,城市居民对优质公共服务、生态环境、健康安全等方面需求更为迫切。在超大特大城市,居民的需求更加多元化、个性化、品质化,对美好生活提出了更高要求,必须把人民对美好生活的向往作为工作的出发点和落脚点,谱写"城市,让生活更美好"新篇章。

二、科学把握加快转变超大特大城市发展方式的基本要求

加快转变超大特大城市发展方式,要全面贯彻习近平新时代中国

特色社会主义思想,立足新发展阶段,完整、准确、全面贯彻新发展理念,服务构建新发展格局,为全面建设社会主义现代化国家、全面推进中华民族伟大复兴提供强劲动力和坚实支撑。

(一)党的全面领导是根本保证。抓好超大特大城市转变发展方式这项工作,必须加强和改善党的领导。要坚持党中央集中统一领导,把党的领导落实到城市发展各领域各方面各环节,建立健全党委统一领导、党政齐抓共管、全社会共同参与的工作格局。同时,要发挥基层党组织战斗堡垒作用,形成顶层设计和基层探索良性互动格局。

(二)以人民为中心是根本立场。城市的核心是人,转变超大特大城市发展方式必须坚持人民至上,坚持共同富裕方向,坚持人民城市人民建、人民城市为人民。要始终做到发展为了人民,促进社会公平,增进民生福祉,不断增强人民群众的获得感、幸福感、安全感。要始终做到发展依靠人民,引导人民群众通过各种途径和方式参与城市治理。

(三)新发展理念是指导原则。新发展理念为转变超大特大城市发展方式提供了管全局、管根本、管长远的科学指引。必须坚持新发展理念,让创新成为城市发展主动力,促进超大特大城市与中小城市协调发展,推动城市集约紧凑发展和绿色低碳转型,营造文化传承和开放包容的城市发展氛围,使人民共享城市发展成果。

(四)改革创新是根本动力。唯有坚定不移推进改革创新,才能破解超大特大城市转变发展方式过程中碰到的难题。必须聚焦重要领域和关键环节改革,充分发挥市场在资源配置中的决定性作用,更好发挥政府作用,破除制约转变发展方式的体制机制障碍,持续增强发展动力和活力,不断提升城市治理体系和治理能力现代化水平。

(五)坚持系统观念是基本方法。城市工作是一项系统工程。超大特大城市是复杂的巨系统,必须更加注重统筹空间布局、产业结构、人口规模,统筹经济、生活、生态、安全需求,统筹规划、建设、治理,框定总量、限定容量、盘活存量、做优增量、提高质量,推动城市健康宜居安全发展。

三、深入落实加快转变超大特大城市发展方式的主要任务

未来 5 年是加快转变超大特大城市发展方式的关键时期,我们要深入贯彻《国家新型城镇化规划(2021—2035 年)》,聚焦推动高质量发展、创造高品质生活、实现高效能治理,统筹谋划、系统推进,将各项任务落实到位。

(一)聚焦推动高质量发展,着力提高超大特大城市能级和核心竞争力。以更大力度推进超大特大城市经济发展质量变革、效率变革、动力变革,更好地发挥示范引领、辐射带动作用。

一是强化中心城市核心功能。核心功能决定城市的核心竞争力、辐射带动力,做强做优核心功能,是超大特大城市实现高质量发展的主攻方向。要持续增强全球资源配置功能,重点是集聚国际人才、全球资本等高端要素,提升金融、贸易等高端服务功能。要持续增强科技创新策源功能,打造以国家实验室为核心的国家战略科技力量,强化基础研究和应用基础研究,形成一批原创性成果,突破一批"卡脖子"关键核心技术。要持续增强高端产业引领功能,努力掌握产业链核心环节、占据价值链高端地位,率先形成以现代服务业为主体、先进制造业为支撑的产业结构。同时,上海等超大城市要持续增强开放枢纽门户功能,实施更大范围、更宽领域、更深层次对外开放,打造高水平开放新高地。

二是优化城市空间格局。统筹兼顾经济、生活、生态、安全等多元需要,切实转变开发建设方式,避免盲目"摊大饼",是破解"大城市病"的关键一招。一方面,要合理疏解超大特大城市中心城区非核心功能。科学确定城市规模和开发强度,合理控制人口密度,有序疏解一般性制造业、区域性物流基地、专业市场等功能和设施。另一方面,要建设一批产城融合、职住平衡、生态宜居、交通便利的郊区新城。通过加强产业支撑、强化对外快速交通连接、引入优质公共服务资源,打造功能完

善的郊区新城,实现城市多中心、组团式发展。

三是引领带动城市群发展。建立中心城市带动都市圈、都市圈引领城市群、城市群支撑区域协调发展的空间动力机制,既有利于超大特大城市在更大范围更好配置资源、加快转变发展方式,也对实施好新型城镇化战略至关重要。要分类推动城市群发展,促进城市群一体化发展,深入实施京津冀协同发展、长三角一体化发展、粤港澳大湾区建设等区域重大战略,打造世界一流城市群。要引导超大特大城市与周边城市同城化发展,通过构建便捷高效的通勤圈、梯次配套的产业圈、便利共享的生活圈,培育发展一批现代化都市圈。

(二)聚焦创造高品质生活,着力推进新型超大特大城市建设。牢牢把握城市生命体、有机体特征,落实习近平生态文明思想,坚持总体国家安全观,打造宜居、韧性、智慧城市。

一是更加注重舒适便利。城市建设必须把让人民宜居安居放在首位,把最好的资源留给人民。要完善公共服务体系,提高就业、教育、医疗、养老、托幼等服务能力,提升普惠、均衡、优质服务水平,推进基本公共服务常住人口全覆盖。坚持房子是用来住的、不是用来炒的定位,加快建立多主体供给、多渠道保障、租购并举的住房制度,针对超大特大城市新市民、青年人多的特点,把建设保障性租赁住房放在更加突出位置。实施城市更新行动,坚持"留改拆"并举、以保留保护为主,改造老旧小区、老旧厂区、老旧街区、城中村"三区一村",注重历史文化遗产保护,像对待"老人"一样尊重和善待老建筑,让城市留住文脉、留下记忆。

二是更加注重安全灵敏。超大特大城市各类要素高度聚集,各类风险隐患防范压力更大,必须坚持"四早五最",即早发现、早研判、早预警、早处置,努力在最低层级、用最短时间、花相对最小的成本、解决最大的关键问题,争取综合效益最佳,保障城市安全有序运转和人民生命健康、财产安全。要在增强防灾减灾能力上下功夫,聚焦城市抗震、防洪、排涝、消防、安全生产、城市"生命线"等领域,持续提升风险隐患排查、预测预报预警、应急指挥救援等能力和水平。要在提高公共卫生防控救治能力上下功夫,完善疾病预防控制体系,建设平战结合的突发重大疫情救治体系。

三是更加注重创新活力。超大特大城市具有创新要素集聚优势,要以增强城市创新能力为牵引,以创新推动创业、带动就业、成就事业。着力建设创新创业载体,提升国家自主创新示范区等创新功能,建设成本低、要素全、便利化、开放式的孵化器等众创空间。着力优化创新创业生态,完善普惠性创新创业支持政策,健全更加开放的高水平人才引进培养机制。着力推动集成电路、生物医药、人工智能等新兴产业发展,提升产业核心竞争力和吸纳就业能力。

四是更加注重智慧高效。推进城市数字化转型,让城市变得更智慧是建设新型超大特大城市的重要内涵和牵引力量。加强新型基础设施建设,加快建设高速泛在、天地一体、云网融合、智能敏捷、绿色低碳、安全可控的智能化综合性数字信息基础设施,提升电力、交通等基础设施的智能化水平。加强应用场景建设,推行城市数据一网通用、政务服务一网通办、城市运行一网统管、公共服务一网通享,发展远程办公、远程教育、远程医疗、智慧出行、智慧社区,构筑美好数字生活新图景。

五是更加注重绿色低碳。建设人与自然和谐共生的现代化,必须把保护城市生态环境摆在更加突出的位置。超大特大城市要坚持生态优先、绿色发展,锚定碳达峰碳中和目标,推动能源清洁低碳安全高效利用,促进工业、建筑、交通等领域清洁低碳转型,引导市民践行绿色生活方式。要加强城市环境保护,深入打好蓝天、碧水、净土保卫战,推动生活垃圾分类成为新时尚。要修护城市生态空间,建设环城生态公园带等生态绿色廊道,打造口袋公园、街心绿地、湿地和郊野公园,让城市再现绿水青山。

六是更加注重人文魅力。文化是城市的灵魂,必须坚定文化自信,广泛践行社会主义核心价值观,全面提升城市文化软实力。大力弘扬城市精神和城市品格,提高市民文明素质和城市文明程度。大力传承历史文脉,进一步完善历史文化遗产保护传承和活化利用机制,加强对历史街区、历史建筑、工业遗产的保护利用,将更多的"工业锈带"改造为"生活秀带"、"发展绣带"。大力推动文化事业和文创产业繁荣发展,培育新型文化业态,更好地满足市民精神文化需求。

（三）聚焦实现高效能治理,着力提升超大特大城市治理现代化水平。树立全周期管理理念,不断提高城市治理科学化、精细化、智能化水平,推进城市治理体系和治理能力现代化。

一是以绣花般功夫推进城市精细化管理。超大特大城市管理应该像绣花一样精细,通过绣花般的细心、耐心、巧心,不断提高城市管理水平。要树立"精明紧凑"城市发展理念,强化发展规划引领和国土空间规划约束功能,统筹老城新城、生产生活生态、地上地下等空间开发利用,促进土地节约集约利用。要加强城市设计和建筑设计,打造城市"第五立面",避免"千城一面、万楼一貌"。要努力扩大公共空间,让老百姓有更多休闲、健身、娱乐的地方。要坚持综合施策,完善城市规划建设管理领域的法规标准,着力解决违法建筑、中小河道污染、高空坠物等难题顽症。

二是以规范化建设夯实社会治理基础。基层社会治理是超大特大城市治理的基石,要推动城市治理重心、资源配套向基层下沉,构建基层社会治理新格局。要健全城市基层社会治理机制,坚持党对基层治理的全面领导,持续为基层赋权、增能、减负,完善居民、社会组织参与社会治理的组织形式和制度化渠道。要提高社区服务能力,打造社区15分钟生活圈和"一站式"服务综合体。要加强社会矛盾综合治理,坚持和发展新时代"枫桥经验",努力把矛盾解决在初始、化解在基层。

三是以服务管理创新提升行政效能。超大特大城市高效能治理必须发挥好政府的关键责任主体作用。要优化行政资源配置,健全城市管理综合执法机制,推动更多经济社会管理权限下放街镇基层。要强化数字技术赋能,以数字政府建设为抓手,推动政府治理业务流程再造和模式优化,提升跨部门、跨层级、跨地区协同治理能力,不断提高行政管理服务质量和效率。

打造宜居韧性智慧城市

王 蒙 徽

习近平总书记在党的二十大报告中指出,打造宜居、韧性、智慧城市。这是以习近平同志为核心的党中央深刻把握城市发展规律,对新时代新阶段城市工作作出的重大战略部署。我们要坚持以人民为中心的发展思想,实施城市更新行动,打造宜居、韧性、智慧城市,为全面建设社会主义现代化国家作出应有贡献。

一、党的十八大以来我国城市建设取得历史性成就、发生历史性变革

党的十八大以来,习近平总书记统筹中华民族伟大复兴战略全局和世界百年未有之大变局,提出了一系列城市工作新理念新思想新战略,深刻揭示出城市建设依靠谁、为了谁的根本问题,深刻回答了建设什么样的城市、怎样建设城市等重大理论和实践问题,引领我国城市建设取得历史性成就、发生历史性变革。

(一)新型城镇化深入推进。我国常住人口城镇化率从 2012 年 53.1% 提高到 2021 年 64.7%,1.3 亿农业转移人口和其他常住人口在城镇落户。2021 年,全国城市数量达到 691 个,建成区面积 6.2 万平方公里,建制镇 2.1 万个,基本形成以中心城市、城市群为主体,大中小城市和小城镇协调发展的城镇体系。

(二)城市人居环境显著改善。2021 年,全国城市建成区绿地面积和绿地率分别达到 249.3 万公顷和 38.7%,地级及以上城市建成区黑

臭水体基本消除,空气质量优良天数比例达到87.5%。地级及以上城市生活垃圾分类工作全面开展,居民小区覆盖率达到77%。截至2022年8月,累计新开工改造城镇老旧小区16.3万个,惠及居民超过2800万户。

(三)城市综合承载能力稳步提升。2021年,全国城市道路长度达到53.2万公里,建成轨道交通线路长度8571.4公里,供水普及率、燃气普及率、污水处理率分别达到99.4%、98%、97.9%,集中供热面积达到106亿平方米,供水和排水管道总长度达到193.2万公里,较好保障了居民基本生活需求。

(四)城市治理体系不断完善。城市体检评估全面开展,城市管理执法体制改革深入推进,互联网、大数据、云计算、人工智能等新一代信息技术手段在城市治理中的运用持续加强,城市管理水平持续提高。美好环境与幸福生活共同缔造活动深入开展,群众参与城市治理的积极性、主动性、创造性不断增强。

(五)城市历史文化保护传承全面加强。分类科学、保护有力、管理有效的历史文化保护传承体系加快构建。140座国家历史文化名城、312个中国历史文化名镇、487个中国历史文化名村、1200余片历史文化街区、5.95万处历史建筑,成为传承中华文化最综合、最完整、最系统的载体。

二、深刻认识打造宜居、韧性、智慧城市的重要意义

城市是贯彻新发展理念的重要载体,是构建新发展格局的重要支点。打造宜居、韧性、智慧城市,努力把城市建设成为人与人、人与自然和谐共处的美丽家园,走出一条中国特色新型城镇化和城市发展道路,对以中国式现代化全面推进中华民族伟大复兴,具有重要而深远的意义。

(一)践行"人民城市"理念的必然要求。城市是人民的城市,必须

坚持人民城市人民建、人民城市为人民。打造宜居、韧性、智慧城市,有利于增强城市的整体性、系统性、宜居性、包容性和生长性,不断满足人民群众对美好生活的需要,让人民群众在城市生活得更方便、更舒心、更美好。

(二)全面建设社会主义现代化国家的基础支撑。城市建设是现代化建设的重要引擎。打造宜居、韧性、智慧城市,有利于将城市建设成为人民群众生活的美好家园、经济发展的重要引擎、科技创新的重要高地,为经济社会高质量发展提供坚实空间支撑,更好推进以人为核心的新型城镇化。

(三)统筹发展和安全的重大举措。城市是风险防控的重要领域,城市发展必须把生态和安全放在更加突出的位置。打造宜居、韧性、智慧城市,有利于统筹城市发展的经济需要、生活需要、生态需要、安全需要,建立高质量的城市生态系统和安全系统,提高城市全生命周期的风险防控能力。

(四)加快转变城市发展方式的有效路径。城市发展是一个自然历史过程,有其自身规律。打造宜居、韧性、智慧城市,有利于更好地认识、尊重、顺应城市发展规律,推动城市从粗放型外延式发展向集约型内涵式发展转变,从源头上促进经济发展方式转变。

三、准确把握打造宜居、韧性、智慧城市的重点任务

打造宜居、韧性、智慧城市,是一项系统工程,要以习近平新时代中国特色社会主义思想为指引,认真贯彻落实习近平总书记关于城市工作的重要论述和指示批示精神,框定总量、限定容量、盘活存量、做优增量、提高质量,不断提升城市环境质量、人民生活质量、城市竞争力。

(一)健全城镇体系。加快构建国家中心城市、区域中心城市、地

区中心城市及县城四个层级的城镇体系。一是加强国家中心城市建设,提高国际影响力和竞争力,提升对全球人才、资本、创新等资源的集聚和配置能力。二是加强区域中心城市建设,完善城市功能,提升综合承载能力,加快产业转型升级,引领区域发展。三是加强地区中心城市建设,加大公共服务、基础设施建设和更新改造力度,充分发挥引领、辐射、集散功能。四是加强县城建设,不断完善县城基础设施和公共服务设施,更好地就近吸纳农业农村转移人口。五是加强城市群、都市圈建设,将京津冀、长三角、粤港澳、长江中游、成渝等城市群建设成为各具特色、互为补充的世界级都市圈、城市群。

(二)优化城市空间形态。转变单中心、"摊大饼"式的发展方式,合理控制城市规模和建设强度。一是推动组团式发展。单个组团面积一般不宜超过 50 平方公里。组团之间应建设连续贯通的生态廊道,与山水林田湖草等生态系统相连通,最小净宽度一般不小于100 米。二是加强人口密度管控。平均人口密度原则上不超过 1 万人/平方公里,个别地段最高不宜超过 1.5 万人/平方公里。平均人口密度超过 1.5 万人/平方公里的,应采取有效措施予以疏解。三是科学管控建筑密度。新建住宅建筑密度控制在 30%以下,建筑高度要与消防救援能力相匹配。严格控制新建超高层建筑,一般不得新建 500 米以上建筑。新建 100 米以上建筑应充分论证、集中布局。

(三)持续改善生态环境。尊重自然、顺应自然、保护自然,建设高质量的城市生态系统。一是构建连续完整的城市生态基础设施体系。统筹区域流域生态环境治理和城市建设,统筹城市水系统、绿地系统和基础设施系统建设,统筹生态廊道、景观视廊、通风廊道和城市绿道布局,将城市建设融入蓝绿生态本底,城市蓝绿空间占比不低于 45%。二是加强城市生态修复。修复山体水系,提高水系连通度和岸线自然化率,严格限制过度硬化,禁止填湖造地、截弯取直、河道硬化等破坏生态环境行为。三是持续推进园林城市建设。把公园建到居民家门口,构建均衡共享、系统连通的公园体系,建设连通区域、城市、社区的绿道体系,公园绿地服务半径覆盖率不低于80%。

(四)推进城市基础设施体系化建设。实施基础设施补短板和更新改造专项行动,建设集约高效、经济适用、智能绿色、安全可靠的现代化基础设施体系。一是提升宜居度。加快规划建设快速干线交通、生活性集散交通和绿色慢行交通体系,实现各体系间的畅顺衔接。主城区道路网密度应大于8公里/平方公里,轨道、公交和慢行等绿色交通出行分担率应不低于60%,45分钟以内通勤人口比重达到80%。二是增强安全韧性。倡导大分散与小区域集中相结合的基础设施布局方式,因地制宜布置分布式能源、生活垃圾和污水处理等设施,提高应急响应和快速恢复能力。统筹防洪与排涝,系统化全域推进海绵城市建设,到2030年全国城市建成区平均可渗透面积占比达到45%。依托公园、绿地、广场、校园等建设城市人口疏散和应急避难场所,人均应急避难场所面积不低于1.5平方米。三是提高数字化、网络化、智能化水平。推进新型城市基础设施建设和更新改造。加快建设城市数字公共基础设施和城市信息模型(CIM)平台。实施智能化市政基础设施建设和改造,协同发展智慧城市与智能网联汽车。

(五)建设完整居住社区。建设安全健康、设施完善、管理有序的完整居住社区,到2030年地级及以上城市完整居住社区覆盖率争取提高到60%以上。一是开展城市居住社区建设补短板行动。以步行5—10分钟到达为原则,配建基本公共服务设施、便民商业服务设施、市政配套基础设施和公共活动空间。二是完善15分钟生活圈服务配套。推动建立步行和骑行网络,串联若干个居住社区,构建15分钟生活圈,统筹中小学、养老院、社区医院、运动场馆和公园等设施配套,为居民提供便捷完善的公共服务。三是提升服务和管理能力。建立"党委领导、政府组织、居民参与、企业服务"的管理机制,推进城市管理进社区,提高物业管理覆盖率。实施社区公共设施数字化、网络化、智能化改造和管理,推进智慧社区和数字家庭建设。鼓励物业企业建立物业管理服务平台,大力推进线上线下社区生活服务。

（六）加强历史文化保护和特色风貌塑造。要敬畏历史、敬畏文化、敬畏生态,在城市建设中延续历史文脉、体现中国特色、展现时代风貌。一是构建历史文化保护传承体系。全面开展历史文化资源普查和认定,建立分级分类的保护名录和全国历史文化保护数据库。不拆除不可移动文物、历史建筑、传统民居,不破坏地形地貌、不砍老树,不破坏传统风貌和街道格局。历史文化街区、历史建筑挂牌保护率达100%,历史建筑空置率应在10%以下。二是加强建筑设计管理。优化城市空间和建筑布局,增强城市的空间立体性、平面协调性、风貌整体性和文脉延续性。严禁建设"贪大、媚洋、求怪"建筑,严格超大体量公共建筑、超高层地标建筑、重点地段建筑和大型雕塑管理,严禁滥建巨型雕像等"文化地标"。

（七）发展绿色建造。推动城乡建设方式绿色低碳转型。一是持续开展绿色建筑创建行动。到2025年,城镇新建建筑全面执行绿色建筑标准,星级绿色建筑占比达到30%以上。对具备节能改造价值和条件的居住建筑要应改尽改,改造部分节能水平应达到现行标准规定。二是推动建造方式转型。大力发展装配式建筑,推广钢结构住宅,到2030年装配式建筑占当年城镇新建建筑的比例达到40%,建筑垃圾资源化利用率达到55%。三是推动智能建造与建筑工业化协同发展。深化应用自主创新建筑信息模型(BIM)技术,大力发展数字设计、智能生产、智能施工和智慧运维,培育全产业链融合一体的智能建造产业体系。

（八）推动绿色低碳县城建设。以绿色低碳理念引领县城高质量发展,推动形成绿色生产方式和生活方式。一是控制县城建设密度和强度。位于生态功能区、农产品主产区的县城建成区人口密度控制在每平方公里 0.6 万至 1 万人,建筑总面积与建设用地面积的比值控制在 0.6 至 0.8。县城新建住宅以 6 层为主、最高不超过 18 层,6 层及以下住宅建筑面积占比一般不低于 70%;确需建设 18 层以上居住建筑的,应严格充分论证。二是建设绿色节约型基础设施。县城基础设施建设要适合本地特点,以小型化、分散化、生态化方式为主。构建县城绿色低碳能源体系,推广分散式风电、分布式光伏、智能光伏等清洁能源应用。三是营造人性化公共环境。严格控制县城广场规模,广场的集中硬地面积应不超过 2 公顷。推行"窄马路、密路网、小街区",县城内部道路红线宽度一般不超过 40 米。

(九)提升城市治理水平。在科学化、精细化、智能化上下功夫,推动城市管理理念、模式和手段创新。一是深化城市管理体制改革。推动完善党委政府统筹协调、各部门协同合作的城市管理工作机制,建立完善城市规划建设管理巡查稽查制度。二是推进城市治理"一网统管"。依托城市信息模型平台,加快构建国家、省、市三级城市运行管理服务平台体系。三是加强城市风险防控。建立城市治理风险清单管理制度,完善城市安全运行管理机制。建立燃气等城市生命线工程安全监测预警系统,提升在线安全巡检和隐患治理能力。

四、切实把打造宜居、韧性、智慧城市任务落到实处

一分部署,九分落实。我们要把思想和行动统一到党的二十大决策部署上来,以"功成不必在我"的精神境界和"功成必定有我"的历史担当,以钉钉子精神狠抓工作落实。

(一)加强和改善党对城市工作的领导。深入学习贯彻习近平总书记关于城市工作的重要论述和指示批示精神,建立健全党委统一领导、党政齐抓共管的城市工作格局,完善工作体制和机制,切实把党的领导贯穿宜居、韧性、智慧城市建设各方面各环节。

（二）健全城市体检评估工作制度。以宜居、韧性、智慧城市建设为重要内容，不断完善指标体系，全面开展城市体检评估。统筹规划、建设、管理三大环节，以城市体检结果为依据，建立健全发现问题、解决问题、巩固提升的闭环机制。

（三）建立城市总建筑师制度。建立城市总建筑师库，出台选拔使用和考评规定，选择有条件的城市开展试点。构建城市总建筑师对城市规划建设进行把控，并对实施情况进行指导监督的体制机制。

（四）加大政策支持力度。健全城市规划建设管理法律法规，研究出台打造宜居、韧性、智慧城市的政策文件和相关标准，加大财政、金融、土地、科技、人才等方面的政策支持力度，推动建立"纵向到底、横向到边、共建共治共享"的城市基层治理体系。

（五）加强干部培训。编辑出版系列教材，在各级党校（行政学院）、干部学院、高等院校增加相关课程，加强对城市党政主要领导及相关部门干部的培训，引导树立正确的政绩观、价值观和城市观，提高城市工作能力和水平。

加快建设贸易强国

王 文 涛

习近平总书记在党的二十大报告中指出:"推动货物贸易优化升级,创新服务贸易发展机制,发展数字贸易,加快建设贸易强国。"这是以习近平同志为核心的党中央站在新的历史起点上,统筹中华民族伟大复兴战略全局和世界百年未有之大变局作出的重大战略安排,为新时代新征程贸易强国建设指明了前进方向,提供了根本遵循。

一、深刻领会加快建设贸易强国的重大意义

党的十八大以来,以习近平同志为核心的党中央把握时代大势,顺应历史潮流,统筹国内国际两个市场两种资源,推进高水平对外开放,我国对外贸易取得历史性成就。我国货物贸易、服务贸易分别跃居全球第一位和第二位,货物与服务贸易总额连续两年位居全球第一位,贸易大国地位进一步巩固,贸易结构不断优化,贸易效益显著提升,正在向贸易强国迈进。过去我国经济腾飞离不开贸易带动作用,未来贸易仍将是我国经济高质量发展的重要动力。建设贸易强国是全面建设社会主义现代化国家的必然要求,具有重大而深远的意义。

这是加快构建新发展格局的重要任务。习近平总书记强调,新发展格局决不是封闭的国内循环,而是开放的国内国际双循环。构建新发展格局,要求以国内大循环为主体、国内国际双循环相互促进,一方面内循环牵引外循环,塑造我国参与国际经济合作和竞争新优势;另一方面外循环促进内循环,在参与国际循环中提升国内大循环效率和水

平,实现内外循环的顺畅联通。对外贸易是我国开放型经济的重要组成部分,是经济增长的"三驾马车"之一,是畅通国内国际双循环的关键枢纽。**加快建设贸易强国**,就是要更好发挥贸易对商品和要素流动的载体作用,促进市场相通、产业相融、创新相促、规则相联,推进高水平科技自立自强,提升产业链供应链韧性和安全水平,提高综合竞争力,深度参与全球产业分工和合作,在更高开放水平上形成良性循环,更好服务构建新发展格局。

这是满足人民美好生活需要的客观要求。习近平总书记指出,江山就是人民,人民就是江山。我国社会主要矛盾已发生变化,人民群众对美好生活的需要日益增长,由"有没有"转向"好不好"。无论是货物贸易还是服务贸易、出口还是进口,都与人民生活息息相关。外贸主体直接和间接带动就业超过 1.8 亿人,增加了居民收入。2021 年我国进口超过 17 万亿元,占全球比重已提高到 11.9%,大量优质消费品、先进技术设备、关键零部件和能源资源进口,既满足了产业升级的需要,也满足了消费升级的需要。**加快建设贸易强国**,就是要坚持以满足人民美好生活需要作为出发点和落脚点,通过提高出口质量效益,更好发挥对外贸易在稳就业、稳经济上的重要作用;通过扩大优质产品和服务进口,满足人民多层次多样化消费需求,提升人民生活品质,不断增强人民群众的获得感和幸福感。

这是应对世界百年未有之大变局的主动作为。习近平总书记指出,当下,世界之变、时代之变、历史之变正以前所未有的方式展开。国际经济格局持续演变,全球治理体系深刻重塑,单边主义、保护主义抬头,经济全球化遭遇逆流。有关研究表明,10 年来"世界开放指数"不断下滑,全球开放共识弱化。近年来,全球产业链供应链呈现本土化、区域化、短链化趋势,新冠肺炎疫情和乌克兰危机后这一趋势加剧。一些国家推动脱钩断链,把世界经济政治化、工具化、武器化。国际经贸往来是推动经济全球化持续向前的正能量,是维护全球产业链供应链安全的稳定器。**加快建设贸易强国**,就是要拉紧与世界各国的利益纽带,发挥好经贸"压舱石"作用,扩大开放合作,促进互利共赢,化解风险挑战,增加回旋余地,赢得战略主动,更好地应变局、育新机、开新局。

这是推动构建人类命运共同体的务实举措。习近平总书记指出,人类生活在同一个地球村里,越来越成为你中有我、我中有你的命运共同体。自古以来,和平发展往往伴随着贸易繁荣,贸易繁荣又促进了世界各民族友好交往,比如古代丝绸之路是一条贸易之路,更是一条友谊之路。当前,新一轮科技革命和产业变革深入发展,各国经济深度融合,各国相互联系和彼此依存比过去任何时候都更频繁、更紧密,和平发展、合作共赢已成为时代潮流。**加快建设贸易强国**,就是要坚定奉行互利共赢的开放战略,不断以中国新发展为世界提供新机遇,通过进出口满足各国人民生产生活需要,让全世界分享中国大市场,推动各国特别是发展中国家产业发展和工业化进程,促进共同发展,为世界经济注入新动力,推动开放型世界经济建设,推动构建人类命运共同体。

二、准确把握加快建设贸易强国的基本内涵

党的二十大报告提出加快建设贸易强国,内涵丰富,为我国贸易发展方向提供了明确指引。我们要深入学习领会党的二十大精神,推进高水平对外开放,**加快建设贸易强国,更加注重自主创新,更加注重高质量发展,推动内需和外需、进口和出口、货物贸易和服务贸易、贸易和双向投资、贸易和产业协调发展,牢牢把握发展和安全的主动权,开创开放合作、包容普惠、共享共赢的国际贸易新局面。**

(一)**强化开放引领,夯实贸易强国基础。**对外开放是我国的基本国策,是当代中国的鲜明标识,是国家繁荣发展的必由之路。开放水平提高有利于增强贸易综合实力。党的十八大以来,我们实行更加积极主动的开放战略,贸易高质量发展迈出了新步伐,货物出口占全球比重从 11.1% 跃升至 15.1%,高新技术产品进出口占我国外贸比重达30%。当前,我国开放水平仍有较大提升空间。加快建设贸易强国,要

求我们扩大高水平对外开放,对标高标准国际经贸规则,稳步扩大制度型开放,推动贸易规模稳定、结构优化、质量提高,加快从贸易大国迈向贸易强国。

(二)加快创新驱动,提升贸易强国动力。创新是建设贸易强国的第一动力。党的十八大以来,我国深入推进对外贸易创新发展,积极培育新业态新模式,顺应全球数字经济发展新趋势和可持续发展新要求,不断提高贸易数字化、绿色化水平,以创新为高水平开放和高质量发展打开新空间。当前,我国贸易创新能力仍待提高,创新发展空间依然较大。加快建设贸易强国,要求我们坚持创新驱动,扩大国际合作,深化科技创新、制度创新、业态和模式创新。

(三)突出均衡发展,培育贸易强国优势。一国要成为贸易强国,应同时做到贸易强、投资强、产业强、市场强。党的十八大以来,我国推动对外贸易平衡发展,协同推进强大国内市场和贸易强国建设,加快建设全国统一大市场,促进内外贸一体化发展,不断提升全球配置资源能力。同时,我国贸易发展相关领域不平衡不充分问题仍然存在。加快建设贸易强国,要求我们更加注重结构优化,进口和出口协调、货物和服务并重、贸易和投资融合、贸易和产业联动,促进国际收支基本平衡,促进要素自主有序流动,提高要素配置效率,提升国际竞争力。

(四)深化合作共赢,拓展贸易强国空间。贸易强国应是国际经贸合作的重要引领者、全球经济治理的重要参与者。党的十八大以来,我国积极参与全球经济治理体系改革和建设,坚持真正的多边主义,高质量共建"一带一路",加快构建面向全球的高标准自由贸易区网络。我国经贸伙伴有230多个,是140多个国家和地区的主要贸易伙伴,与26个国家和地区签署19个自贸协定,2021年与自贸伙伴贸易额占比达35%。当前,我国日益走近世界舞台中央,国际社会对我国期待普遍提升。加快建设贸易强国,要求我们进一步深化多双边和区域合作,积极参与国际经贸规则制定,贡献更多中国倡议、中国方案。

(五)统筹发展和安全,筑牢贸易强国保障。习近平总书记强调,安全是发展的保障,发展是安全的目的。党的十八大以来,我国坚持独立自主与对外开放相统一,建立出口管制合规体系,健全产业损害预警体系,丰富贸易救济等政策工具,贸易安全保障能力明显提升。当前,全球各种安全威胁层出不穷,国际贸易环境面临诸多不稳定不确定因素。加快建设贸易强国,要求我们贯彻总体国家安全观,敢于斗争、善于斗争,筑牢贸易安全屏障,主动在开放中谋安全,在更高层次上维护国家经济安全。

三、加快建设贸易强国的主要任务

我们要深入贯彻党的二十大精神,加强党对建设贸易强国的全面领导,提高贸易发展质量和效益,培育贸易竞争新优势,增强贸易发展新动能,积极参与国际经贸规则制定,为服务党和国家工作大局作出更大贡献。

(一)推动货物贸易优化升级。促进贸易创新发展,夯实贸易发展的产业基础,增强贸易创新能力,推动外贸质量变革、效率变革、动力变革,增强对外贸易综合竞争力。

优化贸易结构。加快推动智能制造发展,逐步向研发设计、营销服务、品牌经营等环节攀升,稳步提高出口附加值。做强一般贸易,加强品牌、质量和渠道建设,提高效益和规模。提升加工贸易,推动产业链升级。构建绿色贸易体系,优化国际市场和国内区域布局,促进内外贸一体化。鼓励企业加强研发,打造"中国商品"品牌。

积极扩大进口。推动降低进口关税和制度性成本,激发进口潜力,优化进口来源地,优化进口结构。扩大优质消费品进口,扩大先进技术、重要设备、关键零部件进口,增加能源资源产品和国内紧缺农产品进口,促进贸易平衡发展。

推动贸易投资协调发展。实施自由贸易试验区提升战略,加快建设海南自由贸易港。合理缩减外资准入负面清单,依法保护外商投资权益,营造市场化、法治化、国际化一流营商环境。实施好《鼓励外商投资产业目录》,更大力度吸引和利用外资,鼓励外资更多投向中高端制造、高新技术、传统制造转型升级、现代服务等领域。创新对外投资合作方式,高质量建设境外经贸合作区,推动构筑互利共赢的产业链供应链合作体系。

加快发展贸易新业态。促进跨境电商健康持续创新发展,推进跨境电商综合试验区建设,鼓励引导多元主体建设海外仓,优化跨境电商零售进口监管。推进市场采购贸易方式发展,发挥外贸综合服务企业带动作用,提升保税维修业务发展水平,稳步推进离岸贸易发展。

（二）**促进服务贸易创新发展。**持续推进服务贸易深层次改革、高水平开放、全方位创新,推动服务贸易总量增长、结构优化、效益提升,促进贸易高质量发展。

优化服务进出口结构。扩大研发设计、节能降碳、环境服务、医疗等服务进口。扩大旅游、运输等传统服务出口,推动知识密集型服务出口,鼓励成熟产业化技术出口,推动知识产权、法律等专业服务走出去。拓展国家特色服务出口基地,扩大文化服务、中医药服务等出口,打造"中国服务"品牌。

加快服务外包转型升级。推进服务外包创新发展,培育云外包、众包、平台分包等新模式,积极发展研发、设计、维修、检验检测等生产性服务外包。鼓励对外发包,助力构建稳定的国际产业链供应链。推动服务外包与制造业融合发展,利用5G等新兴技术发展数字制造外包。高标准建设服务外包示范城市。

创新服务贸易发展机制。提升服务贸易开放水平,有效发挥自由贸易试验区、海南自由贸易港引领作用,健全跨境服务贸易负面清单管理制度。全面深化服务贸易创新发展试点,推动成效明显的地区升级为国家服务贸易创新发展示范区。

（三）**发展数字贸易。**抓住数字经济发展机遇,加快发展数字贸易,建立健全促进政策,积极参与国际规则与标准制定,打造建设贸易强国的"新引擎"。

培育数字贸易新业态新模式。加快贸易全链条数字化赋能,提升贸易数字化水平。积极支持数字产品贸易,持续优化数字服务贸易,促进专业服务、社交媒体等业态创新发展。稳步推进数字技术贸易,提升云计算服务、通信技术服务等业态的关键核心技术自主权和创新能力。积极探索数据贸易,逐步形成较为成熟的数据贸易模式。

建立健全数字贸易治理体系。加快建立数据资源产权、交易流通、跨境传输、安全保护等基础制度和标准规范。在国家数据跨境传输安全管理制度框架下,研究开展数据跨境传输安全管理试点。加快培育数字贸易主体,建设国家数字服务出口基地,打造数字贸易示范区。加强数字经济领域国际合作,积极推动加入《数字经济伙伴关系协定》进程。

(四)深化国际经贸合作。坚定不移扩大对外开放,坚持真正的多边主义,全方位扩大国际经贸合作,深度参与全球产业分工和合作,维护多元稳定的国际经济格局和经贸关系,为建设贸易强国营造良好外部环境。

推动共建"一带一路"高质量发展。坚持共商共建共享原则,完善贸易畅通网络,构建内外联通、安全高效的贸易大通道。支持中欧班列发展,打造国际陆海贸易新通道。积极推进数字丝绸之路建设,拓展丝路电商全球布局,建设"一带一路"电子商务大市场。

推进双边、区域和多边合作。坚定维护多边贸易体制,积极参与世界贸易组织改革,深入参与联合国、二十国集团、金砖国家、亚太经合组织等多边和区域合作机制,贡献更多中国智慧。促进大国协调和良性互动,深化同周边国家经贸关系,加强与发展中国家团结合作,扩大互利共赢。

扩大面向全球的高标准自由贸易区网络。优化自由贸易区布局,推动商签更多高标准自贸协定,积极推动加入《全面与进步跨太平洋伙伴关系协定》进程。提升自由贸易区建设水平,全面深入参与各领域议题谈判,高质量实施《区域全面经济伙伴关系协定》,全面发挥自贸协定的制度性红利。

优化贸易促进平台。推动中国国际进口博览会越办越好,发挥好国际采购、投资促进、人文交流、开放合作四大平台功能。继续办好中国进出口商品交易会、中国国际服务贸易交易会、中国国际消费品博览会、中国国际投资贸易洽谈会等展会。建设国家进口贸易促进创新示范区。更好发挥线上贸易平台作用。

(五)提升风险防控能力。贯彻总体国家安全观,树立底线思维,防范和化解贸易领域风险,筑牢安全屏障。

健全贸易摩擦应对机制。推进产业损害预警体系建设,积极引导企业防范应对风险。增强运用贸易救济规则能力和水平,提升贸易救济政策工具效能,完善贸易调整援助制度。

完善现代化出口管制体系。实施出口管制法及其配套法规、规章。优化出口管制许可制度,加大出口管制执法力度。深化国际交流合作,促进正常的两用物项贸易,妥善应对滥用出口管制等歧视性行为。

保障粮食安全、能源安全和资源安全。推动粮食、能源资源、关键技术和零部件进口来源更加多元,做好全链条进口保障,着力提升产业链供应链韧性和安全水平,增强开放环境下动态维护国家经济安全的能力。

强化现代化建设人才支撑

吴 瀚 飞

国家发展靠人才,民族振兴靠人才。在全面建设社会主义现代化国家新征程上,我们比历史上任何时期都更接近、更有信心和能力实现中华民族伟大复兴的目标,也比历史上任何时期都更加渴求人才。党的二十大报告鲜明提出:"强化现代化建设人才支撑",并对深入实施新时代人才强国战略作出全面部署。这是以习近平同志为核心的党中央从统筹中华民族伟大复兴战略全局和世界百年未有之大变局的战略高度,对加快建设人才强国作出的战略谋划,对于全面建设社会主义现代化国家、实现中华民族伟大复兴的中国梦,具有重大的现实意义和深远的历史意义。

一、充分认识人才在全面建设社会主义现代化国家中的基础性战略性支撑作用

功以才成,业由才广。古往今来,人才都是富国之本、兴邦大计。党和人民事业要不断发展,就要聚天下英才而用之。我们党始终重视培养人才、团结人才、引领人才、成就人才,团结和支持各方面人才为党和人民事业建功立业。党的十八大以来,以习近平同志为核心的党中央深刻把握世界大势和发展规律,准确判断我国发展阶段和历史方位,突出强调人才是第一资源,作出全方位培养、引进、使用人才的重大部署,有力地推动了人才队伍快速壮大、人才效能持续增强、人才比较优势稳步增强,为党和国家事业取得历史性成就、发生历史性变革提供了

强有力的人才支撑。党的二十大报告立足全局、面向未来,深刻指出:"培养造就大批德才兼备的高素质人才,是国家和民族长远发展大计。"我们必须充分认识强化现代化建设人才支撑的极端重要性。

(一)人才是创新的根本。创新是第一动力,是推动国家和民族向前发展的重要力量,在我国现代化建设全局中处于核心地位。习近平总书记深刻指出:中国"强起来要靠创新,创新要靠人才","创新的根本在人才"。人才资源作为创新活动中最为活跃、最为积极的因素,对于建设创新型国家具有重要支撑作用。10年来,我国基础研究和原始创新不断加强,一些关键核心技术实现突破,战略性新兴产业发展壮大,载人航天、探月探火、深海深地探测、超级计算机、卫星导航、量子信息、核电技术、新能源技术、大飞机制造、生物医药等取得重大成果,进入创新型国家行列。这一系列成果都取决于人才队伍的不断壮大和创新作用的有效发挥。世界知识产权组织发布的全球创新指数显示,我国排名从2012年的第34位快速上升到2022年的第11位。据统计,我国2021年研发人员的总量是2012年的1.7倍,居世界首位。实践充分证明,广大人才在国家创新发展中发挥了重要作用。当前,新一轮科技革命和产业变革深入发展,我国社会主义现代化进程深入推进,人才的决定性作用进一步凸显。因此,必须更加重视人才,更多地培养造就高水平创新人才,并激发他们的创新创造活力,以更好地为我国实现高水平科技自立自强、进入创新型国家前列提供坚强的人才支撑。

(二)人才是推动经济社会发展的战略性资源。建设社会主义现代化国家是我国经济社会发展一以贯之的主题。全面建成社会主义现代化强国,必须坚持推动经济社会高质量发展。习近平总书记深刻指出:"人才越来越成为推动经济社会发展的战略性资源","人才资源作为经济社会发展第一资源的特征和作用更加明显"。我国现代化建设的生动实践,也充分证明了人才是经济社会发展的重要引领力量,是国家民族事业发展的支撑性力量。在实现中国梦"关键一程"上,人才服务决战脱贫攻坚、决胜全面建成小康社会、推动区域协调发展、抗击新冠肺炎疫情等国家重大战略和重大工作卓有成效,对经济社会发展的贡献逐年提升,对推动高质量发展发挥了重要作用。立足新发展阶段、贯彻新发展理念、构建新发展格局、推动高质量发展,必须从战略高度深刻认识人才在经济社会发展中的重要作用,大力促进人才事业与经济社会发展深度融合,有效发挥人才资源对经济社会高质量发展的支撑作用。

(三)人才竞争是综合国力竞争的核心。习近平总书记深刻指出:"人才是衡量一个国家综合国力的重要指标","人才竞争已经成为综合国力竞争的核心"。综合国力竞争归根到底是人才竞争。哪个国家拥有人才上的优势,哪个国家最后就会拥有实力上的优势。社会主义现代化强国是综合国力和国际影响力领先的国家,也必然是具有人才竞争优势的国家。当今世界,在综合国力竞争中,围绕科技制高点和高端人才的竞争空前激烈。世界各国竞相将增强人才竞争优势上升为国家战略,构建国家核心竞争力。目前,我国已经发展成为全球规模最宏大、门类最齐全的人才资源大国。源源不断的人才资源是我国在激烈的国际竞争中的重要潜在力量和后发优势。由人才大国迈向人才强国,必须切实提高对人才竞争在综合国力竞争中决定性作用的认识,充分开发利用国内国际人才资源,努力培养引进使用更多优秀人才,加快建立人才资源竞争优势,以进一步在国际竞争中赢得优势、赢得主动、赢得未来。

二、全面把握新时代人才强国的丰富内涵

党的二十大提出:"到本世纪中叶,把我国建设成为综合国力和国际影响力领先的社会主义现代化强国。"同时提出,要加快建设制造强国、质量强国、航天强国、交通强国、网络强国、农业强国、海洋强国、贸易强国、教育强国、科技强国、文化强国、体育强国等,这些都离不开人才强国的支撑。党的十八大以来,习近平总书记以马克思主义政治家、思想家、战略家的深远战略思维、宏阔全球视野、强烈历史担当,把人才

强国摆在治国理政的重要位置,亲自关怀、亲自谋划、亲自部署、亲自推动,提出了一系列新理念新战略新举措,全面系统深刻地回答了为什么建设人才强国、什么是人才强国、怎样建设人才强国的重大理论和实践问题,深化了对人才事业发展的规律性认识,为加快建设人才强国提供了强大思想武器。党的二十大报告进一步从战略全局的高度对加快建设人才强国提出了新的要求,作出了新的部署。我们要全面系统地认真学习、深刻领会。

(一)坚持党对人才工作的全面领导。这是做好人才工作的根本保证,为加快人才强国建设提供了政治保证和组织保障。坚持党对人才工作的全面领导,是我国人才体系的鲜明政治优势,也是建设人才强国的"纲"和"本"。必须坚持党管人才原则,党要领导实施人才强国战略、推进高水平科技自立自强,加强对人才工作的政治引领,全方位支持人才、帮助人才,千方百计造就人才、成就人才。

(二)坚持人才引领发展的战略地位。这是做好人才工作的重大战略,把人才的重要地位提高到了战略高度。坚持人才引领发展,就是要坚持人才引领驱动,突出人才在国家创新发展中的重要作用。必须把人才资源开发放在最优先位置,加大人才工作投入,在创新实践中发现人才、在创新活动中培养人才、在创新事业中凝聚人才,加快建设国家战略人才力量,着力夯实创新发展人才基础。

(三)坚持面向世界科技前沿、面向经济主战场、面向国家重大需求、面向人民生命健康。这是做好人才工作的目标方向,阐明了我国人才工作的坐标。"四个面向"从国家和人民的利益出发,聚焦新时代重点用才领域,明确了广大人才科研报国的方向。必须紧跟世界科技发展大势,对标世界一流水平,根据国家发展急迫需要和长远需求,加强前瞻性思考、全局性谋划、战略性布局、整体性推进,实现人才队伍规模、结构、质量、效益、安全相统一。

(四)坚持全方位培养用好人才。这是做好人才工作的重点任务,指明了新时代人才工作的战略重点。培养是基础、用好是目的,二者相辅相成、有机统一，确保了广开进贤之路、广纳天下英才。必须坚定人才培养自信，造就一流科技领军人才和创新团队，培养具有国际竞争力的青年科技人才后备军，用好用活各类人才，大胆使用青年人才，放开视野选人才、不拘一格用人才。

（五）坚持深化人才发展体制机制改革。这是做好人才工作的重要保障，为释放我国人才创新创造活力提供了基础条件。改革出动力、改革增活力，最终也要靠改革构筑我国人才制度优势。必须破除人才发展体制机制障碍，把我国制度优势转化为人才优势、科技竞争优势，加快形成有利于人才成长的培养机制、有利于人尽其才的使用机制、有利于人才各展其能的激励机制、有利于人才脱颖而出的竞争机制。

（六）坚持聚天下英才而用之。这是做好人才工作的基本要求，体现了我们党在坚定不移推进民族复兴大业中宏阔的人才视野和战略眼光。中国发展需要世界人才的参与，中国发展也为世界人才提供机遇。必须着眼高精尖缺，坚持需求导向，用好全球创新资源，精准引进急需紧缺人才，加快建设世界重要人才中心和创新高地。

（七）坚持营造识才爱才敬才用才的环境。这是做好人才工作的社会条件，明确了营造良好环境的着力点。环境好，则人才聚、事业兴。要把营造识才爱才敬才用才的环境作为重要前提，助推人才成长成才、发挥作用。必须积极营造尊重人才、求贤若渴的社会环境，公正平等、竞争择优的制度环境，鼓励创新、宽容失败的工作环境，待遇适当、保障有力的生活环境，为人才心无旁骛钻研业务创造良好条件。

（八）坚持弘扬科学家精神。这是做好人才工作的精神引领和思想保证，为广大人才建功新时代注入了强大精神动力。只有弘扬科学家精神，才能激励各类人才投身建设社会主义现代化国家的伟大事业中。必须大力弘扬胸怀祖国、服务人民的爱国精神，勇攀高峰、敢为人先的创新精神，追求真理、严谨治学的求实精神，淡泊名利、潜心研究的奉献精神，集智攻关、团结协作的协同精神，甘为人梯、奖掖后学的育人精神，教育引导各类人才矢志爱国奋斗、锐意开拓创新。

三、深入实施新时代人才强国战略

深入实施新时代人才强国战略，是我国社会主义现代化建设的必然选择。党的二十大报告紧紧围绕全面建设社会主义现代化国家，深刻把握我国经济社会高质量发展需要和国际人才竞争新态势，第一次在党代会报告中将人才强国战略与科教兴国战略、创新驱动发展战略进行集中论述，并作出专题部署。这是在更高起点、更高层次、更高目标上对人才强国作出的顶层设计，为加快建设人才强国锚定了新坐标、树立了新标杆、描绘了新愿景。我们必须站在新的历史起点上，以更高的标准、更大的力度、更实的举措，把新时代人才强国战略的各项任务落到实处。

（一）坚持党管人才原则，引导广大人才爱党报国、敬业奉献、服务人民。聚天下英才而用之，关键是要坚持党管人才原则。只有在党的领导下，培养造就大批德才兼备的高素质人才，才能确保人才强国建设沿着正确的方向前进。要加强党对人才工作的全面领导，管宏观、管政策、管协调、管服务，为人才"保驾护航"，搭建干事创业的平台。要坚持尊重劳动、尊重知识、尊重人才、尊重创造，实施更加积极、更加开放、更加有效的人才政策，做到人尽其才、才尽其用、用有所成。要教育引导广大人才弘扬科学家精神，服务国家、造福人民、开拓创新，把论文写在祖国大地上，把科技成果应用在实现社会主义现代化的伟大事业中。

（二）完善人才战略布局，建设规模宏大、结构合理、素质优良的人才队伍。建设一支宏大的高素质人才队伍，是全面建设社会主义现代化国家的基础。要紧扣科教兴国、创新驱动发展等国家重大战略需求，把人才集聚和重大战略实施同步谋划、同步推进，做到重大战略部署到哪里、人才集聚就跟进到哪里，党和国家事业急需紧缺什么人才、就优先集聚什么人才。要坚持各方面人才一起抓，统筹推进各类人才队伍建设，为全面建成社会主义现代化强国提供有力人才支撑。

（三）加快建设世界重要人才中心和创新高地，着力形成人才国际竞争的比较优势。人类历史上，科技和人才总是向发展势头好、文明程度高、创新最活跃的地方集聚。现在，我国正处于政治最稳定、经济最繁荣、创新最活跃的时期，必须抓住机遇、乘势而上。要坚持重点布局、梯次推进，坚持试点先行、改革牵引，促进人才区域合理布局和协调发展，加快形成战略支点和雁阵格局。要着力建设高水平人才高地和吸引集聚人才的平台，为我国人才事业发展提供强大牵引力和驱动力，加快形成我国在诸多领域人才竞争比较优势。

（四）加快建设国家战略人才力量，着力造就拔尖创新人才。战略人才站在国际科技前沿、引领科技自主创新、承担国家战略科技任务，是支撑我国高水平科技自立自强的重要力量。要坚持实践标准，树立长远眼光，把解决"燃眉之急"和满足长远所需统筹起来，不断壮大国家战略人才力量。要坚持为党育人、为国育才，全面提高人才自主培养质量，努力培养造就更多大师、战略科学家、一流科技领军人才和创新团队、青年科技人才、卓越工程师、大国工匠、高技能人才。要坚持全球视野，加强人才国际交流，千方百计引进顶尖人才，使更多全球智慧资源为我所用，用好用活各类人才。

（五）深化人才发展体制机制改革，激发人才创新创造活力。释放人才创新创造活力，必须通过改革建立起既有中国特色又有国际竞争比较优势的人才发展体制机制。要坚持问题导向，以激发活力为核心，坚决破除人才培养、引进、使用、评价、激励、流动、保障等方面的体制机制障碍，破除唯论文、唯职称、唯学历、唯奖项现象。要根据需要和实际，向用人主体授权，为人才松绑，把人才从科研管理的各种形式主义、官僚主义的束缚中解放出来。要充分发挥人才发展体制机制保障作用，真心爱才、悉心育才、倾心引才、精心用才，求贤若渴，不拘一格，把各方面优秀人才集聚到党和人民事业中来。

加快建设教育强国

怀 进 鹏

教育是国之大计、党之大计。习近平总书记所作的党的二十大报告首次将"实施科教兴国战略,强化现代化建设人才支撑",作为一个单独部分,充分体现了教育的基础性、战略性地位和作用,并对"加快建设教育强国、科技强国、人才强国"作出全面而系统的部署,为到2035年建成教育强国指明了新的前进方向。

一、新时代加快建设教育强国的重大战略意义

党的十八大以来,以习近平同志为核心的党中央对新时代党和国家事业发展作出科学完整的战略部署,作出"建设教育强国是中华民族伟大复兴的基础工程"的重大论断和决策,坚持教育在社会主义现代化建设中的优先发展地位,党的二十大报告再次强调教育强国建设并提出新的更高要求,意义重大而深远。

(一)加快建设教育强国,是全面建设社会主义现代化国家的必然要求。改革开放以来特别是党的十八大以来的实践表明,全面建设社会主义现代化国家,科技是关键,人才是基础,教育是根本。以习近平同志为核心的党中央在统筹推进"五位一体"总体布局、协调推进"四个全面"战略布局的进程中,始终高度重视对教育、科技、人才事业发展的战略引领。党的二十大报告明确指出:"教育、科技、人才是全面建设社会主义现代化国家的基础性、战略性支撑。必须坚持科技是第一生产力、人才是第一资源、创新是第一动力,深入实施科教兴国战略、

人才强国战略、创新驱动发展战略,开辟发展新领域新赛道,不断塑造发展新动能新优势",对"坚持教育优先发展、科技自立自强、人才引领驱动,加快建设教育强国、科技强国、人才强国"进行整体谋划,并将"建成教育强国、科技强国、人才强国"纳入2035年我国发展的总体目标。这一承前启后、继往开来的重大部署,充分体现了马克思主义中国化时代化的探索与创新,对于我们党领导人民共同应对百年变局,齐心协力战胜前进路上风险困难,充分彰显和发挥教育的基础性、先导性、全局性地位和作用,坚定不移向着实现第二个百年奋斗目标和中华民族伟大复兴中国梦奋勇前进,具有非常重要的战略指导意义。

(二)加快建设教育强国,是顺应广大人民群众对更好教育期盼的重要途径。中国共产党成立以来,始终把为中国人民谋幸福、为中华民族谋复兴作为自己的初心使命,团结带领全国各族人民披荆斩棘、砥砺前行,中华民族迎来了从站起来、富起来到强起来的伟大飞跃。党的十八大以来,中国特色社会主义进入新时代,习近平总书记深刻指出:"中国将坚定实施科教兴国战略,始终把教育摆在优先发展的战略位置,不断扩大投入,努力发展全民教育、终身教育,建设学习型社会,努力让每个孩子享有受教育的机会,努力让13亿人民享有更好更公平的教育,获得发展自身、奉献社会、造福人民的能力。"并强调"加快推进教育现代化、建设教育强国、办好人民满意的教育,努力培养担当民族复兴大任的时代新人,培养德智体美劳全面发展的社会主义建设者和接班人"。习近平总书记的重要论述,是党和国家教育决策的重要遵循,集中体现了坚持人民至上、把实现人民对美好生活向往作为奋斗目标的重要理念。我们党坚持以人民为中心的发展思想,维护人民根本利益,不断增进民生福祉,努力办好人民满意的教育,中国特色社会主义教育制度体系的主体框架基本确立,教育面貌正在发生格局性变化,人民群众对教育改革发展的获得感持续增强。踏上了实现第二个百年奋斗目标新的赶考之路,党的二十大报告突出强调加快建设教育强国,进一步彰显了中国特色社会主义教育制度的优越性,必将有力解决教育发展不平衡不充分的问题,使教育同人民群众期待更加契合,在更高水平上满足人民群众对教育的需求。

二、新时代加快建设教育强国的坚实基础

教育是民族振兴、社会进步的重要基石,是功在当代、利在千秋的德政工程。新中国成立以来特别是改革开放以来,党和人民教育事业取得了举世瞩目的辉煌成就。党的十八大以来,以习近平同志为核心的党中央明确教育是国之大计、党之大计,召开全国教育大会,出台规划,推动教育事业取得历史性成就、发生历史性变革,为加快建设教育强国打下了坚实的基础。

(一)教育普及水平全方位提高。党的二十大报告指出,10 年来,"建成世界上规模最大的教育体系","教育普及水平实现历史性跨越",这是对新时代我们党在"幼有所育、学有所教"上持续推进取得新成就的高度概括。2021 年,我国九年义务教育巩固率达到 95.4%,学前教育毛入园率和高中阶段教育毛入学率分别达到 88.1%、91.4%,高等教育毛入学率达到 57.8%。目前,我国教育普及程度总体上稳居全球中上收入国家行列,其中,义务教育和学前教育的普及程度达到高收入国家平均水平,高等教育进入国际社会公认的"普及化"阶段,劳动年龄人口的平均受教育年限达 10.9 年,每年全国高等学校和职业院校输送数以千万计毕业生,继续教育为各行各业培训上亿人次,为如期全面建成小康社会提供了重要支撑,拓展了加快建设教育强国之路。

(二)教育事业中国特色更加鲜明。中华民族是伟大的民族,创造了绵延 5000 多年的灿烂文明,尊师重傅、倡教兴学的优良传统,深深融入世代传承的文化血脉之中,为源远流长的中华文明注入了持久的磅礴动力。在中国共产党领导人民成功走出中国式现代化道路、创造人类文明新形态的进程中,我国教育现代化越来越焕发出蓬勃生机,教育强国建设更加呈现鲜明的中国特色。党的十八大以来,以习近平同志

为核心的党中央提出"德智体美劳"的总体要求,创造性地发展了党的教育方针,坚定社会主义办学方向,健全立德树人落实机制,扎根中国大地办教育,广大师生展现出昂扬向上的精神风貌和听党话跟党走的坚定决心,中国特色社会主义教育发展道路越走越宽广。党全面加强对教育工作的领导,深化教育领域综合改革、提高教育治理能力迈上新台阶,在发展素质教育、弘扬社会主义核心价值观、改革考试招生制度、提高基础教育质量、增强职业技术教育适应性、建设一流大学和一流学科、提升教师能力素质等方面取得新进展,推动国民思想道德素质、科学文化素质和身心健康素质进一步提高,为建设中国特色、世界水平的教育强国做好了充分准备,为全球教育贡献了中国智慧和中国方案,助力构建人类命运共同体。

(三)教育发展实力和服务能力迅速增强。随着新时代科教兴国战略、人才强国战略深入实施,教育优先发展地位有效落实,国家财政性教育经费投入占国内生产总值比例连续保持在4%以上,教育成为财政一般公共预算第一大支出,一批重大教育工程顺利实施,极大改善了办学条件,学生资助政策体系实现全覆盖并日益健全,教育系统全力支持打赢脱贫攻坚战。尤其是抗击新冠肺炎疫情,成功实施世界上最大规模在线教学,所有大中小学从停课不停学不停教到复课复学,充分展现了中国特色社会主义制度优势。在全国基础研究和重大科研任务、国家重点实验室建设、国家级三大科技奖励项目中,高校参与比重和贡献份额均超过60%,80%以上的国家自然科学基金项目和90%以上的国家社会科学基金项目由高校承担,高校积极参与破解大批关键核心技术"卡脖子"问题,成为国家自主创新生力军。当前,更全方位、更多层次、更宽领域、更加主动的教育国际交流与合作新格局正加快形成,我国与188个国家和地区、40多个重要国际组织建立教育合作交流关系,教育国际影响力持续提升。10年来,一大批基层改革创新的经验做法不断涌现,一些长期制约教育事业发展的体制机制障碍得到破解,教育生态持续向好,引领教风学风持续改善,赢得人民群众的更多理解和支持,全社会尊师重教氛围更加浓厚。教育系统自身实力的持续增强、服务经济社会发展能力的不断提升,必将在加快建设教育强国的征途上发挥出更大优势,也将为今后科技强国、人才强国及其他强国目标的实现提供重要的支撑和作出更多实质性贡献。

三、新时代加快建设教育强国的总体方向和重点任务

综观新时代我国教育事业取得的历史性成就、发生的历史性变革,归根结底,在于以习近平同志为核心的党中央的统筹谋划,在于习近平新时代中国特色社会主义思想的科学指引,在于社会各界的大力支持和共同努力,在于广大教育工作者一心向党、奋进拼搏。党的二十大报告向全党全社会发出新的动员令,对"分两步走"全面建成社会主义现代化强国的远景目标作出新的擘画,对全面建设社会主义现代化国家开局起步关键时期的未来 5 年目标任务和重要举措进行新的部署,着眼实施科教兴国战略、强化现代化建设人才支撑,立足办好人民满意教育的大局,对加快建设教育强国的总体方向和重点任务提出新的更高要求。

(一)全面贯彻党的教育方针,把坚持为党育人、为国育才落到实处。习近平总书记在党的二十大报告中强调,"培养什么人、怎样培养人、为谁培养人是教育的根本问题。育人的根本在于立德。全面贯彻党的教育方针,落实立德树人根本任务,培养德智体美劳全面发展的社会主义建设者和接班人。"习近平总书记这些重要论述,立足基本国情,遵循教育规律,是马克思主义中国化在教育领域的最新发展,作为党的二十大报告的新部署新要求,具有统领性、引领性的重要意义。教育系统在贯彻落实过程中,必须深刻领悟"两个确立"的决定性意义,增强"四个意识",坚定"四个自信",做到"两个维护",持续完善党对教育工作的全面领导、德智体美劳全面发展、全员育人全过程育人全方

位育人体制机制。坚持用习近平新时代中国特色社会主义思想铸魂育人，推进大中小学思想政治教育一体化建设，将社会主义核心价值观融入教育全过程，着力培养担当民族复兴大任的时代新人。

（二）坚持以人民为中心发展教育，加快建设高质量教育体系，发展素质教育，促进教育公平。锚定2035年基本公共服务实现均等化的宏伟目标，必须坚持教育公益性原则，把教育公平作为国家基本教育政策，形成政府主导、覆盖城乡、可持续的基本公共教育服务体系，依法保障财政性教育经费拨付使用到位，优化区域教育资源配置，不断缩小城乡、区域、校际、群体间教育差距。重点是加快义务教育优质均衡发展和城乡一体化，强化学前教育、特殊教育普惠发展，坚持高中阶段学校多样化发展，完善覆盖全学段学生资助体系，开创基础教育高质量发展新局面，为逐步实现全体人民共同富裕打下更好基础。

（三）教育强国、科技强国、人才强国建设相互支持配合，共同聚焦贯彻新发展理念、构建新发展格局。全面提高人才自主培养质量，着力造就拔尖创新人才，聚天下英才而用之，是教育、科技、人才强国建设协调推进的共同任务。围绕人力资源深度开发和创新驱动发展，加快建设世界重要人才中心和创新高地，重点是统筹职业教育、高等教育、继续教育协同创新，推进职普融通、产教融合、科教融汇，优化职业教育类型定位。坚持高等教育内涵式发展，加强基础学科、新兴学科、交叉学科建设，加快建设中国特色、世界一流的大学和优势学科。优化国家科研机构、高水平研究型大学、科技领军企业定位和布局，加强企业主导的产学研深度融合，尽快形成与国家发展战略、生产力布局和城镇化要求相适应的多层次、多样化教育发展新高地，更好服务和融入新发展格局。

（四）深化教育领域综合改革，增强教育改革的系统性、整体性、协同性，为教育强国建设激活力、增动力。建设教育强国，必须继续破解深层次体制机制障碍，不断把制度优势更好转化为治理效能。重点是加强教材建设和管理，全面落实教材建设国家事权，完善学校管理和教育评价体系,健全学校家庭社会育人机制,更加重视儿童青少年的体育、美育、劳动教育、心理健康教育。加强师德师风建设,培养高素质教师队伍,不断提高广大教师的思想政治素质和业务水平,把乡村教师队伍建设摆在重要位置,弘扬尊师重教社会风尚。全面推进依法治教、依法治校、依法办学,引导规范民办教育发展。加大国家通用语言文字推广力度,深入开展铸牢中华民族共同体意识教育。

(五)推进教育数字化,建设全民终身学习的学习型社会、学习型大国。根据党的二十大报告关于加快建设数字中国的系列部署,教育系统将积极深入实施教育数字化战略行动,将国家智慧教育平台打造成教育领域重要的公共服务产品,不断推动教育变革和创新,构建网络化、数字化、个性化、终身化的教育体系,加强部门地区政策协调,促进学校社会资源共享,形成方式更加灵活、资源更加丰富、学习更加便捷的全民终身学习推进机制,扎根中国大地,建设人人皆学、处处能学、时时可学的学习型社会、学习型大国,奋力谱写新时代教育强国建设的新篇章。

加强科技基础能力建设

侯 建 国

科技基础能力是国家综合科技实力的重要体现,是国家创新体系的重要基石,是实现高水平科技自立自强的战略支撑。党的二十大报告提出要加强科技基础能力建设,这是在我国科技创新发展新阶段,立足当前、面向长远的一项重大任务部署。我们要认真学习领会习近平总书记关于科技创新的重要论述,深入落实党的二十大报告部署要求,统筹推进科技基础能力建设,为加快建设世界科技强国提供坚实根基。

一、深刻认识加强科技基础能力建设的重大意义

习近平总书记深刻指出,历史经验表明,那些抓住科技革命机遇走向现代化的国家,都是科学基础雄厚的国家,我们要不断夯实科技基础,筑牢科技自立自强的根基。科技基础是指科技创新活动赖以开展的物质技术基础和制度文化基础,既包括各类科技创新组织、科研设施平台、科学数据和文献期刊等"硬条件",也包括科技政策与制度法规、创新文化等"软环境"。科技基础能力在很大程度上决定着科技创新的能力和水平,在科技事业发展中具有十分重要的战略性、基础性作用。

加强科技基础能力建设是加快建设世界科技强国的必然要求。从世界主要科技强国的发展经验来看,科技强国的鲜明特征是,具备强大的科技基础能力,拥有一批具有全球影响力和竞争力的一流科研机构、研究型大学、创新型企业,建有一批性能先进、高效运行的科技基础设

施,具备系统完善的科技创新政策法规体系和良好创新文化。正是基于厚实的科技基础能力,才培养集聚了大批高水平科技人才,不断产出重大创新成果,为经济社会发展和综合国力提升提供了强有力的战略支撑。当前,我国整体科技实力大幅提升,但由于积累不足等原因,我国科技基础能力还比较薄弱,无论是机构设施等硬条件还是制度文化等软环境,与世界科技强国相比都还有一定差距。在世界知识产权组织发布的 2022 年全球创新指数排名中,我国综合排名为第 11 位,但基础设施和制度两个分项指标分别仅列第 25 和 42 位。加快科技强国建设必须筑牢科技创新的根基,下决心解决科技基础能力存在的短板弱项,围绕国家需求和科技前沿统筹提升科技基础能力,以坚实的基础支撑高水平创新,推动我国科技创新能力从跟跑、并跑向领跑转变,加快从科技大国向科技强国迈进。

加强科技基础能力建设是实现高水平科技自立自强的急迫需求。当今世界正经历百年未有之大变局,科技创新是关键变量,是国际竞争和大国博弈的主战场。主要发达国家把科技基础能力建设作为战略重点,密集出台科技创新战略和激励政策,加强机构平台等战略科技力量布局,加大科技基础设施建设投入力度,力争在科技创新新赛道和制高点上赢得先机。面对日益复杂激烈的国际竞争环境,我国科技创新存在的原创能力不强、关键核心技术受制于人等问题成为严重制约,造成这些问题的重要原因之一就是我国科技基础的支撑保障能力不足。要提高我国科技创新的抗压能力、应变能力、对冲能力和反制能力,必须加快构建高水平、高效率、安全可控的科技基础能力体系,发挥集中力量办大事的制度优势,有效解决"卡脖子"问题的"燃眉之急",努力消除事关长远发展的"心腹之患",不断筑牢科技安全和国家安全防线,为我国科技发展独立性、自主性、安全性提供坚实基础和有力保障。

加强科技基础能力建设是抢抓新一轮科技革命和产业变革战略机遇的战略举措。当前,新一轮科技革命和产业变革加速演进,进入大科学和大融通时代。一方面,学科交叉渗透,技术汇聚融合,科技创新复杂度越来越高,重大科学发现和技术突破越来越离不开重大科技基础设施和先进科研仪器设备的支撑。另一方面,科研范式面临变革,产学研用深度融通,从创新到转化的周期大幅缩短,科技创新与生产生活的联系日益紧密,创新活动的组织方式、政策安排、制度文化等正在深刻重构。我国要在新一轮科技革命和产业变革中占据先机、赢得主动,必须把加强科技基础能力建设作为战略举措,准确把握变革趋势与发展规律,从前瞻布局、科研选题、机制创新、模式变革等方面加强科技基础能力建设,有效提升科技创新体系整体效能,努力塑造创新发展的引领态势和竞争新优势。

二、我国科技基础能力建设取得显著成效

党的十八大以来,以习近平同志为核心的党中央把科技创新摆在党和国家发展全局的核心位置,把加强科技基础能力建设作为事关长远发展的一项重大战略举措,着力加强顶层设计,加大投入力度,充分调动各方面的积极性,系统布局、统筹推进。总体上看,我国科技基础能力建设取得了历史性成就、发生了历史性变革。

(一)科技创新政策法规体系日趋完善。新修订了《中华人民共和国科学技术进步法》、《中华人民共和国促进科技成果转化法》、《中华人民共和国专利法》等,出台了一批法律法规和规章制度,构建了有效促进和保障科技创新全过程的法律制度体系。围绕国家中长期和"十四五"科技创新发展、加强基础研究等,出台了一批科技专项规划,进一步明确了近中远期我国科技创新的战略目标、重点任务和政策举措,形成了指导我国科技事业发展的顶层设计和规划体系。科技体制改革持续深化,在强化国家战略科技力量、科技人才队伍建设、科技评价制度、科技项目和经费管理、科研诚信和科技伦理建设等方面,出台了一系列重大改革举措,重点领域和关键环节改革取得重要突破,一些长期制约科技发展的堵点难点问题得到有效解决,科技体制机制改革持续

深化,科技创新政策体系进一步优化,有效激发了各类创新主体的积极性创造性。

(二)科技创新机构平台能力大幅提升。布局建设了一批国家实验室,着力推进全国重点实验室体系重组,中国特色国家实验室体系加快构建。加强高水平科研机构建设,科研院所改革不断深化,创新能力持续提升。研究型大学建设取得积极进展,学科建设、基础研究和创新人才培养能力持续增强。企业创新能力快速提升,涌现出一批具有全球竞争力的科技领军企业。国家技术创新中心、产业创新中心、工程研究中心等创新平台布局日趋完善,新型研发机构、众创空间、孵化器等大量涌现,推动产学研深入合作和科技成果高效转移转化。依托各类机构平台集聚和培养了一大批高水平创新创业人才,人才队伍质量显著提升、结构进一步优化,国家战略人才队伍建设取得重要进展。

(三)科技基础设施体系建设取得重要进展。在建和投入运行一批国家重大科技基础设施,500米口径球面射电望远镜、散裂中子源、稳态强磁场、高海拔宇宙线观测站等设施处于国际领先水平,开放共享水平逐步提高。布局建设了一批国家科学数据中心、国家生物种质与实验材料资源库、国家野外科学观测台站等科技基础条件平台,以及国家超算中心、生物信息中心、科技图书文献中心等一批科技服务设施。国家重大科研仪器研制项目、基础科研条件与重大科学仪器设备研发等专项计划深入实施,一些重点领域高端科学仪器设备逐步实现国产替代。高水平科技期刊建设取得积极进展,一批优秀期刊跻身国际前列。

(四)作风学风建设取得积极成效。大力弘扬科学精神和科学家精神,加强优良作风学风建设,涌现出一大批矢志爱国奋斗、锐意开拓创新的新时代优秀科学家代表。积极倡导以质量、绩效、贡献为核心的创新价值导向,进一步加强科研诚信、科研伦理建设,为科研人员安心致研营造了良好的文化氛围。科学教育和科普活动深入开展,创新发展理念深入人心,全民科学文化素质不断提升,尊重创新、鼓励创新、支持创新的社会氛围日益浓厚。

在充分肯定我国科技基础能力建设取得成绩的同时,也要看到仍存在一些突出问题,如新兴科技领域的机构平台前瞻性布局不够,科技创新政策法规仍需完善,基础设施的保障能力和开放共享水平还需提高,作风学风和创新文化建设有待进一步加强等。

三、加强科技基础能力建设的重点举措

加强科技基础能力建设是一项长期性、系统性工程。我们要深入学习贯彻习近平总书记关于科技创新重要论述和对科技基础能力建设的重要指示精神,按照党的二十大报告的部署,遵循科技基础能力建设体系化、长周期、持续性等规律和特点,着眼世界科技发展前沿加强前瞻性研判,立足世界科技强国建设目标加强全局性谋划,围绕高水平科技自立自强加强战略性布局,按照全国一盘棋的要求系统性推进,加快落实科技基础能力建设的各项重点任务。

(一)以《中华人民共和国科学技术进步法》为统领,持续完善科技创新的政策法规体系。政策法规是开展科技创新活动的制度保障。要围绕最大限度激励和保障科技创新,全面提升科技创新管理的法治化水平,加大科技创新政策制定力度,加快形成互相衔接、精准有效的科技创新政策法规体系。一是健全完善科技创新法律法规,加强人工智能、生物科技等新兴前沿领域立法,加快推动科研机构立法,推进科技创新领域依法行政,保障科技创新主体和广大科技人员合法权益。二是加大科技创新政策供给力度,深化科技评价和收入分配制度改革,大力支持促进科技成果转移转化和产学研用融通,加大多元化科技投入,优化金融支持科技创新的政策。三是深化科技体制改革,加快构建关键核心技术攻关和支持颠覆性技术创新的体制机制,优化问题导向、需求导向的选题机制,健全科技项目分类管理机制,完善符合科研规律、以信任为前提的科研经费使用管理,加快转变政府科技管理职能,提升科技投入效能。四是加强知识产权法治保障,持续推进知识产权创造

保护运用,强化质量和价值导向的知识产权资助激励政策,健全知识产权侵权行为惩罚性赔偿制度,完善知识产权服务体系建设。

(二)以强化国家战略科技力量为牵引,加快构建高水平的创新组织体系。创新组织是开展科技创新活动的平台载体,其中国家战略科技力量发挥着十分重要的骨干引领作用。要以强化国家战略科技力量为引领,加强各类创新主体统筹协同,提升国家创新体系整体效能。一是加强顶层设计,优化各类国家战略科技力量的定位和布局,充分发挥各自优势和特色,形成优势互补、协同攻关的有机整体,共同履行好解决国家重大需求的使命任务。二是强化国家战略科技力量与各类创新主体的有机衔接和紧密配合,通过构建创新联合体、组建创新联盟等有效协作机制,加快原始创新和关键核心技术突破,提升创新链产业链能力水平。三是充分发挥国家战略科技力量的核心平台作用,加快建设国家战略人才力量,在创新实践中培养造就更多大师、战略科学家、一流科技领军人才和创新团队、青年科技人才、卓越工程师、大国工匠、高技能人才,加快建设世界重要人才中心和创新高地。四是依托高水平创新机构吸引全球优秀科研人员开展合作研究,积极牵头发起和参与国际大科学计划和大科学工程,深度融入全球创新网络。

(三)以统筹布局和开放共享为重点,优化完善科技创新的设施条件体系。科技设施、各类资源库、数据和期刊等设施条件是开展科技创新活动的物质技术基础。要面向国家重大战略需求以及新一轮科技革命和产业变革的重大方向,前瞻谋划、统筹布局各类科技创新条件平台和共享服务网络建设,提升安全保障和开放共享水平。一是加强国家重大科技基础设施相关战略研究,结合国际科技创新中心、综合性国家科学中心等重大创新战略部署,系统布局任务导向型、应用支撑型、前瞻引领型、民生改善型、公共平台型设施建设,加快构建布局合理、技术领先、运行高效、支撑有力的重大科技基础设施体系。二是紧密结合不同区域的创新特色和优势,统筹推进科学数据库、野外科学观测台站、生物种质和实验材料资源库等科技基础条件的体系化、集约化布局建设。三是加快制定我国科学仪器设备自主研制战略规划,集聚优势力量加强关键科学仪器、基础软件、高端科研试剂等攻关,完善税收优惠、工程示范、政府采购等激励政策,加快国产科学仪器设备推广应用,通过技术和产品持续迭代形成自我发展能力和核心竞争力,打造一批具有国际竞争力的高端科学仪器企业,从根本上提高体系化研发和应用能力。四是完善科学数据中心布局建设,提高科学数据高效汇聚和分析服务能力,加快推进数据和人工智能驱动的科研范式变革;打造安全可靠的科技文献开放存取基础设施,建立国家数字文献资源长期保存体系;深入实施科技期刊卓越行动计划,打造一批具有国际影响力的学术期刊。

(四)以大力弘扬科学家精神为核心,深入推进中国特色的创新文化体系建设。创新文化是滋养创新精神、强化创新动力、激发创新活力的根基和土壤。要深入挖掘中华民族的创新精神禀赋,引导广大科研人员将创新精神内化于心、外化于行,将科技发展深深根植于中国特色创新文化中。一是培育创新文化。培育敢为人先、勇攀高峰、开放包容、互学互鉴的文化底蕴,引导激励广大科研人员提出新理论、开辟新领域、探索新路径,在独创独有上下功夫。二是弘扬科学家精神。广泛宣传老一辈科学家和新时代优秀科技工作者勇于探索、献身科学的先进事迹,激励广大科技工作者树立家国情怀,形成使命驱动、责任驱动的思想自觉和行动自觉,将个人学术追求主动融入到全面建设社会主义现代化国家的伟大事业中。三是涵养优良学风。建立健全教育、激励、规范、监督、惩戒一体化的科研诚信治理体系,引导广大科研人员坚持学术标准,发扬学术民主,力戒浮躁、安心致研,营造风清气正的科研环境。四是营造创新氛围。坚持把科学普及放在和科技创新同等重要的位置,深入实施全民科学素质行动,推动科普信息化、数字化、智能化,在全社会形成尊重知识、崇尚创新的浓厚氛围。

加快实现高水平科技自立自强

王 志 刚

党的二十大报告强调,坚持创新在我国现代化建设全局中的核心地位,加快实现高水平科技自立自强,加快建设科技强国。并对完善科技创新体系、加快实施创新驱动发展战略等作出专门部署。这是以习近平同志为核心的党中央把握国际国内大势、有效应对风险挑战、确保实现新时代新征程党的历史使命作出的重大战略抉择,充分体现了习近平总书记高瞻远瞩、统揽全局的战略思想及对科技创新的战略擘画,为新时代科技发展指明了方向。

一、高水平科技自立自强是我国现代化建设的战略支撑

当前,我国迈上全面建设社会主义现代化国家、向第二个百年奋斗目标进军新征程,比历史上任何时期都更接近、更有信心和能力实现中华民族伟大复兴的目标。实现这一目标,必须坚持科技是第一生产力、人才是第一资源、创新是第一动力,把科技自立自强作为我国现代化建设的基础性、战略性支撑,开辟发展新领域新赛道,不断塑造发展新动能新优势。

(一)实现高水平科技自立自强是国家强盛和民族复兴的战略基石。纵观人类发展史,创新始终是一个国家、一个民族发展的不竭动力和生产力提升的关键要素。科技创新是百年未有之大变局中的一个关键变量,各主要国家纷纷把科技创新作为国际战略博弈的主要战场,围

绕科技制高点的竞争空前激烈,谁牵住了科技创新这个"牛鼻子",谁走好了科技创新这步先手棋,谁就能占领先机、赢得优势。反之,则会造成发展动力衰减和能力天花板。党的十八大以来,以习近平同志为核心的党中央把科技创新摆在国家发展全局的核心位置,以改革驱动创新、以创新驱动发展,我国经济实力、科技实力、综合国力跃上新的大台阶。新时代新征程,要坚持把国家和民族发展放在自己力量的基点上,充分认识实现高水平科技自立自强对增强我国发展竞争力和持续力的决定性意义。科技自立自强不仅是发展问题更是生存问题,以高水平科技自立自强的"强劲筋骨"支撑民族复兴伟业,这是面向未来的必然选择甚至是不二选择。

(二)实现高水平科技自立自强是应对风险挑战和维护国家利益的必然选择。当前,国际环境错综复杂,世界经济陷入低迷,全球产业链供应链面临重塑,不稳定性不确定性明显增加,世界进入新的动荡变革期。新冠肺炎疫情、乌克兰危机对全球的影响警示我们:高水平科技自立自强具有重大战略意义和全局意义。有效应对前进道路上的重大挑战、抵御重大风险,维护国家安全和战略利益,必须紧紧抓住科技自立自强这个国家强盛之基、安全之要,不断提升我国发展的独立性、自主性、安全性,增强抗压能力、应变能力、对冲能力和反制能力。我国科技发展正处在将强未强、不进则退的关键阶段,只有加快实现高水平科技自立自强,把发展的主动权牢牢掌握在自己手中,我国的现代化进程才不会被迟滞甚至打断。

(三)实现高水平科技自立自强是贯彻新发展理念、构建新发展格局、推动高质量发展的本质要求。新时代新征程,贯彻新发展理念、构建新发展格局、推动高质量发展,比过去任何时候都更需要科学技术解决方案,都更需要增强创新这个第一动力。实现高水平科技自立自强是构建新发展格局的需要,以科技自立自强推动国内大循环,提高供给体系质量和水平,以新供给创造新需求,以科技自立自强畅通国内国际双循环,保障产业链供应链安全稳定。实现高水平科技自立自强是推动高质量发展的需要,以强大科技作支撑,以质量变革、效率变革、动力变革推动现代化经济体系建设。实现高水平科技自立自强是实现人民高品质生活的需要,推出更多涉及民生的科技创新成果,助力于解决发展不平衡不充分问题,满足人民对美好生活的向往。只有实现高水平科技自立自强,才能为构建新发展格局、推动高质量发展提供新的成长空间、关键着力点和主要支撑体系,使践行新发展理念的高质量发展更多依靠创新驱动的内涵型增长。

二、新时代新征程自主创新能力推动高水平科技自立自强行稳致远

新时代 10 年,在以习近平同志为核心的党中央坚强领导下,我国科技事业密集发力、加速跨越,实现了历史性、整体性、格局性重大变化,取得历史性成就。面向世界科技前沿、面向经济主战场、面向国家重大需求、面向人民生命健康,重大科技创新成果竞相涌现,科技体制改革多点突破、纵深推进,科技实力跃上新的大台阶,科技自立自强迈出坚实步伐。党的二十大报告指出:我们加快推进科技自立自强,全社会研发经费支出从 1 万亿元增加到 2.8 万亿元,居世界第二位,研发人员总量居世界首位。基础研究和原始创新不断加强,一些关键核心技术实现突破,战略性新兴产业发展壮大,进入创新型国家行列。我国在全球创新版图中的地位和作用发生了新的变化,世界知识产权组织全球创新指数排名显示,中国从 2012 年的第 34 位上升到 2022 年的第 11 位,我国既是国际前沿创新的重要参与者,也是共同解决全球性问题的重要贡献者。

(一)基础前沿方向重大原创成果持续涌现彰显我国科技实力显著跃升。坚持目标导向和自由探索"两条腿走路",突出原始创新,持续加大基础研究投入,成功组织一批重大基础研究任务,在量子信息、干细胞、脑科学、类脑芯片等前沿方向取得一批具有国际影响力的重大

原创成果。加强战略性"新赛道"布局,人工智能、移动通信、超级计算等前沿领域与世界先进水平同步,量子计算原型机"九章"、"祖冲之号"成功问世。500米口径球面射电望远镜、散裂中子源等一批具有国际一流水平的重大科技基础设施建成并发挥重要作用。载人航天、嫦娥探月、天问访火、人造太阳、北斗导航、万米海试等重大突破让我国在深海、深空、深蓝等领域牢牢占据科技制高点。

(二)高质量源头科技供给为建设现代化经济体系注入强劲动能。围绕产业链部署创新链,围绕创新链布局产业链,聚焦数字经济、先进制造、新材料、能源、交通等战略性产业强化科研攻关,以关键核心技术突破推动产业向中高端攀升,高端产业发展取得新突破。国产C919大飞机市场化运营加速,时速600公里高速磁浮试验样车下线,高性能装备、智能机器人、增材制造、激光制造等技术有力推动"中国制造"迈向更高水平,5G移动通信技术率先实现规模化应用。新能源汽车加快发展,产销量多年位居世界首位。移动支付、远程医疗、在线教育等新技术新模式深刻改变人们的生活方式。

(三)战略必争领域历史性突破有力支撑国家重大需求。聚焦解决瓶颈制约,关键核心技术攻关取得一系列重大成果。科技重大专项有效实施,填补一批科技领域战略性空白,有力支撑港珠澳大桥、川藏铁路等一批重大工程建设顺利实施。煤炭清洁高效利用,新型核电技术走在世界前列,为国家能源安全提供了有力保障。系统掌握高铁建造成套技术,构建涵盖不同速度等级、成熟完备的高铁技术体系,树立起世界高铁建设运营的新标杆。深海潜水器具备从试水到11000米级全海洋作业能力。实现1500米超深水油气田开发能力的"深海一号"改变了我国在南海油气开发中的被动局面。

(四)更多更好社会民生科技创新成果为人民健康福祉提供有力保障。围绕新冠病毒溯源、疾病救治、疫苗和药物研发等重点领域方向持续开展应急科研攻关,从疫情之初7天内分离出病毒毒株到14天内研制成功检测试剂,再到构建疫苗、中医药、中和抗体和小分子药三道防线,打了一场成功的科技抗疫战。聚焦癌症、心脑血管、呼吸和代谢性疾病等重点领域和临床专科,建立 50 个国家临床医学研究中心,早查、早筛、早诊、早治的技术体系不断完善。癌症、白血病、耐药菌防治等打破国外专利药垄断。重离子加速器、磁共振、彩超、CT 等一批国产高端医疗装备和器械投入使用。土地、基本粮食作物、种业等农业关键核心技术持续突破,有力保障国家粮食安全。深入实施科技特派员制度,助力脱贫攻坚和乡村振兴发展。

(五)科技体制改革"四梁八柱"基本建立。143 项科技体制改革任务高质量完成,重点领域和关键环节改革取得实质性进展和显著成效,科技创新的基础性制度基本建立。科学技术进步法修订实施,国家重大科技决策咨询制度有效运行,科技力量宏观统筹和优化配置效能不断提升。实施以增加知识价值为导向的分配政策,深化评价和激励制度改革,持续减轻科研人员负担。构建科技大监督格局,狠抓学风作风建设,科技伦理治理能力取得新进展。繁荣创新文化,大力弘扬科学家精神,在全社会形成鼓励、支持、参与创新的良好环境。

实践证明,中国共产党领导是我国科技事业不断前进的根本政治保证。党的十八大以来,习近平总书记高度重视科技创新,提出一系列重大论断,发表一系列重要论述,亲自谋划、亲自部署、亲自推动一系列重大战略举措,擘画了我国科技创新发展的宏伟蓝图,走出了一条从人才强、科技强到产业强、经济强、国家强的创新发展新路径。我国科技事业取得的历史性成就、发生的历史性变革,是习近平总书记作为党中央的核心、全党的核心领航掌舵的结果,是习近平新时代中国特色社会主义思想和习近平总书记关于科技创新的重要论述科学指引的结果。新时代 10 年,我国科技创新能力特别是自主创新能力大幅增强,为加快实现高水平科技自立自强奠定了坚实基础、创造了有利条件、做好了充分准备,必将助力我们党团结带领全国各族人民全面建成社会主义现代化强国、实现第二个百年奋斗目标。

当前,世界新一轮科技革命和产业变革加速演进和拓展,基础前沿领域相继突破,颠覆性创新不断涌现,科技创新正在深刻改变世界发展格局,我国发展面临千载难逢的历史机遇。党的二十大报告深刻指出:我国发展进入战略机遇和风险挑战并存、不确定难预料因素增多的时期,各种"黑天鹅"、"灰犀牛"事件随时可能发生。我们必须增强忧患意识,坚持底线思维,做到居安思危、未雨绸缪,准备经受风高浪急甚至惊涛骇浪的重大考验。于危机中育先机、于变局中开新局,我们要坚定创新自信,抢抓创新机遇,勇攀科技高峰,破解发展难题,加快实现高水平科技自立自强,加快建设科技强国。

三、全面落实高水平科技自立自强战略部署

党的二十大报告明确了 2035 年我国发展总体目标和未来 5 年主要任务。就科技发展而言,到 2035 年,我国经济实力、科技实力、综合国力大幅跃升,实现高水平科技自立自强,进入创新型国家前列,建成科技强国;未来 5 年,科技自立自强能力显著提升。我们要以习近平新时代中国特色社会主义思想为指导,深入贯彻习近平总书记关于科技创新的重要论述,踔厉奋发、勇毅前行,扎实落实党的二十大确定的各项战略部署。

(一)加强党对科技工作的全面领导。把党的领导落实到科技事业各领域各方面各环节,坚决拥护"两个确立",增强"四个意识"、坚定"四个自信"、做到"两个维护",在政治立场、政治方向、政治原则、政治道路上始终同以习近平同志为核心的党中央保持高度一致,为我国科技事业发展提供坚强政治保证。加强党中央集中统一领导,完善党中央对科技工作统一领导的体制,建立权威的决策指挥体系。强化战略谋划和总体布局,调动各方面积极性,加速聚集创新要素,优化配置创新资源,实现创新驱动系统能力整合,增强科技创新活动的组织力、战斗力。

(二)构建体系化全局性科技发展新格局。坚持"四个面向",坚持

系统观念,加快形成与科技自立自强匹配的"顶层设计牵引、重大任务带动、基础能力支撑"科技创新体系化能力。加强顶层设计,补短板、建长板、强能力、成体系。围绕国家急迫需要和长远需求,加快实施一批具有战略性全局性前瞻性的国家重大科技项目,增强自主创新能力。加强科技基础能力建设,在力量构建、资源配置、基础设施、科研平台、政策法规、技术标准、创新生态、科技人才等方面夯实基础。

(三)强化国家战略科技力量。以国家目标和战略需求为导向,加快组建一批国家实验室,重组现有国家重点实验室,形成国家实验室体系。优化国家科研机构、高水平研究型大学、科技领军企业定位和布局。统筹推进国际科技创新中心、区域科技创新中心建设,打造世界科学前沿领域和新兴产业技术创新、全球科技创新要素的汇聚地。强化企业科技创新主体地位,发挥科技型骨干企业引领支撑作用,加强企业主导的产学研深度融合,提高科技成果转化和产业化水平。强化科技战略咨询,发挥国家科技咨询委员会、国家科技高端智库和战略科学家决策支撑作用。

(四)坚决打赢关键核心技术攻坚战。把突破关键核心技术作为当务之急,尽快改变关键领域受制于人的局面。健全新型举国体制,加强战略谋划和系统布局,形成关键核心技术攻关强大合力。以国家战略需求为导向,以具有先发优势的关键技术和引领未来发展的基础前沿技术为突破口,集聚力量进行原创性引领性科技攻关,着力解决影响制约国家发展全局和长远利益的重大科技问题,从根本上保障我国产业安全、经济安全、国家安全。

(五)加强基础研究。把原始创新能力提升摆在更加突出的位置,坚持目标导向和自由探索并举布局基础研究,勇于挑战最前沿的科学问题,提出更多原创理论,实现前瞻性基础研究、引领性原创成果重大突破。强化目标导向,从经济社会发展和国家安全面临的实际问题中凝练科学问题,从源头和底层解决关键核心技术问题。鼓励自由探索,拓展认识自然的边界,开辟新的认知疆域,孕育科学突破。

（六）深化科技体制改革。着力破解深层次体制机制障碍，着力营造良好政策环境，深化科技评价改革，加大多元化科技投入，加强知识产权法治保障，形成支持全面创新的基础制度。提升科技投入效能，深化财政科技经费分配使用机制改革。营造有利于科技型中小微企业成长的良好环境。培育创新文化，弘扬科学家精神，涵养优良学风，营造创新氛围。坚持创新驱动实质是人才驱动，着力造就拔尖创新人才，加快建设国家战略人才力量，激发各类人才创新活力和潜力，聚天下英才而用之。

（七）扩大国际科技交流合作。积极主动融入全球创新体系，用好全球创新资源。实施更加开放包容、互惠共享的国际科技合作战略，以持续提升科技自主创新能力夯实国际合作基础，以更加开放的思维和举措推进国际科技交流合作。加强国际化科研环境建设，形成具有全球竞争力的开放创新生态。

强化企业科技创新主体地位

李 晓 红

习近平总书记在党的二十大报告中指出:"加强企业主导的产学研深度融合,强化目标导向,提高科技成果转化和产业化水平。强化企业科技创新主体地位,发挥科技型骨干企业引领支撑作用,营造有利于科技型中小微企业成长的良好环境,推动创新链产业链资金链人才链深度融合。"这些重要论述,明确了强化企业科技创新主体地位的战略意义,深化了对创新发展规律的认识,完善了创新驱动发展战略体系布局,为新时代更好发挥企业创新主力军作用指明了方向,我们要深入学习、深刻领会、全面贯彻。

一、充分认识强化企业科技创新
主体地位的重大意义

(一)强化企业科技创新主体地位是实现高质量发展的内在要求。实现高质量发展,要牢牢把握创新第一动力,大力实施创新驱动发展战略,将关键核心技术掌握在自己手里,推动科技创新转化为现实生产力。企业是市场主体和经济社会发展的重要力量,企业创新已经成为我国科技创新事业的重要策源地,为国民经济发展、社会进步、国家安全和人民生活质量改善作出了重大贡献。要充分发挥科技创新在高质量发展中的引领作用,不断强化企业科技创新主体地位,持续提升企业创新能力,支撑发展方式从规模速度型向质量效益型转变,塑造发展新动能新优势。

(二)强化企业科技创新主体地位是构建新发展格局的迫切需要。构建新发展格局,要紧紧扭住创新这个牵动经济社会发展全局的"牛

鼻子",把握新一轮科技革命和产业变革的历史机遇,抢收新科技浪潮的"科技红利"。强化企业科技创新主体地位,提升企业创新能力,是提高产业链供应链现代化水平的需要,也是畅通国内国际双循环的需要。只有不断强化企业科技创新主体地位,才能增强工业体系和产业体系的活力和竞争力,不断催生新市场和新需求,培育形成完整内需体系,加快构建新发展格局。

(三)强化企业科技创新主体地位是提高国家创新体系整体效能的关键所在。提高国家创新体系整体效能,要始终坚持创新在现代化建设全局中的核心地位,把科技自立自强作为国家发展的战略支撑。企业在国家科技创新体系中占有十分重要的地位,加强企业主导的产学研深度融合,有利于加快科技成果向现实生产力转化,提升产业化水平,发挥创新要素集聚效应,构建协同高效创新体系。要完善科技创新体制机制,强化企业科技创新主体地位,优化创新布局,推动创新链产业链资金链人才链深度融合,更好把科技力量转化为产业竞争优势,提高国家创新体系整体效能。

二、准确把握强化企业科技创新主体地位的主要任务

企业是一大最活跃的创新力量,强化企业科技创新主体地位,关键在于实现创新体系协同高效、科技经济深度融合、创新生态优化完善,建设创新引领的现代产业体系。

(一)构建企业主导的产学研深度融合创新体系。深化科技体制改革,培育产学研深度融合的创新体系,解决好"由谁来创新"、"动力在哪里"、"成果如何用"等问题,促进创新主体充满活力、创新链条有机衔接、创新效率大幅提高。支持企业联合高校、科研院所等组建创新联合体,加快科技成果向现实生产力转化,打通从科技强到产业强、经济强、国家强的通道。打造关键技术自主创新的"核心圈",构筑技术

和产业的"朋友圈",形成带动广泛的"辐射圈",推动重点产业进入全球价值链中高端。

(二)塑造大中小微科技企业协同高效的创新格局。着力提升企业自主创新能力,全面建设创新型企业。科技型骨干企业要发挥引领支撑作用,更好履行高水平科技自立自强的使命担当,主动承担国家重大科技任务和关键核心技术攻关,加快建设世界一流企业。推动大企业积极开放供应链,以大企业为龙头,结合中小微企业的创新灵活性,形成协同、高效、融合、顺畅的创新生态。培育企业创新平台和基地,整合集聚优势资源,促进产业链上中下游企业合作对接。为中小企业发展营造良好环境,加大对中小企业支持力度,坚定企业发展信心,着力在推动企业创新上下功夫,激发涌现更多聚焦主业、精耕细作的专精特新中小企业。

(三)推动创新链产业链资金链人才链深度融合。强化企业创新资源要素集聚能力,促进各类创新要素向企业集聚,发挥市场在资源配置中的决定性作用,推动创新资源在更大范围内流动,营造充分释放企业创新活力的良好环境。坚持以科技自立自强为引领打造创新链,以提升韧性和竞争力为重点巩固产业链,以金融为纽带优化资金链,以人才队伍建设为抓手提升人才链。加快推动产业链完善升级,做好关键领域的固链、强链、补链、控链和融链,引领全链贯通和全要素融合创新,实现产业链供应链的稳定和自主可控。

三、强化企业科技创新主体地位的关键举措

报告对强化企业科技创新主体地位作出全面部署,我们要坚持以习近平新时代中国特色社会主义思想为指导,按照党中央的要求,面向世界科技前沿、面向经济主战场、面向国家重大需求、面向人民生命健康,重点围绕以下几个方面抓好贯彻落实。

(一)推动科技企业融通创新,全面提升创新链产业链水平。充分发挥企业市场主体和产业主体作用,强化企业科技创新主体地位,明确

科技型骨干企业的主导地位,推动大中小微企业发挥能动作用,融通创新链产业链,全面提升创新链产业链水平。一是发挥科技型骨干企业引领支撑作用。科技型骨干企业要健全科技与战略管理职能,加强重大创新成果产出、行业共性技术研究、高端人才队伍建设等,成为原创技术策源地。聚焦产业重点领域、关键核心技术以及全链贯通、全要素融合的系统性创新和集成性创新,将知识创新与技术创新深度耦合,实现体系性突破。引导科技型骨干企业建设高水平研发机构和平台,超前布局产业前沿技术和颠覆性技术。开展前瞻性、储备性基础研究,以基础研究推动应用研究,在解决重大工程科技应用问题中总结归纳科学原理,以应用研究倒逼基础研究。推动科技型骨干企业向高校、科研院所以及中小微企业开放创新资源、提供技术牵引和转化支持,构建创新协同、产能共享、供应链互通的新型产业创新生态。二是推动科技型中小微企业成为创新重要生力军。要加强对科技型中小微企业创新的支持,加大科技项目、人才计划等开放力度,着力提高对科技型中小微企业赋能活动针对性、政策扶持精准性,健全准入规则和退出机制,积极培育新技术、新模式、新业态。科技型中小微企业要瞄准所属细分领域加大创新投入,掌握更多具有自主知识产权的重要技术,努力成为专精特新的创新主体,实现创新创富。三是推动产业链上中下游、大中小微企业融通创新。聚焦国家重大战略领域,大力推进服务型共性技术平台建设,增强对企业的服务支撑能力。培育大中小微企业融通创新平台和基地,促进产业链上中下游对接和大中小微企业之间的业务协作、资源共享和系统集成,形成良好的产业链知识技术流动机制。创新科技成果转移转化机制,推动各类科技成果转化项目库向企业开放,加快科技成果在企业转化和产业化。

(二)以企业为主导,打造产学研深度融合的创新体系。以企业为核心构建科技和产业之间互融互通的桥梁纽带,形成以企业为主体、市场为导向、产学研深度融合的创新体系。一是发挥企业产学研主导作用。促进科技成果更好由企业使用,逐步形成领军企业牵头、高校和科研院所协同推进的新局面。进一步强化企业作为出题人、主答题人和阅卷人的地位,推动更多任务由企业提出、企业成为研发主体。完善高校、科研院所与企业的协作机制,鼓励企业与高校、科研院所建立多形式合作关系,全面提升产学研协同创新效率,引导产学研等多方主体的协同联动和科研成果的贯通式转化。二是支持企业牵头组建创新联合体。立足社会主义市场经济条件下的新型举国体制,发挥集中力量办大事制度优势,支持企业牵头组建创新联合体,承担国家重大技术攻关任务。围绕事关国家安全、产业核心竞争力、民生福祉的重大战略任务,持续推进科技项目的"揭榜挂帅"、"赛马制",鼓励更多企业牵头和参与创新活动。推动企业牵头或参与国家实验室、国家技术创新中心、国家工程中心等国家级创新平台建设。三是引导建立产学研深度融合的利益分配和风险控制机制。完善的利益分配和风险控制机制是实现产学研深度融合行稳致远的有力保障。要加快扭转我国高校、科研院所科技成果转化渠道不畅、转化动力不足、转化机制不健全、高质量专利数量不够多的现状。兼顾企业、高校和科研院所的利益诉求,充分考虑创新的贡献率,明确界定企业、高校和科研院所的责、权、利,探索通过成果权益分享等方式合理分配创新成果。建立健全风险控制机制,完善风险评估体系和风险共担机制,拓展多元化的投资主体和风险资金,有效应对成果转化风险、创新失败风险,提升创新容错率。

(三)加大财政金融支持力度,整体提升企业创新投入强度。构建以财政投入为引导、企业投入为主体、金融机构为支撑、社会资本为补充的多元化科技投入体系,整体提升企业创新投入强度。一是扩大税收优惠和财政补贴规模与水平。通过税收优惠、财政资金支持等方式组合,优化政府资金投入结构,建立多层次支持体系。在创新准备环节和研发环节增加或强化专门针对企业的税收优惠政策,引导税收优惠政策适当前移,推动普惠性政策"应享尽享"。细化财政补贴制度,对企业创新进行分环节分阶段补贴,重点加大初创环节补贴力度,培育扶持一批具有创新前景和商业潜力的科技企业。二是优化金融保障体系。进一步完善政策工具箱,货币政策工具定向支持科技创新,优化金融体系风险监管追责机制以及考核体系,提高科技金融风险容忍度。引导金融机构加大对企业创新的支持,探索利用数字技术为企业增信,解决科技型中小微企业融资难的问题。拓展优化首台(套)重大技术装备、新材料首批次保险补偿和激励政策。三是畅通科技企业市场融资渠道。完善多层次资本市场,促进科技企业全生命周期融资链衔接。持续推动创业板、科创板、区域性股权市场的制度创新,完善股权融资的资本市场体系。促进创业投资发展,鼓励更多社会资本参与,支持引导投资机构聚焦科技企业开展业务。支持科技企业通过债券市场融资,满足科技企业多样化融资需求。

(四)进一步优化政策与环境,促进各类创新人才向企业集聚。营造企业创新人才良好发展环境,畅通人才流通渠道,提升企业的吸引力、凝聚力和容纳力,促进创新人才向企业集聚。一是发挥企业家的重要作用。弘扬企业家精神,培养富有爱国情怀、勇于创新、诚信守法、承担社会责任、具有国际化视野的企业家。加强对企业家的战略引导和服务,支持企业家做创新发展的探索者、组织者、引领者,赋予企业家在重大科技创新项目立项、重大科技基础设施建设等决策方面的权利。鼓励企业家与科学家深度合作,加强技术经理人队伍建设,加快科技成果从实验室走向市场。二是推动企业培养一大批创新人才。鼓励企业、高校和科研院所成为应用型工程科技人才培养的共同体,围绕国家重大产业布局,加快推进产学研合作教育,大力培育工程技术人才、科学人才、引领人才。深化产教融合,完善校企联合培养机制,支持领军企业与高校联合办学育人,培养一大批卓越工程师和大国工匠。培养高素质技能人才,构建以企业为主体、各方面积极参与和支持的高技能人才培养体系。三是畅通创新人才流动渠道。破除人才流动中的体制壁垒和机制障碍,畅通科技人才在高校、科研院所与企业之间的流动渠道。推动人才跨领域、跨区域、跨部门一体化配置,促进城乡、区域、行业等之间人才顺畅流动,鼓励更多科技人才支持艰苦边远地区等地企业创新发展。搭建人才沟通交流平台，为高层次科技人才开设绿色通道，加速科技人才向企业集聚。

（五）营造良好企业创新生态，激发科技创新内生动力。加快建立协同创新机制，围绕产业链部署创新链，围绕创新链完善资金链，打造开放协同高效的创新环境。一是充分激发各类主体创新活力。进一步优化营商环境，深化科技领域"放管服"改革，赋予企业创新更大自主权。完善以创新能力、质量、实效、贡献为导向的企业科技评价体系，落实国有企业创新的考核、激励与容错机制，健全民营企业获得创新资源的公平性和便利性措施，形成"创新不问出身、英雄不论出处"的政策环境。优化评价、服务、支持、激励政策，赋予科研人员更大的人财物自主支配权。加强知识产权保护和核心技术人员权利保护力度，健全人力资本定价机制，完善知识产权、技术交易市场。大力弘扬科学家精神、工匠精神、企业家精神，培育科学精神、发展科学文化，塑造企业创新文化，营造尊重创新的社会氛围。二是统筹推进区域科技创新能力发展。优化全国范围内科技创新的空间布局，重点打造以北京、上海、粤港澳大湾区国际科技创新中心为代表的世界主要人才中心和创新高地，增强科技创新的国际集聚带动能力。地方政府立足当地产业优势，以领军企业为中心整合高校、科研院所等创新资源，承接以产业为导向的科技计划任务，建立特色化协同创新的产业链和产业集群。构建区域创新合作与交流平台，破除行政壁垒和垄断，加强各区域间交流合作，促进创新要素集聚水平的整体提升。三是提高企业创新国际化水平。鼓励企业主动融入全球科技创新网络，深度参与全球科技治理，积极参与"一带一路"科技创新合作，与沿线国家和地区共享科技成果和科技发展经验。促进企业利用好全球科技成果、智力资源和高端人才，鼓励国内国际双向有序流动。支持有条件的企业牵头成立产业创新领域的国际性科技组织，参与制定国际标准。鼓励外资企业设立研发中心和参与承担国家科技计划项目，吸引国际知名企业设立分支机构，推进开放型产业创新。

加强人民当家作主制度保障

林 尚 立

习近平总书记在党的二十大报告中指出："人民民主是社会主义的生命，是全面建设社会主义现代化国家的应有之义"，并对加强人民当家作主制度保障作出全面部署。历史和实践告诉我们，没有民主就没有社会主义，就没有社会主义现代化，就没有中华民族伟大复兴。要发展全过程人民民主，保障人民当家作主，我们必须坚定不移走中国特色社会主义政治发展道路，健全人民当家作主制度体系，加强人民当家作主制度保障。

一、人民当家作主是社会主义
民主政治的本质和核心

我国是工人阶级领导的、以工农联盟为基础的人民民主专政的社会主义国家，国家的一切权力属于人民，人民当家作主。我国社会主义民主是维护人民根本利益的最广泛、最真实、最管用的民主。发展社会主义民主政治就是要体现人民意志、保障人民权益、激发人民创造活力，用制度体系保证人民当家作主。

发展社会主义民主政治，保证人民当家作主，保证国家政治生活既充满活力又安定有序，关键是要坚持党的领导、人民当家作主、依法治国有机统一。党的领导是人民当家作主和依法治国的根本保证，人民当家作主是社会主义民主政治的本质特征，依法治国是党领导人民治理国家的基本方式，三者统一于我国社会主义民主政治伟大实践。

中国特色社会主义最本质的特征是中国共产党领导,中国特色社会主义制度的最大优势是中国共产党领导。中国共产党领导,就是支持和保证人民实现当家作主。人民民主,是中国共产党始终高举的旗帜;尊重人民主体地位,保证人民当家作主,是中国共产党的一贯主张。党在团结带领人民进行革命、建设、改革的伟大奋斗中,探索形成了中国特色社会主义制度,确立了以人民代表大会制度为根本政治制度,中国共产党领导的多党合作和政治协商制度、民族区域自治制度、基层群众自治制度等基本政治制度为主要内容的人民当家作主制度体系,并在实践中不断推进社会主义民主政治制度化、规范化、程序化,把制度优势转化为治理效能。

习近平总书记指出:"评价一个国家政治制度是不是民主的、有效的,主要看国家领导层能否依法有序更替,全体人民能否依法管理国家事务和社会事务、管理经济和文化事业,人民群众能否畅通表达利益要求,社会各方面能否有效参与国家政治生活,国家决策能否实现科学化、民主化,各方面人才能否通过公平竞争进入国家领导和管理体系,执政党能否依照宪法法律规定实现对国家事务的领导,权力运用能否得到有效制约和监督。"据此,相较西方资本主义制度,中国特色社会主义制度、中国共产党领导的人民当家作主制度体系具有鲜明特色和显著优势。邓小平说:"资本主义社会讲的民主是资产阶级的民主,实际上是垄断资本的民主,无非是多党竞选、三权鼎立、两院制。我们的制度是人民代表大会制度,共产党领导下的人民民主制度,不能搞西方那一套。社会主义国家有个最大的优越性,就是干一件事情,一下决心,一做出决议,就立即执行,不受牵扯。"

所以,习近平总书记强调指出,"发展社会主义民主政治,关键是要增加和扩大我们的优势和特点",具体来说,就是在坚持党的领导、人民当家作主、依法治国有机统一基础上增加和扩大中国特色社会主义制度的优势和特点。第一,要坚持发挥党总揽全局、协调各方的领导核心作用,提高党科学执政、民主执政、依法执政水平,保证党领导人民有效治理国家,切实防止出现群龙无首、一盘散沙的现象。第二,要坚持国家一切权力属于人民,既保证人民依法实行民主选举,也保证人民依法实行民主协商、民主决策、民主管理、民主监督,切实防止出现选举时漫天许诺、选举后无人过问的现象。第三,要坚持和完善中国共产党领导的多党合作和政治协商制度,加强社会各种力量的合作协调,切实防止出现党争纷沓、相互倾轧的现象。第四,要坚持和完善民族区域自治制度,巩固平等团结互助和谐的社会主义民族关系,促进各民族和睦相处、和衷共济、和谐发展,切实防止出现民族隔阂、民族冲突的现象。第五,要坚持和完善基层群众自治制度,发展基层民主,保障人民依法直接行使民主权利,切实防止出现人民形式上有权、实际上无权的现象。第六,要坚持和完善民主集中制的制度和原则,促使各类国家机关提高能力和效率、增进协调和配合,形成治国理政的强大合力,切实防止出现相互掣肘、内耗严重的现象。

二、必须坚持用制度体系保障人民当家作主

习近平总书记指出:"保证和支持人民当家作主不是一句口号、不是一句空话,必须落实到国家政治生活和社会生活之中,保证人民依法有效行使管理国家事务、管理经济和文化事业、管理社会事务的权力。"我国社会主义民主之所以是维护人民根本利益的最广泛、最真实、最管用的民主,最根本的在于党领导人民形成了全面、广泛、有机衔接的人民当家作主制度体系。这套制度体系,在确保全体人民实行民主选举、民主协商、民主决策、民主管理、民主监督有可运行、可操作、可落实的制度规范的同时,也为实践中不断丰富民主形式,拓宽民主渠道,保证人民平等参与、平等发展权利提供了全面而广泛的法律和制度保障。

人民民主制度体系是在党和人民长期探索中形成的,是社会主义政治文明建设的伟大创造,是对人类政治文明的重大贡献。对这个历

史过程,习近平总书记作出了这样的概括和总结:我们党自成立之日起就致力于建设人民当家作主的新社会,提出了关于未来国家制度的主张,并领导人民为之进行斗争。土地革命战争时期,我们党在江西中央苏区建立了中华苏维埃共和国,开始了国家制度和法律制度建设的探索。抗日战争时期,我们党建立以延安为中心、以陕甘宁边区为代表的抗日民主政权,成立边区政府,按照"三三制"原则,以参议会为最高权力机关,建立各级立法、行政、司法机关。新中国成立后,我们党创造性地运用马克思主义国家学说,为建设社会主义国家制度进行了不懈努力,逐步确立并巩固了国家的国体、政体、根本政治制度、基本政治制度、基本经济制度和各方面的重要制度,中国特色社会主义制度不断完善,中国特色社会主义法律体系也不断健全。

人民民主制度体系是保证人民在党的领导下依法通过各种途径和形式管理国家事务、管理经济和文化事业、管理社会事务的制度体系,因而是系统而全面的。具体来说,它是把根本政治制度、基本政治制度同基本经济制度以及各方面体制机制等具体制度有机结合起来的制度体系,是把国家层面民主制度同基层民主制度有机结合起来的制度体系,是把党的领导、人民当家作主、依法治国有机结合起来的制度体系,集中体现了中国特色社会主义制度的优势和特点,充分彰显了我国社会主义民主的全面性、真实性和有效性,是人民当家作主的根本制度保障。

习近平总书记指出:"一个国家民主不民主,关键在于是不是真正做到了人民当家作主,要看人民有没有投票权,更要看人民有没有广泛参与权;要看人民在选举过程中得到了什么口头许诺,更要看选举后这些承诺实现了多少;要看制度和法律规定了什么样的政治程序和政治规则,更要看这些制度和法律是不是真正得到了执行;要看权力运行规则和程序是否民主,更要看权力是否真正受到人民监督和制约。"所以,发展社会主义民主政治,不仅要坚持用这套制度体系保证人民当家作主,而且要在人民当家作主实践中不断完善和发展这套制度体系,正如习近平总书记所指出的:"发展社会主义民主政治关键是要把我国社会主义民主政治的特点和优势充分发挥出来,不断推进社会主义民主政治制度化、规范化、程序化,为党和国家兴旺发达、长治久安提供更加完善的制度保障。"

三、人民代表大会制度是保证
人民当家作主的好制度

我国实行工人阶级领导的、以工农联盟为基础的人民民主专政的国体,实行人民代表大会制度的政体。历史表明,人民代表大会制度,是党和人民深刻总结近代以后中国政治生活惨痛教训得出的基本结论,是中国社会 100 多年激越变革、激荡发展的历史结果,是中国人民翻身作主、掌握自己命运的必然选择。

我国是一个大国,在人口规模巨大的国家要实现人民当家作主、保证人民广泛参加国家治理和社会治理,在人类政治文明发展史上是前所未有的,没有现成的制度,需要我们在马克思主义指导下独立探索、自主创造。为了实现人民当家作主,在新民主主义革命时期,我们党在根据地创建人民政权,为建立新型政治制度积累了实践经验。经过实践探索和理论思考,以毛泽东同志为主要代表的中国共产党人创造性地提出实行人民代表大会制度的构想。1954 年 9 月,一届全国人大一次会议召开,通过了《中华人民共和国宪法》,标志着人民代表大会制度这一国家根本政治制度正式建立。

我国实行人民代表大会制度已 60 多年,为党领导人民在古老的东方大国建立起保证亿万人民当家作主的社会主义国家、创造经济快速发展和社会长期稳定的两大奇迹提供了重要制度保障。习近平总书记指出:"实践证明,人民代表大会制度是符合我国国情和实际、体现社会主义国家性质、保证人民当家作主、保障实现中华民族伟大复兴的好制度,是我们党领导人民在人类政治制度史上的伟大创造,是在我国政治发展史乃至世界政治发展史上具有重大意义的全新政治制度。"

人民代表大会制度之所以具有强大生命力和显著优越性，根本在于始终坚持党的领导。人民代表大会制度是坚持党的领导、人民当家作主、依法治国有机统一的根本政治制度安排。坚持党的领导、人民当家作主、依法治国有机统一，核心是坚持党的领导。党的领导是人民当家作主和依法治国的根本保证。发挥党总揽全局、协调各方的领导核心作用，一方面，提高党科学执政、民主执政、依法执政水平，保证党领导人民有效治理国家，切实防止社会群龙无首、国家四分五裂的现象，不断推进社会主义民主政治制度化、规范化、程序化，全面提高国家治理体系和治理能力现代化水平；另一方面，促使各类国家机关提高能力和效率、增进协调和配合，形成治国理政的强大合力，不断推动各类国家机关工作更好体现人民利益、反映人民愿望、维护人民权益。

人民代表大会制度之所以具有强大生命力和显著优越性，关键在于深深植根于人民之中。习近平总书记指出："我们国家的名称，我们各级国家机关的名称，都冠以'人民'的称号，这是我们对中国社会主义政权的基本定位。中国260多万各级人大代表，都要忠实代表人民利益和意志，依法参加行使国家权力。各级国家机关及其工作人员，不论做何种工作，说到底都是为人民服务。这一基本定位，什么时候都不能含糊、不能淡化。"

民主集中制是中国国家组织形式和活动方式的基本原则，也是支持和保证人民通过人民代表大会行使国家权力的制度保证。1945年4月，毛泽东在构想人民代表大会制度时，就明确指出："新民主主义的政权组织，应该采取民主集中制，由各级人民代表大会决定大政方针，选举政府。它是民主的，又是集中的，就是说，在民主基础上的集中，在集中指导下的民主。只有这个制度，才既能表现广泛的民主，使各级人民代表大会有高度的权力；又能集中处理国事，使各级政府能集中地处理被各级人民代表大会所委托的一切事务，并保障人民的一切必要的民主活动。"所以，采取民主集中制的人民代表大会制度，坚持人民通过人民代表大会统一行使国家权力，各级人民代表大会由民主选举产生,对人民负责,受人民监督;各级国家行政机关、监察机关、审判机关、检察机关都由人民代表大会产生,对人大负责,受人大监督;实行决策权、执行权、监督权既合理分工又相互协调,保证国家机关依照法定权限和程序行使职权、履行职责;坚持在党中央统一领导下,充分发挥地方主动性和积极性,保证国家统一高效组织推进各项事业。

习近平总书记指出:"历史和现实都表明,制度稳则国家稳,制度强则国家强。"党的二十大报告提出的加强人民当家作主制度保障的目标任务和行动纲领,是新时代不断推进和拓展中国式现代化的必然要求和重要保障,对于新时代发展全过程人民民主,更好践行以人民为中心的发展思想,充分调动人民的积极性、主动性、创造性,全面建设社会主义现代化国家、全面推进中华民族伟大复兴具有重大的现实意义。

基层民主是全过程人民
民主的重要体现

施 芝 鸿

党的二十大报告立足新时代新征程,作出了"发展全过程人民民主,保障人民当家作主"的重要部署。报告还强调:"基层民主是全过程人民民主的重要体现",凸显了基层民主在全面发展全过程人民民主、保障人民当家作主方面既不可或缺又不可替代的重要地位和作用。

一、包括基层民主在内的全过程人民民主是
最广泛、最真实、最管用的民主

党的二十大报告指出,"全过程人民民主是社会主义民主政治的本质属性,是最广泛、最真实、最管用的民主"。在中国特色社会主义新时代,以习近平同志为核心的党中央,既创造了中国式现代化道路、创造了人类文明新形态,也推动和拓展了中国式民主,丰富了人类政治文明形态,为在新时代新征程更好保障人民当家作主,坚持人民主体地位,充分体现人民意志、保障人民权益、激发人民创造活力提供了强大理论支撑和坚实制度保证。

在中国特色社会主义新时代这 10 年,习近平总书记先后两次在全国人大工作会议、两次在全国政协工作会议以及其他重要场合,对民主问题作了一系列深刻论述,在提出全过程人民民主重大理念、领导人民实现全过程人民民主过程中,把中国式民主价值和理念更多转化为科学有效的制度安排和具体现实的民主实践。为加深对"基层民主是全

过程人民民主的重要体现"的认识,有必要精准认识和把握全过程人民民主 12 个方面的精髓要义。

一是中国式民主是人民民主,人民民主是社会主义的生命。二是人民当家作主是中国式民主的本质和核心,必须用制度体系保障人民当家作主。三是必须坚持党的领导、人民当家作主、依法治国有机统一,坚定走中国特色社会主义政治发展道路。四是选举民主和协商民主是中国式民主的两种重要形式,二者共同构成中国社会主义民主政治的特点和优势。五是发展中国式民主的关键是要把我国社会主义民主政治的特点和优势充分发挥出来,不断推进社会主义民主政治制度化、规范化、程序化。六是全过程人民民主是近代以来党团结带领人民长期奋斗历史逻辑、理论逻辑、实践逻辑的必然结果,是坚持党的本质属性、践行党的根本宗旨的必然要求。七是全过程人民民主实现了过程民主和成果民主、程序民主和实质民主、直接民主和间接民主、人民民主和国家意志相统一,是全链条、全方位、全覆盖的民主。八是全过程人民民主的高质量,促进了国家治理的高效能,提升了国家治理体系和治理能力现代化水平。九是全过程人民民主,形成和发展于党领导人民争取民族独立、人民解放和实现国家富强、人民幸福的不懈奋斗,扎根在广袤的中华大地,吸吮着中华民族漫长奋斗积累的文化养分,学习借鉴人类文明优秀成果,符合中国国情、得到人民拥护,具有深厚现实基础和广阔发展前景。十是全过程人民民主,具有完整的制度程序和完整的参与实践,使选举民主和协商民主这两种重要民主形式更好结合起来,构建起覆盖 960 多万平方公里土地、14 亿多人民、56 个民族的民主体系,实现了最广大人民的广泛持续参与。十一是全过程人民民主既有鲜明的中国特色,也体现全人类共同价值,为丰富和发展人类政治文明贡献了中国智慧和中国方案。十二是要继续推进全过程人民民主建设,把人民当家作主具体地、现实地体现到党治国理政的政策措施上来,具体地、现实地体现到党和国家机关各个方面、各个层级工作上来,具体地、现实地体现到实现人民对美好生活向往的工作上来。

党的二十大报告之所以突出强调,"基层民主是全过程人民民主的重要体现",一是因为,基层民主是发展我国社会主义民主政治的基础性工程。全国14亿多人民生产生活的重心在基层,扩大基层民主,让人民群众直接行使民主权利,依法管理自己的事情,是社会主义民主最广泛的实践,是社会主义民主政治建设的基础性工作。新中国成立以来的无数历史事实表明,发展基层民主是提高人民群众政治素质和管理能力的重要平台,是实现人民有效政治参与的重要渠道,是推动我国社会主义民主政治建设的重要内容,也是全过程人民民主的重要体现。二是因为我国基层群众自治制度,即人民群众在基层党组织领导和支持下,通过实行以村民自治制度、居民自治制度和职工代表大会制度为主要内容的基层群众自治,依法直接行使民主权利,实现自我管理、自我服务、自我教育、自我监督,既增强了人民群众民主意识和民主能力,培养了民主习惯,也有效防止了人民形式上有权、实际上无权现象。党在发展社会主义民主政治实践中把基层民主纳入全过程人民民主的整体制度程序,同时也就把中国式过程民主和成果民主、程序民主和实质民主、直接民主和间接民主、人民民主和全方位民主统一起来,从而使基层民主成为全过程人民民主的重要体现。三是因为,自党的十二大以来,历次党的全国代表大会都对发展基层民主提出与时俱进的具体要求。党的十七大报告还首次将基层民主纳入社会主义民主政治的总体框架,明确提出要坚持和完善人民代表大会制度、中国共产党领导的多党合作和政治协商制度、民族区域自治制度以及基层群众自治制度,从而共同构成了中国特色社会主义民主制度体系的"四梁八柱"。同时又在新时代伟大实践中,把全过程人民民主的完整制度程序扩展为包括实行人民民主专政的国体、巩固和发展最广泛的爱国统一战线等方面,这就从科学有效的制度安排上彰显了基层民主是全过程人民民主的重要体现。四是因为,我国基层民主的核心内容初始包括民主选举、民主决策、民主管理和民主监督,自基层民主纳入我国社会主义民主政治总体框架之后,这四个方面的民主权利也理所当然地成为了全过程人民民主的完整的参与实践,在新时代又扩展为包括民主协商在内更为完整的参与实践,这又从完整的参与实践方面彰显了基层民主是全过程人民民主的重要体现。

二、新时代与时俱进的基层民主为全过程人民民主不断注入新动力

在中国特色社会主义新时代,习近平总书记在对中西方民主制度进行科学的比较研究基础上,原创性地提出:"评价一个国家政治制度是不是民主的、有效的,主要看国家领导层能否依法有序更替,全体人民能否依法管理国家事务和社会事务、管理经济和文化事业,人民群众能否畅通表达利益要求,社会各方面能否有效参与国家政治生活,国家决策能否实现科学化、民主化,各方面人才能否通过公平竞争进入国家领导和管理体系,执政党能否依照宪法法律规定实现对国家事务的领导,权力运用能否得到有效制约和监督。"习近平总书记还提出:"一个国家民主不民主,关键在于是不是真正做到了人民当家作主,要看人民有没有投票权,更要看人民有没有广泛参与权;要看人民在选举过程中得到了什么口头许诺,更要看选举后这些承诺实现了多少;要看制度和法律规定了什么样的政治程序和政治规则,更要看这些制度和法律是不是真正得到了执行;要看权力运行规则和程序是否民主,更要看权力是否真正受到人民监督和制约。"习近平总书记关于要用"八个能否"、"四个要看、四个更要看"作为检验真假民主的宏观性、现实性标准的重要思想,极大地鼓舞了全国城乡基层人民群众和各种所有制企业和事业单位的职工群众,使他们更加坚定了对我国基层群众自治的制度自信和对中国特色社会主义政治发展道路的信心。

党的十八大以来的这 10 年,党内外舆论公认,全国城乡基层民主创新创造比以往任何时候都更加活跃,基层民主活力也得到进一步增

强。从城乡社区的村(居)民议事会、村(居)民论坛、民主恳谈会、民主听证会到党代表、人大代表、政协委员联袂进社区，从"小院议事厅"到"板凳民主"，从线下"圆桌会"到线上"议事群"，中国人民在新时代火热的基层民主生活实践中，摸索和创造出一个又一个充满烟火气的基层民主新形式。人民群众通过这些接地气、聚人气、提心气的民主实践，围绕涉及自身切身利益的实际问题，积极发表意见建议，持续进行广泛协商，利益得到协调，矛盾有效化解，合理化建议被及时采纳，促进了基层稳定与和谐安宁。我国基层民主的许多好的经验做法上升为国家政策和法律制度，为中国式民主发展不断注入新的动力。

基层群众自治制度看得见、摸得着，行得通、有成效，不但增强了全国城乡基层群众的民主意识和民主能力，培养了基层群众的民主习惯，而且充分彰显了中国式民主这一全过程人民民主的真实性、广泛性和有效性。充满生机活力的城乡基层群众自治，使得社会细胞都活跃起来，使广大基层的"微治理"富有活力、更有效率，为建设人人有责、人人享有的基层治理共同体提供了坚实制度保障。

以下两个彰显基层群众自治制度明显成效的典型事例，很能说明新时代与时俱进的城乡基层民主是怎样为全过程人民民主不断注入新动力的。

一个是，被写入2018年中共中央一号文件的、由浙江省宁海县首创的村级小微权力清单制度(简称"三十六条")。这个彰显农村基层民主监督威力的又一重大制度创新，有助于彻底打通村级权力运行的"最后一公里"，在制度创新、机制再造层面上，让我国广大乡村的基层民主、村民自治真正落到实处。被当地农民群众誉为用设置"红绿灯"、画出"斑马线"对所有村级事务、所有村级权力实行阳光治理全覆盖的"三十六条"，其核心密码就是"**五议决策法**"，即以村级党组织**提议**，党支部委员会、村民委员会、村股份经济合作社联席会议**商议**，村党员大会**审议**，村民(成员)代表会议**决议**，组织实施、结果公告并接受群众**评议**。作为村级事务决策必须经过的程序，这是集村务监督完整制度程序、完整实践形态为一体的村民自我监督、民主监督宝典。宁海县农民群众说，"自'三十六条'运行以来，还没有哪个村民反映所办理的事项在'三十六条'中找不到依据的。"

另一个典型事例是，在习近平总书记"全过程人民民主"重要理念的首提地上海长宁区虹桥街道，有一个外籍人口比例过半的国际社区叫古北社区，社区党总支曾一度为外籍居民在参与社区自治、居民议事方面遇到权利、机制、成本等方面的困难和堵点焦急不已。但他们没有被困难吓倒，而是知难而进、迎难而上，一方面搭建"市民议事厅"平台，另一方面主动"访贤问能"，挖掘撬动这些外籍居民成为社区民主选举、民主协商、民主决策、民主管理、民主监督的参与力量。社区党总支书记说，"一开始没人来的，我们运用组团式走访、电子日志走访和社区活动等各种方式挖掘人才，并且用中英日韩四国语言在社区里发布'招贤榜'，还在微信号、新闻媒体上发布招募广告，希望大家多多参与社区事务。后来我们发现，其实有不少外籍居民是愿意参加的，他们可能就是不知道参与的程序"。上海虹桥街道古北社区"市民议事厅"最初主要是以信息沟通和情感交流为主，随着经验逐渐成熟，居民区探索出一套"**自主提事**、**按需议事**、**约请参事**、**民主评事**、**跟踪监事**"的"市民议事厅"运行规则。目前这套规则已被广泛运用于垃圾分类、加装电梯、公共绿化改造等各类社区事务中，并且已在全街道得到推广，成为社区公共事务治理的必经流程。这是为城市社区居民依法直接行使民主权利，实现自我管理、自我服务、自我教育、自我监督并探索居民自治的整体制度程序、整体实践形态注入新动力的生动体现。

三、全面贯彻落实党的二十大关于积极
发展基层民主的新的更高要求

党的二十大报告在深刻论述"基层民主是全过程人民民主的重要体现"的基础上，对新时代新征程上如何积极发展基层民主提出了三

条新的更高要求。

一是要"健全基层党组织领导的基层群众自治机制,加强基层组织建设,完善基层直接民主制度体系和工作体系,增强城乡社区群众自我管理、自我服务、自我教育、自我监督的实效"。中国共产党的领导,是发展全过程人民民主的根本保证,无论是发展间接民主还是城乡基层直接民主,都离不开党的坚强有力的统一领导。在此基础上,需要通过健全基层群众自治机制,加强基层组织建设,完善基层直接民主制度体系和工作体系,这就是要建成基层民主完整的制度程序和完整的参与实践,并且把完善的基层民主制度形态转化为城乡村(居)民自治效能。

二是要"完善办事公开制度,拓宽基层各类群体有序参与基层治理渠道,保障人民依法管理基层公共事务和公益事业"。具体来说,就是着力健全基层党组织领导的自治、法治、德治相结合的城乡基层治理体系,健全社区管理和服务机制,推进网格化管理和服务。基层党组织需要把社区工作做到位做到家,在办好一件件老百姓操心事、烦心事中提升群众获得感、幸福感、安全感。还需要充分发挥群团组织和社会组织作用,发挥行业协会商会自律功能,实现政府治理和社会调节、居民自治良性互动,夯实基层社会治理基础,打造人人有责、人人尽责、人人享有的社会治理共同体,同时推动社会治理和服务中心向基层下移,把更多资源下沉到基层,保障人民依法直接行使民主权利。

三是要"全心全意依靠工人阶级,健全以职工代表大会为基本形式的企事业单位民主管理制度,维护职工合法权益"。职工代表大会是保证职工对企事业单位实行民主管理的基本形式,广大职工在企事业单位中所享有的当家作主的民主权利,主要通过职工代表大会来体现。职工代表通过以厂务公开制度、职业董事制度、职业监事制度为主要内容的民主管理制度,参与企事业单位管理,维护单位职工合法权益。截至2021年12月,在全国已建立工会组织的企业中,建立职工代表大会的企业有 314.4 万家,其中,非公有制企业 293.8 万家,占 93.4%。在党的二十大之前,党的十八大、十九大和十九届四中全会都对全心全意依靠工人阶级、健全以职工代表大会为基本形式的企事业单位民主管理制度,分别作出过部署,其目的就是要探索职工参与管理的有效方式,保障职工群众的知情权、参与权、表达权、监督权,更好维护职工合法权益。

统一战线是凝聚人心汇聚力量的
强大法宝

舒 启 明

习近平总书记在党的二十大报告中强调:"人心是最大的政治,统一战线是凝聚人心、汇聚力量的强大法宝。完善大统战工作格局,坚持大团结大联合,动员全体中华儿女围绕实现中华民族伟大复兴中国梦一起来想、一起来干。"这是立足我们党在新时代新征程上全面建成社会主义现代化强国、以中国式现代化全面推进中华民族伟大复兴的中心任务作出的科学概括和战略部署,对于发展壮大新时代爱国统一战线,汇聚起共襄伟业的磅礴力量,具有十分重要的意义。

一、深刻理解习近平总书记关于做好新时代
党的统一战线工作的重要思想

2022 年是全党全国各族人民迈上全面建设社会主义现代化国家新征程、向第二个百年奋斗目标进军的重要一年,也是我们党明确提出统一战线政策 100 周年。在党的百年奋斗历程中,统一战线始终是党的总路线总政策的重要组成部分。在我国革命、建设、改革各个历史时期,我们党始终坚持以马克思主义关于统一战线的理论为指导,先后建立了国民革命联合战线、工农民主统一战线、抗日民族统一战线、人民民主统一战线、新时期爱国统一战线,党领导中国人民和中华民族心聚在了一起、血流到了一起,共同书写了抵御外来侵略、推翻反动统治、建设人民国家、推进改革开放的英雄史诗。事实充分证明,把一切可以团

结的力量团结在党的周围,结成最广泛的统一战线,是我们战胜一切艰难险阻、夺取事业胜利的强大力量源泉。

党的十八大以来,以习近平同志为核心的党中央统筹中华民族伟大复兴战略全局和世界百年未有之大变局,从治国理政的战略高度对统战工作作出全面部署,先后制定《中国共产党统一战线工作条例》、《中国共产党政治协商工作条例》,出台关于多党合作、民族、宗教、涉藏、涉疆、党外知识分子、民营经济、新的社会阶层人士、侨务等方面工作的法规文件,先后召开两次中央统战工作会议、两次中央西藏工作座谈会、两次中央新疆工作座谈会、两次中央民族工作会议、两次全国宗教工作会议,召开中央政协工作会议等重要会议,对统战工作提出一系列明确要求,推动统战工作取得历史性成就,统一战线呈现出团结、奋进、开拓、活跃的良好局面。

新时代统战工作取得的最大成果,是在实践中形成了习近平总书记关于做好新时代党的统一战线工作的重要思想。2022 年 7 月,习近平总书记在中央统战工作会议上将这一重要思想概括为"十二个必须":必须充分发挥统一战线的重要法宝作用,必须解决好人心和力量问题,必须正确处理一致性和多样性关系,必须坚持好发展好完善好中国新型政党制度,必须以铸牢中华民族共同体意识为党的民族工作主线,必须坚持我国宗教中国化方向,必须做好党外知识分子和新的社会阶层人士统战工作,必须促进非公有制经济健康发展和非公有制经济人士健康成长,必须发挥港澳台和海外统战工作争取人心的作用,必须加强党外代表人士队伍建设,必须把握做好统战工作的规律,必须加强党对统战工作的全面领导。"十二个必须"涵盖了统一战线地位作用、本质要求、工作方针、任务重点、领导力量等基本问题,对加强和改进统战工作提出了一系列新理念新思想新战略,是一个内涵丰富、逻辑严密、系统完备的有机整体,是我们党的统一战线百年发展史的智慧结晶,是我们党对做好统战工作规律性认识的深化,是新时代统战工作的根本指针。

新时代统一战线工作取得历史性成就，根本在于习近平总书记作为党中央的核心、全党的核心领航掌舵，在于习近平总书记关于做好新时代党的统一战线工作的重要思想科学指引。新征程上，坚持爱国统一战线发展的正确方向，开创统一战线事业新局面，动员和促进海内外中华儿女团结奋斗，必须深刻领悟"两个确立"的决定性意义，增强"四个意识"、坚定"四个自信"、做到"两个维护"，把思想和行动统一到党的二十大战略部署上来，统一到习近平总书记关于做好新时代党的统一战线工作的重要思想上来，并完整、准确、全面贯彻落实好。

二、准确把握新时代爱国统一战线的历史方位

统一战线是我们党凝聚人心、汇聚力量的政治优势和战略方针。毛泽东曾指出，所谓政治，就是把我们的人搞得多多的，把敌人搞得少少的，并将统一战线称为战胜敌人的三大法宝之一。习近平总书记强调，统一战线是党克敌制胜、执政兴国的重要法宝，是团结海内外全体中华儿女实现中华民族伟大复兴的重要法宝，必须长期坚持。还强调，人心向背、力量对比是决定党和人民事业成败的关键，是最大的政治。统战工作的本质要求是大团结大联合，解决的就是人心和力量问题。我们要深刻理解发展壮大新时代爱国统一战线的重大意义，准确把握新时代爱国统一战线的历史方位，以高度的使命感和责任感做好工作。

统一战线是党的事业取得胜利的重要法宝。一部党的百年奋斗史，就是最大限度团结各方面力量、从胜利走向胜利的历史，也是我们党运用统一战线，不断由小到大、以弱胜强、由弱变强，实现自身发展壮大的历史。党的十九届六中全会制定的第三个历史决议，把"坚持统一战线"作为党百年奋斗10条历史经验之一。以习近平同志为核心的党中央领导全国各族人民胜利完成了脱贫攻坚、全面建成小康社会的历史任务，我国已经迈上全面建设社会主义现代化国家的新征程，我们比历史上任何时期都更接近、更有信心和能力实现中华民族伟大复

兴的宏伟目标。新征程上,我们清醒看到,世界之变、时代之变、历史之变的特征更加明显,我国发展面临新的战略机遇、新的战略任务、新的战略阶段、新的战略要求、新的战略环境,党所处的历史方位、所面临的内外形势、所肩负的使命任务发生了新变化。我们深知,中华民族伟大复兴绝不是轻轻松松、敲锣打鼓就能实现的,前进道路上必然会有艰巨繁重的新任务,必然会有艰难险阻甚至惊涛骇浪。越是目标远大,越是任务艰巨,越是形势复杂,越是要把统一战线发展好、把统战工作开展好,把各方面智慧和力量凝聚起来,形成海内外中华儿女同心共圆中国梦的强大合力。

统一战线的历史方位取决于我国发展的历史方位。党的十八大以来,中国特色社会主义进入新时代。行进到中华民族伟大复兴关键一程,统一战线面临的时和势、肩负的使命和任务发生了某些重大变化。习近平总书记深刻指出:"世界百年未有之大变局加速演进,统一战线在维护国家主权、安全、发展利益上的作用更加重要。全面建设社会主义现代化国家、实现中华民族伟大复兴,统一战线在围绕中心、服务大局上的作用更加重要。我国社会结构发生深刻变化,统一战线在增强党的阶级基础、扩大党的群众基础上的作用更加重要。"这三个"更加重要"的判断,立足国内国际两个大局,着眼党的执政能力建设,科学分析新形势新挑战,是我们准确把握新时代爱国统一战线历史方位的根本依据。

做好新时代统战工作,必须紧扣新时代爱国统一战线的基本任务:坚持以习近平新时代中国特色社会主义思想为指导,坚持中国共产党领导,坚持中国特色社会主义道路,高举爱国主义、社会主义伟大旗帜,坚持一致性和多样性统一,坚持围绕中心、服务大局,坚持与时俱进、守正创新,加强思想政治引领,发挥凝聚人心、汇聚力量的政治作用,促进政党关系、民族关系、宗教关系、阶层关系、海内外同胞关系和谐,促进海内外中华儿女团结奋斗,为全面建成社会主义现代化强国、实现中华民族伟大复兴汇聚磅礴伟力。这一基本任务,是准确把握新时代爱国统一战线历史方位作出的科学谋划,是立足党和国家事业发展全局作出的战略部署。

三、牢牢把握促进中华儿女大团结的历史责任

习近平总书记强调,促进中华儿女大团结,是新时代爱国统一战线的历史责任;统一战线是做人的工作,搞统一战线是为了壮大共同奋斗的力量。百年来,党和人民取得的一切成就都是团结奋斗的结果。团结奋斗是中国共产党和中国人民最显著的精神标识,团结奋斗是中国人民创造历史伟业的必由之路。我们靠团结奋斗创造了辉煌历史,还要靠团结奋斗开辟美好未来。新征程上,要牢牢把握新时代爱国统一战线的历史责任,围绕党的中心任务凝心聚力,按照统战工作大团结大联合的本质要求,真正把不同党派、不同民族、不同阶层、不同群体、不同信仰以及生活在不同社会制度下的全体中华儿女都团结起来,形成海内外中华儿女心往一处想、劲往一处使的生动局面。坚持团结一切可以团结的力量,促进政党关系、民族关系、宗教关系、阶层关系、海内外同胞关系和谐,需要重点抓好以下工作。

(一)坚持和完善中国共产党领导的多党合作和政治协商制度。我国这一基本政治制度,创造了全新的政党政治模式。要坚持中国共产党领导,坚持长期共存、互相监督、肝胆相照、荣辱与共,加强同民主党派和无党派人士的团结合作。各民主党派要做中国共产党的好参谋、好帮手、好同事,中国共产党要支持民主党派加强中国特色社会主义参政党建设,更好发挥我国社会主义新型政党制度优势。

(二)以铸牢中华民族共同体意识为党的民族工作主线。中华民族共同体意识是民族团结之本。要坚定不移走中国特色解决民族问题的正确道路,坚持和完善民族区域自治制度,加强和改进党的民族工作,全面推进民族团结进步事业。

(三)坚持我国宗教中国化方向。全面贯彻新时代党的宗教工作

理论和方针政策,坚持保护合法、制止非法、遏制极端、抵御渗透、打击犯罪,积极引导宗教与社会主义社会相适应。

(四)加强党外知识分子和新的社会阶层人士统战工作。党外知识分子工作是统一战线重要工作,新的社会阶层人士是中国特色社会主义事业的建设者。要强化共同奋斗的政治引领,发挥他们在全面建设社会主义现代化国家中的重要作用。

(五)促进非公有制经济健康发展和非公有制经济人士健康成长。非公有制经济是我国社会主义市场经济的重要组成部分,民营经济人士是党必须团结的重要对象。要深入开展理想信念教育和社会主义核心价值观教育,全面构建亲清政商关系,促进民营经济持续健康发展,引导民营经济人士做合格的中国特色社会主义事业建设者。

(六)做好港澳台海外统战工作和侨务工作。发展壮大爱国爱港爱澳力量,增强港澳同胞的爱国精神,形成更广泛的国内外支持"一国两制"的统一战线。坚持贯彻新时代党解决台湾问题的总体方略,坚持团结广大台湾同胞,坚定支持岛内爱国统一力量。加强和改进侨务工作,形成共同致力民族复兴的强大力量。

(七)做好网络统战工作。我国是互联网大国,互联网日益成为争取人心的主阵地。要走好网络群众路线,构建网上网下同心圆,广泛聚合正能量。

四、加强党对统战工作的领导

习近平总书记强调,加强新时代统一战线工作,根本在于坚持党的领导。中国共产党领导是统一战线最鲜明的特征,坚持党的领导是统一战线最根本、最核心的问题。党的领导有力,党的旗帜鲜明,统一战线才能始终沿着正确政治方向前进,才能焕发强大凝聚力和向心力,向着共同目标团结奋斗。

(一)落实各级党委(党组)统战工作主体责任。统一战线是党领导的统一战线,在统战工作中实行的政策、采取的措施都要有利于坚持和巩固党的领导地位和执政地位。各级党委(党组)要履行主体责任,从党和国家事业发展全局的战略高度认识和把握统一战线和统战工作,把凝聚人心、汇聚力量作为想问题、作决策的重要原则,把统战工作摆上重要议事日程。各级党委(党组)领导班子成员要带头学习宣传和贯彻落实统一战线理论方针政策和法律法规,带头参加统一战线重要活动,带头广交深交党外朋友。

(二)掌握统战工作科学方法。做好统战工作,必须掌握规律、坚持原则、讲究方法。要坚持一致性和多样性统一,把握好"四个关系":把握好固守圆心和扩大共识的关系,统一战线以中国共产党为圆心,固守圆心才有越来越牢靠的团结根基,扩大共识才有越画越大的同心圆;把握好潜绩和显绩的关系,坚定"功成不必在我"的境界和"功成必定有我"的担当,推动党的统战事业行稳致远;把握好原则性和灵活性的关系,在坚持中国共产党领导、高举爱国主义和社会主义旗帜等重大原则问题上,站稳政治立场、坚守政治底线,同时又具体问题具体分析,注重工作方式方法;把握好团结和斗争的关系,本着团结的目的,敢于斗争、善于斗争,努力形成牢不可破的真团结。

(三)完善大统战工作格局。统战工作是全党的工作,必须全党重视,大家共同来做,构建党委统一领导、统战部门牵头协调、有关方面各负其责的大统战工作格局。统战部门要研究统一战线重大问题,主动加强同有关方面的联系沟通,做好牵头协调工作。各部门各单位要增强统战意识,齐抓共管,形成强大合力。统战部门要加强自身建设,努力提高政治判断力、政治领悟力、政治执行力,讲求工作艺术,改进工作方法,展现统战部门和统战干部的良好形象。

在法治轨道上全面建设
社会主义现代化国家

孟 祥 锋

党的二十大报告强调"在法治轨道上全面建设社会主义现代化国家",既凸显了法治建设事关根本的战略地位,又明确了法治建设服务保障党和国家工作大局的战略任务。落实这一要求,要坚持以习近平新时代中国特色社会主义思想为指导,深入贯彻习近平法治思想,坚持党的领导、人民当家作主、依法治国有机统一,更好发挥法治固根本、稳预期、利长远的保障作用,为全面建设社会主义现代化国家保驾护航。

一、全面建设社会主义现代化
国家必须全面依法治国

法治兴则国兴,法治强则国强。全面建设社会主义现代化国家,必须厉行法治,深入推进全面依法治国,使党和国家各项事业始终在法治轨道上运行。

第一,全面依法治国是我国社会主义建设伟大实践的基本经验。习近平总书记指出,新中国成立 70 多年来,我国之所以创造出经济快速发展和社会长期稳定两大奇迹,同我们不断推进社会主义法治建设有着十分紧密的关系。回顾我国社会主义建设的发展历程,总体上高度重视法治,党和国家事业在法治的有力保障下不断前进,同时也有"文革"时期法制被严重破坏、党和国家事业遭受严重挫折的沉痛教训。党的二十大报告指出,全面依法治国关系党执政兴国,关系人民幸福安康,关系党和国家长治久安。正反两方面经验表明,社会主义建设只有在法治轨道上推进才能行稳致远,什么时候厉行法治,社会主义建设就能顺利发展,什么时候法治不彰,社会主义建设就会停滞不前。党的十八大以来,以习近平同志为核心的党中央从新时代坚持和发展中国特色社会主义的全局和战略高度定位法治、布局法治、厉行法治,明确提出全面依法治国并将其纳入"四个全面"战略布局,作出一系列重大决策、采取一系列重要举措,推动我国社会主义法治建设取得历史性成就、发生历史性变革。新征程上,夺取中国特色社会主义新胜利,实现经济发展、政治清明、文化昌盛、社会公正、生态良好,必须更加重视法治、厉行法治,推进法治中国建设。

第二,全面依法治国是全面建设社会主义现代化国家的必然要求。习近平总书记指出,一个现代化国家必然是法治国家。党的二十大报告强调,必须更好发挥法治固根本、稳预期、利长远的保障作用。固根本,就是通过宪法法律坚持和完善根本制度、基本制度、重要制度,搭建起党治国理政的"四梁八柱",筑牢党和国家事业发展的根基。稳预期,就是运用法律制度有效统筹社会力量、平衡社会利益、调节社会关系、规范社会行为、化解社会矛盾,保证经济社会活动的稳定性、确定性、可预期性。利长远,就是坚持为子孙后代计、为长远发展谋来制定和实施法律,保障党和国家事业持续发展、不断进步。在"四个全面"战略布局中,全面依法治国是服务保障全面建设社会主义现代化国家的一项战略举措;在全面建设社会主义现代化国家的战略部署中,加强法治建设是一项重点任务;在全面建成社会主义现代化强国的战略目标中,建成法治中国是一项重要内容。这些表明,全面建设社会主义现代化国家必然要厉行法治,更好发挥法治保障作用,以法治建设促进经济社会高质量发展,以建设社会主义法治国家有力保障全面建设社会主义现代化国家。

第三,全面依法治国是提高党治国理政水平的重要途径。习近平总书记指出,法治是国家治理体系和治理能力的重要依托。在党治国理政的多种方式中,法治是最基本、最有效、最可靠的方式。坚持全面依法治国,是我国国家制度和国家治理体系的一大显著优势。只有全面依法治国才能有效保障国家治理体系的系统性、规范性、协调性,才能最大限度凝聚社会共识、形成推进党和国家事业发展的强大合力。新征程上,必须坚持科学执政、民主执政、依法执政,在法治轨道上推进国家治理体系和治理能力现代化,不断提高党治国理政水平,把制度优势更好地转化为治理效能,为实现党和国家长治久安、推动党和国家事业发展提供更加坚实的法治保障。

二、以习近平法治思想为指导推进法治中国建设

党的十八大以来,以习近平同志为核心的党中央在领导推进新时代全面依法治国的伟大实践中创造性提出一系列新理念新思想新战略,形成习近平法治思想。习近平法治思想是习近平新时代中国特色社会主义思想的重要组成部分,是马克思主义法治理论中国化的最新成果,是中国特色社会主义法治理论的重大创新发展,是新时代全面依法治国的根本遵循和行动指南。新征程上,推进法治建设要以习近平法治思想为指导,认真贯彻党的二十大精神,加强谋划和设计,书写法治中国建设新篇章。

第一,坚持在党的领导下谋划推进法治建设。党的领导是社会主义法治最根本的保证。在全面依法治国各项工作中落实和体现党的领导,是我国社会主义法治建设的根本政治原则。习近平总书记指出,党的领导是我国社会主义法治之魂,是我国法治同西方资本主义国家法治最大的区别。离开了党的领导,全面依法治国就难以有效推进,社会主义法治国家就建不起来。新征程上,要始终坚持党对法治建设的领导,特别是要加强党中央对全面依法治国的集中统一领导,健全党领导法治建设的体制机制,切实做到法治建设方向由党指引,法治建设基本原则由党确定,法治建设决策部署由党作出,法治工作推进由党统领。

坚持党对法治建设的领导，最重要的是坚持走中国特色社会主义法治道路。中国特色社会主义法治道路，本质上是中国特色社会主义道路在法治领域的具体体现，是建设社会主义法治国家唯一正确的道路。新征程上，对于坚持走中国特色社会主义法治道路这个根本问题，我们必须旗帜鲜明、坚定自信，坚持宪法确定的中国共产党领导地位不动摇，坚持宪法确定的人民民主专政的国体和人民代表大会制度的政体不动摇，决不能照搬照抄别国模式和做法，决不能被西方所谓"宪政"、"三权鼎立"、"司法独立"带偏方向。中国特色社会主义法治道路是一条康庄大道，必将越走越宽广。

第二，紧扣全面建设社会主义现代化国家谋划推进法治建设。马克思主义认为，国家和法等上层建筑是经济基础的集中反映，并在一定条件下对经济基础起反作用。新征程上，党的中心任务是团结带领全国各族人民全面建成社会主义现代化强国、实现第二个百年奋斗目标，以中国式现代化全面推进中华民族伟大复兴，加强法治建设要把服务和保障这一中心任务作为出发点和落脚点。要深刻把握全面建设社会主义现代化国家对法治建设提出的新任务新要求，遵循经济社会发展规律，洞察社会治理逻辑，把准时代脉搏，科学设计制度，补短板、强弱项、固底板、扬优势，以良法善治引领和推动党和国家事业发展。要积极回应推进中国式现代化的法治需求，着眼实现高质量发展、发展全过程人民民主、丰富人民精神世界、实现全体人民共同富裕、促进人与自然和谐共生等深化法治领域改革，进一步强化社会主义现代化建设的法治保障。

第三，围绕保障和促进社会公平正义谋划推进法治建设。推进法治中国建设必须坚持以人民为中心，必须把体现人民利益、反映人民愿望、维护人民权益、增进人民福祉落实到全面依法治国各领域全过程。习近平总书记强调，必须牢牢把握社会公平正义这一法治价值追求，努力让人民群众在每一项法律制度、每一个执法决定、每一宗司法案件中都感受到公平正义。新征程上，法治建设要紧紧围绕保障和促进社会公平正义的价值追求来展开,切实营造更加公平的社会环境,更好维护最广大人民根本利益。加强人权法治保障,加大关系群众切身利益的重点领域执法力度,切实保障人民群众一切合法权益。

第四,坚持以系统观念谋划推进法治建设。全面依法治国是一个系统工程,必须统筹兼顾、把握重点、整体谋划,注重系统性、整体性、协同性。新征程上,坚持以系统观念谋划推进法治建设,要坚持依法治国、依法执政、依法行政共同推进,进一步健全党依法执政的体制机制,全面提升各级政府依法行政的能力和水平;坚持法治国家、法治政府、法治社会一体建设,把法治政府建设作为法治国家建设的重点任务和主体工程,把法治社会建设作为法治国家建设的基础,以更大力度、更实举措推进;坚持全面推进科学立法、严格执法、公正司法、全民守法,推动法治链条各环节相互贯通、相互促进;坚持依法治国和以德治国相结合,实现法治与德治相辅相成、相得益彰。

三、以提高各项工作法治化水平推进
全面建设社会主义现代化国家

中国特色社会主义实践每向前推进一步,社会主义法治国家建设就要跟进一步。新征程上,谋划和推进全面建设社会主义现代化国家,要把法治摆在更加突出的位置,以国家各项工作法治化水平不断提高推动经济社会持续健康发展。

第一,牢牢锚定推进法治中国建设的目标任务。党的二十大报告强调,坚持走中国特色社会主义法治道路,建设中国特色社会主义法治体系、建设社会主义法治国家。全面依法治国各项工作都要围绕这个总目标扎实推进。要完善以宪法为核心的中国特色社会主义法律体系,加强重点领域、新兴领域、涉外领域立法,统筹推进国内法治和涉外法治,推进科学立法、民主立法、依法立法,统筹立改废释纂。扎实推进依法行政,转变政府职能,优化政府职责体系和组织结构,建设法治政府。严格公正司法，深化司法体制综合配套改革，全面准确落实司法责任制，加快建设公正高效权威的社会主义司法制度。加快构建系统完备、规范高效的执法司法制约监督体系，加强对立法权、执法权、监察权、司法权的监督。要加快建设法治社会，弘扬社会主义法治精神，传承中华优秀传统法律文化，引导全体人民做社会主义法治的忠实崇尚者、自觉遵守者、坚定捍卫者。深入开展法治宣传教育，增强全民法治观念，发挥领导干部示范带头作用，提升社会治理法治化水平。

第二，把法治建设贯穿于经济社会发展全过程各方面。经济社会发展内生法治需求，必须把法治建设同经济社会发展贯通起来，使两者相互促进、相得益彰。要把全面深化改革与加强法治建设统筹好，在法治下推进改革，在改革中完善法治。在贯彻新发展理念、构建新发展格局、推动高质量发展中，着力夯实国家重大发展战略实施的法治支撑，不断完善社会主义市场经济法律制度，大力营造法治化营商环境。健全人民当家作主制度体系，将社会主义核心价值观融入法治建设，依法加强和创新社会治理，加大民生领域执法司法保障力度，用最严格的制度、最严密的法治保护生态环境。

第三，善于运用法治思维和法治方式干事创业、管人治权。厉行法治的目的，不在于捆住人们的手脚，让人们干不了事、干不成事，而在于规范人们的行为，让人们能以正确方式干好事、干成事，特别是要保证行使公权力的主体依法履职尽责、激励党员干部积极干事创业。要加强立法、执法、司法、法律服务、法学研究等领域法治人才队伍建设，为全面依法治国提供人才支撑和智力支撑。着重提高国家工作人员特别是党员领导干部的法治意识和法治能力，带动和促进全社会弘扬法治意识、养成依法办事习惯。各级党组织要教育引导党员领导干部带头学深悟透习近平法治思想，自觉尊崇法治、敬畏法律，牢固树立宪法法律至上、法律面前人人平等、职权法定等基本法治观念，善于用法治思维和法治规则想问题、作决策、办事情；带头学习法律、了解法律，弄明白什么事能干、什么事不能干、权力该怎么行使，不断提高运用法治方式深化改革、推动发展、化解矛盾、应对风险、维护稳定的能力;带头遵纪守法、维护法治,心中高悬法律明镜,手中紧握法律戒尺,积极营造办事依法、遇事找法、解决问题用法、化解矛盾靠法的法治环境;带头用制度管权管事管人,在法定职权范围内行使权力,坚决杜绝以言代法、以权压法、徇私枉法。

第四,坚持依法应对重大挑战、抵御重大风险、克服重大阻力、解决重大矛盾。实现中华民族伟大复兴不可能轻轻松松,全面建设社会主义现代化国家也不可能一帆风顺。实践证明,运用法治方式应对风险挑战、解决矛盾问题,成本更低、效果更好,往往更能实现标本兼治。新征程上,我国发展面临新的战略机遇、战略任务、战略环境,需要应对的风险挑战、需要解决的矛盾和问题比以往更加错综复杂,要求我们更加重视运用法治力量、坚持依法办事。要强化底线思维,着力健全防范化解重大风险隐患的法律制度,切实提升依法应对重大风险挑战的能力水平。坚持以总体国家安全观为指导,深入推进国家安全法治建设,筑牢国家安全法治屏障。深入总结抗击新冠肺炎疫情中依法防控的成功经验,完善重大传染病防治、突发事件应对等危机管控处置的法律制度,不断提升对各类风险的预警防范化解能力。加快涉外法治工作战略布局,综合运用立法、执法、司法等手段开展涉外斗争,坚决捍卫国家主权、安全、发展利益。

更好发挥宪法在治国理政中的
重要作用

沈 春 耀

宪法是国家的根本法,是全面依法治国的根本依据。党的二十大报告对我国宪法作出重要论述,对做好宪法工作提出明确要求,强调更好发挥宪法在治国理政中的重要作用。这对于坚持全面依法治国,推进法治中国建设,在法治轨道上全面建设社会主义现代化国家,具有十分重要的意义。

一、我国宪法是中国共产党领导中国人民 长期奋斗重大成就和历史经验在国家 法治上的最高体现

中国共产党在领导中国人民进行新民主主义革命的伟大斗争中,就开始对人民民主政权的总章程进行探索和实践。具有代表性的制度文献是《中华苏维埃共和国宪法大纲》(1931)、《陕甘宁边区宪法原则》(1946)等,在局部地区取得了宝贵的实践经验;具有代表性的理论文献是毛泽东的《新民主主义论》(1940)和《论人民民主专政》(1949)。这些重要实践和思想理论成果,对新中国国家制度、宪法制度的创建和发展,产生了重大而深远的影响。

中华人民共和国的成立,开辟了中国人民当家作主的历史新纪元。1949年9月,中国人民政治协商会议第一届全体会议执行全国人民代表大会的职权,通过了具有临时宪法性质的《中国人民政治协商会议

共同纲领》。1954 年 9 月，第一届全国人民代表大会第一次会议通过了《中华人民共和国宪法》。这些宪法性文献，确认了近代 100 多年来中国人民为反对内外敌人、争取民族独立和人民自由幸福进行的英勇斗争和中国共产党领导中国人民夺取新民主主义革命胜利、掌握国家权力的伟大历史变革，确立了新型国家制度和宪法制度的基本架构、根本原则和活动准则，为新中国一切发展进步奠定了根本政治前提和制度基础。

1978 年 12 月，党的十一届三中全会实现历史性转折，开启了改革开放历史新时期，确立了发展社会主义民主、健全社会主义法制的基本方针。我国现行宪法，是根据党的十一届三中全会的路线方针政策，适应改革开放和社会主义现代化建设历史新时期的需要，于 1982 年 12 月 4 日由第五届全国人民代表大会第五次会议通过并公布施行的。1982 年宪法确立的许多重要制度、原则和规则，都源于 1954 年宪法和 1949 年共同纲领，是在新的历史条件下对它们的继承、完善和发展。1982 年宪法公布施行后，根据改革开放和社会主义现代化建设的实践和发展，在党中央领导下，全国人大分别于 1988 年、1993 年、1999 年、2004 年和 2018 年，先后五次对 1982 年宪法的个别条款和部分内容作出必要的修正。五次宪法修改，体现和反映了中国共产党领导全国各族人民进行改革开放和社会主义现代化建设的成功经验，体现和反映了中国特色社会主义道路、理论、制度、文化的发展成果。通过宪法修改，我国宪法在中国特色社会主义伟大实践中紧跟时代步伐，不断与时俱进、完善发展。

中国共产党领导中国人民百年奋斗重大成就和历史经验在国家法治上的最高体现就是宪法。只有紧密结合我们党团结带领人民长期奋斗的光辉历史和辉煌成就，才能深刻认识我国宪法形成和发展的政治基础、社会条件、制度原理、重大原则和实践内涵。新中国成立 70 多年特别是改革开放 40 多年来的历程充分证明，我国宪法有力坚持了中国共产党领导，有力保障了人民当家作主，有力促进了改革开放和社会主义现代化建设,有力推动了社会主义法治国家建设进程,有力促进了人权事业发展,有力维护了国家统一、民族团结、社会和谐稳定,是符合国情、符合实际、符合时代发展要求的好宪法。

二、党的十八大以来我国宪法制度的创新发展

党的十八大以来,以习近平同志为核心的党中央把宪法摆在全面依法治国战略布局的突出位置,高度重视发挥宪法的国家根本法作用,推动宪法制度实践创新和与时俱进,取得一系列新成效新经验。

一是通过完备的法律保证宪法实施。完善法律制度体系,是宪法实施的内在要求和重要任务,也是保证宪法实施的基本途径和重要方式。例如,2020年通过的民法典,既以宪法为立法依据,又将宪法有关所有权、财产权、继承权、平等权、人身自由、人格尊严、婚姻家庭等规定通过立法予以实施。

二是通过推进国家各项事业和各方面工作实施宪法确定的大政方针和基本政策。实现国家发展和民族复兴是我国宪法的重要使命。新时代国家各项事业和各方面工作取得的历史性成就、发生的历史性变革,是宪法原则、宪法要求、宪法精神的充分彰显,同时也是宪法得到有效实施的生动体现。

三是设立国家宪法日。为增强全社会宪法意识,弘扬宪法精神,全国人大常委会2014年作出决定,将12月4日设立为国家宪法日。通过国家宪法日,集中开展宪法宣传教育,使宪法精神深入人心,以宪法精神凝心聚力,推动宪法全面贯彻实施。

四是实行宪法宣誓制度。全国人大常委会2015年作出相关决定,2018年进行修订并在修宪时写入宪法,规定国家工作人员就职时应当依照法律规定公开进行宪法宣誓。宪法宣誓誓词,集中体现了国家工作人员对祖国对人民应有的忠诚、担当和庄严承诺,具有重要教育和激

励意义。

五是实施宪法规定的有关制度。宪法中有一些规定具有直接实施、直接适用的性质。例如,我国宪法规定了特赦制度,全国人大常委会于 2015 年、2019 年先后两次依据宪法有关规定作出关于对部分服刑罪犯实施特赦的决定,国家主席发布特赦令。

六是根据宪法精神作出创制性安排。例如,2016 年,全国人大常委会根据宪法精神和有关法律原则,对以前未曾遇到过的新情况新问题进行研究,采取创制性办法,及时妥善处理拉票贿选案,保证有关地方人大及其常委会正常运行和履职。

七是通过宪法修正案。2018 年,全国人大修改宪法,把党的十九大确定的重大理论观点和重大方针政策特别是习近平新时代中国特色社会主义思想载入国家根本法,推动我国宪法与时俱进、完善发展,为新时代党和国家事业发展提供宪法保障。

八是运用宪法精神凝聚立法共识。例如,2018 年,在全国人大常委会审议英雄烈士保护法草案过程中,对如何理解和把握"英雄烈士"的含义有不同意见,有关法制工作机构根据宪法序言和人民英雄纪念碑碑文的精神提出研究意见,后来取得广泛共识。

九是开展合宪性审查工作。贯彻党的十九大精神,全国人大及其常委会在履行相关职责中注重加强合宪性审查工作。如制定监察法,修改刑事诉讼法,修订人民法院组织法和人民检察院组织法,修改人口与计划生育法,通过关于设立上海金融法院、关于宪法和法律委员会职责问题、关于国家监察委员会制定监察法规、关于中国人民解放军现役士兵衔级制度等决定时,有关方面都进行了合宪性审查,遵循宪法规定和宪法原则作出适当处理。

十是在备案审查工作中认真研究和妥善处理合宪性、涉宪性问题。例如,2018 年,有全国政协委员提出提案,建议对收容教育制度进行合宪性审查。有关法制工作机构进行了认真研究,提出了适时废止收容教育制度的意见。又如,2021 年,国务院有关部门对有的民族自治地方民族教育条例等法规提出合宪性审查建议,有关法制工作机构审查后提出了处理意见。上述问题都得到妥善解决。

十一是创制性运用宪法制度和宪法规定应对治国理政中遇到的重大风险挑战。例如,2020年和2021年,在党中央坚强领导下,全国人大先后通过关于建立健全香港特别行政区维护国家安全的法律制度和执行机制的决定、关于完善香港特别行政区选举制度的决定,全国人大常委会先后制定香港特别行政区维护国家安全法、通过关于香港特别行政区第六届立法会继续履行职责的决定和关于香港特别行政区立法会议员资格问题的决定、修订香港特别行政区基本法附件一和附件二。这些都是全面准确、坚定不移贯彻"一国两制"方针的重大举措,也是根据宪法和香港基本法作出的具有重要宪制意义的新制度安排,推动香港局势实现由乱到治的重大转折。

十二是对宪法有关规定的含义提出解释性研究意见。例如,2019年,在全国人大及其常委会审议外商投资法草案过程中,开展立法合宪性问题研究,认为宪法第十八条规定的含义已发生演进和延伸,并已成为普遍适用的法治原则;改革开放以来我国外商投资立法,是宪法有效实施的内在要求和重要体现,符合宪法规定和精神。又如,2021年,在全国人大常委会审议人口与计划生育法修正草案过程中,开展修法合宪性问题研究,宪法和法律委员会在关于修正草案的审议结果报告中提出,我国宪法有关计划生育的规定体现了问题导向与目标导向相统一、指向性与方向性相统一,具有相当的包容性和适应性,可以涵盖不同时期实行的生育政策;修改人口与计划生育法,落实新生育政策,符合宪法规定和精神。

三、深入学习贯彻习近平总书记
关于宪法的重要论述精神

全面贯彻党的二十大精神,坚持全面依法治国,更好发挥宪法作用,必须深入学习贯彻习近平总书记关于宪法的重要论述精神。需要着重把握以下几点。

——我国宪法同党和人民进行的艰苦奋斗和创造的辉煌成就紧密相连,同党和人民开辟的前进道路和积累的宝贵经验紧密相连。宪法同党和国家前途命运息息相关。时间越久远,事业越发展,我们就越加感受到宪法的力量。

——我国宪法是在党的领导下,在深刻总结我国社会主义革命、建设、改革的成功经验基础上制定和不断完善的,实现了党的主张和人民意志的高度统一,是我们党领导人民长期奋斗历史逻辑、理论逻辑、实践逻辑的必然结果。

——宪法是国家的根本法,是治国安邦的总章程。坚持依法治国首先要坚持依宪治国,坚持依法执政首先要坚持依宪执政。制定和实施宪法,推进依法治国,建设法治国家,是实现国家富强、民族复兴、社会进步、人民幸福的必然要求。

——宪法是国家意志的最高表现形式,具有最高的法律地位、法律权威、法律效力。维护宪法权威,就是维护党和人民共同意志的权威;捍卫宪法尊严,就是捍卫党和人民共同意志的尊严;保证宪法实施,就是保证人民根本利益的实现。

——我们讲依宪治国、依宪执政,同西方所谓“宪政”有着本质区别,不能把二者混为一谈。要从中国国情和实际出发,走适合自己的法治道路,决不能照搬别国模式和做法,决不能走西方所谓“宪政”、“三权鼎立”、“司法独立”的路子。

——全面贯彻实施宪法是建设社会主义法治国家的首要任务和基础性工作。全国各族人民,一切国家机关和武装力量,各政党和各社会团体、各企业事业组织,都必须以宪法为根本的活动准则,都负有维护宪法尊严、保证宪法实施的职责。

——宪法是全面依法治国的根本依据,是我们党长期执政的根本法律依据。党领导人民制定宪法法律,领导人民实施宪法法律,党自身要在宪法法律范围内活动。党领导人民制定和完善宪法，就是要发挥宪法在治国理政中的重要作用。

习近平总书记关于宪法的重要论述是我国宪法制度发展和实践经验的科学总结，也是我们必须长期坚持和贯彻的重要原则，具有重大指导意义。

四、更好发挥宪法作用的任务要求

全面建设社会主义现代化国家，对依法治国、依宪治国提出了新的更高要求。我们要坚定不移走中国特色社会主义法治道路，以习近平法治思想为引领，坚定宪法自信，增强宪法自觉，把宪法作为全面依法治国的总依据，总结我国宪法实践经验，形成具有中国特色和时代特点的宪法性惯例、宪制性做法，更好发挥宪法在治国理政中的重要作用。

（一）坚持宪法确定的中国共产党领导地位不动摇，坚持宪法确定的人民民主专政的国体和人民代表大会制度的政体不动摇。2018年宪法修正案将"中国共产党领导是中国特色社会主义最本质的特征"写入宪法总纲第一条，充分体现了中国共产党领导的根本性、全面性、时代性。更好发挥宪法作用，必须坚持党的领导、人民当家作主、依法治国有机统一，坚持人民主体地位，发展全过程人民民主，支持和保证人民通过人民代表大会行使国家权力。党和国家各机关各组织都要牢固树立宪法意识，加强宪法实施和监督，积极履行宪法职责。坚持正确地做事和做正确的事相统一，按照宪法的规定做宪法所要求做的事情，把党总揽全局、协调各方同人大、政府、政协、监察机关、审判机关、检察机关依法依章程履行职能、开展工作统一起来，把党领导人民制定和实施宪法法律同党坚持在宪法法律范围内活动统一起来。

（二）完善以宪法为核心的中国特色社会主义法律体系，健全保证宪法全面实施的制度体系。习近平总书记指出："时代在进步，实践在发展，不断对法律体系建设提出新需求，法律体系必须与时俱进加以完善。"更好发挥宪法作用,必须不断完善法律体系,通过完备的法律保证和推动宪法全面实施、有效实施。要加强重点领域、新兴领域、涉外领域立法,统筹推进国内法治和涉外法治。适时推动条件成熟的立法领域法典编纂工作。深入贯彻全过程人民民主重大理念,推进科学立法、民主立法、依法立法,建设好基层立法联系点;坚持立改废释纂并举,丰富立法形式;提高立法质量和效率,增强立法系统性、整体性、协同性、时效性,以良法促进发展、保障善治。

(三)加强宪法实施和监督,维护宪法权威。国家各级权力机关、行政机关、监察机关、审判机关、检察机关要自觉履行宪法使命,认真行使宪法法律赋予的职权。**一是**坚持宪法法律至上,切实维护国家法治统一、尊严、权威,任何组织和个人都不得有超越宪法法律的特权,一切违反宪法法律的行为都必须予以追究。**二是**落实宪法解释程序机制,采取务实管用方式方法积极回应涉及宪法有关问题的关切,说明有关情况,提出研究意见,努力实现宪法的稳定性和适应性的统一。**三是**推进合宪性审查工作。有关方面拟出台的法规规章、重要政策和重大举措,凡涉及宪法有关规定如何理解、如何实施、如何适用的,都应当事先经过全国人大常委会合宪性审查,确保同宪法规定、宪法精神相符合。**四是**完善和加强备案审查制度。所有法规规章、司法解释和其他规范性文件出台后都要依法依规纳入备案审查范围,建立健全党委、人大、政府、军队间备案审查衔接联动机制,实行有件必备、有备必审、有错必纠。有关机关发现规范性文件可能存在合宪性问题的,应当及时向全国人大常委会报告或者依法提请全国人大常委会审查。**五是**地方各级人大及其常委会应当依法行使职权,保证宪法、法律、行政法规等在本行政区域内得到遵守和执行。

(四)维护宪法和基本法确定的特别行政区宪制秩序,完善特别行政区同宪法和基本法实施相关的制度机制。党的二十大报告明确提出:"坚持依法治港治澳,维护宪法和基本法确定的特别行政区宪制秩序。"宪法是国家的根本法、最高法,基本法是根据宪法制定的基本法律,宪法和基本法共同构成、共同确定、共同实施,是我国特别行政区制度的本质特征。全面准确、坚定不移贯彻"一国两制"方针,必须巩固宪法和基本法共同构成的特别行政区宪制基础,坚持和完善"一国两制"制度体系,落实中央全面管治权,落实"爱国者治港"、"爱国者治澳"原则,落实特别行政区维护国家安全的法律制度和执行机制;坚持中央全面管治权和保障特别行政区高度自治权相统一,坚持行政主导,支持行政长官和特别行政区政府依法施政,提升全面治理能力和管治水平,完善特别行政区司法制度和法律体系。

增强实现中华民族伟大复兴的
精神力量

李 书 磊

文化是一个国家、一个民族的灵魂。文化兴则国运兴,文化强则民族强。习近平总书记所作的党的二十大报告,深刻把握文化建设规律和文化在新时代新征程中的地位作用,对建设社会主义文化强国作出了战略部署,为我们不断推进文化自信自强、铸就社会主义文化新辉煌、增强实现中华民族伟大复兴的精神力量提供了根本遵循。

一、文化自信自强是实现中华民族
伟大复兴的强大精神力量

文化自信是一个国家、一个民族发展中最基本、最深沉、最持久的力量。文化自信自强,事关国运兴衰、事关文化安全、事关民族精神独立性。站在新的历史起点上,我们要从历史长河中看待文化推动人类文明进步的重要功能,在时代大潮中把握文化引领社会变革的重要作用,在人的全面发展中发挥文化创造美好生活的重要价值。

(一)实现中华民族伟大复兴必然要求中华文化繁荣兴盛。一个民族的复兴需要强大的物质力量,也需要强大的精神力量。没有先进文化的积极引领,没有人民精神世界的极大丰富,没有民族精神力量的不断增强,一个国家、一个民族不可能屹立于世界民族之林。近代以来,中华民族从磨难中奋起、从民族危亡走向民族复兴的历程,也正是中华文化焕发活力、走向复兴的历程。从成立之日起,我们党就以高度的文化自觉自信把建设民族的科学的大众的中华民族新文化作为自己的使命,在百年奋斗中传承弘扬博大精深、灿烂辉煌的中华优秀传统文化,创造了激昂向上的革命文化和生机勃勃的社会主义先进文化,为民族复兴提供了强大精神支撑。今天,在新时代的伟大变革中,中国共产党和中国人民正信心百倍推进中华民族从站起来、富起来到强起来的伟大飞跃,实现中华民族伟大复兴进入了不可逆转的历史进程。越是接近目标,越需要准备付出更为艰巨、更为艰苦的努力,越需要增强人民力量、振奋民族精神。这就要求我们不断推进文化自信自强,发展社会主义先进文化,弘扬革命文化,传承中华优秀传统文化,建设好中华民族共有精神家园,以中华文化繁荣兴盛为全面推进中华民族伟大复兴提供更为主动、更为强大的精神力量。

(二)全面建成社会主义现代化强国必然要求建设社会主义文化强国。中国特色社会主义是全面发展、全面进步的伟大事业,没有社会主义文化繁荣发展,就没有社会主义现代化。实现社会主义现代化,是新中国成立以来我们党孜孜以求的宏伟目标。在长期探索和实践基础上,经过党的十八大以来在理论和实践上的创新突破,我们党成功推进和拓展了中国式现代化,踏上了全面建设社会主义现代化国家新征程。中国式现代化的一个突出特色,就是物质文明和精神文明相协调的现代化。新时代我们党把文化建设提升到新的历史高度,推动我国文化建设在正本清源、守正创新中取得历史性成就、发生历史性变革。新时代新征程的使命任务,要求我们把文化建设作为全面建成社会主义现代化强国的重要内容和重要支撑,自觉担负起新的文化使命,大力推动社会主义文化强国建设,为新时代开创党和国家事业全新局面提供思想保证、舆论支持、精神动力和文化条件。

(三)满足人民日益增长的美好生活需要必然要求不断满足人民精神文化需求。文化既是凝聚人心的精神纽带,又是增进民生福祉的关键因素。进入新发展阶段,随着我国社会主要矛盾发生新变化,人们对美好生活的向往越来越强烈,对精神文化生活更加看重,文化需求高品质、个性化的特点更加明显。同时,我国发展已经到了扎实推动共同富裕的历史阶段。共同富裕是全体人民共同富裕,是人民群众物质生活和精神生活都富裕。人民群众改善生活品质、走向共同富裕的新期待,对文化建设提出新的更高要求。这就需要我们推动社会主义文化繁荣兴盛,大力加强社会主义精神文明建设,发展文化事业和文化产业,不断满足人民群众多样化、多层次、多方面的精神文化需求,丰富人民精神世界、增强人民精神力量,促进人的全面发展。

(四)推动构建人类命运共同体必然要求不断提升中华文化影响力。在世界百年未有之大变局中,人类社会面临前所未有的挑战。我们党坚持胸怀天下,以世界眼光关注人类前途命运。我们创造了人类文明新形态,拓展了发展中国家走向现代化的新途径;以弘扬全人类共同价值、构建人类命运共同体为应对全球共同挑战贡献了中国智慧、中国方案、中国力量。这些理念和实践的贡献,从深层来说渊源于汲取中华优秀传统文化、借鉴世界优秀文明成果、结合中国国情发展起来的先进文化,体现了中华文化自信开放包容的鲜明特质。文明的繁盛、人类的进步,离不开求同存异、开放包容,离不开文明交流、互学互鉴。中国人民不仅为人类贡献新的发展模式、发展道路,而且把自己在文化创新创造中取得的成果奉献给世界。我们越接近民族复兴的目标,越走近世界舞台中央,就越需要提升国家文化软实力、彰显中华文化影响力,让世界更多的人了解、理解并共享中国精神、中国价值,从而为人类文明进步作出新的更大贡献。

二、牢牢把握社会主义文化建设的正确方向

党的二十大报告明确了新时代文化建设的方针原则和发展路径,指明了发展中国特色社会主义文化、建设社会主义文化强国的正确方向,我们必须牢牢把握、长期坚持。

(一)必须坚持马克思主义在意识形态领域指导地位的根本制度。

马克思主义是我们立党立国、兴党兴国的根本指导思想,是社会主义意识形态的旗帜和灵魂。坚持马克思主义在意识形态领域指导地位的根本制度,是中国特色社会主义制度的重要支撑,是坚持和加强党的全面领导的本质要求,是发展社会主义先进文化的有力保障。要把这一根本制度贯穿到文化建设各方面,体现到坚持正确的政治方向、舆论导向、价值取向上。习近平新时代中国特色社会主义思想是当代中国马克思主义、二十一世纪马克思主义,是中华文化和中国精神的时代精华,是新时代坚持和发展中国特色社会主义的行动指南。要坚定不移用这一思想武装头脑、指导实践、推动工作,自觉地用以统领新时代文化建设,不断巩固全体人民团结奋斗的共同思想基础。

(二)必须坚持以社会主义核心价值观为引领。核心价值观是文化最深层的内核,决定着文化的性质和方向。社会主义核心价值观植根于中华文化沃土,熔铸于我们党领导人民长期奋斗的伟大实践,是社会主义先进文化的精髓。推动社会主义文化建设,必须抓住社会主义核心价值观建设这个根本,充分发挥其引领作用。要坚持把培育和践行社会主义核心价值观作为凝魂聚气、强基固本的基础工程,夯实全民族全社会休戚与共、团结奋进的思想道德基础。要把社会主义核心价值观体现到国民教育、精神文明创建、精神文化产品创作生产传播全过程,贯穿到国家治理体系和治理能力现代化建设各领域,使之融入经济社会发展和人们生产生活方方面面,更好构筑中国精神、中国价值、中国力量。

(三)必须坚持"二为"方向、"双百"方针。坚持为人民服务、为社会主义服务的根本方向,是决定社会主义文化事业前途命运的关键。文化建设必须牢牢站稳人民立场,自觉服从服务于党和国家工作大局。要坚持以人民为中心,尊重人民主体地位,保障人民文化权益,鼓励人民参与文化创新创造,促进满足人民文化需求和增强人民精神力量相统一。要深刻把握新时代新征程的历史方位和民族复兴的时代主题,唱响昂扬的时代主旋律,在全面建设社会主义现代化国家中充分发挥文化引领风尚、教育人民、服务社会、推动发展的作用。坚持百花齐放、百家争鸣，是繁荣发展社会主义文化的重要方针。要发扬学术民主、艺术民主，鼓励解放思想、大胆探索，营造积极健康、宽松和谐的氛围，提倡不同观点和学派充分讨论，提倡体裁、题材、形式、手段充分发展，推动观念、内容、风格、流派切磋互鉴，不断焕发文化生命力、创造力。要正确区分政治原则问题、思想认识问题、学术观点问题，旗帜鲜明反对和抵制各种错误观点。

（四）必须坚持创造性转化、创新性发展。创新创造是文化的生命所在，是文化的本质特征。中华文明延续着我们国家和民族的精神血脉，既需要薪火相传、代代守护，也需要与时俱进、推陈出新，实现创造性转化、创新性发展。当代中国正在进行着人类历史上最为宏大而独特的创新发展，给文化创新创造提供了强大动力和广阔空间。我们要坚持不忘本来、吸收外来、面向未来，在继承中转化，在学习中超越，不断推动文化创新创造。中华优秀传统文化是中华文明的智慧结晶和精华所在，是我们在世界文化激荡中站稳脚跟的根基。要坚持守正创新，推动中华优秀传统文化创造性转化、创新性发展，为民族复兴立根铸魂。加强对中华优秀传统文化的挖掘和阐发，推动中华优秀传统文化同社会主义社会相适应，展示中华民族的独特精神标识，把跨越时空、超越国界、富有永恒魅力、具有当代价值的文化精神弘扬起来。

三、在文化强国建设中铸就社会主义文化新辉煌

党的二十大报告对新时代新征程文化建设作出了全面部署，提出了明确要求。我们要以高度的政治责任感和时代使命感，落实好报告部署的重点任务，在中国特色社会主义文化发展道路上激发全民族文化创新创造活力，建设社会主义文化强国。

（一）建设具有强大凝聚力和引领力的社会主义意识形态。意识形态工作是为国家立心、为民族立魂的工作。必须牢牢掌握党对意识

形态工作领导权,坚持以立为本、立破并举,推进社会主义意识形态建设,巩固壮大奋进新时代的主流思想舆论。要全面落实意识形态工作责任制,压实压紧各级党委责任,加强意识形态阵地建设和管理。党和国家指导思想在我国社会主义意识形态中占据统摄地位,必须持续加强理论武装工作,健全用党的创新理论武装全党、教育人民、指导实践工作体系,推动习近平新时代中国特色社会主义思想深入人心,更好把科学理论转化为认识世界、改造世界的强大力量。哲学社会科学具有鲜明的意识形态属性,必须坚持以马克思主义为指导,深入实施马克思主义理论研究和建设工程,加快构建中国特色哲学社会科学学科体系、学术体系、话语体系,培育壮大哲学社会科学人才队伍,为社会主义意识形态建设提供有力支撑。新闻舆论工作处在意识形态斗争最前沿,必须坚持党管宣传、党管意识形态、党管媒体,加快推进媒体深度融合,加强全媒体传播体系建设,塑造主流舆论新格局,不断提高新闻舆论传播力、引导力、影响力、公信力。要掌握互联网这个意识形态斗争主阵地主战场的主动权,加强互联网内容建设,健全网络综合治理体系,推动形成良好网络生态。

（二）广泛践行社会主义核心价值观。社会主义核心价值观集中体现了当代中国精神,凝结着全体人民共同的价值追求,是凝聚人心、汇聚民力的强大力量。要弘扬以伟大建党精神为源头的中国共产党人精神谱系,用好红色资源,深入开展社会主义核心价值观宣传教育,深化爱国主义、集体主义、社会主义教育,着力培养担当民族复兴大任的时代新人。理想信念是精神之柱、力量之源。要推动理想信念教育常态化制度化,持续抓好党史、新中国史、改革开放史、社会主义发展史宣传教育,引导人民知史爱党、知史爱国,不断坚定中国特色社会主义共同理想。要坚持用社会主义核心价值观铸魂育人,完善思想政治工作体系,推进大中小学思想政治教育一体化建设,教育引导广大青少年扣好人生第一粒扣子,培养一代又一代社会主义建设者和接班人。坚持依法治国和以德治国相结合,强化教育引导、实践养成、制度保障,把社会主义核心价值观融入法治建设、融入社会发展、融入日常生活。

（三）提高全社会文明程度。文明是现代化国家的显著标志。必须把提高社会文明程度作为建设文化强国的重大任务，坚持重在建设、以立为本，坚持久久为功、持之以恒，努力推动形成适应新时代要求的思想观念、精神面貌、文明风尚、行为规范。要实施公民道德建设工程，着力加强社会公德、职业道德、家庭美德、个人品德建设，弘扬中华传统美德，加强家庭家教家风建设，加强和改进未成年人思想道德建设，推动明大德、守公德、严私德，提高人民道德水准和文明素养。要以实施文明创建工程为抓手，统筹推动文明培育、文明实践、文明创建，推进城乡精神文明建设融合发展，在全社会弘扬劳动精神、奋斗精神、奉献精神、创造精神、勤俭节约精神，培育时代新风新貌。加强国家科普能力建设，深化全民阅读活动。完善志愿服务制度和工作体系，广泛开展志愿服务关爱行动，使我为人人、人人为我在全社会蔚然成风。弘扬诚信文化，健全诚信建设长效机制。发挥党和国家功勋荣誉表彰的精神引领、典型示范作用，推动全社会见贤思齐、崇尚英雄、争做先锋。

（四）繁荣发展文化事业和文化产业。发展文化事业和文化产业是满足人民精神文化需求、保障人民文化权益的基本途径。要把发展文艺事业放在突出位置，坚持以人民为中心的创作导向，推出更多增强人民精神力量的优秀作品，培育造就大批德艺双馨的文学艺术家和规模宏大的文化文艺人才队伍。要坚持把社会效益放在首位、社会效益和经济效益相统一，深化文化体制改革，完善文化经济政策。要着力提升公共文化服务水平，实施国家文化数字化战略，健全现代公共文化服务体系，创新实施文化惠民工程，让人民享有更加充实、更为丰富、更高质量的精神文化生活。要着力提高文化产业发展质量和水平，健全现代文化产业体系和市场体系，实施重大文化产业项目带动战略。加大文物和文化遗产保护力度，加强城乡建设中历史文化保护传承，建好用好国家文化公园。坚持以文塑旅、以旅彰文，推进文化和旅游深度融合发展，让人们在领略自然之美中感悟文化之美、陶冶心灵之美。广泛开展全民健身活动,加强青少年体育工作,促进群众体育和竞技体育全面发展,加快建设体育强国。

(五)增强中华文明传播力影响力。在 5000 多年漫长文明发展史中,中国人民创造了璀璨夺目的中华文明,为人类文明进步事业作出了重大贡献。建设文化强国的过程,既是传承弘扬中华文化、增强其生命力和影响力的过程,又是吸纳外来文化文明精华、推动中华文化不断丰富的过程。要坚守中华文化立场,提炼展示中华文明的精神标识和文化精髓,加快构建中国话语和中国叙事体系,讲好中国故事、传播好中国声音,展现可信、可爱、可敬的中国形象,展现中华文明的悠久历史和人文底蕴,促使世界读懂中国、读懂中国人民、读懂中国共产党、读懂中华民族。要加强国际传播能力建设,着力提高国际传播影响力、中华文化感召力、中国形象亲和力、中国话语说服力、国际舆论引导力,全面提升国际传播效能,形成同我国综合国力和国际地位相匹配的国际话语权。要深入开展同各国文化交流合作,广泛参与世界文明对话,深化文明交流互鉴,推动中华文化更好走向世界。

建设具有强大凝聚力和引领力的社会主义意识形态

林仰之

习近平总书记在党的二十大报告中指出，我们要坚持马克思主义在意识形态领域指导地位的根本制度，建设具有强大凝聚力和引领力的社会主义意识形态，巩固全党全国各族人民团结奋斗的共同思想基础。意识形态关乎旗帜、关乎道路、关乎国家政治安全，决定着中华民族伟大复兴的精神力量，在全面建设社会主义现代化国家新征程上，必须牢牢掌握党对意识形态工作领导权，扎扎实实做好意识形态工作。

一、意识形态工作是为国家立心、为民族立魂的工作

一个国家、一个民族不能没有灵魂，意识形态是为国家立心、为民族立魂的工作，决定一个国家、一个民族生存和发展、前途和命运。习近平总书记深刻指出："经济建设是党的中心工作，意识形态工作是党的一项极端重要的工作。""我们要深刻认识经济基础对上层建筑的决定作用，深刻认识上层建筑对经济基础的反作用，既要有硬实力，也要有软实力，既要切实做好中心工作、为意识形态工作提供坚实物质基础，又要切实做好意识形态工作、为中心工作提供有力保障；既不能因为中心工作而忽视意识形态工作，也不能使意识形态工作游离于中心工作。"进入新时代，习近平总书记从统筹中华民族伟大复兴战略全局和世界百年未有之大变局出发，就意识形态领域的方向性、根本性、全

局性重大问题作出一系列重要论述和重大部署,指导和推动意识形态工作取得历史性成就、发生历史性变革。一是创立了习近平新时代中国特色社会主义思想,明确坚持和发展中国特色社会主义的基本方略,实现了马克思主义中国化时代化新的飞跃,坚持不懈用这一创新理论武装头脑、指导实践、推动工作,为新时代党和国家事业发展提供了根本遵循。二是确立和坚持马克思主义在意识形态领域指导地位的根本制度,新时代党的创新理论深入人心,社会主义核心价值观广泛传播,中华优秀传统文化得到创造性转化、创新性发展,文化事业日益繁荣,网络生态持续向好,意识形态领域形势发生全局性、根本性转变,全党全国各族人民文化自信明显增强、精神面貌更加奋发昂扬。

然而,随着世界进入新的动荡变革期,世界范围的意识形态斗争更加尖锐复杂;各种敌对势力一直企图在我国制造"颜色革命",千方百计要在思想上、政治上搞乱我们,妄图颠覆中国共产党领导和我国社会主义制度,意识形态安全始终面临风险挑战。为此,习近平总书记要求全党必须始终从确保党的长期执政、确保国家长治久安、确保中华民族长盛不衰的战略高度重视和做好意识形态工作。他意味深长地指出:"我们中国共产党人能不能打仗,新中国的成立已经说明了;我们中国共产党人能不能搞建设搞发展,改革开放的推进也已经说明了;但是,我们中国共产党人能不能在日益复杂的国际国内环境下坚持住党的领导、坚持和发展中国特色社会主义,这个还需要我们一代一代共产党人继续作出回答。做好意识形态工作,做好宣传思想工作,要放到这个大背景下来认识。全党同志特别是党的各级领导干部必须按照中央要求扎扎实实做好意识形态工作。"我们"在集中精力进行经济建设的同时,一刻也不能放松和削弱意识形态工作"。

要为国家立心、为民族立魂,意识形态工作就一定要把围绕中心、服务大局作为基本职责,胸怀大局、把握大势、着眼大事,既做到因势而谋、应势而动、顺势而为,又做到旗帜高扬、立场坚定、斗争坚决。

二、牢牢掌握党对意识形态工作领导权

要建设具有强大凝聚力和引领力的社会主义意识形态，坚持马克思主义在意识形态领域指导地位是根本，牢牢掌握党对意识形态工作领导权是关键。在新时代10年的伟大变革中，我国意识形态领域形势之所以发生全局性、根本性转变，就在于以习近平同志为核心的党中央全面加强党的领导，把坚持马克思主义在意识形态领域指导地位确立为我国根本制度。全党要坚持这一根本制度，全面贯彻落实习近平新时代中国特色社会主义思想，不断健全用党的创新理论武装全党、教育人民、指导实践工作体系和党委（党组）理论学习中心组等各层级学习制度，深化网络学习平台建设。深入实施马克思主义理论研究和建设工程，把坚持以马克思主义为指导全面落实到思想理论建设、哲学社会科学研究、教育教学各方面。进一步加强和改进学校思想政治教育，落实全员、全程、全方位育人体制机制。全面落实意识形态工作责任制，增强各级党委做好意识形态工作的责任意识和敢抓敢管、敢于亮剑的斗争精神。

阵地是意识形态工作的基本依托。要牢牢掌握党对意识形态工作领导权，最基本、也是最关键的就是要把思想舆论阵地牢牢掌握在自己手中。意识形态领域的斗争，从根本上讲就是习近平总书记讲的"争夺阵地、争夺人心、争夺群众"的斗争。习近平总书记指出："我们的同志一定要增强阵地意识。宣传思想阵地，我们不去占领，人家就会去占领。"所以，做好意识形态工作的关键，就是必须守土有责、守土负责、守土尽责，牢牢守住思想舆论阵地。当然，守住思想舆论阵地，不是消极、被动地守，而是要积极、主动地守，做到占领阵地、建设阵地和守牢阵地有机统一，巩固马克思主义在意识形态领域的指导地位，牢牢掌握思想舆论主动权和主导权。

习近平总书记深刻指出：一个政权的瓦解往往是从思想领域开始的，政治动荡、政权更迭可能在一夜之间发生，但思想演化是个长期过

程。历史和现实都警示我们,思想舆论阵地一旦被突破,其他防线就很难守得住。在意识形态领域斗争上,我们没有任何妥协、退让的余地,必须取得全胜。要守住思想舆论阵地、取得意识形态斗争的全胜,"我们必须把意识形态工作的领导权、管理权、话语权牢牢掌握在手中,任何时候都不能旁落,否则就要犯无可挽回的历史性错误。"

三、巩固壮大奋进新时代的主流思想舆论

社会主义意识形态要有强大的凝聚力和引领力,巩固壮大主流思想舆论极端重要。习近平总书记指出:"我们正在进行具有许多新的历史特点的伟大斗争,面临的挑战和困难前所未有,必须坚持巩固壮大主流思想舆论,弘扬主旋律,传播正能量,激发全社会团结奋进的强大力量。"历史和实践证明,一个国家、一个民族的凝聚力和向心力,离不开积极、正确思想舆论引导,主流思想舆论越强大,人民为理想和梦想而奋斗的信仰、信念、信心也就越坚定。"人民有信仰,国家有力量,民族有希望。"

第一,坚持不懈用党的创新理论武装全党、教育人民、指导实践。马克思说过:"理论一经掌握群众,也会变成物质力量。"我们党历来高度重视理论武装,坚持理论创新每前进一步,理论武装就跟进一步,不断巩固全党全国人民团结奋斗的共同思想基础。习近平新时代中国特色社会主义思想,是当代中国马克思主义、二十一世纪马克思主义,是中华文化和中国精神的时代精华。巩固壮大新时代的主流思想舆论,最重要的任务、第一位的要求,就是坚持不懈用习近平新时代中国特色社会主义思想武装全党、教育人民、指导实践,引导人们深刻领会和把握这一科学思想体系贯穿的马克思主义立场观点方法,深刻领会和把握蕴含其中的坚定信仰信念、鲜明人民立场、强烈历史担当、求真务实作风、勇于创新精神和科学思想方法,推动习近平新时代中国特色社会主义思想深入人心。

第二,广泛践行社会主义核心价值观,用共同理想信念凝聚民族意志,用中国精神激发中国力量。全面建设社会主义现代化国家、全面推进中华民族伟大复兴,需要全社会方方面面同心干,需要全国各族人民心往一处想、劲往一处使。社会主义核心价值观是凝聚人心、汇聚民力的强大力量,是当代中国精神的集中体现,凝结着全体人民共同的价值追求。我们要在全社会大力弘扬和践行社会主义核心价值观,使之像空气一样无处不在、无时不有,成为我们生而为中国人的独特精神支柱,成为百姓日用而不觉的行为准则。要弘扬以伟大建党精神为源头的中国共产党人精神谱系,用好红色资源,深入开展社会主义核心价值观宣传教育,深化爱国主义、集体主义、社会主义教育,持续抓好党史、新中国史、改革开放史、社会主义发展史宣传教育,引导人民知史爱党、知史爱国,不断坚定中国特色社会主义共同理想,坚定道路自信、理论自信、制度自信、文化自信,在思想上精神上紧紧团结在一起,用富有时代气息的中国精神凝聚中国力量。

第三,要深入实施马克思主义理论研究和建设工程,加快建设中国特色哲学社会科学。哲学社会科学是人们认识世界、改造世界的重要工具,是推动历史发展和社会进步的重要力量。坚持以马克思主义为指导,是当代中国哲学社会科学区别于其他哲学社会科学的根本标志。面对社会思想观念和价值取向日趋活跃、主流和非主流同时并存、社会思潮纷纭激荡的新形势,如何巩固马克思主义在意识形态领域的指导地位,培育和践行社会主义核心价值观,巩固全党全国各族人民团结奋斗的共同思想基础,迫切需要中国特色哲学社会科学更好发挥作用。要充分发挥马克思主义理论研究和建设工程、中国特色社会主义理论体系研究中心、马克思主义学院、报刊网络理论宣传等思想理论工作平台的作用,深化拓展马克思主义理论研究和宣传教育。要加快构建中国特色哲学社会科学学科体系、学术体系、话语体系,形成中国自主的知识体系。为此,要培育壮大哲学社会科学人才队伍,引导哲学社会科学工作者做到方向明、主义真、学问高、德行正,自觉以回答中国之问、世界之问、人民之问、时代之问为学术己任,以彰显中国之路、中国之治、中国之理为思想追求,立足中国实际,解决中国问题,把握时代大势,回应人类关切,不断推进知识创新、理论创新、方法创新,使中国特色哲学社会科学真正屹立于世界学术之林。习近平总书记指出:"一个没有发达的自然科学的国家不可能走在世界前列,一个没有繁荣的哲学社会科学的国家也不可能走在世界前列。"有了以马克思主义为指导的繁荣哲学社会科学,我们就能把意识形态领域的话语权牢牢掌握在自己手中,使新时代的主流思想舆论更有说服力、凝聚力和引领力。

第四,加强全媒体传播体系建设,塑造主流舆论新格局。在新时代,信息社会的发展步伐不断加快。伴随着信息社会不断发展,新兴媒体影响越来越大。我们要在坚持党管媒体原则不动摇的前提下,抓住信息化带来的难得的机遇,运用信息革命成果,加快构建融为一体、合而为一的全媒体传播格局,推动媒体融合发展,使主流媒体具有强大传播力、引导力、影响力、公信力,形成网上网下同心圆,让正能量更强劲、主旋律更高昂。同时,在信息技术和人们生产生活交汇融合日益广泛深入的大趋势下,媒体融合发展不仅仅是新闻单位的事,要把党和政府拥有的社会思想文化公共资源、社会治理大数据、政策制定权的制度优势转化为巩固壮大主流思想舆论的综合优势。为此,要抓紧做好顶层设计,打造新型传播平台,建成新型主流媒体,扩大主流价值影响力版图,让党的声音传得更开、传得更广、传得更深入。

四、健全网络综合治理体系,推动 形成良好网络生态

在互联网无处不在、社会信息化快速发展的时代条件下,网络既是人们生产生活的重要空间,也是党和政府服务群众、了解民意、治理社会的重要平台。习近平总书记指出:"宣传思想工作是做人的工作的,人在哪儿重点就应该在哪儿。"互联网是当前宣传思想工作的主阵地。

这个阵地我们不去占领,人家就会去占领。要把网上舆论工作作为宣传思想工作的重中之重来抓,把网络意识形态工作的主导权和网络舆论战场上的主动权牢牢掌握在自己手中。习近平总书记反复强调:"过不了互联网这一关,就过不了长期执政这一关。"网络已是当前意识形态斗争的最前沿,掌控网络意识形态主导权,就是守护国家的主权和政权。各级党委和党员干部要把维护网络意识形态安全作为守土尽责的重要使命,充分发挥制度体制优势,坚持管用防并举,方方面面齐动手,坚决打赢网络意识形态斗争。

管好用好互联网,是新时代建设具有强大凝聚力和引领力的社会主义意识形态的基础性工程,既要解决好谁来管、怎么管的问题,也要解决谁来用、怎么用的问题。对此,习近平总书记提出明确要求:"我们要本着对社会负责、对人民负责的态度,依法加强网络空间治理,加强网络内容建设,做强网上正面宣传,培育积极健康、向上向善的网络文化,用社会主义核心价值观和人类优秀文明成果滋养人心、滋养社会,做到正能量充沛、主旋律高昂,为广大网民特别是青少年营造一个风清气正的网络空间。"同时,"要持续巩固壮大主流舆论强势,加大舆论引导力度,加快建立网络综合治理体系,推进依法治网。"良好的网络生态,不仅使网络空间成为亿万民众共同的精神家园,而且使互联网这个最大变量变成党和人民事业发展的最大增量。善于管好用好互联网,是新形势下领导干部做好意识形态工作的基本功,各级干部特别是领导干部必须不断增强这方面的本领和能力。

习近平总书记指出:"理论自觉、文化自信,是一个民族进步的力量;价值先进、思想解放,是一个社会活力的来源。"在全面建设社会主义现代化国家新征程上,建设具有强大凝聚力和引领力的社会主义意识形态,使全体人民在理想信念、价值理念、道德观念上紧紧团结在一起,就能凝聚起以中国式现代化全面推进中华民族伟大复兴的磅礴力量。

繁荣发展文化事业和文化产业

胡 和 平

　　文化是民族的精神命脉,文化自信是更基础、更广泛、更深厚的自信,是一个国家、一个民族发展中最基本、最深沉、最持久的力量。习近平总书记所作的党的二十大报告从国家发展、民族复兴高度,提出"推进文化自信自强,铸就社会主义文化新辉煌"的重大任务,就"繁荣发展文化事业和文化产业"作出部署安排,为做好新时代文化工作提供了根本遵循、指明了前进方向。我们要深入学习贯彻党的二十大精神,坚持中国特色社会主义文化发展道路,大力发展文化事业、文化产业,不断激发全民族文化创新创造活力,增强实现中华民族伟大复兴的精神力量。

一、充分认识新时代繁荣发展文化事业和 文化产业的重大意义

　　文化建设是培根铸魂、凝神聚力的重要事业。繁荣发展文化事业和文化产业,有助于发展社会主义文化、坚持和发展中国特色社会主义;有助于更好满足人民文化需求、实现人民对美好生活新期待;有助于以文化人、以文育人、以文培元,增强人民精神力量、促进人的全面发展;有助于培育弘扬社会主义核心价值观,建设中华民族共有精神家园;有助于传承中华文明,提高国家文化软实力、提升中华文化影响力,发展人类文明新形态。党的十八大以来,以习近平同志为核心的党中央高度重视文化工作,作出一系列重大决策部署,推出一系列重大政策

举措,推动中国特色社会主义文化繁荣发展,党的二十大报告给予充分肯定。

在看到文化建设取得重大成就的同时,也要清醒认识到,在全面建设社会主义现代化国家新征程上,文化引领风尚、教育人民、服务社会、推动发展的作用还未充分发挥;文化创新创造能力还不够强,优秀文化产品和服务还不够多;我国文化话语权与综合国力和国际地位还不相匹配,维护国家文化安全和提升中华文化影响力的任务更加艰巨。我们必须坚定文化自信、推进文化自强,发挥文化铸魂、文化赋能作用,紧紧围绕举旗帜、聚民心、育新人、兴文化、展形象的使命任务,以社会主义核心价值观为引领,以满足人民文化需求、增强人民精神力量为着力点,努力创作优秀文艺作品、提供优秀文化产品,大力繁荣发展文化事业和文化产业,为经济社会发展赋能、为实现中华民族伟大复兴的中国梦聚力。

二、推动社会主义文艺繁荣兴盛

文艺是时代前进的号角,文艺事业是党和人民的重要事业。党的十八大以来,以习近平同志为核心的党中央把文艺工作摆在重要位置,习近平总书记主持召开文艺工作座谈会,两次出席中国文联、中国作协代表大会开幕式,给内蒙古自治区苏尼特右旗乌兰牧骑队员、中央美术学院老教授、中国戏曲学院师生、中国国家话剧院艺术家回信。党中央印发《关于繁荣发展社会主义文艺的意见》、国务院办公厅印发《关于支持戏曲传承发展的若干政策》等文件,推动我国文艺事业进入新的发展阶段。以创作为核心任务、以演出为中心环节的工作机制逐步形成,《伟大征程》、《奋斗吧,中华儿女》、《我们的四十年》等重大文艺演出成功举办,舞剧《永不消逝的电波》、舞蹈诗剧《只此青绿》、歌剧《沂蒙山》、话剧《谷文昌》等优秀文艺作品不断涌现。

党的二十大报告指出,坚持以人民为中心的创作导向,推出更多增强人民精神力量的优秀作品,培育造就大批德艺双馨的文学艺术家和规模宏大的文化文艺人才队伍。我们要坚定以人民为中心的立场、守住为人民服务的初心,把为人民服务作为文艺工作者的天职、把人民作为艺术表现的主体,推出更加丰富、更有营养,人民喜闻乐见的优秀文艺作品。引领广大文艺工作者深入生活、扎根人民,从中汲取营养、激发灵感,学会用"群众语言"、"生活视角"进行创作。把握时代主题、时代价值,紧紧围绕中华民族伟大复兴时代主题开展文艺创作,推出更多讴歌党、讴歌祖国、讴歌人民、讴歌英雄的精品力作,更加嘹亮地唱响"新时代之歌"。坚持养德、修艺相统一,加强艺德艺风建设和文艺工作者队伍建设,引导文艺工作者把崇德尚艺作为一生的功课。

三、健全现代公共文化服务体系

发展公共文化服务,是保障人民文化权益、改善人民生活品质、补齐文化发展短板的重要途径。党的十八大以来,以习近平同志为核心的党中央明确提出提升公共文化服务水平的要求,习近平总书记多次强调加快构建现代公共文化服务体系,促进基本公共文化服务标准化均等化。公共文化服务保障法、公共图书馆法颁布实施,中央办公厅、国务院办公厅印发《关于加快构建现代公共文化服务体系的意见》、《国家基本公共文化服务指导标准(2015—2020年)》等文件,推动我国公共文化服务体系建设取得显著进展。覆盖城乡的六级公共文化服务网络日益完善,"村晚"等群众性文化活动广泛开展,智慧图书馆体系、公共文化云建设加快推进,新型公共文化空间不断涌现。

党的二十大报告指出,实施国家文化数字化战略,健全现代公共文化服务体系,创新实施文化惠民工程。我们要坚持政府主导、社会参与、重心下移、共建共享,统筹基础设施建设和服务效能提升,推进城乡公共文化服务体系一体建设,努力为人民群众提供更高质量、更有效率、更加公平、更可持续的公共文化服务。大力推进基本公共文化服务标准化均等化,建立健全城乡公共文化服务标准体系,优化基层公共文化设施布局,推进区域协调发展。把提升质量作为重中之重,建设高水平图书馆,明确新时代文化馆新定位,建好用好基层公共文化空间,精准开展分众式公共文化服务。建立健全群众需求反馈机制,推广"订单式"、"菜单式"、"预约式"服务,推动社会力量广泛参与,创新开展文化志愿服务,提升公共文化服务效能。丰富群众性文化活动,办好群众歌咏、广场舞、"村晚"等活动,打造更多文化惠民品牌。提升公共文化服务数字化水平,丰富数字文化资源,拓展智慧公共文化服务应用,建设全国智慧图书馆体系和公共文化云。

四、加强文化遗产系统性保护利用

文物、古籍、非物质文化遗产等文化遗产是中华优秀传统文化的重要载体,是全人类的共同财富。党的十八大以来,以习近平同志为核心的党中央将文化遗产保护提升到功在当代、利在千秋的高度,下大力气予以推进。习近平总书记亲自指导、亲自推动,就我国考古最新发现及其意义、深化中华文明探源工程等主题主持中央政治局集体学习,就文物工作、革命文物工作作出重要指示,向仰韶文化发现暨中国现代考古学诞生100周年、第44届世界遗产大会致贺信。中央办公厅、国务院办公厅印发《关于实施中华优秀传统文化传承发展工程的意见》、《关于加强文物保护利用改革的若干意见》、《关于进一步加强非物质文化遗产保护工作的意见》、《关于推进新时代古籍工作的意见》等文件,推动文化遗产保护利用工作不断迈上新台阶。文化遗产资源家底逐步摸清,中华文明探源工程、中华古籍保护计划、中国传统工艺振兴计划等深入实施,文化遗产进一步"活起来","考古热"、"博物馆热"、"非遗热"蔚然成风。

党的二十大报告指出,加大文物和文化遗产保护力度,加强城乡建设中历史文化保护传承,建好用好国家文化公园。我们要坚持保护第

一、加强管理、挖掘价值、有效利用、让文物活起来的新时代文物工作方针,全面提升文物保护利用水平。做好考古挖掘、整理、研究、阐释等工作,深入实施中华文明探源工程、"考古中国"重大项目,建设中国特色、中国风格、中国气派的考古学。强化系统保护、整体保护,实施好石窟寺保护利用等重大工程项目,加强革命文物保护,做好低级别不可移动文物保护管理,筑牢文物安全底线。完善古籍工作体系,提升古籍工作质量。以贯彻落实非物质文化遗产法为主线,以代表性项目和代表性传承人为抓手,坚持保护为先、合理利用相结合,聚焦保护、传承、发展、传播,完善保护制度体系,加强传承实践能力建设,推动非物质文化遗产保护传承工作呈现新气象。

五、健全现代文化产业体系和文化市场体系

现代文化产业体系和文化市场体系是社会主义市场经济重要组成部分,在促进国民经济发展、满足人民文化需求等方面发挥着重要作用。党的十八大以来,以习近平同志为核心的党中央高度重视文化产业发展。习近平总书记强调,要推动文化产业高质量发展,健全现代文化产业体系和市场体系,推动各类文化市场主体发展壮大,培育新型文化业态和文化消费模式,以高质量文化供给增强人们的文化获得感、幸福感。中央办公厅、国务院办公厅印发《关于推进实施国家文化数字化战略的意见》《关于深化文化市场综合行政执法改革的指导意见》,国务院办公厅印发《关于进一步激发文化和旅游消费潜力的意见》等文件,推动我国文化产业和文化市场健康发展。文化产业体系逐步健全、规模日益壮大,数字文化产业快速发展,线上演播、网络直播、沉浸式体验等新业态快速崛起,文化市场更加繁荣、规范、有序。

党的二十大报告指出,健全现代文化产业体系和市场体系,实施重大文化产业项目带动战略。我们要完整、准确、全面贯彻新发展理念,以创新为核心驱动力,以重大文化产业项目为抓手,优化产业结构布

局,扩大城乡居民文化消费,提升产业发展整体实力和竞争力。顺应数字产业化和产业数字化发展趋势,推动 5G、大数据、人工智能、虚拟现实、增强现实、超高清等技术在文化创作、生产、传播、消费等各环节应用。改造提升演艺、娱乐、工艺美术等传统业态,培育线上演播、数字艺术、沉浸式体验等新业态新模式。加快培育一批品牌文化产业园区,提升国家级文化产业园区建设水平。推进国家文化和旅游消费试点城市、示范城市及国家级夜间文旅消费集聚区建设。建立健全科学有效的文化和旅游市场服务质量评价体系,完善以信用为基础的新型市场监管机制,推动形成统一开放、竞争有序的市场体系。

六、促进文化和旅游深度融合发展

文化是旅游的灵魂,旅游是文化的载体,二者密不可分,有着天然联系。推动文化事业、文化产业和旅游业融合发展,是以习近平同志为核心的党中央,立足党和国家事业全局作出的重要战略决策,重塑了文化和旅游工作新格局。习近平总书记对文化和旅游融合发展作出一系列重要论述,强调文化产业和旅游产业密不可分,要坚持以文塑旅、以旅彰文,推动文化和旅游融合发展,让人们在领略自然之美中感悟文化之美、陶冶心灵之美。中央办公厅、国务院办公厅印发《"十四五"文化发展规划》,国务院印发《"十四五"旅游业发展规划》等文件,均对推进文旅融合作出具体部署,推动文化和旅游融合发展走深走实、见行见效,业态融合、产品融合、市场融合、服务融合、交流融合取得可喜进展,红色旅游、旅游演艺等蓬勃发展,国家文化公园建设稳步推进。

党的二十大报告指出,坚持以文塑旅、以旅彰文,推进文化和旅游深度融合发展。我们要牢牢把握文化建设和旅游发展的规律特点,坚持以文塑旅、以旅彰文,坚持优势互补、相得益彰,推动文化和旅游在更广范围、更深层次、更高水平上实现融合,让"诗"和"远方"实现更好联结、共创美好生活。要坚持以文塑旅,用文化丰富旅游内涵、提升旅游品位,把更多文化内容、文化符号纳入旅游线路、融入景区景点,营造浓厚文化氛围。要坚持以旅彰文,用旅游带动文化传播、推动文化繁荣,发挥旅游覆盖面广、游客参与度高等优势,推动中华优秀传统文化"活起来"、革命文化和红色基因传下去、社会主义先进文化弘扬开。要找准契合处、联结点,通过"化学反应",形成兼具文化和旅游特色的新产品、新服务、新业态,建设一批富有文化底蕴的世界级旅游景区和度假区,打造一批文化特色鲜明的国家级旅游休闲城市和街区,为文化和旅游发展提供新引擎。

七、提高国家文化软实力、提升中华文化影响力

一个国家、一个民族的兴盛,总是以文化兴盛为重要标志。提高国家文化软实力,关系中华民族伟大复兴中国梦的实现、人类命运共同体的构建。党的十八大以来,以习近平同志为核心的党中央高度重视人文交流、文明互鉴,习近平总书记亲自推动、亲自部署,出访和会见外国元首时将文化交流作为重要内容,提出举办中外文化和旅游年等重大举措,为斯里兰卡等海外中国文化中心揭牌,向第四届阿拉伯艺术节等活动致贺信,多次就推动文明交流互鉴、增强国家文化软实力发表重要讲话。国务院印发《关于加快发展对外文化贸易的意见》等文件,推动全方位、多层次、宽领域的对外和对港澳台文化交流合作工作格局逐步形成,配合元首外交、重大主场外交的文化活动成功举办,各种对外文化交流品牌活动影响广泛,海外中国文化中心建设加快推进,对外文化贸易体系日益完善。对港澳台文化交流合作深入开展,凝心聚力、增进认同作用彰显。

党的二十大报告指出,坚守中华文化立场,提炼展示中华文明的精神标识和文化精髓,加快构建中国话语和中国叙事体系,讲好中国故事、传播好中国声音,展现可信、可爱、可敬的中国形象;加强国际传播

能力建设,全面提升国际传播效能,形成同我国综合国力和国际地位相匹配的国际话语权;深化文明交流互鉴,推动中华文化更好走向世界。我们要坚定走相互尊重、和衷共济、和合共生的人类文明发展正确道路,大力弘扬平等、互鉴、对话、包容的文明观,让中国故事更为生动、中国形象更加鲜活、中华文化更加深入人心。加强国际传播能力建设,打造多维度、立体化交流渠道和平台,提升国际话语权。统筹文化交流与产业合作,形成相互促进、双轮驱动工作格局。建好用好海外中国文化中心、驻外旅游办事处。办好中外文化和旅游年(节)、"欢乐春节"、"美丽中国"等品牌活动,向世界展现可信、可爱、可敬的中国形象。深耕厚植对港澳台文化交流合作,持续打造"艺海流金"、"情系"等活动品牌,增强港澳台同胞对中华文化的认同感和自豪感。

八、全面深化文化领域体制机制改革

深化文化体制机制改革,是解放和发展文化生产力、推进文化领域治理体系和治理能力现代化的重要途径。党的十八大以来,以习近平同志为核心的党中央高度关注文化体制机制改革。习近平总书记多次强调,改革是文化繁荣发展的动力所在,要在全面深化改革大框架下,坚定不移将文化体制改革引向深入,不断激发文化创新创造活力。中央办公厅、国务院办公厅印发《深化文化体制改革实施方案》、《关于深化国有文艺院团改革的意见》、《关于推动国有文化企业把社会效益放在首位、实现社会效益和经济效益相统一的指导意见》等政策文件,推动文化领域体制机制改革不断深入,具有"四梁八柱"性质的文化发展主体框架基本确立。

党的二十大报告指出,坚持把社会效益放在首位、社会效益和经济效益相统一,深化文化体制改革,完善文化经济政策。我们要深入贯彻落实党中央关于全面深化改革部署要求,聚焦文化领域高质量发展的体制机制障碍、难点堵点问题,全面推进改革、持续深化改革。围绕建设社会主义文化强国等重大任务,明确文化领域全面深化改革的主攻方向、战略重点、任务举措。持续深化"放管服"改革,加强政策调节、市场监管、社会管理、公共服务职能,优化营商环境。持续深化国有文艺院团改革,加快构建以创作为核心任务、以演出为中心环节的体制机制和政策体系,充分激发院团活力。推动国有文化企业深化改革、加快发展,进一步加强党的领导,完善公司治理。以构建公共文化新型空间为重点,推进县级文化馆图书馆总分馆制建设、公共文化机构法人治理结构改革,推动基层公共文化机构与新时代文明实践中心建设协调发展。完善以高质量发展为导向的文化经济政策,加强文化法治建设,为文化改革发展提供坚强保障。

构建初次分配、再分配、第三次分配
协调配套的制度体系

宁 吉 喆

习近平总书记在党的二十大报告中指出,扎实推进共同富裕,完善分配制度,构建初次分配、再分配、第三次分配协调配套的制度体系。这为我们指明了在全面建设社会主义现代化国家新征程中迈向共同富裕的目标任务、改革举措和政策取向。

一、从完善分配制度上促进共同富裕

(一)共同富裕是中国特色社会主义的本质要求。第一,共同富裕是马克思主义的一个基本目标。马克思主义以实现人类解放、促进每个人自由而全面发展为己任,期盼生产力的发展使社会财富的一切源泉都充分涌流,期盼没有工农、城乡、脑体差别的社会,预见未来社会生产将以所有人的富裕为目的。第二,共同富裕是自古以来我国人民的一个基本理想。早在 2000 多年前,先贤即提出"大道之行也,天下为公"的大同思想,后来的思想家又多次对大同社会提出设想,反映了中华民族对一个繁荣、富裕、公正、平等社会的美好理想。第三,共同富裕是中国共产党根本宗旨的体现。民之所望,政之所向。实现全体人民共同富裕,反映了人民对美好生活的向往,体现了以人民为中心的发展思想,体现了中国共产党人的初心和使命,体现了全心全意为人民服务的党的根本宗旨。第四,共同富裕是中国式现代化的一个重要特征。新中国成立后,毛泽东提出把我国建设成为社会主义的现代化强国的目标和共同富裕的概念。改革开放后,邓小平指出,社会主义的本质,是解放生产力,发展生产力,消灭剥削,消除两极分化,最终达到共同富裕。新时代以来,习近平总书记指出,中国式现代化是全体人民共同富裕的现代化。

(二)促进全体人民共同富裕既是一项长期任务又是一项现实任务。第一,全面建成小康社会为促进共同富裕创造了良好条件。在社会主义革命和建设时期,我国建立起独立的比较完整的工业体系和国民经济体系。在改革开放和社会主义现代化建设新时期,我国实现了从生产力相对落后到经济总量跃居世界第二的历史性突破,实现了人民生活从温饱不足到总体小康、奔向全面小康的历史性跨越。党的十八大以来,我国经济发展平衡性、协调性、可持续性明显增强,党领导人民打赢了脱贫攻坚战,历史性地解决了绝对贫困问题,在中华大地上全面建成了小康社会。2021年,我国国内生产总值达到114万亿元、人均国内生产总值达到1.2万美元,标志着我国社会生产力、综合国力、人民生活水平跃上新台阶,为推进共同富裕打下了坚实基础。第二,我国已经到了扎实推进共同富裕的历史阶段。进入新时代,我国社会主要矛盾转化为人民日益增长的美好生活需要和不平衡不充分的发展之间的矛盾,经济社会结构加快调整变化,高速增长转向高质量发展,对扎实推进共同富裕提出了新的要求。第三,实现共同富裕是经济社会发展的宏伟目标。实现全体人民共同富裕是一个长期的历史过程,伴随全面建设社会主义现代化国家的全过程,必须纳入国民经济和社会发展长远规划,深入研究不同阶段的现代化和共同富裕目标,分阶段循序渐进。

(三)扎实推动共同富裕必须完善分配制度。制度问题更带有根本性、全局性、稳定性和长期性,分配制度是促进共同富裕的基础性制度。要在全国人民共同奋斗把"蛋糕"做大做好的基础上,通过合理的制度安排,把"蛋糕"切好分好,坚持按劳分配为主体、多种分配方式并存,构建初次分配、再分配、第三次分配协调配套的制度体系。第一,完善分配制度是促进共同富裕的必然要求。生产决定分配,分配反作用于生产。改革开放以来,我国初步建立了社会主义市场经济分配制度,有力地促进了经济发展和居民收入提高。1979—2021 年,我国国内生产总值年均增长 9.2%,居民人均可支配收入年均增长 8.2%,其中农民人均可支配收入年均增速快于城镇居民 0.6 个百分点。但分配领域不平衡的问题仍然比较突出。只有完善分配制度,才能进一步调动广大劳动者生产积极性、更好发挥人力资源和人力资本的作用、持续扩大国内需求特别是居民消费需求,构建合理分配格局。第二,完善分配制度是坚持和完善中国特色社会主义制度的重要内容。分配制度具有基础性和能动性。完善分配制度,有利于坚持和完善社会主义基本经济制度、社会主义市场经济体制以及统筹城乡的民生保障制度。同时,坚持"两个毫不动摇",坚持公有制为主体、多种所有制经济共同发展,又有利于更好地发挥分配对生产、流通、消费和投资的促进作用,从而为推进国家治理体系和治理能力现代化筑牢基础。第三,完善分配制度是发挥多层次分配协调配套制度作用的重要举措。初次分配、再分配、第三次分配既相互区别,又相互联系。初次分配是基础,是促进共同富裕的重要途径,要健全生产要素由市场评价贡献、按贡献决定报酬的机制;再分配是保障,是促进共同富裕的重要手段,要完善政府对收入分配进行调节的机制;第三次分配是补充,是促进共同富裕的辅助方式,要建立社会自愿参与公益慈善事业的机制。三个层次分配的机制相互协调、相互配套,依法依规运行,有利于有效市场、有为政府、有爱社会相结合,扎实推进共同富裕。

二、发挥好初次分配的基础性作用

(一)提高发展的平衡性、协调性、包容性。人民的幸福生活是奋斗出来的,共同富裕要靠勤劳智慧来创造。要把推动高质量发展放在首位,形成人人参与的发展环境,厚植共同富裕的物质基础。第一,促进人的全面发展。要维护社会公平正义,防止社会阶层固化,畅通向上流动通道,促进机会公平,为人民提高受教育程度、增强发展能力创造更加普惠公平的条件,提高全社会就业创业和创新创造能力,鼓励勤劳致富。第二,健全城乡融合发展体制机制。要坚持以城带乡、以工促农,巩固拓展脱贫攻坚成果,全面推进乡村振兴,对易返贫人口加强监测、及早干预,确保不发生规模性返贫和新的致贫。开拓乡村特色产业发展等增收渠道,使更多农民勤劳致富。加强农村基础设施和公共服务体系建设,保障农民基本生活条件。完善新型城镇化战略,促进农民工融入城市。第三,健全区域协调发展体制机制。要深入实施区域协调发展战略、区域重大战略,加大对欠发达地区的支持力度,增强欠发达地区自我发展能力。建设好浙江共同富裕示范区。第四,强化行业发展的协调性。要加快垄断行业改革,营造公平竞争的市场环境,让平均利润率规律发挥作用。要发挥企业促进协调发展的能动性,鼓励、支持和引导企业与金融机构增加环境、社会、治理(ESG)投资。

(二)提高居民收入和劳动报酬比重。目前,我国住户部门可支配收入占国民可支配总收入的比重约为60%,劳动者报酬占国民可支配总收入的比重约为50%,有待提高。要坚持居民收入增长和经济增长基本同步、劳动报酬提高与劳动生产率提高基本同步,构建体现效率、促进公平的收入分配体系。第一,努力提高居民收入在国民收入分配中的比重。要通过扩大就业和提高就业质量增加劳动者收入,拓展服务业、中小微企业、劳动密集型企业、知识和技能密集型企业就业空间,稳定新就业形态、灵活就业人员就业增收,帮助高校毕业生、农民工等重点群体就业增收。第二,提高劳动报酬在初次分配中的比重。要坚持多劳多得,着重增加劳动所得。完善劳动者工资决定、合理增长和支付保障机制,健全最低工资标准调整机制,完善农民工欠薪治理长效机制。健全国有企业市场化薪酬分配机制和科技创新薪酬分配激励机制,改革完善体现岗位绩效和分级分类管理的事业单位薪酬制度,落实并完善公务员工资正常调整机制。完善劳动争议调解仲裁机制,健全劳动关系协商协调机制。

（三）扩大中等收入群体。目前，我国中等收入家庭人口占总人口的比重为30%多，提升空间较大。要增加低收入者收入，着力提高中等收入家庭人口比重。第一，高校毕业生是有望进入中等收入群体的重要方面。要提高高等教育质量，做到学有专长、学有所用。第二，技术工人应成为中等收入群体的重要组成部分。要加大技能人才培养力度，提高技术工人工资待遇，吸引更多劳动者加入技术工人队伍。第三，中小微企业和个体工商户从业者是创业致富的重要群体。要完善营商环境，促进稳定经营增收。第四，进城农民工是中等收入群体的重要来源。要深化户籍制度改革，解决好农业转移人口住房、医疗、教育、社保等问题。要合理提高基层公务员和基层企事业单位职工的工资待遇。

（四）完善按要素分配政策制度。实行劳动、资本、土地、技术、管理、知识、数据等生产要素由市场评价贡献、按贡献决定报酬的机制，有利于提高效率效益、推动创新发展和转型升级。要健全各类生产要素由市场决定报酬的机制，拓展和创新收入分配方式。第一，拓宽财产性收入渠道。要从农村土地、金融资产入手，探索通过土地、资本等要素使用权和收益权增加中低收入群众要素收入，多渠道增加城乡居民财产性收入。深化农村土地制度改革，赋予农民更加充分的财产权益。有序推动农村宅基地出租、流转、抵押，探索实现已入市农村集体土地与国有土地同地同权，探索农村集体经济收益分配向当地低收入困难群体倾斜。推动资本市场稳定健康发展，丰富居民可投资金融产品，完善上市公司分红激励机制。促进房地产市场持续健康发展，支持居民合理拥有住房资产。第二，增加技术、管理和知识要素收入。要鼓励符合条件的企业用足用好股权、期权等工具激励科研人员等核心人才。完善职务科技成果转化激励政策，健全科研人员职务发明成果权益分享机制。第三，构建数据要素收益分配机制。要积极培育数据市场并健全数据价值实现机制，科学界定数据要素权属，探索建立合理分配数据要素收益的方法制度，促进数字红利共享。

三、加大税收、社会保障、转移支付等的调节力度

（一）完善税收调节机制。税收是国家财政的主要来源，也是收入分配的调节利器。第一，优化税制结构。要健全地方税、直接税体系，提高直接税比重，增强税收对收入分配的调节作用。第二，完善个人所得税制度。要健全综合与分类相结合的个人所得税制度，完善专项附加扣除范围和标准，优化个人所得税税率结构。第三，完善消费、财产等方面税收。要加大消费环节税收调节力度，积极稳妥推进房地产税立法和改革，探索建立与数字经济发展相适应的税收制度。第四，完善税收征管。要深化税收征管制度改革，健全自然人税费服务与监管体系，提升税收监管能力。

（二）促进基本公共服务均等化。这是促进共同富裕的重要途径。要尽力而为、量力而行，提高基本公共服务和社会保障能力，逐步实现人均基本公共服务均等化。第一，完善低收入人口保障服务。要逐步健全生活救助和专项救助制度，加快缩小社会救助城乡标准差异，逐步提高城乡最低生活保障水平，完善社会救助和保障标准与物价上涨挂钩联动机制。第二，促进教育公平。要加大普惠性人力资本投入，推动义务教育优质均衡发展和城乡一体化，有效减轻困难家庭教育负担。第三，完善养老和医疗保障体系。要逐步缩小职工与居民、城市与农村筹资和保障待遇差距，逐步提高城乡居民基本养老金水平，加快优质医疗资源扩容和区域均衡布局。第四，完善住房供应和保障体系。要坚持租购并举、因城施策，完善长租房政策，扩大保障性租赁房供给，重点解决好新市民住房问题。第五，完善公共文化服务体系。要不断满足人民群众多样化、多层次、多方面精神文化需求，促进人民精神生活共同富裕，加强促进共同富裕舆论引导，营造良好舆论氛围。

（三）加大转移支付。这是促进区域协调发展的重要工具。2022年中央对地方转移支付规模近 9.8 万亿元，比 2021 年增加约 1.5 万亿

元,作用明显。第一,完善财政转移支付制度。要继续增加财政转移支付,缩小区域人均财政支出差距,逐步实现主要按常住人口进行均衡性转移支付,增强基层公共服务保障能力。加大对口支援和帮扶工作力度。第二,优化转移支付结构。要明确中央和地方财政事权与支出责任,稳定提高一般性转移支付比重,提高均衡性转移支付在一般性转移支付中的比重。第三,强化转移支付管理。要提高转移支付项目实施的精准性,提高转移支付资金使用效率,促进转移支付制度化、规范化。

(四)规范收入分配秩序。这是消除分配不公、防止两极分化的重要措施。第一,保护合法收入。要保护劳动和要素收入,保护居民财产,保护产权和知识产权,保护并调动企业家积极性。第二,调节过高收入。要加强反垄断和反不正当竞争,规范资本性所得管理,规范财富积累机制,通过个人所得税、消费税、财产税等加强对高收入的调节。清理规范不合理收入,治理分配乱象,合理缩小行业收入分配差距。第三,取缔非法收入。坚决遏制权钱交易,坚决打击内幕交易、操纵股市、财务造假、偷税漏税等获取非法收入行为。

四、建立健全第三次分配机制

(一)支持有意愿有能力的企业、社会组织和个人积极参与公益慈善事业。进入 21 世纪,我国社会公益事业迅速起步,捐赠财物较快增长,志愿者队伍不断扩大。但公益慈善事业发展总体上仍相对滞后,社会参与不足。要进一步调动社会各方面发展公益慈善事业的积极性,支持更多人财物投入社会公益领域。企业是我国慈善捐赠的主体,目前企业捐赠占款物捐赠总量的 60% 以上。要鼓励企业更好履行社会责任,积极参与生态治理、民生建设、乡村振兴和区域协调发展,持续增加慈善捐赠。社会组织参与第三次分配具有较好条件。要积极有序发展慈善组织,动员更多社会组织从自身实际出发参与慈善捐赠。个人是参与第三次分配的源头活水。目前我国个人捐赠占捐赠总量比重不到 30%,需要提高。要增强个人公益慈善意识,采取财物捐赠、志愿服务、互助互济等多种方式参与公益慈善活动。

(二)探索公益慈善活动有效实现形式。第一,完善适合中国国情的慈善组织模式。要加强现代慈善组织制度建设,建立健全非营利法人制度,打造慈善捐赠主平台。完善志愿者注册、服务记录、激励嘉许、保险保障、基层组织等制度,搭建好志愿者服务平台。第二,探索各类新型捐赠模式。要探究金融助力第三次分配的方式,鼓励设立慈善信托。利用数字网络便捷泛在的优势,积极培育和规范发展互联网慈善。第三,拓展慈善捐赠和志愿服务领域。要加大扶贫济困、教育、医疗卫生、助残助老、减灾救灾等方面慈善投入,拓展生态环保、文艺、科技等领域慈善活动,支持慈善力量更加及时充分参与重大突发事件救援。

(三)完善公益慈善事业政策法规体系和社会文化环境。第一,落实公益慈善税收优惠政策。对非营利组织从事公益性或非营利性活动,予以免税。对企业发生的公益性捐赠支出,不超过年度利润总额12%的部分,准予扣除企业所得税。对个人将其所得用于教育、扶贫、济困等公益慈善事业的捐赠额,未超过纳税人申报应纳所得税额30%的部分,可从其应纳税所得额中扣除。对符合条件的公益慈善事业捐赠,实行企业所得税或个人所得税全额税前扣除。建立健全慈善褒奖制度,让捐赠者获得光荣感和成就感。第二,加强慈善领域法治建设。要执行好慈善法、公益事业捐赠法、红十字会法、民法典以及社会团体登记、基金会等管理条例,推进相关立法修法工作。第三,健全慈善综合监管体系。要加强慈善组织专业化、规范化建设,建立健全慈善组织、志愿者、捐赠方和政府部门协调联动机制,加强政府部门对慈善行业的监督管理。第四,创造有利于公益慈善事业发展的社会环境。要弘扬中华民族乐善好施、守望相助的传统文化,提倡向上向善、关爱社会,引导更多个人、社团和企业自愿积极参与社会公益事业。

实施就业优先战略

张 纪 南

就业是最基本的民生。党的二十大报告着眼于新时代新征程,针对新形势新情况,对实施就业优先战略作出新的全面部署,明确就业优先的战略任务,提出一系列新要求,充分体现了我们党增进民生福祉的价值追求,充分体现了以习近平同志为核心的党中央深厚的为民情怀,具有十分重要的意义。

一、新时代 10 年我国就业取得显著成就

党的十八大以来,中国特色社会主义进入新时代。以习近平同志为核心的党中央高度重视就业问题,始终把促进就业摆在优先位置,作出一系列决策部署,各地区、各部门坚决抓好贯彻落实,推动我国就业工作取得历史性重大成就,就业局势保持总体稳定,在 14 亿多人口的大国实现了比较充分的就业,就业质量稳步提高,成为经济发展、民生改善的重要支撑。

(一)城镇就业规模持续扩大,就业结构不断优化。城镇就业人数由 2012 年的 37287 万人增加到 2021 年的 46773 万人,城镇新增就业年均超过 1300 万人。城镇调查失业率总体低于预期调控目标。城乡就业格局发生历史性转变,2013 年城镇就业人员比重首次超过乡村,2021 年占比达到 62.7%,比 2012 年提高了 13.8 个百分点。第三产业吸纳就业能力提高,一、二、三产从业人员占比从 2012 年的 33.5%、30.4% 和 36.1% 调整为 2021 年的 22.9%、29.1% 和 48%。就业质量进

一步提升,2021年城镇单位就业人员工资水平较2012年翻了一倍。

(二)重点群体就业平稳。在高校毕业生人数连年增长的情况下,实现了就业水平总体稳定。农民工总量从2012年的26261万人增至2021年的29251万人。加强兜底帮扶,累计实现失业人员再就业5501万人,就业困难人员就业1768万人。退役军人就业创业能力得到提升,就业渠道不断拓宽,创业环境持续优化。

(三)就业帮扶成效显著。把提升技能、增加就业作为最有效最直接的脱贫方式,从资金、政策、服务等方面给予倾斜支持,贫困人口务工规模从2015年的1227万人增加到2020年的3243万人,2/3以上建档立卡贫困人口主要靠外出务工和产业脱贫。持续巩固就业帮扶成果、促进乡村振兴。2021年底,全国脱贫人口务工规模3145万人,其中160个重点帮扶县脱贫人口务工规模628万人。

(四)劳动者职业技能素质持续提升。截至2021年底,我国技能劳动者总量增至2亿人以上,其中高技能人才超过6000万人。实施2019—2021年职业技能提升三年行动,从失业保险基金结余中拿出1000亿元,采取多种形式,累计开展补贴性职业技能培训8300多万人次,劳动者稳定就业和转换岗位能力不断增强。

(五)就业服务体系日臻完善。公共就业服务体系建设持续推进,覆盖省、市、县、街道(乡镇)、社区(村)的五级公共就业服务网络逐步完善,标准化、智慧化、专业化建设进一步加强。各级公共就业和人才服务机构年均为8000万人次劳动者、5000万户次用人单位提供招聘服务。人力资源服务业规模日益壮大,截至2021年底全国已有各类人力资源服务机构5.91万家,有效增加了就业服务供给。

(六)劳动者权益得到有效维护。构建中国特色和谐劳动关系体制机制基本形成,劳动关系法律法规体系进一步健全。完善省市县三级监察执法网络,对各类用人单位执行法律法规情况进行监督检查,健全劳动关系协调和劳动争议调解仲裁机制,规范用工行为,保护劳动者利益,劳动关系总体保持和谐稳定。

二、充分认识实施就业优先战略的重要意义

习近平总书记指出,就业是永恒的课题,牵动着千家万户的生活,任何时候都要抓好;解决好就业问题,是党和政府义不容辞的责任。要从全局高度重视就业问题,把就业工作摆到突出位置,切实把这个民生头等大事抓好。这些重要论述,深刻阐述了做好就业工作在党和国家事业发展全局中的重要地位和作用。我们必须站在全面建设社会主义现代化国家、实现中华民族伟大复兴的历史高度,把促进就业作为推动实现共同富裕的重要基础,充分认识实施就业优先战略的重要意义。

(一)实施就业优先战略是巩固我们党的执政基础的必然要求。民心是最大的政治,民生连着民心。解决好就业问题,是社会和谐稳定的"压舱石"和国家长治久安的重要支撑。劳动者只有拥有一份职业、一份工作,才能平等融入社会生活,也才更有尊严。充分就业则民心安、社会稳。如果就业出了问题,大规模失业则民心浮、社会乱。实施就业优先战略,把就业摆在经济社会发展优先位置,是我国政治制度和社会制度的题中之义,具有鲜明的政治意义,有利于更好体现我们的制度优越性,巩固党执政的群众基础和社会基础。

(二)实施就业优先战略是适应我国基本国情和发展阶段的必然选择。我国有14亿多人口、9亿多劳动年龄人口,丰富的劳动力资源始终是我国发展的一大优势,同时解决好就业问题也是我国长期面对的一项重大任务。"十四五"时期,需在城镇就业的劳动力年均2500万人以上,还有大量新转移农业富余劳动力。同时,就业结构性矛盾突出,"就业难"与"招工难"并存,就业质量也有待提高。实施就业优先战略,持续把促进就业作为开发利用劳动力资源的基本途径,是推动我国就业扩容提质的需要,有利于充分发挥劳动力资源作用,最大限度激发社会活力和创造力,促进人们各尽其能、各得其所,形成更为充足的人力资本红利。

（三）实施就业优先战略是推进经济高质量发展的重要措施。就业是经济发展的基本条件和重要目标。充分就业与经济增长、物价稳定、国际收支平衡是宏观经济的主要指标。就业状况是经济发展的"晴雨表"，是衡量经济发展合理性的重要基准，稳住就业能够为改革发展提供充足的回旋空间。从经济大循环看，就业是沟通社会需求和供给的桥梁，是连接生产、交换、分配和消费的纽带，是支撑宏观经济和微观经济运行的"基本盘"。实施就业优先战略，把充分就业摆在经济发展目标的优先位置，是转变经济发展方式、推进高质量发展的内在要求，有利于确保经济在合理区间运行，促进经济社会协调发展，形成经济发展与扩大就业的良性互动。

（四）实施就业优先战略是保障和改善民生的根本举措。就业是民生之本，是劳动者赖以生存和发展的基础、共享经济发展成果的基本条件，关系到亿万劳动者及其家庭的切身利益。解决好就业问题，是民生改善的"温度计"。没有就业，就没有收入，就无法保障基本生活，更谈不上家庭幸福和实现人的全面发展。实施就业优先战略，突出就业作为基本民生的重要作用，有利于不断扩大就业容量，创造和增加收入、改善人民生活品质，让人民群众获得感幸福感安全感更加充实、更有保障、更可持续。

三、全面落实实施就业优先战略的各项重点任务

党的二十大报告提出，促进高质量充分就业。这是党中央牢牢把握我国发展的阶段性特征，根据新形势新任务明确的目标要求。充分就业，就是千方百计创造更多就业机会，扩大就业容量。充分就业又是高质量的，就是要增强就业的适配性稳定性，稳步增加劳动者工资性收入，维护劳动者权益，提供更加可靠的社会保障。围绕这一目标要求，习近平总书记在党的二十大报告中对实施就业优先战略的重点任务进行了新的重大部署。

（一）强化就业优先政策。强化就业优先政策，健全就业促进机制，就是要突出经济发展的就业导向，立足我国特殊的资源禀赋，充分发挥人力资源丰富的巨大优势，推动形成高质量发展与就业扩容提质互促共进的良性循环。**一是**坚持目标导向优先。把就业作为经济发展的优先目标，优先发展吸纳就业能力强的行业、产业、企业，促进制造业高质量就业，扩大服务业就业，拓展农业就业空间，支持中小微企业和个体工商户持续稳定发展增加就业，促进数字经济领域就业创业，不断培育就业新的增长极。**二是**坚持宏观政策支持优先。强化财政、货币、投资、消费、产业、区域等政策支持就业的导向，实现与就业政策协同联动。**三是**健全就业影响评估机制。制定实施宏观政策时将对就业量的带动和质的提高作为重要考量，提升重大政策规划、重大工程项目、重大生产力布局对就业的促进作用。**四是**健全监测预警机制。完善就业失业统计监测调查体系，加快构建系统完备、立体化的就业失业监测网络，完善就业统计指标体系和调查统计方法，推进大数据在就业统计监测领域的应用，为宏观决策和制定政策措施提供有力支持。**五是**健全就业目标考核机制，建立促进高质量充分就业的评价体系，纳入经济高质量发展考核体系，充分调动各方面的积极性。

（二）健全就业公共服务体系。健全就业公共服务体系，就是要着力打造覆盖全民、贯穿全程、辐射全域、便捷高效的全方位就业公共服务体系，提升劳动力市场匹配效率。**一是**完善公共就业服务制度。健全户籍地、常住地、参保地、就业地公共就业服务供给机制，推动公共就业服务向农村延伸，缩小公共就业服务水平和质量在不同区域之间的差距。**二是**加强公共就业服务体系建设。完善街道（乡镇）、社区（村）服务平台，构建覆盖城乡的公共就业服务网络，合理配置公共就业服务机构人员，加强专业化职业化建设。**三是**增强公共就业服务能力。加强公共就业服务标准体系建设，推进信息服务智慧化。构建精准识别、精细分类、专业指导的公共就业服务模式。同时，加快人力资源服务业高质量发展，提高人力资源市场规范化水平，提供更多市场化就业服务供给。

（三）完善重点群体就业支持体系。完善重点群体就业支持体系，加强困难群体就业兜底帮扶，就是要聚焦高校毕业生等重点群体，坚持市场化社会化就业与政府帮扶相结合，促进多渠道就业创业。**一是**持续做好高校毕业生等青年就业工作。拓宽高校毕业生市场化社会化就业渠道，强化高校毕业生就业服务，加大对离校未就业、困难毕业生帮扶力度，帮助毕业生更好择业、更快就业。为城镇青年创造多样化就业机会，增强城镇青年职业发展能力。**二是**推进农村劳动力转移就业。稳定和扩大农村劳动力外出就业规模，促进农村劳动力就地就近就业，加快农业转移人口市民化，发展带动就业效果好的劳务品牌，稳定脱贫人口就业。**三是**加强退役军人就业保障。改革完善退役军人安置制度，支持退役军人自主就业。**四是**加强困难群体就业兜底帮扶。健全就业援助制度，完善就业困难人员认定办法，对零就业家庭人员、残疾人等困难群体提供"一人一档"、"一人一策"精细化服务，扩大公益性岗位托底安置。落实残疾人按比例就业制度。同时，统筹做好下岗失业人员、去产能职工等再就业工作。

（四）统筹城乡就业政策体系。统筹城乡就业政策体系，破除妨碍劳动力、人才流动的体制和政策弊端，消除影响平等就业的不合理限制和就业歧视，使人人都有通过勤奋劳动实现自身发展的机会，就是要促进劳动者合理有序流动，健全城乡劳动者平等参与市场竞争的就业机制。**一是**推进城乡就业服务均等化。推动就业创业政策咨询、就业失业登记、职业介绍等覆盖全体城乡劳动者，实行农民工在就业地平等享受就业服务政策，营造城乡一体化公平就业环境。**二是**畅通劳动者社会性流动渠道。深化劳动力要素市场化配置改革，同步推进户籍制度、用人制度、档案服务改革，加快破除妨碍劳动者市场化配置和自由流动的障碍，形成合理、公正、畅通、有序的社会性流动格局。**三是**努力消除就业歧视。逐步消除性别、户籍、身份等各类影响平等就业的不合理限制或就业歧视，增强劳动力市场包容性。保障妇女在就业创业、技能培训、劳动报酬、职业健康与安全等方面的权益。

（五）推动解决结构性就业矛盾。健全终身职业技能培训制度，推动解决结构性就业矛盾，就是要加快提升劳动者技能素质，更好适应市场需求和经济社会高质量发展需要。**一是健全终身职业技能培训制度。**完善职业技能培训政策体系，开展常态化大规模多层次职业技能培训，稳步扩大针对不同群体的培训规模，支持企业开展职工在岗培训，突出技能人才培训、急需紧缺人才培训、转岗转业培训、储备技能培训、通用职业素质培训。完善职业技能竞赛体系。**二是多元化推进职业技能培训供给。**构建以公共实训基地、职业院校、技工院校、职业技能培训机构和行业企业为主的多元培训载体，充分发挥企业职业技能培训主体作用和院校培训资源优势，健全职业技能培训共建共享机制。**三是提升职业技能培训质量。**引导培训资源向市场急需、企业生产必需等领域集中，规范开展订单式培训，健全培训监督评价考核机制，增强培训针对性和实效性。**四是完善技能人才培养、使用、评价和激励机制。**推进职业资格制度改革，完善职业技能等级制度，推行社会化职业技能等级认定，畅通技能人才职业发展通道，完善技能人才薪酬、表彰等激励政策。**五是提高劳动者职业素养。**大力弘扬劳模精神劳动精神工匠精神，营造劳动光荣的社会风尚和精益求精的敬业风气。加强职业道德教育，引导劳动者树立正确的人生观价值观就业观，培养敬业精神和工作责任意识。

（六）完善促进创业带动就业的保障制度。完善促进创业带动就业的保障制度，支持和规范发展新就业形态，就是要营造有利于创新创业创造的良好发展环境，激发市场活力和社会创造力，培育接续有力的就业新动能，放大就业倍增效应。**一是不断优化创业环境。**深化创业领域"放管服"改革，实施全国统一的市场准入负面清单制度，提升企业开办标准化规范化便利化水平，持续优化营商环境。**二是加强创业政策支持。**加大对初创实体支持力度，进一步降低创业成本，提升初创企业持续发展能力。提供场地支持、租金减免、税收优惠、创业补贴等政策扶持。加强培训学习、创业实践、咨询指导、跟踪帮扶，打造全生态、专业化、多层次的创业服务体系。**三是激发劳动者创业积极性主动**

性。培育农村创业创新带头人,支持大学生、留学人员回国创业,鼓励引导有创业意愿和创业能力的农民工、大学生、退役军人等人员返乡入乡创业。**四是**支持和规范发展新就业形态。加快发展数字经济,催生更多新产业新业态新商业模式,培育多元化多层次就业需求,带动更多劳动者依托平台就业创业。打造就业容量大的数字产业集群,推进传统线下业态数字化转型赋能,创造更多数字经济领域就业机会。健全职业分类动态调整机制,持续开发新职业,发布新职业标准。

(七)完善劳动者权益保障制度。健全劳动法律法规,健全劳动关系协商协调机制,完善劳动者权益保障制度,加强灵活就业和新就业形态劳动者权益保障,就是要优化劳动者就业环境,提升劳动者收入和权益保障水平。**一是**完善政府、工会、企业共同参与的协商协调机制。健全劳动法律法规体系,完善劳动关系工作体制,深入推进和谐劳动关系创建活动,构建规范有序、公正合理、互利共赢、和谐稳定的中国特色和谐劳动关系。**二是**改善劳动者就业条件。健全工资决定、合理增长和支付保障机制,完善最低工资标准调整机制,增加劳动者特别是一线劳动者劳动报酬。**三是**维护劳动者合法权益。加强劳动争议调处,强化劳动保障监察执法,加强对劳动密集型企业、中小微企业用工指导,依法查处招聘过程中的虚假、欺诈现象,强化劳务派遣用工监管,督促企业落实工时、休息休假等劳动标准,完善欠薪治理长效机制。**四是**加强劳动者社会保障。持续推进全民参保计划,稳步提高社会保险统筹层次和待遇水平。完善全国统一的社会保险公共服务平台,优化社会保险关系转移接续。**五是**加强灵活就业和新就业形态劳动者权益保障。加快落实维护新就业形态劳动者劳动权益保障的政策措施,建立完善适应灵活就业和新就业形态的劳动权益保障制度,提高灵活就业人员和新就业形态劳动者社会保障水平。规范平台企业用工,明确平台企业劳动保护责任。

推动实现全体老年人享有
基本养老服务

李纪恒

习近平总书记在党的二十大报告中明确提出实施积极应对人口老龄化国家战略,发展养老事业和养老产业,优化孤寡老人服务,推动实现全体老年人享有基本养老服务。这一重大部署,为我国养老服务发展明确了方向,提供了根本遵循,对于人口老龄化加剧形势下实现好、维护好、发展好最广大人民的根本利益,使人民群众获得感、幸福感、安全感更加充实、更有保障、更可持续具有重要意义。

一、推动实现全体老年人享有基本养老服务 是谱写全面建设社会主义现代化国家 新篇章的重要内容

基本养老服务是由国家直接提供或者通过一定方式支持相关主体向老年人提供的,旨在实现老有所养、老有所依必需的普惠性、基础性、兜底性服务,包括物质帮助、照护服务、关爱服务等内容。推动全体老年人享有基本养老服务,集中体现了以习近平同志为核心的党中央对我国老有所养制度顶层设计的重大基础性安排。

推动实现全体老年人享有基本养老服务,是新时代践行党的初心使命、体现我国社会主义本质和制度优越性的重要方面。我们党自成立之日起,就把为中国人民谋幸福、为中华民族谋复兴作为自己的初心使命,让老百姓过上好日子是我们一切工作的出发点和落脚点。老有

所养是全体中国人民的夙愿。2000多年前儒家就提出"老吾老以及人之老,幼吾幼以及人之幼",构建"老有所终,壮有所用,幼有所长,矜寡孤独废疾者皆有所养"的理想社会。我们党把让人民群众过上幸福美好生活作为矢志不渝的奋斗目标,在不同时期作出相应部署。近年来我国综合国力不断发展提升,为推动实现全体老年人享有基本养老服务奠定了雄厚物质基础。基本养老服务作为公共服务的重要内容,经过多年积累发展,已初步形成体系,具备向全体老年人拓展的基本条件。推动实现全体老年人享有基本养老服务,是我们党在全面建设社会主义现代化国家新征程中作出的新战略新部署,进一步贯彻了习近平总书记关于"加强养老公共服务,内容上要多样,财力上要倾斜,全社会一起努力,把老年人安顿好、照顾好,让老年人安享晚年"的重要指示精神,体现了全心全意为人民服务的根本宗旨和以人民为中心的发展思想,顺应时代要求,彰显党心民意,符合发展规律。

推动实现全体老年人享有基本养老服务,是完善中国特色社会主义制度、坚持以中国式现代化全面推进中华民族伟大复兴的内在要求。中国式现代化是中国共产党领导的现代化,是全体人民共同富裕的现代化,是各项事业的现代化。截至2021年底,全国60岁及以上老年人已有2.67亿人,占总人口的18.9%。家家有老人,人人都会老。养老既是人生大事、家中要事,也是社会大事、国之大者,涉及亿万家庭幸福和百姓福祉。推动全体老年人享有基本养老服务,将有力推动中国特色养老服务体系成熟完善,进一步筑牢兜实基本民生底线,巩固和完善我国建成的世界上规模最大的社会保障体系,完善中国特色社会主义制度。推动全体老年人享有基本养老服务,把老年人安顿好、照顾好,有助于家庭和睦、代际和顺、社会和谐,促进新时代社会共建共治共享,推进国家治理体系和治理能力现代化。推动全体老年人享有基本养老服务,充分回应全体人民共同富裕的呼声愿望,优化老年人收入分配结构,改善老年人养老服务支付能力,让全体老年人共享经济社会发展成果,是中国式现代化在养老服务领域的具体实现。

　　推动实现全体老年人享有基本养老服务,是健全覆盖全生命周期的人口服务体系、促进人口长期均衡发展的必然要求。人口问题事关中华民族永续发展和伟大复兴。习近平总书记多次强调人口问题始终是我国面临的全局性、长期性、战略性问题,深刻指出近年来我国人口发展出现了一些显著变化,既面临人口众多的压力,又面临人口结构转变带来的挑战。推动全体老年人享有基本养老服务,将独生子女家庭、计划生育特殊家庭等各类老年人纳入基本养老服务统一保障范围,将进一步健全覆盖全生命周期的人口服务体系,积极应对人口结构转变带来的老年人照料风险挑战。推动全体老年人享有基本养老服务,做好老有所养的制度性安排,可以缓解社会普遍存在的养老焦虑,减轻年轻人"上有老、下有小"的家庭压力,稳定人们的养老预期、生活预期,增强年轻人生育意愿,将更多劳动力从家庭照顾老年人中解放出来,促进人口长期均衡发展。

　　推动实现全体老年人享有基本养老服务,是把握养老服务规律、促进解决应对老龄化世界性难题的重要行动。应对人口老龄化是世界性难题,最突出挑战之一就是老有所养问题。我国自 20 世纪末进入老龄化社会以来,老年人口数量和占总人口的比重持续增长,预计"十四五"期间进入中度老龄化、2035 年左右进入重度老龄化。我国人口老龄化不断加剧的趋势与实现第二个百年奋斗目标的历程紧紧相随,与当今世界百年未有之大变局紧密相连,是全面建设社会主义现代化国家新征程中的基本国情。我国老年人口约占世界 1/4,同时面临着未富先老、未备先老、区域发展不平衡等突出困难,在这样的国家解决老有所养问题,世界人口发展史上没有先例,各国应对人口老龄化进程中也没有模板。推动全体老年人享有基本养老服务,解决好世界上老年人口最多国家的老有所养问题,同时促进银发经济发展,拉动就业和扩大内需,促进国内国际双循环良性互动,将为世界各国积极应对人口老龄化重大挑战、构建人类命运共同体提供宝贵经验和重要借鉴。

二、新征程中推动实现全体老年人享有
基本养老服务的基本原则和方向

推动实现全体老年人享有基本养老服务是以习近平同志为核心的党中央建设中国特色养老服务体系的重大改革创新,要全面、准确、深入领会和贯彻这一重大部署,把握好基本原则和方向,确保基本养老服务体系建设行稳致远。

坚持党对基本养老服务体系建设的全面领导。牢牢把握中国共产党领导这一中国特色社会主义最本质的特征、中国特色社会主义制度的最大优势,坚持以习近平新时代中国特色社会主义思想为指导,发挥党总揽全局、协调各方的领导核心作用,坚持党委领导、政府主导、社会参与、全民行动相结合,统筹推进基本养老服务体系建设。地方各级党委和政府要将基本养老服务体系纳入经济社会发展规划和重要议事日程,纳入积极应对人口老龄化国家战略重要部署,纳入急需补齐的民生事业短板范畴,推动解决基本养老服务体系建设中的重大问题。

坚持以满足老年人对美好生活的向往为发展总目标。深入贯彻落实习近平总书记关于"要让每一位老人都能生活得安心、静心、舒心,都能健康长寿、安享幸福晚年"的重要指示精神,在面向全体老年人提供基本养老服务基础上,优先保障经济困难的失能、高龄、无人照顾、孤寡等特殊困难老年人,聚焦老年人最基本、最刚性、最共性的养老服务需求,聚焦解决养老服务领域老百姓反映强烈的操心事、烦心事、揪心事,逐步拓展基本养老服务内容,持续增强公平性、可及性,确保基本养老服务政策符合国情实际、响应群众呼声、适应社会需求,让老百姓体会到我们党是全心全意为人民服务的,党始终在人民身边。

坚持以推动中国特色养老服务体系建设为改革创新方向。《国家积极应对人口老龄化中长期规划》提出到2035年中国特色养老服务体

系成熟定型、全体老年人享有基本养老服务的目标。要实现这个目标，就必须立足基本国情和人口老龄化基本规律，以推动高质量发展为主题，以改革创新为根本动力，推动基本服务对象由特殊困难老年人向全体老年人转变，基本养老服务形式由机构为主向居家社区机构相协调、医养康养相结合转变，基本服务主体由政府公办为主向政府、市场、社会多元主体共同发力转变，不断破解老有所养面临的体制机制障碍，激发新发展活力，展现中国智慧，探索形成有效解决老有所养问题的中国方案、中国模式。

坚持尽力而为、量力而行。基本养老服务体系建设是一项长期工作，主要功能是兜底线、保基本，必须充分发挥政府主导作用，坚持坚守底线、突出重点、完善制度、引导预期的思路。既尽力而为，不断加大投入，加快推进基本养老服务均等化，逐步提高保障水平；又量力而行，兼顾各级财政承受能力，不超越经济社会发展阶段，避免掉入中等收入国家"福利陷阱"。既切实发挥政府兜底职能，履行服务供给职责，又充分发挥市场、社会主体作用，促进多元服务供给，统筹必要性和可能性，兼顾城乡和区域均衡发展，实现保基本、广覆盖、可持续目标。

统筹推进基本养老服务、非基本养老服务协同发展。老年人的养老服务需求是多样化、分层次、不断变化的。基本养老服务、非基本养老服务都是满足老年人养老需求不可或缺的重要内容，二者紧密相连、相互促进，构成了现代养老服务业的"一体两翼"，要统筹好基本养老服务、非基本养老服务发展，做好分层布局、分类指导。促进基本养老服务相关政策的系统集成、协同高效，优化整合社会保险、社会救助、社会福利、慈善事业、老年优待等制度资源，协调推进相关领域体制改革衔接。充分发挥基本养老服务作用，探索形成家庭养老为基础、政府兜底线保基本、市场供给多元、社会公益互助、具有我国鲜明特色的新型养老模式。

三、新征程中推动实现全体老年人享有基本养老服务的重点任务

未来5年是基本养老服务体系建设的关键时期,也是积极应对人口老龄化的窗口机遇期,必须深入贯彻落实党的二十大精神,贯彻落实党中央关于推动全体老年人享有基本养老服务的决策部署,坚持稳中求进总基调,着力在补短板、强弱项、固底板、扬优势上下功夫,加快建成覆盖全体老年人、权责清晰、保障适度、可持续的基本养老服务体系。

建立健全基本养老服务清单制度。清单制度是基本养老服务体系建设的核心制度,要通过清单的形式,为各级政府履职尽责和老年人享有相应权利提供明确依据,政府做到承诺必达,老年人实现"照单点菜"。要按照兜底线、保基本的总体要求,根据相关法律法规、政策文件和财政承受能力,分类梳理物质帮助、照护服务、关爱服务等基本养老服务迫切需求,形成国家和地方基本养老服务清单。地方政府制定发布的清单应当包含国家层面的基本养老服务清单项目,且覆盖范围和实现程度不得低于国家层面基本养老服务清单要求。要探索建立基本养老服务清单随经济社会发展水平动态调整的长效机制,主动精准响应老年人基本养老服务需求,及时将供给稳定可靠、可持续保障、家庭和个人难以应对的失能、残疾、无人照顾等基本养老服务项目论证评估后纳入清单,防止发生冲击道德底线的事件,筑牢兜实基本养老服务民生底线。

优化基本养老服务供给。推动实现全体老年人享有基本养老服务的前提,是有供给充足、质量可靠、便捷可及、保障到位的基本养老服务。要持续建设居家社区机构相衔接、医养康养相结合的养老服务体系,推动基本养老服务提供主体多元化、提供方式多样化,扩大基本养老服务供给合力。继续加大中央和地方财政投入,通过政府直接提供、购买服务、委托服务、政府和社会资本合作等方式,强化基本养老服务

保障。具备条件的地方要优化养老服务优惠扶持政策，支持社会力量提供基本养老服务，发挥市场机制配置资源、提高服务效率的优势。发挥公办养老机构提供基本养老服务的基础作用，进一步明确新时代"兜底线、保基本"职能定位，坚持公益性主导，健全公办养老机构运营机制，优化对孤寡等特殊困难老年人的服务。鼓励支持党政机关和国有企事业单位所属培训疗养机构转型为普惠型养老服务设施。提升国有经济对养老服务体系的支持能力，强化国有经济在基本养老服务领域的有效供给。加快养老服务人才队伍建设，进一步完善养老护理员等养老服务人才教育培养、技能提升、待遇保障、职业发展、表彰奖励等政策措施，多渠道培养引进扩大养老服务人才队伍，为基本养老服务高质量发展提供有力支撑。强化基本养老服务综合监管，不断提高基本养老服务标准化、规范化水平，确保服务质量和安全。

补齐农村基本养老服务短板。近年来，城乡人口老龄化差距逐步拉大，农村老龄化程度更高、形势更紧迫、问题更突出。推动全体老年人享有基本养老服务，必须深入贯彻习近平总书记关于实施积极应对人口老龄化国家战略和乡村振兴战略的重要指示精神，坚持城乡统筹、区域统筹，推动基本养老服务资源向农村地区倾斜，实现城乡区域基本养老服务均等化。要补齐农村基本养老服务短板，健全县乡村衔接的三级养老服务网络。增强县级养老机构失能照护服务能力，到2025年确保每个县（市、区、旗）至少有1所以失能特困人员专业照护为主的县级特困人员供养服务机构，将具备条件的农村敬老院改造为乡镇区域养老服务中心或为老服务综合体，因地制宜发展农村互助养老服务。强化基层党组织的组织领导作用，继续推广"党建+农村养老"经验，发挥村民自治组织和其他社会组织自我管理功能，推动形成农村养老服务合力。

增强便捷性、可及性，让基本养老服务应知尽知、应享尽享。许多老年人受自理能力、文化水平、信息知晓等方面限制，及时获取基本养老服务存在一定困难或不便，直接影响基本养老服务制度实施效果。

要加大宣传力度,丰富老年人喜闻乐见的宣传形式,让基本养老服务政策上墙上网上媒体、进家进院进社区,让老年人及其家属广泛知晓基本养老服务内容及申领方式。开展老年人能力综合评估,准确判断老年人失能状况及服务需求,建立困难老年人精准识别和动态管理机制,强化"政策找人"、"服务找人"措施,实现直达快享、非申即享,让基本养老服务供需衔接更加顺畅。优化基本养老服务设施布局,构建"一刻钟"居家养老服务圈,增加老年人集中地区服务供给,落实居住区养老服务设施配套建设政策,让基本养老服务聚集在老年人身边、床边、周边。要优化简化基本养老服务申领流程,增强无障碍、适老化支撑,坚持传统服务方式和智能化服务并行,创新解决政策落实堵点,让老年人获取基本养老服务更加便捷可及、更加贴心暖心。

加强重大疫情防控救治体系和
应急能力建设

马 晓 伟

习近平总书记在党的二十大报告中,明确提出了加强重大疫情防控救治体系和应急能力建设的重大任务。这是以习近平同志为核心的党中央立足党和国家事业发展全局,科学把握我国基本国情和重大疫情防控客观规律,全面总结新冠肺炎疫情防控各项工作,作出的重大决策部署,必将对维护国家公共卫生安全、推动卫生健康事业发展、捍卫人民生命健康产生深远的影响。我们要坚决拥护"两个确立",做到"两个维护",胸怀"两个大局",深刻领会精神实质,准确把握基本要求,认真落实各项重点任务,筑牢织密公共卫生防护网。

一、坚持以习近平新时代中国特色社会主义思想为指导,加强重大疫情防控救治体系和应急能力建设

党的十八大以来,习近平总书记就加强重大疫情防控救治体系和应急能力建设作出一系列重要论述。2015 年 11 月,习近平总书记在对埃博拉出血热疫情防控总结表彰作出重要指示时强调,"始终把广大人民群众健康安全摆在首要位置,总结经验,常抓不懈,切实做好传染病防控和突发公共卫生事件应对工作";2016 年 8 月,在全国卫生与健康大会上强调,"要坚定不移贯彻预防为主方针,坚持防治结合、联防联控、群防群控";2018 年 1 月,在学习贯彻党的十九大精神专题研

讨班开班式上强调,"像非典那样的重大传染性疾病,也要时刻保持警惕、严密防范"。新冠肺炎疫情发生以来,习近平总书记多次召开重要会议、发表一系列重要讲话、作出一系列重要指示,强调"防范化解重大疫情和突发公共卫生风险,事关国家安全和发展,事关社会政治大局稳定","只有构建起强大的公共卫生体系,健全预警响应机制,全面提升防控和救治能力,织密防护网、筑牢筑实隔离墙,才能切实为维护人民健康提供有力保障"。在党的二十大报告中,习近平总书记以宏阔的历史视野、深邃的战略眼光、诚挚的为民情怀,再次对这项工作作出重要部署。这些重要论述是习近平新时代中国特色社会主义思想的重要组成部分,为今后一段时期加强重大疫情防控救治体系和应急能力建设提供了根本遵循和科学指引。

一是深刻认识这是保障人民生命健康、推进中国式现代化的必然选择。习近平总书记深刻指出,在人类社会发展长河中,传染病始终是重大威胁。近30年来,全球出现新发传染病40多种,非典、甲型H1N1流感、人感染高致病性禽流感、埃博拉出血热等疫情都不同程度对全球经济社会秩序造成影响。尤其是新冠肺炎疫情对世界经济运行、全球治理体系和国际政治格局造成强烈冲击。以习近平同志为核心的党中央坚持把人民生命安全和身体健康放在第一位,中国之治与西方之乱形成了鲜明对比,体现了中国式现代化的重要特征。当前,世界百年未有之大变局加速演进,我国比历史上任何时期都更接近、更有信心和能力实现中华民族伟大复兴的目标。在推进中国式现代化前进道路上,要深入贯彻习近平总书记重要讲话精神,坚持总体国家安全观,坚持底线思维,从保护人民健康、保障国家安全、维护国家长治久安的政治高度,着力把握重大疫情防控规律,时刻防范重大疫情风险,努力为全面建成社会主义现代化强国、实现第二个百年奋斗目标奠定坚实的健康基础。

二是把握好历史机遇提升重大疫情防控治理能力和治理水平。习近平总书记深刻指出,确保人民群众生命安全和身体健康,是我们党治国理政的一项重大任务。党的十八大以来,习近平总书记始终心系人民健康,确立新时代党的卫生与健康工作方针,作出实施健康中国战略的重大部署。经过 10 年来不懈努力,党对卫生健康工作的领导全面加强,提高人民健康水平的制度保障更加成熟完善,以公立医疗机构为主体的三级医疗卫生服务网络不断健全,中医药传承创新发展迈出重要步伐,促进优质医疗资源下沉和均衡布局实现突破性进展,农村贫困人口基本医疗有保障全面实现,乡村医疗卫生机构和人员"空白点"全面消除,医学科技发展迅速,我国居民主要健康指标居于中高收入国家前列,医疗卫生体系经受住了新冠肺炎疫情的考验,卫生健康事业取得全方位历史性进步,为做好重大疫情防控工作奠定了坚实基础。当前,全球新冠肺炎疫情仍在流行,新发突发传染病风险持续存在,我国人口老龄化进程加快,全社会关注健康、追求健康、维护健康的氛围前所未有,重大疫情防控形势复杂、防控难度增大,迫切要求将重大疫情防控救治体系和应急能力建设放在推进国家治理体系和治理能力现代化全局中统筹推进,放在推进健康中国建设中统筹推进。要把握新发展阶段,贯彻新发展理念,构建新发展格局,推动高质量发展,始终坚持系统观念、全局意识,主动识变应变求变,增强斗争意识,提高斗争本领,提升重大疫情防控治理水平和治理能力,毫不动摇走中国特色卫生健康发展道路,为维护国家长治久安提供重要保障。

三是充分借鉴抗击新冠肺炎疫情斗争经验做法扬优势强弱项。面对世纪疫情,习近平总书记亲自指挥、亲自部署,统筹疫情防控和经济社会发展取得世界上最好的成果,充分彰显了党的领导和中国特色社会主义制度的显著优势。这次疫情客观上也对改革开放 40 余年来医疗卫生服务体系建设、20 余年来重点专科建设、10 余年来深化医改成果作了一次集中检阅。实践充分证明,政府主导、公益性主导、公立医院主导的医疗卫生体系是重要保障,科学技术创新发展是锐利武器,预防为主是最经济最有效的健康策略,联防联控、群防群控、群专结合凝聚起抗击疫情的强大力量。同时,疫情防控中也暴露出我国医疗卫生事业发展不平衡不充分,区域和城乡间的发展还有差距,农村地区优质资源短缺,基层服务能力不强、机制不活等突出问题。要保持清醒的头脑,增强战略定力,始终绷紧重大疫情防控这根弦,坚持从国情实际出发,扬优势、补短板、堵漏洞、强弱项,健全重大疫情防控的体制机制,增强基层防控能力,织紧织密、筑牢筑实维护人民健康的"防护网"、"隔离墙"。

二、准确把握中国式现代化进程中加强重大疫情防控救治体系和应急能力建设的原则要求

在实现第二个百年奋斗目标的历史进程中,加强重大疫情防控救治体系和应急能力建设始终同国家整体战略紧密衔接,发挥着重要支撑作用。要始终以习近平新时代中国特色社会主义思想为指导,全面系统准确地把握核心要义和原则要求。

一是坚持党的集中统一领导。党中央权威和集中统一领导是成功防范和有效应对重大疫情的根本政治保证。近三年来,新冠肺炎疫情防控全面动员、全面部署、全面加强,取得重大战略成果,根本在于以习近平同志为核心的党中央的坚强领导,得益于国务院联防联控机制的统筹协调,离不开各级党委和政府的积极作为。要把党的领导贯穿到重大疫情防控的各方面和全过程,充分发挥党总揽全局、协调各方的领导核心作用,健全各级党委和政府定期研究部署重大疫情防控等卫生健康工作机制,坚持"全国一盘棋",实现统一指挥、统一目标、统一行动,大力提升指挥协调效率和能力,集中力量办大事。

二是坚持人民至上、生命至上。人民至上、生命至上的价值选择是我国同一些西方国家选择不同防疫道路的根本原因。要把人民健康放在优先发展的战略位置,始终把维护人民群众的生命安全和身体健康作为制定防控政策、推进防控工作、判断防控成效的出发点和落脚点。要坚持一切为了人民、紧紧依靠人民、不断造福人民、牢牢根植人民,高效统筹疫情防控和经济社会发展,统筹发展和安全,做到疫情要防住、经济要稳住、发展要安全。

　　三是坚持共建共享。加强重大疫情防控救治体系和应急能力建设是一项整体性、系统性、协同性都很强的任务。要加快推动法治建设,健全跨部门、跨区域重大疫情风险研判、评估、决策、防控协同机制,不断提升重大疫情防治能力和水平。要压实属地、行业、单位、个人"四方"责任,落实常态化重大疫情防控措施,加强政府与社会、市场的协同配合,完善有利于重大疫情防控的生产方式、生活方式,推动形成共建共享格局。

　　四是坚持常备不懈。新冠肺炎疫情防控实践表明,快速控制疫情的重点在应急指挥体系的快速转换,堵点在防控资源准备不足难以满足控制疫情的需要。要不断健全完善扁平化应急指挥体系建设,加强培训和演练。坚持底线思维,关口前移,把重大疫情防治理念贯穿城市规划、建设、管理全过程各环节,储备足够的隔离、救治等资源,健全统一的重大疫情应急物资保障体系,下好先手棋,打好主动仗。

　　五是坚持包容开放。疫情不分国界,是全人类面临的共同考验。要深入开展卫生健康国际合作,密切同世界卫生组织和相关国家的友好交流,加强国际间传染病风险监测预警、信息互通和技术合作,与各国共同推进新冠病毒疫苗的全球研发、生产和分配,深入参与相关国际标准、规范、指南的制定,创新卫生援助机制与合作模式,积极构建人类卫生健康共同体。

三、坚决落实加强重大疫情防控救治体系和　　应急能力建设的重点任务

　　未来5年是全面建设社会主义现代化国家开局起步的关键时期,要以高度的政治责任感和时代使命感,全面提升重大疫情早期监测、智能预警、快速反应、高效处置和综合救治的能力,基本建成适应国家公共卫生安全形势的强大医疗卫生体系。

　　一是系统重塑疾病预防控制体系。按照中央统一部署,细化实化各级疾病预防控制机构职责定位,强化上级疾病预防控制机构对下级机

构的业务领导和工作协同,加快推进疾病预防控制机构基础设施达标建设,建立适应现代化疾控体系的人才培养使用机制,整体谋划、全面提升新形势下突发公共卫生事件应对和重大疫情防控水平。突出加强早期监测预警能力,建设国家监测预警信息平台,探索建立跨区域疫情监测站点,强化公共卫生与医疗机构信息系统对接协同,完善多点触发预警机制,打通科研院所和第三方检测机构报告渠道,压实地方政府信息报告责任,实现不明原因传染病疫情和突发公共卫生事件实时分析、集中研判、及时报告。当前重中之重仍然是毫不放松抓好新冠肺炎疫情防控工作,高效统筹疫情防控和经济社会发展,坚决巩固疫情防控成果。

二是提高重大疫情救治能力。习近平总书记指出,"这次抗击新冠肺炎疫情,公立医院承担了最紧急、最危险、最艰苦的医疗救治工作,发挥了主力军作用。"要继续完善国家、省、市、县四级重大疫情救治体系,依托高水平医疗卫生机构,布局建设国家重大传染病防治基地,全面提高二级以上医院感染科和发热门诊服务能力,强化基层医疗卫生机构传染病防控能力。要提升医务人员早期识别和应急处置水平,提高医疗卫生机构实验室检测能力,加强急诊、重症、呼吸、检验、护理等专科建设,坚持中西医并重、中西药并用,以完善的城乡三级医疗卫生服务网为重大疫情防控救治工作提供支撑。

三是推进应急响应能力建设。要把新冠肺炎疫情防控积累的经验固定下来,坚持地方党委、政府对辖区传染病疫情应急处置工作负总责,坚持联防联控,打破部门和地域界限,不断完善提级指挥、扁平化运行、权责匹配、高效协同的应急指挥体系,实现监测预警、发现报告、风险评估、信息发布、应急处置和医疗救治等环节并联推进、无缝对接,做到指令清晰、系统有序、条块畅达、执行有力。要立足实战,完善从中央到地方的应急预案体系,聚焦应急指挥体系平急转换、隔离等资源快速调度、机关干部下沉一线参与社区防控等重点难点开展应急演练,提升实战能力。要完善国家救援力量调动与支援机制,加强重大疫情防治资源战略储备和调配能力建设,健全分级分类的重大疫情应急队伍,推进各级流行病学调查、实验室检测等能力建设,强化疾病预防控制部门与城乡社区联动机制,不断提升国家整体应急处置能力和水平。

四是创新医防协同机制。要最大程度发挥医防两支队伍作用,落实各级医疗机构疾病预防控制职责,推进医疗机构和专业公共卫生机构深度协作,探索推进疾控机构专业人员参与医疗联合体工作,推动县级疾控机构与县域医共体协同发展。加强疾控机构对医疗机构疾病预防控制工作的技术指导和监督考核,建立人员通、信息通、资源通和监督监管相互制约的机制。强化基层医疗卫生机构公共卫生服务能力,持续完善国家基本公共卫生服务项目和重大传染病防控等项目,不断促进基本公共卫生服务均等化,筑牢基层重大疫情防控防线。

五是完善重大疫情群防群治体系。人民是真正的英雄。要深入开展爱国卫生运动,全面推进卫生城镇和健康城镇建设,广泛开展健康县区、健康乡镇和健康细胞(健康村、健康社区、健康企业、健康机关、健康学校、健康促进医院、健康家庭等)建设,培育一批健康细胞建设特色样板。完善国家重大疫情权威健康科普专家和资源库,构建全媒体重大疫情防控知识发布和传播机制,深入开展健康知识宣传普及,倡导文明健康、绿色环保的生活方式,提升全民健康素养。促进爱国卫生运动与传染病防控紧密结合,与基层治理工作相融合,推进社区(村)公共卫生委员会建设,发挥村规民约、居民公约的积极作用,推动爱国卫生运动融入群众日常生活,铸就抗击疫情的强大人民防线。

六是加强科技支撑。战胜疫情最终靠科技。要始终秉持科学精神、科学态度,把遵循科学规律贯穿到决策指挥、病患治疗、技术攻关、社会治理各方面全过程,注重科研攻关和临床救治、防控实践相协同,发挥信息化技术支撑作用,助力分区分级、科学精准防控。要针对重大疫情以及其他危及国家公共卫生安全的应急需求,加强重大疫情防控和突发公共卫生事件科研体系与能力建设,汇聚力量协同开展重大疫情防控全链条研究,发挥新型举国体制的优势,集中力量开展核心技术攻关。

促进人与自然和谐共生

孙 金 龙

习近平总书记所作的党的二十大报告,全面系统总结了十八大以来生态文明建设取得的举世瞩目重大成就、重大变革,深刻阐述了人与自然和谐共生是中国式现代化的重要特征,对推动绿色发展、促进人与自然和谐共生作出重大战略部署。这充分彰显了以习近平同志为核心的党中央推进美丽中国建设的坚强意志和坚定决心。我们要坚持以习近平生态文明思想为指引,准确理解把握促进人与自然和谐共生的重大意义和重点任务,坚决抓好贯彻落实。

一、充分认识促进人与自然和谐共生的重大意义

大自然是人类赖以生存发展的基本条件。尊重自然、顺应自然、保护自然,是全面建设社会主义现代化国家的内在要求。促进人与自然和谐共生,深刻体现了新时代生态文明建设必须遵循的基本原则,是对马克思主义自然观、生态观和中华优秀传统生态文化的创造性转化、创新性发展,也是中国式现代化和人类文明新形态的重要内涵,对筑牢中华民族伟大复兴绿色根基、实现中华民族永续发展具有重大现实意义和深远历史意义。

(一)促进人与自然和谐共生是中国式现代化的本质要求。生态兴则文明兴,生态衰则文明衰。人与自然是生命共同体,无止境地向自然索取甚至破坏自然必然会遭到大自然的报复。我国作为 14 亿多人口的发展中大国,环境容量有限、生态系统脆弱,生态环境状况尚未得

到根本扭转，要整体迈入现代化社会，高消耗、高污染的模式是行不通的，资源环境的压力不可承受。必须坚持节约优先、保护优先、自然恢复为主的方针，像保护眼睛一样保护自然和生态环境，坚持可持续发展，坚定不移走生产发展、生活富裕、生态良好的文明发展道路。这是对西方以资本为中心、物质主义膨胀、先污染后治理的现代化发展道路的超越。

（二）促进人与自然和谐共生是满足人民群众对美好生活向往的必然选择。良好生态环境是最公平的公共产品，是最普惠的民生福祉。随着我国社会主要矛盾发生变化，尤其是全面建成小康社会后，人民群众对优美生态环境的期望值更高，对生态环境问题的容忍度更低，成为这一主要矛盾的重要方面。当前，我国生态环境同人民群众对美好生活的期盼相比，同建设美丽中国的目标相比，都还有较大差距，加快改善生态环境质量已成为人民群众追求高品质生活的共同呼声。必须坚持以人民为中心的发展思想，集中攻克老百姓身边的突出生态环境问题，提供更多优质生态产品，让人民群众亲近蓝天白云、河清岸绿、土净花香，在绿水青山中共享自然之美、生命之美、生活之美。

（三）促进人与自然和谐共生是推动高质量发展的应有之义。我国经济已由高速增长阶段转向高质量发展阶段。高质量发展是体现新发展理念的发展，是绿色发展成为普遍形态的发展。我国仍是发展中国家，工业化、城镇化尚未完成，产业结构和能源结构具有明显的高碳特征，实现碳达峰、碳中和任务艰巨，资源环境对经济发展的约束日益趋紧。必须牢固树立和践行绿水青山就是金山银山的理念，站在人与自然和谐共生的高度谋划发展，促进经济社会发展全面绿色转型，推动实现更高质量、更有效率、更加公平、更可持续、更为安全的发展。

（四）促进人与自然和谐共生是推动建设清洁美丽世界的客观需要。人类只有一个地球，地球是人类赖以生存的共同家园。保护生态环境是全球面临的共同挑战。近年来，气候变化、生物多样性丧失、荒漠化加剧、极端气候事件频发，给人类生存和发展带来严峻挑战。面对生态环境挑战,人类是一荣俱荣、一损俱损的命运共同体。必须秉持人类命运共同体理念,以生态文明建设为引领,协调人与自然关系,坚持绿色低碳发展,解决好工业文明带来的问题,把人类活动限制在生态环境能够承受的限度内,构筑尊崇自然、绿色发展的生态体系,推动建设清洁美丽世界。

二、新时代生态文明建设取得历史性成就

党的十八大以来,习近平总书记站在中华民族永续发展的高度,亲自谋划、亲自部署、亲自推动建设人与自然和谐共生的美丽中国,大力推动生态文明理论创新、实践创新、制度创新,彰显了党的领袖念兹在兹的人民情怀、生态情怀、天下情怀。我们坚持绿水青山就是金山银山的理念,坚持山水林田湖草沙一体化保护和系统治理,全方位、全地域、全过程加强生态环境保护,生态文明建设从认识到实践都发生了历史性、转折性、全局性变化,创造了举世瞩目的生态奇迹和绿色发展奇迹,祖国的天更蓝、山更绿、水更清。

(一)生态文明建设谋篇布局更加成熟。习近平总书记围绕生态文明建设发表一系列重要讲话,作出一系列重要指示,提出一系列原创性的新理念新思想新战略,深刻回答了为什么建设生态文明、建设什么样的生态文明、怎样建设生态文明等重大理论和实践问题,系统形成习近平生态文明思想。在习近平生态文明思想指引下,党中央从思想、法律、体制、组织、作风上全面发力,把"美丽"纳入社会主义现代化强国目标,把"生态文明建设"纳入"五位一体"总体布局,把"人与自然和谐共生"纳入新时代坚持和发展中国特色社会主义基本方略,把"绿色"纳入新发展理念,把"污染防治"纳入三大攻坚战,对生态文明建设进行全面系统部署安排。

(二)绿色低碳发展迈出坚实步伐。推动绿色低碳发展,必须把碳达峰碳中和纳入生态文明建设整体布局和经济社会发展全局,划定生

态保护红线、环境质量底线、资源利用上线,推动形成节约资源和保护环境的空间格局、产业结构、生产方式、生活方式。2012年至2021年,我国以年均3%的能源消费增速支撑了年均6.6%的经济增长,能耗强度累计下降26.4%,相当于少用标准煤约14亿吨,少排放二氧化碳近30亿吨,是全球能耗强度降低最快的国家之一。2021年,我国煤炭消费量占能源消费总量的比重比2012年下降12.5个百分点,清洁能源消费占比提升到25.5%,可再生能源装机规模突破11亿千瓦,水电、风电、太阳能发电、生物质发电装机和新能源汽车产销量均居世界第一,并建立了全球规模最大的碳市场。过去10年,我国二氧化碳排放强度下降了34.4%。

(三)生态环境质量改善成效显著。坚持精准治污、科学治污、依法治污,着力解决群众身边的突出环境问题,污染防治攻坚向纵深推进,在经济保持较高增速的同时,生态环境质量持续改善,人民群众生态环境获得感显著增强。2021年,全国地级及以上城市细颗粒物(PM2.5)平均浓度比2015年下降34.8%,优良天数比例上升6.3个百分点。全国地表水Ⅰ-Ⅲ类断面比例上升至84.9%,劣Ⅴ类水体比例下降至1.2%,长江干流全线连续两年达到Ⅱ类水体,黄河干流全线达到Ⅲ类水体。全国土壤环境风险得到有效管控,约1/3行政村深入实施农村环境整治。全面禁止"洋垃圾"入境,实现固体废物"零进口"目标。实施山水林田湖草沙一体化保护修复,森林覆盖率达到24.02%。建成首批国家公园,建成首个国家植物园、种子库,自然保护地面积占陆域国土面积18%,300多种珍稀濒危野生动植物野外种群数量稳中有升。

(四)生态文明制度体系更加健全。深化生态文明体制改革、构建系统完整的生态文明制度体系是全面深化改革、坚持和完善中国特色社会主义制度的重要内容。建立并实施中央生态环境保护督察制度,实现两轮31个省(区、市)以及新疆生产建设兵团的督察全覆盖,并对6家中央企业和2个国务院有关部门开展督察,成为推动地方党委政府及其相关部门落实生态环境保护责任的硬招实招。生态文明建设目标评价考核和责任追究制度、生态保护补偿制度、河湖长制、林长制、排污许可制度、生态保护红线制度、省以下生态环境机构监测监察执法垂直管理制度、环境保护"党政同责"和"一岗双责"等制度建立实施。制修订30多部生态环境领域法律和行政法规,覆盖各类环境要素的法律法规体系基本建立。

(五)全球环境治理贡献日益凸显。坚定践行多边主义,努力推动构建公平合理、合作共赢的全球环境治理体系。推动应对气候变化《巴黎协定》达成、签署、生效和实施,宣布碳达峰碳中和目标愿景,充分展现负责任大国担当。成功举办《生物多样性公约》第十五次缔约方大会(COP15)第一阶段会议,会议发布《昆明宣言》,提出设立昆明生物多样性基金,开启全球生物多样性治理新篇章。倡导建立"一带一路"绿色发展国际联盟和"一带一路"生态环保大数据服务平台,开展南南合作,帮助发展中国家提高环境治理水平。我国生态文明建设成就得到国际社会广泛肯定,成为全球生态文明建设重要参与者、贡献者、引领者。

三、努力建设人与自然和谐共生的美丽中国

党的二十大报告,紧紧围绕推动绿色发展,促进人与自然和谐共生,对新时代新征程生态文明建设作出重大决策部署,提出重点任务举措。我们要深入学习贯彻习近平生态文明思想,统筹产业结构调整、污染治理、生态保护、应对气候变化,协同推进降碳、减污、扩绿、增长,努力建设人与自然和谐共生的美丽中国。

(一)加强党对生态文明建设的全面领导。党的十八大以来,我国生态文明建设决心之大、力度之大、成效之大前所未有,根本在于习近平总书记领航掌舵,在于习近平生态文明思想科学指引,在于以习近平同志为核心的党中央坚强领导。要坚持党的领导这一最大政治

优势,深刻领悟"两个确立"的决定性意义,不断增强"四个意识"、坚定"四个自信"、做到"两个维护",不断提高政治判断力、政治领悟力、政治执行力,牢记"国之大者",牢固树立和践行绿水青山就是金山银山的理念,保持加强生态文明建设的政治定力和战略定力不动摇,确保党中央关于生态文明建设的决策部署落地见效。

(二)推动经济社会发展绿色化低碳化。实践表明,生态环境保护和经济发展是辩证统一、相辅相成的。要充分发挥生态环境保护的引领、优化和倒逼作用,加快推动产业结构、能源结构、交通运输结构等调整优化。加强生态环境分区管控,聚焦长江经济带发展、黄河流域生态保护和高质量发展等重大国家战略实施,打造绿色发展高地。积极稳妥推进碳达峰、碳中和,推动能源消耗总量和强度调控逐步转向碳排放总量和强度"双控"制度,完善碳排放统计核算制度,健全碳排放权交易制度。加快节能降碳先进技术研发和推广应用,推动形成绿色低碳的生产方式和生活方式,提升经济发展的"含金量"、"含绿量",降低"含碳量"。

(三)深入推进环境污染防治。当前,我国生态环境质量稳中向好的基础还不稳固,从量变到质变的拐点还没有到来。要坚持精准治污、科学治污、依法治污,保持力度、延伸深度、拓宽广度,持续深入打好蓝天、碧水、净土保卫战。加强污染物协同控制,基本消除重污染天气。统筹水资源、水环境、水生态治理,推动重要江河湖库生态保护治理,基本消除城市黑臭水体。强化陆海统筹,保护海洋生态环境。加强土壤污染源头防控,开展新污染物治理。提升环境基础设施建设水平,推进城乡人居环境整治。

(四)切实维护生态环境安全。生态环境安全是国家安全的重要组成部分,是经济社会持续健康发展的重要保障。要以国家重点生态功能区、生态保护红线、自然保护地等为重点,加快实施重要生态系统保护和修复重大工程,推进以国家公园为主体的自然保护地体系建设,实施生物多样性保护重大工程,加强生物安全管理,防治外来物种侵害,提升生态系统多样性、稳定性、持续性,守住自然生态安全边界。严密防控环境风险,紧盯危险废物、尾矿库、化学品等高风险领域,强化环境风险预警防控与应急。实行最严格的安全标准和监管措施,确保核与辐射安全万无一失。

(五)健全现代环境治理体系。生态环境治理体系是国家治理体系和治理能力现代化建设的重要内容,也是生态环境保护工作推进的基础支撑。要深入推进中央生态环境保护督察,压实各级党委政府生态文明建设的政治责任。全面实行排污许可制,加快构建以排污许可制为核心的固定污染源执法监管体系,推动落实企业主体责任。完善支持绿色发展的财税、金融、投资、价格政策和标准体系,健全资源环境要素市场化配置体系,建立健全生态产品价值实现机制,完善生态保护补偿制度,让保护修复生态环境获得合理回报,让破坏生态环境付出相应代价。

(六)积极推动全球可持续发展。建设绿色家园是人类的共同梦想。要积极对外宣介习近平生态文明思想,讲好中国生态文明故事,让生态文明中国理念、中国方案、中国行动走向世界。坚持共同但有区别的责任原则、公平原则和各自能力原则,维护以联合国为核心的国际体系,践行真正的多边主义,加强应对气候变化、海洋生态环境保护、生物多样性保护等领域国际合作,主动承担与我国国情、发展阶段和能力相适应的国际义务,坚决维护我国发展权益。积极推动绿色"一带一路"建设,不断深化南南合作以及周边国家合作,共同实现联合国2030年可持续发展目标。

加快发展方式绿色转型

尹 艳 林

习近平总书记在党的二十大报告中指出："必须牢固树立和践行绿水青山就是金山银山的理念，站在人与自然和谐共生的高度谋划发展。"加快发展方式绿色转型，是党中央立足全面建成社会主义现代化强国、实现第二个百年奋斗目标，以中国式现代化全面推进中华民族伟大复兴作出的重大战略部署，具有十分重要的意义。我们要坚决贯彻落实党的二十大部署和要求，推动绿色发展，促进人与自然和谐共生。

一、深刻认识加快发展方式绿色转型的重大意义

习近平总书记指出，"杀鸡取卵、竭泽而渔的发展方式走到了尽头，顺应自然、保护生态的绿色发展昭示着未来。"推动绿色低碳发展是国际潮流所向、大势所趋，绿色经济已成为全球产业竞争制高点。加快发展方式绿色转型，就是要尽快彻底改变过去那种以牺牲生态环境为代价换取一时一地经济增长的做法，推动形成绿色低碳的生产方式和生活方式，从根本上缓解经济发展与资源环境约束的矛盾。

（一）加快发展方式绿色转型是贯彻落实新发展理念的战略要求。习近平总书记指出，"新时代抓发展，必须更加突出发展理念，坚定不移贯彻创新、协调、绿色、开放、共享的新发展理念。"绿色发展是新发展理念的重要组成部分，绿色决定着发展的成色。加快发展方式绿色转型，就是要坚持和贯彻新发展理念，正确处理经济发展和生态环境保护的关系，把经济活动、人的行为限制在自然资源和生态环境能够承受

的限度内,不再简单以国内生产总值增长论英雄,改变传统的"大量生产、大量消耗、大量排放"的生产模式和消费模式,使资源、生产、消费等要素相匹配相适应,实现经济社会发展和生态环境保护协调统一、人与自然和谐共生。绿色发展要贯穿经济社会发展全过程、各领域,加快绿色转型,是对我国发展方式的一场深刻变革,将对生产方式、生活方式、思维方式和价值观念产生全方位、革命性影响。

(二)加快发展方式绿色转型是实现高质量发展的应有之义。党的二十大报告指出,"推动经济社会发展绿色化、低碳化是实现高质量发展的关键环节。"高质量发展是绿色成为普遍形态的发展。加快发展方式绿色转型,就是要改变过多依赖增加物质资源消耗、过多依赖规模粗放扩张、过多依赖高能耗高排放产业的发展模式,按照促进人与自然和谐共生的要求,从"有没有"转向发展"好不好"、质量"高不高",构建科技含量高、资源消耗低、环境污染少的产业结构,大幅提高经济绿色化程度,有效降低发展的资源环境代价。以绿色化、低碳化为显著特征的绿色转型,将通过技术进步、提升效能等降低资源消耗和污染物排放,减少温室气体和对自然生态破坏,从而形成资源高效、排放较少、环境清洁、生态安全的高质量发展格局。

(三)加快发展方式绿色转型是全面建设社会主义现代化国家的重大举措。党的二十大报告指出,"尊重自然、顺应自然、保护自然,是全面建设社会主义现代化国家的内在要求。"人与自然和谐共生是中国式现代化的重要特征。回顾历史,几百年来工业化进程创造了前所未有的物质财富,但大量消耗资源能源,也带来了触目惊心的环境污染和生态破坏,造成了难以弥补的生态创伤。中国式现代化坚持推动绿色发展,同步推进物质文明和生态文明建设。加快发展方式绿色转型,就是要深刻把握自然规律和经济社会可持续发展一般规律,加快形成节约资源和保护环境的产业结构、生产方式、生活方式、空间格局,走出一条生产发展、生活富裕、生态良好的文明发展道路。

二、认真落实加快发展方式绿色转型的重点任务

（一）加快推动产业结构、能源结构、交通运输结构等调整优化。调整优化经济结构是从源头推动发展方式绿色转型的重要任务。要抓住产业结构调整这个关键，减少过剩和落后产能，增加新的增长动能。加快传统产业改造升级，推进达标排放，降低重点行业污染物排放，持续降低碳排放强度。推动战略性新兴产业、高技术产业、现代服务业加快发展。立足资源禀赋，调整优化能源结构，大力发展非化石能源，加快发展风电、太阳能发电，建设一批多能互补清洁能源基地，统筹水电开发和生态保护，积极安全有序发展核电。加快国内油气勘探开发，增强油气供应能力。大力推进煤炭等化石能源清洁低碳高效利用，推进生物质能多元化利用，着力提高利用效能。调整交通运输结构，大力发展多式联运，加快大宗货物和中长途货物运输"公转铁"、"公转水"，减少公路运输量，增加铁路运输量，提高沿海港口集装箱铁路集疏港比例。加快充电桩等新型基础设施建设，促进新能源汽车生产和消费。

（二）推进各类资源节约集约利用。转变资源利用方式、提高资源利用效率是加快发展方式绿色转型的重要途径。要全面实施节约战略，实行最严格的耕地保护、水资源管理制度，强化能源和水资源、建设用地总量和强度"双控"管理。坚决遏制耕地"非农化"，严格管控"非粮化"。要坚持最严格的节约用地制度，调整建设用地结构，降低工业用地比例，推进城镇低效用地再开发和工矿废弃地复垦，严格控制农村集体建设用地规模。建立水资源刚性约束制度，严格水资源用途管制，强化规划和建设项目水资源论证，完善取水许可制度，暂停水资源超载地区新增取水许可。深入实施国家节水行动，强化高耗水行业用水管理。大力推进农业节水增效、工业节水减排、城镇节水降损。加强高能耗行业管理，严格控制钢铁、化工、水泥等主要用煤行业煤炭消费。加强工业领域节能和效能提升，推广节能和提升能效的工艺、技术、装备。

强化建筑、交通节能,大力推进城镇既有建筑和市政基础设施节能改造。加强商品过度包装治理,推进快递包装绿色化、减量化和循环化。加快构建废弃物循环利用体系,推动各种废弃物和垃圾集中处理和资源化利用,实现生产系统和生活系统循环链接。

(三)发展绿色低碳产业。发展绿色低碳产业是发展方式绿色转型的重要方向。要推动互联网、大数据、人工智能、第五代移动通信(5G)等新兴技术与绿色低碳产业深度融合,建设绿色制造体系和服务体系。培育壮大节能环保产业、清洁生产产业、清洁能源产业,加快发展氢能、新材料、新能源汽车、绿色智能船舶等产业。发展高效节能与先进环保装备制造业,壮大新能源与清洁能源装备制造业,大力推进太阳能、风能、潮流能、储能等新能源与清洁能源装备制造发展。加快推进绿色农业发展,建立绿色低碳循环的农业产业体系。发展循环经济,推动再生资源清洁回收、规模化利用和集聚化发展。大力发展绿色建筑,推广新型绿色建造方式,提高绿色建材应用比例。大力发展装配式建筑,推动钢结构装配式住宅建设,不断提升构件标准化水平,形成完整产业链。积极培育一批具有国际竞争力的大型节能环保龙头企业,推动重点技术装备产业化发展。

(四)倡导绿色消费。绿色消费是倒逼生产方式绿色转型的重要推动力。要大力弘扬勤俭节约的中华民族优秀传统,广泛开展绿色衣食住行宣传,推动生活方式和消费模式向简约适度、绿色低碳、文明健康的方向转变,拒绝奢华和浪费。鼓励推行绿色衣着消费,推广应用绿色纤维制备、高效节能印染、废旧纤维循环利用等技术的衣着制品。大力推广绿色有机食品、农产品,引导消费者合理、适度采购、储存、制作食品和用餐。提倡绿色居住,鼓励使用节能灯具、节能环保灶具、节水马桶等节能节水产品,支持家电、家具等以旧换新。有序发展旧货市场,鼓励居民家庭闲置物品交易和流通。大力倡导公共交通工具、自行车、步行等绿色出行方式,合理引导消费者购买轻量化、小型化、低排放乘用车。有序引导文化和旅游领域绿色消费。积极践行"光盘行动",

坚决制止餐饮浪费行为,促进绿色低碳产品推广使用,努力使厉行节约、环保选购、重复使用、适度消费在全社会蔚然成风。

三、大力营造加快发展方式绿色转型的环境

(一)完善绿色低碳政策体系。发展方式绿色转型离不开政策保障。要完善支持绿色发展的财税、金融、投资、价格政策,加大对绿色低碳产品、技术等支持。扩大环境保护、节能节水等企业所得税优惠目录范围,落实环境保护税、环境保护专用设备企业所得税、第三方防治企业所得税以及资源综合利用领域税收支持政策。鼓励有条件的地区对智能家电、绿色建材、节能低碳产品等消费品予以适当补贴或贷款贴息。积极推行绿色产品政府采购制度。推进绿色税制改革,严格执行环境保护税法。大力发展绿色金融,扩大绿色信贷、绿色债券等融资规模,发展绿色基金。引导银行保险机构规范发展绿色消费金融服务,推动消费金融公司绿色业务发展,为生产、销售、购买绿色低碳产品的企业和个人提供金融服务。依法依规在环境高风险领域推行环境污染强制责任保险。规范发展政府和社会资本合作(PPP)模式,引导社会资本参与绿色低碳项目投资建设运营。严格落实污水垃圾处理收费制度,深入推进农业水价综合改革,进一步完善居民用水、用电、用气阶梯价格制度,落实清洁取暖电价、气价、热价等政策。完善差别化电价等政策,严禁对高耗能、高排放、资源型行业实行电价优惠。

(二)完善绿色低碳标准体系。绿色标准体系是引领生产生活方式绿色转型的重要手段。要进一步完善并强化绿色低碳产品和服务标准、认证、标识体系,加强与国际标准衔接,大力提升绿色标识产品和服务市场认可度和质量效益。加强节能家电、节水器具等绿色产品认证,推进绿色产品认证、标识体系建设。依法完善产品能效、水效、能耗限额和碳排放、污染物排放等标准,定期对强制性标准进行评估,及时更新修订。完善绿色设计和绿色制造标准体系,加快节能标准更新升级,

提升重点产品能耗限额要求,大力淘汰低能效产品。实施能效、水效领跑者制度。完善新能源消费绿色认证标准、标识和公示等配套制度,引导企业利用绿色能源制造产品和提供服务。建立节水强制性标准体系,强化高耗水行业用水定额管理。调整完善产业、基础设施、公共服务领域建设用地使用标准,强化土地使用标准和节约集约用地评价,严格各类建设用地标准管理。健全"双碳"标准,完善碳排放统计核算体系,补齐基础制度短板,推动能源消耗总量和强度调控逐步转向碳排放总量和强度"双控"制度。

(三)健全资源环境要素市场化配置体系。市场化配置是引导各类资源要素向绿色低碳发展集聚的有效方式。要深入推进资源要素市场化改革,完善自然资源有偿使用制度。推进自然资源资产交易平台和服务体系建设,构建统一的自然资源资产交易平台。健全城乡统一的建设用地市场,完善国有建设用地市场化配置机制,进一步扩大国有土地有偿使用范围,缩小划拨用地范围。按照国家统一部署,稳妥推进农村集体经营性建设用地入市。深化产业用地市场化配置改革,健全长期租赁、先租后让等工业用地市场供应机制。完善土地利用计划管理,实施年度建设用地总量调控制度,增强土地管理灵活性,城乡建设用地指标使用应更多由省级政府负责。加快自然资源统一确权登记,建立健全用水权、排污权、碳排放权初始分配制度。健全水流产权制度,加快推进水流产权确权登记,完善水资源有偿使用制度。推进水权市场化交易,培育和发展水权交易市场。全面实行排污许可制,加快建设全国用能权、碳排放权交易市场。完善碳定价机制,加强碳排放权交易、用能权交易、电力交易衔接协调。

(四)加快健全绿色低碳技术体系。推动发展方式绿色转型,科技支撑是关键。要增强绿色低碳科技创新能力,狠抓绿色技术攻关,加快节能降碳先进技术研发和推广应用。聚焦化石能源绿色智能开发和清洁低碳利用、可再生能源大规模利用、储能、二氧化碳捕集利用和封存等重点,实施一批具有前瞻性、战略性的国家重大科技示范项目,推动实现重大突破。围绕节能环保、清洁生产、清洁能源、城乡绿色基础设施、城市绿色发展、生态农业等领域对标国际先进水平，推动研发一批具有自主知识产权的关键核心技术。引导企业积极研发和引进先进适用的绿色低碳技术，提升绿色制造水平。加强创新能力建设，支持龙头企业整合高校、科研院所等力量、产业链上下游资源，建立绿色技术创新联合体，开展联合攻关。建立完善绿色低碳技术评估、交易体系，加快创新成果转化。积极发挥国家绿色发展基金和国家科技成果转化引导基金作用，支持重点绿色技术创新成果转化应用。推动首台(套)重大技术装备示范和推广，促进绿色低碳新技术产业化规模化应用。优化绿色技术创新环境，健全绿色技术知识产权保护制度。加强绿色技术国际交流合作。创新人才培养模式，鼓励高等学校加快相关学科建设，为我国绿色低碳发展提供源源不断的人才支撑。

（五）推动形成绿色转型的社会环境。推动形成绿色低碳的生产方式和生活方式需要全社会的共同努力。要强化宣传教育，推进绿色低碳基础知识进机关、进学校、进企业、进社区、进农村、进家庭，增强全民节约意识、环保意识、生态意识，引导职工、学生和居民节粮、节水、节电、绿色出行、绿色购物等绿色消费实践。地方各级政府要贯彻落实新发展理念，树立正确的政绩观，切实把加快发展方式绿色转型摆到更加突出的位置，加大投入和工作力度，推进生态优先、节约集约、绿色低碳发展。要完善企业绿色发展责任，督促企业严格执行节能环保等法律法规标准，进一步落实生产者责任延伸制度，鼓励企业公开绿色发展信息、履行社会责任。广泛开展绿色低碳社会行动，创建节约型机关、绿色家庭、绿色学校、绿色社区、绿色出行、绿色商场、绿色建筑。鼓励具备条件的重点地区、重点行业、重点企业先行先试、走在前列。持续推进垃圾分类，养成城市社区和乡村文明新风尚。鼓励新闻媒体加强舆论监督，维护公众环境权益，推动形成绿色转型的良好社会氛围。

提升生态系统多样性、稳定性、持续性

陆　昊

习近平总书记所作的党的二十大报告着眼全面建设社会主义现代化国家全局,部署了推进生态文明建设的战略任务和重大举措,指出要"提升生态系统多样性、稳定性、持续性"。我们要深入贯彻落实习近平生态文明思想,推动落实党的二十大确定的生态系统保护任务举措,夯实生态文明建设的根基。

一、我国生态系统保护工作取得历史性成就

党的十八大以来,以习近平同志为核心的党中央以前所未有的力度抓生态文明建设,开展了一系列根本性、开创性、长远性工作,生态文明建设从认识到实践都发生了历史性、转折性、全局性变化,美丽中国建设取得重大进展。通过深化生态文明体制改革,实施山水林田湖草沙一体化保护和系统治理,持续推进污染防治攻坚战,我国生态保护工作取得了历史性成就、发生了历史性变革。

(一)生态文明理念深入人心。习近平总书记传承中华优秀传统文化、顺应时代潮流和人民意愿,站在新时代坚持和发展中国特色社会主义、实现中华民族伟大复兴中国梦的战略高度,围绕生态文明建设创造性提出一系列新理念新思想新战略,深刻回答了为什么建设生态文明、建设什么样的生态文明、怎样建设生态文明等重大理论和实践问题,形成了习近平生态文明思想,为推进美丽中国建设、实现人与自然

和谐共生的现代化提供了方向指引和根本遵循。生态文明建设写入党章和宪法,实现了党的主张、国家意志、人民意愿的高度统一,成为全党全社会的共识和行动。

(二)生态保护制度体系更加健全。党中央统筹推进生态文明体制改革,组织实施主体功能区战略,建立健全自然资源资产产权制度、国土空间开发保护制度,构建"多规合一"的国土空间规划体系,建立以国家公园为主体的自然保护地体系,健全生态保护补偿制度、生态环境损害赔偿制度、生态文明建设目标考核评价制度和责任追究制度等,充分发挥制度管根本、管长远的作用。颁布实施长江保护法、湿地保护法,修改土地管理法、森林法,推进制定黄河保护法等,生态保护法律制度日趋严密。

(三)生态安全格局得到优化。以青藏高原、东北森林带、北方防沙带、南方丘陵山地带、海岸带和长江、黄河等大江大河为骨架,以国家重点生态功能区为支撑,构建国家生态安全屏障,编制实施全国重要生态系统保护和修复重大工程总体规划。完成耕地和永久基本农田、生态保护红线、城镇开发边界的划定工作,全国划定陆域和海域生态保护红线 319.11 万平方公里。基本完成自然保护地的整合优化,实现了各类自然保护地不交叉不重叠。设立三江源、大熊猫、东北虎豹、海南热带雨林、武夷山等第一批国家公园,保护重要生态系统的原真性、完整性。

(四)生态系统质量稳步提升。推动天然林保护、国土绿化,加强水土流失和荒漠化治理。国土"三调"显示,2009—2019 年,林地、草地、湿地、河流、湖泊等面积增加 2.6 亿亩。2012—2021 年,全国森林覆盖率由 21.63%提高到 24.02%,我国成为世界上森林资源增长最多的国家。1999—2019 年全国荒漠化和沙化土地面积连续 20 年实现"双缩减"。2012—2021 年,全国地表水优良水体比例由 61.6%提高到 84.9%,显著改善了河湖和湿地生态状况。2018 年 7 月以来,违法围填海的规模由以往一年几百上千公顷下降到 3 年累计十几公顷,得到根本性遏制;实施"蓝色海湾"整治、红树林保护修复专项行动等,修复岸线和滨海湿地,大陆自然岸线保有率保持在35%以上。

(五)生物多样性保护有效加强。实施濒危物种拯救工程等,发布陆生野生动物"三有"名录和重要栖息地名录,大熊猫、朱鹮、亚洲象、藏羚等濒危物种种群数量稳中有升。实施长江流域重点水域10年禁渔,恢复流域水生态和生物多样性。成功举办《生物多样性公约》第十五次缔约方大会第一阶段会议,发布《昆明宣言》,设立昆明生物多样性基金,支持发展中国家生物多样性保护。积极推动联合国2030年可持续发展议程框架下的海洋领域可持续发展目标落实。

但是也要看到,我国生态本底脆弱,陆域生态极脆弱和脆弱区约占48%,生态系统保护任重道远;人与自然关系复杂,叠加全球气候变化带来的不确定性,对一些重大专业问题的认识还不够深入;生态系统保护取得的成效还是阶段性的;等等。我们必须以钉钉子精神持续加强生态保护,推动我国生态环境状况得到根本改善。

二、准确把握生态系统保护的总体要求

党的二十大报告强调,必须牢固树立和践行绿水青山就是金山银山的理念,站在人与自然和谐共生的高度谋划发展。这为进一步推进生态保护提供了总方向、总方针和总要求。

(一)正确认识人与自然的关系,推进人与自然和谐共生的现代化。党的二十大报告指出:"大自然是人类赖以生存发展的基本条件。尊重自然、顺应自然、保护自然,是全面建设社会主义现代化国家的内在要求。"我国建设社会主义现代化国家的一个重要特征,就是要实现人与自然和谐共生。大自然是包括人在内的一切生物的摇篮,人与自然是生命共同体。习近平总书记指出:"人类可以利用自然、改造自然,但归根结底是自然的一部分,必须呵护自然,不能凌驾于自然之上。"在处理人与自然的关系上,要坚持有取舍、守底线,控制向自然的

无度索取,限制过度利用自然的不合理行为,包括那些虽然在技术和工程上可行,但违背伦理和自然规律的行为,为自然守住安全边界和底线,真正构建和谐共生的人与自然关系。

(二)正确处理发展和保护的关系,坚定不移地走生态优先、节约集约、绿色低碳发展之路。党的二十大报告指出:"统筹产业结构调整、污染治理、生态保护、应对气候变化,协同推进降碳、减污、扩绿、增长,推进生态优先、节约集约、绿色低碳发展。"生态环境问题归根到底是发展方式和生活方式问题,是由资源过度开发、粗放利用、奢侈浪费造成的。我国的基本国情决定了我们不能复制西方国家走过的现代化道路,必须坚持节约资源和保护环境的基本国策。习近平总书记指出:"建立健全绿色低碳循环发展经济体系、促进经济社会发展全面绿色转型是解决我国生态环境问题的基础之策。"推动经济社会发展全面绿色转型,稳定平衡的生态系统是根本基础,这就要求我们必须坚持生态优先,强化国土空间规划和用途管制,牢牢守住耕地和永久基本农田、生态保护红线等空间管控底线;贯彻全面节约战略,通过资源节约集约利用支撑高质量发展,从源头上减少对生态系统的影响;推动产业和能源结构调整,促进实现碳达峰碳中和,以稳定可持续的生态系统减缓和适应气候变化。

(三)正确把握生态系统整体和生态要素之间的关系,推动山水林田湖草沙一体化保护和系统治理。生态系统由生物与环境组成,通过能量流动、物质循环、信息传递构成统一整体。习近平总书记指出:"人的命脉在田,田的命脉在水,水的命脉在山,山的命脉在土,土的命脉在林和草,这个生命共同体是人类生存发展的物质基础。"生态系统作为一个有机系统,不是各部分生态要素的机械组合,其功能通过系统整体得以发挥。实施生态系统保护不能头痛医头、脚痛医脚,必须统筹山水林田湖草沙等自然生态各要素,实行一体化保护和系统治理,从而增强生态系统循环能力、维护生态平衡。要尊重自然环境地带性分布规律、生态系统演替规律等,坚持宜林则林、宜灌则灌、宜草则草、宜湿则湿、宜沙则沙,科学实施保护修复。比如,植树造林是生态建设的主要手段之一,但对干旱、半干旱地区则以草灌为主恢复生态,如果大规模植树造林就有可能打破区域大气降水、地表水、土壤水、地下水之间的转化平衡,过度疏干地下水,反而影响生态系统的稳定性。

(四)正确处理绿水青山与金山银山的关系,为人民群众提供更多优质的生态产品。推进生态文明建设,既要绿水青山,也要金山银山;绿水青山就是金山银山。处理好二者的关系,关键是树立正确的发展观和政绩观。习近平总书记指出:"良好生态环境是最公平的公共产品,是最普惠的民生福祉。"我们追求的发展,从根本上讲是为了人民生活得更好。我国社会主要矛盾已经转化为人民日益增长的美好生活需要和不平衡不充分的发展之间的矛盾,其中生态环境质量同人民群众对美好生活的期盼相比就有较大差距。我们谋划发展,要主动回应人民群众对良好生态环境的追求。一方面,通过保护生态系统,不断提升其质量和稳定性,使之能持续提供更多优质生态产品。另一方面,发挥市场配置资源的决定性作用和更好发挥政府作用,建立健全生态产品价值实现机制,推动绿水青山向金山银山转化。

三、提升生态系统多样性、稳定性、持续性的
任务和举措

党的二十大报告对生态文明建设作出了战略部署,明确了提升生态系统多样性、稳定性、持续性的战略任务和重大举措,我们要着力抓好落实。

(一)加快实施重要生态系统保护和修复重大工程。实施生态系统保护和修复重大工程是保障国家生态安全的重要基础。要深入实施主体功能区战略,以国家重点生态功能区、生态保护红线、自然保护地等为重点,突出对国家重大战略的生态支撑,统筹考虑生态系统的完整

性、地理单元的连续性和经济社会发展的可持续性,在青藏高原生态屏障区、黄河重点生态区、长江重点生态区、东北森林带、北方防沙带、南方丘陵山地带、海岸带等"三区四带",推动重大工程实施,筑牢国家生态安全屏障。

(二)全面推进自然保护地体系建设。自然保护地在维护全国生态安全中居于首要地位。我国已经初步建立了以国家公园为主体,由国家公园、自然保护区、自然公园构成的自然保护地体系,建立了自然保护地分类分区管控制度。要落实国家公园空间布局方案,把自然生态系统中最重要、自然景观最独特、自然遗产最精华、生物多样性最富集的区域划入国家公园。完善自然保护区布局,填补保护空白,优化现有自然保护区边界。将具有生态、观赏、文化和科学价值的森林、草原、湿地、海洋、沙漠、冰川等自然生态系统、自然遗迹和自然景观区域划入自然公园,发挥自然公园服务科研、教育、游憩的功能。推进国家公园立法,修订自然保护区条例、风景名胜区条例等,完善自然保护地法律法规体系。

(三)实施生物多样性保护重大工程。生物多样性是生物及其环境形成的生态复合体以及与此相关的各种生态过程的综合,对生态系统功能发挥和结构稳定起着决定性作用。我国生物多样性保护取得积极成效,但也面临着生物栖息地破碎化、外来物种入侵等问题。实施生物多样性保护重大工程,需要优化就地保护体系,完善迁地保护体系,加强生物多样性保护优先区域的保护监管,填补重要区域和重要物种迁地保护空缺,构筑生物多样性保护网络。生物安全管理是生物多样性保护的重要内容,需要建立健全生物技术环境安全评估与监管技术支撑体系,完善监测信息报告系统和生物安全事件应急处置能力;开展外来入侵物种普查,加强互花米草、松材线虫等入侵物种的监测和治理。支持生物多样性多边治理体系,履行涉及生物多样性保护的国际公约义务,推动制定"2020年后全球生物多样性框架"。

(四)科学开展大规模国土绿化行动。国土绿化是改善生态环境、应对气候变化、维护生态安全的重要举措。要坚持科学绿化、规划引领、因地制宜,开展造林绿化和种草改良空间适宜性调查评估,确定造林种草空间并纳入国土空间规划统筹安排,实行造林绿化任务带图斑下达。要充分考虑区域水资源承载能力,坚持以水而定、量水而行,宜绿则绿、宜荒则荒,科学恢复林草植被,实施沙化土地封禁保护等。实施巩固提升生态系统碳汇能力专项行动,有效发挥森林、草原、湿地、海洋、土壤、冻土的固碳作用。

(五)推动草原森林河流湖泊湿地休养生息。我国草原、森林、河流、湖泊、湿地资源相对丰富,但长期高强度开发对生态系统的结构和功能带来不同程度损害,需要降低人为活动干扰强度,实施休养生息。要以保障草原生态安全为目标,落实禁牧、休牧和草畜平衡制度,促进草原永续利用。实施天然林保护,全面禁止天然林商业采伐,加强森林抚育。统筹水资源、水环境、水生态、水安全,加强河流和湿地生态流量管理,实施好长江 10 年禁渔,推动河湖和湿地生态保护修复。针对农田过度利用、土壤污染、肥力下降等问题,坚持用养结合,健全耕地休耕轮作制度,实施污染管控治理,提高耕地生产能力。

(六)完善生态产品价值实现机制和生态保护补偿制度。生态产品多数属于公共产品,不能直接通过市场方式交换,需要政府积极引导和规制,建立保护者受益、使用者付费、破坏者赔偿的利益导向机制。要完善横向补偿、纵向补偿等补偿机制,探索建立自然资源开发利用生态补偿机制,健全生态环境损害赔偿制度。推动生态产品价值评估机制,健全生态产品经营开发机制,促进生态产品价值转化。深化集体林权制度改革,统筹生态保护和林业发展,推动适度规模经营,发展生态产业,促进林权增值、林农增收。

积极稳妥推进碳达峰碳中和

胡　飞

党的二十大报告提出，"积极稳妥推进碳达峰碳中和"。这是以习近平同志为核心的党中央统筹国内国际两个大局作出的重大决策部署，为推进碳达峰碳中和工作提供了根本遵循，对于全面建设社会主义现代化国家、促进中华民族永续发展和构建人类命运共同体都具有重要意义。我们要坚决贯彻党中央决策部署，以"双碳"工作为总牵引，全面加强资源节约和环境保护，加快推动形成绿色低碳的生产生活方式，促进经济社会发展全面绿色转型，建设人与自然和谐共生的现代化。

一、深刻认识推进碳达峰碳中和的重大意义

习近平总书记指出，实现碳达峰碳中和，是贯彻新发展理念、构建新发展格局、推动高质量发展的内在要求，是一场广泛而深刻的经济社会系统性变革，具有重大的现实意义和深远的历史意义。

（一）推进"双碳"工作是破解资源环境约束突出问题、实现可持续发展的迫切需要。党的十八大以来，我国绿色、循环、低碳发展迈出坚实步伐，资源节约集约利用水平持续稳步提升。但资源约束趋紧、环境容量不足等问题依然突出，而且随着工业化、城镇化进一步推进，我国能源资源需求还将刚性增长，目前我国能源资源利用效率与国际先进水平相比还存在差距，石油、天然气和部分矿产资源对外依存度不断攀升，能源资源安全保障面临的压力持续加大，生产生活方式绿色低碳转型存在多重困难挑战。如果继续沿用粗放的生产生活方式，资源能源无法支撑、

生态环境也难以承受。要突破可持续发展的瓶颈制约,必须以扎实推进"双碳"工作为重要抓手,加快建设绿色低碳循环发展经济体系,提高能源资源利用效率,增强能源资源供应的稳定性、安全性、可持续性,推动形成绿色生产生活方式,从源头破解资源环境约束突出问题,实现经济社会可持续发展,为全面建成社会主义现代化强国提供坚实的资源环境保障。

(二)推进"双碳"工作是顺应技术进步趋势、推动经济结构转型升级的迫切需要。我国经济已由高速增长阶段转向高质量发展阶段,调结构转方式任务艰巨繁重,产业链供应链还处于向中高端迈进的重要关口。当前,新技术快速迭代,新业态、新模式迅猛发展,我国产业门类齐全,新能源、新业态和数字经济发展势头良好,具备在变革中掌握先机的有利条件。同时,实现"双碳"目标将带来巨大的绿色低碳投资和消费需求,为我国经济发展带来新的机遇和广阔市场。加快经济结构转型升级,必须以扎实推进"双碳"工作为牵引,紧紧抓住新一轮科技革命和产业变革的机遇,强化绿色低碳科技创新,促进传统产业与新兴产业协同创新、融合发展,持续壮大绿色低碳产业,建设绿色制造体系和服务体系,形成绿色经济新动能和可持续增长极,推动我国产业链、供应链、价值链向中高端迈进,为经济社会发展全面绿色转型提供坚实的产业基础和技术支撑。

(三)推进"双碳"工作是满足人民群众日益增长的优美生态环境需求、促进人与自然和谐共生的迫切需要。良好的生态环境是最普惠的民生福祉,建设美丽中国是关系人民群众切身利益的重大战略举措。党的十八大以来,我国生态文明制度体系不断健全,生态环境质量持续改善,生态环境保护发生了历史性、转折性、全局性变化。但也要看到,我国生态环境保护仍然面临诸多矛盾和挑战,生态环境稳中向好的基础还不稳固,距离人民群众的期望还有一定差距。我国生态文明建设已进入以降碳为重点战略方向的关键时期。满足人民群众对优美生态环境的需求,必须以扎实推进"双碳"工作为重要载体,发挥降碳对生态环境质量改善的源头牵引作用,大力实施节能减排,全面推行清洁生产,加快发展循环经济,推进减污降碳协同增效,加快实现生态环境质量改善由量变到质变的根本转变,守护好蓝天白云、绿水青山,为人民群众提供更加优美的生态环境,提高人民生活品质。

(四)推进"双碳"工作是主动担当大国责任、推动构建人类命运共同体的迫切需要。地球是人类赖以生存的家园,良好的生态环境是人类永续发展的根基。当前,气候变化已成为全球共同关切,绿色低碳发展成为广泛共识,各国都采取行动积极应对气候变化。中国作为世界上最大的发展中国家,在大力推进自身碳减排的同时,积极参与多双边对话合作,是全球应对气候变化的重要参与者、贡献者、引领者。顺应全球绿色低碳发展潮流,必须以扎实推进"双碳"工作为重要契机,在全球绿色低碳发展大势中始终保持战略主动,以更加积极姿态参与和引领全球气候治理,强化绿色低碳领域多双边交流沟通和务实合作,展现负责任大国的担当,构筑国际竞争新优势,推动共建清洁美丽世界。

二、党的十八大以来我国绿色低碳发展 迈出坚实步伐

党的十八大以来,在以习近平同志为核心的党中央坚强领导下,各地区各部门认真贯彻党中央决策部署,坚定不移贯彻新发展理念,深入推进供给侧结构性改革,着力调整产业结构和能源结构,狠抓全社会节能减排,推动我国绿色低碳发展迈出坚实步伐。

(一)产业结构持续升级。深入推进供给侧结构性改革,积极化解过剩产能,10年来退出过剩钢铁产能1.5亿吨以上、取缔地条钢1.4亿吨。一二三产比例进一步优化,新技术、新产业、新业态发展迅猛,智能化、绿色化和服务化转型步伐加快,2021年高技术制造业占规模以上工业增加值比重达到15.1%,比2012年增加5.7个百分点。大力发展绿色产业和循环经济,实施园区循环化改造,建设一批"无废城市"和大宗固废综合利用示范基地,过去10年我国主要资源产出率提高了约58%。

（二）能源结构不断优化。积极发展非化石能源,立足以煤为主的基本国情,大力推进煤炭清洁高效利用,有序推进重点地区煤炭消费减量替代。2021年,我国清洁能源消费占比达到25.5%,比2012年提升11个百分点;煤炭消费占比降至56%,比2012年下降12.5个百分点。截至2022年5月,我国可再生能源装机规模已突破11亿千瓦,水电、风电、太阳能发电、生物质发电装机均居世界第一,非化石能源装机比重首次超过煤电。

（三）能效水平稳步提升。制定印发"十三五"、"十四五"节能减排综合工作方案,完善能源消费总量和强度"双控"制度,大力推进全社会节能,实施节能减排重大工程,推动重点行业开展节能改造,推广节能高效产品设备,健全能效法规体系,持续提升能效水平。过去10年,我国能耗强度累计下降26.4%,以年均3.0%的能源消费增速支撑了年均6.6%的经济增长,相当于少用约14亿吨标准煤。

（四）二氧化碳排放控制成效明显。碳排放增速由"十五"的12.5%、"十一五"的6.1%,降为"十二五"的3.3%、"十三五"的1.7%,排放增量也以每5年约6亿吨的速度下降,"十三五"时期增量仅为6.7亿吨。过去10年,我国单位国内生产总值二氧化碳排放下降约34%。2020年我国单位国内生产总值二氧化碳排放较2005年累计下降48.4%,超额完成上一阶段承诺的自主贡献目标。

（五）生态系统碳汇能力不断提升。深入实施大规模国土绿化行动,10年来累计完成造林9.6亿亩,占全球人工造林的1/4。2021年,我国森林覆盖率达到24.02%,森林蓄积量提高到194.93亿立方米,草原综合植被盖度达到50.32%,湿地保护率达到52.65%。我国成为全球森林资源增长最多的国家,在森林覆盖率和森林蓄积量连续保持"双增长"的同时,实现水土流失面积和强度"双下降",以及荒漠化、沙化土地面积"双缩减"。

同时,我国能源结构偏煤、产业结构偏重、资源利用效率偏低的矛盾仍然突出,能源结构和产业结构转型压力仍然巨大,深刻演变的国际局势给我国经济社会发展全面绿色转型带来新的挑战。实现"双碳"

目标意味着我国作为世界上最大的发展中国家,将完成全球最高碳排放强度降幅,用全球历史上最短的时间实现从碳达峰到碳中和,这无疑将是一场硬仗,需要付出极其艰苦的努力。

三、扎实推进碳达峰碳中和重点任务

党的二十大对"双碳"工作作出全面部署、提出明确要求。我们要深入学习贯彻习近平总书记重要讲话和指示批示精神,全面贯彻党的二十大精神,认真落实党中央、国务院决策部署,坚持全国统筹、节约优先、双轮驱动、内外畅通、防范风险的工作原则,扎实推进碳达峰碳中和各项重点工作,加快形成节约资源和保护环境的产业结构、生产方式、生活方式、空间格局,推动我国绿色低碳发展取得新的更大成效。

(一)加强工作统筹协调。把系统观念切实贯彻到"双碳"工作全过程,注重处理好发展和减排、整体和局部、长远目标和短期目标、政府和市场的关系,正确认识和把握"双碳"工作,既坚定不移走绿色低碳发展的新路子,又不急于求成、偏激冒进。把"双碳"工作纳入生态文明建设整体布局和经济社会发展全局,拿出抓铁有痕的劲头,扎扎实实把党中央决策部署落实到位。从我国现阶段国情实际出发,立足我国能源资源禀赋,按照碳达峰碳中和"1+N"政策体系有关部署,科学把握推进节奏,策略上稳中求进,行动上坚定不移,有计划分步骤实施好"碳达峰十大行动"。持续深化对"双碳"工作的认识和理解,跟踪国内外新情况、新动向,组织开展重大问题研究,强化政策实施效果评估。加强对地方工作的督促指导,及时发现并纠正跑偏倾向,坚决制止"碳冲锋"和运动式"减碳"。

(二)深入推进能源革命。立足富煤贫油少气的基本国情,坚持先立后破、通盘谋划,深入推进能源革命,加强煤炭清洁高效利用,大力实施煤电机组节能降碳改造、灵活性改造、供热改造"三改联动"。加大油气资源探勘开发和增储上产力度。把促进新能源和可再生能源发展放在更加突出的位置,加快规划建设新型能源体系,加大力度在沙漠、戈壁、荒漠化地区规划建设以大型风电光伏基地为基础、以其周边清洁高效先进节能的煤电为支撑、以稳定可靠的特高压输变电线路为载体的新能源供给消纳体系。统筹水电开发和生态保护，积极安全有序发展核电。坚决落实能源保供责任，夯实国内能源生产基础，加快油气、煤炭储备能力建设，加强能源产供储销体系，确保能源安全。

（三）大力推动工业领域绿色低碳发展。坚持增量存量并重，加快建设绿色低碳现代产业体系，推动产业绿色化、低碳化。积极做大增量，紧紧抓住新一轮科技革命和产业变革机遇，大力发展战略性新兴产业，推动大数据、5G等新兴技术与绿色低碳产业深度融合，不断提高绿色低碳产业在经济总量中的比重，坚决遏制高耗能、高排放项目盲目发展。持续优化存量，下大力气推动钢铁、有色、石化、化工、建材等传统产业优化升级，树立并滚动更新行业能效标杆水平和基准水平，引导鼓励相关行业企业实施节能降碳改造、工艺革新和数字化转型，依法依规退出落后产能。同时，抓住资源利用这个源头，大力发展循环经济，健全资源循环利用体系，全面提高资源利用效率。

（四）推进建筑、交通等领域清洁低碳转型。积极构建绿色低碳交通运输体系，加快发展以铁路、水路为骨干的多式联运。推广节能低碳型交通工具，推进交通基础设施绿色化提升改造，协同推进交通出行的智能化、绿色化。鼓励车辆集约使用，优先发展公共交通服务，建设慢行交通设施，引导低碳出行。着力提升城乡建设绿色低碳发展质量，大力发展绿色建筑，推行绿色设计，推广绿色低碳建材和绿色建造方式。优化建筑用能结构，提高可再生能源使用比例，推广供热计量收费和合同能源管理。加快农房节能改造，持续推进农村地区清洁取暖。

（五）提升生态系统碳汇能力。坚持系统观念，推进山水林田湖草沙一体化保护和系统治理，提升生态系统多样性、稳定性、持续性。构建有利于"双碳"工作的国土空间开发保护格局，严守生态保护红线，加强土地节约集约利用，巩固生态系统固碳作用。持续实施生态系统保护修复重大工程，科学开展大规模国土绿化行动，强化森林资源保护,加强草原、湿地生态保护修复,扩大林草资源总量,提升生态系统碳汇增量。建立生态系统碳汇监测核算体系,实施生态保护修复碳汇成效监测评估,建立健全能够体现碳汇价值的生态保护补偿机制。

(六)强化科技创新和人才培养。狠抓关键核心技术攻关,组织实施低碳零碳负碳重大项目示范,加快先进适用技术研发和推广应用。构建有利于碳达峰碳中和的科技创新体制机制,加强创新能力建设,建立完善绿色低碳技术评估、交易体系,加快创新成果转化。强化"双碳"专业人才培养,完善碳达峰碳中和高等教育体系,创新人才培养模式,规范社会化培训,持续加强专业技能人才队伍建设。把"双碳"工作作为干部教育培训体系的重要内容,推动各级党校和行政学院开展培训,切实增强各级领导干部推动绿色低碳发展的本领。

(七)完善"双碳"基础制度。完善碳排放统计核算制度,加强基础能力建设,开展全国及省级地区碳排放统计核算,建立健全行业企业和重点产品碳排放核算方法,统筹编制国家温室气体清单,建立碳达峰碳中和标准、计量、检测、认证体系。完善能源消费总量和强度调控,重点控制化石能源消费,逐步转向碳排放总量和强度"双控"制度,统筹建立科学合理的碳达峰碳中和综合评价考核制度。健全碳排放权市场交易制度,完善相关交易规则和核算标准,加强从业机构和重点排放企业监督管理,严厉打击数据造假行为。完善温室气体自愿减排交易规则,规范市场主体行为。

(八)积极参与应对气候变化全球治理。秉持人类命运共同体理念,积极参与国际气候谈判和规则制定,推动构建公平合理、合作共赢的全球环境治理体系。统筹做好应对气候变化国际斗争合作,坚持我国发展中国家定位,坚持共同但有区别责任原则、公平原则和各自能力原则,坚决维护我国发展权益。积极开展绿色低碳领域务实合作和技术交流,参与碳定价机制和绿色金融标准体系国际宏观协调。深化绿色"一带一路"建设,提高境外项目环境可持续性,支持发展中国家能源绿色低碳发展。

完善社会治理体系

陈 一 新

党的二十大站在推进国家安全体系和能力现代化的战略高度,对完善社会治理体系作出新的部署。完善社会治理体系是以习近平同志为核心的党中央从推进国家安全体系和能力现代化,坚决维护国家安全和社会稳定的战略高度提出的一项重大任务。我们要坚持以习近平新时代中国特色社会主义思想为指导,按照党的二十大决策部署,完善社会治理体系,提升社会治理效能,以社会治理现代化夯实"中国之治"的基石。

一、党的十八大以来社会治理取得的重大成就

党的十八大以来,以习近平同志为核心的党中央着眼于国家长治久安、人民安居乐业,建设更高水平的平安中国,完善社会治理体系,推动社会治理现代化取得重大成就,续写了社会长期稳定奇迹。2021年人民群众对平安建设的满意度达98.6%。国际社会普遍认为,中国是世界上最安全的国家之一。

(一)社会治理体制日益健全。党中央加强对社会治理的领导,设立平安中国建设协调小组,推动建立健全坚强有力的组织领导体制、系统完备的制度体系、融合联动的工作机制,党委领导、政府负责、群团助推、社会协同、公众参与的社会治理体制不断健全,共建共治共享的社会治理格局基本形成。

(二)维护政治安全取得战略成果。有效应对外部打压遏制,坚决

维护了我国主权、安全、发展利益。建立健全香港特别行政区维护国家安全的法律制度和执行机制,实现了香港局势由乱到治的重大转折。防范打击敌对势力渗透、破坏、颠覆、分裂活动,坚定维护了国家政权安全、制度安全、意识形态安全。防范打击暴力恐怖犯罪,实现了反恐怖斗争形势根本好转。

(三)扫黑除恶夺取全面胜利。2018 年至 2020 年开展为期 3 年扫黑除恶专项斗争,全国打掉涉黑组织 3644 个、涉恶犯罪集团 11675 个,打掉的涉黑组织是前 10 年总和的 1.28 倍,黑恶犯罪得到根本遏制,营商环境持续优化,基层基础全面夯实,党风政风社会风气明显好转。

(四)社会治安状况不断改善。推进社会治安防控体系建设,严厉打击影响人民群众安全感的突出违法犯罪,全国刑事立案总量、八类主要刑事案件和查处治安案件数量保持连年下降,我国成为刑事犯罪率最低、命案发案率最低、枪爆犯罪案件最少的国家之一。

(五)社会矛盾总量稳中有降。健全社会矛盾纠纷多元预防调处化解综合机制,完善信访制度,扎实开展化解信访积案等专项工作,大量矛盾得到防范化解,大量纠纷解决在诉讼之前,大批"骨头案"、"钉子案"得到有效解决,全国信访总量呈现下降态势。

(六)服务人民群众取得显著成效。积极投入疫情防控,运用大数据、网格化手段筑牢疫情防控网。完善公共服务体系,统筹推进网格化服务管理中心、诉讼服务中心、公共法律服务中心等建设,为群众提供更多普惠均等、便捷高效的服务。扎实开展"我为群众办实事"实践活动,解决了一大批群众急难愁盼问题。

(七)市域社会治理现代化试点深入推进。按照"同步起跑、自愿试点、分批推进、接续达标"的思路部署开展市域社会治理现代化试点工作,制定《全国市域社会治理现代化试点工作指引》,分类指导试点地区探索创新,推动社会治理在市域整体统筹、工作举措在市域精准落地、重大风险在市域有效化解,社会治理整体效能充分显现。

(八)基层基础建设更加扎实。坚持和发展新时代"枫桥经验",加强基层组织建设,全国乡镇(街道)已基本配齐政法委员,建成各级综治中心58.3万余个,共有网格员450万名,基本实现网格化服务管理全覆盖。加强基础工作建设,落实重点领域、行业、物品等全要素精准监管措施。加强基本能力建设,社会治理专业队伍依法办事、打击防范、群众工作、舆论引导等能力不断提升。

二、社会治理的总体要求

完善社会治理体系,加快推进社会治理现代化,是再创"中国之治"新辉煌的必然要求。我们要紧紧围绕完成"十四五"规划和2035年远景目标、全面建成社会主义现代化强国等重大节点,到2035年基本实现社会治理现代化,到本世纪中叶全面实现社会治理现代化,确保政治安全、社会安定、人民安宁,为实现第二个百年奋斗目标和中华民族伟大复兴的中国梦创造良好社会环境。

(一)确保政治安全。政治安全是民族复兴的根基。要有力防范境外敌对势力渗透、破坏、颠覆、分裂活动,对敌对势力和有关组织的非法活动和动向,能及时发现、快速处置。要有效清除境内影响政治安全的土壤,推动"去极端化"工作取得明显成效,保持境内严重暴恐活动"零发生"。

(二)确保社会安定。社会稳定是国家强盛的前提。要解决涉稳"存量"问题,人民群众初信初访基本办结,涉众等重大突出矛盾风险有效化解。控制涉稳"增量"问题,社会稳定风险评估更加规范化制度化,"三调联动"体系有效运转,诉讼案件基本案结事了,群体性事件持续下降。防控涉稳"变量"问题,有效防止社会风险演变为政治风险、区域风险演变为全局风险、境外风险演变为境内风险。

(三)确保人民安宁。人民平安是最大的民生。要实现刑事案件持续下降,八类严重暴力案件逐年下降,新型网络犯罪高发态势得到有效遏制。巩固扫黑除恶成效,实现扫黑除恶常态化机制化,黑恶势力滋生的土壤基本铲除。要实现公共安全事故逐年下降,生产安全事故死亡人数、重特大生产安全事故起数、亿元国内生产总值生产安全事故死亡率逐年下降。

三、社会治理的重点任务

完善社会治理体系,最重要的就是防控化解各类矛盾风险,确保矛盾风险不外溢不扩散、不升级不变异。我们要坚持底线思维,增强忧患意识,提高风险洞察、防控、化解、治本、转化能力,重点防控化解好五类风险。

(一)防控化解政治安全风险。加强维护政治安全力量、能力建设,建立健全政治安全风险研判、防控协同、防范化解机制,严密防范和严厉打击敌对势力渗透、破坏、颠覆、分裂活动。坚持严打暴恐常态化,深化"去极端化"工作,严防发生暴恐袭击事件。

(二)防控化解社会治安风险。强化社会治安整体防控,始终保持严打高压态势,推进扫黑除恶常态化,依法严惩群众反映强烈的黄赌毒、食药环、盗抢骗等突出违法犯罪,有力保护人民群众生命财产安全。深入研究新形势下犯罪活动规律特点,完善打击犯罪新机制。健全社会心理服务体系和疏导机制、危机干预机制,严防发生个人极端暴力案事件。

(三)防控化解重大矛盾纠纷。完善正确处理新形势下人民内部矛盾机制,畅通和规范群众诉求表达、利益协调、权益保障通道,推行领导干部特别是市县领导干部每月下基层大接访。加强和改进人民信访工作,贯彻落实《信访工作条例》,认真解决信访积案和群众合理合法诉求。完善基层治理平台,发挥好调解、仲裁、行政复议、诉讼等方式化解矛盾的作用,排查化解重点领域矛盾纠纷。

(四)防控化解公共安全风险。从最突出的问题防起,加强重点行业、领域安全监管,推进安全生产风险专项整治。从最基础的环节做起,推动城乡公共安全监管执法和综合治理一体化。从最明显的短板补起,推动公共安全治理模式向事前预防转型。从最关键的责任抓起,严格实行"党政同责、一岗双责、失职追责"。

(五)防控化解网络安全风险。健全网络综合治理体系,加强网络领域法律制度建设,全面清理网上政治谣言等有害信息,依法打击网络黄赌毒骗、涉枪涉爆等违法犯罪,整治网络黑灰产业。加强关键信息基础设施安全防护,依法打击侵犯公民隐私、窃取数据秘密等违法犯罪活动。落实"三同步"机制,牢牢掌握网络舆论主动权。

四、社会治理的基本方式

党的十八大以来,以习近平同志为核心的党中央就社会治理现代化提出了一系列新理念新思想新战略,蕴含着完善社会治理方式的新要求,主要体现为政治引领、法治保障、德治教化、自治强基、智治支撑。

(一)发挥政治引领作用。把握政治方向,深刻领悟"两个确立"的决定性意义,坚决维护习近平总书记党中央的核心、全党的核心地位,推动学习习近平新时代中国特色社会主义思想往深里走、往心里走、往实里走。发挥政治优势,加强党对社会治理现代化的领导,发挥省市县乡村五级党组织作用,完善社会治理现代化推进体系。凝聚政治力量,发挥党员干部先锋队作用、人民群众主力军作用、社会各界助推者作用,引导全社会自觉投身社会治理现代化实践。净化政治生态,以优良党风促政风带民风,以优良政治生态引领社会生态。

(二)发挥法治保障作用。坚持依法决策,严守法定程序和权限,保障公众参与,不断提高决策公信力和执行力。注重科学立法,找准立法切口,严守立法"红线",制定接地气、有特色、真管用的法律法规。坚持严格规范公正文明执法司法,加大重点领域执法力度,健全完善执法司法制约监督体系和执法司法责任体系,让人民群众感受到公平正义就在身边。落实"谁执法谁普法"普法责任制,增强全民法治观念。

（三）发挥德治教化作用。以社会主义核心价值观为统领，传承中华优秀传统道德文化精髓，加强社会公德、职业道德、家庭美德、个人品德建设，让社会和谐稳定建立在较高道德水平之上。完善村规民约、居民公约、行业规章、团体章程等各类规则，建立健全一体可信可控的社会信用链系统，专项治理群众反映强烈的违法败德问题。深化文明创建活动，形成凡人善举层出不穷、向上向善蔚然成风的良好局面。

（四）发挥自治强基作用。健全基层党组织领导的基层群众自治机制，在城乡社区治理中实行群众自我管理、自我服务、自我教育、自我监督。构建党领导下多方参与、共同治理、充满活力的城乡社区治理体系，提高服务群众的能力水平。广泛开展村民说事、民情恳谈等活动，有效通达社情民意、平衡各方利益、化解矛盾纠纷。

（五）发挥智治支撑作用。推进信息互联互通，构建以数据为核心、业务为牵引、决策为目标的信息数据资源池，为风险精准"画像"，确保见事早、看得准、下手先。深化"雪亮工程"建设，推进升级改造、联网应用。加强智能化执法办案，提升精准打击犯罪、优质高效执法司法的整体效能。构建完善线上线下一体的智能化公共服务平台，普遍实现"网上办、马上办、一次办"、"不见面审批"。

五、社会治理的层级责任定位

完善社会治理体系，要明确从中央到省、市、县、乡各级党委和政府职能定位，充分发挥各层级重要作用。当前和今后一个时期，要特别突出强调中央、市域、基层的特殊职能作用，完善工作抓手，推动社会治理现代化行稳致远。

（一）坚持党中央集中统一领导，加强社会治理现代化顶层设计。党中央对社会治理实施集中统一领导，决定社会治理的大政方针、重大举措、重大事项。党中央加强战略设计和整体谋划，制定实施加快推进社会治理现代化、建设更高水平平安中国的指导意见，推动各地区各部门贯彻落实。党中央组织领导平安中国建设工作,健全平安中国建设协调小组工作机制,研究平安中国建设的重大思路政策,协调解决重大事项问题。

(二)加快推进市域社会治理现代化,把重大矛盾隐患防范化解在市域。市域是社会治理宏观和微观的转承点,治理半径较优,资源统筹余地较大,法治手段较多,要成为撬动国家治理的战略支点、重大风险的终结地、治理方式现代化的集成体。要在充分运用全国市域社会治理现代化试点工作成果的基础上,依托现有市域社会治理机制平台,整合各方资源,形成权责明晰、高效联动、上下贯通的市域风险防控链条,不断提升共防风险、共筑平安的能力水平。

(三)推进基层社会治理创新,把小矛盾小问题化解在基层、化解在萌芽状态。新时代"枫桥经验"最突出的特点,就是牢牢抓住基层基础这一本源,最大程度把矛盾风险防范化解在基层、化解在萌芽状态。要完善正确处理新形势下人民内部矛盾机制,加强和改进人民信访工作,畅通和规范群众诉求表达、利益协调、权益保障通道。要坚持重心下移、力量下沉、资源下投,完善网络化管理、精细化服务、信息化支撑的基层治理平台,健全城乡社区治理体系,确保基层事情基层办、基层权力给基层、基层事情有人办。完善乡镇(街道)政法委员统筹综治中心、社区网格、人民法庭、检察室、公安派出所、司法所工作机制,实现平安联创、矛盾联调、问题联治。

六、社会治理的体制保障

完善社会治理体系,必须强化体制保障。我们要健全共建共治共享的社会治理制度,增强完善社会治理体系的向心力和执行力,建设人人有责、人人尽责、人人享有的社会治理共同体。

(一)健全党委领导体制。坚持党的全面领导,落实请示、报告、决策、执行制度,做强组织指挥体系,完善统筹实施等机制。履行好党委政法委牵头协调、组织推动、督办落实职责,调动各部门各单位参与社会治理积极性。发挥基层党组织战斗堡垒作用,构建区域统筹、条块协同、共建共享的工作新格局。

(二)健全政府负责体制。突出防控化解政治安全、社会治安、矛盾纠纷、公共安全、网络安全五类风险隐患,将该负责的事务管好管到位。突出行业领域乱象常态化整治,坚持"打防管控建"并举,推动行业领域健康发展。突出社会治理服务保障,丰富和创新公共服务供给。

(三)健全群团组织助推体制。建立群团助推责任机制,把适合群团组织承担的社会管理服务职能按法定程序转由群团组织行使。探索群团助推组织形式,健全以基层党组织为圆心、群团组织为纽带、社会组织为依托的工作体系。找准群团助推着力点,聚焦群众所急、党政所需、群团所能领域,创新活动载体,确保取得实效。

(四)健全社会组织协同体制。健全社会组织培育扶持机制,重点扶持发展治保维稳类、专业调处类、公益慈善类、居民互助类等社会组织。扩大社会组织有序参与,坚持党建引领,确保社会组织按照党的路线方针政策和决策部署开展业务活动。加强社会组织规范管理,强化自律诚信和守法意识,不断提升服务质效和社会公信力。

(五)构建人民群众参与体制。畅通群众参与社会治理的制度渠道,保障群众知情权、参与权、表达权和监督权。健全群众参与社会治理的引导机制,落实专群结合、群防群治,弘扬见义勇为、见义众为。创新完善群众工作机制,推动听民声察民情常态化,让人民群众有更多看得见、摸得着、享受得到的实惠,使社会治理扎根于人民群众之中。

确保枪杆子永远听党指挥

钟　新

党的二十大报告指出,全面加强人民军队党的建设,确保枪杆子永远听党指挥。这是以习近平同志为核心的党中央把握我们党建军治军基本规律,顺应全面建设社会主义现代化国家战略要求,着眼如期实现建军一百年奋斗目标、加快把人民军队建成世界一流军队作出的重大部署。我们要坚决贯彻这一部署,毫不动摇坚持党对人民军队的绝对领导,在新时代新征程上奋力开创强军事业新局面,为实现中华民族伟大复兴提供战略支撑。

一、确保枪杆子永远听党指挥是强军之魂

坚持党对人民军队的绝对领导,确保枪杆子永远听党指挥,是中国特色社会主义的本质特征,是党和国家的重要政治优势,是人民军队建军之本、强军之魂。无论时代如何发展、形势如何变化,这一条永远不能变。

(一)这是在血与火的斗争中得出的颠扑不破的真理。我们党在领导革命、建设、改革的历史进程中,对缔造和领导新型人民军队进行不懈探索,创造性地建立了党对人民军队绝对领导的根本原则和制度。这个伟大创造,觉醒于大革命失败,我们党从血的教训中得出"枪杆子里面出政权"的结论;发端于南昌起义,党在起义部队设立前敌委员会,在团以上单位建立党组织,使我军创建之初就置于党的领导之下;奠基于三湾改编,"支部建在连上"使党的领导直达基层;定型于古田

会议,确立思想建党、政治建军原则,树起党对人民军队绝对领导的历史丰碑。从那以后,我们党在各个历史时期都毫不动摇坚持党指挥枪的根本原则,同各种错误路线和阴谋进行了坚决斗争。遵义会议"纠正了当时具有决定意义的军事上和组织上的错误",事实上确立了毛泽东在党中央和红军的领导地位。红一、四方面军会师后,粉碎张国焘分裂党和红军的阴谋活动。抗日战争时期,挫败蒋介石控制我军的图谋。抗战胜利后,识破国民党政令军令统一的幌子,始终坚持我们党对人民军队的领导权。"文化大革命"期间,粉碎林彪反革命集团策动武装政变和"四人帮"反革命集团插手军队的阴谋。改革开放后,坚持同各种敌对势力围绕铸魂与去魂进行坚决斗争,使我军始终坚定站在党的旗帜下。回望历史,人民军队之所以能够战胜各种风险挑战,不断从胜利走向胜利,最根本的就是靠党的坚强领导。

(二)这是新时代强军实践形成的宝贵经验。党的十八大之前一个时期,人民军队党的领导弱化问题突出,如果不彻底解决,不仅影响战斗力,而且事关党指挥枪这一重大政治原则。党中央和习主席力挽狂澜、扶危定倾,果断决策在古田召开全军政治工作会议,对新时代政治建军作出部署,带领全军以整风精神推进政治整训,重整行装再出发。人民军队贯彻全面从严治党、全面从严治军要求,严明政治纪律和政治规矩,严肃军队党内政治生活,深入推进作风建设和反腐败斗争,坚决查处郭伯雄、徐才厚、房峰辉、张阳严重违纪违法案件并彻底肃清其流毒影响,纯洁干部特别是高级干部队伍。经过坚持不懈政治整训,有力扭转了人民军队政治生态一度恶化的局面,坚持和强化了党对人民军队的绝对领导,为深化国防和军队改革、加快国防和军队现代化建设、全面加强练兵备战、完成一系列重大任务奠定了坚实政治基础。10年来的强军实践充分证明,没有党对人民军队绝对领导的根本性加强和创新性发展,就没有国防和军队建设的历史性成就和历史性变革。

(三)这是把强军事业继续推向前进必须坚守的政治原则。当前,中华民族伟大复兴进入关键时期,世界百年未有之大变局加速演进,战争形态和作战方式发生深刻变化,我国国家安全不稳定性不确定性增大,对加快建设巩固国防和强大人民军队提出新的更高要求。未来5年,我军要如期实现建军一百年奋斗目标,时间紧迫,任务繁重。越是形势复杂、任务艰巨,越要毫不动摇坚持党对人民军队的绝对领导,越要强化党的政治优势和组织优势。特别是现在意识形态领域斗争尖锐复杂,各种思想文化交流交融交锋,敌对势力始终把我军作为意识形态渗透的重点,千方百计想把我军从党的旗帜下拉出去。如果党对人民军队的绝对领导这一条守不牢、守不住,我军就会面临变质变色的危险,强军事业就无从谈起,党和国家长治久安也难以得到可靠保障。在坚持党对人民军队的绝对领导这个根本问题上,头脑要特别清醒,态度要特别鲜明,行动要特别坚决,不能有丝毫含糊和动摇。

二、确保枪杆子永远听党指挥首先要 全面深入贯彻军委主席负责制

军委主席负责制关系我军最高领导权和指挥权,在党领导人民军队的一整套制度体系中处于最高层次、居于统领地位,是坚持党对人民军队绝对领导的根本制度和根本实现形式,是"两个确立"在人民军队落地生根的重要制度保证。实践充分表明,军委主席负责制贯彻得好,党对人民军队的绝对领导就有根本保证,党和军队事业就会兴旺发达;军委主席负责制贯彻不好,党对人民军队的绝对领导就会从根本上受到削弱,党和军队事业就会受到严重损害。

党的十八大以来,党中央和中央军委对贯彻军委主席负责制高度重视,领导全军下了很大气力。比如,在军队领导指挥体制上,通过深化国防和军队改革,形成了军委管总、战区主战、军种主建新格局,更好使军队最高领导权和指挥权集中于党中央和中央军委。在军事政策制度上,制定军队党的建设条例,修订军队政治工作条例,将贯彻军委主席负责制要求在重要法规中固化下来。在推进工作落实上,印发全面

深入贯彻军委主席负责制的意见，建立和落实请示报告、督促检查、信息服务三项工作机制，出台批示指示督办落实、重大事项请示报告、监督问责等方面措施规定，推动军委主席负责制贯彻到国防和军队建设各方面和全过程。通过一系列重大举措，使党对人民军队的绝对领导更加具体、更加有力地落到实处，听习主席指挥、对习主席负责、让习主席放心成为全军官兵高度政治自觉。

党的二十大报告提出要健全贯彻军委主席负责制体制机制，这充分体现了党中央持续推进军委主席负责制贯彻落实的坚定意志。我们要深刻领会党中央决心意图，深入研究新形势新体制下军队工作运行特点规律，着力破解在贯彻军委主席负责制方面存在的突出矛盾和问题，着力增强相关制度机制的系统性和操作性，不断推进贯彻军委主席负责制法治化、规范化、程序化，确保贯彻军委主席负责制取得新的更大成效。

全军各级要把贯彻军委主席负责制作为最高政治要求来遵循，作为最高政治纪律来严守，做到坚决地而不是敷衍地、全面地而不是片面地、具体地而不是抽象地、无条件地而不是有条件地贯彻军委主席负责制。决不允许合意的就执行、不合意的就不执行，决不允许先斩后奏，决不允许口是心非、阳奉阴违，决不允许打擦边球、搞变通、打折扣，搞上有政策、下有对策那一套。高层党委和高级干部在贯彻军委主席负责制上肩负重大责任，要坚持从自身做起，带头做到真忠诚、真担当、真负责，坚决同危害党的团结统一、损害党中央权威、破坏军委主席负责制的现象作斗争。要坚持一级抓一级，一级带一级，层层压实责任，把贯彻军委主席负责制各项要求落细落实落到位。

三、确保枪杆子永远听党指挥必须加强人民军队党的建设

坚持党的领导必须加强党的建设，这是我们党在长期实践探索中

得出的重要结论。要贯彻新时代党的建设总要求，扎实做好军队党的建设各项工作，确保党始终从思想上、政治上、组织上牢牢掌握部队。

（一）推进政治整训常态化制度化。政治整训是我军从政治上加强自身建设的传统法宝，是新时代我军加强政治建设、提高政治能力、防范政治风险的重要途径。开展政治整训不是一蹴而就的，必须常抓不懈、久久为功。要巩固党的十八大以来政治整训的理论成果、实践成果和制度成果，持续发扬整风精神，坚决查处忽视政治、淡化政治、不讲政治的人和事，不断纯正我军政治生态，保持部队高度集中统一和纯洁巩固。要围绕增强政治判断力、政治领悟力、政治执行力，常态抓好政治能力训练，确保全军在任何时候任何情况下都同党中央保持高度一致，坚决听从党中央和中央军委指挥。

（二）深化党的创新理论武装。政治上的坚定源于理论上的清醒。要组织部队深入学习习近平新时代中国特色社会主义思想，突出学好习近平强军思想，引导官兵深刻领悟"两个确立"的决定性意义，不断增强"四个意识"、坚定"四个自信"、做到"两个维护"，贯彻军委主席负责制。当前和今后一个时期，要把学习宣传贯彻党的二十大精神作为首要政治任务，坚持理论联系实际，坚持学用一致，坚持领导带头，在武装头脑、指导实践、推动工作上下功夫，务求取得实效。要扎实开展"学习强军思想、建功强军事业"教育实践活动，加强军史学习教育，繁荣发展强军文化，强化战斗精神培育，打牢部队铁心向党、矢志强军的思想政治基础。

（三）建强人民军队党的组织体系。党的力量来自组织，党对人民军队的绝对领导必须靠坚强的组织体系来实现。要适应形势任务发展变化和军队体制编制调整，找准各级各类党组织职能定位，优化组织设置，健全制度机制，改进领导方式，严格落实各项组织生活制度，增强各级党组织的领导力、组织力、执行力。要深入贯彻新时代人才强军战略，坚持党管干部、党管人才、组织选人，做好从政治上培养、考察、使用人才工作，确保枪杆子始终掌握在对党忠诚可靠的人手中。

（四）持之以恒正风肃纪反腐。作风建设永远在路上，反腐倡廉建设永远在路上，全面从严治党永远在路上。要大力发扬自我革命精神，坚持严字当头、全面从严、一严到底，压实各级责任，抓好问题整改，扎实推进体系治理。要强化纪检监察、巡视巡察、审计监督、司法监督，走开军内联合监督、军地融合监督路子，加大重点行业领域、军地交叉地带问题和基层不正之风整治力度，持续纠治"四风"特别是形式主义、官僚主义，推动形成不敢腐、不能腐、不想腐的良好局面，确保枪杆子永不生锈、永不变质。

（五）健全完善人民军队党的建设制度。要坚持党委制、政治委员制、政治机关制，坚持党委（支部）统一的集体领导下的首长分工负责制，坚持支部建在连上，结合我军建设丰富实践，与时俱进完善制度安排，赋予我军党的建设制度新的内涵和实现形式。要统筹加强我军党的政治建设、思想建设、组织建设、作风建设、纪律建设等各方面制度，不断提高党的建设制度体系化科学化水平，为提高人民军队党的建设质量提供制度保障。

人民军队听党指挥，必须落实在具体行动上，体现到奋力实现建军一百年奋斗目标的全部实践中。全军要深入贯彻习近平强军思想，贯彻新时代军事战略方针，坚持党对人民军队的绝对领导，坚持政治建军、改革强军、科技强军、人才强军、依法治军，坚持边斗争、边备战、边建设，坚持机械化信息化智能化融合发展，加快军事理论现代化、军队组织形态现代化、军事人员现代化、武器装备现代化，提高捍卫国家主权、安全、发展利益战略能力，有效履行新时代人民军队使命任务，坚决向党和人民交出合格答卷。

全面加强练兵备战

刘 延 统

习近平总书记在党的二十大报告中强调:"全面加强练兵备战,提高人民军队打赢能力。"这是新时代新征程党对人民军队的战略要求,是确保如期实现建军一百年奋斗目标的战略举措。全军要坚决贯彻党中央、中央军委和习主席决策部署,坚持全部心思向打仗聚焦、各项工作向打仗用劲,研战务战、真抓实备,推动练兵备战有一个大的加强,坚决履行党和人民赋予的新时代使命任务。

一、新时代 10 年来我军能打仗、打胜仗能力显著提升

党的十八大以来,以习近平同志为核心的党中央着眼于实现中国梦强军梦,确立党在新时代的强军目标,确立新时代军事战略方针,明确新时代人民军队使命任务,就加强练兵备战、提高打赢能力作出一系列战略谋划和部署。习主席决策并领导召开古田全军政治工作会议、中央军委军事工作会议、中央军委军事训练会议等重要会议,出席中央军委开训动员大会、发布全军年度开训动员令,参加重大演训活动,深入军委联合作战指挥中心、战区、军兵种、基层部队和科研院所调研,推动把全军工作重心归正到备战打仗上来,推动把新时代军事战略思想立起来、把新时代军事战略方针立起来、把备战打仗指挥棒立起来、把抓备战打仗的责任担当立起来,推动解决备战打仗中的突出矛盾和问题,引领我军重整斗争格局、重构建设布局,指挥我军有力有效应对各

种突发情况,把新时代我军军事斗争准备推进到一个新水平。

全军坚决听从习主席指挥、执行习主席号令,坚决贯彻中央军委决策部署,全力以赴抓备战谋打赢,紧贴使命任务攻克短板弱项,取得许多标志性、开创性、历史性重大成就。与时俱进创新军事战略指导,构建新时代军事战略体系,优化军事战略布局,军事力量建设与运用水平不断提高。全面优化组织形态,重构我军领导指挥体制、现代军事力量体系、军事政策制度,全面停止军队有偿服务,裁减军队现役员额30万,形成军委管总、战区主战、军种主建新格局,人民军队体制一新、结构一新、格局一新、面貌一新。建设坚强高效的战区联合作战指挥机构,推进军兵种战略转型,壮大战略力量和新域新质作战力量,打造联合作战指挥体系、力量体系、保障体系。大力纠治"和平积弊",大抓实战化军事训练,深入推进实战实训、联战联训、科技强训、依法治训,组织一系列专攻精练和重大联演联训,推动练兵备战向核心能力聚焦、向新质力量拓展。着力建设一切为了打仗的后勤,构建武器装备现代化管理体系,加紧实施国防领域发展重大工程,加快国防科技创新步伐,锻造高素质专业化新型军事人才队伍,为提高部队战斗力提供了有力支撑。统筹抓好各方向各领域军事斗争,有效应对外部军事挑衅,震慑"台独"分裂势力,遂行边防斗争、海上维权、反恐维稳、抢险救灾、抗击疫情、维和护航等重大任务,以顽强斗争精神和实际行动捍卫了国家主权、安全、发展利益。

经过新时代10年不懈努力,人民军队练兵导向更加鲜明,备战氛围更加浓厚,主责主业更加聚焦,实战能力显著提升,军事斗争有利态势不断巩固发展,在党领导进行的具有许多新的历史特点的伟大斗争中发挥了重要作用。

二、深刻认识我军练兵备战面临的新形势新要求

当前,世界百年未有之大变局加速演进,世界之变、时代之变、历史

之变正以前所未有的方式展开,新时代新征程上推进强国强军事业任务艰巨繁重,我国国家安全和军事斗争形势发生深刻变化,对我军加强练兵备战、提高打赢能力提出新的更高要求。

(一)国际战略格局深度演变,我国外部安全环境更加严峻复杂。世界进入新的动荡变革期,乌克兰危机加速世界主要力量战略调整,一些国家加大国防开支和军费投入,一些地区局部冲突不断,各种安全挑战层出不穷。全球战略重心加速向亚太地区转移,我国周边地缘竞争更加错综复杂。美国将我国视为最主要战略对手和最严峻的长期挑战,竭力对我进行遏制打压。今后一个时期,国际形势不稳定性不确定性明显增加,各种可以预料和难以预料的风险挑战增多,我国国家安全威胁的突发性、联动性、多变性进一步增强。天下很不太平,战争并不遥远,和平需要保卫。中国始终是维护世界和平的坚定力量,人民军队始终是党和人民完全可以信赖的英雄军队。如果有人把战争强加到我们头上,人民军队必然予以迎头痛击,坚决做到敢战能胜、不辱使命。

(二)台海局势面临新一轮紧张,维护国家主权、统一和领土完整的任务更加艰巨。一个时期以来,台湾民进党当局勾结外部势力,歪曲否定"九二共识",公然抛出"新两国论",阻挠破坏两岸交流合作和融合发展,加紧"以武谋独"、"以武拒统"。美国一些势力图谋"以台制华",加强与台湾地区官方往来,不断策动对台军售,加深美台军事勾连,不时炮制损害中国主权的涉台法案议案,纵容鼓动"台独"分裂势力滋事挑衅。这些恶劣行径,不断加剧两岸关系紧张,严重危害台海和平稳定。如果"台独"分裂势力或外部干涉势力挑衅逼迫,甚至突破红线,我们将依法采取断然措施。这是民族大义,也是我军的使命所在。

(三)现代战争形态深刻变化,军事竞争战略制高点的争夺更加激烈。世界新军事革命迅猛发展,现代战争信息化程度不断提高,智能化特征日益显现。特别是在新一轮科技革命作用下,战争的制胜观念、制胜要素、制胜方法都在发生重大变化。从世界近几场局部战争和武装冲突看,大量高新技术武器用于实战,智能技术、无人装备、数据信息等成为战斗力新的重要增长点,跨域联合、分布杀伤、无人自主等成为新的作战趋向。一些国家加快升级战略威慑力量,加强新兴领域军事布局,加紧构建智能化军事体系。面对日益激烈的军事竞争态势,我们需要站在战争前沿、科技前沿,加快形成现代化练兵模式和战斗力生成模式,赢得军事战略竞争主动。

(四)我军职能使命不断拓展,遂行多样化军事任务的空间更加广阔。党和人民所需就是我军使命任务所系。当前,我国国家安全的内涵外延、时空领域、内外因素都发生深刻变化,安全需求的综合性、全域性、外向性特征更加突出,军事力量运用日益常态化,运用方式越来越多样化。无论是维护国家主权、统一、领土完整,维护国家海外利益,还是履行国际责任和义务,维护地区安全稳定,都需要提高相应军事能力。这就要求我军紧贴多样化任务需求,拓展练兵备战内容,提高练兵备战水平,确保一旦需要能有效履行肩负的使命任务。

三、按实战要求推动练兵备战走深走实

党的二十大就全面加强练兵备战作出战略部署,全军要增强忧患意识、危机意识、打仗意识,坚持边斗争、边备战、边建设,推动练兵备战往深里走、往实里落,做好随时打仗的充分准备,做到召之即来、来之能战、战之必胜。

(一)不断创新军事战略指导。军事战略从来是为实现党和国家战略目标服务的,军事战略指导的生命力在于应时而变、应势而动。深入把握国家发展战略和安全战略新要求,适应军事斗争和强军实践新发展,研究掌握信息化智能化战争特点规律,加强军事战略运筹,优化军事战略体系,优化战略布局和力量布势。紧跟战争形态和作战方式演变,深入研究作战任务、作战对手、作战环境,创新战争和作战筹划,构建先进作战理论体系,发展人民战争战略战术,不断增强练兵备战针对性实效性。

（二）进一步增强威慑和实战能力。面对强敌对手的挑衅施压，必须锻造更强大的能力、更可靠的手段，强化人民军队塑造态势、管控危机、遏制战争、打赢战争的战略功能。坚持备战与止战、威慑与实战相统一，集中优势资源打造强大战略威慑力量体系，增加新域新质作战力量比重，加快无人智能作战力量发展，统筹网络信息体系建设运用，掌握捍卫国家主权、安全、发展利益的战略主动。优化联合作战指挥体系，推进侦察预警、联合打击、战场支撑、综合保障体系和能力建设，提高一体化联合作战能力、全域作战能力。

（三）深入推进实战化军事训练。打仗硬碰硬，训练必须实打实。遵循胜战机理和练兵规律，坚持仗怎么打兵就怎么练，打仗需要什么就苦练什么，部队最缺什么就专攻精练什么，练就能战善战的精兵劲旅。优化各层次各领域训练布局，抓好联合指挥训练、跨领域跨军兵种联合专项训练、军地联合训练，发展我军特色联合训练体系。坚持以作战的方式训练、以训练的方式作战，抓好实案化、检验性、对抗性训练，加强军事斗争一线练兵，在近似实战的环境下摔打锻炼部队。大力推进科技练兵，加强现代科技特别是军事高技术知识学习，加强模拟化、网络化训练手段建设，探索"科技+"、"网络+"等训练方法。深入开展群众性练兵比武，发扬军事民主，鼓励创新创造，把广大官兵练兵热情激发出来、练兵智慧凝聚起来。

（四）坚定灵活开展军事斗争。我们越是发展壮大，面临的压力和阻力就越大，同各种敌对势力的斗争就越激烈。"有文事者，必有武备。"紧跟国家安全和军事斗争形势发展，坚持从政治高度和国家利益全局筹划指导军事行动，在涉及国家核心利益问题上寸步不让。注重把战略的坚定性和策略的灵活性结合起来，加强军事力量常态化多样化运用，敢于斗争、善于斗争，以坚定意志品质、灵活战略策略、有力军事行动确保政治和战略全局主动。贯彻新时代党解决台湾问题的总体方略，密切关注台海形势变化，做好以非和平方式及其他必要措施应对外部势力干涉和"台独"重大事变的充分准备，始终保持高度戒备状态,全时待战、随时能战,坚决粉碎任何形式的"台独"分裂和外部干涉图谋。

四、加快先进战斗力有效供给

练兵备战是一个系统工程,涉及国防和军队建设各领域各方面。必须坚持战斗力这个唯一的根本的标准,推动各项工作和建设、各方面力量和资源向练兵备战聚焦,进一步夯实我军战斗力建设和运用的基础。

(一)强化以战领建。要坚持把备战打仗作为一切工作的出发点和落脚点,向能打仗、打胜仗的要求聚焦,形成战、建、备一体推进的良好局面。加快军队建设"十四五"规划落实,突出抓好战略能力建设、练兵备战急需等方面重点任务,加紧实施战略性、引领性、基础性重大工程,推动我军战斗力持续跃升。各级党委和领导干部要履行备战打仗的政治责任,想打仗的事情,谋打仗的问题,抓打仗的准备,推动形成有利于提高战斗力的舆论导向、工作导向、用人导向、政策导向。广大官兵要树立随时准备打仗、立足现有条件打胜仗的思想,强化战斗精神培育,锤炼血性胆气,苦练杀敌本领。

(二)强化改革创新。改革创新是战斗力建设的动力源泉。我们要跟上世界军事革命的潮流、补上作战体系的短板、突破武器装备发展的瓶颈,都必须勇于探索、大胆创新、锐意改革。要紧跟世界军事和战争发展趋势,紧贴我军现代化发展进程,巩固拓展国防和军队改革成果,完善军事力量结构编成,体系优化军事政策制度。坚持面向世界军事前沿、面向国家安全重大需求、面向国防和军队现代化,深入推进军事理论、技术、组织、管理、文化等各方面创新,提高创新对战斗力增长的贡献率。科技是核心战斗力。要坚持自主创新战略基点,加快突破关键核心技术,加快发展战略性、前沿性、颠覆性技术,加快实施国防科技和武器装备重大工程,加速科技向战斗力转化。

（三）强化战略管理。管理出效益、出战斗力，一支现代化军队必然是具有先进管理水平的军队。要加快推进以效能为核心、以精准为导向的军事管理革命，更新管理理念，优化管理流程，创新管理机制，完善战略管理链路，提高军事系统运行效能和国防资源使用效益。重视发挥军事需求主导作用，坚持需求牵引规划、规划主导资源配置，聚焦提高先进战斗力确定资源投向投量。坚持质量第一、效益优先，发扬艰苦奋斗精神，厉行勤俭节约，反对铺张浪费，把宝贵资源用在战斗力建设的刀刃上。

（四）强化体系支撑。经济实力、科技实力、综合国力是军队战斗力的基础支撑，只有整合和运用好国家整体实力，才能赢得军事竞争优势。要巩固提高一体化国家战略体系和能力，加强军地战略规划统筹、政策制度衔接、资源要素共享，深入推进重点区域、重点领域、新兴领域协调发展，更好满足我军战斗力建设和军事斗争需求。优化国防科技工业体系和布局，加强国防科技工业能力建设，做强一流国防科技工业支撑，把我国快速增长的科技实力和创新能力转化为军事实力。推进现代边海空防建设，完善边海防力量体系，构建现代人民防空体系，铸就坚不可摧的护民之盾。

我们的军队是人民军队，我们的国防是全民国防。地方各级党委和政府需要履行好法定的国防建设职责，深化全民国防教育，协力推进国防动员和后备力量建设，在训练场地建设、训练资源保障、演训任务矛盾化解等方面给予部队以有力支持，共同把我军练兵备战水平搞上去，为建设巩固国防和强大人民军队作出应有贡献。

落实"爱国者治港"、"爱国者治澳"原则

邓 中 华

习近平总书记在党的二十大报告中明确提出："落实'爱国者治港'、'爱国者治澳'原则"。这是习近平总书记站在历史、现实和未来的战略高度对港澳治理作出的战略部署，是对香港、澳门回归祖国以来"一国两制"实践规律的高度凝练，是推动香港实现从由乱到治走向由治及兴的重大转折中得出的深刻启示。把"爱国者治港"、"爱国者治澳"郑重写进党的全国代表大会报告，这在党的历史上还是第一次。我们一定要深入学习领会"爱国者治港"、"爱国者治澳"原则的重大现实意义和深远历史意义，旗帜鲜明、坚定不移贯彻落实，确保"一国两制"实践行稳致远，保持港澳长期繁荣稳定和长治久安，推动港澳为实现中华民族伟大复兴作出新的更大贡献。

一、充分认识"爱国者治港"、"爱国者治澳" 原则的重大意义

2022 年 7 月 1 日，习近平主席在庆祝香港回归祖国 25 周年大会上，用"四个必须"精辟总结了香港回归以来"一国两制"实践的经验和启示，其中之一就是"必须落实'爱国者治港'"。在"一国两制"下治理实行资本主义制度的香港、澳门两个特别行政区，特区由谁来治理、政权由谁来掌握，这是事关国家主权、安全、发展利益，事关港澳长期繁荣稳定的核心要害问题，对"一国两制"事业的兴衰成败有着决定性影响。因此，在"爱国者治港"、"爱国者治澳"这个大是大非问题上，我们

必须头脑十分清醒、态度十分坚决,不能有丝毫含糊。

（一）"爱国者治港"、"爱国者治澳"是"一国两制"方针的应有之义。早在20世纪80年代"一国两制"科学构想形成之初,以爱国者为主体的"港人治港"就已经作为一项重要原则确立起来。邓小平明确提出将来特别行政区政府应由香港、澳门的爱国者为主体组成,并提出要尽早培养治港治澳人才,参与过渡期香港、澳门的管理。1984年6月,邓小平在会见香港工商界访京团和香港知名人士时指出:"要相信香港的中国人能治理好香港。不相信中国人有能力管好香港,这是老殖民主义遗留下来的思想状态。""港人治港有个界线和标准,就是必须由以爱国者为主体的港人来治理香港。"作为"一国两制"方针具体实现方式的香港基本法明文规定,香港特别行政区行政长官、主要官员、行政会议成员、立法会议员、各级法院法官和其他司法人员在就职时,必须依法宣誓效忠中华人民共和国香港特别行政区。澳门基本法也有类似规定。可以说,"爱国者治港"、"爱国者治澳"是"一国两制"方针从一开始就包含的核心内涵,是全面准确理解和贯彻"一国两制"方针的应有之义,服从服务于"一国两制"的根本宗旨。坚持"爱国者治港"、"爱国者治澳",就是坚持"一国两制"的初心和使命。

（二）"爱国者治港"、"爱国者治澳"是公认的基本政治伦理。习近平主席强调:"政权必须掌握在爱国者手中,这是世界通行的政治法则。世界上没有一个国家、一个地区的人民会允许不爱国甚至卖国、叛国的势力和人物掌握政权。"对管治者的爱国立场和相关政治资格作出严格要求是世界通例。环顾世界,无论哪个主权国家,无论实行什么样的社会制度,无论处于什么发展阶段,效忠自己的祖国都是公职人员必须遵守的基本政治伦理。香港、澳门特别行政区作为中华人民共和国享有高度自治权的地方行政区域,其政权、管理权必须掌握在爱国者手中,这是一条基本的政治伦理,天经地义。

（三）"爱国者治港"、"爱国者治澳"是维护国家主权、安全、发展利益的必然要求。习近平主席指出:"维护国家主权、安全、发展利益是'一国两制'方针的最高原则"。"一国两制"、"港人治港"、"澳人治澳"的前提是什么?就是"一国"原则,就是爱国者治港治澳。中央对特别行政区拥有全面管治权,这是特别行政区高度自治权的源头。尊重"两制"差异必须坚持"一国"前提,这就要求掌握特区管治权的人必须是爱国者。香港回归以来,"一国两制"实践取得举世公认的成功,但也出现了一些不利于"一国两制"顺利实施甚至挑战"一国两制"原则底线的现象和问题。之所以出现这些现象和问题,一个重要原因就是"爱国者治港"原则没有得到全面、有效落实。无论是在特区的行政、立法、司法等政权机关,还是在区议会等非政权组织,以及教育、传媒等领域,尚未真正形成稳固的"爱国者治港"局面。2020年以来,面对2019年"修例风波"这一香港回归后出现的最为严峻的局势,以习近平同志为核心的党中央果断决策,制定实施香港国安法,修改完善香港选举制度,支持特区政府依法惩治危害国家安全分子,坚定落实"爱国者治港",有力维护了国家安全和香港的法治秩序,香港实现由乱到治的重大转折,进入由治及兴的新阶段。正如习近平主席所指出的:"香港由乱及治的重大转折,再次昭示了一个深刻道理,那就是要确保'一国两制'实践行稳致远,必须始终坚持'爱国者治港'。"

(四)"爱国者治港"、"爱国者治澳"是保持港澳长期繁荣稳定的现实需要。习近平主席深刻指出:"守护好管治权,就是守护香港繁荣稳定,守护七百多万香港居民的切身利益。""爱国者治港"、"爱国者治澳",不仅要确保特别行政区的政权、管治权牢牢掌握在爱国者手中,还要为港澳的繁荣稳定和长治久安奠定坚实基础、创造良好条件,推动特别行政区实现良政善治。香港回归以来,一小撮反中乱港分子在美西方等外部敌对势力支持、怂恿下,打着所谓"民主人权自由"幌子,炮制、炒作"双普选"等政治议题,煽动、蛊惑香港民众对中央和特区政府的不信任情绪,唯恐香港不乱。他们的反中乱港行径致使特区行政机关和立法机关长期对立、立法会内斗无为、政府施政严重受阻、社会管治效能下降,把香港搞得面目全非。澳门局势总体稳中向好,但极少数反中乱澳分子也蠢蠢欲动,企图染指特区的管治权。这两年多来,在中央的鼎力支持下,港澳拨乱反正、正本清源,特别是随着香港新选举制度的全面深入实施,"爱国者治港"得到有效落实,反中乱港势力的破坏势能大大削弱,越来越多的贤能爱国者进入特区治理架构,使香港成功摆脱过去的严重政治争拗和内耗,让特区政府能够集中精力发展经济、改善民生,实实在在增进广大居民的福祉。澳门的各项事业也蒸蒸日上,特区政府治理效能不断提升,经济适度多元迈出实质性步伐。这些都是"爱国者治港"、"爱国者治澳"展现出来的新气象,必须倍加珍惜、长期坚持。

二、准确把握"爱国者治港"、"爱国者治澳" 原则的深刻内涵

"爱国者治港"、"爱国者治澳"思想深刻、内涵丰富,是从"一国两制"实践中总结提炼出来的,也是奔着解决港澳治理的实际问题去的,具有鲜明的时代性和实践性,是一个完整的逻辑体系。可以从以下三个方面来理解和认识。

(一)"爱国者治港"、"爱国者治澳"不是最高标准,而是最基本标准。之所以说"爱国者治港"、"爱国者治澳"是最基本标准,是因为"爱国者治港"、"爱国者治澳"是香港、澳门回归祖国、成为中华人民共和国的特别行政区、纳入国家治理体系后的必然要求。试问,有哪个国家会把地方管治权交给不认同自己国家和民族、对国家毫无忠诚、心甘情愿充当外国势力政治代理,甚至鼓吹和从事分裂国家活动、损害国家利益的人?"爱国者治港治澳,反中乱港乱澳者出局",这是"一国两制"下港澳治理的基本政治规矩和逻辑。特别是那些身处重要岗位、掌握重要权力、肩负重要管治责任的人士,必须是坚定的爱国者。

（二）"爱国者治港"、"爱国者治澳"不是抽象的，而是具体的。谁是真正的爱国者？怎样判别一个人是不是真正的爱国者？邓小平曾作了明确界定，即尊重自己民族，诚心诚意拥护祖国恢复行使对香港的主权，不损害香港的繁荣和稳定。国家不是抽象的，爱国也不是抽象的。社会主义制度是中华人民共和国的根本制度，中国共产党领导是中国特色社会主义最本质的特征。香港、澳门特别行政区不是别的什么特别行政区，是中华人民共和国的特别行政区。我们强调"爱国者治港"、"爱国者治澳"，就是要真心尊重和维护中国共产党的领导，真心尊重和维护中国特色社会主义制度，真心拥护中华人民共和国对特别行政区拥有并行使主权，真心维护祖国统一，真心支持建立健全特别行政区维护国家安全的法律制度和执行机制，真心支持港澳融入国家发展大局。对于治港治澳的爱国者的这些具体的标准和要求，都要落实到言行上，既要听其言，更要观其行。

（三）"爱国者治港"、"爱国者治澳"不是"清一色"，而是"五光十色"。爱国者治港治澳不搞"清一色"而搞"五光十色"，首先强调的是"港独"分子、反中乱港乱澳分子绝对不能进入特区管治架构。除此以外，在拥护"一国两制"方针、效忠中华人民共和国及其香港、澳门特别行政区，遵守宪法和基本法、国安法的大前提下，只要善于在治港治澳实践中全面准确贯彻"一国两制"方针、善于破解港澳发展面临的各种矛盾和问题、善于为民众办实事、善于团结方方面面的力量、善于尽职尽责，都可以成为治港治澳者。这两年多来，澳门第七届立法会选举、香港选举委员会选举、香港第七届立法会选举、香港第六任行政长官选举成功举行，香港新一届特区政府顺利组建，进入两个特区管治架构的人员都是爱国爱港爱澳人士，同时构成多元，代表不同的政团和利益。这一事实充分证明，"爱国者治港"、"爱国者治澳"就是在爱国爱港爱澳基础上，实现港澳社会各界力量和人士的大团结、大联合。

三、全面落实"爱国者治港"、"爱国者治澳"原则的实践要求

"爱国者治港"、"爱国者治澳"作为全面准确落实"一国两制"方针的一项根本原则,需要在港澳治理实践中不断丰富发展。现在,"爱国者治港"、"爱国者治澳"理念已经在港澳扎根,成为社会共识。要继续旗帜鲜明、坚定不移落实,坚持多措并举、综合施策、久久为功,让"爱国者治港"、"爱国者治澳"内化于心、外化于行,成为"一国两制"下港澳社会坚如磐石的政治自觉、思想自觉、行动自觉。

(一)不断健全完善"一国两制"制度体系。香港国安法的制定实施、香港选举制度的修改完善,已经为确保"爱国者治港"从根本上筑起了制度保障,但接下来还有大量的工作需要跟进。必须严格依照宪法和基本法,建立健全有关法律规定和制度机制,确保香港、澳门的管治权牢牢掌握在爱国爱港爱澳者手中。必须坚决维护和落实中央全面管治权,坚持中央全面管治权和保障特别行政区高度自治权相统一。必须结合香港、澳门的实际情况,确保各项制度能有效维护港澳社会的整体利益和根本利益,维护港澳长期繁荣稳定,更好地保障最广大港澳居民的民主权利和根本福祉。必须落实行政主导体制,把各方面力量汇聚到发展经济、改善民生这个第一要务上来,着力破解港澳发展面临的深层次问题。

(二)系统推进重点领域拨乱反正。"爱国者治港"、"爱国者治澳",必须有深厚的社会政治基础。这就要求把重点领域的拨乱反正、正本清源摆在重要位置,不断巩固爱国爱港爱澳社会政治基础,主动塑造有利于"一国两制"实践行稳致远的大势。管治领域,要完善公务员制度和特区治理体系,转变政府作风,提升政府治理效能。司法领域,要完善特别行政区司法制度,增强司法法律界对宪法、基本法、国安法的正确理解和运用。教育领域,要抓好爱国主义宣传教育,不断增强港

澳同胞特别是青少年的国家意识和爱国精神,对国家和民族、对中华文化的认同感和归属感。传媒领域,要不断创新宣传方式,用港澳居民听得懂、易接受的方式开展宣传,建好守好用好港澳舆论阵地,不断扩大爱国爱港爱澳舆论版图。

(三)持续发展壮大爱国爱港爱澳力量。落实"爱国者治港"、"爱国者治澳",既要有制度保障,更要有充足的、高素质的人才保障。要发展壮大爱国爱港爱澳力量,完善培养、选拔、任用机制,特别是加强对青年政治人才、管治人才的培养,确保"一国两制"事业薪火相传。进一步做好港澳统一战线工作,形成更广泛的国内外支持"一国两制"的统一战线,持续扩大爱国爱港爱澳朋友圈。

(四)坚持不懈打击反中乱港乱澳势力。树牢底线思维和风险意识,时刻警惕反中乱港乱澳分子滋事破坏和美西方等外部敌对势力的干预行径。坚持抓早抓小、周密管控,防止各类"黑天鹅"、"灰犀牛"事件发生。敢于斗争,善于斗争,坚决打击反中乱港乱澳势力,坚决防范和遏制美西方等外部敌对势力干预港澳事务。

我们坚信,在以习近平同志为核心的党中央坚强领导下,有伟大祖国作坚强后盾,有香港、澳门特别行政区和社会各界人士的齐心协力,旗帜鲜明、坚定不移落实"爱国者治港"、"爱国者治澳"原则,香港、澳门一定能够创造更加美好的未来,不断谱写新时代"一国两制"事业高质量发展的新篇章。

坚持贯彻新时代党解决
台湾问题的总体方略

刘 结 一

习近平总书记所作的党的二十大报告,强调坚持贯彻新时代党解决台湾问题的总体方略,为做好新时代对台工作提供了根本遵循和行动指南,对新征程推进祖国统一进程,具有重大深远意义。

一、新时代党解决台湾问题的总体方略是党的十八大以来对台工作守正创新的宝贵结晶和根本指引

解决台湾问题、实现祖国完全统一,是党矢志不渝的历史任务,是全体中华儿女的共同愿望,是实现中华民族伟大复兴的必然要求。长期以来,我们党为此进行了不懈奋斗,付出了巨大努力。党的十八大以来,中国特色社会主义进入新时代,中华民族迎来了从站起来、富起来到强起来的伟大飞跃,比以往任何时候都更有能力、更有信心也更加接近实现祖国完全统一。同时,世界百年未有之大变局加速演进,美国加大"以台制华",解决台湾问题面临新的战略环境。习近平总书记统筹中华民族伟大复兴战略全局和世界百年未有之大变局,把握历史大势和时代变化,丰富和发展国家统一理论和对台方针政策,形成新时代党解决台湾问题的总体方略,指引对台工作克难前行,谱写了新时代 10 年伟大变革的对台篇章。

我们推动两岸政治交往取得新突破,实现 1949 年以来两岸领导人

首次会晤、直接对话沟通,树立两岸关系和平发展历史性标杆;开展两岸各界对话协商,在一个中国原则和"九二共识"基础上平等协商、共议统一迈出新步伐,引领两岸关系正确前进方向;深化两岸融合发展展现新作为,同台湾同胞分享大陆发展机遇、落实同等待遇,出台一系列惠及台湾同胞的政策举措并形成叠加效应,增进两岸同胞亲情福祉;有效应对台海形势变化及风险挑战,坚决反制"台独"分裂活动和外来干涉挑衅行径,取得反分裂反干涉斗争新成效,强化统一历史大势;携手共圆中国梦的宏愿,激发台湾同胞做民族复兴的参与者和受益者、当堂堂正正中国人的认同感和自豪感,凝聚团结奋斗的磅礴伟力。

新时代 10 年对台工作最鲜明的特征是牢牢掌握两岸关系主导权主动权,最关键的因素是党和国家事业取得历史性成就、发生历史性变革,最重要的启示是统一的时、势、义始终在祖国大陆这一边,最根本的保证是以习近平同志为核心的党中央的坚强领导和习近平新时代中国特色社会主义思想的科学指引。

二、深刻领会新时代党解决台湾问题的
总体方略的丰富内涵和重大意义

党的十八大以来,习近平总书记就对台工作发表一系列重要论述,作出一系列重要指示批示,提出一系列新理念新思想新战略。党的十九大进一步确立坚持"一国两制"和推进祖国统一的基本方略。习近平总书记在《告台湾同胞书》发表 40 周年纪念会上系统宣示新时代推进祖国和平统一的重大政策主张。党的十九届四中全会明确坚持和完善"一国两制"制度体系、推进祖国和平统一。党的十九届六中全会首次提出新时代党解决台湾问题的总体方略。

新时代党解决台湾问题的总体方略内涵丰富、逻辑严密、系统完备,深刻回答了新征程推进祖国统一的根本保证、历史方位、战略思路、大政方针、政治基础、实践途径、根本动力、必然要求、外部条件、战略支

撑等重大理论和实践问题，蕴含了习近平总书记强烈使命担当、深厚民族情怀、鲜明人民立场、宏阔历史视野、辩证战略思维、坚强斗争精神的领袖品格，为新时代解决台湾问题、实现祖国完全统一指明了方向，必须长期坚持、全面贯彻。

第一，坚持党中央对对台工作的集中统一领导。这是统一的根本保证。习近平总书记指出，必须坚持党的全面领导特别是党中央集中统一领导，把党的领导落实到党和国家事业各领域各方面各环节。对台工作是党和国家事业的重要组成部分，必须把加强党中央集中统一领导落实到对台工作的各方面全过程。进一步明确做好对台工作的优势所在、关键所在、根本所在。要把握好党的全面领导与发挥各方面积极性的关系，把政治制度优势转化为对台工作效能，巩固全国一盘棋对台工作格局，为推进统一大业提供更为强大的合力。

第二，坚持在中华民族伟大复兴进程中推进祖国统一。这是统一的历史方位。习近平总书记指出，民族复兴、国家统一是大势所趋、大义所在、民心所向。国家统一是中华民族走向伟大复兴的历史必然。台湾问题因民族弱乱而产生，必将随着民族复兴而解决。进一步明确国家统一在民族复兴战略全局中的重要地位。要把握好国家统一与民族复兴的关系，把握历史大势，掌握历史主动，为推进统一大业注入更为主动的精神力量。

第三，坚持在祖国大陆发展进步基础上解决台湾问题。这是统一的战略思路。习近平总书记指出，从根本上说，决定两岸关系走向的关键因素是祖国大陆发展进步。我们要保持自身发展势头，同时采取正确政策措施做好台湾工作。进一步明确解决台湾问题的必要充分条件。要把握好发展硬实力与软实力的关系，把国家和民族发展放在自己力量的基点上，办好自己的事情，持续增强对台影响力、吸引力和感召力，为推进统一大业奠定更为雄厚的基础。

第四，坚持"和平统一、一国两制"基本方针。这是统一的大政方针。习近平总书记指出，我们所追求的国家统一不仅是形式上的统一，更重要的是两岸同胞的心灵契合。"和平统一、一国两制"是解决台湾问题的基本方针,也是实现两岸统一的最佳方式,对两岸同胞和中华民族最有利。我们愿意为和平统一创造广阔空间,着力探索"两制"台湾方案。进一步明确高质量统一的内涵和形式。要把握好"一国"与"两制"的关系,坚定制度自信,在实践探索中不断开辟"一国两制"新境界,为推进统一大业提供更为完善的制度保障。

第五,坚持一个中国原则和"九二共识"。这是统一的政治基础。习近平总书记指出,一个中国原则是两岸关系的政治基础。体现一个中国原则的"九二共识"是确保两岸关系和平发展的关键。在此基础上,我们愿意同台湾各党派、团体和人士就两岸政治问题和祖国和平统一开展对话沟通,推动两岸各政党、各界别推举的代表性人士就两岸关系和民族未来开展民主协商。进一步明确共商共议统一的基础和方式。要把握好原则坚定与策略灵活的关系,坚持一个中国原则,广泛开展对话协商,为推进统一大业积累更为广泛的社会共识。

第六,坚持推动两岸关系和平发展、融合发展。这是统一的实践途径。习近平总书记指出,两岸关系和平发展是维护两岸和平、促进共同发展、造福两岸同胞的正确道路,也是通向和平统一的光明大道。要深化两岸融合发展,率先同台湾同胞分享发展机遇,提供同等待遇,扩大深化两岸交流合作,壮大中华民族经济,共同弘扬中华文化,建设两岸命运共同体。进一步明确和平统一的必由之路。要把握好和平发展、融合发展与和平统一的关系,增强统一预期和动力,实现统一过程和目的高度统一,为推进统一大业提供更为充分的条件。

第七,坚持团结台湾同胞、争取台湾民心。这是统一的根本动力。习近平总书记指出,要秉持"两岸一家亲"理念,在对台工作中贯彻好以人民为中心的发展思想,对台湾同胞一视同仁,像为大陆百姓服务那样造福台湾同胞。两岸同胞要携手同心,共圆中华民族伟大复兴中国梦。伟大祖国是所有爱国统一力量的坚强后盾。进一步明确统一的依靠力量和精神旗帜。要把握好一致性与多样性的关系,重视人心回归,坚持不懈做台湾人民工作,为推进统一大业凝聚更为磅礴的力量。

第八,坚持粉碎"台独"分裂图谋。这是统一的必然要求。习近平总书记指出,"台独"分裂是祖国统一的最大障碍,是民族复兴的严重隐患。我们绝不允许任何人、任何组织、任何政党、在任何时候、以任何形式、把任何一块中国领土从中国分裂出去。我们有坚定的意志、充分的信心、足够的能力挫败任何形式的"台独"分裂图谋。进一步明确决不容忍"台独"分裂的态度和决心。要把握好治标与治本的关系,坚决打击"台独"分裂行径,廓清"台独"社会思想根源,为推进统一大业彻底清除障碍隐患。

第九,坚持反对外部势力干涉。这是统一的外部条件。习近平总书记指出,台湾是中国的台湾。解决台湾问题是中国人自己的事,要由中国人来决定。台湾问题是中国的内政,事关中国核心利益和中国人民民族感情,不容任何外来干涉。任何人都不要低估中国人民捍卫国家主权和领土完整的坚强决心、坚定意志、强大能力。进一步明确台湾问题的本质和突出风险。要把握好争取国际理解支持与反对外来干涉的关系,坚决同打"台湾牌"、"以台制华"的行径作斗争,巩固国际社会坚持一个中国原则的格局,为推进统一大业营造更为有利的外部环境。

第十,坚持决不承诺放弃使用武力。这是统一的战略支撑。习近平总书记指出,我们决不承诺放弃使用武力,保留采取一切必要措施的选项,这针对的是外部势力干涉和极少数"台独"分裂分子及其分裂活动,绝非针对广大台湾同胞。进一步明确统一必须坚持两手并用,把握好和平与非和平方式的关系,始终做足做好两手准备,确保两手都过硬,为推进统一大业提供更为牢靠的手段。

新时代党解决台湾问题的总体方略是习近平新时代中国特色社会主义思想的重要组成部分,是我们党对台大政方针的继承发展和集大成,是我们党为祖国统一奋斗百年历史的智慧结晶,是实现统一的认识论和方法论,升华了我们党的国家统一观,标志着我们党的国家统一理论更加成熟、更加定型。

三、深刻把握新时代党解决台湾问题的
总体方略的实践要求

党的二十大报告对今后一个时期对台工作作出战略部署。我们要贯彻党的二十大精神,把新时代党解决台湾问题的总体方略落实到对台工作各方面全过程。

(一)把握历史主动,坚定推进祖国统一进程。习近平总书记强调要把握历史主动,创造新的历史伟业。党的二十大报告把握中华民族伟大复兴不可逆转的历史大势,立足党和国家事业发展全局谋划对台工作,提出"牢牢把握两岸关系主导权和主动权,坚定不移推进祖国统一大业"的对台工作目标。党的二十大将有力推进祖国大陆现代化建设进程,我们要发挥历史主动精神,把日益增长的综合实力、显著的制度优势持续转化为推进统一进程的强大动能。报告坚持"和平统一、一国两制"方针,强调"以最大诚意、尽最大努力争取和平统一的前景,但决不承诺放弃使用武力,保留采取一切必要措施的选项",目的是从根本上维护祖国和平统一的前景、推进祖国和平统一的进程,体现了我们党对民族大义、同胞福祉与两岸和平的珍视,对中华民族前途命运和国家发展全局的深刻把握,彰显了我们的战略信心和定力。

(二)增进人民福祉,深化两岸各领域融合发展。习近平总书记强调要增进两岸同胞福祉,实现两岸同胞对美好生活的向往。党的二十大报告提出"继续致力于促进两岸经济文化交流合作,深化两岸各领域融合发展,完善增进台湾同胞福祉的制度和政策,推动两岸共同弘扬中华文化,促进两岸同胞心灵契合"的对台工作举措,彰显以人民为中心的发展思想、为同胞谋福祉的不变初心。经济文化交流合作是发展两岸关系的"两个轮子",是促进两岸共同发展、增进同胞亲情福祉的重要渠道,要拉紧两岸同胞利益联结和情感纽带,铸牢两岸命运共同体意识。两岸各领域融合发展是和平统一的基础工程,要在探索两岸融

合发展新路上迈出更大步伐，支持福建率先建设两岸融合发展示范区；支持台胞台企抓住党的二十大带来的广阔发展空间和发展机遇，更好融入新发展格局、参与高质量发展。台湾同胞与大陆百姓共享福祉，是台胞作为中国公民的应有之义，要积极落实同等待遇，依法保障台湾同胞权益，不断提升其获得感和认同感。中华文化是两岸同胞的根和魂，是两岸关系中最天然的联结、最深沉的力量，也是最牢不可破的纽带，从根本上决定了"台独"分裂必然失败。要共同弘扬中华文化，增强中华文化认同、自信，建设共同精神家园。

（三）发扬斗争精神，坚决粉碎"台独"分裂和外来干涉图谋。习近平总书记强调要坚定斗争意志，增强斗争本领。统一就是同"台独"分裂势力和外来干涉势力不断斗争直至最终胜利的过程。一个时期以来，台湾民进党当局坚持"台独"错误立场，拒不承认一个中国原则和"九二共识"，甘为外部势力遏华棋子，不断进行谋"独"挑衅。美国大打"台湾牌"，掏空一个中国原则，提升美台往来层级，加大对台售武，图谋阻挠中国统一和民族复兴进程。党的二十大报告强调斗争精神，划出底线红线，展现敢于斗争、敢于胜利的决心信心。要增强忧患意识，坚持底线思维，敢于斗争、善于斗争，巩固拓展反分裂反干涉斗争成果，坚决挫败"台独"挑衅和外来干涉行径，坚定捍卫国家主权和领土完整，为党和国家事业发展营造稳定台海环境。

（四）促进团结奋斗，携手共创祖国统一、民族复兴历史伟业。习近平总书记强调团结奋斗是中国人民创造历史伟业的必由之路。党的二十大报告突出团结奋斗的重要性。台湾同胞是中华民族的成员，是发展两岸关系、推进祖国统一的重要力量，岛内爱国统一力量更是其中的中坚力量。我们要团结广大台湾同胞，坚定支持岛内爱国统一力量，共同把握历史大势，坚守民族大义，坚定反"独"促统。两岸同胞血脉相连，是一家人。我们要始终尊重、关爱、造福台湾同胞，绵绵用力、久久为功，增进台湾同胞尤其是青少年对民族、对国家的认知和感情，加深他们对统一有好处、"台独"是绝路、外人靠不住的认识，引导他们自觉投身祖国统一和民族复兴的光辉事业。两岸的事是两岸同胞的家里事，当然也应该由家里人商量着办。我们愿意在一个中国原则和"九二共识"基础上，推进同台湾各党派、各界别、各阶层人士就两岸关系和国家统一开展广泛深入协商，共同推动两岸关系和平发展、推进祖国和平统一进程，创造全体中国人共同美好的未来。

坚定奉行独立自主的和平外交政策

邓 洪 波

独立自主的和平外交政策是新时代中国特色大国外交的灵魂和旗帜,是习近平新时代中国特色社会主义思想和习近平外交思想的重要组成部分,是我们党立足实现中华民族伟大复兴全局和长远的战略选择。党的二十大报告再次郑重宣示:中国坚定奉行独立自主的和平外交政策。新形势下,必须坚持统筹中华民族伟大复兴战略全局和世界百年未有之大变局,深入推进中国特色大国外交,坚定不移维护国家主权、安全、发展利益,推动构建人类命运共同体,为全面建设社会主义现代化国家营造良好外部环境,为促进世界和平与发展的崇高事业而不懈努力。

一、独立自主的和平外交政策具有深厚历史背景和重大时代意义

坚定奉行独立自主的和平外交政策,是我们党的奋斗经验和中国特色社会主义的本质属性所决定的。独立自主是我们立党立国的重要原则,走自己的路是党百年奋斗得出的历史结论。和平发展是中国特色社会主义的必然选择,也是兴党兴国的重要支撑。我们党始终从中国国情出发,独立自主探索并形成符合中国实际的正确道路,坚持把国家和民族发展放在自己力量的基点上,把中国发展进步的命运牢牢掌握在自己手中。中国特色社会主义道路是一条自立自强之路,我们学习借鉴国外的有益经验,同时始终坚定民族自尊心和自信心,坚持中国的事情必须由中国人民自己作主张、自己来处理。中国特色社会主义

道路是一条和平发展之路,我们既通过维护世界和平发展自己,又通过自身发展促进世界和平与发展,同各国人民一道推动历史车轮向着光明的前途前进。

坚定奉行独立自主的和平外交政策,是中华民族文明基因和历史传统的突出体现。独立自主铸就中华民族的精神之魂,和平发展融入中华民族的血脉基因。中华文明之所以能够成为人类历史上唯一一个绵延5000多年而未曾中断、历久弥新的伟大文明,与独立自主的民族精神、和合共生的文化传统息息相关。和平、和睦、和谐是中华民族几千年来一直追求和传承的理念,中华民族的血液中没有侵略他人、称王称霸的基因。中国历史上曾经长期是世界上最强大的国家之一,但对外政策历来重视和平交往与互利合作,从未侵略其他国家。近代以后,由于西方列强入侵和封建统治腐败,旧中国逐步沦为半殖民地半封建社会,中国人民遭受侵略、掠夺达百年以上,历尽苦难和屈辱,更加深知独立自主与和平安宁来之不易,更加坚定维护世界和平、促进公平正义。

坚定奉行独立自主的和平外交政策,是新中国成立以来外交工作一以贯之坚持和发扬的基本原则。中华人民共和国成立之初,就鲜明提出以保障民族独立和维护世界和平为主旨的外交政策,"另起炉灶"、"打扫干净屋子再请客"原则确立了新中国外交独立自主的底色。20世纪50年代中期,我们提出和平共处五项原则,成为独立自主和平外交政策发展的里程碑,我国外交在错综复杂的国际环境中始终坚持独立自主和维护和平的主基调。进入改革开放新时期,我们党根据国内外形势变化,提出和平与发展是时代主题、推动建立国际政治经济新秩序、坚持走和平发展道路、建设和谐世界等重要理念主张,在新的时代条件下丰富和发展了独立自主的和平外交政策。党的十八大以来,以习近平同志为核心的党中央深刻把握中国和世界发展大势,提出推动构建人类命运共同体、建设新型国际关系、共建"一带一路"等一系列重大新理念新倡议,推动新时代中国特色大国外交不断开创新局面,独立自主的和平外交政策在我国从站起来、富起来到强起来的伟大历史进程中,实现了与时俱进的新飞跃。

坚定奉行独立自主的和平外交政策,是符合当今时代潮流和各国人民根本利益的正确选择。当前,世界百年未有之大变局加速演进,世界之变、时代之变、历史之变以前所未有的方式展开。世界进入新的动荡变革期,国际形势中的不稳定性不确定性明显增加,地缘政治博弈尖锐复杂,霸权主义、强权政治、单边主义、保护主义甚嚣尘上,恐怖主义、极端势力、传染疾病、自然灾害等威胁不断,和平赤字、发展赤字、安全赤字、治理赤字愈加突出。面对复杂严峻的国际形势和接踵而至的风险挑战,世界各国更加认识到独立自主与和平发展的珍贵,和平、发展、合作、共赢更加成为国际社会人心所向。我们党坚持独立自主的和平外交政策,维护了中国人民的根本利益,顺应了时代潮流和各国人民的共同期待,站在历史正确的一边,站在人类进步的一边,为促进世界和平发展和人类文明进步贡献了重要力量。

二、准确把握新时代独立自主的和平外交政策的核心要义和丰富内涵

党的十八大以来,以习近平同志为核心的党中央领导指挥中国特色大国外交开展了波澜壮阔的理论与实践创新,深化了我们党对新时代对外工作的规律性认识,赋予了独立自主的和平外交政策新的时代意义和思想内涵,指引我国外交在国际风云变幻中不断开拓前行。

新时代独立自主和平外交政策,是服务实现中华民族伟大复兴与推动构建人类命运共同体的有机统一。习近平总书记指出,中国共产党是为中国人民谋幸福、为中华民族谋复兴的党,也是为人类谋进步、为世界谋大同的党。服务实现中华民族伟大复兴,是新时代我国对外工作的历史使命。推动构建人类命运共同体,是新时代中国特色大国外交的总目标。我们准确把握新时代我国发展历史方位和使命任务,

紧紧围绕党和国家中心工作推进中国特色大国外交,在变局中开新局、在危机中育新机,为国内改革发展稳定积极营造良好外部环境。同时,我们始终坚持中国的前途命运和世界的前途命运紧密相连,坚持维护世界和平、促进共同发展的外交政策宗旨,坚持胸怀天下的负责任大国担当,致力于同各国一道,推动构建人类命运共同体,携手建设持久和平、普遍安全、共同繁荣、开放包容、清洁美丽的世界。中国始终是世界和平的建设者、全球发展的贡献者、国际秩序的维护者,不断为人类发展进步作出新的更大贡献。

新时代独立自主和平外交政策,是坚定维护国家核心重大利益与促进国际公平正义的有机统一。习近平总书记指出,中国不觊觎他国权益,不嫉妒他国发展,但决不放弃我们的正当权益,任何外国不要指望我们会拿自己的核心利益做交易。坚决维护国家主权、安全、发展利益,是对外工作的出发点和落脚点。我们坚持总体国家安全观,发扬不信邪、不怕鬼的精神,同企图颠覆中国共产党领导和我国社会主义制度、企图迟滞甚至阻断中华民族伟大复兴进程的一切势力斗争到底,有力开展在台湾问题以及涉港、涉疆、涉藏、涉海、人权等问题上的斗争,有效防范化解各种风险挑战。同时,对国际事务,我们始终从中国人民和世界人民的共同根本利益出发,根据事情本身的是非曲直决定自己的立场和政策,维护国际关系基本准则,维护国际公平正义。我们主张国家不分大小、强弱、贫富一律平等,尊重各国主权和领土完整,尊重各国人民自主选择的发展道路和社会制度。我们坚持世界前途命运应该由各国共同掌握,国际上的事应该由大家商量着办。我们倡导共商共建共享的全球治理观,坚持真正的多边主义,推动国际关系民主化,推动全球治理朝着更加公正合理方向发展。

新时代独立自主和平外交政策,是中国坚持走和平发展道路与推动各国共同走和平发展道路的有机统一。习近平总书记指出,走和平发展道路是我们党根据时代发展潮流和我国根本利益作出的战略抉择。中国坚持走和平发展道路,集中力量办好自己的事,本身就是对世界和平的重大贡献。我们永远做维护世界和平的坚定力量，永远不称霸，永远不搞扩张，不参加任何军备竞赛和军事集团。我们一贯奉行防御性国防政策，加强国防建设不针对、不威胁任何国家。同时，和平发展不是单行道，也不是一厢情愿的事，而是世界各国共同的责任，只有各国都走和平发展道路，才能和平相处，世界的和平与安全才有基本保障。我们提出全球安全倡议，坚持共同、综合、合作、可持续的安全观，倡导通过对话协商、以和平手段解决国际争端，摒弃冷战思维和集团政治，反对侵略扩张和干涉别国内政，反对一切形式的霸权霸道霸凌行径，走对话而不对抗、结伴而不结盟的国与国交往新路。

新时代独立自主和平外交政策，是坚持自力更生、自立自强与开放合作、互利共赢的有机统一。习近平总书记指出，自力更生是中华民族自立于世界民族之林的奋斗基点。党的百年奋斗史昭示我们，只有自力更生、自立自强，人民的幸福生活才有可靠保证，党和国家事业才能拥有战略主动。新中国外交就是在自力更生基础上建立和发展壮大的，新时代中国特色大国外交取得的一切成就都是自立自强奋斗出来的。同时，自力更生不是盲目排外，自立自强不是闭关自守。我们坚定奉行互利共赢的开放战略，致力于在开放合作中构建新发展格局、推动高质量发展，既实现自身更大发展，又促进各国共同发展。我们坚持经济全球化正确方向，推动建设开放型世界经济，维护全球产业链供应链安全稳定开放，反对单边主义、保护主义，反对任何"脱钩断链"、"筑墙设垒"、极限施压的行径。我们推动落实全球发展倡议，加强宏观政策协调，促进全球平衡、协调、包容发展，构建全球发展命运共同体。

新时代独立自主和平外交政策，是坚持战略自信、历史自信和促进文明交流、互学互鉴的有机统一。习近平总书记指出，要坚持中国特色社会主义道路自信、理论自信、制度自信、文化自信，不断把中国特色社会主义伟大事业推向前进。坚定"四个自信"，体现了新时代中国的国家意志和民族精神，是对外工作的力量之源和信念之基。我们坚持中国共产党领导和中国特色社会主义，坚持我国的发展道路、社会制度、文化传统、价值理念，成功走出中国式现代化道路，创造了人类文明新形态。中国特色社会主义的成功，拓展了发展中国家走向现代化的途径，为人类共同发展开辟了更加广阔前景。同时，我们坚持世界是丰富多彩的、文明是多样多元的，坚持和而不同、兼收并蓄，积极学习借鉴人类文明的一切有益成果。我们弘扬和平、发展、公平、正义、民主、自由的全人类共同价值，促进世界各国的相互理解与信任，反对以意识形态划线，反对"教师爷"般颐指气使的说教，推动文明交流互鉴成为增进人民友谊的桥梁、促进人类进步的动力、维护世界和平的纽带。

三、坚定奉行独立自主的和平外交政策 全力做好新时代对外工作

新征程上，我们要坚持以习近平新时代中国特色社会主义思想和习近平外交思想为指导，紧紧围绕服务民族复兴、促进人类进步这条主线，进一步增强坚定奉行独立自主的和平外交政策的理论自觉和行动自觉，更加主动有为地推进新时代中国特色大国外交，为党和国家事业不断迈上新台阶创造有利条件。

坚持政治统领，把握正确方向。始终坚持外交大权在以习近平同志为核心的党中央，深刻领悟"两个确立"的决定性意义，增强"四个意识"、坚定"四个自信"、做到"两个维护"，不断提高政治判断力、政治领悟力、政治执行力。全面把握习近平外交思想的科学性时代性先进性，充分认识独立自主的和平外交政策的政治性原则性战略性，引领中国特色大国外交理论与实践守正创新。坚持和加强党对对外工作的集中统一领导，不断夯实党总揽全局、协调各方的对外工作大协同局面，确保党中央对外大政方针和战略部署得到有力贯彻落实。

统筹发展安全，服务中心大局。立足实现第二个百年奋斗目标"两步走"战略安排，统筹国内国际两个大局、发展安全两件大事，全面深入谋划推进对外工作，为国内改革发展稳定保驾护航。辩证把握新

形势下发展和安全的关系,增强系统观念、提高战略思维,推动我国高质量发展和高水平安全相互促进,推动国际社会共同落实全球发展倡议和全球安全倡议。坚持开放合作,扎实推进共建"一带一路",畅通做强国内国际双循环,拓展合作共赢新局面。坚持国家利益、人民利益至上,坚定维护国家主权、安全、发展利益,积极维护我国公民、法人海外权益,更好服务国家发展和民族复兴。

深化外交布局,拓展伙伴关系。在和平共处五项原则基础上,同各国发展友好合作,深化拓展平等、开放、合作的全球伙伴关系。推动构建和平共处、总体稳定、均衡发展的大国关系格局,深化同周边国家友好互信和利益融合,加强同发展中国家团结合作、维护发展中国家共同利益。积极参与全球治理体系改革和建设,倡导和践行真正的多边主义,坚定维护以联合国为核心的国际体系、以国际法为基础的国际秩序、以联合国宪章宗旨和原则为基础的国际关系基本准则。扩大同各国利益的汇合点,团结一切可以团结的力量,调动一切可以调动的积极因素,打造最广泛的国际统一战线,促进世界和平与发展。

强化担当作为,提高斗争本领。深刻认识和把握我国发展面临的新的战略机遇、新的战略任务、新的战略阶段、新的战略要求、新的战略环境,勇于直面外部环境中各种风险挑战的考验,坚定信心、迎难而上,锐意进取、开拓前行,不断深入推进中国特色大国外交,不断提升工作的针对性预见性创造性。增强忧患意识、树牢底线思维,坚定斗争意志、锤炼斗争本领,着力提高驾驭复杂国际局势和处理纷繁涉外事务的能力,特别要提高对重大风险挑战的精准判断、及时应对和有力处置,以正确的战略策略识变应变、攻坚克难,依靠顽强斗争开辟外交事业发展新天地。

凝聚道义力量,夯实战略保障。高举和平、发展、合作、共赢旗帜,坚持不懈推动构建人类命运共同体、构建新型国际关系,弘扬全人类共同价值,深入宣介新时代独立自主的和平外交政策精髓要义,增进国际社会理解和认同,不断提升我国国际影响力感召力。加快国际传播能力建设,展示真实、立体、全面的中国,塑造可信、可爱、可敬的中国形象,增进同各国民心相通。推进涉外法治建设,强化国际法研究和运用。加强人才培养和组织能力建设,持续打造政治过硬、业务精湛、勇于担当、忠诚干净的外交外事干部队伍,为谱写新时代中国特色大国外交新篇章提供坚强有力保障。

加强同各国政党和政治组织
交流合作

宋　　涛

习近平总书记指出，中国共产党是为中国人民谋幸福、为中华民族谋复兴的党，也是为人类谋进步、为世界谋大同的党。党的十八大以来，在以习近平同志为核心的党中央坚强领导下，我们党持续拓展深化同各国政党和政治组织交流合作，与世界各国人民一道推动历史车轮向着光明的前途前进，为世界发展和人类文明进步作出重要贡献。习近平总书记在党的二十大报告中强调，中国共产党愿在独立自主、完全平等、互相尊重、互不干涉内部事务原则基础上加强同各国政党和政治组织交流合作。这为新时代党的对外工作指明了方向、提供了根本遵循。当前，百年未有之大变局加速演进，世界进入新的动荡变革期，机遇和挑战都前所未有。我们要深入学习领会和贯彻落实习近平新时代中国特色社会主义思想，准确把握新时代新征程党的对外工作的使命任务和基本原则，为促进人类发展进步、共创世界美好未来而不懈奋斗。

一、胸怀天下、锐意进取，在促进人类进步的
历史伟业中发挥重要作用

作为马克思主义政党，中国共产党始终胸怀天下，始终关注人类前途命运，百余年来同各国政党和政治组织深化交流合作，同世界上一切进步力量携手前进，为促进世界和平发展和人类进步事业作出了伟大的历史性贡献。

新民主主义革命时期，我们党通过建立、维护、发展同世界共产党和进步力量的联系，积极争取国际社会对中国革命的同情、理解和支持。我们党把马克思主义基本原理同中国具体实际相结合，实现民族独立和人民解放，深刻改变了中国人民和中华民族的前途和命运，也极大改变了世界政治格局，鼓舞了全世界被压迫民族和被压迫人民争取解放的斗争。

社会主义革命和建设时期，面对帝国主义的孤立封锁，我们党通过积极发展同各国共产党、工人党和其他进步力量的关系，带动了国家关系的建立和发展。我们党顺应广大第三世界国家和人民的呼声，支持和援助世界被压迫民族解放事业、新独立国家建设事业和各国人民正义斗争，反对帝国主义、霸权主义、殖民主义、种族主义，为促进人类进步发挥了重要作用。

改革开放和社会主义现代化建设新时期，我们党坚持维护世界和平、促进共同发展的外交政策宗旨，解放思想、实事求是，超越意识形态差异和分歧，同一切愿意同我们党交往的外国政党、政治组织建立和发展关系，交往对象不断增多、交往范围持续扩大、交往内涵日益丰富。我们党积极促进世界多极化和国际关系民主化，旗帜鲜明反对霸权主义和强权政治，坚定维护广大发展中国家利益，推动建立公正合理的国际政治经济新秩序，成为促进世界持久和平、共同繁荣的关键性力量。

二、踔厉奋发、勇毅前行，为促进人类进步 作出新的历史性贡献

党的十八大以来，中国特色社会主义进入新时代。习近平总书记站在历史和时代发展的潮头，举旗定向、谋篇布局、躬身力行，引领新时代党的对外工作不断开创新局面，取得一系列历史性成就，我们党前所未有地走进世界政党舞台中央，前所未有地深刻影响了世界政治文明发展进程。党的对外工作坚持以习近平新时代中国特色社会主义思想

特别是习近平总书记关于党的对外工作的重要论述为根本遵循，牢牢把握党的对外工作是党的一条重要战线、国家总体外交的重要组成部分、中国特色大国外交的重要体现的定位，同各国政党和政治组织广泛交往、深入交流，以建立新型政党关系助力构建新型国际关系，以夯实全球政党伙伴关系网络助力完善全球伙伴关系网络，为实现第一个百年奋斗目标、开启向第二个百年奋斗目标进军新征程、推动构建人类命运共同体、促进人类发展进步发挥了独特而重要的作用。

（一）担当历史使命，彰显伟大思想之光。习近平新时代中国特色社会主义思想不仅是实现中华民族伟大复兴的行动指南，也为推动全球发展和促进人类进步提供重要引领，在动荡变革的世界中愈加放射出真理光芒。国际社会特别是许多发展中国家政党表达了希望学习借鉴习近平新时代中国特色社会主义思想、促进自身发展的强烈愿望。我们积极回应各国政党和政治组织的期待，举办中国共产党与世界马克思主义政党论坛等活动，共同推进马克思主义本土化时代化进程，充分彰显习近平新时代中国特色社会主义思想引领时代潮流和人类前进方向的思想伟力。通过举办"中国共产党的故事——习近平新时代中国特色社会主义思想在地方的实践"专题宣介会、党的重要会议精神吹风会等方式，面向各国政党深入阐释习近平新时代中国特色社会主义思想的时代意义、深刻内涵和实践成效，全面介绍我们党以伟大的自我革命引领伟大的社会革命等成功经验，为各国政党特别是广大发展中国家政党克服道路选择之惑、思想理论之困、国家发展之难提供了方向引领和思想启示。越来越多的发展中国家政党在结合自身实际的基础上，在治党治国实践中积极学习和借鉴习近平新时代中国特色社会主义思想，并高度赞誉这一思想的实践伟力。

（二）广交政党伙伴，共担引领时代之责。习近平总书记指出，政党是推动人类进步的重要力量，要担负起引领方向、凝聚共识、促进发展、加强合作、完善治理的责任。面对世界百年未有之大变局，我们党广交天下朋友，同社会主义国家执政党和进步力量的团结合作不断深化,同周边国家政党关系更加稳固,同发展中国家政党交流合作日益密切,同发达国家政党机制化交往日臻成熟,同新兴政党交往不断取得新突破,积极参与国际和地区多边政党活动,推动更多外国政党和政治组织与我们党携手并肩,共同担负起维护世界和平、促进人类进步的时代责任,赢得国际社会广泛响应。在我们党成立 100 周年之际,来自 160 多个国家的 500 多个政党和政治组织等的领导人、逾万名政党和各界代表出席中国共产党与世界政党领导人峰会,习近平总书记发表主旨讲话,全面深入阐释为人民谋幸福的政党责任,为各国政党携手构建人类命运共同体指明了前进方向,得到与会各方和国际社会的高度认同和广泛赞誉。外国政党领导人纷纷表示,愿同中国共产党一道肩负起时代使命,为人类迈向更美好的未来贡献政党力量。

(三)**团结各方力量,激扬公平正义之声**。习近平总书记强调,中国人民热爱和平,深知和平安宁的珍贵,始终奉行独立自主的和平外交政策,主持公道,伸张正义,坚决反对霸权主义和强权政治。在国际形势的风云激荡中,我们党坚定地站在历史正确的一边、站在人类进步的一边,倡导并践行真正的多边主义,同各国政党和政治组织一道,努力维护以联合国宪章宗旨和原则为基础的国际关系基本准则,捍卫人类共同和长远利益。在国际事务中,我们党始终根据事情本身的是非曲直和历史经纬作出公正判断、发出正义声音,得到广大发展中国家政党的广泛认同和积极响应。在台湾、涉港、涉疆、涉藏、涉疫、南海、人权、中美经贸摩擦等问题上,众多外国政党和政治组织纷纷仗义执言,形成认同支持我们党立场的强大声势,共同书写了发展中国家政党和进步力量共克时艰、守望相助、捍卫正义的时代佳话,有力推动了国际秩序和全球治理体系朝着更加公正合理的方向发展。

(四)**聚焦人民福祉,拓展共同发展之路**。习近平总书记指出,发展是实现人民幸福的关键,强调坚持以人民为中心,做到发展为了人民、发展依靠人民、发展成果由人民共享。在对外交往中,我们党始终坚持人民至上的价值理念,通过充分发挥党的对外工作特色优势,创新开展"政党+"交往等,努力凝聚合作共识、加强政策对接、拓展合作空间,在服务国内发展需求、促进各地方各领域对外务实合作,助力构建新发展格局、全面建成小康社会的同时,为共创更加繁荣美好的世界作出积极贡献。面对贫困这一困扰人类几千年的世界性难题,我们党毫无保留地与各国政党分享脱贫攻坚经验,帮助发展中国家政党增强国家发展的内生动力,助力推进全球减贫事业。与"一带一路"沿线国家建立政党共商机制,推动共建"一带一路"高质量发展,与各国政党、社会组织、智库等共同推动全球发展倡议落地落实,努力提升全球发展的公平性、有效性、协同性,为人类可持续发展贡献中共方案和中国力量。

(五)着眼命运与共,共谋和平稳定之道。习近平总书记多次强调,人类是一个整体,地球是一个家园,任何人、任何国家都无法独善其身;和平是人类共同事业,需要各方共同争取和维护。我们党着眼全人类共同利益,通过举办中国共产党与世界政党高层对话会及各类全球性、地区性和双边交往活动等方式,广泛对话、深入交流,同各国政党等一切爱好和平的力量一道,推动构建人类命运共同体,携手建设更加美好的世界。深入推动落实习近平总书记提出的全球安全倡议,倡导摒弃冷战思维,反对单边主义,深化政治安全领域战略互信,努力破解全球安全治理难题。通过政党外交渠道,积极推动国际和地区热点难点问题政治解决进程,通过举办国际和平日纪念活动等传播和平理念、汇聚各方力量,为维护世界和平稳定发挥积极作用。各国政党和政治组织普遍高度评价我们党为世界和平安宁作出的重要贡献,认为中国共产党领导的中国不愧为世界和平的建设者、全球发展的贡献者、国际秩序的维护者。

三、继往开来、团结奋进,在新征程上谱写更加辉煌的时代篇章

当前,世界之变、时代之变、历史之变正以前所未有的方式展开。

世界多极化、经济全球化在曲折中深入发展，和平、发展、合作、共赢的历史潮流不可阻挡，民心所向、大势所趋决定了人类前途终将走向光明。同时，霸权霸凌霸道行径危害深重，冷战思维和强权政治阴霾不散，人类社会面临深刻挑战，世界又一次站在历史十字路口，何去何从取决于各国人民的抉择。

政党在国家政治生活中发挥着重要作用，也是推动人类文明进步的重要力量。当前，许多国家政党政治复杂演变，安全挑战层出不穷，经济复苏步履维艰，各种思潮相互激荡，不稳定不确定因素增多，加之政治极化、治理失灵以及社会新形态、科技新变革的冲击，不少政党都遭遇"方向困境"、"价值困境"、"发展困境"等多重挑战。我们将在独立自主、完全平等、互相尊重、互不干涉内部事务原则基础上，加强同各国政党和政治组织交流合作，凝聚共识、汇聚力量，推动构建平等、开放、合作的全球伙伴关系，为服务民族复兴、促进人类进步作出新的更大贡献。

（一）坚持独立自主，丰富世界政党政治发展新路径。习近平总书记指出，人类历史上，没有一个民族、没有一个国家可以通过依赖外部力量、跟在他人后面亦步亦趋实现强大和振兴。独立自主是中华民族精神之魂，是我们立党立国的重要原则。走自己的路，是党的全部理论和实践立足点，更是党百年奋斗得出的历史结论，对各国政党探索符合本国国情的发展道路也具有重要借鉴意义。不同国家的历史文化、资源禀赋、发展水平各异，各国政党要把国家和民族发展放在自己力量的基点上，坚持自己的事情必须由自己作主张、自己来处理，从本国国情和实际出发自主选择本国发展道路和社会制度。

敢于斗争是独立自主的重要体现。只有敢于斗争、善于斗争，才能独立自主、赢得尊严、赢得主动、维护利益。在对外交往中，我们要一以贯之地坚持独立自主的基本原则，把坚定维护党的领导、巩固党的执政地位、强化党的执政基础，作为工作的根本出发点和落脚点，对一切削弱、歪曲、否定党的领导和我国社会主义制度的言行，对一切损害我国核心利益的图谋和行为,要旗帜鲜明进行坚决斗争。中国走出的成功发展道路也为世界上那些既希望加快发展又希望保持自身独立性的国家和民族提供了全新选择。我们要一如既往地坚定支持各国特别是发展中国家政党和政治组织探索符合本国国情的发展道路,把国家发展的前途和命运牢牢掌握在自己手中,在引领国家发展、推动人类进步的征程中携手前行。

(二)坚持完全平等,拓展世界政党交往新基础。习近平总书记强调,国与国相处,要把平等相待、互尊互信挺在前面。政党不分历史长短、人数多少、力量强弱、执政与否,都是国际社会中平等的一员,这也是不同国家政党开展交往的基础。要坚持以宽广胸怀尊重不同政党对全人类共同价值内涵的认识和对价值实现路径的探索。坚持平等相待,反对霸权主义、强权政治,反对以一己之私搞"双重标准",反对把一个国家的发展建立在损害别国利益之上。在百年变局和世纪疫情交织叠加的背景下,政党都应当肩负起为人民谋幸福、为人类谋进步的历史责任,携手应对共同的时代挑战。要通过平等交往,在包容多样性中寻求一致性,努力找到最大公约数,为推动构建人类命运共同体汇聚最广泛的政党力量。

我们要秉持开放包容的胸襟,本着实事求是的态度,以全人类共同价值为思想聚合点,团结一切可以团结的力量,进一步拓展全球政党伙伴关系网络。在坚持完全平等的基础上,全面发展与不同国家、不同类型政党的友好关系,广交朋友、多交朋友,不断拓展交往外延,丰富交往内涵,创新交往方式,进一步完善全方位、多层次、宽领域、立体化的党的对外工作布局,增进中国共产党与世界政党的相互理解和彼此信任,引导更多外国政党和政治组织与我们党携手同行,为推动人类进步提供坚实的政治保障。

(三)坚持互相尊重,树立践行国际道义新典范。习近平总书记指出,相互尊重和信任是国与国应有的相处之道。各国政党之间互相尊重,既是时代进步的客观要求,也是国际政党交往法则的应有之义。在对外交往中，要尊重各国政党自身特点，尊重彼此的核心利益。要加强沟通协调、增进政治互信，用对话协商的方式解决分歧，促进各国良性互动、和平共处。要坚持共商共建共享，反对单边主义、搞小圈子，在广泛协商、凝聚共识基础上改革和完善全球治理体系，推动国际秩序朝着更加公正合理的方向发展，让各国人民共同掌握世界的命运。

"己所不欲，勿施于人。"中国共产党和中国人民从苦难中走过来，深知相互尊重、互谅互让才是人间正道。在对外交往中，坚持推动构建相互尊重、公平正义、合作共赢的新型国际关系，倡导不冲突不对抗，不搞零和博弈、你输我赢，坚决反对各种以意识形态对立搞阵营对抗、分裂世界的图谋。我们永远不称霸、不扩张，也绝不会坐视自己国家的主权、安全、发展利益受损，绝不会允许任何人任何势力侵犯和分裂祖国的神圣领土。要引领团结更多政党和政治组织践行真正的多边主义，增强发展中国家的话语权和影响力，为捍卫国际公平正义切实发挥政党的独特作用。

（四）坚持互不干涉内部事务，谱写人类文明进步新篇章。习近平总书记强调，各国的事务应该由各国人民自己来管。互不干涉内部事务，是重要的国际关系基本准则，是发展中国家政党维护自身安全、实现自主发展的前提，也是确保人类政治文明多样化发展的重要保障。中国共产党不会对别的政党指手画脚，不"输出"中国模式，不会要求别的政党"复制"中国的做法，也不接受"教师爷"般颐指气使的说教，不会任由少数国家、少数政党把自己的意志、规则强加于人。

作为人类政治文明的产物和推动政治文明发展的力量，不同国家政党既要恪守互不干涉内部事务的原则，也要通过政治对话与思想交流求同存异、推动进步。我们党愿意通过各种方式和渠道继续加强同各国政党的对话交流，让政党间的互学互鉴成为促进国家关系发展的桥梁、推动人类文明进步的动力、维护世界和平稳定的纽带。要一如既往地吸收借鉴人类一切优秀文明成果,立足新时代中国特色社会主义的伟大实践,不断深化对共产党执政规律、社会主义建设规律、人类社会发展规律的认识。要顺应世界"向东看"、各国"谋发展"和政党"求治理"的大势,加强政治引领,阐释好习近平新时代中国特色社会主义思想,阐释好中国式现代化的丰富内涵和本质特征,彰显中国之治、中国之路、中国之理,为有需要的外国政党加强自身建设、提升治理能力、改善民生福祉提供参考借鉴,为人类文明发展作出中国共产党的贡献。

新时代新征程上,我们要更加紧密地团结在以习近平同志为核心的党中央周围,深刻领悟"两个确立"的决定性意义,进一步增强"四个意识"、坚定"四个自信"、做到"两个维护",加强同各国政党和政治组织交流合作,推动党的对外工作不断守正创新,在实现民族复兴、促进人类进步的伟大事业中书写新的历史华章。

推动全球治理朝着更加公正合理的方向发展

张来明

当今世界,百年未有之大变局加速演进,人类社会既面临重要的发展机遇、又面临前所未有的挑战,全球治理赤字加重就是一大挑战。推进全球治理体系改革和建设,是完善全球治理、增进世界各国人民福祉的客观要求,也是构建人类命运共同体的内在要求。习近平总书记在党的二十大报告中站在促进世界和平与发展、推动构建人类命运共同体的高度,深刻把握全球治理变革大势,针对全球治理面临的突出问题,就推进全球治理体系改革和建设提出了一系列主张,为完善全球治理指明了前进方向。

推动全球治理朝着更加公正合理的方向发展,是全人类的共同利益所在,也是各国人民的共同心愿。历史事实一再证明,世界各国相互联系和影响日益加深是不可阻挡的历史潮流,加强和完善全球治理是造福全人类的客观要求。马克思、恩格斯在《共产党宣言》中就明确指出,资产阶级,由于开拓了世界市场,使一切国家的生产和消费都成为世界性的了。远的不说,第二次世界大战结束后,随着科学技术尤其是信息技术的突飞猛进,经济全球化深入发展,世界越来越成为你中有我、我中有你的命运共同体。当今世界,没有哪个国家能够独自应对人类面临的各种挑战,也没有哪个国家能够退回到自我封闭的孤岛,人类只有和衷共济、和合共生这一条出路。正如习近平总书记所强调的,"地区争端和恐怖主义、气候变化、网络安全、生物安全等全球性问题正摆在国际社会面前,只有形成更加包容的全球治理、更加有效的多边机制、更加积极的区域合作,才能有效加以应对。"近年来,面对世纪疫情等全球性严峻挑战,人们更加深刻地认识到,唯有全世界人民携手合作,共同参与全球治理,推动国际秩序朝着更加公正合理的方向发展,才能有效应对各种全球性问题、共建地球美好家园。正如党的二十大报告所作的重大论断,和平、发展、合作、共赢的历史潮流不可阻挡,人心所向、大势所趋决定了人类前途终归光明。

推动全球治理朝着更加公正合理的方向发展,是解决当今世界突出问题的价值取向,也是开创人类更加美好未来的重要途径。应该看到,全球治理面临不少严峻挑战,全球治理体系运转不灵、效能不彰,突出表现在:霸权主义者肆意违反国际规则、破坏国际秩序、奉行双重标准,新兴市场国家和广大发展中国家在国际机构和全球治理中的代表性和话语权不足,联合国宪章宗旨和原则未能得到有效履行;一些国家依然固守冷战思维、信奉零和博弈,搞阵营化和小圈子,恃强凌弱、巧取豪夺等霸权霸道霸凌行径危害深重;传统安全风险和非传统安全风险叠加交织,地区冲突和局部战争不断发生,不少国家的人民遭受战火摧残;南北差距进一步拉大,部分发展中国家陷入困境,实现联合国2030年可持续发展议程面临更多挑战;等等。现实问题就是实践课题,解决问题是人类争取更好前途命运的不二法门。问题从来不会自动消失,矛盾也从来不会自动缓解,上述全球治理所面临的一系列挑战迫切需要通过世界各国共同推进全球治理体系改革和建设来加以应对。

推动全球治理朝着更加公正合理的方向发展,是由生产力与生产关系、经济基础与上层建筑的矛盾运动决定的,因而是不以人的意志为转移的。一切事物都是发展变化的。国际秩序是这样,国际格局是这样,国际规则是这样,全球治理是这样,全球治理体系也是这样。从根本上讲,全球治理体系改革和建设是由生产力与生产关系、经济基础与上层建筑矛盾运动推动的。生产力决定生产关系,经济基础决定上层建筑,这个道理对一国治理、全球治理都是适用的。说到底,当今世界百年未有之大变局是世界范围的生产力与生产关系、经济基础与上层建筑矛盾运动的产物。全球治理体系改革和建设作为这个大变局的组成部分，也是由世界范围的生产力与生产关系、经济基础与上层建筑的矛盾运动推动的。全球治理应该符合变化了的世界政治经济格局，顺应和平发展合作共赢的历史趋势，满足应对全球性挑战的现实需要。世界各国都应该义不容辞地积极参与全球治理体系改革和建设。

社会主义中国一直是世界和平的建设者、全球发展的贡献者、国际秩序的维护者。新中国成立后，中国共产党和中国人民就旗帜鲜明地提出，反对霸权主义，维护世界和平，推动建立更加公正合理的国际政治经济新秩序，并一直在为解决人类面临的共同问题提供更多更好的中国智慧、中国方案、中国力量。党的十八大以来，习近平总书记从全人类前途命运出发，提出了构建人类命运共同体的重大思想，提出了和平、发展、公平、正义、民主、自由的全人类共同价值，提出了全球发展倡议、全球安全倡议和建设新型国际关系、发展全球伙伴关系、共建"一带一路"等一系列重大倡议，对"世界怎么了、我们怎么办"这一时代之问给出了科学答案。在以习近平同志为核心的党中央坚强领导下，中国特色大国外交全面推进，社会主义中国展现负责任大国担当，参与全球治理体系改革和建设，全面开展抗击新冠肺炎疫情国际合作，进一步赢得国际赞誉，我国国际影响力、感召力、塑造力显著提升。完全可以说，社会主义中国始终是全球治理体系改革和建设的重要推动力量。

综观当今国际大势，世界又一次站在历史的十字路口，何去何从取决于各国人民的抉择。全球治理赤字的消减，全球治理体系的完善，需要世界各国人民携手努力。党的二十大报告就此提出了一系列重要主张和倡议，彰显了中国共产党人以天下为己任的博大胸怀，突出体现为以下几个方面。

一、弘扬和平、发展、公平、正义、民主、自由的全人类共同价值。有共同价值，才有共同意志、共同选择、共同行动，才有求同存异、增同减异，才能推动构建人类命运共同体。全球治理体系变革离不开全人类共同价值的引领。没有共同价值，就不会有共同实践行为，就没有世界大同。只有各国人民一道弘扬和平、发展、公平、正义、民主、自由的全人类共同价值，才能形成全球治理的强大合力，步调一致地推进全球治理体系改革和建设。具体讲，和平与发展是世界各国人民的共同事业，公平正义是世界各国人民的共同理想，民主自由是世界各国人民的共同追求。没有和平，发展就无从谈起。发展是解决一切问题的总钥匙，是增进人类福祉的重要前提。没有发展，和平就失去了基础。在追求本国利益时兼顾他国合理关切，在谋求自身发展中促进各国共同发展，不断扩大共同利益汇合点，才能让发展成果惠及世界各国。正如习近平总书记所指出的："中国走和平发展道路，其他国家也都要走和平发展道路，只有各国都走和平发展道路，各国才能共同发展，国与国才能和平相处。""大道之行也，天下为公。"世界的命运必须由各国人民共同掌握，世界上的事情应该由各国政府和人民共同商量来办，共同推动国际关系民主化。各国在国际关系中遵守国际法和公认的国际关系基本准则，用统一适用的规则来明是非、促和平、谋发展，共同推动国际关系法治化。民主不是哪个国家的专利，实现民主有多种方式，不是只有一种形态、一个标准，不能由个别国家垄断性解读并强加于人。要始终坚持平等民主、兼容并蓄，尊重各国人民自主选择发展道路和制度模式的权利。要加强交流互鉴，推进适合本国国情的民主政治建设，不断提高为人民谋幸福的能力和成效，让各国人民真正享受更加广泛、更加充实的权利和自由。

二、践行共商共建共享的全球治理观。国家不分大小、强弱、贫富一律平等，都是国际社会的平等一员，平等享有权利，平等履行义务。全球治理，顾名思义就是造福世界各国、依靠世界各国的治理。共商，就是全球事务由各国一起商量着办，有事好商量，有事多商量。协商是民主的重要形式，也应该成为全球治理的重要方法，要倡导以对话解争端、以协商化分歧。什么样的国际秩序和全球治理体系对世界好、对世界各国人民好，要由各国人民商量，不能由一家说了算，不能由少数人说了算。共建,就是治理体系由大家携手建设。经济全球化深入发展,把世界各国利益和命运更加紧密地联系在一起。很多问题不再局限于一国内部,很多挑战也不再是一国之力所能应对。各国要加强沟通和协调,照顾彼此利益关切,共商规则,共建机制,共迎挑战。各国历史文化和社会制度差异不是对立对抗的理由,而是合作的动力。各国应该求同存异、聚同化异,互尊互谅,通过对话沟通增进政治互信。坚持以开放求发展,深化交流合作,坚持"拉手"而不是"松手",坚持"拆墙"而不是"筑墙",坚决反对保护主义、单边主义,不断削减贸易壁垒,推动全球价值链、供应链更加完善,共同培育市场需求。共享,就是发展成果由各国人民共同分享。一些国家越来越富裕,另一些国家长期贫穷落后,这样的局面是不可持续的。各国都应该成为全球发展的参与者、贡献者、受益者,在谋求自身发展时促进其他国家共同发展,让发展成果更多更好惠及各国人民,不能一个国家发展、其他国家不发展,一部分国家发展、另一部分国家不发展。要奉行双赢、多赢、共赢的新理念,扔掉我赢你输、赢者通吃的旧思维,摒弃冷战思维、零和博弈的旧理念,拒绝以邻为壑、自私自利的狭隘政策,抛弃垄断发展优势的片面做法。共商共建共享,其中关键的一点是要充分听取发展中国家的意见、更好反映广大发展中国家的正当权益和合理诉求。

　　三、推进全球治理体系改革和建设。改革创新是一国发展的必由之路,也是推动世界和平与发展的必由之路。现行的全球治理体系是在第二次世界大战后形成的,原本就存在很多不公正不合理之处。随着国际关系变迁、国际力量对比变化,全球治理体系的历史局限性和不公正不合理问题日益突出。推进全球治理体系改革和建设、推动全球治理朝着更加公正合理的方向发展,已成为促进世界和平与发展的当务之急。联合国是最具普遍性、代表性、权威性的政府间国际组织,联合国宪章是公认的国与国关系的基本准则,国际法是调节国际关系、维护国际秩序的基本规则,要坚定维护以联合国为核心的国际体系、以国际法为基础的国际秩序、以联合国宪章宗旨和原则为基础的国际关系基本准则。全球事务是多边事务,世界多极化有利于维护世界和平稳定,要坚持真正的多边主义,反对一切形式的单边主义,反对搞针对特定国家的阵营化和排他性小圈子。经济全球化是由生产力发展和科技进步推动的历史进步潮流,逆流的现象、反潮流的现象都会有,但都改变不了历史规律、扭转不了历史大势。要推动世界贸易组织、亚太经合组织等多边机制更好发挥作用,扩大金砖国家、上海合作组织等合作机制影响力,增强新兴市场国家和发展中国家在全球事务中的代表性和发言权。

四、完善全球治理。实践出真知,实践成进步。推动国际秩序朝着更加公正合理的方向发展,最终要靠世界各国人民的实践。说到底,全球治理是一个实践问题,是一项系统工程,需要国际社会同心协力在政治、经济、文化、安全等方方面面不断作出改进和完善的努力。在政治上,要积极顺应世界多极化大趋势,推进国际关系民主化,尊重各国主权和领土完整,尊重各国人民自主选择的发展道路和社会制度,走对话而不对抗、结伴而不结盟的国与国交往新路,构建相互尊重、公平正义、合作共赢的新型国际关系,坚决反对一切形式的霸权主义和强权政治,反对例外主义,反对干涉别国内政,反对搞双重标准;在经济上,要坚持经济全球化正确方向,推动建设开放型世界经济,推动贸易和投资自由化便利化,推进双边、区域和多边合作,促进国际宏观经济政策协调,共同营造有利于发展的国际环境,共同培育全球发展新动能,确保各国在国际经济合作中机会平等、规则平等、权利平等,支持和帮助广大发展中国家加快发展,加快落实联合国2030年可持续发展议程,努力缩小南北差距,反对保护主义,反对"筑墙设垒"、"脱钩断链",反对单边制裁、极限施压;在文化上,要牢固树立文明没有高低之别、更无优劣之分的观念,坚持相互尊重、平等相待,坚持美人之美、美美与共,坚持开放包容、互学互鉴,坚持与时俱进、创新发展,促进各国人民相知相亲,尊重世界文明多样性,以文明交流超越文明隔阂、文明互鉴超越文明冲突、文明共存超越文明优越,倡导不同文明交流互鉴,促进人类文明进步,反对任何形式的"新冷战"和意识形态对抗,反对把人类文明分为三六九等;在安全上,要坚持各国都有平等参与国际和地区安全事务的权利、也都有维护国际和地区安全的责任,坚持重视各国合理安全关切,坚持通过对话协商以和平方式解决国家间的分歧和争端,坚持统筹维护传统领域和非传统领域安全,坚持安全不可分割原则,加强国际安全合作,促进国际共同安全,共同维护世界和平和安全,追求普遍安全和共同安全,反对一切把自身安全建立在他人不安全之上的行为,反对一切滥用"国家安全"损害别国正当权益的行为。

我们所处的是一个充满挑战的时代,也是一个充满希望的时代。构建人类命运共同体是世界各国人民前途所在,推动全球治理朝着更加公正合理的方向发展是构建人类命运共同体的题中应有之义。没有治理,不成世界。要有更好的世界,就必须有更好的全球治理。世界各国人民携手努力,一同行天下之大道、治全球之难题、开世界之新局,就一定能够把人类共有的地球家园建设成为一个持久和平、普遍安全、共同繁荣、开放包容、清洁美丽的世界。

深入推进新时代党的建设
新的伟大工程

姜 信 治

党的二十大报告指出:"全面从严治党永远在路上,党的自我革命永远在路上,决不能有松劲歇脚、疲劳厌战的情绪,必须持之以恒推进全面从严治党,深入推进新时代党的建设新的伟大工程"。这一重要要求,充分体现了时刻保持解决我们这样一个大党独有难题的清醒和坚定,充分展示了以伟大自我革命引领伟大社会革命的坚定意志和决心。

伟大工程是引领伟大斗争、伟大事业、
最终实现伟大梦想的根本保证

全面建设社会主义现代化国家、全面推进中华民族伟大复兴,关键在党。习近平总书记指出:"党要团结带领人民进行伟大斗争、推进伟大事业、实现伟大梦想,必须毫不动摇坚持和完善党的领导,毫不动摇推进党的建设新的伟大工程,把党建设得更加坚强有力。"

(一)推进伟大事业,必须深入推进伟大工程。把党的建设作为一项伟大工程来推进,是我们党的一大创举,是我们党领导人民进行伟大社会革命的重要法宝。党的二十大报告强调:"从现在起,中国共产党的中心任务就是团结带领全国各族人民全面建成社会主义现代化强国、实现第二个百年奋斗目标,以中国式现代化全面推进中华民族伟大复兴。"这是一项空前伟大而艰巨的事业,必须依靠党的坚强领导、依靠党和人民团结奋斗才能完成。我们党要在以习近平同志为核心的党

中央坚强领导下,坚持全面从严治党战略方针,以党的政治建设为统领,全面加强思想建设、组织建设、作风建设、纪律建设等,充分发挥党的政治优势、组织优势、密切联系群众的优势,使全党始终做到政治坚定、思想统一、组织严密、作风顽强、纪律严明,形成为夺取新时代中国特色社会主义新胜利而团结奋斗的强大力量。

(二)**进行伟大斗争,必须深入推进伟大工程**。敢于斗争是我们党的鲜明品格。没有斗争,就没有新时代的历史性成就、历史性变革,就没有今天党和国家事业的大好局面。我们党依靠斗争走到现在,也必将依靠斗争赢得未来。党的十八大以来,我们党进行了一系列具有许多新的历史特点的伟大斗争,党在革命性锻造中更加坚强有力。同时应当看到,世界百年未有之大变局加速演进,我国改革发展稳定面临不少深层次矛盾躲不开、绕不过,各种"黑天鹅"、"灰犀牛"事件随时可能发生,美西方更加肆无忌惮地对我们进行全方位打压、围堵,目的就是要搞垮中国共产党领导和我国社会主义制度,阻断中华民族伟大复兴历史进程。以斗争求安全则安全存,以斗争求发展则发展兴。我们必须增强忧患意识,坚持底线思维,把斗争精神贯穿党的建设各方面全过程,始终保持共产党人敢于斗争的风骨、气节、操守、胆魄,不信邪、不怕鬼、不怕压,坚定斗争意志、增强斗争本领,积极应对风高浪急甚至惊涛骇浪的重大考验,依靠顽强斗争打开事业发展新天地。

(三)**实现伟大梦想,必须深入推进伟大工程**。实现中华民族伟大复兴是近代以来中华民族最伟大的梦想。我们党成立以来团结带领人民所进行的一切奋斗,就是为了把我国建设成为现代化强国,实现中华民族伟大复兴。没有中国共产党的领导,民族复兴只能是空想。党的十八大以来,以习近平同志为核心的党中央团结带领人民全面建成小康社会,踏上了全面建设社会主义现代化国家新征程,实现中华民族伟大复兴进入了不可逆转的历史进程。今天,我们比历史上任何时期都更接近、更有信心和能力实现中华民族伟大复兴的目标,同时必须准备付出更为艰巨、更为艰苦的努力,必须始终坚持全面从严治党战略方针,确保我们党始终成为时代先锋、民族脊梁。

（四）坚持自我革命,必须深入推进伟大工程。自我革命精神是党永葆青春活力的强大支撑。我们党历史这么长、规模这么大、执政这么久,如何跳出治乱兴衰的历史周期率?毛泽东给出了第一个答案,这就是"让人民来监督政府";经过百年奋斗特别是党的十八大以来新的实践,习近平总书记又给出了第二个答案,这就是自我革命。党的十八大以来,以习近平同志为核心的党中央以刀刃向内的勇气向党内顽瘴痼疾开刀,以雷霆万钧之势推进全面从严治党,开辟了百年大党自我革命的新境界,形成了中国共产党之治、中国之治的新优势。新时代新征程,必须继续发扬自我革命精神,坚决清除一切损害党的先进性和纯洁性的因素,清除一切侵蚀党的健康肌体的病毒,确保党永远不变质、不变色、不变味,确保党在坚持和发展中国特色社会主义的历史进程中始终成为坚强领导核心。

深入推进新时代党的建设新的
伟大工程的重点任务

党的二十大报告对坚定不移全面从严治党、深入推进新时代党的建设新的伟大工程作出全面部署、提出明确要求。我们要弘扬伟大建党精神,结合伟大斗争、伟大事业、伟大梦想的实践,抓住关键重点,形成整体态势,认真贯彻落实。

（一）坚持和加强党中央集中统一领导。习近平总书记指出:"坚持和加强党的全面领导,关系党和国家前途命运,我们的全部事业都建立在这个基础之上,都根植于这个最本质特征和最大优势。""两个确立"是新时代我们党取得的重大政治成果,是我们党在新征程上战胜各种艰难险阻的最大底气,是我们党自信自立自强的力量之源。坚持党的全面领导,最根本的是坚持"两个确立"、做到"两个维护",坚决维护习近平同志党中央的核心、全党的核心地位,坚决维护党中央权威和集中统一领导。要健全总揽全局、协调各方的党的领导制度体系,完善党中央重大决策部署落实机制,确保全党在政治立场、政治方向、政治原则、政治道路上同党中央保持高度一致,确保党的团结统一。要加强党的政治建设,严明政治纪律和政治规矩,严格党内政治生活,提高各级党组织和党员干部政治判断力、政治领悟力、政治执行力,引导党员、干部做政治上的明白人,自觉做到党中央提倡的坚决响应,党中央决定的坚决执行,党中央禁止的坚决不做,执行党中央决策部署不讲条件、不打折扣、不搞变通,把坚持"两个确立"、做到"两个维护"转化为听党指挥、为党尽责的实际行动,转化为推进伟大事业、实现伟大梦想的磅礴力量。

(二)坚持不懈用习近平新时代中国特色社会主义思想凝心铸魂。习近平新时代中国特色社会主义思想是马克思主义中国化时代化的最新成果,为推进社会革命和自我革命提供了强大思想武器。要坚持用习近平新时代中国特色社会主义思想统一思想、统一意志、统一行动,把学习贯彻党的创新理论作为各级党委(党组)的首要政治任务,作为广大党员、干部理论武装的中心内容,及时跟进学、深入系统学、联系实际学,完整把握、准确理解习近平新时代中国特色社会主义思想的世界观和方法论,坚持好、运用好贯穿其中的立场观点方法,真正做到虔诚而执着、至信而深厚。组织实施党的创新理论学习教育计划,持续做好进教材、进课堂、进头脑工作,建设马克思主义学习型政党。坚持理论武装同常态化长效化开展党史学习教育相结合,大力弘扬理论联系实际的马克思主义学风,引导党员、干部学思用贯通、知信行统一,把习近平新时代中国特色社会主义思想转化为坚定理想、锤炼党性和指导实践、推动工作的强大力量。

(三)完善党的自我革命制度规范体系。全面从严治党既是政治保障,也是政治引领。要坚持制度治党、依规治党,以党章为根本,以民主集中制为核心,完善党内法规制度体系,增强党内法规权威性和执行力,形成坚持真理、修正错误,发现问题、纠正偏差的机制。要健全党统一领导、全面覆盖、权威高效的监督体系,强化对权力运行的制约和监督,让权力在阳光下运行,依靠强化党的自我监督和人民监督推进党的自我革命。

(四)建设堪当民族复兴重任的高素质干部队伍。全面建设社会主义现代化国家,必须有一支政治过硬、适应新时代要求、具备领导现代化建设能力的干部队伍。要坚持党管干部原则,坚持新时代好干部标准,坚持德才兼备、以德为先、五湖四海、任人唯贤,把各级领导班子和干部队伍建设好、建设强。党对干部的要求,首先是政治上的要求。要坚持把政治标准放在首位,做深做实干部政治素质考察,严把政治关、廉洁关,绝不能让政治上有问题、廉洁上有硬伤的人选上来。加强实践锻炼、专业训练,注重在重大斗争中磨砺干部,加强干部斗争精神和斗争本领养成,着力增强防风险、迎挑战、抗打压能力。围绕完整、准确、全面贯彻新发展理念完善干部考核评价体系,引导干部树立和践行正确政绩观。健全干部担当作为激励保护机制,推动干部能上能下、能进能出,形成能者上、优者奖、庸者下、劣者汰的良好局面。抓好后继有人这个根本大计,健全培养选拔优秀年轻干部常态化工作机制,鼓励年轻干部到基层和艰苦地区锻炼成长。坚持严管和厚爱相结合,加强对干部全方位管理和经常性监督。要深入实施人才强国战略,加快建设世界重要人才中心和创新高地,加快建设国家战略人才力量,不断强化现代化建设人才支撑。

(五)增强党组织政治功能和组织功能。党的全面领导、全部工作要靠党的坚强组织体系来实现。只有党的各级组织都健全、都过硬,形成上下贯通、执行有力的严密组织体系,党的领导才能"如身使臂、如臂使指"。各级党组织要适应形势任务新变化,强化政治功能和组织功能,认真履行党章赋予的各项职责,把党的路线方针政策和党中央决策部署贯彻落实好,把各领域广大群众组织凝聚好。要以"上下贯通、执行有力"为着力点,抓好中央和国家机关这个"最初一公里"、地方党委这个"中间段"、基层党组织这个"最后一公里",坚决防止出现"拦路虎"、"中梗阻"和"断头路"。要坚持大抓基层的鲜明导向,抓党建促乡村振兴,加强城市社区党建工作,推进以党建引领基层治理,抓紧补齐基层党组织领导基层治理的各种短板,持续整顿软弱涣散基层党组织,把各领域基层党组织建设成为有效实现党的领导的坚强战斗堡垒。全面提高机关、企业、事业单位党建工作质量,理顺行业协会、学会、商会党建工作管理体制,加强新经济组织、新社会组织、新就业群体党的建设,推动基层党组织全面进步、全面过硬。注重从青年和产业工人、农民、知识分子中发展党员,加强和改进党员特别是流动党员教育管理。落实党内民主制度,保障党员权利,激励党员发挥先锋模范作用。各级党组织要提高政治领导力、思想引领力、群众组织力、社会号召力,把广大党员、干部和各方面人才有效组织起来,把广大人民群众广泛凝聚起来,为全面建设社会主义现代化国家而共同奋斗。

(六)坚持以严的基调强化正风肃纪。党要永远赢得人民群众拥护、永远立于不败之地,必须走好新时代党的群众路线,以优良党风带动社风民风向上向善。要坚持治"四风"树新风并举,以更大力度弘扬谦虚谨慎、艰苦奋斗等光荣传统,涵养求真务实、清正廉洁的新风正气。锲而不舍落实中央八项规定精神,坚决铲除腐败滋生的作风温床,坚决纠治形式主义、官僚主义,坚决破除特权思想和特权行为,以好作风好形象创造新伟业。纪律严明是我们党坚强有力的重要保障。要全面加强纪律建设,督促领导干部特别是高级干部严于律己、严负其责、严管所辖。坚持党性党风党纪一起抓,从思想上固本培元,提高党性觉悟,增强拒腐防变能力,涵养富贵不能淫、贫贱不能移、威武不能屈的浩然正气。

(七)坚决打赢反腐败斗争攻坚战持久战。腐败是我们党面临的最大危险,反腐败是最彻底的自我革命。只要存在腐败问题产生的土壤和条件,反腐败斗争就一刻不能停,必须永远吹冲锋号。坚持不敢腐、不能腐、不想腐一体推进,惩治震慑、制度约束、提高觉悟一体发力,从严查处政治问题和经济问题交织的腐败案件,坚决斩断权力与资本勾连纽带,坚决斩断"前腐后继"的代际传递,坚决防止领导干部成为利益集团和权势团体的代言人、代理人,确保党不变质、不变色、不变味。深化整治权力集中、资金密集、资源富集领域的腐败,严厉惩治群众身边的"蝇贪",严肃查处领导干部配偶、子女及其配偶等亲属和身边工作人员利用影响力谋私贪腐问题。坚持受贿行贿一起查,一体构建追逃防逃追赃机制,绝不让腐败分子逍遥法外。要加强新时代廉洁文化建设,教育引导广大党员、干部明大德、守公德、严私德,清清白白做人、干干净净做事,永葆清正廉洁的政治本色。

全面提高新时代党的建设新的伟大工程质量

全面从严治党永远在路上,党的自我革命永远在路上。推进伟大工程,必须持之以恒、善作善成,把全面从严治党的思路举措搞得更加科学、更加严密、更加有效,以党的建设高质量发展统筹全局、应对变局、开创新局。

(一)**坚持强根固魂**。党的政治建设是党的根本性建设,对党的思想建设、组织建设、作风建设、纪律建设等起着纲举目张的作用。党的政治建设抓好了,党的建设就铸了魂、扎了根。要强化政治建设的统领地位,党的各方面建设都要坚持政治原则、把握政治方向、落实政治要求,把坚持和加强党中央集中统一领导贯彻到党的建设各方面全过程。

(二)**坚持守正创新**。党的建设是一门科学。守正才能不迷失方向、不犯颠覆性错误,创新才能把握时代、引领时代。必须坚持马克思主义基本原理不动摇,坚持党的全面领导不动摇,坚持中国特色社会主义不动摇,运用好党的十八大以来全面从严治党的好经验,加强实践探索、总结基层创造,使党的建设不断增强时代性、把握规律性、富于创造性。

(三)**坚持问题导向**。问题是时代的声音。今天我们所面临问题的复杂程度、艰巨程度明显加大。深入推进伟大工程,就要奔着问题去,以解决问题的实际成效来检验。要增强问题意识,紧盯削弱党的领导的问题,影响党的先进性、纯洁性的问题,人民群众反映强烈的突出问题,敢于动真碰硬,敢于刀刃向内,敢于刮骨疗毒,以彻底的自我革命精神解决党内存在的突出问题,使我们党永葆生机活力。

(四)**坚持系统观念。**伟大工程既与伟大斗争、伟大事业、伟大梦想紧密联系,本身又是各方面各要素各环节相互联系的统一整体。要把握好全局和局部、当前和长远、宏观和微观、主要矛盾和次要矛盾、特殊和一般的关系,不断提高战略思维、历史思维、辩证思维、系统思维、创新思维、法治思维、底线思维能力,加强前瞻性思考、全局性谋划、战略性布局、整体性推进,推动党的建设系统集成、协同高效。

坚定不移全面从严治党,深入推进新时代党的建设新的伟大工程,是全党的重大政治责任。党委(党组)要主动履责尽责,推动主体责任一贯到底,推动全面从严治党向纵深发展,不断夯实党的执政根基,不断增强党的创造力、凝聚力、战斗力,为全面建设社会主义现代化国家提供坚强保证。

健全全面从严治党体系

唐 方 裕

党的二十大报告指出："我们要落实新时代党的建设总要求,健全全面从严治党体系,全面推进党的自我净化、自我完善、自我革新、自我提高,使我们党坚守初心使命,始终成为中国特色社会主义事业的坚强领导核心。"党的全国代表大会报告首次提出"健全全面从严治党体系",这是强化管党治党全面系统布局、协同高效推进的重大举措,对于坚定不移全面从严治党、深入推进新时代党的建设新的伟大工程具有重要意义。我们要深刻领会,认真贯彻落实。

一、全面从严治党需要体系化推进

我们党作为长期执政的马克思主义政党和世界上第一大政党,管党治党任务繁重,客观上需要形成一个布局合理、内容科学、要素齐备、统一高效的全面从严治党体系。形成这样一个体系,是党的建设制度机制更加成熟更加定型的重要标志,也是推进新时代党的建设新的伟大工程的必然要求。

第一,党的远大目标和历史使命,决定全面从严治党需要体系化推进。中国共产党一经成立,就把实现共产主义作为最高理想,把实现中华民族伟大复兴作为历史使命,团结带领人民进行艰苦卓绝的斗争,书写了中华民族几千年历史上最恢宏的史诗。当前,实现中华民族伟大复兴处于关键时期,党正团结带领人民意气风发向着第二个百年奋斗目标迈进。我们党立志于中华民族千秋伟业,致力于人类和平与发展崇高事业,奋斗之路还很长,要探索解决的课题还很多。习近平总书记强调,打铁必须自身硬。党的创造力凝聚力战斗力,从根本上决定着党的远大目标和历史使命的实现进程。只有整体地而不是局部地、系统地而不是零碎地、持久地而不是短暂地、高标准地而不是一般化地全面从严治党,才能使我们党永葆先进性和纯洁性,引领中国特色社会主义巍巍巨轮劈波斩浪、一往无前。

第二,党的队伍的庞大规模和广泛分布,决定全面从严治党需要体系化推进。我们党一路走来,始终把建好队伍作为自身建设的基础性工作,不断吸收新鲜血液,不断推动组织覆盖,着力锻造先锋骨干和战斗堡垒,使党保持旺盛生机和活力。截至 2021 年底,全党党员总数达到 9671.2 万名,党的基层组织共有 493.6 万个,广泛分布在各条战线、各个领域。对于这样一支规模庞大、层级多重、与社会各方面联系密切的队伍,在管党治党上必须有战略的谋划、系统的设计、完备的制度、配套的手段,否则就难以准确把握其基本特点、内在要求和发展变化,难以实现健康发展和整体优化,难以形成全党统一意志和行动,最终就难以巩固和发展党的政治优势、组织优势,甚至可能成为一盘散沙,大而不强。

第三,党面临的重大风险和严峻挑战,决定全面从严治党需要体系化推进。新时代,我们党领导人民进行伟大社会革命,涵盖领域的广泛性、触及利益格局调整的深刻性、涉及矛盾和问题的尖锐性、突破体制机制障碍的艰巨性、进行伟大斗争形势的复杂性,都前所未有。党面临的"四大考验"、"四种危险"将长期存在,前进道路上随时可能遇到难以想象的狂风暴雨甚至惊涛骇浪。管党治党要适应全面建设社会主义现代化国家的需要,还有不少短板需要补上,还有一些突出问题亟待解决。只有更加全面地认识现状、查找问题,更加深入地剖析原因、摸清症结,更加系统地完善制度、采取措施,使全面从严治党更加体系化,才能更好地以党的自我革命推进党的自我净化、自我完善、自我革新、自我提高,保证党能够战胜现实和潜在的一切风险挑战,始终成为时代先锋、民族脊梁、人民主心骨。

二、我们党已经形成比较成熟的
全面从严治党体系

百余年来,伴随着我们党从小到大、由弱变强,党的建设连点成线、织线成面,管党治党不断体系化推进。党的十八大以来,以习近平同志为核心的党中央明确提出全面从严治党,在管党治党上更加注重整体推进、协同发力,推动形成了一个比较成熟的全面从严治党体系。

第一,有系统的理论指导。注重思想建党、理论强党,是我们党的鲜明特色和重要优势。在长期实践中,我们党创造性运用马克思主义建党原则,围绕建设一个什么样的马克思主义政党、怎样建设马克思主义政党进行不懈探索,科学确定了党的性质、宗旨、奋斗目标、思想路线、组织原则、领导制度,各个时期都注重把党的建设实践经验凝练上升为理论指导,党的几代领导人都就管党治党作过大量论述,党的建设成为一门相对独立的科学。进入新时代,习近平总书记就全面从严治党创造性提出一系列新思想新观点新论断。比如,关于坚持马克思主义基本原理同中国具体实际相结合、同中华优秀传统文化相结合,关于弘扬伟大建党精神,关于坚持和加强党的全面领导,关于以党的自我革命引领社会革命,关于以党的政治建设统领党的各方面建设,关于坚持新时代党的组织路线,关于强化党组织政治功能和组织功能,关于反对形式主义、官僚主义、享乐主义和奢靡之风,关于严明党的政治纪律和政治规矩,关于思想建党和制度治党相统一,关于一体推进不敢腐、不能腐、不想腐,等等。这些论断及其论述,精准把脉管党治党现实,深刻回答了党的建设一系列重大问题,为全面从严治党提供了系统而科学的理论指导。

第二,有完善的任务布局。党的建设的内容和重点,有保持基本要素相对稳定的一面,也有适应党的事业发展和党的队伍变化不断调整完善的一面。回顾党的自身建设历程,改革开放前基本上是主要抓思想建设、组织建设、作风建设三大建设,改革开放后加强了制度建设,党的十七大又把反腐倡廉建设纳入总体布局。党的十九大系统总结党的十八大以来全面从严治党的创造性实践,提出了新时代党的建设总要求:坚持和加强党的全面领导,坚持党要管党、全面从严治党,以加强党的长期执政能力建设、先进性和纯洁性建设为主线,以党的政治建设为统领,以坚定理想信念宗旨为根基,以调动全党积极性、主动性、创造性为着力点,全面推进党的政治建设、思想建设、组织建设、作风建设、纪律建设,把制度建设贯穿其中,深入推进反腐败斗争,不断提高党的建设质量,把党建设成为始终走在时代前列、人民衷心拥护、勇于自我革命、经得起各种风浪考验、朝气蓬勃的马克思主义执政党。关于全面从严治党,习近平总书记强调要坚持思想从严、监督从严、执纪从严、治吏从严、作风从严、反腐从严。党的二十大强调要落实新时代党的建设总要求。可以说,新时代党的建设总要求和全面从严治党"六个从严"的要求,从根本上完善了全面从严治党的任务布局。

第三,有健全的制度设计。我们党在各个时期,都制定了一系列管党治党的制度文件。从党的一大通过党的第一个纲领、党的二大通过第一部党章,到1941年专门作出关于增强党性的决定、1948年专门建立请示报告制度,再到新中国成立之后作出关于增强党的团结的决议、改革开放之后出台关于党内政治生活的若干准则,我们党坚持不懈抓党的制度建设,发挥了法规制度立规矩定遵循的根本之策、长远之策作用。进入新时代,党中央明确提出坚持制度治党、依规治党,前所未有重视和加强党内法规制度建设,新制定修订的党内法规占比超过70%,现行有效党内法规近4000部。在建党100周年时,我们党宣告形成比较完善的党内法规体系。制度治党、依规治党的大力加强,实现了党组织工作活动和党员、干部行为全面有规可依、有章可循,为在制度轨道上推进全面从严治党提供了一整套严明的标准和规范。

第四,有配套的工作抓手。长期以来,我们党在管党治党实践中,坚持因时因势、因人因事施策、点面结合、上下协力,采取了很多行之有效的实招硬招,积累了丰富的"开锁"、"过河"经验,形成了功能齐全的"工具箱"。比如,开展党内集中教育,包括延安整风、"三讲"教育、"三个代表"重要思想学习教育活动、保持共产党员先进性教育活动、深入学习实践科学发展观活动、党的群众路线教育实践活动、"三严三实"专题教育、"两学一做"学习教育、"不忘初心、牢记使命"主题教育、党史学习教育等。比如,开展整党,包括1947年至1949年整党,主要解决一些地方党组织特别是农村基层党组织存在的思想、作风、成分不纯问题;1951年至1954年整党,重点解决党内骄傲自满情绪和官僚主义、命令主义作风问题;1983年至1987年整党,以统一思想、整顿作风、加强纪律、纯洁组织为基本任务。比如,对党员干部特别是领导干部加强经常性教育管理监督,包括严肃组织生活、定期培训、政治审查、民主评议、考核考察、报告个人事项等。比如,有针对性地反对不正之风,包括新中国成立后不久的"三反"、"五反",党的十八大后的持续反"四风"等。比如,开展专项整顿,包括持续整顿软弱涣散基层党组织,全面清理整顿党政机关和军队办企业等。比如,以坚决的态度反对腐败,各个时期都严厉查处了一批腐败典型案件,新时代10年反腐力度和成效翻遍中国二十四史都找不到。比如,实行党建工作责任制,包括层层明确管党治党主体责任和监督责任,常态化部署党建工作重点任务和措施,加强党建工作督促检查、考核评价和问责追责等。党的十八大以来,我们党综合运用这些工作抓手,打出管党治党"组合拳",打掉了宽松软、打出了严紧硬,打赢了一场接一场全面从严治党战役。特别是加强党中央集中统一领导,出台中央八项规定及其实施细则,加强派驻监督和政治巡视,深入开展反腐败斗争,全面开创了我们党革命性锻造的新局面。

以上几个方面,撑起了管党治党的"四梁八柱",表明我们党已经形成比较成熟的全面从严治党体系。放眼全世界,没有任何一个其他政党能像中国共产党这样从严管党治党,能像中国共产党这样拥有如此科学严密的全面从严治党体系,这是我们党的一大显著优势和制胜密码。

三、适应新时代新征程形势任务
需要健全全面从严治党体系

全面从严治党永远在路上,党的自我革命永远在路上。新征程上,我们必须保持"赶考"的清醒和坚定,深入贯彻全面从严治党战略方针,守正创新健全全面从严治党体系。习近平总书记深刻指出,全面从严治党,核心是加强党的领导,基础在全面,关键在严,要害在治。健全全面从严治党体系,要认真贯彻落实这一重要指示要求,始终围绕坚持和加强党的全面领导,紧扣落实党的二十大关于全面从严治党的战略部署,加强谋划实施,切实做到领域过程对象全覆盖、教育制度监督齐发力、标准质量效果共提升。

第一,领域过程对象全覆盖。这是落实全面从严治党"基础在全面"的基本要求。健全全面从严治党体系,首先要在"全面"上下功夫,继续拓展从严治党的广度和深度。领域全覆盖,就是全面从严治党要覆盖党的各方面建设,包括党的政治建设、思想建设、组织建设、作风建设、纪律建设和制度建设、反腐败斗争,覆盖党的建设各方面工作,不能以为全面从严治党就只是正风肃纪反腐。过程全覆盖,就是全面从严治党要贯穿于各级党组织管党治党谋划、部署、实施、督促、考核、问责等各个环节,贯穿于党的建设各方面工作铺陈展开的每一时段。对象全覆盖,就是全面从严治党要面向全体党员和各级党组织,做到管全党、治全党,特别是抓住"关键少数",管好各级党员领导干部特别是高级干部,不能在管党治党上有任何特殊的组织和个人。领域过程对象全覆盖,要求统筹推进全面从严治党,抓紧补短板、强弱项,使各领域相互协同、各环节紧密衔接,避免出现缺项漏项,彻底消除死角盲区,切实把所有党员和党组织都管住管好。

第二,教育制度监督齐发力。这是落实全面从严治党"关键在严"的基本要求。健全全面从严治党体系,要在"严"上持续用力,营造严的氛围,采取严的措施,不断丰富和深化从严管党治党的方式手段。教育上发力,就是要更加重视教育的作用,着眼于提高思想认识、形成思想自觉,坚持不懈加强党的创新理论武装,深入开展理想信念教育,引导党员干部不断坚定对马克思主义的信仰、对社会主义和共产主义的信念、对中国特色社会主义的信心,始终保持崇高的精神追求,不断提高党性修养,坚守共产党人精神高地。制度上发力,就是要更加重视制度的作用,着眼于规范行为、制约权力、激励担当,加强党内法规制度建设,提高党内法规制度的权威性和执行力,进一步为全党确立精准的行为规则和行为边界,促使广大党员认真履行义务、郑重行使权利,促使各级党组织勤勉履行职责,确保全党行动统一、步调一致。监督上发力,就是要更加重视监督的作用,着眼于及时发现和有效解决党内存在的各种问题,健全党统一领导、全面覆盖、权威高效的监督体系,把党内监督和民主监督、群众监督、舆论监督等有机结合起来,强化责任追究,严厉惩治各种违规违纪行为,使各级党组织和广大党员干部勇于开展批评和自我批评、乐于接受各方面监督。教育制度监督齐发力,要求全面从严治党综合施治、立体施策,让各项措施和手段各尽所能、各展其长、相互配合,同时发力、同向发力、形成合力,切实做到真管真严、敢管敢严、长管长严。

第三,标准质量效果共提升。这是落实全面从严治党"要害在治"的基本要求。健全全面从严治党体系,要在"治"上更加用力,采取标本兼治、针对性更强的举措,确保全面从严治党各项任务和部署不折不扣落实落地,实现党的建设高质量发展。标准提升,就是要把全面从严治党各项工作的目标定得更高一些,无论定性要求还是定量要求都追求"跳起来摘桃子"的状态,同时各方面标准都要严格遵照执行,不能降格以求或者各行其是。质量提升,就是要使管党治党的各项政策、各项举措都经过深入调研和充分论证,各项工作、各个环节都抓得很扎实、有质量,确保党的建设全部理论和实践都适应形势任务发展要求,符合管党治党规律,能够有效破解党的建设难题。效果提升,就是要突出管党治党的效果导向,使党的建设一切努力都不做无用功,而能最终体现到党组织功能的普遍强化上,体现到党员作用的充分发挥上,体现到党内深层次矛盾和突出问题的有效解决上,体现到党群干群关系的持续改善上,体现到党的创造力凝聚力战斗力的不断提高上,体现到党的执政地位更加巩固、党的事业更加兴旺发达上。标准质量效果共提升,要求以标准质量效果为标尺评价全面从严治党优劣得失,高度警惕并坚决纠治管党治党中的形式主义、官僚主义,反对摆花拳绣腿、做表面文章,防止看起来热热闹闹、实际上成效寥寥。要通过真抓实干、务求实效,不断提高全面从严治党水平,使新时代党的建设新的伟大工程为进行伟大斗争、推进伟大事业、实现伟大梦想提供更加坚强的保证。

坚持和加强党中央集中统一领导

方　宇

党的二十大报告在对坚定不移全面从严治党、深入推进新时代党的建设新的伟大工程作出的重大部署中，把坚持和加强党中央集中统一领导作为第一位的任务，提出明确要求。落实这一任务和要求，要充分认识坚持和加强党中央集中统一领导的极端重要性，深刻领悟"两个确立"的决定性意义，增强"四个意识"、坚定"四个自信"、做到"两个维护"，动员全党全军全国各族人民更加紧密地团结在以习近平同志为核心的党中央周围，万众一心为全面建设社会主义现代化国家、全面推进中华民族伟大复兴而奋斗。

一、坚持和加强党中央集中统一领导意义重大，事关全局和根本

习近平总书记指出："党中央是大脑和中枢，党中央必须有定于一尊、一锤定音的权威"。坚持党中央集中统一领导是党的最高政治原则，是一个成熟的马克思主义政党必须坚持的根本要求，任何时候、任何情况下都不能含糊和动摇。

重温马克思主义政党建设史，马克思、恩格斯在创建和领导无产阶级政党过程中，就提出"实行最严格的中央集权制是真正革命党的任务"；在总结巴黎公社失败教训时，又指出"巴黎公社遭到灭亡，就是由于缺乏集中和权威"。列宁在领导布尔什维克党的建设实践中，将党中央集中统一领导明确为建党原则之一，使"党的中央机关成为拥有

广泛的权力、得到党员普遍信任的权威性机构"，从而取得十月革命的胜利，创建了世界上第一个社会主义国家。总结后来苏联解体的教训，一个重要方面就是苏共放弃了集中统一领导，搞所谓各级党组织自治，最终导致这个大党老党轰然倒塌。

我们党在战争年代，从遵义会议开始逐步形成成熟的、有权威的中央领导集体，确保了党的团结统一，使革命事业不断发展壮大。毛泽东当年就反复强调党的统一领导问题，提出要坚持"四个服从"、特别是全党服从中央。社会主义革命和建设时期，毛泽东进一步指出："为了建设一个强大的社会主义国家，必须有中央的强有力的统一领导"。改革开放后，邓小平提出"党中央的权威必须加强"，强调"中央定了措施，各地各部门就要坚决执行"。我们党的历史经验充分证明，什么时候坚定维护党中央集中统一领导，党的领导就得到加强，党的事业就不断胜利；反之，党的领导就受到削弱，党的事业就遭受挫折。

新时代党和国家事业之所以取得历史性成就、发生历史性变革，根本在于有习近平总书记作为党中央的核心、全党的核心，在于坚持和加强党中央集中统一领导。面对世所罕见、史所罕见的严峻复杂形势，正是在以习近平同志为核心的党中央坚强领导下，我们才成功地反贫困、建小康、抗地震、战疫情、化危机、应变局，在中美经贸摩擦、钓鱼岛主权捍卫、中印边境冲突、南海主权和权益维护以及涉港、涉台、涉疆、涉藏、人权等一系列重大问题上，取得一个又一个伟大成就，战胜一个又一个艰难险阻，推动中华民族伟大复兴进入不可逆转的历史进程。

当前，世界百年变局和世纪疫情交织叠加，国际形势错综复杂，我国改革发展稳定任务艰巨繁重，各种"黑天鹅"、"灰犀牛"事件时有发生，各种可以预见和难以预见的风险挑战不断增多。我们党作为拥有 9600 多万名党员和 490 多万个基层党组织、在 14 亿多人口大国长期执政的世界最大政党，治国理政的艰巨性复杂性可想而知。越是形势复杂、任务艰巨，就越是要毫不动摇坚持和加强党中央集中统一领导，巩固党的团结统一，把全国各族人民紧密团结起来，汇聚起同心共圆中国梦的磅礴伟力。

二、坚持和加强党中央集中统一领导,最重要的是拥护"两个确立"、做到"两个维护"

"两个确立"、"两个维护"是党的十八大以来全党在革命性锻造中形成的共同意志,是新时代伟大实践取得的最重要政治成果。10 年来,在以党的自我革命引领社会革命的生动实践中,习近平总书记成为党中央的核心、全党的核心是众望所归、人心所向,习近平新时代中国特色社会主义思想成为党和国家的指导思想是理所当然、势所必然。正是有习近平总书记领航掌舵,有习近平新时代中国特色社会主义思想科学指引,全党全国各族人民才更有志气骨气底气、更加自尊自信自强。"两个确立"、"两个维护"具有根本性、全局性、战略性、持久性意义,决定道路方向,决定事业成败,决定党的兴衰,决定国家和民族前途命运。只有坚定拥护"两个确立"、切实做到"两个维护",才能牢牢把握党和国家事业发展的正确方向、确保中国特色社会主义事业行稳致远,才能将中国发展进步的命运牢牢掌握在自己手中、独立自主拓展中国式现代化道路,才能把全党全国各族人民紧紧团结起来、众志成城为全面建设社会主义现代化国家而奋斗,才能战胜前进道路上一切风险挑战、不断夺取具有许多新的历史特点的伟大斗争新胜利。

习近平总书记作为深受全党全军全国各族人民信赖和崇敬的领袖,核心地位是在改革发展稳定、内政外交国防、治党治国治军的伟大实践中确立的。习近平新时代中国特色社会主义思想作为当代中国马克思主义、二十一世纪马克思主义,作为中华文化和中国精神的时代精华,是以习近平同志为主要代表的中国共产党人在推动马克思主义基本原理同中国具体实际相结合、同中华优秀传统文化相结合的历史进程中创立的。党的领导核心的确立和党的创新理论的形成紧密联系、不可分割,"两个确立"是内在统一的,应当整体把握、全面贯彻。维护习近平总书记党中央的核心、全党的核心地位,就要坚持习近平新时代中国特色社会主义思想的指导地位;坚持习近平新时代中国特色社会主义思想的指导地位,就要维护习近平总书记党中央的核心、全党的核心地位。

坚持和加强党中央集中统一领导,要正确把握"两个确立"和"两个维护"的关系。"两个确立"是"两个维护"的政治前提和思想基础,"两个维护"是"两个确立"的政治责任和实践要求。要把"两个维护"建立在对党的核心发自内心的敬仰爱戴上,建立在对习近平新时代中国特色社会主义思想持之以恒的学习践行上,自觉以理论的清醒确保政治的坚定,以党性的纯洁确保行动的正确,自觉信赖核心、维护核心、紧跟核心、捍卫核心,始终在思想上政治上行动上同以习近平同志为核心的党中央保持高度一致。

三、结合形势任务发展变化,进一步完善坚持和加强党中央集中统一领导的制度机制

坚持和加强党中央集中统一领导,既要有鲜明的态度、自觉的行动,也要有刚性的制度要求、有力的落实机制。贯彻落实党的二十大精神,完善坚持和加强党中央集中统一领导的制度机制,要重点把握好以下几个方面。

完善落实"两个维护"的制度机制。"两个维护"是新时代我们党管党治党、治国理政的根本政治要求。当前,全党落实"两个维护"总的是好的,但个别党员干部在理解和执行上还存在一些偏差。比如,有的嘴上说一套、实际干一套,做"两面人"、搞伪忠诚;有的落实党中央决策部署满足于照抄照转、机械套用,甚至严重脱离实际;有的乱提口号、乱贴标签,甚至搞"低级红"、"高级黑";等等。这些问题,都要注重从制度机制上防止和解决。要聚焦"两个维护",进一步建章立制,完善相关党内法规制度,推动各级党组织和党员干部以正确的认识和行动做到"两个维护",提高维护能力和效果。要把做到"两个维护"情况作为巡视巡察、督促检查的重要内容,推进政治监督具体化、精准化、常

态化，使"两个维护"更好落实到实际行动上。

完善党中央对重大工作集中统一领导的制度机制。经过长期探索实践特别是党的十八大以来的改革创新，党中央已形成一整套有效领导重大工作的体制机制。每次中央全会都对关系党和国家事业发展全局的重大问题作出决定和决议，中央政治局常委会、中央政治局定期研究关系全局的重大问题、决定重大事项。中央全面深化改革、国家安全、网络安全和信息化、军民融合发展、财经、外事工作、全面依法治国、审计、机构编制等领域的决策议事协调机构，立足自身职能，加强对重大工作的顶层设计、总体布局、统筹协调、整体推进。党的十九大后，党中央在深化党和国家机构改革中，进一步完善了党中央对重大工作的领导体制。实践证明，这些制度机制符合实际、行之有效，要长期坚持、不断完善，以适应新时代新征程形势任务要求，推动党中央对重大工作的集中统一领导制度化科学化规范化，提高党把方向、谋大局、定政策、促改革的能力。

完善党中央决策部署贯彻落实的制度机制。坚持和加强党中央集中统一领导，必须不折不扣贯彻党中央大政方针和决策部署，决不能做选择、搞变通。党的十八大以来，围绕党中央决策部署的贯彻落实，在任务分工、督促检查、情况通报、监督问责等方面建立完善了一系列制度，为确保政令畅通、令行禁止提供了有力保障。要认真总结经验，有成效的继续坚持，有缺失的及时弥补，有薄弱的及时加强，该修订的抓紧修订，使各方面制度机制更加成熟定型。要完善上下贯通、执行有力的工作体系，健全"任务分工—督办落实—抽查检查—定期报告—跟踪问效"的全链条工作机制，使中央和国家机关发挥好"最初一公里"作用、地方党委和政府履行好"中间段"职责、基层组织完成好"最后一公里"任务，确保党中央决策部署在各地区各部门各层级全面贯彻。要完善定期就党中央决策部署和习近平总书记重要指示批示贯彻落实情况"回头看"和报告、通报制度，切实解决贯彻执行中的堵点淤点难点问题。

严格执行向党中央请示报告制度。这是党中央集中统一领导的重要制度安排和重要政治纪律。经过这些年实践,向党中央请示报告制度逐步完善,中央书记处和中央纪律检查委员会、全国人大常委会党组、国务院党组、全国政协党组、最高人民法院党组、最高人民检察院党组每年向中央政治局常委会、中央政治局报告工作,中央政治局全体同志每年向党中央和习近平总书记书面述职,各地区各部门加强向党中央请示报告工作。要按照《中国共产党重大事项请示报告条例》的规定,该请示的必须请示,该报告的必须报告,既报喜又报忧、既报功又报过、既报结果又报过程,决不能弄虚作假、掩盖问题、欺上瞒下。要坚持守土有责、守土尽责,对职责范围内的事情主动担当,决不能推诿塞责;对重大突发事件在及时请示报告的同时果断应对处置,决不能"等靠要"。

四、把坚持和加强党中央集中统一领导作为领导干部政治能力建设的首要任务抓紧抓实

坚持和加强党中央集中统一领导,制度管长远,干部是关键。要突出重点、抓住关键,切实加强领导干部政治能力建设,不断提高"关键少数"的政治判断力、政治领悟力、政治执行力。

加强学习教育。政治上的坚定源于理论上的清醒。个别领导干部在重大关头迷茫、关键时刻摇摆,根子上还是理论素养不过硬。要引导各级领导干部深入学习贯彻习近平新时代中国特色社会主义思想,同学习党的二十大报告和党章修正案相结合,同领会党的百年奋斗历程特别是新时代10年的伟大变革相联系,在强化理论武装中不断提高拥护"两个确立"、做到"两个维护"的自觉性坚定性。要充分运用党委(党组)理论学习中心组学习、干部教育培训、理论宣讲等方式,引导各级领导干部深刻认识党中央集中统一领导的重大意义和实践要求,内化于心、外化于行,不断增强维护党中央集中统一领导的高度自觉。

注重政治历练。要推动各级领导干部全面贯彻落实党的二十大精神,紧密联系本地区本部门实际,把党中央大政方针和决策部署转化为

切实可行的目标任务,以钉钉子精神抓好落实,以扎扎实实的工作成效维护党中央集中统一领导。要引导各级领导干部善于从政治上研判形势、分析问题,自觉在党和国家工作大局下行动,坚持局部服从整体,真正做到围绕中心、服务大局。坚持和加强党中央集中统一领导不能照本宣科、依葫芦画瓢,也不能搞简单化、机械式执行,而是要把贯彻落实党中央精神与结合实际创造性开展工作紧密结合,既吃透上情又吃透下情,既有思想上的坚决性又有行动上的科学性,真正干实事、谋实招、求实效,确保党中央决策部署精准落实落地。

增强斗争精神。新征程上,大量矛盾问题叠加交织,各种风险挑战严峻复杂,全党上下必须坚决斗争。要引导各级领导干部增强斗争精神、坚定斗争意志、提高斗争本领,特别是要在大是大非上态度鲜明、立场坚定,在原则问题上保持定力、毫不动摇,坚决反对一切违背、歪曲、否定党中央集中统一领导的言行,坚决反对一切目无政治纪律、无视党中央权威的现象。要推动各级领导干部强化底线思维、极限思维,增强政治敏锐性和政治鉴别力,对损害党中央集中统一领导的苗头性倾向性问题、对形形色色的"低级红"和"高级黑"现象保持高度警惕,做到眼睛亮、见事早、行动快,切实提高防范化解风险的本领。

强化管理监督。坚持和加强党中央集中统一领导不是抽象的、不能空喊口号,应当体现到日常管理上、贯彻到实际工作中。要发挥考核"指挥棒"作用,在考核考察中重点看各级领导干部是否做到了"两个维护"、是否坚决执行了党中央决策部署,指导督促他们把维护党中央集中统一领导贯穿想问题、作决策、抓落实的全过程各方面。要树立鲜明选人用人导向,把坚决做到"两个维护"作为选拔任用干部的首要政治条件。要强化巡视巡察"利剑"作用,进一步聚焦党中央集中统一领导和习近平总书记重要指示批示落实情况开展政治监督和督促检查,对那些有悖于党中央集中统一领导的行为严肃追责问责。

坚持不懈用习近平新时代中国特色社会主义思想凝心铸魂

王晓晖

党的十八大以来，以习近平同志为主要代表的中国共产党人，坚持把马克思主义基本原理同中国具体实际相结合、同中华优秀传统文化相结合，科学回答了新时代坚持和发展什么样的中国特色社会主义、怎样坚持和发展中国特色社会主义等重大时代课题，创立了习近平新时代中国特色社会主义思想。这一重要思想，是当代中国马克思主义、二十一世纪马克思主义，是中华文化和中国精神的时代精华，是党和人民实践经验和集体智慧的结晶，是全党全国人民为实现中华民族伟大复兴而奋斗的行动指南。党的二十大报告对坚持不懈用习近平新时代中国特色社会主义思想凝心铸魂作出重大部署，为我们加强新时代党的思想建设提供了方向指引和根本遵循。我们要认真落实这一重大政治任务，坚定用党的创新理论武装全党、教育人民、指导实践，更好统一思想、统一意志、统一行动，为全面建设社会主义现代化国家、全面推进中华民族伟大复兴而团结奋斗。

一、坚持不懈用习近平新时代中国特色社会主义思想凝心铸魂，是新时代党的思想建设的根本任务

注重思想建党、理论强党是我们党的鲜明特色和光荣传统。回顾党的百年奋斗历程，我们党之所以能够历经艰难困苦而不断发展壮大，很重要的一个原因就是我们党始终重视思想建党、理论强党，使全党始

终保持统一的思想、坚定的意志、协调的行动、强大的战斗力。习近平新时代中国特色社会主义思想在指导新时代伟大实践中展现出强大的真理力量和实践伟力，是我们认识世界和改造世界的强大思想武器。迈步新的征程，坚持不懈用这一光辉思想凝心铸魂，不断巩固团结奋斗的共同思想基础，具有十分重大的意义。

（一）这是新的历史条件下坚持和发展中国特色社会主义的迫切需要。中国特色社会主义是党和人民历经千辛万苦、付出巨大代价取得的根本成就。坚持和发展中国特色社会主义，需要不断在实践和理论上进行探索，用发展着的理论指导发展着的实践。党的十八大以来，以习近平同志为核心的党中央以伟大的历史主动精神、巨大的政治勇气、强烈的责任担当，统筹中华民族伟大复兴战略全局和世界百年未有之大变局，采取一系列战略性举措，推进一系列变革性实践，实现一系列突破性进展，取得一系列标志性成果，党和国家事业取得历史性成就、发生历史性变革，中国特色社会主义展现出蓬勃生机与活力。新时代10年取得的伟大成就，根本在于以习近平同志为核心的党中央的坚强领导，在于习近平新时代中国特色社会主义思想的科学指引。新时代新征程上，我们党所处的历史方位和实践基础发生了深刻变化，改革发展稳定任务之重、矛盾风险挑战之多、治国理政考验之大都前所未有，前途光明但任重道远。我们必须坚持以习近平新时代中国特色社会主义思想为指导，坚定中国特色社会主义道路自信、理论自信、制度自信、文化自信，更有定力、更有自信、更有智慧地坚持和发展新时代中国特色社会主义，确保党和国家事业始终沿着正确方向前进。

（二）这是开辟马克思主义中国化时代化新境界的迫切需要。中国共产党为什么能，中国特色社会主义为什么好，归根到底是马克思主义行，是中国化时代化的马克思主义行。我们党自成立之日起，就坚持把马克思主义写在自己的旗帜上，不断推进马克思主义中国化时代化。习近平新时代中国特色社会主义思想，以全新的视野深化对共产党执政规律、社会主义建设规律、人类社会发展规律的认识,以原创性理论贡献标注了马克思主义发展的新高度,实现了马克思主义中国化时代化新的飞跃。党的十九大、十九届六中全会提出的"十个明确"、"十四个坚持"、"十三个方面成就"概括了这一光辉思想的主要内容,党的二十大提出的"六个必须坚持"深入诠释了贯穿其中的立场观点方法,是重大理论创新,进一步丰富发展了这一科学理论体系。实践没有止境,理论创新也没有止境。继续推进实践基础上的理论创新,需要我们深刻领会习近平新时代中国特色社会主义思想的丰富内涵和核心要义,准确把握其世界观和方法论,不断推动马克思主义同中国具体实际相结合、同中华优秀传统文化相结合,让中国化时代化的马克思主义展现出更加强大的真理力量和实践伟力。

(三)这是全面建设社会主义现代化国家、全面推进中华民族伟大复兴的迫切需要。从现在起,我们党的中心任务就是团结带领全国各族人民全面建成社会主义现代化强国、实现第二个百年奋斗目标,以中国式现代化全面推进中华民族伟大复兴。一个民族要走在时代前列,就一刻不能没有理论思维,一刻不能没有思想指引。今天,我们比历史上任何时期都更接近、更有信心和能力实现中华民族伟大复兴的目标,同时世界百年未有之大变局加速演进,我国发展面临新的战略机遇、新的战略任务、新的战略阶段、新的战略要求、新的战略环境,必须准备付出更为艰巨、更为艰苦的努力。党的二十大提出以中国式现代化全面推进中华民族伟大复兴,指明中国式现代化的中国特色、本质要求和推进中国式现代化建设的重大原则,进一步深化了对建设什么样的社会主义现代化强国、怎样建设社会主义现代化强国的理论和实践认识。我们必须强化科学理论指引,增强战略定力、保持战略清醒、勇于善于斗争,自觉把习近平新时代中国特色社会主义思想贯彻落实到党和国家工作各方面全过程,确保各项工作更好体现时代性、把握规律性、富于创造性,坚定有力推动党的二十大擘画的宏伟蓝图一步一步变为现实。

（四）这是深入推进新时代党的建设新的伟大工程、建强高素质执政骨干队伍的迫切需要。办好中国的事情，关键在党，关键在全面从严治党。党的十八大以来，以习近平同志为核心的党中央以前所未有的勇气和定力推进全面从严治党，经过不懈努力，我们党找到了自我革命这一跳出治乱兴衰历史周期率的第二个答案，自我净化、自我完善、自我革新、自我提高能力显著增强，管党治党宽松软状况得到根本扭转，风清气正的党内政治生态不断形成和发展。同时必须清醒看到，党面临的执政考验、改革开放考验、市场经济考验、外部环境考验将长期存在，精神懈怠危险、能力不足危险、脱离群众危险、消极腐败危险将长期存在，全面从严治党永远在路上，党的自我革命永远在路上。马克思主义政党的先进性，首先体现为思想理论上的先进性。踏上新的赶考之路，必须坚持不懈用马克思主义中国化时代化最新成果武装全党，为党的政治建设提供可靠的思想保障，作为灵魂贯穿于党的组织建设、作风建设、纪律建设等各方面建设之中，持续用力推动全面从严治党向纵深发展，把党员干部队伍建设得更加坚强有力，推动全党思想上统一、政治上团结、行动上一致，使我们党坚守初心使命、勇立时代潮头，始终成为中国特色社会主义事业的坚强领导核心。

二、坚持不懈用习近平新时代中国特色社会主义思想凝心铸魂，关键要坚持守正创新、与时俱进，持续学深悟透、统一思想意志

理论创新每前进一步，理论武装就要跟进一步。必须大力弘扬马克思主义学风，不断推进理念创新、手段创新和工作创新，引导党员干部持续在学懂弄通做实上下功夫，自觉做习近平新时代中国特色社会主义思想的坚定信仰者、积极传播者、忠实实践者。

（一）持续抓好党的创新理论学习教育。党的二十大报告明确要

求组织实施党的创新理论学习教育计划,建设马克思主义学习型政党。要坚持把深入学习贯彻习近平新时代中国特色社会主义思想作为理论武装的重中之重,落实党委(党组)理论学习中心组学习制度,有计划地组织开展研讨班、读书班等,引导各级领导干部读原著、学原文、悟原理,深刻领会其丰富内涵、精神实质和实践要求,深入把握贯穿其中的立场观点方法。健全干部教育培训机制,把学习习近平新时代中国特色社会主义思想作为各级党校、行政学院、干部学院主课,切实增强学习教育的实效性。健全面向基层、面向群众的理论普及工作体系,统筹用好广播、电视、报刊、网络、新媒体等渠道,采取群众喜闻乐见的方式,讲好党的创新理论的学理哲理道理情理,推动学习教育往深里走、往实里走、往心里走。

(二)持之以恒加强理想信念教育。理想信念是中国共产党人的精神支柱和政治灵魂,也是保持党的团结统一的思想基础。要坚持把理想信念教育作为思想建设的战略任务,把习近平新时代中国特色社会主义思想作为砥砺理想信念和初心使命的最好教材,引导党员干部深刻感悟习近平总书记的坚定信仰信念、深厚人民情怀、强烈历史担当、求真务实作风,深刻感悟党的创新理论的真理力量、实践力量、人格力量,不断夯实理想信念的思想根基。经常性组织开展专题学习、主题党日、仪式教育、党员政治生日等,通过学习经典、体会情怀、红色体验、氛围浸润的结合,引导党员干部牢记党的宗旨,解决好世界观、人生观、价值观这个总开关问题,自觉做共产主义远大理想和中国特色社会主义共同理想的坚定信仰者和忠实实践者,做人民美好生活和民族复兴伟业的矢志创造者和不懈奋斗者。

(三)常态化长效化开展党史学习教育。党的二十大报告明确提出坚持理论武装同常态化长效化开展党史学习教育相结合。要把学习党史作为党员干部的必修课和常修课,纳入党员发展和教育管理全过程,分层分类完善学习制度、确保学习实效。巩固拓展党史学习教育成果,注重从党的光辉历程、重大成就、历史经验中深入挖掘红色教育资源,充分发挥革命博物馆、纪念馆、党史馆、烈士陵园等红色基因库的教育功能,用好"我为群众办实事"活动形成的良好机制,引导党员、干部不断学史明理、学史增信、学史崇德、学史力行。把党内学习教育和全社会宣传教育相结合,把党史学习教育和"四史"宣传教育相结合,针对不同群体和受众的特点加强宣传普及。大力弘扬伟大建党精神,学习传承中国共产党人的精神谱系,激励广大党员干部永葆政治本色、坚守精神家园。

(四)以县处级以上领导干部为重点在全党深入开展主题教育。这是党的二十大报告作出的重大部署。要总结运用我们党历次党内集中教育的成功经验,聚焦深学细悟习近平新时代中国特色社会主义思想这个主题,加强统筹谋划,精心组织实施。领导干部是"关键少数",是党执政兴国的骨干力量。要把县处级以上领导干部作为重点,引导大家带着感情学、带着使命学,先学一步、学深一层,充分发挥示范引领作用,带动广大党员干部深学细悟笃行。抓好集中轮训,分期分批把县处级以上领导干部培训一遍,分层分类抓好基层党员、干部教育培训,确保全员覆盖、有力有效。统筹推进专题学习、宣传宣讲、教育培训、实践活动、检视问题和整改落实各项工作,以思想自觉引领行动自觉,以行动自觉深化思想自觉。

三、坚持不懈用习近平新时代中国特色社会主义思想凝心铸魂,根本要坚持学思用贯通、知信行统一,把党的创新理论转化为坚定理想、锤炼党性和指导实践、推动工作的强大力量

理论的价值在于指导实践,学习的目的全在于运用。深入学习贯彻习近平新时代中国特色社会主义思想,必须坚持理论联系实际,坚持学以致用、学用相长,切实提高用党的创新理论观察新形势、研究新情况、解决新问题的能力水平,更好把科学理论转化为认识世界和改造世

界的强大物质力量。要将学习成果体现到提高政治能力上，不断提高政治判断力、政治领悟力、政治执行力，深刻领悟"两个确立"的决定性意义，进一步增强"四个意识"、坚定"四个自信"、做到"两个维护"，确保在政治立场、政治方向、政治原则、政治道路上同以习近平同志为核心的党中央保持高度一致。体现到推动高质量发展上，立足新发展阶段，完整、准确、全面贯彻新发展理念，加快构建新发展格局，紧紧抓住解决不平衡不充分的发展问题，着力在补短板、强弱项、固底板、扬优势上下功夫，把党的二十大关于推动高质量发展的各项重大部署落到实处。体现到增进民生福祉上，认真践行以人民为中心的发展思想，把让老百姓过上更好日子作为根本价值取向，采取更多惠民生、暖民心举措，着力解决好人民群众急难愁盼问题，不断提高公共服务水平，扎实推进共同富裕，让现代化建设成果更多更公平惠及全体人民。体现到增强斗争本领上，统筹发展和安全，坚持问题导向，树牢底线思维，主动识变应变求变，主动防范化解风险，事不避难、攻坚克难，全力战胜前进道路上的各种困难和挑战，依靠顽强斗争打开事业发展新天地。体现到弘扬清风正气上，以严的基调正风肃纪，驰而不息转作风、树新风，促进党员干部特别是领导干部带头扑下身子干实事、谋实招、求实效，以实干担当推动事业发展，为全面建设社会主义现代化国家、全面推进中华民族伟大复兴而团结奋斗。

增强党组织政治功能和组织功能

张 庆 伟

习近平总书记在党的二十大报告中对"增强党组织政治功能和组织功能"作出新的全面部署,明确指出:"严密的组织体系是党的优势所在、力量所在。各级党组织要履行党章赋予的各项职责,把党的路线方针政策和党中央决策部署贯彻落实好,把各领域广大群众组织凝聚好。"我们要认真学习贯彻党的二十大精神,聚焦增强党组织政治功能和组织功能这个重要任务,深入推进新时代党的建设新的伟大工程,为谱写全面建设社会主义现代化国家新篇章提供坚强保证。

一、充分认识增强党组织政治功能和组织功能的重要性紧迫性

我们党是依靠革命理想和铁的纪律组织起来的马克思主义政党。增强党组织政治功能和组织功能,把党员组织起来、把人才凝聚起来、把群众动员起来,对于我们党以伟大自我革命引领伟大社会革命意义重大。

(一)增强党组织政治功能和组织功能,是马克思主义建党学说揭示的科学真理。马克思主义政党具有崇高政治理想、高尚政治追求、纯洁政治品质、严明政治纪律,其力量的凝聚和运用在于科学的组织。只有组织起来,形成严密组织体系,才能实现力量倍增。马克思指出:"只有当工人通过组织而联合起来并获得知识的指导时,人数才能起举足轻重的作用。"列宁指出:"无产阶级在争取政权的斗争中,除了组织,没有别的武器。"毛泽东指出:"一个政党要引导革命到胜利,必须

574

依靠自己政治路线的正确和组织上的巩固。"习近平总书记指出："党的力量来自组织。党的全面领导、党的全部工作要靠党的坚强组织体系去实现。"马克思主义政党正是依靠强大政治功能和组织功能，充分调动广大党员的积极性主动性创造性，焕发出强大生命力和战斗力。

（二）增强党组织政治功能和组织功能，是中国共产党百年奋斗的制胜秘诀。我们党自诞生起，始终坚持以马克思主义为指导，高度重视增强党组织政治功能和组织功能，加强党对一切工作的政治领导，将"四个服从"写入党章。党的十八大以来，中国特色社会主义进入新时代，以习近平同志为核心的党中央坚持"两个结合"，创立习近平新时代中国特色社会主义思想，坚持党要管党、全面从严治党，完善坚定维护党中央权威和集中统一领导的各项制度，以提升组织力为重点，突出政治功能，不断健全组织体系，党在革命性锻造中更加坚强有力，拥护"两个确立"、做到"两个维护"成为全党最重要的政治纪律和政治规矩，引领推动党和国家事业取得历史性成就、发生历史性变革。脱贫攻坚中，党中央一声号令，全党尽锐出战，形成"五级书记一起抓、全党动员促攻坚"的生动局面；抗击新冠肺炎疫情中，各级党组织闻令而动，构筑起联防联控、群防群控的坚固防线，都凸显了党的政治优势和组织优势。实践证明，党组织政治功能和组织功能充分发挥，全党全国人民紧紧拧成一股绳，党的事业就会不断从胜利走向胜利。

（三）增强党组织政治功能和组织功能，是完成新时代新征程党的使命任务的必然要求。当今世界百年变局和世纪疫情相互交织影响，我国发展面临新的战略机遇、新的战略任务、新的战略阶段、新的战略要求、新的战略环境，需要应对的风险和挑战、需要解决的矛盾和问题比以往更加错综复杂。党的二十大准确把握世界之变、时代之变、历史之变的新特征新趋势，明确了新时代新征程中国共产党的使命任务，提出以中国式现代化全面推进中华民族伟大复兴。在新时代新征程上应变局、育新机、开新局，迫切需要增强党组织政治功能和组织功能。只有各级党委（党组）切实加强领导，基层党组织发挥战斗堡垒作用，广大党员发挥先锋模范作用,才能团结带动全党全国各族人民步调一致奋进新征程、建功新时代。

二、准确把握增强党组织政治功能和组织功能的内涵要求

政治属性是党组织的根本属性,政治功能是党组织的基本功能;组织功能服务于政治功能,是发挥党组织政治功能的基础和保证。两者相辅相成、内在统一,只有"两个功能"都增强,党的政治优势、组织优势才能充分发挥。我们要牢牢把握增强"两个功能"的内涵要求。

(一)突出加强党的全面领导、坚决做到"两个维护"。习近平总书记指出:"加强党的组织建设,根本目的是坚持和加强党的全面领导,为推进中国特色社会主义事业提供坚强保证。"党的领导既宏观又具体,必须依靠千千万万个党组织发挥作用,将"党政军民学,东西南北中,党是领导一切的"要求落实到位,确保全党团结成"一块坚硬的钢铁"。坚持党的全面领导,最根本的是坚持党中央权威和集中统一领导。党章规定"四个服从",最重要的是全党各个组织和全体党员服从党的全国代表大会和中央委员会;党中央强调增强"四个意识",特别是核心意识、看齐意识。增强党组织政治功能和组织功能,必须胸怀"国之大者",忠诚拥护"两个确立"、坚决做到"两个维护",在政治立场、政治方向、政治原则、政治道路上同以习近平同志为核心的党中央保持高度一致。

(二)突出坚持组织路线服务政治路线的基本定位。党的政治路线是党的政治主张的集中体现,党的组织路线由政治路线决定,是实现党的政治路线的重要保证。我们党一路走来,始终坚持组织路线服务政治路线,组织工作服务于党的中心工作,为实现党的政治任务提供了坚强组织保证。以习近平同志为核心的党中央创造性提出新时代党的组织路线,为加强党的组织建设提供了科学遵循。增强党组织政治功能和组织功能,既要突出政治引领,确保党在同级各种组织中发挥领导作用;又

要突出组织体系建设这个重点,一体推进党的各方面各领域建设,使新时代党的组织路线服务党的政治路线更加科学、更加精准、更加有效。

(三)突出树牢宗旨意识、坚持人民至上。民心是最大的政治,人民是党执政的最大底气。党章明确把"坚持全心全意为人民服务"作为党的建设必须坚决实现的五项基本要求之一。党代表中国最广大人民根本利益,没有任何自己特殊的利益,其性质宗旨决定了增强党组织政治功能和组织功能,必须坚持人民至上,把一切为了人民、紧紧依靠人民、不断造福人民、牢牢植根人民作为根本出发点和落脚点。党的各级组织只有坚持以人民为中心,把对上负责和对下负责统一起来、让党中央放心和让人民群众满意统一起来,才能赢得人民信任、得到人民支持。

(四)突出问题导向和目标导向相统一。实现党的组织和党的工作全覆盖,是发挥党组织政治功能和组织功能的物质依托和基本前提。当前,党组织建设整体形势向好,但也存在部分基层党组织政治功能弱化、组织软弱涣散现象,党的领导落实到基层还有不少"中梗阻",新经济组织、新社会组织、新就业群体党建工作有待加强。必须强化问题导向,坚持守正创新,下大力固根基、扬优势、补短板、强弱项,着力消除党组织设置的空白点,积极拓展建设新兴领域党组织,更好推动党的组织有效嵌入各类基层组织,党的工作有效覆盖社会各类群体。

(五)突出分类别具体指导、分领域统筹推进。截至2021年底,全国基层党组织493.6万个,广泛分布在各条战线各个领域,量大面广、层级不同、类型多样,构成了党执政大厦的稳固基础。增强党组织政治功能和组织功能,必须坚持一切从实际出发,分类指导、精准施策、统筹推进。落实农村基层党组织工作条例,抓党建促乡村振兴,切实增强农村基层党组织凝聚力战斗力。落实关于加强和改进城市基层党建工作的意见,加强城市社区党建工作,健全党建引领基层治理的体制机制。落实党和国家机关基层党组织工作条例,全面提高机关党建质量,推进事业单位党建工作。坚持"两个一以贯之",推进国有企业、金融企业在完善公司治理中加强党的领导,把企业党组织内嵌到公司治理结构之中。加强混合所有制企业、非公有制企业党建工作,理顺行业协会、学会、商会党建工作管理体制。在新经济组织、新社会组织、新就业群体中扩大党的组织和工作覆盖,促进企业和社会组织健康发展。在高校,重点是落实地方党委和主管部委党建工作责任,抓好立德树人这个根本任务。

三、全面落实增强党组织政治功能和组织功能的主要任务

党的二十大对增强党组织政治功能和组织功能作出全面部署,提出明确要求,我们必须深入理解、准确把握、坚决落实。

(一)着眼增强政治领导力抓实政治建设。党是最高政治领导力量,政治领导力在党的执政能力中是第一位的能力。要坚持把党的政治建设摆在首位,推动党的各级组织坚持和加强党的全面领导,把拥护"两个确立"、做到"两个维护"体现在坚决贯彻党中央决策部署的行动上,体现在履职尽责、做好本职工作的实效上,体现在党员干部的日常言行上,不断提高政治判断力、政治领悟力、政治执行力。严明党的政治纪律和政治规矩,严肃党内政治生活,发展积极健康的党内政治文化,认真执行"三会一课"、民主集中制、谈心谈话、民主评议党员等制度,推动党的组织生活经常化、规范化、制度化。切实加强党组织对各领域社会基层组织的政治领导,引导广大党员干部群众把准政治方向,增强政治敏锐性和政治鉴别力,共同担负起爱党、为党、兴党、护党的责任。

(二)着眼增强思想引领力强化理论武装。习近平总书记指出,组织是"形",思想是"魂"。增强党组织政治功能和组织功能,既要"造形",也要"铸魂"。要坚持用习近平新时代中国特色社会主义思想凝心铸魂,充分运用"学习强国"等各类党员学习平台,推进经常性教育和党内集中教育相结合,促使广大党员干部进一步在学懂弄通做实上下功夫,深刻理解当代中国马克思主义、二十一世纪马克思主义"十个明确"、"十四个坚持"、"十三个方面成就"的丰富内涵,"两个结合"的

理论特质,"六个必须坚持"的世界观和方法论,不断增进政治认同、思想认同、情感认同。认真实施党的创新理论学习教育计划,加强理想信念教育,引导广大党员坚定信仰信念信心、增强志气骨气底气,紧紧凝聚在党的思想旗帜之下。

(三)着眼增强贯彻执行力严密组织体系。党组织政治功能和组织功能强不强,抓重大任务落实是试金石,也是磨刀石。只有党的中央组织、地方组织、基层组织都坚强有力、充分发挥作用,党的各级组织都健全、都过硬,党的组织体系的优势和威力才能充分发挥出来,党的领导才能"如身使臂、如臂使指"。中央和国家机关作为贯彻落实党中央决策部署的"最初一公里",要着力打造让党中央放心、让人民群众满意的模范机关;地方党委是贯彻落实党中央决策部署的"中间段",要有令即行、有禁即止,成为坚决听党中央指挥、管理严格、监督有力、班子团结、风气纯正的坚强组织;基层党组织是贯彻落实党中央决策部署的"最后一公里",要坚持大抓基层的鲜明导向,坚持党的一切工作到支部,全面加强各领域基层党组织建设,成为宣传党的主张、贯彻党的决定、领导基层治理、团结动员群众、推动改革发展的坚强战斗堡垒。要着力提高发展党员和党员教育管理工作质效,注重从青年和产业工人、农民、知识分子中发展党员,严肃稳妥处置不合格党员,把各方面先进分子和优秀人才吸收进来、组织起来,增强党组织肌体活力,让组织体系的经脉气血更加畅通。

(四)着眼增强群众组织力走好群众路线。党的最大政治优势是密切联系群众,党执政后的最大危险是脱离群众。增强党组织政治功能和组织功能,必须牢记"中国共产党是什么、要干什么"这个根本问题,在党的各项工作中自觉走好群众路线。始终把人民放在心中最高位置,坚持人民主体地位,尊重人民首创精神,完善群众参与决策机制,架好党心、民心的"连心桥",做到问需于民、问策于民、问计于民。扎实做好服务群众工作,深入落实党中央各项惠民政策,真心实意为群众解难事、做实事、办好事。把推进党的基层组织设置和扩大党同人民群众的血肉联系统一起来,坚持哪里有群众哪里就有党的工作,哪里有党员哪里就有党的组织,哪里有党的组织哪里就有党组织作用的充分发挥,更好组织引领广大群众坚定不移听党话、跟党走、与党一起奋斗。

(五)着眼增强社会号召力加强团结凝聚。习近平总书记在党的二十大报告中重申走好"五个必由之路",指出团结奋斗是中国人民创造历史伟业的必由之路。增强党组织政治功能和组织功能,就要以提升社会号召力为抓手,更加广泛地团结一切可以团结的力量、调动一切可以调动的积极因素,为全面建设社会主义现代化国家、全面推进中华民族伟大复兴而团结奋斗。推动基层党组织担负起组织群众、宣传群众、凝聚群众、服务群众的职责,广泛开展社会主义核心价值观教育,更好引领社会思潮、整合社会力量、凝聚社会共识,使党的指导思想成为国家和社会的指导思想,使党的主张转化为人民群众的自觉行动。坚持和发展全过程人民民主,健全人民当家作主制度体系,完善民主选举、民主协商、民主决策、民主管理、民主监督制度机制,扩大人民群众有序政治参与,齐心协力奋进新征程、谱写新篇章。

(六)着眼增强自身免疫力推进自我革命。打铁必须自身硬。增强党组织政治功能和组织功能,必须贯彻新时代党的自我革命战略思想,保持正视问题的自觉和刀刃向内的勇气,着力解决思想不纯、政治不纯、组织不纯、作风不纯等突出问题,不断提高自我净化、自我完善、自我革新、自我提高能力。坚持严的基调不动摇,推动各级党组织履行政治责任、严肃政治生活,认真贯彻执行党的组织纪律、组织原则、组织制度,带动廉洁纪律、群众纪律、工作纪律、生活纪律严起来,让党员干部知敬畏、存戒惧、守底线。继续打好党风廉政建设和反腐败斗争这场攻坚战、持久战,深入整治民生领域的"微腐败"、放纵包庇黑恶势力的"保护伞"、妨碍惠民政策落实的"绊脚石",确保党的各级组织坚强有力、全面过硬。

坚持不敢腐、不能腐、不想腐一体推进

肖 培

坚持不敢腐、不能腐、不想腐一体推进,是习近平新时代中国特色社会主义思想的重要内容,是反腐败斗争基本方针和新时代全面从严治党的重要方略,体现了我们党在新的历史条件下对共产党执政规律、党的建设规律的深刻把握。习近平总书记所作的党的二十大报告着眼新时代新征程中国共产党的使命任务,对坚定不移全面从严治党作出战略部署,深刻阐明了坚持不敢腐、不能腐、不想腐一体推进的基本原则、战略重点、方法路径,为全面打赢反腐败斗争攻坚战持久战、以党的自我革命引领社会革命提供了根本遵循。

一、反腐败是最彻底的自我革命

全面从严治党是新时代党的自我革命的伟大实践,反腐败斗争是其中关键一役。党的十八大以来,以习近平同志为核心的党中央把全面从严治党纳入"四个全面"战略布局,开展了史无前例的反腐败斗争,不敢腐、不能腐、不想腐一体推进,"打虎"、"拍蝇"、"猎狐"多管齐下,反腐败斗争取得压倒性胜利并全面巩固,开辟了党的自我革命新境界。

(一)实现党全面领导反腐败力量的战略性重塑。党的十八大前一度出现管党不力、治党不严问题,一些贪腐问题触目惊心,引起广大党员、干部和群众的强烈不满和义愤。人心向背关系党的生死存亡,人民最不满意的是腐败、最忧心的是腐败、最痛恨的也是腐败。党的十八大以来,党中央旗帜鲜明加强对反腐败工作的领导,以"得罪千百人、不负十四亿"的使命担当祛疴治乱,实现反腐败领导体制重塑、战略目标重塑、组织机构重塑、工作力量重塑、责任体系重塑,管党治党宽松软状况得到根本扭转,构建起党全面领导的反腐败工作格局,健全了党中央集中统一领导、各级党委统筹指挥、纪委监委组织协调、职能部门高效协同、人民群众参与支持的反腐败工作体制机制,汇聚起全党全社会动手一起抓的强大合力。

(二)反腐败斗争赢得了我们党永葆先进纯洁的历史主动。党中央坚持从政治高度把握和推进反腐败斗争,严肃查处政治问题和经济问题交织的腐败案件,坚决纠治"七个有之",铲除党内野心家、阴谋家,防止党内形成利益集团,消除了党、国家、军队内部存在的严重隐患。我们党在革命性锻造中浴火重生,防止了因腐败蔓延、"四风"肆虐、特权横行而变质褪色,赢得了保持同人民群众血肉联系、人民衷心拥护的历史主动;防止了党被利益集团、权势团体渗透干预,赢得了党的肌体健康纯洁、全党高度团结统一的历史主动;防止了党在日益复杂的斗争中懈怠停滞,赢得了走在时代前列、带领人民实现中华民族伟大复兴的历史主动。

(三)坚决有力遏制腐败蔓延势头。党中央坚持无禁区、全覆盖、零容忍,坚持重遏制、强高压、长震慑,坚持受贿行贿一起查,坚持有案必查、有腐必惩,十年如一日、一刻不停歇。严肃查处阻碍党的理论和路线方针政策贯彻执行、严重损害党的执政根基的腐败问题,坚决清除对党阳奉阴违的两面人、不收敛不收手的腐败分子,深化金融、国企、政法、粮食购销、煤炭资源、开发区建设等重点领域反腐败工作,坚决整治群众身边腐败,反腐力度和规模之大世所罕见、史所罕见。党的十八大以来,全国纪检监察机关共立案审查调查464.8万余件、处分457.3万人,其中立案审查调查中管干部553人,处分厅局级干部2.5万多人、县处级干部18.2万多人。2014年以来,"天网行动"共从120多个国

582

家和地区追回外逃人员 10668 人,追回赃款 447.9 亿元,"百名红通人员"已有 61 人归案。在高压震慑和政策感召下,8.1 万人主动投案,2020 年以来共有 21.6 万人主动交代问题,反腐败斗争减存量、遏增量成效不断彰显。

(四)防治腐败的制度效能全面提升。党中央坚持全面从严治党和全面深化改革、全面依法治国协同推进,形成靠制度管权、管事、管人的长效机制。坚持依规治党,制定修订一系列重要党内法规,推进反腐败国家立法,形成了一整套比较完善的党内法规体系和反腐败法律体系,增强制度刚性,防止"破窗效应",贯通执纪执法,确保各项法规制度落地生根。发挥查办案件的治本功能,发现个案背后的共性问题和深层次问题,实现查处一案、警示一片、治理一域综合效应。

(五)拒腐防变的思想堤坝不断加固。坚持思想建党和制度治党同向发力,用理想信念强基固本,用党的创新理论武装全党,用优秀传统文化正心明德,补足精神之"钙",铸牢思想之"魂"。把不忘初心、牢记使命作为加强党的建设的永恒课题和全体党员、干部的终身课题,持续开展党内集中学习教育,深入清除滋生腐败的思想病毒。加强年轻干部思想教育,引导扣好廉洁从政"第一粒扣子"。印发加强新时代廉洁文化建设意见,引导党员干部锤炼党性、增强拒腐防变能力。

(六)党和国家监督体系更加完善。党中央坚持党的自我监督和群众监督相结合,持续深化纪检监察体制改革,组建国家和地方各级监察委员会、与同级纪委合署办公,实现党内监督全覆盖、对公职人员监察全覆盖。以党内监督为主导,完善纪律监督、监察监督、派驻监督、巡视监督统筹衔接的权力监督格局,推动人大监督、民主监督、行政监督、司法监督、审计监督、财会监督、统计监督、群众监督、舆论监督贯通协调,健全纪检监察与巡视、司法、审计等协作配合机制,构建起党统一领导、全面覆盖、权威高效的监督体系。突出"关键少数",破解对"一把手"和领导班子监督难题。从理论创新到实践创制,从重点突破到全面覆盖、系统集成,中国特色社会主义监督制度更加成熟定型,党的自我净化、自我完善、自我革新、自我提高能力显著增强。

二、成功走出一条中国特色反腐败之路

党的十八大以来，党中央深刻把握系统施治、标本兼治基本规律，把严肃惩治腐败与严密制度约束、严格教育引导紧密结合，形成不敢腐、不能腐、不想腐一体推进的方针方略，这是我们党百年奋斗特别是新时代反腐败斗争经验的集中体现。

（一）牢牢把握政治主动，坚持党中央对反腐败工作的集中统一领导。党的十八大以来，党中央为新时代反腐败斗争指明方向、擘画路径、重构力量，深刻分析反腐败斗争依然严峻复杂的形势，强化党对反腐败工作全覆盖、全方位、全过程的领导，明确全面从严治党主体责任和监督责任，深化国家监察体制改革，不断完善党和国家监督体系。在党中央坚强领导下，成功走出一条依靠中国共产党领导反对腐败、依靠中国特色社会主义法治严惩腐败、依靠中国特色社会主义制度优势防治腐败的反腐败之路。

（二）始终保持战略定力，永远吹响正风反腐冲锋号。党的二十大报告强调，腐败是危害党的生命力和战斗力的最大毒瘤。同腐败的较量就是一场殊死搏斗，只能进、绝不能退，只能赢、绝不能输。我们坚持全面从严与突出重点相统一，严惩腐败与清除土壤相结合，查处受贿与惩治行贿相促进，境内反腐与境外追逃相贯通，反腐败、反"四风"、反特权多管齐下，推动反腐败斗争进入了保持零容忍的震慑，有腐必反、有贪必肃，发现一起查处一起的常态化阶段，形成了惩恶扬善、纠治并举的良性循环，兑现了"不论什么人，不论其职务多高，只要触犯了党纪国法，都要受到严肃追究和严厉惩处，决不是一句空话"的承诺。

（三）持续释放综合效能，惩治震慑、制度约束、提高觉悟同向发力。不敢腐、不能腐、不想腐是相互依存、相互促进的有机整体，"不敢"是前提，"不能"是关键，"不想"是根本，必须打通内在联系，增强总

体效果。党中央把"一体推进"的理念贯穿正风肃纪反腐各项工作中，坚持惩治这一手始终不软不松，为不能、不想提供后盾；通过改革和制度创新堵塞漏洞，规范权力运行，巩固不敢、不想的成果；深化党性党风党纪教育，加强新时代廉洁文化建设，加固不敢、不能的思想防线。坚持以案促改促治，办案、整改、治理结合，办案、监督、警示贯通，不断提高治理腐败的成效。

（四）有效运用政策策略，做到坚定稳妥、精准惩治。反腐败斗争是具有许多新的历史特点的伟大斗争的重要方面，既要坚决惩治腐败，又要把握政策策略。着眼政治安全，由具体线索切入、从政治高度辨析，坚持实事求是、依规依纪依法，查处腐败案件中隐藏的政治问题、责任问题和作风问题。统筹防范化解腐败风险与经济社会风险，坚决铲除重点领域风险背后的腐败问题，推动经济平稳健康发展，保障社会大局稳定。

（五）不断拓展方法路径，深化理念创新实践创制。腐败是党内各种不良因素长期积累、持续发酵的体现，反腐败工作必须与时俱进、守正创新。创造性运用"四种形态"处置方式，综合考虑事实证据、思想态度、纪法标准，将惩前毖后、治病救人方针具体化政策化。创新查办重大案件机制，综合运用政治、纪律、法治方式，查处一批多年积累的领导干部及其子女亲属严重违纪违法案件。创建系统治理制度，聚焦案件频发领域、紧盯群众痛点难点问题集中整治，使系统问题得到系统治理。创立主动投案规则，统筹运用党性教育、政策感召、纪法威慑，促使违纪违法干部如实向组织交代问题。

（六）确保依规依纪依法，贯穿法治思维和法治方式。铲除腐败滋生蔓延的土壤，关键要靠完善法规制度，依法反腐、依法治腐。坚持依法治国和依规治党有机统一，统筹党内法规制度建设和反腐败国家立法，用留置取代"两规"，依规依纪依法监督权力。坚持纪严于法、执纪执法贯通，健全线索移交、成果共享机制，对违纪、职务违法、职务犯罪问题一体审查调查。坚持严格监督约束执纪执法权，党中央制定纪律检查委员会工作条例、纪律检查机关监督执纪工作规则,批准监察机关监督执法工作规定,确保纪委监委依规依纪依法履职尽责。

三、坚决打赢反腐败斗争攻坚战持久战

党的二十大报告指出,全面从严治党永远在路上,党的自我革命永远在路上。党的二十大党章对一体推进不敢腐、不能腐、不想腐作出明确规定,对推动完善党和国家监督体系提出新的要求。10年力度空前的反腐败斗争,成效卓著、举世瞩目,但对腐败的顽固性和危害性绝不能低估,反腐败斗争形势依然严峻复杂。我们要坚决贯彻落实党的二十大关于全面从严治党战略部署,增强"四个意识"、坚定"四个自信"、做到"两个维护",坚持严的基调不动摇,不敢腐、不能腐、不想腐同时发力、同向发力、综合发力,坚决打赢这场极其复杂、极其艰难的斗争。

(一)健全党领导反腐败斗争的责任体系。坚持党中央集中统一领导最高政治原则,加强反腐败协调机制建设,把党的领导贯穿一体推进不敢腐、不能腐、不想腐全链条,覆盖从监督、执纪、执法到起诉、审判、执行、改造全过程。压实全面从严治党主体责任,贯通落实相关职能部门监管职责,健全各负其责、统一协调的管党治党责任格局。推动反腐败斗争同党的建设各项工作贯通协同,发挥政治监督、思想教育、组织管理、作风整治、纪律执行、制度完善的重要作用,打好总体战。

(二)以零容忍态度反腐惩恶不动摇。党的二十大报告指出,只要存在腐败问题产生的土壤和条件,反腐败斗争就一刻不能停,必须永远吹冲锋号。要更加有力遏制增量,更加有效清除存量,坚决查处政治问题和经济问题交织的腐败,坚决防止领导干部成为利益集团和权势团体的代言人、代理人,坚决治理政商勾连破坏政治生态和经济发展环境问题,坚决惩治群众身边的"蝇贪",决不让党和人民赋予的权力变成为少数人谋利的工具。聚焦权力集中、资金密集、资源富集领域深化整治,对行业性、系统性腐败深挖彻查,对新型腐败和隐性腐败精准施治,严肃

查处领导干部配偶、子女及其配偶等亲属和身边工作人员利用影响力谋私贪腐问题，一体构建追逃防逃追赃机制，绝不让腐败分子逍遥法外。

（三）完善防止腐败滋生蔓延的体制机制。反腐败是同各种弱化党的先进性、损害党的纯洁性的病原体作斗争，必须从源头着手、深化标本兼治。完善管权治吏的体制机制，完善干部考核评价体系，健全培养选拔、从严教育管理监督年轻干部常态化工作机制。抓住政策制定、审批监管、执法司法等关键权力，严格职责权限，规范工作程序，强化权力制约。推进反腐败国家立法，明确公职人员任职回避以及兼职、商业行为、离职从业限制等管理制度。坚持受贿行贿一起查，强化对行贿人的惩治惩戒。弘扬党的光荣传统和优良作风，培育新时代廉洁文化，从思想上固本培元，提高党性觉悟，明大德、守公德、严私德，增强不想腐的自觉。

（四）健全系统集成、权威高效的监督体系。监督是权力正确运行的重要保证，监督体系是治理体系的重要基础和保障。持续深化党和国家监督体制改革，以党内监督为主导、政治监督为基础，推动审计、财会、统计等监督力量与党委（党组）巡视巡察、纪委监委监督检查和审查调查相结合，打通各类监督贯通协调的堵点。推动监督深度融入治理，全面推进党的自我净化、自我完善、自我革新、自我提高。

（五）完善"一体推进"的有效载体和实践途径。不敢腐、不能腐、不想腐各有侧重、相互融合，必须统筹联动才能取得更多制度性成果和更大治理效能。坚持系统观念，注重总结经验、把握规律，立足新的实践，探索三者贯通融合的有效载体，使严厉惩治、规范权力、教育引导紧密结合、协调联动。更加注重发挥信仰信念对不敢腐、不能腐、不想腐一体推进的引领作用，推动他律向自律转化、自律向自觉升华，激励党员干部从内心深处坚守正道、去恶扬善，不断推动全面从严治党向纵深发展，为全面建设社会主义现代化国家作出新的贡献。

责任编辑：郑　治
封面设计：石笑梦
版式设计：王欢欢
责任校对：任　校

图书在版编目（CIP）数据

党的二十大报告辅导读本/《党的二十大报告辅导读本》编写组
　编著. —北京：人民出版社，2022.10
ISBN 978－7－01－025154－7

Ⅰ.①党…　Ⅱ.①党…　Ⅲ.①中共二十大（2022）-报告-学习参考
　资料　Ⅳ.①D229

中国版本图书馆 CIP 数据核字（2022）第 186424 号

党的二十大报告辅导读本
DANG DE ERSHIDA BAOGAO FUDAO DUBEN
本书编写组　编著

人民出版社 出版发行
（100706　北京市东城区隆福寺街 99 号）

北京联兴盛业印刷股份有限公司印刷　新华书店经销

2022 年 10 月第 1 版　2022 年 10 月北京第 1 次印刷
开本：880 毫米×1230 毫米 1/32　印张：21
字数：565 千字　印数：000,001-500,000 册

ISBN 978－7－01－025154－7　定价：38.00 元

邮购地址　100706　北京市东城区隆福寺街 99 号
人民东方图书销售中心　电话（010）65250042　65289539

版权所有·侵权必究
凡购买本社图书，如有印制质量问题，我社负责调换。
服务电话：（010）65250042